TEXAS

Bien dit!™

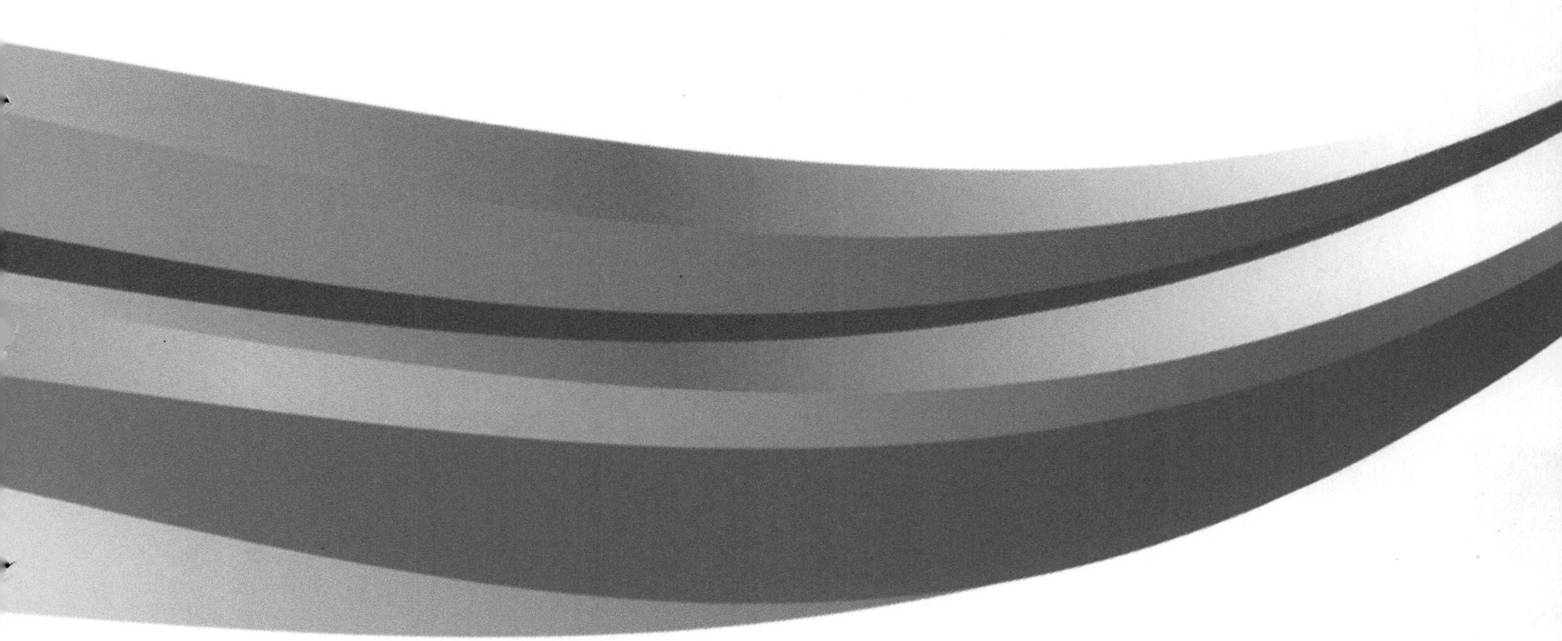

AUTHORS

John DeMado | Séverine Champeny

Marie Ponterio | Robert Ponterio

FRENCH 2

Printed in the U.S.A.

ISBN 978-0-544-84207-6

11 2331 25 24 23 22 21

4500840636 B C D E F G

Contributing Authors

John DeMado

John DeMado has been a vocal advocate for second-language acquisition in the United States for many years. He started his career as a middle/high school French and Spanish teacher, before entering the educational publishing profession. Since 1993, Mr. DeMado has directed his own business, John DeMado Language Seminars, Inc., a company devoted exclusively to language acquisition issues. He has authored numerous books in French, Spanish, and ESL that span the K–12 curriculum. Mr. DeMado served as the lead consultant for program content at all levels. He created and recorded the **On rappe!** songs for Levels 1 and 2.

Séverine Champeny

Séverine Champeny, a native of Provence, has been involved in the development of French language educational programs for over 17 years. She has worked on print and media products ranging from introductory middle-school texts to advanced college-level texts. She created activities for the core sections of the chapters. She authored the **Télé-roman** scripts and wrote activities for the DVD Tutor.

Marie Ponterio

Marie Ponterio is a native of France and teaches French language and civilization at the State University of New York College at Cortland. She's the author of the web site **Civilisation française** and the recipient of several awards from Multimedia Educational Resource for Learning and Online Resources. She has co-authored video activities for several high-school textbooks for Harcourt. She has co-authored the culture notes in the program and reviewed all the **Géoculture** sections.

Robert Ponterio

Bob Ponterio is Professor of French at the State University of New York College at Cortland where he teaches all levels of French. He is a moderator of FLTEACH, the Foreign Language Teaching Forum e-mail list. He has published numerous articles and is a recipient of the Anthony Papalia Award for Outstanding Article on Foreign Language Education and the Dorothy S. Ludwig Award for Service to the FL profession. He has co-authored the culture notes in the program and reviewed all the **Géoculture** sections.

Contributing Writers

Dana Chicchelly
Florence, MT
Ms. Chicchelly wrote practice activities for the **Vocabulaire** sections.

Serge Laîné
Austin, TX
Mr. Laîné wrote material for the **Comparaisons** feature.

Karine Letellier
Paris, France
Ms. Letelier contributed to the selection and creation of readings in the **Variations littéraires.**

Stuart Smith
Austin, TX
Ms. Smith wrote the grammar presentations and review section activities.

Alisa Trachtenberg
Ridgefield, CT
Ms. Trachetenberg created practice activities.

Samuel J. Trees
Christoval, TX
Mr. Trees compiled the content for the grammar summary at the end of the chapter.

Mayanne Wright
Austin, TX
Ms. Wright wrote material for the **Géoculture.** She also created activities for the **Lecture et écriture** sections.

Reviewers

These educators reviewed one or more chapters of the Student Edition.

Todd Bowen
Barrington High School
Barrington, IL

Janet Bowman
Ithaca High School
Ithaca, NY

J. Blake Carpenter
Department of Modern Languages
The University of Texas at Arlington
Arlington, TX

Mari Kathryn Drefs
Butler Middle School
Waukesha, WI

Magda Khoury
West Covina High School
West Covina, CA

Todd Losie
Renaissance High School
Detroit, MI

Jean McDaniel
Garinger High School
Charlotte, NC

Lori Wickert
Wilson High School
West Lawn, PA

Jennifer Wells
Hamilton High School
Hamilton, IN

Thomasina White
School District of Philadelphia
Philadelphia, PA

Field Test Participants

Stéphane Allagnon
Sandy Creek High School
Tyrone, GA

Normand Brousseau
Westside High School
Macon, GA

Melanie Calhoun
Sullivan South High School
Kingsport, TN

Karen Crystal
Austin High School
Chicago, IL

Magalie Danier-O'Connor
William Allen High School
Allentown, PA

Svetoslava Dimova
Campbell High School
Smyrna, GA

Isha Gardner
Booker T. Washington High School
Atlanta, GA

Melinda Jones
Diamond Bar High School
Diamond Bar, CA

Cynthia Madsen
St. Joseph High School
Lakewood, CA

Johanna Norman
Hernando High School
Memphis, TN

Patricia Shanahan
Swampscott High School
Swampscott, MA

Nitya Viswanath
Roosevelt High School
Chicago, IL

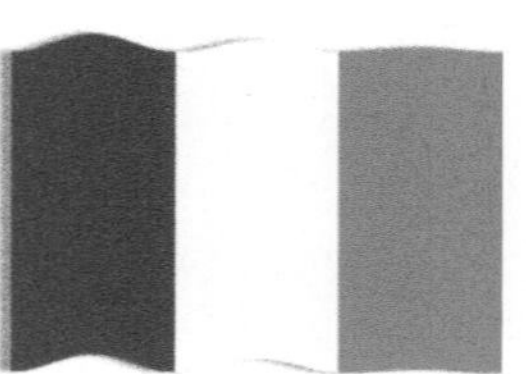

Sommaire

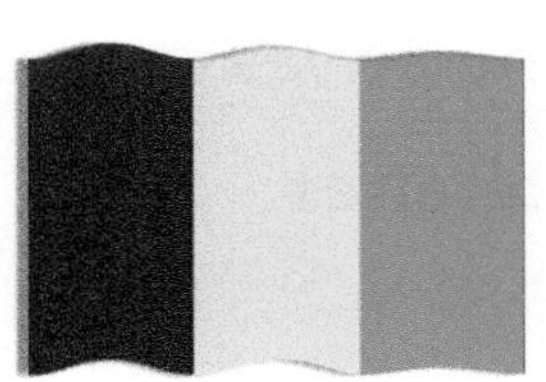

Paris

Chapitres 1 et 2

Objectifs

In this chapter you will review how to
- describe yourself and ask about others
- talk about likes and dislikes
- inquire
- tell when you do something

Video

Géoculture	Géoculture
Vocabulaire 1 et 2	Télé-vocab
Grammaire 1 et 2	Grammavision
Télé-roman	Télé-roman

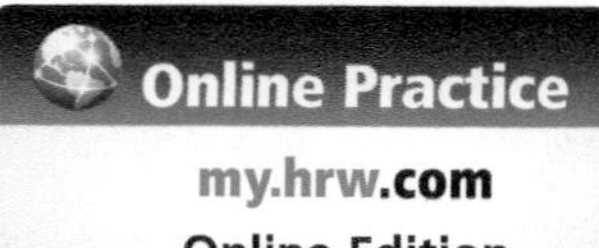

Online Practice
my.hrw.com
Online Edition

Géoculture

Chapitre 2 On fait la fête 40

Objectifs

In this chapter you will learn to
- wish someone a good time
- ask for and give advice
- ask for help
- check if things have been done

Video

Géoculture	Géoculture
Vocabulaire 1 et 2	Télé-vocab
Grammaire 1 et 2	Grammavision
Télé-roman	Télé-roman

Online Practice
my.hrw.com
Online Edition

Québec

Chapitres 3 et 4

Chapitre 3 Faisons les courses 80

Objectifs

In this chapter you will learn to
- ask about food preparation
- make requests
- shop for groceries
- ask where things are

Video

Géoculture	Géoculture
Vocabulaire 1 et 2	Télé-vocab
Grammaire 1 et 2	Grammavision
Télé-roman	Télé-roman

Online Practice

my.hrw.com
Online Edition

Chapitre 4 Au lycée

Video

Géoculture	Géoculture
Vocabulaire 1 et 2	Télé-vocab
Grammaire 1 et 2	Grammavision
Télé-roman	Télé-roman

my.hrw.com
Online Edition

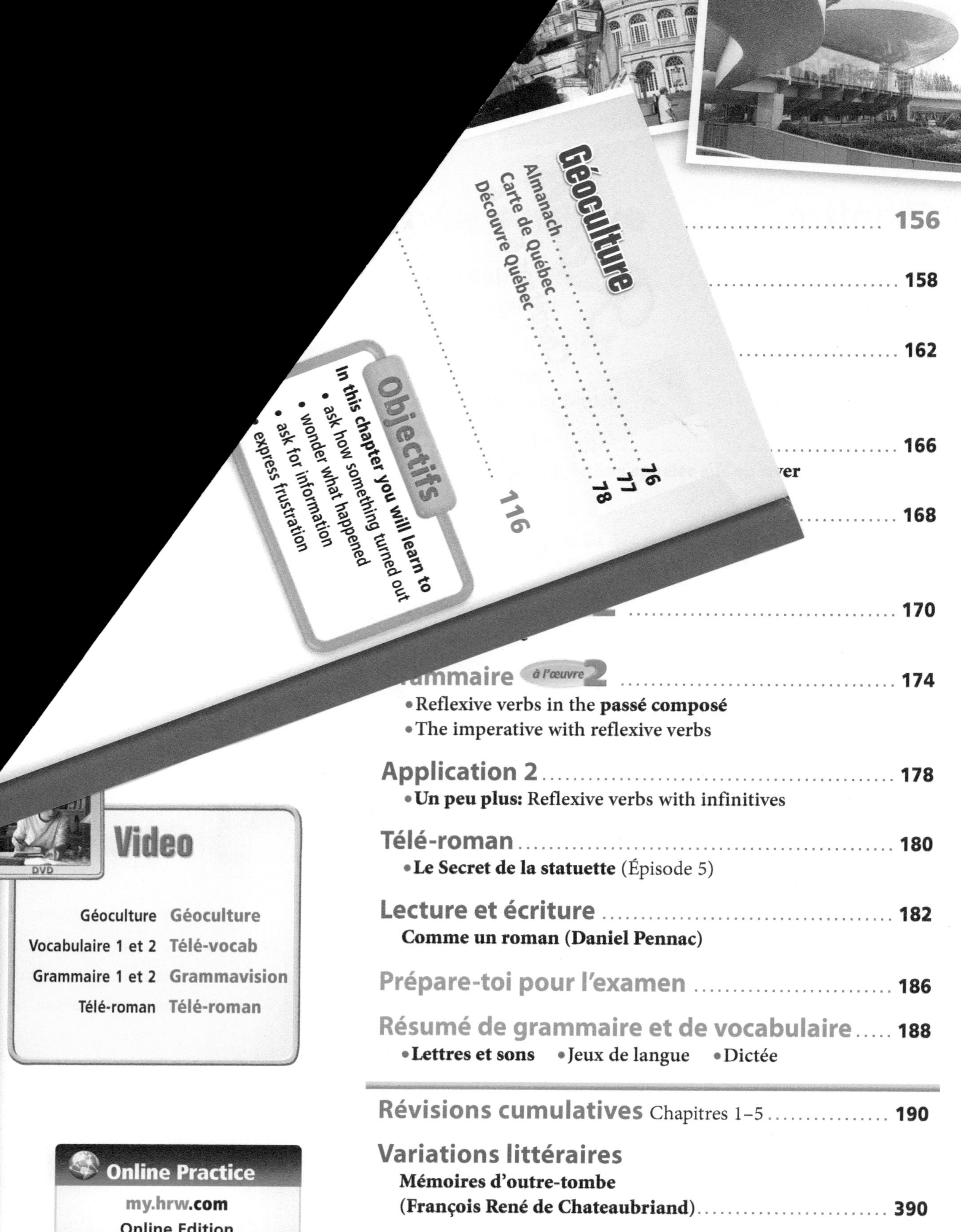

Video

Géoculture	Géoculture
Vocabulaire 1 et 2	Télé-vocab
Grammaire 1 et 2	Grammavision
Télé-roman	Télé-roman

Online Practice
my.hrw.com
Online Edition

Géoculture

Chapitre 6 Le bon vieux temps 182

Objectifs

In this chapter you will learn to
- talk about when you were a child
- tell about an event in the past
- compare life in the country and in the city
- describe life in the country

Video

Géoculture	**Géoculture**
Vocabulaire 1 et 2	**Télé-vocab**
Grammaire 1 et 2	**Grammavision**
Télé-roman	**Télé-roman**

Online Practice
my.hrw.com
Online Edition

Dakar

Chapitres 7 et 8

Online Practice
my.hrw.com
Online Edition

Géoculture

Chapitre 8 Es-tu en forme? 268

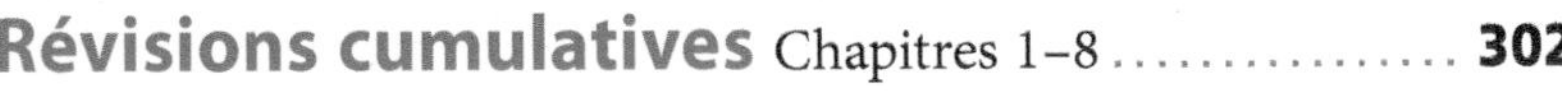

Objectifs

In this chapter you will learn to
- ask and tell how you feel
- describe symptoms and give advice
- complain about health and give advice
- sympathize with someone

Video

Géoculture	Géoculture
Vocabulaire 1 et 2	Télé-vocab
Grammaire 1 et 2	Grammavision
Télé-roman	Télé-roman

Online Practice
my.hrw.com
Online Edition

Nice

Chapitres 9 et 10

Video

Géoculture	Géoculture
Vocabulaire 1 et 2	Télé-vocab
Grammaire 1 et 2	Grammavision
Télé-roman	Télé-roman

Online Practice
my.hrw.com
Online Edition

Géoculture

Chapitre 10 Partons en vacances! 344

Objectifs

In this chapter you will learn to
- ask about a vacation
- say what you would do if you could
- express necessity
- ask about what has been done

Video

Géoculture	Géoculture
Vocabulaire 1 et 2	Télé-vocab
Grammaire 1 et 2	Grammavision
Télé-roman	Télé-roman

my.hrw.com
Online Edition

To the Student

Chers élèves de français,

Perhaps you have already discussed 'why' it is important to speak other languages. But the real question for you, the student, is 'how' ... How do you acquire a second language? Overall, it is very important to be positive and to have a 'can do' attitude. *If you speak a language, you are already a candidate to speak another one at some level.* Above all, don't buy into the idea that you are either not smart enough or too old. These are myths. Ignore them!

Stay calm! It is natural to feel uncomfortable when you are trying to make yourself understood in another language or when listening to another language. However, if you are overly nervous, it will seriously block your ability both to speak and/or to understand that language. That is why it is important simply to stay calm. Use hand gestures, body language and facial expressions to make yourself understood, too. The idea is to stay in the second language and stay out of English as much as possible. If you stay calm, you can piece a message together. Really!

The same applies to listening to a native speaker. Stay calm! Don't worry about the words you may have missed. If you focus on them, the entire message will pass you by! Try to listen for the overall message instead of listening to each separate word.

Take risks in the second language. This is just what little children do when they are acquiring their first language. Everyone around them has more of that language than they do, yet they take risks to participate. Understand that native speakers are generally very appreciative when you try to use their language. Just use the best second language that you can on any given day and don't worry when you make mistakes. Errors in language are common and natural occurrences. It is only by making errors that you eventually come to improve your second language. Just as with athletics, drama, art and vocal/instrumental music, the only way you gain skill in your second language is through performance; by just doing it! Ability is acquired through trial and error. *Communicating less than accurately in a second language is better than not communicating in that language at all!* Please ... Don't let the rules of a language stop you from performing.

Make educated guesses. Look for clues to help you understand. Where is the conversation taking place? What words are similar in English? Go beyond just the words to find meaning by considering the speaker's facial expressions, hand gestures and general body language. Learn in advance how to say certain phrases like "Please. More slowly." in the second language. Above all, don't be afraid to guess! Even when people read, listen to someone or view a movie in their own native tongue, they still guess at the message being delivered. It is also that way in another language. Exploring the Internet for target language music, movies, blogs and social media can help you develop this skill.

Bonne chance et à bientôt en classe!

John De Mado

Modes of Communication

What is communication?

When you attempt to understand someone or something, or make yourself understood, you are communicating. In any language, you rely on various skills to communicate: listening, reading, speaking, writing and deciphering body language and other non-verbal cues, to name a few. In English, you've been building these skills all your life, and are probably unaware how hard you worked as a child to make meaning. The good news is that these skills are already in place—you just have to develop them in new ways to learn French!

What are the modes of communication?

Depending on the purpose of your communication, you're engaging in one of three modes: interpretive, interpersonal, or presentational.

Say you click on an online ad for a store in Paris. When you read, watch or listen to the ad, you have to decipher the language to understand the ad. This is an interpretive activity.

If you go into the store and talk to a sales clerk, you'll have to ask some questions and then understand the answers you get back. You might also exchange a couple of texts with your friend about the store where you're shopping. In both cases, you're talking directly with someone, so these are interpersonal activities.

If you write a review about the store or the items you bought there, and post it online, this is presentational, since your audience isn't expected to immediately react and interact with you.

Practicing the three modes of communication is crucial to building your communication skills. It's also challenging! You'll find that you won't be equally strong across the modes, but that's okay. The key is to practice, practice, practice.

How do I use *Bien dit!* to practice communication?

In ***Bien dit!***, you'll have a lot of opportunities to practice. At the beginning of each chapter, you'll see the types of interpretive, interpersonal, and presentational activities that you'll be able to do in the chapter. Throughout the chapter, the **Communication** activities will help you practice the interpersonal mode. The **Lecture** section and the **Écoutons** activities will help you work on your interpretive skills. Throughout the chapter, there will be opportunities for you to present your activities and projects. Finally, in the **Révisions cumulatives** section, you'll have the chance to put your interpretive, interpersonal, and presentational skills to the test in fun, real-world ways.

Le monde francophone
Welcome to the French-speaking World

Did you know that French is spoken not only in France but in many other countries in Europe (Belgium, Switzerland, Andorra and Monaco), North America (New England, Louisiana and Quebec province), Asia (Vietnam, Laos and Cambodia), and over twenty countries in Africa? French is also the official language of France's overseas territories like Martinique, Guadeloupe, French Guiana, and Reunion.

As you look at the map, what other places can you find where French is spoken? Can you imagine how French came to be spoken in these places?

La France

Le Québec

La Louisiane

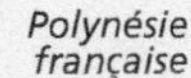

La Martinique

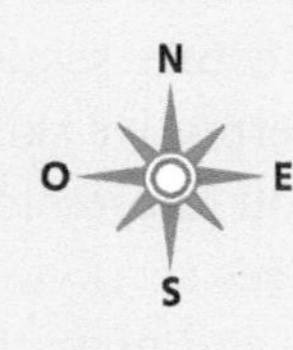

OCÉAN ARCTIQUE
Le Maroc
Le Sénégal
Le Mali
Le Viêtnam
BELGIQUE
LUXEMBOURG
SUISSE
FRANCE
ANDORRA
MONACO
TUNISIE
MAROC
ALGÉRIE
MAURITANIE
MALI
NIGER
SÉNÉGAL
TCHAD
GUINÉE
BÉNIN
DJIBOUTI
CÔTE D'IVOIRE
TOGO
RÉPUBLIQUE CENTRAFRICAINE
BURKINA FASO
CAMEROUN
Mayotte
GABON
RÉPUBLIQUE DÉMOCRATIQUE DU CONGO
RUANDA
OCÉAN ATLANTIQUE
CONGO
BURUNDI
OCÉAN INDIEN
MADAGASCAR
VIÊTNAM
LAOS
CAMBODGE
OCÉAN PACIFIQUE
Île de la Réunion
Îles Wallis
Île Futuna
Nouvelle-Calédonie

Instructions

Directions

Throughout the book, many activities will have directions in French. Here are some of the directions you'll see, along with their English translations.

Complète... avec un mot/une expression de la boîte.
Complete . . . with a word/an expression from the box.

Complète le paragraphe avec...
Complete the paragraph with . . .

Complète les phrases avec la forme correcte du verbe (entre parenthèses).
Complete the sentences with the correct form of the verb (in parentheses).

Indique si les phrases suivantes sont vraies ou fausses. Si la phrase est fausse, corrige-la.
Indicate if the following sentences are true or false. If the sentence is false, correct it.

Avec un(e) camarade, jouez...
With a classmate, act out . . .

Réponds aux questions suivantes.
Answer the following questions.

Réponds aux questions en utilisant...
Answer the questions using . . .

Complète les phrases suivantes.
Complete the following sentences.

Fais tous les changements nécessaires.
Make all the necessary changes.

Choisis l'image qui convient.
Choose the most appropriate image.

Écoute les phrases et indique si...
Listen to the sentences and indicate if . . .

Utilise les sujets donnés pour décrire...
Use the subjects provided to describe . . .

Écoute les conversations suivantes. Choisis l'image qui correspond à chaque conversation.
Listen to the following conversations. Match each conversation with the appropriate image.

Choisis un mot ou une expression de chaque boîte pour écrire...
Choose a word or expression from each box to write . . .

En groupes de..., discutez...
In groups of . . ., discuss . . .

Demande à ton/ta camarade...
Ask your classmate . . .

Suis l'exemple.
Follow the model.

Échangez les rôles.
Switch roles.

Remets... en ordre.
Put in . . . order.

Regarde les images et dis ce qui se passe.
Look at the images and tell what is happening.

Utilise le vocabulaire de... pour compléter...
Use the vocabulary from... to complete...

Suggestions pour apprendre le français

Tips for Learning French

Do you remember everything you learned last year? It's easy to forget your French when you don't use it for a while. Here are some tips to help you in French class this year.

Listen

When someone else is speaking, ask yourself what that person is saying. Listen for specific words or phrases that either support or do not support your guess. If you don't hear or understand a word, don't panic or give up. Try to figure out its meaning from the sentences that follow it.

Speak

Have you ever tried to say something in English, but then you forgot a certain word? Chances are you did not let that stop you. You simply thought of another way of saying the same thing. Use that same trick when speaking French.

With a classmate, practice short conversations on topics you learned about last year. If you can't remember how to say something in French, look in the glossary or ask someone, **"Comment dit-on... ?"** You can also try using words you do know or gestures to explain what you mean.

Read

Sometimes you might feel anxious when you read in French because understanding the entire text seems to be an overwhelming task. One easy way to reduce this anxiety is to break the reading up into parts. With the reading divided into small sections, you can focus all your attention on one section at a time.

If you look up specific words or phrases in an English-French dictionary, be careful about choosing the meaning. Many words can have several different meanings in English or in French. Be sure to look closely at the context, if one is given, before choosing a word.

Write

Before you begin writing, organize your ideas. Write a sentence that states the main idea. Then choose the details that support it. List them in an order that makes sense to you. After you have listed all of your ideas, you can write about the ones that appeal to you most.

One way to make the task of writing easier is to make sure you know most of the words you will need to use. With a classmate, make a list of words you will probably need to complete your task. Then look up the words you don't know in the dictionary. Look at the charts in the back of this book to refresh your memory on important grammar points.

Learning a foreign language is like any other long-term project, such as getting into shape or taking up a new sport: it will take some time to see the results you want. Remember, knowing another language is a valuable asset, and you've already come a long way. Keep up your French and...

Bonne chance! (Good luck!)

Chapitres 1 et 2

Géoculture

Géoculture

Paris

La Grande Arche de la Défense
Cette arche immense est alignée avec l'Arc de Triomphe et le Louvre. À l'intérieur, il y a des bureaux *(offices)*. 2

Avenue Charles de Gaulle
2 Arche de la Défense

L'Arc de Triomphe
Napoléon a ordonné la construction de ce monument en 1806. Il se situe au croisement de 12 avenues. 1

Almanach

Nom des habitants
Les Parisiens

Population
Plus de 2 millions d'habitants

Personnages célèbres
Pierre Curie, Catherine Deneuve, Édith Piaf, Jean-Paul Sartre

Les cafés
Les Parisiens aiment se retrouver au café. Le café de Flore et Les Deux Magots sont deux cafés célèbres à Paris.

Savais-tu que...?
La ville de Paris est divisée en 20 quartiers *(neighborhoods)* appelés «arrondissements».

Le Louvre, d'abord forteresse, puis palais royal, est un grand musée aujourd'hui. La pyramide en verre a été construite par l'Américain I.M. Pei. 3

L'Institut du monde arabe symbolise les échanges entre les deux cultures. C'est un bâtiment moderne inspiré par l'architecture arabe traditionnelle. 4

Sacré-Coeur
6 Place du Tertre
MONTMARTRE
1 Arc de Triomphe
Place Vendôme
Opéra Garnier
Avenue des Champs-Elysées
Beaubourg
Seine
3 Le Louvre
Musée d'Orsay
Jardin des Tuileries
Tour Eiffel
5 Notre-Dame
ÎLE DE LA CITÉ
Jardin du Luxembourg
4 Institut du monde arabe

Notre-Dame de Paris Sa construction a commencé en 1163. C'est un chef-d'œuvre de l'art gothique. 5

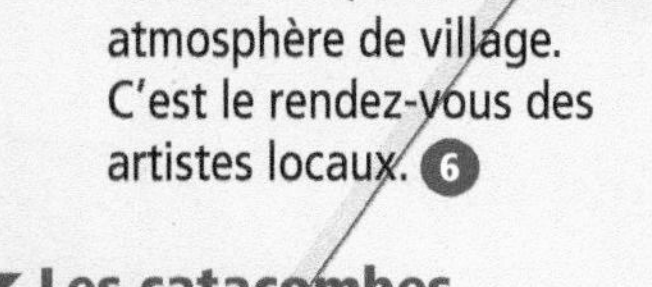

La place du Tertre, à Montmartre, a conservé une atmosphère de village. C'est le rendez-vous des artistes locaux. 6

Les catacombes Au 18e siècle, on a vidé *(emptied)* certains cimetières parisiens trop pleins et mis les ossements *(bones)* dans le sous-sol de Paris.

Géo-quiz

Qu'est-ce qu'il y a dans la Grande Arche de la Défense?

Découvre Paris

Sports

▲ **Le Tour de France** se termine toujours sur les Champs-Élysées en juillet.

▲ **Le Tournoi des Six Nations** est un championnat de rugby. Les équipes de France, d'Angleterre, d'Écosse, du Pays de Galles *(Wales)*, d'Irlande et d'Italie y participent.

▲ **Les Internationaux de France** ont lieu chaque année au stade Roland-Garros. C'est un tournoi de tennis sur terre battue *(clay)*.

Sciences

➤ **Marie et Pierre Curie** ont fait des recherches sur la radioactivité et ont découvert le polonium et le radium. Ils ont reçu le Prix Nobel de physique en 1903.

▲ **Le pendule de Foucault** En 1851, le physicien Léon Foucault a créé ce pendule pour montrer la rotation de la terre sur son axe.

▼ **La Cité des Sciences et de l'Industrie** est un musée consacré aux progrès de la technologie.

Gastronomie

Online Practice

my.hrw.com
Photo Tour

Savais-tu que...?

Il y a plus de restaurants à Paris que dans aucune autre ville de la même grandeur.

Les chocolatiers de Paris mélangent le chocolat avec des épices, des fruits et même des fleurs pour créer des saveurs nouvelles.

La haute cuisine française Paris symbolise la haute cuisine française qui est réputée dans le monde entier.

Les restaurants parisiens Chaque année, les meilleurs *(best)* chefs reçoivent des «étoiles» pour la qualité de leur cuisine, avec un maximum de trois étoiles. Il y a plusieurs restaurants «trois étoiles» à Paris.

Mode

Les magasins de luxe Avec ses parfumeries, ses maroquineries et ses autres magasins spécialisés, Paris est la ville idéale pour faire du shopping!

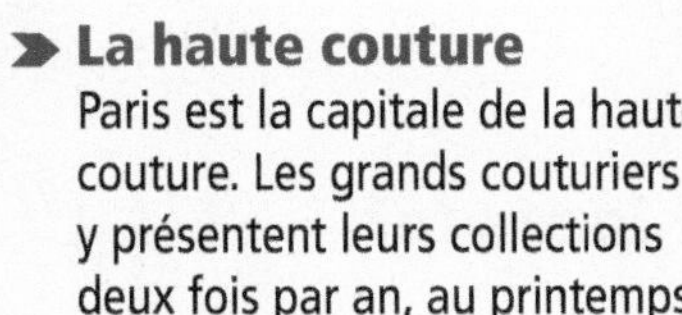

Les grands bijoutiers Beaucoup de bijoutiers connus ont leurs magasins sur la place Vendôme, à Paris.

La haute couture Paris est la capitale de la haute couture. Les grands couturiers y présentent leurs collections deux fois par an, au printemps et en automne.

Activité

1. Sports: Quel tournoi a lieu au stade Roland-Garros?
2. Sciences: Qui a découvert le polonium et le radium?
3. Gastronomie: Qu'est-ce que les bons chefs reçoivent?
4. Mode: Quand est-ce que les couturiers présentent leurs collections?

chapitre 1

Ma famille et mes copains

Objectifs

In this chapter, you will learn to
- describe yourself and ask about others
- talk about your likes and dislikes
- inquire
- tell when you do something

And you will review
- the verbs **avoir** and **être**
- adjective agreement
- the adjectives **beau, nouveau,** and **vieux**
- **-er** verbs
- **-ir** and **-re** verbs
- verbs like **dormir**

Que vois-tu sur la photo?

Où est cette famille?

Qu'est-ce que cette famille fait?

Et toi, qu'est-ce que tu aimes faire avec ta famille?

MODES OF COMMUNICATION		
INTERPRETIVE	**INTERPERSONAL**	**PRESENTATIONAL**
Listen to people inquiring and talking about activities.	With a partner, describe family members to each other.	Describe a painting to your class.
Read an online posting for a French-speaking correspondent.	Write a letter describing yourself or a friend to a movie director in the hopes of getting a role.	Present written survey results about classmates' families and activities.

Le pont Alexandre III, à Paris

Objectifs

- to describe yourself and ask about others
- to talk about likes and dislikes

Vocabulaire à l'œuvre 1

Télé-vocab

Révisions Ma famille et mes copains

Je m'appelle Nicolas et je vous présente ma famille.
Là, c'est mon père. Il est grand. Il a les cheveux blonds et les yeux verts.
Ça, c'est mon chien Roudoudou. Il est trop gros. Il aime beaucoup manger!
Ma sœur s'appelle Amélie. Elle est rousse et elle a les cheveux longs.
Ma grand-mère est âgée et mince. Elle est assez marrante.
Ça, c'est ma mère. Elle a les cheveux courts et les yeux marron.
Et ça, c'est mon frère Antoine. Il est petit et intelligent. De temps en temps, il est pénible.

Et voilà mes copains...

Online Practice

my.hrw.com

Vocabulaire 1 practice

Là, c'est Céline, une copine. Elle est très gentille.

Ça, c'est Marc, un copain de classe. Il est brun et sportif.

Le frère de Céline, Éric, est sérieux et un peu timide.

D'autres mots utiles

le beau-père/la belle-mère	*stepfather/stepmother*
le grand-père	*grandfather*
le chat	*cat*
l'oncle/la tante	*uncle/aunt*
le cousin/la cousine	*cousin*

À la québécoise

In Quebec, you might hear the word **bolle** to describe someone who is intelligent.

Mon frère, c'est une bolle.

Exprimons-nous!

To describe yourself and ask about others

Comment tu t'appelles? *What's your name?*	**Je m'appelle** Christophe. *My name is . . .*
Tu as quel âge? *How old are you?*	**J'ai** 16 **ans.** *I am . . . years old.*
De quelle couleur sont les yeux d'Aurélie? *What color are . . . ?*	**Ils sont** bleus./**Elle a les yeux** bleus. *They are . . . /She has . . .*
Il/Elle est comment, ton ami(e)? *What is he/she like . . . ?*	**Il/Elle est** petit(e). *He/She is . . .*

Vocabulaire et grammaire, *pp. 1–3*

► **Vocabulaire supplémentaire,** La famille et les adjectifs descriptifs, **p. R16**

Flash culture

En France, le dimanche se passe généralement en famille. Après le repas de midi, certaines familles ont pour habitude d'aller se promener en forêt ou dans des parcs. À Paris, on peut se promener au jardin du Luxembourg, au parc Monceau ou le long des quais de la Seine. Dans la région parisienne, l'un des lieux favoris de promenade est la forêt de Fontainebleau.

Qu'est-ce que tu fais le dimanche? Est-ce que tu vas souvent te promener avec les membres de ta famille?

1 Une grand-mère curieuse

Lisons Ta grand-mère pose beaucoup de questions au sujet de tes amis. Choisis les réponses logiques.

1. David a quel âge?	**a.** Très marrante!
2. De quelle couleur sont les cheveux de Marie?	**b.** Un peu timide...
3. Elle est comment, Stéphanie?	**c.** Elle est blonde.
4. Il s'appelle comment, ton chat?	**d.** Minou.
5. Comment est Antoine?	**e.** Dix-sept ans.

2 Écoutons

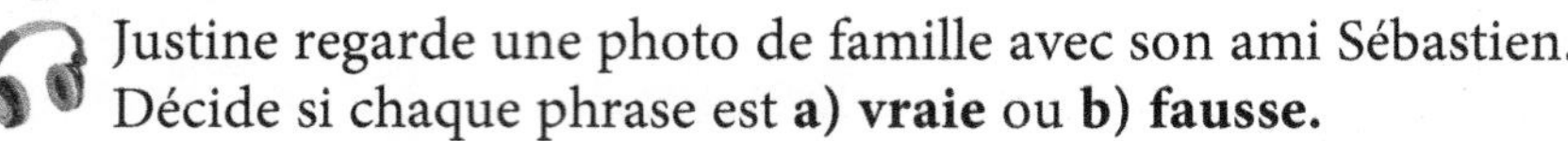

Justine regarde une photo de famille avec son ami Sébastien. Décide si chaque phrase est **a) vraie** ou **b) fausse.**

1. Justine a deux sœurs et deux frères.
2. Sonia a les cheveux longs.
3. Olivier est sportif.
4. Laurent est petit et sympa.
5. Émilie est rousse et un peu timide.

3 L'arbre généalogique de Napoléon

Écrivons/Parlons Regarde l'arbre généalogique de Napoléon 1er et réponds aux questions.

1. Comment s'appelle la mère de Napoléon?
2. Napoléon a combien de frères et de sœurs?
3. Napoléon a des enfants? Comment s'appellent-ils/elles?
4. Pense à ton arbre généalogique. Qu'est-ce que vous avez en commun, toi et Napoléon?

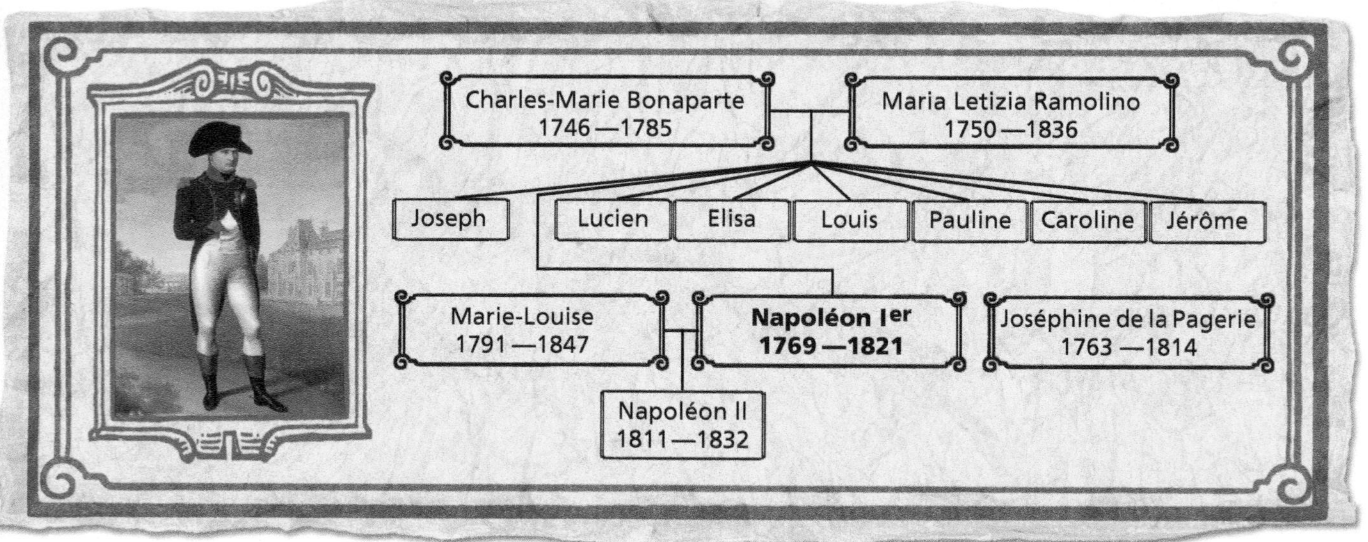

Exprimons-nous!

To talk about likes and dislikes

J'adore/J'aime bien le sport. *I love/I really like . . .*	**Moi aussi./Pas moi.** *Me too./Not me.*
Moi, je n'aime pas la musique classique. *I don't like . . .*	**Moi non plus.** *Me neither.*
Je n'aime pas beaucoup voyager. *I don't like . . . very much.*	**Moi si.** *I do.*
Qu'est-ce qu'Arnaud **aime faire?** *What does . . . like to do?*	**Il aime** aller au cinéma. *He likes . . .*

Vocabulaire et grammaire, *pp. 1–3*

4 Des correspondants

Lisons/Écrivons Lis cette annonce sur le site Web du club international de la francophonie et réponds aux questions.

Salut! Je m'appelle Carole et j'ai 15 ans. J'habite en France. Je suis brune aux yeux marron. Je ne suis ni grande ni petite. Je suis intelligente, gentille, marrante et assez sportive. J'aime sortir, aller au cinéma et écouter de la musique. J'adore le rock! Je parle français, anglais et espagnol et j'aime les voyages. J'aimerais correspondre avec des filles ou garçons âgés de 13 à 15 ans! Écrivez-moi vite!

1. Comment s'appelle-t-elle?
2. Quel âge a-t-elle?
3. De quelle couleur sont ses yeux?
4. De quelle couleur sont ses cheveux?
5. Comment est sa personnalité?
6. Qu'est-ce qu'elle aime?

Communication

5 Questions personnelles

Parlons Avec un(e) camarade, parlez des membres de vos familles. Comment sont-ils? Jouez cette scène pour la classe et utilisez des gestes pendant que vous parlez.

MODÈLE **—J'ai deux frères. Marc a treize ans et il est...**

Vocabulaire 1

Objectifs
- the verbs *avoir* and *être*
- adjective agreement

Grammaire à l'œuvre 1

Grammavision

Révisions The verbs *avoir* and *être*

1 In Level 1, you learned how to conjugate verbs according to their subjects. The subject pronouns are **je** (*I*), **tu** (*you*), **il/elle/on** (*he/she/it, "we"*), **nous** (*we*), **vous** (*you*), and **ils/elles** (*they*).

2 The verbs avoir (*to have*) and être (*to be*) are irregular in the present tense.

	avoir	être
je (j')	ai	suis
tu	as	es
il/elle/on	a	est
nous	avons	sommes
vous	avez	êtes
ils/elles	ont	sont

3 To make a sentence negative, place ne (n')... before the verb and pas after the verb.

—Est-ce que ta sœur est timide?

—Non, elle n'est pas timide.

Vocabulaire et grammaire, *pp. 4–5*
Cahier d'activités, *pp. 1–3*

Déjà vu!

Do you remember the difference between tu and vous?

Use tu when . . .
- talking to friends or someone your own age or younger
- talking to someone in your family

Use vous when . . .
- addressing an adult, like your teacher
- talking to someone you do not know
- talking to more than one person

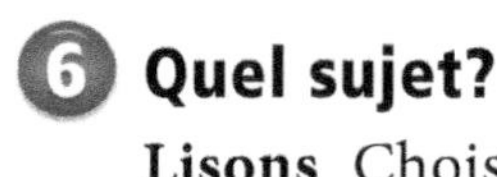

6 Quel sujet?

Lisons Choisis la phrase qui correspond à chaque sujet.

1. Nous	**a.** n'ont pas de frère.
2. Elles	**b.** es gentille!
3. On	**c.** avez les cheveux longs.
4. Je (J')	**d.** sommes timides.
5. Tu	**e.** n'est pas français.
6. Vous	**f.** ai un chien intelligent.

7 Écoutons

Éva parle de sa famille et de ses amis. Écoute les phrases et décide si elle parle de **a) sa personnalité, b) son âge** ou **c) son physique.**

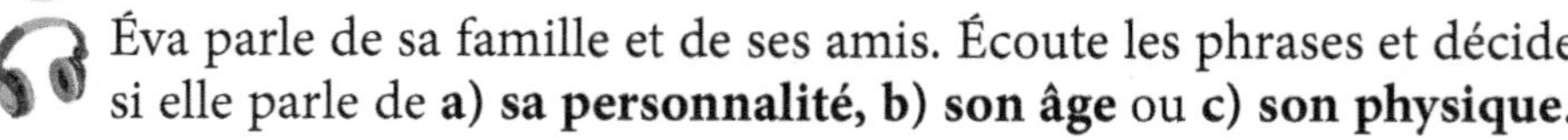

my.hrw.com
Grammaire 1 practice

8 Une conversation téléphonique

Écrivons Jules et Claudine sont au téléphone. Ils parlent de leurs familles. Complète leur conversation avec les formes correctes des verbes **être** et **avoir**.

JULES Comment ___1___ ton père?

CLAUDINE Il ___2___ les cheveux très courts et il ___3___ grand. Toute ma famille est grande. Et dans ta famille, vous ___4___ tous petits?

JULES Non. Mes deux frères ___5___ très grands! Pas comme moi!

CLAUDINE Ils ___6___ quel âge?

JULES Seize et treize ans. Nous ___7___ aussi une sœur. Elle ___8___ grande aussi. Elle ___9___ très pénible!

9 Une journée en famille

Écrivons/Parlons Voici la famille de Philippe. Comment est sa famille? Utilise **être** et **avoir** et des adjectifs pour décrire sa famille.

MODÈLE **Le frère de Philippe est marrant. Il a les cheveux...**

Communication

10 Mémoire

Parlons En groupes de quatre, observez bien chaque personne de votre groupe pendant une minute. Ensuite, fermez les yeux. Le professeur va spécifier une personne du groupe. Tu dois faire une description détaillée de cette personne. Cette personne va dire si la description est correcte ou pas.

MODÈLE **—(yeux fermés) Julie, tu es grande. Tu as les cheveux blonds et...**
—Oui, j'ai les cheveux blonds, mais je n'ai pas...

Révisions Adjective agreement

1 Adjectives are words that describe nouns. They agree with the noun they describe in number and gender.

Marc est grand et Anne est grand**e** aussi.

2 To make most adjectives feminine, add an **-e**, unless it already ends in unaccented **-e.** Also note some common changes and exceptions between these masculine and feminine forms.

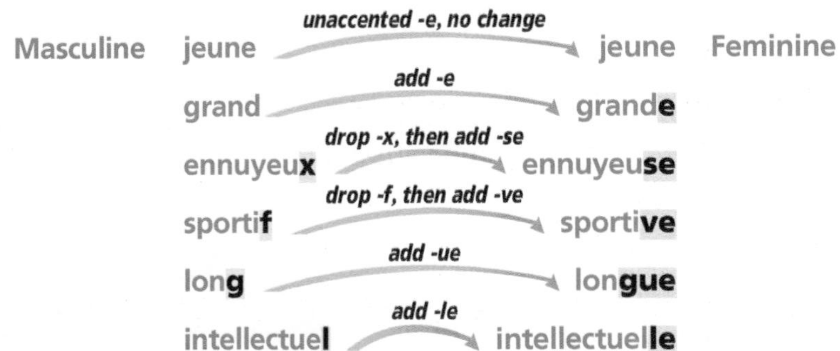

3 To make most adjectives plural, add **-s**, unless it ends in **-eux**.

masculine	grand	grand**s**
	ennuyeux	ennuyeux
feminine	grande	grande**s**
	ennuyeuse	ennuyeuse**s**

4 **Marron** and **orange** do not change form in the feminine or plural.

Martin a les yeux bleu**s** mais sa sœur a les yeux marron.

Vocabulaire et grammaire, *pp. 4–5*
Cahier d'activités, *pp. 1–3*

En France, les enfants appellent leurs parents **maman** et **papa**. Les grands-parents deviennent souvent **papi** et **mamie. Tonton** est utilisé pour les oncles et **tata** ou **tatie** pour les tantes. Les parents aiment aussi donner des petits noms à leurs enfants comme **mon cœur** *(my heart)*, **ma petite puce** *(my little flea)*, **mon chou** *(my cream puff)*, **mon lapin** *(my bunny)*, ou encore **mon chaton** *(my kitty cat)*. Les **diminutifs** *(nicknames)* sont aussi communs. Par exemple, Pierre devient Pierrot.

Est-ce que tu as un diminutif? Comment est-ce que tu appelles les différents membres de ta famille?

11 Écoutons

Martin a une tante et un oncle qui s'appellent tous les deux Dominique. Est-ce qu'il parle **a) de son oncle, b) de sa tante** ou **c) est-ce qu'on ne peut pas savoir**?

12 La bonne forme

Lisons Annick parle de sa famille. Complète ses phrases avec la forme correcte de l'adjectif.

1. Ludivine et Théo sont _______ (jeune).
2. Mon chien n'aime pas jouer. Il est très _______ (sérieux).
3. Mamie n'aime pas le sport; elle n'est pas _______ (sportif).
4. Mes frères sont très _______ (mince).
5. Monica a les cheveux _______ (long).

13 Des phrases

Écrivons Célia décrit sa vie. Fais des phrases complètes. Attention à la forme des adjectifs.

1. ma grand-mère / avoir / des amies / ennuyeux
2. nous / avoir / deux chiens / gros / intelligent / et
3. Célia / être / petit / et / toujours heureux
4. les élèves de la classe / être / intellectuel / sportif / et
5. mon chien / avoir / les yeux / marron

14 Des photos

Parlons Fais une description des photos. Utilise deux adjectifs pour chaque personne. Les phrases peuvent être affirmatives ou négatives.

MODÈLE **Ils sont âgés et intelligents.**

1.

2.

3.

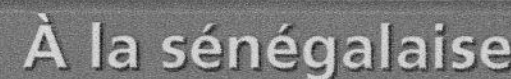

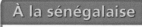

À la sénégalaise

In Senegal, the word **long** is used to describe height.

Il est **long** aux cheveux noirs.

4.

5.

6.

Communication

15 Scénario

Parlons Choisis une personne de la classe et décris cette personne à ton/ta camarade. Ton/ta camarade va essayer de deviner le nom de la personne. Ensuite, échangez les rôles.

MODÈLE **—Il est grand. Il n'est pas blond.**
—C'est Morris?

Synthèse
- Vocabulaire 1
- Grammaire 1

Application 1

16 Une personne que j'admire

Écrivons Pense à une personne que tu admires beaucoup (un membre de ta famille ou une personne célèbre). Écris un paragraphe pour décrire cette personne et explique pourquoi tu l'admires. Affiche ton paragraphe pour le reste de la classe.

MODÈLE **J'aime beaucoup ma tante Lauren parce qu'elle est très intelligente et très marrante. Elle a... Elle est...**

Un peu plus Révisions

The adjectives *beau, nouveau, vieux*

Beau *(handsome)*, nouveau *(new)*, and vieux *(old)* are placed **before** the noun they describe.

M. Michaud est notre nouveau professeur.

The feminine forms are belle *(beautiful)*, nouvelle, and vieille. If you have a feminine plural noun, just add an **-s**.

Paris est une vieille ville.
Où sont les nouvelle**s** voitures?

Before a masculine noun that begins with a vowel sound, use bel, nouvel, and vieil. For masculine plural nouns, use beaux, nouveaux, and vieux.

Farid est un nouvel élève.
Ses chiens sont beaux.

Vocabulaire et grammaire, *p. 6*
Cahier d'activités, *pp. 1–3*

17 Quelle forme choisir?

Écrivons Complète chaque phrase avec la forme de l'adjectif qui convient.

1. Marcus est un ______ élève. (nouveau)
2. Mon ______ oncle Jean est très sympathique. (vieux)
3. Ces ______ chats sont à vous? (beau)
4. Julie et Laure sont les ______ amies de Céline. (nouveau)
5. Ma grand-mère est ______, mais très marrante. (vieux)

18 Phrases variées

Écrivons Récris chaque phrase en ajoutant un adjectif approprié. Mets chaque adjectif à la forme et à la place qui conviennent.

sportif	vieux	beau
gentil	timide	nouveau

MODÈLE C'est ma raquette.
C'est ma nouvelle raquette.

1. Martina est une fille.
2. J'aime les chiens.
3. Mon frère est un élève.
4. Ma tante a un piano.
5. Pierrick est un garçon.

my.hrw.com
Application 1 practice

19 À la recherche d'une nouvelle star

a. Lisons Un film va être tourné *(filmed)* près de chez toi et le metteur en scène *(director)* cherche des acteurs. Lis les annonces qu'il a passées dans un magazine. Laquelle te correspond le mieux?

Recherche jeunes acteurs!
En vue du tournage de son prochain film, Bertrand Delatour est à la recherche de jeunes gens.
Garçon, 15 ans, brun et au moins 1, 90m, très sportif
Fille, 16 ans, brune, les cheveux longs. Doit pouvoir parler allemand.
Garçon, 13/14 ans, si possible les cheveux blonds et longs. Doit savoir nager.
Fille, entre 13 et 15 ans, blonde. Doit être sportive.

b. Écrivons Maintenant, écris une lettre au metteur en scène. Décris pourquoi tu pourrais *(could)* être un acteur (une actrice) dans son nouveau film. Ou bien, tu peux suggérer un ami.

MODÈLE **Bonjour, Monsieur. J'aime le cinéma. J'ai quinze ans et...**

Communication

20 Opinions personnelles

Parlons Qui est ton acteur (actrice) préféré(e)? Avec ton/ta camarade, fais une description de cette personne. Comment est-il/elle? Mentionne ce qu'il/elle aime faire aussi.

MODÈLE **—Mon acteur préféré est... Il est grand et beau...**

21 Interview

Parlons C'est la rentrée et tu viens de commencer une nouvelle année à ton lycée. Avec deux ou trois camarades, parlez de ce qui est nouveau dans vos vies (professeurs, sports, amis, CD, etc.).

MODÈLE **—Tu as un nouveau professeur de maths?**

Culture appliquée

Écrire au tableau

La cursive

En France, les enfants apprennent à écrire en cursive sans avoir appris[1] les caractères d'imprimerie[2]. Ils apprennent aussi à écrire avec un stylo plume[3] et continuent d'utiliser le stylo plume pendant toute leur scolarité. L'écriture de chaque élève change petit à petit pour devenir plus personnelle. Certains adolescents vont même faire des efforts particuliers pour avoir une écriture différente et aussi pour inventer une signature qui leur est propre[4]. Il n'est pas rare qu'ils y passent[5] plusieurs heures.

1. without having learned 2. block letters 3. fountain pen 4. his/her own 5. for them to spend

Ta page d'écriture

Materials needed:

- a piece of graph paper
- a pencil or pen

It's your turn to play the role of a French student and to try to copy the letters illustrated below. Try to come up with your own signature.

A B C D E F G H I J K L M

N O P Q R S T U V W X Y Z

a b c d e f g h i j k l m

n o p q r s t u v w x y z

1 2 3 4 5 6 7 8 9

SIGNATURE

Comment un élève français écrit-il un essai? Est-ce qu'il utilise un ordinateur ou est-ce qu'il l'écrit à la main?

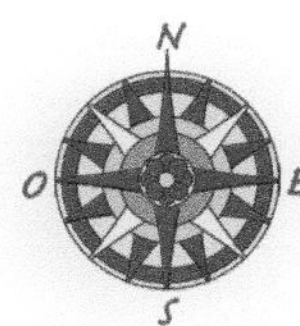

Comparaisons

Repas en famille

La famille au Maroc

Tu rends visite à une famille qui habite à la campagne au Maroc. Tu t'attends à voir:

a. les parents et les enfants.
b. toute la famille: les parents, les enfants, les grands-parents, les oncles et tantes, etc.
c. les parents uniquement.

Les Marocains accordent une grande importance à l'unité et à l'honneur de la famille. Dans les zones rurales, parents, enfants, grands-parents, oncles, tantes, frères et sœurs vivent sous le même toit[1] et se partagent[2] le travail. Les couples mariés ont des pièces privées et préparent leurs propres repas. Tous les membres de la famille participent à l'éducation des enfants. Dans les villes, les couples mariés habitent aujourd'hui dans leur propre maison ou appartement.

ET TOI?

1. Qu'est-ce que veut dire «famille étendue» *(extended)* aux États-Unis?
2. Quel est le rôle de la famille dans l'éducation des enfants aux États-Unis?

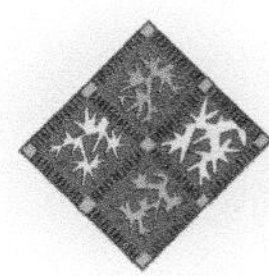

Communauté et professions

Le français et l'enseignement

En France, les enfants apprennent à écrire vers 4 ou 5 ans à l'école maternelle[3]. Dans certaines écoles, ils commencent aussi à apprendre une langue étrangère. À quel âge est-ce que les enfants apprennent à écrire dans ta communauté? Est-ce qu'il existe des cours de langue pour les enfants dans ta communauté? Et à l'école primaire, est-ce qu'il y a des cours de langue? Fais des recherches et présente ce que tu as trouvé à la classe.

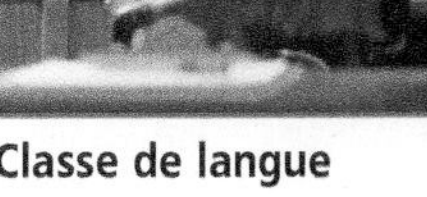

Classe de langue

1. under the same roof **2.** share **3.** kindergarten

Objectifs
- to inquire
- to tell when you do something

Vocabulaire à l'œuvre 2

Télé-vocab

Révisions Après l'école, nous aimons...

faire du théâtre

jouer au tennis

aller au cinéma

faire de la vidéo amateur

jouer au basket-ball

Online Practice
my.hrw.com
Vocabulaire 2 practice

jouer de la musique

jouer du piano

aller au café

D'autres mots utiles

jouer aux échecs	*to play chess*
lire	*to read*
un coca	*soda*
un chocolat chaud	*hot chocolate*
un croque-monsieur	*toasted cheese sandwich with ham*
un jus de fruit	*fruit juice*
une limonade	*lemon-lime soda*
un sandwich au jambon	*ham sandwich*
une glace	*ice cream*
une tarte aux pommes	*apple tart*

Exprimons-nous!

To inquire	To respond
Il est bon, ton sandwich? *Is . . . any good?*	**Excellent!/Pas mauvais.** *Excellent!/Not bad.*
Est-ce que tu joues bien du piano? *Do you play . . . well?*	**Assez bien.** *Pretty well.*
Tu as envie d'/Ça te dit d'aller au café? *Do you feel like . . . ?*	**Pourquoi pas?** *Why not?*
Tu veux aller jouer au tennis maintenant? *Do you want . . . ?*	Non, **je n'ai pas le temps. Je dois...** *. . . I don't have the time. I have to/must . . .*
Qu'est-ce que tu penses de mon appareil photo? *What do you think of . . . ?*	**Il est génial!** *It's great!*

Vocabulaire et grammaire, *pp. 7–9* Online Workbooks

► **Vocabulaire supplémentaire,** Au café, **pp. R16–R17**

Flash culture

En général, les adolescents français n'ont pas d'activités après l'école. Le mercredi après-midi et le samedi après-midi, ils ne vont pas à l'école et beaucoup d'élèves font du sport. Ils vont en ville pour retrouver leurs copains, pour faire les magasins, ou pour aller au cinéma, à la médiathèque et dans les cafés. Beaucoup d'enfants ont aussi des leçons de musique ou de danse.

Et toi, qu'est-ce que tu aimes faire après l'école? Est-ce que tu aimes les mêmes activités que les élèves français?

22 Trouve l'intrus

Lisons Choisis le mot qui ne correspond pas aux autres.

1. **a.** une batterie **b.** un piano **c.** un appareil photo **d.** une guitare
2. **a.** une raquette **b.** une glace **c.** une balle **d.** une batte
3. **a.** aller au café **b.** un caméscope **c.** un appareil photo **d.** faire de la vidéo
4. **a.** un chocolat chaud **b.** une glace **c.** une limonade **d.** un coca
5. **a.** un sandwich au jambon **b.** une limonade **c.** un jus de fruit **d.** un café
6. **a.** un caméscope **b.** un croque-monsieur **c.** faire de la vidéo amateur **d.** un appareil photo

23 Écoutons

Écoute les conversations suivantes. Quelle activité est-ce que chaque personne fait?

1. Camille
2. Yoan
3. Ahmed
4. Ludivine
5. Laurent

a. faire de la vidéo amateur
b. jouer au tennis
c. aller au café
d. faire de la photo
e. jouer de la musique

24 Tu veux bien... ?

Écrivons Tu es au café avec des amis. Pour chaque image, écris une conversation logique en utilisant les expressions de la boîte.

Il est bon... ?	Est-ce que tu joues bien... ?	Elle est bonne... ?
Tu veux... ?	Tu as envie de/d'... ?	

MODÈLE **—Il est bon, ton croque-monsieur?**
—Oui, excellent!

1.

2.

3.

4.

5.

Entre copains

cool	*cool*
Ça me branche!	*I really like it!*
Ça me botte.	*I'm into it.*
Chouette!	*Great!*
vachement	*really, way*

Exprimons-nous!

To tell when you do something

Le lundi, je fais **souvent** de la photo.
On Mondays . . . often . . .

Je joue au foot trois **fois par semaine.**
. . . times a week.

Je joue du piano **tous les mercredis.**
. . . every Wednesday.

Je fais du ski nautique **au printemps** et **en été.**
. . . in spring . . . in summer.

Je fais **rarement** du ski.
. . . rarely . . .

Vocabulaire et grammaire, *pp. 7–9*

Déjà vu!

Do you remember the days of the week and months?

lundi, mardi, mercredi, jeudi, vendredi, samedi, dimanche

janvier, février, mars, avril, mai, juin, juillet, août, septembre, octobre, novembre, décembre

25 Ta journée?

Écrivons Quand est-ce que tu fais ces activités? Écris des phrases en employant des mots de chaque boîte.

MODÈLE **Je joue au foot tous les vendredis.**

joue	de la photo	le vendredi
fais	du piano	au printemps (en été…)
vais	de la guitare	rarement
	du théâtre	souvent
	au base-ball	de temps en temps
	au cinéma	…fois par semaine
	aux cartes	tous les vendredis
	???	

Communication

26 Scénario

Parlons Imagine que tu es un nouvel élève à ton école. Présente-toi à un camarade de classe. Parle-lui de ce que tu aimes et de ce que tu n'aimes pas. Parle aussi de ce que tu fais et de ce que tu ne fais pas après l'école. Ensuite, échangez les rôles.

MODÈLE **—Je m'appelle Christina et j'adore la musique. Je joue de la batterie tous les jours!**

Objectifs

- *-er* verbs
- *-ir* and *-re* verbs

Grammaire à l'œuvre 2

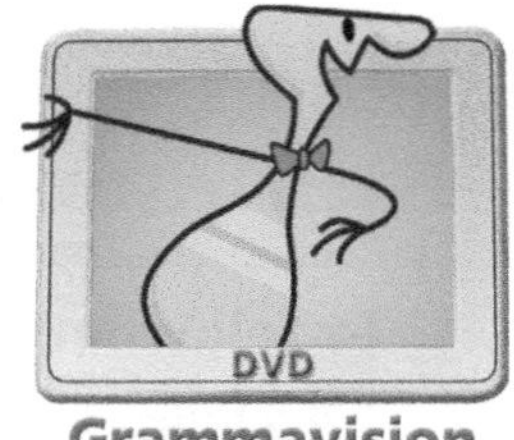

Grammavision

Révisions *-er* verbs

1 Most present-tense verbs ending in **-er** follow a regular pattern.

parler *(to speak)*	
je parl**e**	nous parl**ons**
tu parl**es**	vous parl**ez**
il/elle/on parl**e**	ils/elles parl**ent**

2 Verbs like **acheter** and **préférer** have the following spelling changes:

acheter *(to buy)*	**préférer** *(to prefer)*
j' ach**è**te	je préf**è**re
tu ach**è**tes	tu préf**è**res
il/elle/on ach**è**te	il/elle/on préf**è**re
nous achetons	nous préférons
vous achetez	vous préférez
ils/elles ach**è**tent	ils/elles préf**è**rent

3 Verbs ending in **-ger** and **-cer,** like **manger** *(to eat),* **voyager** *(to travel),* and **commencer** *(to begin),* have a spelling change in the **nous** form.

Nous ne mang**e**ons pas de pain.

Nous commen**ç**ons la fête?

Do you remember these other regular **-er** verbs?

regarder	*to look at*
aider	*to help*
étudier	*to study*
penser	*to think*
danser	*to dance*

Vocabulaire et grammaire, pp. 10–11
Cahier d'activités, pp. 5–7

En anglais

In English, you can tell that an action is happening in the present by using three forms of a verb.

I speak
I am speaking
I do speak

Look at the above examples. Do all the examples mean the same thing?

In French, you use one present tense form to express all three ideas.

Je travaille → *I work, I'm working, I do work*

27 Qu'est-ce qu'on fait?

Écrivons Fais des phrases en utilisant un élément de chaque boîte.

MODÈLE **Je mange un croque-monsieur.**

Je (J')	jouer	les cours à huit heures
Le professeur	manger	très bien français
Mes copains	parler	batterie
Nous, les élèves, nous	commencer	croque-monsieur
Vous, les Français, vous	préférer	faire de la photo

Online Practice

my.hrw.com
Grammaire 2 practice

Grammaire 2

28 Qu'est-ce qu'ils font?

Écrivons/Parlons Fais une phrase pour dire ce que chaque personne fait. Utilise les sujets indiqués et des verbes en **-er**.

MODÈLE **Loïc préfère la limonade.**

Loïc

1. Julien

2. Tu

3. Nous

4. Vous

5. Géraldine et Christine

6. Je

29 Lettre à Hugo

Écrivons Tu as un nouveau correspondant français qui s'appelle Hugo. Écris-lui une lettre pour lui dire ce que tu aimes faire. Utilise des verbes en **-er** et dis quand tu fais les activités mentionnées.

MODÈLE **Salut, Hugo,**
Je m'appelle James et j'ai seize ans. J'aime… Je joue… trois fois par semaine. Avec mes amis, nous...

Digital performance space

Communication

30 Questions personnelles

Parlons D'abord, prépare une liste de huit à dix questions à poser à un(e) camarade sur ses activités et sur les activités de ses amis et de sa famille. Puis, pose tes questions à ton/ta camarade. Ensuite, échangez les rôles.

MODÈLE **—Ashley, est-ce que toi et ta famille, vous voyagez en été?**
—Oui, nous voyageons souvent. Nous adorons aller à Miami. Et toi, tu aimes Miami?
—Je préfère Los Angeles...

Révisions -ir and -re verbs

Regular present-tense **-ir** and **-re** verbs follow these patterns.

finir *(to finish)*			
je	fin**is**	nous	fin**issons**
tu	fin**is**	vous	fin**issez**
il/elle/on	fin**it**	ils/elles	fin**issent**

vendre *(to sell)*			
je	vend**s**	nous	vend**ons**
tu	vend**s**	vous	vend**ez**
il/elle/on	vend	ils/elles	vend**ent**

Do you remember these regular **-ir** and **-re** verbs?

choisir	*to choose*
grossir	*to gain weight*
maigrir	*to lose weight*
réussir	*to succeed, pass an exam*
attendre	*to wait for*
descendre	*to go down, to get off/out*
perdre	*to lose*

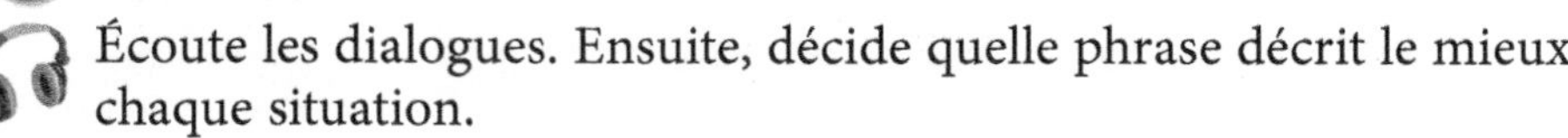
Vocabulaire et grammaire, *pp. 10–11*
Cahier d'activités, *pp. 5–7*

Dans un café, il n'y a généralement pas autant de choix que dans un *coffee shop* américain. Vous pouvez commander **un café noir, un café au lait, un café crème** ou **un cappuccino.** Le café est servi dans de petites tasses et il est très fort. Vous pouvez aussi commander **un chocolat chaud** ou **un jus de fruits**. Il y a aussi des boissons au sirop. Vous pouvez déjeuner dans un café, mais le menu se limite aux sandwichs et au plat du jour.

Et le coffee shop près de chez toi, qu'est-ce qu'il offre?

31 Écoutons

Écoute les dialogues. Ensuite, décide quelle phrase décrit le mieux chaque situation.

a. Julien choisit un t-shirt.
b. Farida attend sa sœur.
c. Le libraire *(bookstore employee)* vend des livres.
d. Nicolas réussit à son examen.
e. Claudine finit son café.

32 Questions

Écrivons Réponds aux questions suivantes en utilisant des verbes en **-ir** et en **-re**.

MODÈLE Quand est-ce que tu finis tes devoirs le soir?
Je finis mes devoirs à huit heures.

1. Qu'est-ce qu'on vend dans un café en France?
2. Qu'est-ce qui arrive aux personnes qui mangent trop?
3. Qu'est-ce qui arrive aux personnes qui ne mangent pas?
4. Où est-ce que tu attends souvent tes amis?
5. Est-ce que vous attendez souvent le professeur?
6. Pour jouer au tennis, tu choisis de porter un jean et une chemise ou un short et un tee-shirt?
7. Est-ce que tu réussis à tes examens?

Grammaire 2

33 Suite logique

Lisons/Parlons Lis chaque phrase et propose une continuation logique. Utilise des verbes en **-ir** et en **-re**.

MODÈLE Il y a encore 4 pages dans mon livre. (finir)
Tu finis le livre.

1. Gérald a dix raquettes de tennis et il n'aime pas jouer au tennis.
2. Noémie mange beaucoup de glace et de sandwichs.
3. Tu es au café. Tu adores le chocolat.
4. Nous ne mangeons pas beaucoup en été.
5. On est dans le bus et on arrive à l'école.
6. Ahmed et Nan travaillent dans un magasin de photos.

34 Qui fait quoi?

Écrivons/Parlons Décris ce qui se passe sur l'image. Utilise des verbes en **-ir** et en **-re**.

MODÈLE **Mlle Duménil et Mlle Lasti descendent les escaliers.**

Communication

35 Scénario

Parlons Tu es au café avec des amis. Choisissez ensemble ce que vous allez prendre. Ensuite, parlez des activités que vous faites en ce moment ou de ce que vous allez faire pendant la journée. Utilisez des verbes en **-er, -ir** et en **-re**.

MODÈLE **—Alors, vous choisissez?**
—Oui, je choisis une limonade.

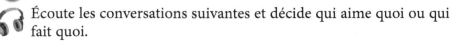

Application 2

36 Écoutons

Écoute les conversations suivantes et décide qui aime quoi ou qui fait quoi.

1. Mathias	**a.** joue au tennis.
2. Valentine	**b.** aime le théâtre.
3. Audrey	**c.** joue de la guitare.
4. Benjamin	**d.** a envie de manger un croque-monsieur.
5. Magali	**e.** fait de la photo.

37 Une journée typique

Écrivons Décris ce que tu fais typiquement dans la journée. Utilise des verbes variés (**-er**, **-ir** et **-re**).

MODÈLE **J'attends le bus. Quand j'arrive à l'école, je... Après les cours, je joue du piano. Le soir, je finis mes devoirs...**

Un peu plus Révisions

Verbs like *dormir*

As you learned in Level 1, **dormir, partir,** and **sortir** follow a similar pattern of conjugation.

dormir *(to sleep):* je dor**s**, tu dor**s**, il/elle/on dor**t**, nous dor**mons**, vous dor**mez**, ils/elles dor**ment**

partir *(to leave):* je par**s**, tu par**s**, il/elle/on par**t**, nous par**tons**, vous par**tez,** ils/elles par**tent**

sortir *(to go out):* je sor**s**, tu sor**s**, il/elle/on sor**t**, nous sor**tons**, vous sor**tez**, ils/elles sor**tent**

Vocabulaire et grammaire, *p. 12*
Cahier d'activités, *pp. 5–7*

38 Dormir, partir ou sortir?

Écrivons Complète chaque phrase avec la forme qui convient du verbe **dormir, partir** ou **sortir,** d'après le contexte.

1. Nous _______ souvent le samedi soir.
2. Vous maigrissez et vous êtes fatigués *(tired)*. Vous ne _______ pas assez!
3. Ces deux chiens _______ sur le lit toute la journée!
4. Claudia, tu _______ ce soir? Où tu vas?
5. Les Martin _______ en vacances en juillet.
6. Je _______ pour l'école à huit heures le matin.
7. On _______ tard le dimanche matin!

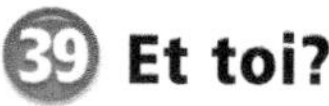

39 Et toi?

Parlons Réponds aux questions suivantes en utilisant les verbes **dormir, partir** et **sortir.**

1. Est-ce que tu dors beaucoup le week-end?
2. Est-ce que tes amis et toi, vous sortez le week-end?
3. Est-ce que tes parents sortent souvent le soir?
4. Est-ce que tu as des animaux? Ils dorment beaucoup?
5. Tu pars en vacances en été?
6. Moi, je pars de la maison à six heures le matin. Et toi?

40 Le dimanche

Écrivons Qu'est-ce que ta famille (ou tes amis) et toi, vous faites en général le dimanche? Écris un paragraphe pour décrire vos activités. Utilise le vocabulaire et la grammaire de ce chapitre.

MODÈLE **Je dors beaucoup parce que j'adore dormir! À onze heures, ma famille et moi, nous partons... Après, nous mangeons... Je choisis...**

Communication

41 On fait connaissance

Parlons Imagine que tu rencontres *(meet)* ton/ta camarade de classe pour la première fois. Vous voulez savoir ce que vous aimez. Lisez les questions ci-dessous et répondez-y de manière logique. Utilisez des gestes pendant que vous parlez. Ensuite, échangez les rôles.

— **Comment tu t'appelles?**
—
— **Qu'est-ce que tu aimes comme musique?**
—
— **Qu'est-ce que tu aimes faire?**
—
— **Est-ce que tu joues souvent au foot?**
—
— **Ça te dit d'aller au cinéma samedi?**
—

Télé-roman

Le Secret de la statuette *Épisode 1*

STRATÉGIE

Looking for clues A careful viewer looks for clues that can provide insight into the main idea, theme, and plot of a story. A clue can be something a character says, where a scene takes place, a gesture, or any important event. Sometimes clues are quite obvious and sometimes they are purposely hidden. As you watch this first episode, look for as many clues as you can.

À Dakar: le bureau du conservateur du Musée d'art africain...

1 *M. Gadio travaille à son bureau. Quelqu'un tape à la porte.*

2

M. Rigaud Monsieur Gadio? Bonjour. Charles Rigaud. C'est moi qui vous ai téléphoné au sujet de la statuette. Comme je vous l'ai dit au téléphone, je suis responsable d'un groupe d'étudiants en archéologie et nous avons découvert cet objet rare.

3

M. Gadio Très intéressant... C'est une statuette dogon, en effet. Mais ce n'est pas ma spécialité. Je me spécialise en art wolof.

4

M. Rigaud Vous avez peut-être un collègue qui pourrait nous aider...

M. Gadio Oui, j'ai une collègue experte en objets rares de ce type, mais elle habite en France, à Nice. Mme Anne Bondy.

M. Rigaud Alors, gardez la statuette et faites ce que vous pouvez. Bonne journée, M. Gadio, et à bientôt!

Visit Us Online

my.hrw.com
Online Edition

M. Gadio téléphone à son amie Anne Bondy.

5

Anne Salif! Quelle surprise! Ça va bien. Et toi?

6

M. Gadio Bien, bien... Dis-moi, j'ai un objet intéressant à te montrer... C'est une longue histoire. C'est une statuette... un objet rare, paraît-il...

Quelques jours plus tard, au bureau du conservateur

7

M. Rigaud Cher M. Gadio! Bonjour. Je passais dans le quartier, alors...

M. Gadio J'ai de très bonnes nouvelles, M. Rigaud. Ma collègue a décidé de venir à Dakar. Elle arrive la semaine prochaine. Comme ça, elle va pouvoir expertiser l'objet ici!

8

M. Rigaud Ah oui?... Elle vient à Dakar? Eh bien... c'est parfait... Écoutez, euh... je repasserai la semaine prochaine, alors. Bon... au revoir.

AS-TU COMPRIS?

1. Qui est M. Gadio?
2. Qu'est-ce que M. Rigaud veut?
3. Est-ce que M. Gadio peut évaluer la statuette? Pourquoi?
4. À qui est-ce que M. Gadio téléphone? Pourquoi?
5. Qui va venir à Dakar la semaine prochaine?
6. Comment résumerais-tu l'idée principale et le thème de cet épisode?

Prochain épisode:
D'après ce que tu as appris à la fin de cet épisode, est-ce que tu peux deviner ce qui va arriver dans l'épisode 2?

Lecture et écriture

Maurice Carême (1899–1978), instituteur et poète belge, écrit ses premiers poèmes en 1914. Il devient instituteur en 1918. À partir de 1943, il décide de se consacrer[1] à la littérature. Il écrit beaucoup pour les enfants.

STRATÉGIE pour lire

Genre of a text Consider the genre of a text before you read it. Different genres are short stories, novels, poems, essays, and plays. The genre tells you what kind of writing to expect.

A Avant la lecture

Le poème est un genre littéraire particulier. Pense aux poèmes que tu as déjà lus. Quelles sont leurs caractéristiques? Est-ce qu'ils sont tous en vers[2]? Est-ce qu'ils riment? Est-ce qu'ils ont plusieurs strophes?

Le vieux piano

Lorsque[3] je vais chez ma cousine,
Elle ouvre son vieux piano.
Malheureusement, il joue faux[4],
Le piano de ma cousine.

Mon cousin est sourd comme un pot[5],
Et il sourit[6] dans la cuisine
Lorsqu'il voit taper[7] ma cousine
Sur son vieux piano si faux.

Mais que peut penser la voisine[8] ?
Elle doit me trouver bien sot[9]
Lorsque j'écoute ma cousine
Taper sur son vieux piano.

1. dedicate himself 2. verse 3. when 4. out of tune 5. deaf as a post 6. smiles 7. to bang 8. neighbor 9. foolish

Online Practice

my.hrw.com

Online Edition

L'enfant à l'harmonica

Un enfant joue un air
D'harmonica dans la lumière[1].
L'air est si doux[2] que l'on voudrait,
Sur le seuil[3] de la porte,
Être sa mère qui paraît[4]
Et lui sourit, accorte[5].
Des gens[6] passent, surpris,
Et regardent l'enfant assis.
Et l'on est si comblé[7] de joie
Que l'on a envie, malgré soi[8],
De remercier les cieux[9]
Où l'on dirait que Dieu[10]
Lui-même est venu s'accouder[11]
Pour écouter l'enfant jouer.

1. light **2.** soft **3.** threshold **4.** appears **5.** cheerful **6.** people **7.** filled with **8.** despite oneself **9.** heavens **10.** God **11.** to lean on his elbows

Compréhension

B Complète chaque phrase en choisissant la bonne réponse.

Le vieux piano

1. ______ joue du piano.
   a. Le cousin **b.** La cousine
2. Le piano est en ______ condition.
   a. bonne **b.** mauvaise
3. Le cousin ______.
   a. n'entend *(hear)* pas bien **b.** fait la cuisine

L'enfant à l'harmonica

4. L'enfant est ______ la maison.
   a. devant **b.** dans
5. La mère de l'enfant est ______.
   a. surprise **b.** contente
6. L'enfant joue très ______.
   a. bien **b.** mal

C Réponds aux questions suivantes.

Le vieux piano

1. Qui est sourd?
2. Qui aime jouer du piano?
3. Qu'est-ce que la voisine doit penser du narrateur?

L'enfant à l'harmonica

4. Qui sort de la maison pour regarder l'enfant?
5. Qui écoute l'enfant jouer de l'harmonica?
6. Quel sentiment est-ce que les gens éprouvent *(feel)* en écoutant l'enfant jouer de l'harmonica?

Après la lecture

D Look at the characteristics for one of the poems that you recalled in **Avant la lecture**. Which characteristics did you find in each of these new poems? Point out examples of at least two characteristics in each poem.

E Both poems are about music, an art form meant to be heard. Read the poems aloud. Which sounds repeat themselves? What is the rhyme scheme or pattern of sounds at the end of each line?

Espace écriture

STRATÉGIE pour écrire

A writing plan can help you create an interesting description that has variety and detail. An example of a writing plan would be to list the topics you want to cover, then to use a cluster diagram to organize nouns, adjectives and adverbs related to each topic.

Vacances en famille

Imagine that you are spending a month with some relatives during the summer. The relatives may be real or imaginary. Write a letter describing your vacation to your best friend back at home. Use the following guidelines to write your letter.

1 Plan

List the names of real or imaginary relatives. For each person, brainstorm:

- physical and personality traits
- things and activities he/she likes or dislikes
- activities you do together
- when or how often you do the activities.

Then, organize the information in a cluster diagram.

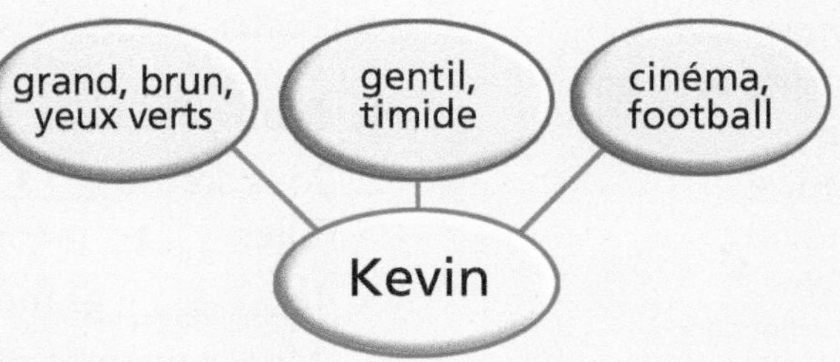

2 Rédaction

Now, write the letter to your best friend, telling about your relatives and what you do together. Describe your relatives and tell what they like and dislike. Then, mention some of the activities you do together and when you usually do them.

3 Correction

Read your draft at least two times. Check for:

- agreement of adjectives and definite articles
- the correct forms of **être, avoir,** and **-er, -ir,** and **-re** verbs.

4 Application

Exchange letters with classmates and read them. With whose family would your classmates most like to spend the summer? Choose a classmate's letter and answer it.

Prépare-toi pour l'examen

@HOMETUTOR

① Vocabulaire 1
- to describe yourself and ask about others
- to talk about your likes and dislikes

pp. 6–9

1 Comment est ton/ta meilleur(e) ami(e)? Réponds aux questions suivantes.

1. Il/Elle s'appelle comment?
2. Il/Elle a quel âge?
3. Il/Elle a les yeux et les cheveux de quelle couleur?
4. Comment est-il/elle? (Décris sa personnalité.)
5. Qu'est-ce qu'il/elle aime faire?

② Grammaire 1
- the verbs **avoir** and **être**
- adjective agreement

Un peu plus
- the adjectives **beau, nouveau, vieux**

pp. 10–15

2 Aurélie parle de sa famille. Complète ses phrases avec les formes correctes des verbes **avoir** ou **être**.

1. Mon père n'__1__ pas très âgé. Il __2__ 38 ans.
2. Mes sœurs __3__ les yeux marron et les cheveux blonds. Elles __4__ très jolies.
3. Je __5__ grande et je (j') __6__ les cheveux noirs.
4. Mon cousin et moi, nous __7__ seize ans. Nous __8__ jeunes! Et vous, vous __9__ quel âge?
5. Tu __10__ quinze ans et ta sœur __11__ quinze ans aussi?

③ Vocabulaire 2
- to inquire
- to tell when you do something

pp. 18–21

3 D'abord, décris les personnes représentées. Ensuite, dis ce qu'ils/elles ont ou ce qu'ils/elles font.

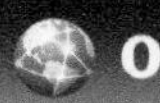
Online Assessment
my.hrw.com
Chapter Self-test

Prépare-toi pour l'examen

4 Écris des phrases complètes.

1. Je / finir toujours / mes devoirs de français
2. Mes amis et moi / préférer passer le samedi au parc / et nous / attendre le week-end avec impatience
3. Mes parents / manger beaucoup / et ils / grossir facilement
4. Mon ami / aimer étudier / et il / ne jamais perdre ses devoirs
5. Vous / répondre toujours aux questions du professeur

4 Grammaire 2
- **-er** verbs
- **-ir** and **-re** verbs

Un peu plus
- verbs like **dormir**

pp. 22–27

5 Réponds aux questions suivantes.

1. Qu'est-ce qu'on fait le dimanche en général en France?
2. Donne trois exemples de diminutifs familiaux.

5 Culture
- **Flash culture** **pp. 8, 12, 20, 24**
- **Comparaisons** **pp. 16–17**

6 Écoute la conversation entre Michèle et son amie Géraldine et dis si les phrases suivantes sont **a) vraies** ou **b) fausses.**

1. Marc est le frère d'Alice.
2. Géraldine trouve que Marc est beau.
3. Michèle a un frère.
4. Michèle croit que Marc a dix-huit ans.
5. Marc joue au foot le mardi.

7 C'est la rentrée et tu parles avec un(e) nouvel(le) élève. D'abord, lisez les instructions pour chaque réplique *(exchange)*. Ensuite, créez votre dialogue en utilisant des expressions de ce chapitre et des autres chapitres.

Élève A:	Salue ton/ta camarade. Présente-toi et demande-lui comment il/elle s'appelle.
Élève B:	Dis comment tu t'appelles.
Élève A:	Demande à ton/ta camarade son âge.
Élève B:	Dis ton âge et pose la même question.
Élève A:	Dis ton âge et pose à ton/ta camarade une question sur sa famille.
Élève B:	Réponds et demande à ton/ta camarade ce qu'il/elle aime faire.
Élève A:	Dis ce que tu aimes faire. Propose à ton/ta camarade de faire quelque chose.
Élève B:	Accepte ou refuse l'invitation.

Grammaire 1
- the verbs **avoir** and **être**
- adjective agreement

Un peu plus
- the adjectives **beau, nouveau, vieux**

pp. 10–15

Résumé: Grammaire 1

Here are the forms of the verbs avoir *(to have)* and être *(to be)*:

avoir: j'ai, tu as, il/elle/on a, nous avons, vous avez, ils/elles ont
être: je suis, tu es, il/elle/on est, nous sommes, vous êtes, ils/elles sont

To make most adjectives feminine, add an -e. To make most adjectives plural, add an -s. Masculine adjectives that end in **-eux** do not change form in the plural.

These adjectives have irregular forms:

Masculine before a consonant	Masculine before a vowel (sound)	Feminine	Masculine plural	Feminine plural
beau	bel	belle	beaux	belles
nouveau	nouvel	nouvelle	nouveaux	nouvelles
vieux	vieil	vieille	vieux	vieilles

Grammaire 2
- **-er** verbs
- **-ir** and **-re** verbs

pp. 22–27

Un peu plus
- verbs like **dormir**

Résumé: Grammaire 2

Most verbs ending in -er follow this pattern:

parler: je parle, tu parles, il/elle/on parle, nous parlons, vous parlez, ils/elles parlent

Regular -ir and -re verbs follow this pattern:

finir: je finis, tu finis, il/elle/on finit, nous finissons, vous finissez, ils/elles finissent

vendre: je vends, tu vends, il/elle/on vend, nous vendons, vous vendez, ils/elles vendent

Verbs like **dormir** *(to sleep)*, **partir** *(to leave)*, and **sortir** *(to go out)* follow a pattern: je dors, tu dors, il/elle/on dort, nous dormons, vous dormez, ils/elles dorment

Lettres et sons

Les accents

Accent marks are important to the spelling and pronunciation of French words.
- Pronounce é (accent aigu) like the *a* in the word *day*: vidéo, caméscope
- Pronounce è (accent grave) like the *e* in the English word *jet*: mère, père. However, the accent grave over other vowels does not change pronunciation.
- The cédille under the letter *c* indicates that it should be pronounced like an *s*: Ça te dit?

Jeux de langue

En été, à la mer, ma mère préfère aller avec mon père et mes frères.

Dictée

Écris les phrases de la dictée.

Résumé: Vocabulaire 1

PRACTICE FRENCH WITH HOLT MCDOUGAL APPS!

To describe yourself and ask about others

âgé(e)	*old*
un beau-père/une belle-mère	*stepfather/stepmother*
blond(e)/roux (rousse)	*blond/red-haired*
brun(e)	*brunette*
un chat/un chien	*cat/dog*
des cheveux (m.)	*hair*
un copain	*friend*
court(e)/long(ue)	*short/long*
un cousin (une cousine)	*cousin*
une famille	*family*
un frère/une sœur	*brother/sister*
gentil(le)	*nice*
grand(e)	*tall*
une grand-mère	*grandmother*
un grand-père	*grandfather*
gros(se)	*fat*
intelligent(e)	*intelligent*
marrant(e)	*funny*
marron	*brown*
une mère/un père	*mother/father*
mince	*slim*
un oncle/une tante	*uncle/aunt*
pénible	*annoying*
petit	*short, small*
sérieux (sérieuse)	*serious*
sportif (sportive)	*athletic*
timide	*shy*
vert(e)	*green*
des yeux (m.)	*eyes*
Comment tu t'appelles?	*What is your name?*
Je m'appelle...	*My name is . . .*
Tu as quel âge?	*How old are you?*
J'ai… ans.	*I am . . . years old.*
De quelle couleur sont…?	*What color are . . . ?*
Ils sont…	*They are . . .*
Il/Elle est comment... ?	*What is he/she like . . . ?*
Il/Elle est…	*He/She is . . .*

To talk about likes and dislikes ....See p. 9

Résumé: Vocabulaire 2

To inquire

aller au cinéma	*to go to the movies*
un appareil photo (numérique)	*(digital)camera*
un café	*café/coffee*
un caméscope	*video camera*
un chocolat chaud	*hot chocolate*
un coca/une limonade	*soda/lemon soda*
un croque-monsieur	*toasted cheese sandwich with ham*
faire de la photo	*to do photography*
faire du théâtre	*to do theater/drama*
faire de la vidéo amateur	*to make videos*
une glace	*ice cream*
jouer au basket-ball	*to play basketball*
jouer au tennis	*to play tennis*
jouer aux échecs	*to play chess*
jouer de la batterie	*to play drums*
jouer de la guitare/du piano	*to play guitar/piano*
un jus de fruit	*fruit juice*
lire	*to read*
une limonade	*lemon-lime soda*
une raquette/une balle	*racket/(tennis) ball*
un sandwich au jambon	*ham sandwich*
une tarte aux pommes	*apple tart*
Ça te dit de/d'... ?	*Do you feel like . . . ?*
Tu as envie de/d'...?	*Do you feel like . . . ?*
Est-ce que tu joues bien… ?	*Do you play . . . well?*
Il est bon, ...?	*Is . . . any good?*
Qu'est-ce que tu penses de... ?	*What do you think of . . . ?*
Tu veux...?	*Do you want . . . ?*
Assez bien.	*Pretty well.*
Il est génial!	*It's great!*
Je n'ai pas le temps.	*I don't have the time.*
Pourquoi pas?	*Why not?*

To tell when you do something............See p. 21

Révisions cumulatives

1 Écoute Irène parler de sa famille et choisis la photo qui correspond à chaque membre de sa famille.

a.

b.

c.

d.

2 Isabelle, une jeune Française, passe un mois chez des amis au Texas. Lis la lettre qu'elle envoie à sa copine qui est restée en France. Ensuite, réponds aux questions qui suivent.

> Salut, Amélie!
> Comment ça va? Moi, je vais bien et j'adore le Texas! Ma famille américaine est super sympa. Ils sont quatre: les parents, leur fille et leur fils. La fille s'appelle Anne et elle a quinze ans, comme moi. Elle est assez grande et très mince. Elle est très marrante et parle tout le temps! Son frère s'appelle Daniel et il a 18 ans. Il est assez sérieux et un peu timide, mais très gentil. Il a les cheveux noirs et les yeux verts et il est très beau. Nous jouons souvent aux échecs. Et toi? Comment ça va? Écris-moi vite!
>
> À plus.
> Isabelle

1. Est-ce qu'Isabelle aime sa famille américaine?
2. Comment s'appelle la fille de la famille?
3. Elle a quel âge? Comment est-elle?
4. Comment s'appelle le fils de la famille?
5. Il a quel âge? Comment est-il?
6. Qu'est-ce qu'Isabelle et Daniel aiment faire?

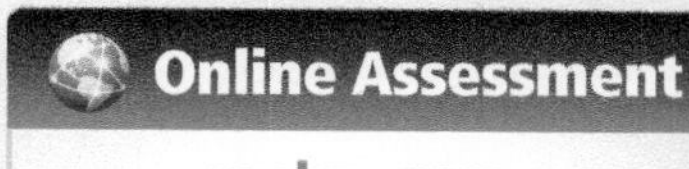

Online Assessment

my.hrw.com
Cumulative Self-test

3 Décris une personne célèbre à ton partenaire. Il/Elle va deviner *(guess)* de qui tu parles.

4 Qui sont les deux femmes dans ce tableau? Où sont-elles et que font-elles? Comment sont-elles? Écris une description de ces femmes. Présente ta description à ta classe.

Renoir, Pierre Auguste, Yvonne et Christine Lerolle au piano, 1897. Oil on canvas, 73 x 92 cm, Musée de l'Orangerie, Paris.

Yvonne et Christine Lerolle au piano **de Pierre Auguste Renoir**

5 Écris une lettre à un(e) élève français(e). Dis comment tu t'appelles. Parle de ton âge, de ton apparence physique et de ta personnalité. Parle aussi de ce que tu aimes faire.

6 À ton tour

Portrait de famille Do a class survey to get to know your classmates better. First, create questions to find out the age of each student in the class, how many brothers and sisters each one has, what each one likes and likes to do, and what each one does on the weekend. Ask each classmate your questions. After everyone has responded, put the information together to report your survey results.

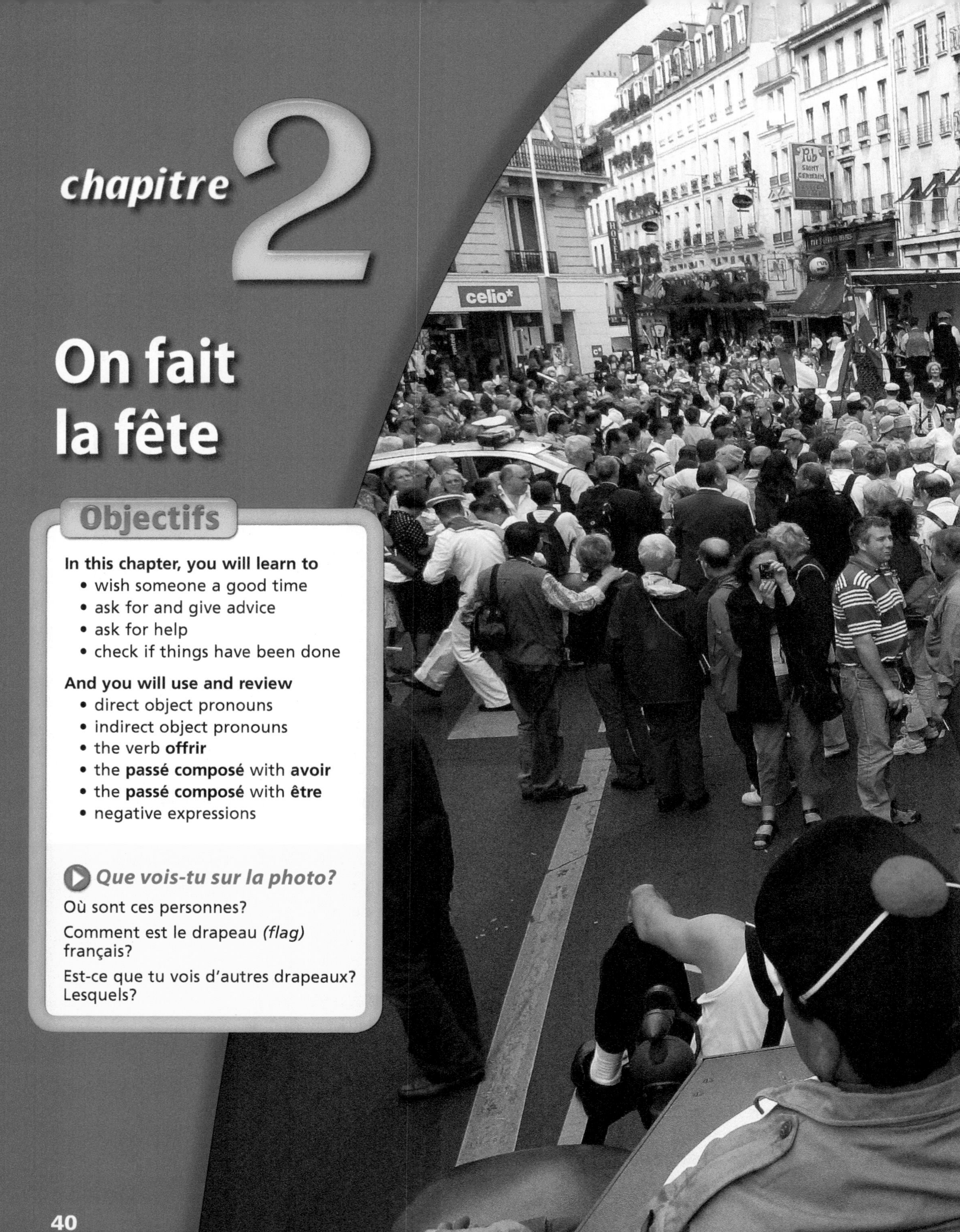

chapitre 2

On fait la fête

Objectifs

In this chapter, you will learn to
- wish someone a good time
- ask for and give advice
- ask for help
- check if things have been done

And you will use and review
- direct object pronouns
- indirect object pronouns
- the verb **offrir**
- the **passé composé** with **avoir**
- the **passé composé** with **être**
- negative expressions

Que vois-tu sur la photo?

Où sont ces personnes?

Comment est le drapeau *(flag)* français?

Est-ce que tu vois d'autres drapeaux? Lesquels?

MODES OF COMMUNICATION

INTERPRETIVE	INTERPERSONAL	PRESENTATIONAL
Listen to people speaking about celebrations. Read tips about planning the perfect party.	Speak with a partner about planning a party for a friend. Write an email inviting a friend to a **14 juillet** celebration.	Act out a scene in which you check that everything is ready for a party you've planned. Write an article about a school party.

Anniversaire commémorant la libération de Paris

Objectifs

- to wish someone a good time
- to ask for and give advice

Vocabulaire à l'œuvre 1

Télé-vocab

Les fêtes en France

La fête nationale

Noël

la carte de vœux

la bûche de Noël

Le nouvel an

Vocabulaire 1

la carte d'anniversaire

D'autres mots utiles

le jour de l'an	*New Year's Day*	**un bal populaire**	*dance*
la fête des mères/pères	*Mother's Day/ Father's Day*	**une boîte de chocolats**	*box of chocolates*
le réveillon	*midnight feast*	**un chèque-cadeau**	*gift card*
l'hymne (m.) national	*national anthem*	**allumer**	*to light*
		remercier	*to thank*

Exprimons-nous!

To wish someone a good time

J'espère que tu vas passer un joyeux/bon Noël.
I hope you will have . . .

Amuse-toi bien! *Have fun!*

Bonne soirée! *Have a good evening!*

Profite bien de tes vacances. *Enjoy . . .*

Je te/vous souhaite un bon anniversaire. *I wish you . . .*

Joyeux anniversaire! Happy Birthday!

Vocabulaire et grammaire, *pp. 13–15*

▶ **Vocabulaire supplémentaire—Les fêtes, p. R17**

1 Écoutons

Des amis parlent de fêtes. Écoute leurs conversations et choisis l'image correcte.

a.

b.

c.

d.

e.

2 Faisons la fête!

Écrivons Complète les phrases suivantes sur les fêtes. Choisis l'expression qui complète le mieux la phrase.

la foule	les décorations	des cartes de vœux
passer	l'hymne national	la fête nationale
remercier	allumer	le gâteau

1. En France, après le dîner, on mange ______.
2. La maison est très belle avec toutes ______ de Noël.
3. À la fin de l'année, en France on envoie ______ aux amis pour dire «Bonne Année».
4. Nous devons ______ nos grands-parents pour les cadeaux de Noël.
5. J'espère que tu vas ______ un joyeux Noël.
6. Nous chantons ______ en juillet.
7. ______ française est le 14 juillet, mais aux États-Unis, c'est le 4 juillet.

Flash culture

Les Français célèbrent beaucoup de fêtes. Une fête importante est l'épiphanie, le jour des rois. Le premier dimanche de janvier, les Français mangent une galette des rois. Dans la galette, il y a un petit objet en céramique, la fève. La personne qui trouve la fève dans son gâteau est le roi ou la reine et porte la couronne (crown).

Est-ce que tu célèbres l'épiphanie? Est-ce que tu connais des gens qui la célèbrent?

3 Les vœux

Écrivons/Parlons Donne tes vœux selon les situations suivantes.

MODÈLE Ce sont les vacances d'été.
Profite bien de tes vacances!

1. C'est l'anniversaire de Ludovic.
2. Ton frère sort avec des amis ce soir.
3. C'est le 21 décembre.
4. C'est le 31 décembre.
5. Ton ami(e) va à une fête d'anniversaire.

Exprimons-nous!

To ask for advice	To give advice	To respond
Tu as une idée de cadeau pour... ? *Do you have an idea for a present for . . . ?*	**Tu pourrais lui/leur offrir** un CD. *You could give him (her)/ them . . .*	**Bonne idée!** *Good idea!* **Tu n'as pas une autre idée?** *Don't you have another idea?*
Qu'est-ce que je pourrais offrir à Yann? *What could I get for . . . ?*	**Offre-lui** un jeu vidéo. *Give him/her . . .*	**Il en a déjà plein.** *He already has plenty of them.*

Vocabulaire et grammaire, *pp. 13–15* Online Workbooks

4 Scénario

Parlons Tu demandes des conseils pour des cadeaux. Utilise les expressions dans les boîtes.

MODÈLE **—Tu as une idée de cadeau pour l'anniversaire de ma grand-mère?**
—Offre-lui...

ton cousin (il aime le sport)	la fête des mères	une boîte de chocolats
ta mère	son anniversaire	un bouquet de fleurs
ton père	la fête des pères	une cravate
ta copine	Noël	des billets de théâtre
ton frère		un DVD
ta sœur (elle adore la musique)		un chèque-cadeau

Communication

5 Une idée de cadeau

Parlons Tu veux offrir des cadeaux à trois ami(e)s pour leur anniversaire, mais tu ne sais pas quoi leur offrir. Demande des conseils à ton/ta camarade en utilisant la publicité à droite.

MODÈLE **—Qu'est-ce que je pourrais offrir à... ?**
—Tu pourrais...

LE VOILÀ!
LA RÉCRÉ
Jeux vidéo à partir de 24 €
Casques écouteurs 21,99 €
Bandes dessinées à partir de 5,50 €
DVD et CD à petits prix! à partir de 8,50 €
Boule & Bill

Vocabulaire 1

Objectifs
- direct object pronouns
- indirect object pronouns

Direct object pronouns

1 A direct object is the person or thing receiving the action of the verb.

Ils achètent le gâteau.

2 Direct objects can be nouns or pronouns. To avoid repetition, direct objects can be replaced by direct object pronouns.

me	*me*	nous	*us*
te	*you* (sing., fam.)	vous	*you* (formal, plural)
le/la	*him/her, it*	les	*them*

3 In the present tense, place the direct object pronoun before the conjugated verb. If there is an infinitive, place it before the infinitive.

—Ils vont regarder le défilé?
—Oui, ils vont le regarder.

—Je vous invite tous chez moi.
—Tu nous invites tous? C'est très gentil!

4 Me, te, le, and la change to m', t', l', and l' before a vowel sound.

—Ma mère m'envoie une carte d'anniversaire?

Vocabulaire et grammaire, *pp. 16–17*
Cahier d'activités, *pp. 11–13*

En anglais

In English, direct and indirect object pronouns usually go after the verb.

Alicia sees us.

Can you think of two more sentences using different object pronouns?

In French, object pronouns are usually placed before the verb.

Alicia **nous** regarde.

6 Où sont les objets directs?

Lisons Trouve le pronom d'objet direct dans les phrases suivantes.

1. Ces décorations sont belles. On les achète?
   a. ces **b.** on **c.** les
2. Isabelle va vous inviter chez elle pour le nouvel an.
   a. le **b.** vous **c.** elle
3. Merci! Ce bouquet de fleurs est vraiment magnifique. Je l'adore!
   a. l' **b.** ce **c.** je
4. Ces ballons? On les achète pour la soirée de Léa.
   a. on **b.** les **c.** la
5. À Noël, je vous invite chez moi.
   a. moi **b.** je **c.** vous

my.hrw.com
Grammaire 1 practice

Grammaire 1

7 Trop de répétitions!

Écrivons/Parlons Réécris les phrases suivantes. Utilise des pronoms d'objet direct pour éviter les répétitions.

MODÈLE La bûche? Nous achetons la bûche à la pâtisserie.
La bûche? Nous l'achetons à la pâtisserie.

1. Coralie et Fabienne? Je vais inviter Coralie et Fabienne à mon anniversaire.
2. Le défilé commence à midi. Nous allons voir le défilé.
3. Cassandra offre une boîte de chocolats à Nadine. Nadine remercie Cassandra.
4. C'est un cadeau parfait. Mon père va beaucoup aimer ce cadeau.
5. Tu pourrais offrir un DVD à Luciane. Elle adore les DVD.
6. Papa a trouvé un joli cadeau pour maman. Il achète ce cadeau.

8 Une très bonne fête!

Écrivons/Parlons Décris les images suivantes. Utilise des pronoms d'objet direct.

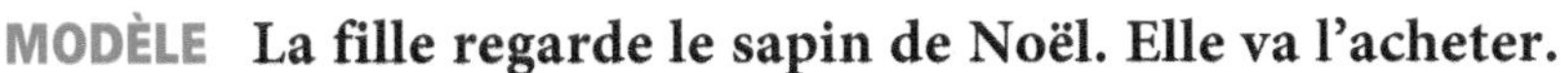

MODÈLE **La fille regarde le sapin de Noël. Elle va l'acheter.**

1.

2.

3.

4.

Communication

9 Scénario

Parlons Tous les ans, pour le 4 juillet, ton/ta camarade et toi êtes invité(e)s à une fête chez un(e) ami(e). Parlez des choses que vous allez faire et voir le 4 juillet. Utilisez des pronoms d'objet direct pour éviter les répétitions.

MODÈLE **—Joyce, tu aimes les fêtes de Martin?**
—Oui, je les adore. Et toi?
—Moi aussi. À quelle heure est-ce qu'on va regarder le... ?
—On va le regarder...

Indirect object pronouns

1 An indirect object is the person who benefits from the action of the verb. In French, the indirect object is almost always preceded by **à** and is often used with verbs of giving and receiving **(donner, offrir, envoyer)** and of commmunicating **(parler, téléphoner, dire)**.

Je vais envoyer une invitation à ton cousin.

2 Indirect object pronouns are used to avoid repetition. Place the indirect object pronoun before the conjugated verb or infinitive.

me (m')	(*to*) *me*	nous	(*to*) *us*
te (t')	(*to*) *you*	vous	(*to*) *you*
lui	(*to*) *him, her*	leur	(*to*) *them*

Alors, je vous envoie une invitation à ma fête.

Tu pourrais lui offrir un CD.

3 If you have a sentence with both direct and indirect object pronouns, place the pronouns in the order presented in the chart below.

me	**le**	
te	**l'**	**lui**
nous	**la**	**leur**
vous	**les**	

J'envoie cette carte à mon ami.	
Je l'envoie à mon ami.	*I'm sending **it** to my friend.*
Je lui envoie cette carte.	*I'm sending **him** this card.*
Je la lui envoie.	*I'm sending **it** to **him**.*
Je te l'envoie.	*I'm sending **it** to **you**.*

Vocabulaire et grammaire, ***pp. 16–17***
Cahier d'activités, ***pp. 11–13***

Le 14 juillet est le jour de la fête nationale en France. On célèbre la prise de la Bastille en 1789. La Bastille était une prison et elle représentait le pouvoir royal. La prise de la Bastille marque le début de la révolution française. Aujourd'hui, le 14 juillet est un jour férié, marqué par les défilés militaires sur les Champs-Élysées et le discours du Président. Les villes organisent des festivités: souvent il y a un bal populaire et un feu d'artifice.

Qu'est-ce que tu fais le 4 juillet? Qu'est-ce que ta ville organise?

10 L'anniversaire de Lucie

Écrivons La famille de Michel organise une fête. Réponds aux questions en remplaçant les mots soulignés avec des pronoms.

MODÈLE Michel donne les ballons à ses parents?
Oui, il les leur donne.

1. Maman va offrir les fleurs à Lucie?
2. Maman et Papa, vous envoyez l'invitation à oncle Marcel?
3. Sara donne les décorations à Maman?
4. Tu vas téléphoner aux amis de Lucie?

11 Écoutons

Écoute chaque conversation et décide si la réponse est **a) logique** ou **b) pas logique.**

12 Des réactions logiques

Écrivons Complète les conversations suivantes avec des pronoms.

1. Tes amis ont de nouveaux portables?
   Oui, je ______ téléphone tous les jours.
2. Tu nous invites à la fête?
   Bien sûr, je ______ envoie une invitation aujourd'hui!
3. Tu ______ donnes ce cadeau?
   Oui, je ______ ______ donne.
4. Elle donne ce cadeau à Ahmed?
   Oui, elle ______ ______ donne.
5. Alors, Anne et Paul, je ______ téléphone ce soir. Au revoir!

Alain, Noémie

13 La boum de Noémie

Écrivons/Parlons Explique ce qui se passe à la boum de Noémie. Utilise des pronoms d'objet direct et indirect dans tes phrases.

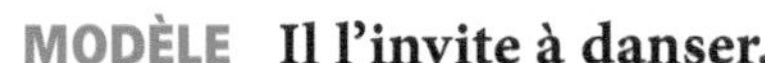

MODÈLE **Il l'invite à danser.**

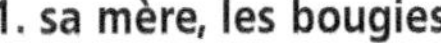
1. sa mère, les bougies

2. Noémie, Sabine

3. le chien, le gâteau

4. ses amis, un cadeau, à Noémie

Digital performance space

Communication

14 Scénario

Parlons Deux frères/sœurs cherchent un cadeau pour l'anniversaire de leur mère. Ils/Elles vont au magasin, mais ils/elles ne sont d'accord sur rien. Jouez la scène et puis échangez les rôles.

MODÈLE **—Pourquoi est-ce que tu ne lui achètes pas une boîte de chocolats?**
—Non, elle n'aime pas le chocolat.

Synthèse
- Vocabulaire 1
- Grammaire 1

Application 1

15 Et toi?

Parlons/Écrivons Tu fais un sondage sur les fêtes avec tes camarades. Réponds aux questions en utilisant des pronoms.

1. Qu'est-ce que tu vas offrir à ton/ta meilleur(e) ami(e) pour son anniversaire? Pourquoi?
2. Est-ce que tu aimes les feux d'artifice? Pourquoi?
3. Qu'est-ce que tu fais d'habitude le 4 juillet? Tu chantes l'hymne national? Tu vas voir le feu d'artifice?
4. Est-ce que tu aimes décorer le sapin de Noël?
5. Comment est-ce que tu invites tes amis à faire quelque chose? (par lettre? e-mail? téléphone? texto?)

Un peu plus

The verb *offrir*

The verb offrir ends in **-ir**, but it is conjugated like an **-er** verb.

offrir *(to give a gift, offer)*			
j'	offr**e**	nous	offr**ons**
tu	offr**es**	vous	offr**ez**
il/elle/on	offr**e**	ils/elles	offr**ent**

Vocabulaire et grammaire, *p. 18*
Cahier d'activités, *pp. 11–13*
Online Workbooks

16 Qu'est-ce qu'on offre?

Écrivons Complète les phrases avec la forme correcte du verbe **offrir**.

1. Nous ______ un DVD à Marie-Claire.
2. Tu leur ______ encore des chocolats?
3. J'______ toujours des fleurs à ma mère pour la fête des mères.
4. En France, on ______ des cadeaux à la Chandeleur?
5. Mes tantes m'______ toujours des cadeaux super!

17 Ma famille et moi

Écrivons Fais six phrases complètes pour dire quels cadeaux ces personnes offrent. Utilise la forme correcte du verbe **offrir** et le pronom approprié pour remplacer la personne entre parenthèses.

MODÈLE nous / portables (à toi et ton frère)
Nous vous offrons des portables.

1. je / les bougies (à Marina)
2. ma cousine / une boîte de chocolats (à moi)
3. tes parents / un vélo super (à toi)
4. nous / un bouquet de fleurs (à Pauline et à toi)
5. tu / le ballon de foot (à tes petits frères)
6. vous / une BD (à ma copine et à moi)

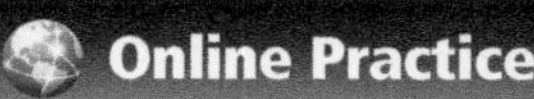

my.hrw.com
Application 1 practice

18 Écoutons

Quelle fête est-ce? Dis de quelle fête on parle.

Noël	la fête nationale	la fête d'anniversaire
la fête des mères	la fête des pères	

19 Festivités du 14 juillet

Lisons/Écrivons Tu as trouvé cette invitation pour le 14 juillet et tu veux aller aux festivités. Écris un e-mail à ton ami(e) pour l'inviter. Mentionne ce que vous pouvez faire ensemble.

MODÈLE **J'ai reçu cette invitation… On peut…**

Festivités du 14 juillet
Allons enfants de la patrie
Jeudi 13 juillet
22h30
feu d'artifice sur la Grande place
de 21h à 4h
bal animé par l'orchestre des Magnifiques
et aussi
manèges pour les petits
barbes à papa
stands restauration et boissons

À l'algérienne

In Algeria and other north African countries, you might hear **faire la nouba** to mean *to celebrate* or *to party.*

Digital performance space

20 Questions personnelles

Parlons Quelle fête est-ce que tu préfères? Pourquoi? Qu'est-ce que tu fais d'habitude pour cette fête? Quelles sont les fêtes préférées de tes camarades? Utilise des pronoms d'objet direct et indirect dans tes phrases pour éviter les répétitions.

MODÈLE **J'aime beaucoup Noël. C'est ma fête préférée. J'adore envoyer des cartes de vœux. Ma mère me les…**

Mardi Gras à Montmartre, Paris

Culture appliquée

Le carnaval

Mardi Gras est célébré dans toute la France et en particulier à Nice qui a un des plus importants carnavals du monde. D'autres villes francophones (Québec au Canada, Fort-de-France à la Martinique, ou encore La Nouvelle-Orléans en Louisiane) célèbrent le mardi gras et organisent un carnaval. Pendant le carnaval on peut admirer des défilés, de beaux masques, des musiciens, des spectacles et des feux d'artifice. En France, les enfants fêtent le carnaval à l'école en se déguisant. Ils peuvent porter des masques et se maquiller[1]. Dans certaines villes, les lycéens[2] se retrouvent dans le centre-ville pour une bataille de farine[3] et d'œufs après les cours.

1. put on make-up 2. high school students 3. flour

Les masques

Materials needed:

- construction paper in different colors
- glue
- feathers
- sequins
- beads
- ribbons
- glitter
- a thin stick or elastic band

Step 1 Trace the mask on a sheet of construction paper. Cut out the shape to make the base.

Step 2 Decorate the mask with glitter, sequins, beads, feathers, or other materials.

Step 3 When the glue has dried, tape the stick onto the back on one side so that you can hold the mask. Alternatively, you can use an elastic band so that the mask fits snugly around your head.

Recherches Dans quelles autres cultures est-ce qu'on fête le carnaval? Quelles sont les différences et les similarités entre ces célébrations?

Online Practice
my.hrw.com
Online Edition

Culture

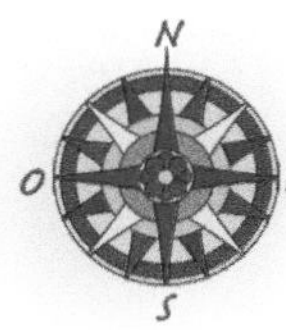

Comparaisons

Marchand de fleurs

Invitation à manger

Tu es invité(e) à dîner chez ton ami français, Jean-Christophe. Qu'est-ce que tu offres à sa mère?

a. un bouquet de fleurs en plastique
b. une douzaine de belles roses
c. un pot de chrysanthèmes

En général, quand on est invité à dîner, on offre des fleurs à la maîtresse de maison[1]. Mais attention, on n'offre pas de chrysanthèmes! Les significations des fleurs ont évolué avec le temps et sont différentes d'une culture à une autre. En France, le chrysanthème est la fleur de la Toussaint (1er novembre), du souvenir et de la commémoration des morts. Certaines personnes superstitieuses pensent qu'offrir des chrysanthèmes porte malheur[2].

ET TOI?

1. Et dans ta culture, qu'est-ce que le chrysanthème représente?
2. Qu'est-ce que tu offres quand tu es invité(e) à dîner chez quelqu'un?

Communauté et professions

Spécialités pour les fêtes

En France, les boulangeries[3] ou supermarchés vendent des produits spécialisés pendant les fêtes de fin d'année ou pendant des fêtes comme la fête des Rois[4]. Est-ce que tu sais si une boulangerie ou un supermarché de ta ville vend des bûches de Noël, des galettes des rois ou des crêpes? Est-ce qu'il y a un restaurant français dans ta communauté? Si oui, essaie de savoir s'ils servent un repas typique à Noël. Est-ce qu'ils organisent une soirée pour le nouvel an? Si oui, qu'est-ce qu'ils servent à manger? Présente le résultat de tes recherches à la classe.

Bûche de Noël

1. hostess 2. bad luck 3. bakeries 4. Epiphany

Objectifs

- to ask for help
- to check if things have been done

Vocabulaire à l'œuvre 2

Télé-vocab

On organise une soirée à Paris!

envoyer les invitations (f.)

faire les courses (f.)

ranger la maison

faire le ménage

faire la poussière

emballer les cadeaux

décorer la salle

choisir la musique

préparer les amuse-gueules (m.)

Online Practice
my.hrw.com
Vocabulaire 2 practice

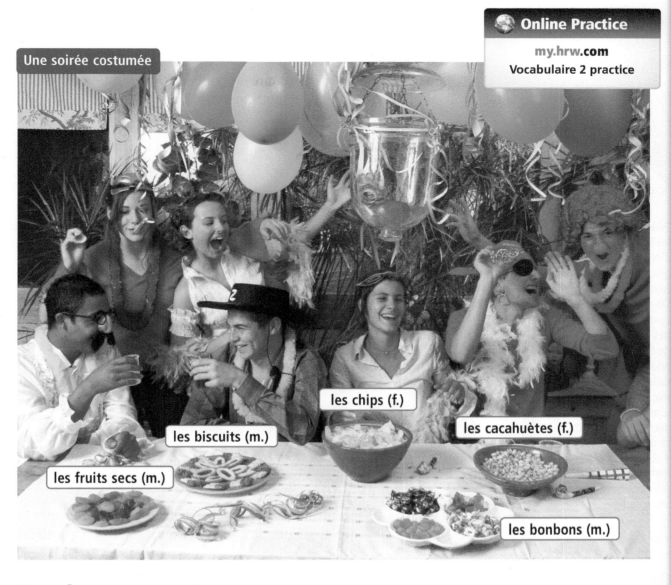

Une soirée costumée

les chips (f.)
les biscuits (m.)
les cacahuètes (f.)
les fruits secs (m.)
les bonbons (m.)

Exprimons-nous!

To ask for help	To respond
Tu peux m'aider à ranger le salon? *Can you help me . . . ?*	Oui, **pas de problème.** *. . . no problem.* **D'accord.** *O.K.* **Désolé(e), je n'ai pas le temps.** *Sorry, I don't have the time.*
Ça t'ennuie de passer l'aspirateur? *Do you mind . . . ?*	**Bien sûr que non.** *Of course not.* **Pas maintenant. Je dois d'abord** finir mes devoirs. *Not right now. First, I need to . . .*

Vocabulaire et grammaire, *pp. 19–21* — Online Workbooks

▶ **Vocabulaire supplémentaire,** Les fêtes, **p. R17**

Flash culture

Pour Noël et le nouvel an, les Français réveillonnent, c'est-à-dire qu'ils font un grand repas la veille de Noël ou du jour de l'an. On mange du foie gras *(goose or duck liver)*, des huîtres et la bûche de Noël. En général, les adultes ouvrent leurs cadeaux le soir du réveillon, mais les enfants attendent le matin du 25 décembre pour découvrir ce que le père Noël leur a apporté. Les enfants mettent leurs chaussons *(slippers)* au pied du sapin de Noël.

Qu'est-ce que tu fais avec ta famille pendant les fêtes?

21 Écoutons

Regarde les photos et écoute les conversations. Indique quelle photo correspond à chaque conversation.

a.

b.

c.

d.

e.

f.

22 Mon week-end

Écrivons Kiné envoie un e-mail à son cousin pour lui raconter la fête qu'elle a donnée. Complète l'e-mail avec les mots appropriés.

a choisi	a organisé	a nettoyé	a décoré	fruits	limonade
ai invité	gâteau	a préparé	chips	eau	CD

On ___1___ une fête. J'___2___ quelques amis. Ma mère ___3___ les amuse-gueules, mon père ___4___ et ___5___ le salon. Il y avait des ___6___, des ___7___ secs et du ___8___. Comme boissons, il y avait de l'___9___ minérale et de la ___10___. Mon copain Alex ___11___ la musique. On s'est vraiment bien amusés!

23 Avant la fête

Écrivons/Parlons Un(e) ami(e) organise une fête et tu veux aider, mais tu as des choses à faire. Écris un e-mail qui répond à chacune de ses questions.

1. Tu peux m'aider à décorer la salle?
2. Ça t'ennuie de faire la poussière?
3. Tu peux m'aider à emballer les cadeaux?
4. Ça t'ennuie de ranger la maison?

Entre copains

bouffer	*to eat*
faire la teuf	*to party*
la boum	*party*
la zique	*music*

Exprimons-nous!

To check if things have been done	To respond
Tu as déjà préparé les amuse-gueules? *Did you already . . . ?*	Non, **pas encore.** *. . . not yet.*
Est-ce qu'il y a encore des courses à faire? *Are there still . . . ?*	Non, **c'est bon.** *. . . it's all taken care of.*
Tu as bien envoyé les invitations? *Are you sure you . . . ?*	**Mais oui!** Je les ai envoyées la semaine dernière. *But of course!*
Tu as pensé à choisir la musique? *Have you thought of . . . ?*	**J'ai complètement oublié!** *I totally forgot!*

Vocabulaire et grammaire, *pp. 19–21*

24 Qu'est-ce qu'il faut faire?

Parlons/Écrivons Ton cousin donne une fête chez lui. Regarde la liste pour voir ce qu'il a déjà fait et ce qu'il lui reste à faire. Pose-lui des questions et indique ses réponses.

MODÈLE **—Est-ce que tu as déjà préparé les amuse-gueules?**
—Oui, c'est bon.

À faire pour la fête

- ✓ envoyer les invitations
- ✓ décorer le salon
- acheter les boissons
- ✓ préparer les amuse-gueules
- ✓ ranger le salon
- choisir la musique
- emballer les cadeaux
- ✓ mettre les cacahuètes sur la table
- sortir un bol pour les chips

Communication

25 Scénario

Parlons C'est l'anniversaire d'un ami. Tu voudrais faire une fête. Tu appelles une copine pour lui demander des idées. Parlez de tous les détails: combien de personnes vous allez inviter, à quelle heure ça va commencer et ce que vous allez manger.

MODÈLE **—Alors, qu'est-ce qu'on prépare comme... ?**
—Pourquoi pas des... ?

26 Scénario

Parlons Ta fête commence dans une heure et tu veux vérifier que tout a été fait. Comme il y a encore beaucoup de choses à faire, tu demandes à tes amis de t'aider. Certains peuvent t'aider mais d'autres ne peuvent pas.

MODÈLE **—Céline, tu as mis les bonbons sur la table?**

Objectifs

- the *passé composé* with *avoir*
- the *passé composé* with *être*

Grammaire à l'œuvre 2

Grammavision

Révisions The *passé composé* with *avoir*

1 To form the **passé composé**, use a present-tense form of avoir with a past participle. To form the past participle of regular verbs, replace the **-er** ending with **-é,** the **-ir** ending with **-i,** and the **-re** ending with **-u.**

	parler	finir	attendre
j'	ai parl**é**	ai fin**i**	ai attend**u**
tu	as parl**é**	as fin**i**	as attend**u**
il/elle/on	a parl**é**	a fin**i**	a attend**u**
nous	avons parl**é**	avons fin**i**	avons attend**u**
vous	avez parl**é**	avez fin**i**	avez attend**u**
ils/elles	ont parl**é**	ont fin**i**	ont attend**u**

2 Many verbs you know have irregular past participles.

boire (bu)	voir (vu)	avoir (eu)
connaître (connu)	vouloir (voulu)	être (été)
pleuvoir (plu)	dire (dit)	mettre (mis)
pouvoir (pu)	écrire (écrit)	prendre (pris)
savoir (su)	faire (fait)	offrir (offert)

Vocabulaire et grammaire, *pp. 22–23*
Cahier d'activités, *pp. 15–17*

Déjà vu!

Remember to use the passé composé to say what happened or to tell what someone did in the past.

Pauline a emballé les cadeaux avant la fête.
Pauline wrapped the presents before the party.

27 Écoutons

Est-ce qu'on parle du **a) passé** ou du **b) présent?**

28 Des préparatifs

Écrivons Fais des phrases pour dire ce que ces personnes ont fait hier avant la boum.

1. Léopold / choisir / musique
2. Jean-Yves et Nora / décorer / salle
3. vous / emballer / cadeau de Claire
4. nous / faire / poussière
5. tu / préparer / amuse-gueules
6. je / écrire / carte pour Claire

Online Practice

my.hrw.com
Grammaire 2 practice

29 Avant ou après la Saint-Sylvestre?

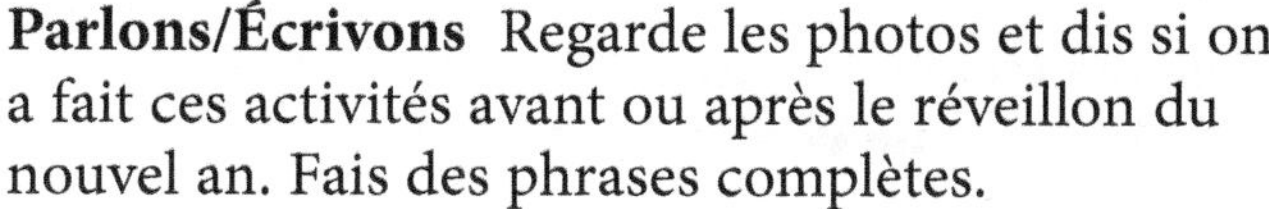

Parlons/Écrivons Regarde les photos et dis si on a fait ces activités avant ou après le réveillon du nouvel an. Fais des phrases complètes.

MODÈLE **On a dit au revoir après le réveillon.**

1.

2.

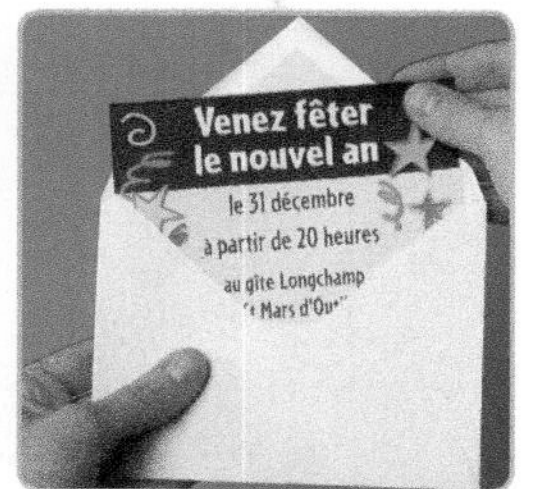

3.

4.

5.

6.

30 Une fête française

Écrivons Le professeur de français a organisé une petite fête pour ses élèves et il/elle a préparé un repas français! Écris un petit article pour le journal du lycée où tu décris cette fête.

MODÈLE **Le professeur a acheté des ballons bleus, blancs et rouges. Il/Elle a préparé des sandwiches.**

À la française

In French, you can use the prefix **re-** to mean to redo or to start something again. Can you guess the meaning of the verbs **revenir, reprendre,** and **ressortir**?

Digital performance space

Communication

31 Scénario

Parlons En groupes de cinq, faites une liste de dix choses qu'on doit faire quand on organise une boum. Puis, sur cinq morceaux *(pieces)* de papier, écrivez deux préparatifs de votre liste. Chaque personne du groupe prend un papier (ce sont les préparatifs). Le jour de la boum, vérifiez que tous les préparatifs ont été faits. Jouez la scène.

MODÈLE **—Qui a envoyé les invitations?**
—Moi. J'ai aussi acheté les boissons. Et toi, Loïs?
—J'ai préparé les amuse-gueules et...

Révisions The *passé composé* with *être*

1 Some verbs, like **aller,** use **être** in the **passé composé.** To form the **passé composé** with **être,** you use **être** in the present tense with a past participle. The past participle agrees in gender and number with the subject.

aller *(to go)*	
je suis allé**(e)**	nous sommes allé**(e)s**
tu es allé**(e)**	vous êtes allé**(e)(s)**
il/elle/on est allé**(e)(s)**	ils/elles sont allé**(e)s**

Ma mère et ma sœur sont allé**es** à la plage.

2 The following verbs use **être** in the **passé composé.**

arriver **(arrivé)**
descendre **(descendu)**
entrer **(entré)**
monter **(monté)**
mourir **(mort)**
naître **(né)**
devenir **(devenu)**
partir **(parti)**
rentrer **(rentré)**
rester **(resté)**
retourner **(retourné)**
sortir **(sorti)**
venir **(venu)**

Vocabulaire et grammaire, *pp. 22–23*
Cahier d'activités, *pp. 15–17*

Flash culture

Quand un jour férié tombe un jeudi ou un mardi, les Français prennent souvent le vendredi ou le lundi comme jour de congé. C'est ce qu'on appelle **faire le pont.** Quand il y a un jour férié, les magasins sont en général fermés. Quelques magasins d'alimentation comme les boulangeries sont ouverts le matin seulement (sauf le jour de Noël). Cependant, avant les fêtes de fin d'année, les magasins restent ouverts plus tard.

Est-ce que les magasins dans ta communauté ferment les jours fériés?

32 L'autre moitié

Lisons Ton professeur veut savoir ce que tout le monde a fait ce week-end. Complète ses phrases logiquement.

1. Virginie
2. Les élèves
3. Nous, les filles, nous
4. Paul, tu
5. Vous, Madame Rimini, vous
6. Les enfants, vous
7. Franck et moi, nous
8. Mila, est-ce que tu

a. êtes montés chez les Monnier?
b. es resté à la maison?
c. sommes sortis faire les courses.
d. sommes rentrées pour nettoyer.
e. es allée chercher de la glace?
f. est retournée à la boum de Nicolas.
g. êtes allée au bal du 14 juillet?
h. sont partis en vacances.

33 Aujourd'hui, en cours de français

Parlons/Écrivons Raconte ce qui s'est passé en cours de français aujourd'hui. Utilise le passé composé avec **être.**

MODÈLE Moi, je **suis arrivée en retard.**

1. Moi, je...
2. Le professeur...
3. Ma camarade [nom]...
4. Nous, les élèves, nous...
5. Mon ami [nom]...
6. Les élèves...

34 Hier soir, chez les Durand

Écrivons Finis les phrases d'après les illustrations pour expliquer ce qui s'est passé hier soir chez les Durand. Utilise les sujets donnés et le passé composé.

M. et Mme Durand

MODÈLE **M. et Mme Durand sont restés à la maison.**

1. Olivia et Karine

2. Alexandre

3. Les amis d'Alexandre

4. Olivia et Karine

Communication

35 Scénario

Parlons Un riche aristocrate, Monsieur Pleindesous, a disparu hier soir pendant une fête. Une des personnes du groupe joue le rôle du détective. Il/Elle pose des questions à tous les suspects pour savoir ce qu'ils ont fait hier soir et pour savoir ce qui s'est passé à la fête. Les autres personnes jouent le rôle des suspects.

MODÈLE **—Monsieur Pleindesous a disparu. Je suis le détective Nezfin et je dois vous poser quelques questions. Mademoiselle Delor, à quelle heure est-ce que vous êtes entrée dans l'appartement?**
—Euh... vers huit heures. Avant, je suis allée...

Synthèse

- Vocabulaire 2
- Grammaire 2

Application 2

36 Une grande occasion

Écrivons/Parlons Est-ce que tu as déjà organisé une fête pour une occasion spéciale? Décris huit choses que tu as préparées.

MODÈLE **Pour la fête des pères, j'ai préparé le dîner. Ma mère et moi, nous sommes allé(e)s... On a acheté...**

Un peu plus

Negative expressions

1. In a sentence, place negative expressions around the conjugated verb. In the **passé composé,** place them around the helping verb.

ne... pas	*not*	Je n'ai pas de cadeau.
ne... pas encore	*not yet*	Je n'ai pas encore acheté de cadeau.
ne... jamais	*never, not ever*	Je n'achète jamais de cadeau.
ne... plus	*no more, no longer*	Je n'achète plus de cadeau.
ne... rien	*nothing, not anything*	Je ne fais rien.
ne... personne	*no one, nobody*	Je ne vois personne.

2. You can use many negative expressions without a complete sentence. Use only the second part of the expression, without the word **ne**.

— Qu'est-ce que ta tante fait pour t'aider? — Rien.

Vocabulaire et grammaire, *p. 24*
Cahier d'activités, *pp. 15–17*

En anglais

In English, you do not use more than one negative word in a sentence.

I don't have anything to do. I have nothing to do.

Can you think of other negative expressions in English?

In French, you have to use two negative words: **ne** and a negative expression **(rien, jamais...)**.

Je **n'**ai **rien** à faire.

I have nothing to do.

37 Des fainéants

Écrivons Les Laroche font une soirée à Noël, mais la famille ne veut pas faire les préparatifs! Raconte ce qui se passe.

MODÈLE le père / envoyer les invitations / ne... pas
Le père n'envoie pas les invitations.

1. la fille / balayer la cuisine / ne... jamais
2. le fils / entrer / il est huit heures / et / ne.. pas encore
3. les parents / nettoyer le salon / ne... pas
4. la fille / être d'accord pour aider / ne... plus
5. le fils / faire / ne...rien

my.hrw.com
Application 2 practice

38 Écoutons

Écoute les conversations suivantes et dis **a) ce qui a été fait** ou **b) ce qu'il reste à faire.**

39 Une soirée vraiment ratée

Lisons/Écrivons La semaine dernière, tu es allé(e) à une soirée complètement ratée. Tout s'est mal passé! Réponds aux questions de ton ami(e). Utilise des expressions négatives dans tes réponses.

MODÈLE —Est-ce que tu t'es bien amusé(e)?
—Non, je ne me suis pas bien amusé(e).

1. Est-ce que ton copain/ta copine est arrivé(e) pour t'accompagner à la soirée?
2. Tu as mangé des amuse-gueules?
3. Est-ce qu'on a encore dansé après huit heures?
4. Est-ce que tu es resté(e) jusqu'à minuit?
5. Tu as déjà oublié cette soirée?

40 Une fête pour la classe de français

Écrivons Imagine que tu vas organiser une fête pour la classe de français. Quels amuse-gueules vas-tu préparer? Quels CD vas-tu choisir? Qui va faire les courses?

Communication

41 Joyeux anniversaire!

Parlons Avec ton/ta camarade de classe, vous avez décidé d'organiser une fête pour l'anniversaire de votre ami Lucas. Vous parlez des préparatifs pour la fête. Lisez les questions ci-dessous et répondez-y de manière logique. Ensuite, échangez les rôles.

— **Tu as déjà acheté la boisson, les cacahuètes et les chips?**
—

— **Tu peux m'aider à ranger le salon?**
—

— **Est-ce qu'il y a encore des choses à préparer?**
—

— **Tu as pensé au cadeau?**
—

— **Qu'est-ce qu'on pourrait offrir à Lucas?**
—

Télé-roman

Le Secret de la statuette *Épisode 2*

STRATÉGIE

Gathering information As you go through a story, you must gather information from characters' conversations and the gestures they use. As you watch and read **Episode 2**, write down at least three bits of information, or supporting details, that you learn from each exchange. Who are the various characters in the Gadio household? Is it the first time Anne meets the Gadios? What about Léa? Why is Anne in Dakar? What transpires from Salif Gadio's and Anne Bondy's conversation with Inspector Sonko?

Une semaine plus tard, à Dakar...

1 *Anne Bondy et sa fille Léa arrivent à Dakar.*

2

M. Gadio Anne! Comme je suis content de te revoir!

Anne Bonjour, Salif! Bonjour, Adja. Comment vas-tu?

Mme Gadio Sénégalaisement. Vous avez fait bon voyage?

3

M. Gadio Et voici Léa, je suppose... Bonjour.

Léa Bonjour.

4

M. Gadio Voici Seydou, notre fils aîné.

5

M. Gadio Excusez-moi une minute.

6

M. Gadio C'était le musée. Quelqu'un a volé la statuette!

Un peu plus tard, au musée...

L'inspecteur Sonko Votre assistant a tout vérifié. Ils ont seulement volé la statuette. Elle avait beaucoup de valeur?

Anne On ne sait pas. Le but de ma visite à Dakar était de l'expertiser.

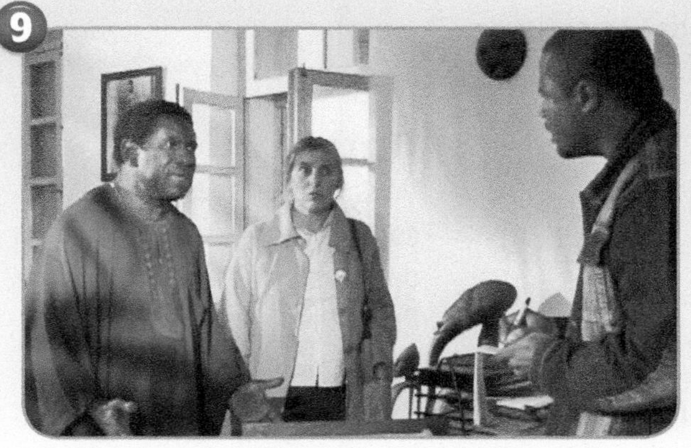

M. Gadio Comment je vais expliquer tout ça à M. Rigaud, moi?

L'inspecteur Sonko Monsieur qui?

M. Gadio Rigaud. Charles Rigaud. C'est lui qui m'a apporté la statuette.

L'inspecteur Sonko Et vous avez son numéro de téléphone ou son adresse?

M. Gadio Ah non! Maintenant que j'y pense, il ne m'a pas donné d'adresse.

L'inspecteur Sonko Ah bon?! C'est curieux, ça. Très curieux!

AS-TU COMPRIS?

1. Quelles personnes arrivent à Dakar au début de l'épisode?
2. Qui est Seydou?
3. Pourquoi M. Gadio et Anne vont au musée?
4. Qui est Charles Rigaud?
5. Qu'est-ce que l'inspecteur Sonko trouve bizarre?

Prochain épisode:
Est-ce que tu penses que M. Gadio et Anne vont retrouver la statuette à l'épisode 3? Pourquoi ou pourquoi pas?

Lecture et écriture

STRATÉGIE

Using cognates Look for cognates, words with similar meanings and spellings in two languages, to help you figure out the main idea and theme of a text. Also watch for false cognates, words that look alike in two languages but have different meanings.

A Avant la lecture

Parcours des yeux *(glance at)* l'article suivant et fais une liste des mots qui s'écrivent de la même façon en anglais. Cherche les mots dans un dictionnaire pour découvrir s'ils sont apparentés *(cognates)* ou s'ils sont des faux-amis *(false cognates)*.

Le réveillon en fête

C'est bientôt le jour de l'an, et comme tous les ans, vous vous demandez ce que vous allez bien pouvoir faire. C'est le moment de faire le tour de vos options :

Option 1

Papa et maman ont décidé que, cette année, les vacances de fin d'année se passeraient[1] en famille. Vous n'avez pas le choix, vous devez aller chez papi et mamie. Le réveillon se passera à jouer aux cartes ou devant la télé.

Option 2

Vous êtes invité. Pas de problème! La seule chose dont vous avez à vous soucier[2], c'est de trouver la tenue[3] de réveillon idéale. N'oubliez pas de vous renseigner : est-ce une soirée habillée ? ou à thème ?

Option 3

Vous décidez d'aller voir comment on fête le nouvel an dans les autres pays d'Europe. Prenez le car ou le train pour Londres, Barcelone, Amsterdam ou encore Berlin.

Option 4

Vous décidez d'organiser la fête de l'année dont tout le monde parlera pendant des mois. Dans ce cas, mieux vaut être organisé.

1. will be spent 2. to worry about 3. outfit

Un réveillon qui en jette[1]

Pour organiser la soirée de réveillon parfaite, il vaut mieux tout prévoir[2] à l'avance.

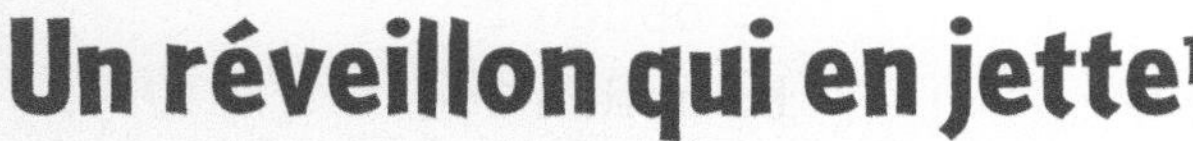

Je m'organise.

Préparez tout la veille pour éviter les surprises de derniers moments. Essayez d'avoir une idée approximative du nombre d'invités pour éviter de tomber court[3] côté boissons et amuse-gueules. Achetez tout ce qu'il faut (boissons, nourriture, assiettes et verres en plastique). N'oubliez pas de pré-programmer la musique avec tous les hits du moment et aussi des plus anciens. Ça évite que quelqu'un passe sa soirée à la sono[4]. Pour tout ça, faites-vous aider par les copains.

Je décore.

Pour le nouvel an, décorez la maison : recyclez les guirlandes lumineuses du sapin de Noël, accrochez des rubans argentés ou dorés au plafond. Les bougies peuvent aussi être de la partie, mais attention où vous les placez : au milieu d'une table est l'endroit idéal.

J'anime.

Pourquoi ne donneriez-vous pas un thème à votre soirée ? Dans ce cas, toute la fête doit être thématisée, pas seulement les costumes. Pour une soirée « bleue », tout le monde doit être en bleu, la déco doit être bleue, les boissons bleues et la nourriture bleue (utiliser des colorants alimentaires[5]). Vous pouvez aussi projeter[6] les films *Bleu* ou *Le Grand Bleu.*

Astuces

Faites une liste pour ne rien oublier. Faites-la relire par un ami.

Les boissons. Jus d'orange, de pomme, de raisin, sodas, limonade, sirop de grenadine, menthe, eau pétillante... Attention d'avoir à boire pour tout le monde. Rien de plus embarrassant que de devoir ne servir que de l'eau à un invité. Pour faire différent, servez les jus de fruit avec des morceaux de fruits coupés dedans.

La nourriture. Prévoyez aussi pour tous les goûts et ne rechignez[7] pas sur la quantité: mini-pizzas, mini-quiches, saucisses à apéritif, cacahuètes, fruits secs, toasts au pâté, rillettes[8], tarama[9], thon-mayonnaise, tomates-cerises, œufs durs... Tout ce qui se grignote[10] facilement. Vous pouvez toujours congeler[11] ce qui n'a pas été mangé. Présentez le tout de façon originale et disposez des plats un peu partout, pas seulement sur une table.

1. to show off **2.** to plan **3.** to be short of something **4.** sound system **5.** food coloring **6.** show **7.** to balk **8.** type of meat spread **9.** fish dip **10.** snack **11.** to freeze

Compréhension

B Quelle option de l'article correspond le mieux à ce que tu fais dans chaque phrase suivante?

1. Tu mets une robe que tu aimes beaucoup.
2. Tu regardes la télé.
3. Tu fais une liste de choses que tu dois faire.
4. Tu fais ta valise.
5. Tu parles avec tes parents.

a. option 1
b. option 2
c. option 3
d. option 4

C Réponds aux questions sur les sections «Un réveillon qui en jette» et «Astuces».

1. Quel est le thème de cet article?
2. Pourquoi est-ce qu'il est important de tout prévoir à l'avance?
3. Quel genre de musique est-ce que tu dois pré-programmer?
4. Qu'est-ce que tu dois utiliser pour décorer la maison?
5. Pour avoir une fête animée, qu'est-ce que l'article suggère?
6. Comment est-ce qu'il faut s'habiller pour une soirée bleue?
7. Qu'est-ce qui peut être embarrassant de servir à un(e) invité(e)?
8. Comment est-ce que tu peux servir les jus pour être différent?
9. Où est-ce que tu dois mettre les plats de nourriture?

Après la lecture

D Quelles sont les deux ou trois recommandations les plus importantes de l'article pour organiser une fête? Est-ce que tu es d'accord ou pas avec l'article? Pourquoi?

E Imagine that you are planning a party similar to the one described in the paragraph **J'anime.** Decide what type of party you will have, then make a list of the things you need to do and buy to get ready for the party. You and your classmates might even organize and throw the party for the class or French Club.

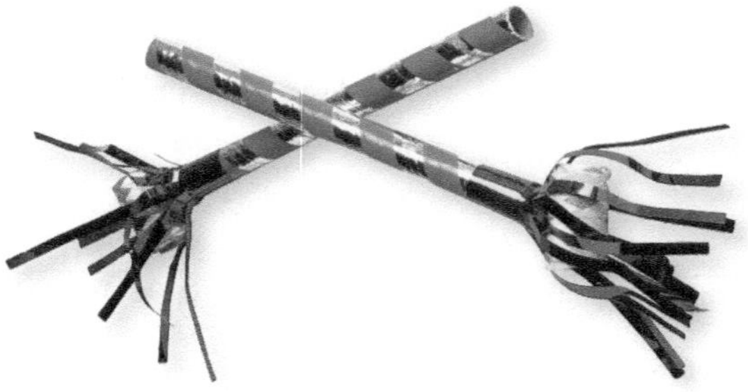

Espace écriture

STRATÉGIE pour écrire

Good use of dialogue makes your writing more natural and interesting for your readers. It also helps you to keep your thoughts well-ordered and to form logical questions and answers. As you put yourself in the role of each speaker, remember to vary your style and point of view.

Est-ce que tu as tout préparé?

You and a friend are giving a party tonight to celebrate a holiday or birthday. You're checking that everything has been done and discussing last-minute preparations. Recreate your conversation, including an account of the cleaning you did, the foods and beverages you prepared, and how you've decorated the house.

Nettoyer	*la salle à manger* *le salon*
Nourriture et boissons	*chips, cacahuètes* *jus d'orange*
Décoration	*guirlandes*
Divers	*assiettes en papier*

1 Plan

Imagine the type of party you would like to have.

- Create a chart divided into four categories: cleaning, foods and beverages, decorations, and miscellaneous.
- For each category, make a checklist of two or three things that you might have had to do or still might need to do to get ready for the party.

2 Rédaction

- Start creating your conversation by telling your friend that the party will begin soon.
- Next, use the **passé composé** to tell what you did to get ready for the party. Ask if your friend did something from your chart that you didn't mention. Your friend responds and asks if there is anything else to do.

Don't forget to be polite in your requests.

3 Correction

Read with a classmate your conversation aloud, taking roles.

- Check for the correct use of the **passé composé**.
- Make sure the questions and answers are logical.

4 Application

You may wish to act out your conversation for the class, using props or illustrations to make the scene more realistic.

Prépare-toi pour l'examen

@HOMETUTOR

Vocabulaire 1
- to wish someone a good time
- to ask for and give advice

pp. 42–45

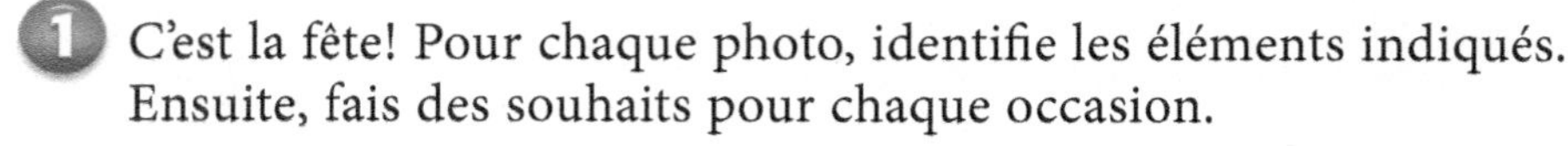

1 C'est la fête! Pour chaque photo, identifie les éléments indiqués. Ensuite, fais des souhaits pour chaque occasion.

1. 2. 3. 4.

Grammaire 1
- direct object pronouns
- indirect object pronouns

Un peu plus
- the verb **offrir**

pp. 46–51

2 Des amis organisent une fête et chacun a ses responsabilités. Utilise un pronom d'objet dans tes réponses.

1. Qui achète les amuse-gueules?
2. Qui téléphone à Marc?
3. Qui allume les bougies?
4. Qui achète les décorations?
5. Qui parle à Zoé et André?
6. Qui envoie les invitations?

amuse-gueules - Ortense
acheter les décorations - Patricia
téléphoner à Marc - Yannick
envoyer les invitations - Claire
parler à Zoé et André - Ahmad
allumer les bougies - Corentin

Vocabulaire 2
- to ask for help
- to check if things have been done

pp. 54–57

3 Claire demande à Ahmad de l'aider avec les invitations, mais il a déjà beaucoup de choses à faire. Complète leur conversation.

—Ahmad, tu peux m'aider à ___1___ les invitations?

—Désolé, je n'ai pas le temps. Je dois d'abord ___2___ les cadeaux, faire le ___3___, ___4___ la musique et ___5___ les amuse-gueules.

—Et moi, je dois ranger la ___6___ et ___7___ les courses!

my.hrw.com
Chapter Self-test

Prépare-toi pour l'examen

4 Samedi, Laure a invité des amis chez elle pour fêter son anniversaire. Complète sa description en mettant les verbes entre parenthèses au **passé composé.**

Samedi matin, je/j'__1__ (ranger) la maison, mon père __2__ (faire) le gâteau et ma mère __3__ (préparer) les amuse-gueules. Après, nous __4__ (finir) de décorer le salon. Vers deux heures les invités __5__ (arriver). Sarah et Léontine __6__ (choisir) la musique et nous __7__ (danser). Mes amis m'__8__ (donner) des cadeaux super!

4 Grammaire 2
- the **passé composé** with **avoir**
- the **passé composé** with **être**

Un peu plus
- negative expressions

pp. 58–63

5 Réponds aux questions suivantes.

1. Qu'est-ce que c'est, l'épiphanie? Que font les Français?
2. Quelles sont des traditions observées à Noël en France?
3. Est-ce que les magasins sont ouverts toute l'année? Pourquoi ou pourquoi pas?

5 Culture
- Flash culture **pp. 44, 48, 56, 60**
- Comparaisons **pp. 52–53**

6 Marius a aussi fêté son anniversaire samedi dernier. Il parle de sa fête. Fais une liste de trois choses que Marius et ses amis ont faites à la fête et mentionne une chose qu'ils n'ont pas faite.

7 Imagine que ton/ta camarade et toi, vous êtes frère et sœur et c'est l'anniversaire de votre mère. Vous parlez de ce que vous voulez faire. D'abord, lisez les instructions pour chaque réplique *(exchange)*. Ensuite, créez votre dialogue en utilisant des expressions de ce chapitre et des autres chapitres.

Élève A:	Demande si ton frère ou ta sœur sait quoi offrir à votre mère.
Élève B:	Réponds négativement. Demande si ton frère ou ta sœur a une idée.
Élève A:	Propose un cadeau.
Élève B:	Dis que tu n'es pas d'accord et explique pourquoi. Propose une fête.
Élève A:	Dis que tu aimes cette idée et parle de tout ce que vous devez faire.
Élève B:	Demande à ton frère ou ta sœur de faire certaines corvées.
Élève A:	Dis que tu es d'accord et demande aussi de l'aide pour une corvée.
Élève B:	Réponds positivement.
Élève A:	Remercie ton frère ou ta sœur.

Grammaire 1
- direct object pronouns
- indirect object pronouns

Un peu plus
- the verb **offrir**

pp. 46–51

Résumé: Grammaire 1

Direct and indirect object pronouns can be used to avoid repetition. They are usually placed before the verb.

Direct Object	me	te	le/la	nous	vous	les
Indirect Object	me	te	lui	nous	vous	leur

If you use both direct and indirect object pronouns at the same time, place them in the following order:

me **te** **nous** **vous**	**le** **la** **l'** **les**	**lui** **leur**

The verb **offrir** is formed like an **-er** verb: j'offr**e**, tu offr**es**, il/elle/on offr**e**, nous offr**ons**, vous offr**ez**, ils/elles offr**ent**.

Grammaire 2
- the **passé composé** with **avoir**
- the **passé composé** with **être**

Un peu plus
- negative expressions

pp. 58–63

Résumé: Grammaire 2

The **passé composé** is formed with the present tense of a helping verb, **avoir** or **être,** and a past participle. When you use **être** as a helping verb, the past participle agrees with the subject.

parler	j'	ai parlé
finir	tu	as fini
descendre	ils	sont descendu**s**

Negative expressions are placed around the conjugated verb. **ne.. pas** *(not);* **ne... pas encore** *(not yet);* **ne... jamais** *(never, not ever);* **ne... plus** *(no more, no longer);* **ne... rien** *(nothing, not anything):*

Lettres et sons

The sound [y]

The sound [y] in French does not exist in English. You can hear the sound [y] in words such as **bûche, plus,** and **musique.** To pronounce [y], start by saying [i] as in the English word *me.* Then, round your lips as if you were going to say the English word *moon,* keeping your tongue pressed behind your lower front teeth.

Jeux de langue

As-tu vu le tutu de tulle de Lili d'Honolulu?

Dictée

Écris les phrases de la dictée.

Résumé: Vocabulaire 1

PRACTICE FRENCH WITH HOLT MCDOUGAL APPS!

To wish someone a good time

allumer	*to light*
l'anniversaire (m.)	*birthday*
un bal populaire	*village dance*
le ballon/les décorations (f.)	*balloon/decorations*
une boîte de chocolats	*box of chocolates*
les bougies (f.)	*candles*
un bouquet (m.) de fleurs	*bouquet of flowers*
la boum	*party*
la bûche de Noël	*Yule log*
les cadeaux (m.)	*presents*
une carte d'anniversaire	*birthday card*
une carte de vœux	*greeting card*
un chèque-cadeau	*gift card*
les confettis (m.)	*confetti*
le défilé	*parade*
le drapeau	*flag*
les fêtes (f.)	*parties/ holidays*
la fête des mères/pères	*Mother's/Father's Day*
la fête nationale	*national holiday*
le feu d'artifice	*fireworks*
la foule	*crowd*
le gâteau	*cake*
l'hymne (m.) national	*national anthem*
l'invité(e)	*guest*
le jour de l'an/le nouvel an	*New Year's Day/New Year's*
le Noël	*Christmas*
remercier	*to thank*
le réveillon	*midnight feast*
le sapin de Noël	*Christmas tree*
Amuse-toi bien...	*Have fun . . .*
Joyeux anniversaire!	*Happy birthday!*
Bonne année!	*Happy New Year!*
Bonne soirée!	*Have a good evening!*
J'espère que tu vas passer...	*I hope that you have . . .*
Je te/vous souhaite...	*I wish you . . .*
Joyeux Noël!	*Merry Christmas!*
Profite bien de...	*Enjoy . . .*

To ask for and give advice

Bonne idée!	*Good idea!*
Offre-lui...	*Give him/her . . .*
Qu'est-ce que je pourrais offrir à...?	*What could I get for . . . ?*
Tu as une idée de cadeau... ?	*Do you have an idea for a present . . . ?*
Tu n'as pas une autre idée?	*You don't have another idea?*
Tu pourrais lui offrir...	*You could give him/her . . .*
Il en a déjà plein.	*He already has plenty of them.*

Résumé: Vocabulaire 2

To ask for help and respond

les amuse-gueules (m.)	*snacks*
les biscuits (m.)/les chips (f.)	*cookies/chips*
les bonbons (m.)	*sweets/candy*
les cacahuètes (f.)	*peanuts*
choisir la musique	*to choose the music*
décorer la salle	*to decorate the room*
emballer les cadeaux (m.)	*to wrap presents*
envoyer les invitations (f.)	*to send the invitations*
faire les courses (f.)	*to go grocery shopping*
faire le ménage/la poussière	*to do housework/to dust*
les fruits secs (m.)	*dried fruit*
organiser une soirée	*to plan a party*
ranger la maison	*to prepare/to tidy up the house*
une soirée costumée	*costume party*
Ça t'ennuie de... ?	*Would you mind . . . ?*
Tu peux m'aider à... ?	*Can you help me . . . ?*
Bien sûr que non.	*Of course not.*
D'accord./Pas de problème.	*Okay./No problem*
Désolé(e), je n'ai pas le temps.	*Sorry, I don't have the time.*
Pas maintenant. Je dois d'abord...	*Not now. First, I have to . . .*

To check if things have been done and respond

c'est bon	*it's fine (all taken care of)*
Est-ce qu'il y a encore... ?	*Is there still . . . ?*
J'ai complètement oublié!	*I completely forgot!*
Mais oui!	*But of course!*
pas encore	*not yet*
Tu as bien... ?	*Are you sure you . . . ?*
Tu as déjà... ?	*Did you already . . . ?*
Tu as pensé à... ?	*Have you thought of . . .?*

Révisions cumulatives

1 Des amis organisent la fête d'anniversaire d'Olivia. Écoute les conversations et choisis la photo qui correspond à chacune.

a.

b.

c.

d.

2 Une amie parisienne pense à louer *(to rent)* un salon de réception pour son mariage. Lis la publicité et réponds aux questions.

un véritable paradis au cœur de Paris
Le Bois vert
Pour une fête réussie
Le Bois vert accueille vos repas et réceptions.
Mariage
Anniversaire
Repas d'affaires
salle de réception dans un cadre exceptionnel
terrasses et jardins
Nous proposons :
• buffet chaud • boissons
• desserts • décorations • orchestre

1. Comment s'appelle la salle de réception?
2. Quelles fêtes est-ce qu'ils organisent?
3. Quels services est-ce qu'ils offrent?
4. Et toi, est-ce que tu aimerais louer cette salle de réception? Pourquoi ou pourquoi pas?

Online Assessment
my.hrw.com
Cumulative Self-test

3 Pose des questions à deux ou trois amis pour savoir ce qu'ils aiment faire pour fêter le nouvel an. Demande-leur où et avec qui ils aiment passer leur anniversaire. Après, dis à la classe ce que tes amis aiment faire.

4 Imagine que tu visites Paris pour la fête nationale avec ta famille. Réponds aux questions suivantes. Ensuite, fais une description de la fête en utilisant le tableau.

1. Décris les couleurs de la scène.
2. Que font les personnes?
3. Quelle est l'atmosphère de la scène?
4. Qu'est-ce que tu fais pendant les fêtes nationales?

5 Choisis une de tes fêtes préférées. Écris une lettre à un(e) ami(e) français(e) et dis-lui ce qu'on fait dans ta région pour célébrer cette fête.

Monet, Claude (1840-1926), Rue Montorgueil, Festival of 30 June, 1878. Oil on canvas, Musée des Beaux-Arts, Rouen, France.

La Rue Montorgueil, La Fête du 30 juin 1878 de Claude Monet

6 **À ton tour**

Joyeux anniversaire! You're having a birthday party for a relative and three of your friends are helping you make plans. Decide where and when to have the party, whom to invite, what chores each of you will do, what type of food you want to serve and what games and activities you will do. Act out your conversation for the class.

Chapitres 3 et 4

Géoculture

Géoculture

Québec

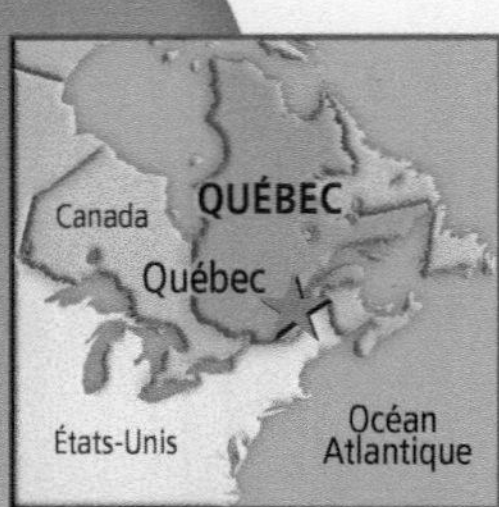

Almanach

Nom des habitants
Les Québécois

Population
Plus de 516.000 habitants

Personnages célèbres
Marie-Claire Blais, Yves Thériault, Félix Leclerc, Guy Laliberté

Économie
industrie alimentaire, textile, trafic portuaire, tourisme

La Chute Montmorency est plus haute que les chutes du Niagara. En hiver, elle gèle *(freezes)* et on peut l'escalader *(climb)*. 3

La place Royale C'est ici que Samuel de Champlain a fondé la ville de Québec en 1608. 2

La terrasse Saint-Denis Cette large promenade offre une belle vue du Saint-Laurent. C'est un des lieux de rendez-vous préférés des jeunes Québécois. 1

Université Laval

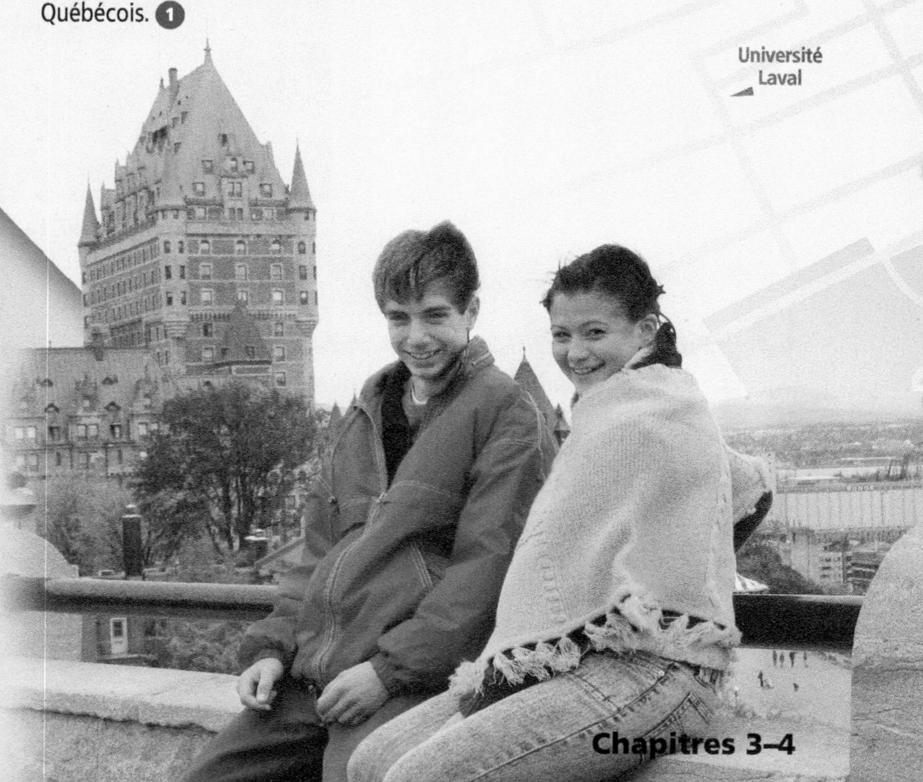

Savais-tu que...?

La terrasse Saint-Denis était un des endroits favoris des poètes et écrivains.

Les fortifications
Québec est la seule ville fortifiée d'Amérique du Nord. 4

3 La Chute Montmorency

Le Petit-Champlain
Dans ce quartier sympathique, il y a beaucoup d'ateliers *(workshops)* d'artistes, de cafés et de boutiques. 5

Le château Frontenac
Les châteaux de la Loire en France ont inspiré l'architecture de cet hôtel. 6

Les plaines d'Abraham
En 1759, les Anglais ont battu les Français à cet endroit. Aujourd'hui, c'est un grand parc. 7

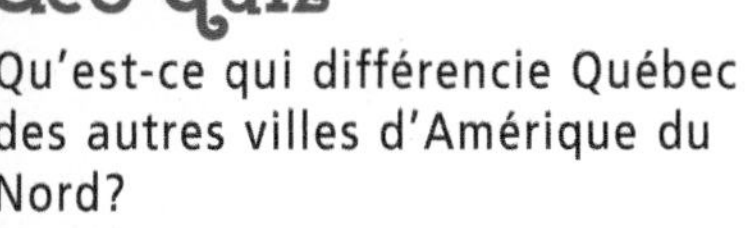

Géo-quiz
Qu'est-ce qui différencie Québec des autres villes d'Amérique du Nord?

Découvre Québec

Architecture

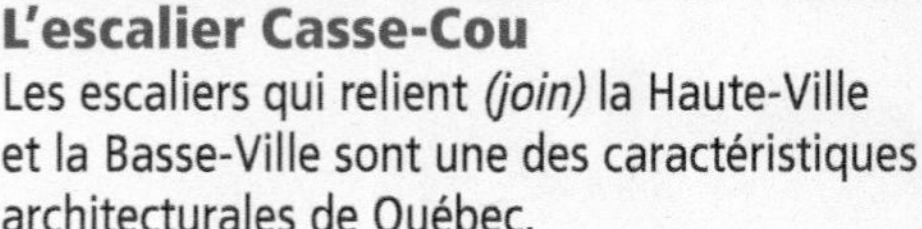

L'escalier Casse-Cou
Les escaliers qui relient *(join)* la Haute-Ville et la Basse-Ville sont une des caractéristiques architecturales de Québec.

Le Musée de la civilisation incorpore des bâtiments historiques dans un ensemble moderne pour symboliser le lien entre le passé et le présent.

La maison Jacquet est la plus ancienne maison de la Haute-Ville. Elle a conservé son apparence du 17e siècle avec son toit *(roof)* mansardé et ses fenêtres à petits carreaux (*panes).*

Fêtes et festivals

Les Grands Feux Loto-Québec ont lieu chaque été au Parc de la Chute-Montmorency. Plusieurs pays participent à ce concours de feux d'artifice.

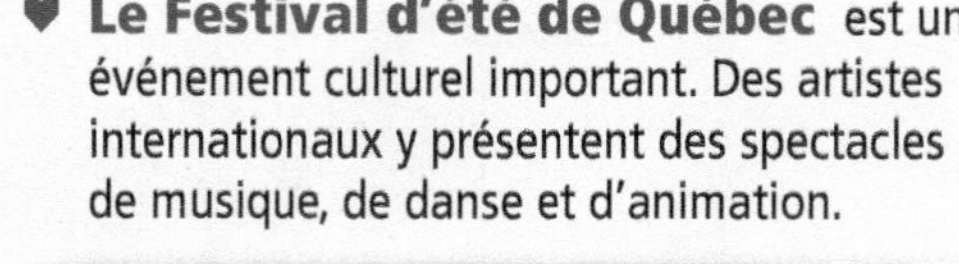

Le Festival d'été de Québec est un événement culturel important. Des artistes internationaux y présentent des spectacles de musique, de danse et d'animation.

Les Fêtes de la Nouvelle-France
Au mois d'août, les Québécois s'habillent en costume des 17e et 18e siècles et organisent des défilés, des bals et des spectacles pour commémorer les débuts de la colonie.

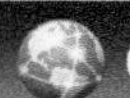 **Online Practice**

my.hrw.com
Photo Tour

Gastronomie

La cuisine traditionnelle, servie dans les restaurants du Vieux-Québec, ressemble à la cuisine française. Elle utilise des produits locaux, comme le gibier *(game)*, les légumes secs et le sirop d'érable.

Savais-tu que...?

À l'époque où Québec était une colonie, les carreaux venaient de France. On les choisissait très petits et on les transportait dans des tonneaux de mélasse *(molasses)* pour ne pas les casser.

Les desserts à l'érable Le sirop d'érable est présent partout dans la cuisine québécoise, par exemple dans ses pâtisseries.

La poutine est un plat populaire québécois. C'est un plat de frites avec du fromage *cheddar* et une sauce au jus de viande.

Arts

La rue du Trésor En été, les artistes s'installent dans cette rue pour vendre des peintures et des dessins.

La fresque des Québécois représente des endroits caractéristiques de la ville et aussi des personnages importants de l'histoire du Québec.

Activité

1. **Architecture:** Qu'est-ce que l'architecture du Musée de la civilisation symbolise?
2. **Fêtes et festivals:** Qu'est-ce qu'on peut voir pendant le Festival d'été?
3. **Gastronomie:** Qu'est-ce que c'est, la poutine?
4. **Arts:** Qu'est-ce que la fresque des Québécois représente?

Faisons les courses

Objectifs

In this chapter, you will learn to
- ask about food preparation
- make requests
- shop for groceries
- ask where things are

And you will use and review
- the partitive
- the pronoun **y**
- question formation
- the pronoun **en**
- placement of object pronouns
- contractions with **à** and **de**

Que vois-tu sur la photo?

Où sont ces jeunes?

Qu'est-ce qu'ils font?

Et toi, est-ce que tu fais souvent les courses?

MODES OF COMMUNICATION

INTERPRETIVE	INTERPERSONAL	PRESENTATIONAL
Listen to shopkeepers talk about groceries they sell. Read ads about fruits and vegetables.	Interview classmates about their eating habits. Write an email to a friend explaining how to make your favorite dish.	Perform a play for the class in which a father and son go grocery shopping. Write a recipe for a French Club dinner to be compiled in a class cookbook.

Une épicerie, à Québec

Objectifs
- to ask about food preparation
- to make requests

Télé-vocab

On prépare à manger à Québec!

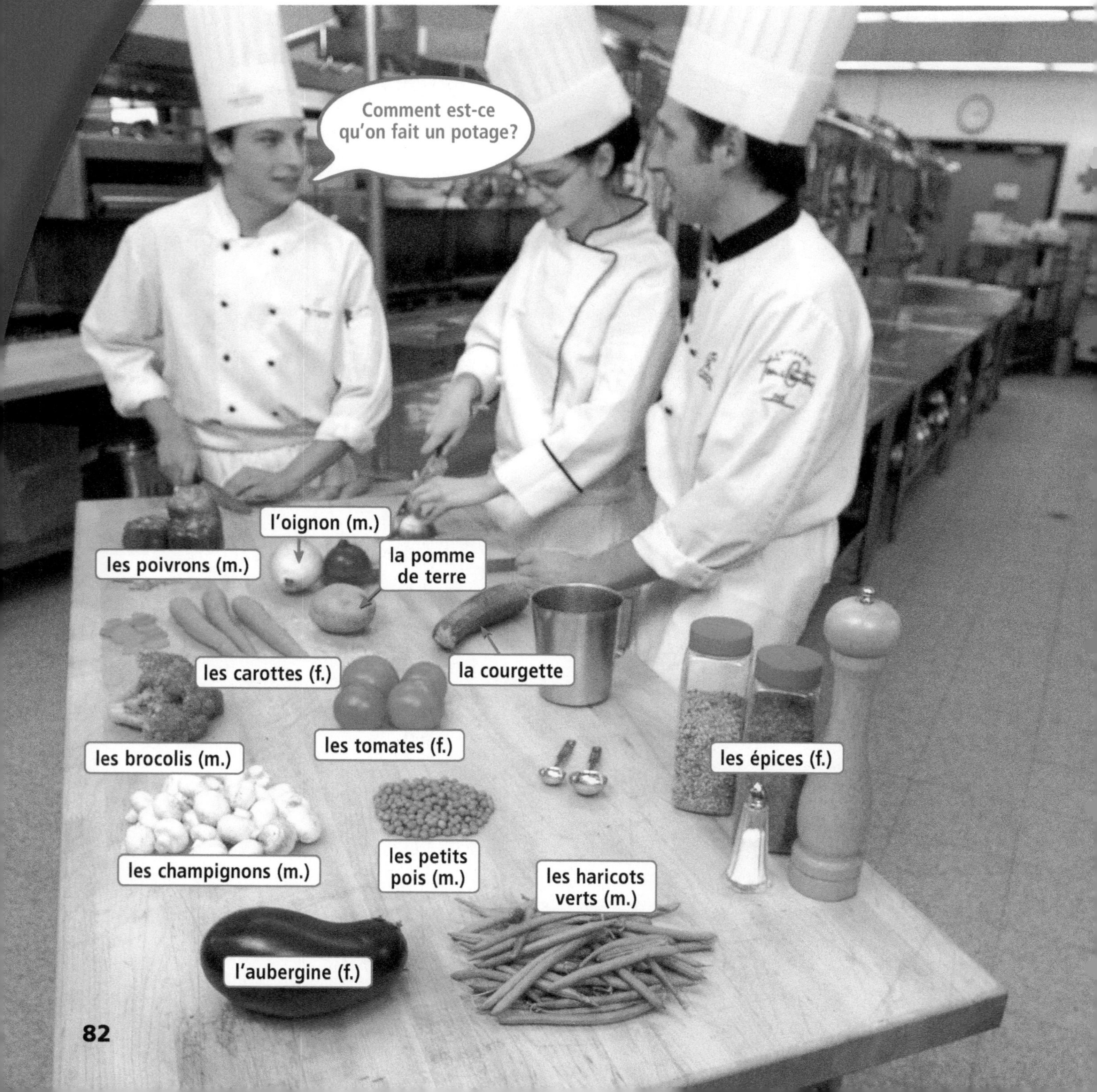

Online Practice
my.hrw.com
Vocabulaire 1 practice

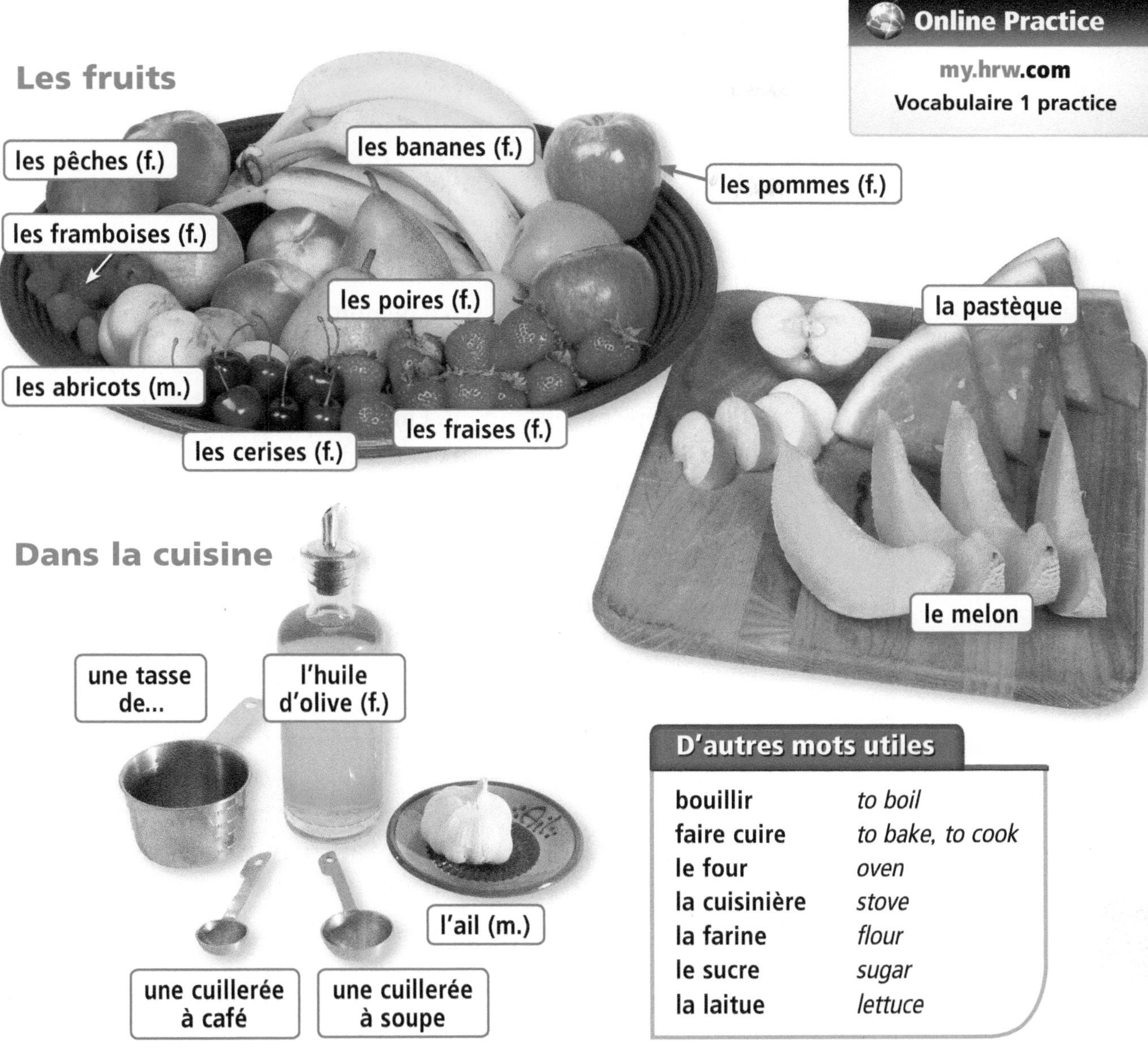

D'autres mots utiles

bouillir	*to boil*
faire cuire	*to bake, to cook*
le four	*oven*
la cuisinière	*stove*
la farine	*flour*
le sucre	*sugar*
la laitue	*lettuce*

Exprimons-nous!

To ask about food preparation

Comment est-ce qu'on fait une salade? *How do you make . . . ?*	**Coupe** les tomates. **Ajoute** de l'huile d'olive, du sel et du poivre. **Mélange** bien. *Cut . . . Add . . . Stir/Mix . . .*
C'est facile de faire une mousse au chocolat? *Is it easy to make . . . ?*	Oui, **c'est très simple.** *. . . it's very simple.* Non, **c'est compliqué.** *. . . it's complicated.*
Qu'est-ce qu'il y a dans une omelette? *What's in . . . ?*	**Il y a** des œufs, du lait, du sel et du poivre. *There is/are . . .*

Vocabulaire et grammaire, *pp. 25–27* Online Workbooks

▶ **Vocabulaire supplémentaire**—Dans la cuisine, **pp. R17–R18**

Flash culture

Les Québécois, comme les Français, utilisent le système métrique pour les mesures. Ils utilisent les mètres et kilomètres pour mesurer les distances et les celcius pour les températures. Ils utilisent les grammes et les kilogrammes pour mesurer les poids. Ils utilisent les litres pour mesurer les liquides.

Est-ce que tu utilises le système métrique? Dans quelles circonstances?

1 L'intrus

Lisons Indique le terme qui n'appartient pas à la liste.

1. a. l'abricot b. le champignon c. la pêche d. la pastèque

2. a. le sucre b. la cuillerée c. la tasse d. la cuisinière

3. a. le poivron b. l'oignon c. la pomme d. l'aubergine

4. a. l'ail b. la farine c. les épices d. l'huile d'olive

5. a. la cerise b. la framboise c. la banane d. la fraise

2 Gâteau aux pommes de grand-mère

Lisons/Écrivons Tu as décidé de faire un gâteau québécois. Complète la recette en t'aidant des mots de la boîte.

sucre	cuire	four	couper	œufs	cuillerées

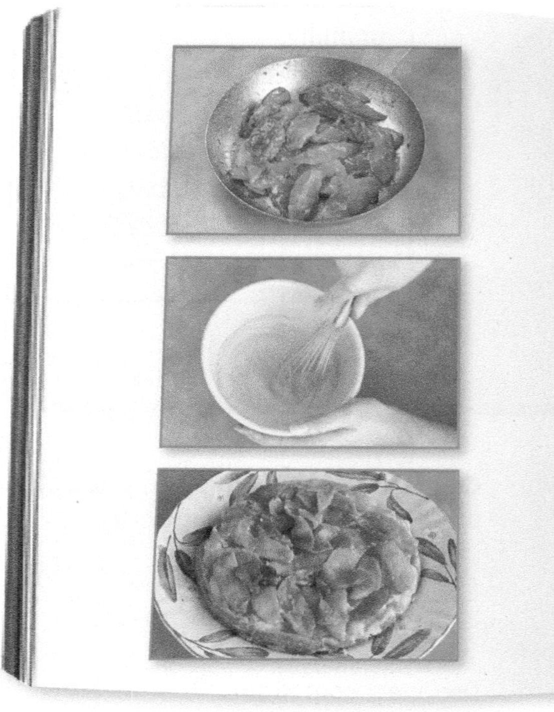

Gâteau aux pommes de grand-mère

3 tasses de farine

1 tasse de ___(1)___

5 pommes

5 ___(2)___

3 ___(3)___ de beurre

Faire fondre *(melt)* le beurre. ___(4)___ les pommes. Faire ___(5)___ pendant 5 min. Beurrer un moule. Verser les pommes dans le moule. Battre les œufs. Ajouter les ingrédients secs. Étendre la pâte dans le moule. Mettre au ___(6)___ 30 min. Servir chaud avec du sirop d'érable.

3 L'école de cuisine

Écrivons Tu aimes faire la cuisine et ton ami(e) ne fait jamais la cuisine! Choisis un plat (une salade, une pizza, etc.) et écris-lui un e-mail pour expliquer comment on prépare ce plat.

MODÈLE **Faire une omelette, c'est facile. Mélange les œufs...**

Exprimons-nous!

To make requests	To respond
Tu veux bien aller m'acheter des poires? *Can you/Would you mind . . . ?*	**Oui, j'y vais tout de suite.** *Yes, I'll go there right away.*
Tu me rapportes de la farine? *Can you bring me . . . ?*	**Non, je regrette mais** je n'ai pas le temps. *No, I am sorry but . . .* Désolé(e), **je suis trop occupé(e).** *. . . I'm too busy.*
Rapporte(-moi) de la margarine, s'il te plaît. *Bring (me) . . .*	Oui, d'accord. **Tu n'as besoin de rien d'autre?** *. . . Do you need anything else?*
N'oublie pas d'acheter des cerises. *Don't forget . . .*	Bon. **Il te faut autre chose?** *. . . Do you need anything else?*

Vocabulaire et grammaire, *pp. 25–27* Online Workbooks

4 Écoutons

Les parents de Camille lui demandent toujours d'aller faire des courses. Écoute les conversations suivantes et décide si Camille **a) accepte** ou **b) refuse.**

5 D'accord ou pas d'accord

Écrivons Les parents de tes amis leur demandent d'aller faire des courses. Écris leurs réponses.

MODÈLE Nicolas, tu peux aller acheter du beurre? (non, finir ses devoirs)
Je n'ai pas le temps. Je dois finir mes devoirs.

1. Karine, rapporte-moi de la farine, s'il te plaît! (oui)
2. Yasmina, tu peux acheter des tomates? (non, étudier)
3. Hugo, va acheter des fraises pour ma tarte. (oui)
4. Romain, peux-tu acheter des champignons? (non, faire les devoirs)
5. Agathe, tu peux me rapporter des pommes de terre du marché? (non, aller à la bibliothèque)

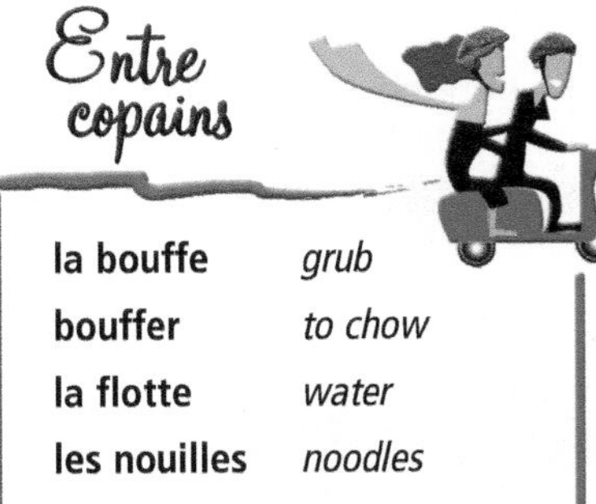

Entre copains

la bouffe	*grub*
bouffer	*to chow*
la flotte	*water*
les nouilles	*noodles*
les patates	*potatoes*

Digital performance space

Communication

6 Scénario

Parlons Tes amis et toi préparez une grande «bouffe» pour fêter ton anniversaire. Décidez ensemble ce que vous allez préparer et faites une liste. Ensuite, demandez à deux amis d'aller acheter les ingrédients.

MODÈLE **—J'aime le chocolat. Comment est-ce qu'on fait... ?**

Objectifs
- the partitive
- the pronoun *y*

Grammaire à l'œuvre 1

Grammavision

Révisions The partitive

1 The **partitive articles** express the idea of *some* or *any*, or a *part/portion* of a whole item.

MASCULINE	FEMININE	SING WORD BEGINNING WITH A VOWEL	PLURAL
du **sucre**	de la **farine**	de l'huile	des petits pois

—Tu veux **du** gâteau ou **de la** tarte?
—*Do you want (some) cake or (some) pie?*

2 The forms of the partitive change to **de (d')** in a negative sentence and after words of quantity like **beaucoup.**

Il y a **de la** farine, mais il n'y a pas **d'**ail.
Karine mange beaucoup **de** cerises!

3 To talk about a whole item, use the indefinite article **un, une,** or **des.**

Nous achetons **une** tarte aux pommes.

Vocabulaire et grammaire, *pp. 28–29*
Cahier d'activités, *pp. 21–23*

Déjà vu!

The indefinite articles are **un, une,** and **des.** They mean *a, an,* or *some*. The definite articles are **le, la,** and **les.** They mean *the*. To say that you like something, use a definite article.

Ariane achète **une** tarte.
J'aime **les** fraises.

7 Parlons de cuisine

Lisons Choisis l'article qui convient pour compléter chaque phrase.

1. Marianne et ses amis aiment bien ______ salade.
   a. de la **b.** la **c.** les
2. Je mange ______ légumes, mais pas de viande.
   a. des **b.** de **c.** un
3. Il y a beaucoup ______ épices dans ces légumes.
   a. des **b.** de **c.** d'
4. Je vais préparer une tarte et il me faut ______ sucre.
   a. des **b.** du **c.** de la
5. Il n'y a pas ______ tomates dans cette salade.
   a. de l' **b.** de **c.** une

8 Écoutons

Des amis parlent au café. Écoute chaque phrase et dis si **a) il y a un partitif** ou si **b) il n'y a pas de partitif.**

my.hrw.com
Grammaire 1 practice

9 Une recette

Écrivons Ton ami québécois veut préparer une recette française pour sa famille. Complète la recette avec les articles définis, indéfinis ou partitifs qui conviennent.

> **La ratatouille**
>
> **Ingrédients:** __1__ aubergines, __2__ courgettes, __3__ poivron vert, __4__ poivron rouge, __5__ oignon, __6__ tomates, __7__ ail, __8__ huile d'olive
>
> **Préparation:** Couper __9__ légumes en morceaux. Faire revenir (*sauté*) __10__ ail et __11__ oignon dans une poêle (*frying pan*). Ajouter __12__ légumes, bien mélanger et cuire 30 minutes. Ajouter __13__ épices, si vous aimez!

10 Qu'est-ce qu'il faut pour faire... ?

Écrivons Fais une liste de trois ingrédients dont on a besoin pour préparer chaque plat. Utilise le partitif.

1. un sandwich au jambon
2. une tarte aux fruits
3. un steak frites
4. une omelette
5. une pizza végétarienne
6. une salade

11 Madame Lionnet fait les courses

Parlons Décris ce que madame Lionnet a acheté au supermarché. Ensuite, essaie de deviner ce qu'elle va préparer pour le dîner ce soir.

MODÈLE **Il y a du beurre... À mon avis, madame Lionnet va préparer/servir...**

Communication

12 Interview

Parlons Qu'est-ce que les élèves de ta classe aiment bien manger? Demande à plusieurs camarades ce qu'ils mangent souvent au petit-déjeuner, au déjeuner et au dîner. Prends des notes, puis compare tes notes avec celles d'autres camarades pour voir quels sont les plats les plus populaires.

MODÈLE **—Norman, qu'est-ce que tu manges au petit-déjeuner?**
—Moi, je mange des fruits et je bois du jus d'orange.

The pronoun *y*

1 To avoid repeating places and locations, use the pronoun y. It can be used to replace names of places that start with prepositions such as **à, dans, sur, en,** and **chez.**

—Tu peux aller au supermarché?
—Bien sûr. J'y vais tout de suite.

—Est-ce que le sucre est dans la cuisine?
—Oui, il y est.

2 The pronoun y, like many other pronouns you have learned, goes before the conjugated verb. If there is an infinitive, place y directly before the infinitive.

—Tu aimes aller au café?
—Je n'y vais pas souvent, mais de temps et temps, j'aime bien y aller.

Vocabulaire et grammaire, *pp. 28–29*
Cahier d'activités, *pp. 21–23*

Flash culture

La province de Québec a une cuisine qui lui est propre. Les colons français qui se sont implantés dans la province de Québec ont dû adapter leur savoir culinaire aux produits qu'ils ont trouvés sur place. Ils ont découvert le caribou et la morue *(cod)*. Les spécialités québécoises sont la poutine et les cretons (espèce de pâté) entre autres.

Quel type de cuisine a beaucoup d'influence dans ta région?

13 À remplacer

Écrivons Identifie la partie de la phrase que le pronom **y** peut remplacer.

MODÈLE D'habitude, on achète les fruits au marché.
au marché

1. Les Girbaud vont toujours à Montréal.
2. J'ai mis les abricots sur la table.
3. Le Café de la Poste? Oui, Salima déjeune souvent dans ce café.
4. Tu veux dîner chez moi ce soir? Je vais préparer du poulet.
5. On mange très bien au Restaurant des Artistes!
6. Mon oncle est en France pendant le mois de juin. Il adore la cuisine française.

14 Chez nous

Écrivons/Parlons Réponds aux questions d'après tes habitudes personnelles. Utilise le pronom **y** dans tes réponses.

1. Est-ce que ta famille fait ses courses au supermarché?
2. Est-ce que tu aimes aller au supermarché avec ta famille?
3. Qu'est-ce que vous achetez souvent au supermarché?
4. Est-ce que tu vas souvent au marché?
5. Qu'est-ce qu'on peut acheter au marché aux États-Unis?

15 Qu'est-ce que tu fais ce soir?

Écrivons Plusieurs de tes camarades t'ont envoyé des textos pour savoir ce que tu fais ce soir. Réponds-leur en utilisant le pronom **y** et les indices donnés.

MODÈLE **Oui, je peux y aller ce soir.**

Tu vas au café ce soir?

(oui, pouvoir aller)

Bibliothèque après les cours?

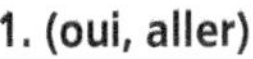

1. (oui, aller)

Chez Tanguy vers 6:00?

2. (non, pouvoir aller)

Céline et toi, ciné à 8:00?

3. (oui, vouloir aller)

Tes parents, restaurant?

4. (pas ce soir, aller)

Digital performance space

Communication

16 Scénario

Parlons Formez de petits groupes. Une personne de chaque groupe choisit un magasin ou un endroit *(place)* où elle veut aller. Les autres membres du groupe posent des questions pour essayer de deviner le nom du magasin ou de l'endroit. Utilisez le pronom **y** pour ne pas mentionner le nom.

Souviens-toi! En ville, p. R10

MODÈLE **—On y achète des fruits et des légumes?**
—Non.

17 Interview

Parlons Tu fais des sondages pour un magazine pour les consommateurs. Aujourd'hui, tu dois demander où les personnes que tu interviewes font leurs courses et pourquoi elles préfèrent ces endroits. Joue cette scène avec un(e) camarade, puis échangez les rôles. Utilisez le pronom **y** plusieurs fois dans votre conversation.

MODÈLE **—Bonjour, madame. Où est-ce que vous aimez faire vos courses?**
—J'aime bien aller au marché parce qu'on y trouve... J'aime y acheter...

Application 1

18 Qu'est-ce qu'on va préparer?

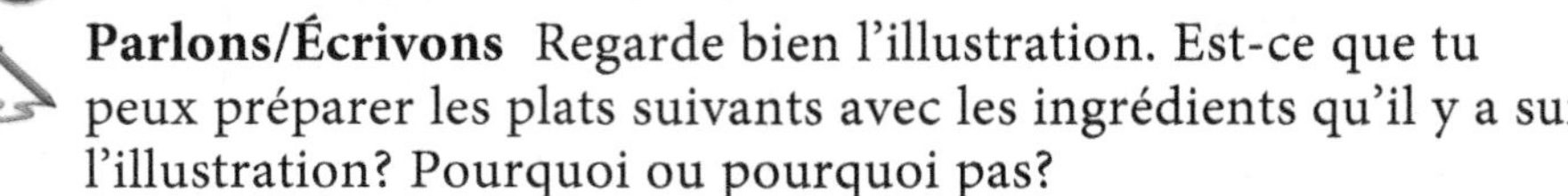

Parlons/Écrivons Regarde bien l'illustration. Est-ce que tu peux préparer les plats suivants avec les ingrédients qu'il y a sur l'illustration? Pourquoi ou pourquoi pas?

MODÈLE des pâtes au fromage
Non; Il y a du fromage, mais il n'y a pas de pâtes.

1. une omelette au fromage et aux champignons
2. un croque-monsieur
3. une salade avec des tomates
4. un gâteau au chocolat
5. une quiche au fromage

Un peu plus Révisions

Question formation

1 To ask a yes-no question, simply raise the pitch of your voice. You can also start the question with est-ce que (est-ce qu').

Est-ce que tu es allergique aux œufs?

2 You can also ask a question by inverting a subject pronoun and its verb. Remember to insert -t- before il, elle, or on if the verb ends in a vowel sound.

Est-elle dans la cuisine? Prépare-t-elle une salade?

3 To ask an information question, you can use the question words: qui *(who);* pourquoi *(why);* que (qu') *(what);* combien de (d') *(how much/ many);* quand *(when);* comment *(how);* and où *(where).*

Comment est-ce qu'on fait une omelette?

Que manges-tu à midi?

Vocabulaire et grammaire, *pp. 28–30*
Cahier d'activités, *pp. 21–23*

19 Écoutons

Écoute chaque phrase et dis si c'est **a) une question** ou **b) une phrase affirmative.**

Online Practice

my.hrw.com
Application 1 practice

20 Invente les questions!

Écrivons Lis ces réponses et pour chacune, imagine la question qu'on a posée pour obtenir chaque réponse. Utilise l'intonation, **est-ce que** ou l'inversion.

MODÈLE Du pain, du fromage et du jambon.
Qu'est-ce qu'il y a dans un croque-monsieur?

1. Non merci. Je n'aime pas le chocolat.
2. Parce que je suis allergique aux cerises...
3. Jamais! Elle est végétarienne.
4. Mélange les framboises avec le sucre.
5. Quatre courgettes, s'il vous plaît.
6. Non, j'ai fait une salade avec des tomates.

21 Une lettre à Matthieu

Écrivons Ton correspondant canadien, Matthieu, va passer l'été chez toi. Ta mère veut savoir ce qu'il aime manger et ce qu'il n'aime pas manger. Écris une lettre à Matthieu et demande-lui ce qu'il aime manger.

MODÈLE **Matthieu,**
Qu'est-ce que tu aimes manger au petit-déjeuner? Tu manges... ou bien est-ce que tu préfères... ?

Digital performance space

Communication

22 Scénario

Parlons Imagine que tu étudies dans une école à Québec. Voici le menu de la cantine *(cafeteria)*. Avec un(e) camarade, discutez du menu. Dites ce que vous allez manger et ce que vous n'allez pas manger et expliquez pourquoi.

MODÈLE **—Moi, je vais manger à la cantine mardi.**
—Pourquoi?
—Parce qu'il y a de la soupe à l'oignon...

Lycée Hugo Semaine du 21/9—25/9

Lundi	Mardi	Mercredi	Jeudi	Vendredi
Salade de tomates Poulet haricots verts Yaourt	Soupe à l'oignon Steak pommes de terre Tarte aux abricots	Salade verte Poisson sauce aux champignons et riz Pastèque	Carottes en salade Omelette et ratatouille de courgettes et d'aubergines Fromage blanc	Soupe de tomate Poisson, petits pois et carottes Gâteau aux framboises

Culture

Récolte du sirop d'érable

Culture appliquée

Le sirop d'érable

Le sirop d'érable[1] fait partie de la cuisine québécoise depuis longtemps. Les Amérindiens ont appris aux colons[2] français à récolter[3] l'eau d'érable pour la changer en sucre. Le sirop était utilisé par les Amérindiens comme médicament. La saison de la récolte a lieu au début du printemps et s'appelle «le temps des sucres». Le Québec produit la majorité du sirop d'érable vendu dans le monde.

1. maple syrup 2. settlers 3. collect

Des sucettes au sirop d'érable

Ingredients

- 2 cups maple syrup
- 1/2 teaspoon cream of tartar
- 1 teaspoon butter
- Pinch of salt
- Candy thermometer
- Candy molds
- Lollipop sticks

Step 1 Boil all the ingredients together until they reach a temperature of 238°F.

Step 2 Pour the mixture into greased candy molds. Set a lollipop stick in the mold. Let it set. Put in the freezer for best results.

Fais des recherches sur Internet pour savoir comment les Amérindiens récoltaient l'eau d'érable. Est-ce que leur technique est différente de la technique utilisée aujourd'hui?

Online Practice
my.hrw.com
Online Edition

Culture

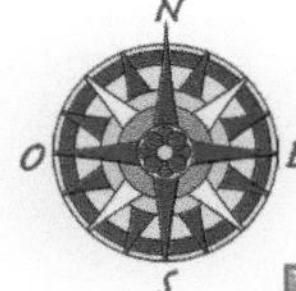

Comparaisons

La préparation du couscous

Le couscous

Tu rends visite à tes amis marocains à Casablanca. Ils ont préparé un couscous. Pour manger le couscous de manière traditionnelle, tu manges avec:

- **a.** la main droite.
- **b.** une fourchette et un couteau.
- **c.** une cuillère.

Au Maroc, le couscous se mange en début d'après-midi. Chaque personne se lave les mains avant le repas. Ensuite, chaque personne s'assied sur des coussins[1] posés par terre autour d'une table basse[2] et ronde. Un grand plat de semoule[3] avec viandes et légumes est posé au centre de la table et on mange avec les doigts. On prend le couscous avec trois doigts et ensuite on en fait une petite boule dans la main. On ne doit utiliser que la main droite, jamais la main gauche. Tout autour du plat, de petites assiettes en terre cuite contiennent les épices. Généralement, on boit du thé à la menthe. Après le repas, chacun se lave les mains, souvent avec de l'eau de fleur d'oranger.

ET TOI?

1. Quelles spécialités est-ce que tu manges avec les doigts aux États-Unis?
2. Est-ce que tu bois une boisson traditionnelle chez toi? Laquelle?

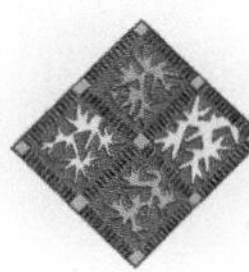

Communauté et professions

Le français dans les cuisines

Dans les recettes de cuisine de nombreux mots sont français ou d'origine française. Est-ce que tu connais un chef? Est-ce qu'il y a une école de cuisine près de chez toi? Fais des recherches sur Internet ou à la bibliothèque pour en savoir plus sur le métier de chef. Présente ce que tu as trouvé à la classe.

Des apprentis cuisiniers

1. cushions **2.** low **3.** type of flour made from hard wheat

Objectifs

- to shop for groceries
- to ask where things are

Vocabulaire à l'œuvre 2

Télé-vocab

On fait les courses!

Boucherie-charcuterie

Boulangerie-pâtisserie

POISSONNERIE

le boucher (la bouchère)

les crevettes (f.)

du bœuf

les fruits de mer (m.)

la boulangère (le boulanger)

une tranche de jambon

des huîtres (f.)

le poissonnier (la poissonnière)

Épicerie

Crémerie-fromagerie

l'épicière (l'épicier)

le yaourt

un morceau de fromage

une boîte (de conserve)

Au supermarché

Exprimons-nous!

To shop for groceries

Qu'est-ce qu'il vous faut? *What do you need?*	**Il me faut** un kilo de pommes de terre, s'il vous plaît. *I need . . .*
Combien vous en faut-il? *How many/much do you need?*	**À peu près une livre.** *About one pound.* Un kilo **environ.** *. . . approximately.*
Vous les voulez comment, vos abricots/ vos tomates? *How do you want the . . . ?*	**Bien mûr(e)(s),** s'il vous plaît. *Very ripe / ripe. . .*
C'est cinq euros **le kilo.** *It's . . . per kilo.*	Bon, **je vais en prendre** trois kilos. *. . . I'll take . . .*
Ce sera tout? *Will that be all?*	Oui, **c'est tout pour aujourd'hui,** merci. *. . . that's all for today . . .*

Vocabulaire et grammaire, *pp. 31–33* Online Workbooks

▶ **Vocabulaire supplémentaire—**À la boucherie-charcuterie, À la poissonnerie, **p. R18**

23 Écoutons

Regarde les photos et écoute les commentaires. Indique quelle photo correspond à chaque commentaire.

a.

b.

c.

d.

e.

24 À l'épicerie

Écrivons Marie-Ève et Denis font les courses. Complète leur conversation en utilisant les expressions de la boîte.

combien	faut	douzaine	kilo
litre	chariot	morceau	sera

DENIS	Bon, qu'est-ce qu'il te __1__?
MARIE-ÈVE	J'ai besoin d'oignons.
DENIS	__2__ t'en faut-il?
MARIE-ÈVE	Un __3__.
DENIS	Ce __4__ tout?
MARIE-ÈVE	Non, on achète aussi des produits laitiers: un __5__ de lait et un __6__ de fromage.
DENIS	Et n'oublie pas qu'il nous faut une __7__ d'œufs.

Au Québec, comme aux États-Unis, vous avez le choix entre des sacs en plastique ou des sacs en papier dans les supermarchés. Les caissiers rangent les produits dans les sacs pour vous. En France, les clients doivent ranger eux-mêmes leurs courses dans des sacs. De plus en plus de supermarchés et hypermarchés ne fournissent plus de sacs à leurs clients. Il faut penser à apporter ses propres sacs ou son panier quand on va faire ses courses.

Qui range les courses dans des sacs quand tu vas faire des courses?

25 Où va-t-on?

Écrivons Yann va faire les courses pour sa mère. Identifie le magasin de la colonne de droite où Yann peut acheter chaque produit de la colonne de gauche. Dis-lui où il faut aller.

MODÈLE **Pour acheter six croissants, va à la boulangerie-pâtisserie.**

un litre de lait	la boulangerie-pâtisserie
un morceau de pâté	la crémerie-fromagerie
deux kilos de farine	l'épicerie
une douzaine de crevettes	la poissonnerie
une livre de poires	la boucherie-charcuterie
dix tranches de saucisson	
six croissants	

Exprimons-nous!

To ask where things are

Madame, les produits congelés, s'il vous plaît? *Ma'am, where are the frozen foods, please?*	**Alors,** ils sont **tout près** des fruits, là. *Well . . . right next to . . .*
Où est-ce que je pourrais trouver les épices? *Where could I find . . . ?*	**Si vous allez** tout droit, **au bout du** rayon, vous allez trouver les épices. *If you go . . . at the end of . . .*
Le lait, **ça se trouve où,** s'il vous plaît? *. . . is found where . . . ?*	**Au milieu du** magasin. *In the middle of . . .*

Vocabulaire et grammaire, *pp. 31–33* Online Workbooks

Déjà vu!

You have already learned some words to tell where things are.

devant	*in front of*
derrière	*behind*
entre	*between*
à côté de	*next to*
à droite de	*to the right of*
à gauche de	*to the left of*

26 Où sont les tomates?

Lisons/Écrivons Une nouvelle épicerie vient d'ouvrir à côté de chez toi. Tu dois acheter différents produits mais tu ne les trouves pas. Complète la conversation logiquement.

Toi —Pardon, où ___1___ les tomates?
L'épicier —___2___ du magasin.
Toi —Et les œufs?
L'épicier —Les œufs sont ___3___ du beurre.
Toi —Et les champignons, ils sont où?
L'épicier —___4___ les carottes et la salade.
Toi —Maintenant, je cherche l'huile d'olive.
L'épicier —___5___ du sucre.
Toi —Et le sucre, où se trouve-t-il?
L'épicier —___6___ du rayon.
Toi —Merci.

Communication

27 Scénario

Parlons Tu vas au supermarché pour acheter des fruits et des légumes. Comme le magasin est grand, tu ne sais pas où se trouvent les fruits et les légumes que tu veux acheter. Demande à l'employé(e). Complète cette conversation avec ton/ta camarade. Puis, échangez les rôles.

MODÈLE **–Pardon, où est-ce que je pourrais trouver... ?**
–Si vous allez tout droit...

Objectifs
- the pronoun *en*
- placement of object pronouns

Grammavision

The pronoun *en*

1 You can replace a form of de + noun with en. It often translates as *some, any, of it,* or *of them.*

— Tu veux du yaourt? — *Would you like some yogurt?*

— Non, merci, je n'en veux pas. — *No thanks, I don't want any.*

2 En can also replace nouns that follow un, une, **numbers,** or **expressions of quantity.** In this case, you normally still use un, une, the number, or the expression of quantity in the sentence with en.

— Tu manges **beaucoup de sandwichs**?

— Oui, j'en mange beaucoup. J'en prends souvent un à midi.

— Moi, j'en prends souvent deux!

3 Place en before the infinitive in the sentence if there is one. Otherwise, place it before the conjugated verb.

Des crevettes? Je vais en acheter.

Vocabulaire et grammaire, *pp. 34–35*
Cahier d'activités, *pp. 25–27*

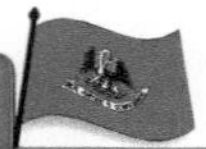

In Louisiana, you will sometimes hear **une chevrette** instead of **une crevette** for *shrimp.*

28 Écoutons

Magali a invité ses amis pour dîner. Écoute leurs conversations et dis si les invités **a) veulent** ou **b) ne veulent pas** de chaque plat.

29 Il y en a combien?

Écrivons Dis combien il y a de fruits et de légumes sur la photo. Utilise **en** dans tes phrases.

MODÈLE des champignons?
Il y en a trois.

1. des bananes?
2. des pastèques?
3. des pommes?
4. des cerises?
5. des melons?
6. des poivrons?

my.hrw.com
Grammaire 2 practice

30 Dans le bon ordre

Écrivons Remets les éléments de chaque phrase dans le bon ordre.

1. non merci / en / ne... pas / je / veux
2. adore / les pêches / mange / j' / beaucoup / j' / en / et
3. des petits pois / tu / il y a / veux / en / si
4. nous / avons / en / deux
5. maman / pour le dîner / souvent / prépare / en
6. en / vous / est-ce que / avez / deux

31 Un sondage

Parlons/Écrivons Une agence de sondages fait une enquête sur les goûts des jeunes Américains. Réponds aux questions en utilisant le pronom **en.**

1. Est-ce que tu aimes manger des fruits au petit-déjeuner?
2. Quel est ton fruit préféré? Tu en manges souvent?
3. Est-ce qu'il y a des légumes que tu ne manges jamais?
4. Est-ce que tu aimes les épices? Tu en mets dans quels plats?
5. Tu manges beaucoup de yaourt?
6. Est-ce que tu manges souvent des œufs? Quand?

32 Nous, les Américains

Écrivons Un magazine suisse fait une enquête sur les produits typiques qui représentent les pays du monde. À ton avis, qu'est-ce qui représente le mieux les États-Unis? Fais une liste de 4 choses. Utilise le pronom **en** dans tes réponses.

MODÈLE **Le coca, c'est la boisson préférée des Américains. Ils en boivent beaucoup!**

Communication

33 Devinettes

Parlons Choisis un fruit ou un légume et décris-le à ton/ta camarade. Ne mentionne pas le nom du fruit ou du légume que tu as choisi et utilise **en** dans ta description. Ton/Ta camarade va essayer de deviner de quel fruit ou de quel légume tu parles. Ensuite, échangez les rôles.

MODÈLE **—Il y en a des rouges.**
—Des pommes?
—Non. On en met quelquefois sur des glaces.
—Des cerises?

Grammaire 2

Placement of object pronouns

1 You have learned that if you have a sentence with both direct and indirect object pronouns, you place the pronouns in a certain order. You can also combine the pronouns y and en with the object pronouns you have learned. Notice the position of these pronouns when used with other object pronouns.

me (m') / te (t') / nous / vous	le / l' / la / les	lui / leur	y	en

2 Place pronouns before the conjugated verb in a sentence or in front of the infinitive. This is also true when you use more than one pronoun at a time.

—Tu peux me donner des fraises?

—Bien sûr. Je t'en donne.

—Vous achetez les baguettes à la boulangerie?

—Oui, je les y achète.

3 Y and en can be used together in the same sentence, although it is not common. They are used together with the following expression.

Il y a des cerises au marché?

Oui, il y en a.

Vocabulaire et grammaire, *pp. 34–35*
Cahier d'activités, *pp. 25–27*

Flash culture

Au Québec, on peut utiliser un chariot dans les supermarchés comme aux États-Unis, mais c'est différent en France. La plupart des supermarchés ont un système de consigne *(deposit)* pour que les personnes remettent en place les chariots au lieu de les laisser sur le parking. Pour prendre un chariot, le client dépose une pièce d'un euro dans un boîtier *(case)* et le client la reprend quand il remet le chariot en place.

Est-ce que les supermarchés de ta région ont un système pour remettre en place les chariots?

34 Quel pronom?

Écrivons Pour chaque phrase, indique quelle partie de la phrase peut être remplacée par des pronoms objets et indique par quel pronom.

MODÈLE Je vais donner la tarte à Marie.
la tarte: la
à Marie: lui

1. Marco va acheter les crevettes à la poissonnerie.
2. Tu veux bien mettre le sucre sur la table? Merci.
3. Tu peux donner des yaourts à Paul?
4. Est-ce qu'il y a des champignons au marché?
5. Vous voulez les abricots comment?
6. Il faut donner le sac en plastique à l'employée.

35 Une journée chargée

Écrivons Refais les phrases en utilisant des pronoms pour remplacer les mots soulignés.

MODÈLE J'achète les pâtes au supermarché.
Je les y achète.

1. Mazarine, tu vas préparer la tarte aux abricots?
2. Tu me donnes des fruits?
3. Vous allez envoyer ces fleurs à Maman?
4. Les Martin ne vont pas acheter d'abricots.
5. Je t'envoie une invitation.
6. Il n'y a pas de jambon.

36 En ville

Écrivons Écris une petite conversation pour accompagner chaque photo. Utilise des pronoms dans tes conversations.

MODÈLE **—Tu peux me rapporter trois baguettes?**
—Oui, j'y vais tout de suite. Je vais en acheter...

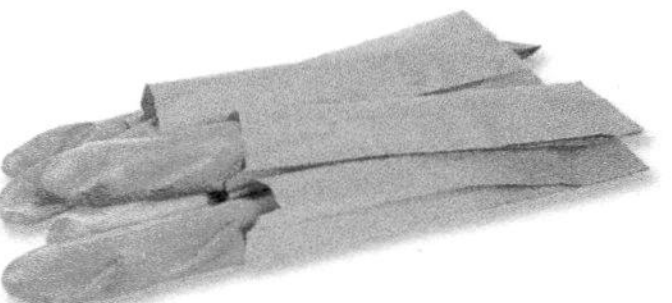

1.

2.

3.

4.

Communication

37 Scénario

Parlons Imagine que ta classe de français va faire un pique-nique à la campagne avec quelques élèves francophones ce week-end. En petits groupes, choisissez ce que vous voulez manger et boire. Ensuite, décidez qui va aller faire les courses et où. Chaque personne du groupe doit faire quelque chose. Essayez d'utiliser des pronoms dans vos réponses.

MODÈLE **—Qu'est-ce qu'on va préparer pour le pique-nique?**
—On fait des sandwichs?
—D'accord. Moi, je vais acheter le pain à la boulangerie. Je peux y acheter aussi...

Synthèse
- Vocabulaire 2
- Grammaire 2

Application 2

38 Question de goût!

Écrivons Est-ce que ces personnes ou ces animaux aiment les choses suivantes? Dis s'ils en mangent ou pas et donne un détail supplémentaire (quand ils en mangent, pourquoi ils aiment ou n'aiment pas ça, etc.).

MODÈLE toi / la salade
J'adore la salade. J'en mange souvent au déjeuner.

1. les lapins *(rabbits)* / les carottes
2. mon chien / les framboises
3. toi / les brocolis
4. ton (ta) meilleur(e) ami(e) / les aubergines
5. les Français / les escargots *(snails)*

39 Écoutons

Mia fait des courses en ville ce matin. Écoute chaque phrase et dis où se trouve Mia d'après les choses qu'elle achète ou qu'elle fait.

Un peu plus Révisions

Contractions with *à* and *de*

Remember how to form contractions with à and **de**? Here are the forms.

à	de
à + le = au	de + le = du
à + la = à la	de + la = de la
à + l' = à l'	de + l' = de l'
à + les = aux	de + les = des

Je vais à l'épicerie du quartier ou à l'hypermarché au coin de la rue.

Vocabulaire et grammaire, *pp. 34–36*
Cahier d'activités, *pp. 25–27*

40 Le bon choix

Écrivons Choisis la préposition et l'article ou la contraction qui convient pour compléter chaque phrase.

1. J'adore le marché _______ ville!
   a. du **b.** la **c.** de la
2. Sophie va aller _______ supermarché ce matin.
   a. du **b.** au **c.** de la
3. Il y a des marchés _______ États-Unis?
   a. à l' **b.** des **c.** aux
4. La caissière _______ supermarché est très sympa.
   a. de la **b.** des **c.** du
5. Est-ce qu'il y a une boulangerie _______ centre commercial?
   a. du **b.** au **c.** à la
6. On ne mange pas très bien à la cantine _______ école!
   a. d' **b.** la **c.** de l'

Online Practice
my.hrw.com
Application 2 practice

41 Un article de journal

Lisons/Écrivons Voici un article de journal sur les préférences des Français quand ils font leurs courses. Complète l'article avec les articles ou les contractions qui conviennent.

Beaucoup de Français disent qu'ils préfèrent les légumes __1__ marché parce qu'ils sont meilleurs. __2__ marché, les Français achètent aussi souvent leurs fruits. Pour le fromage, ils préfèrent aller __3__ crémerie. Pour les produits congelés, ils préfèrent l'épicerie __4__ quartier. __5__ boulangerie, ils aiment le pain bien chaud et les croissants. Et pour le poisson, ils vont __6__ poissonnerie où ils peuvent parler __7__ poissonnière pour savoir quel poisson acheter.

42 Les préférences des Américains

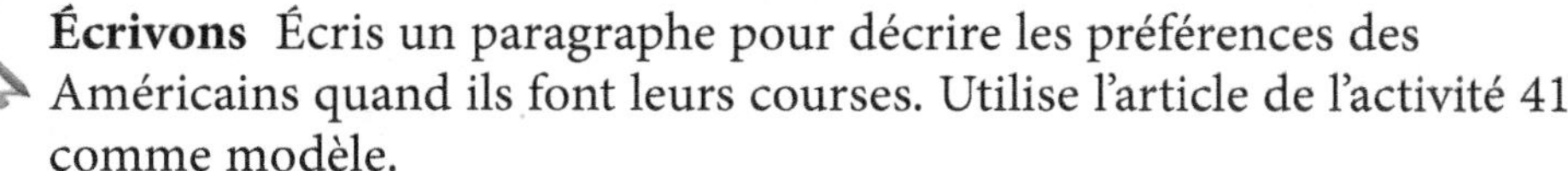

Écrivons Écris un paragraphe pour décrire les préférences des Américains quand ils font leurs courses. Utilise l'article de l'activité 41 comme modèle.

MODÈLE **Beaucoup d'Américains font leurs courses à...**
D'habitude, ils y achètent...

Communication

Digital performance space

43 À l'épicerie

Parlons Julien travaille dans une épicerie à Québec et un(e) client(e) lui pose des questions. Avec un(e) camarade, vous allez jouer le rôle de Julien et du/de la client(e). Lisez les questions ci-dessous et répondez-y de manière logique. Ensuite, échangez les rôles.

— **Bonjour. Les yaourts, s'il vous plaît?**
—
— **Merci. Quel est le prix d'un kilo de tomates?**
—
— **Bon, je vais en prendre un kilo, s'il vous plaît.**
—
— **Oui, c'est tout pour aujourd'hui, merci. Au revoir.**
—

Télé-roman

Le Secret de la statuette *Épisode 3*

STRATÉGIE

Comparing attitudes Comparing the characters' attitudes toward an idea or an event can help you to understand their motives and their actions. In **Episode 3**, Seydou and Léa react differently to the mysterious disappearance of the statuette. Who detains the information at the beginning of the episode? Who decides to take action? Do the two characters react in the same way when they find out that Charles Rigaud is on the island? Based on what you learn in the episode, who do you think is the most adventurous? The most cautious?

Quelques jours plus tard, chez les Gadio...

1

Seydou Tu sais, l'inspecteur Sonko a dit à mon père qu'il n'y a pas de Charles Rigaud à Dakar.

Léa Ah oui? Et alors?

Seydou Eh bien, peut-être que l'homme qui a apporté la statuette à mon père ne s'appelle pas vraiment Charles Rigaud.

2

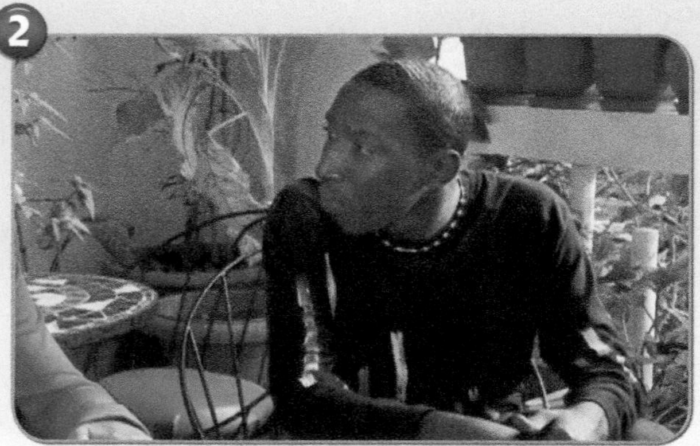

Seydou L'inspecteur Sonko a trouvé quelque chose. Il a fait analyser le sable qu'il a trouvé dans le bureau de mon père. C'est du sable de l'île de Gorée.

3

Léa Alors, on y va?

Seydou Où?

Léa Sur l'île de Gorée. C'est peut-être là que les voleurs se cachent.

4

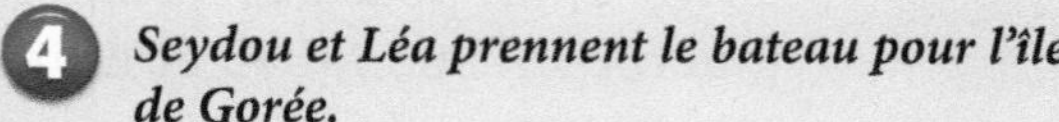
Seydou et Léa prennent le bateau pour l'île de Gorée.

Sur l'île de Gorée...

5

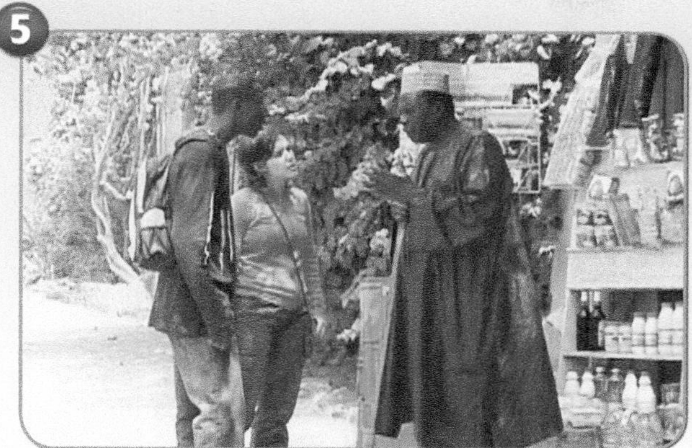

Seydou Pardon, monsieur. Nous faisons une petite enquête sur un vol. Est-ce que vous avez remarqué quelque chose de bizarre ces jours-ci?

Le commerçant Attendez un peu! Il y a cet homme qui vient au magasin depuis une semaine ou deux.

6

Le commerçant Il a l'air d'un explorateur, avec le chapeau et tout! Il se tire toujours l'oreille, comme ça...

7

Seydou Charles Rigaud! Je suis sûr que c'est lui!

Léa Mais pourquoi? C'est pas logique du tout! C'est lui qui a apporté la statuette à ton père et maintenant, il la vole? Ça n'a aucun sens!

8

Seydou Bon, on téléphone à l'inspecteur Sonko?

Léa D'abord, je pense qu'on devrait attendre ici. Rigaud va peut-être passer au magasin.

Seydou Bon. D'accord.

9

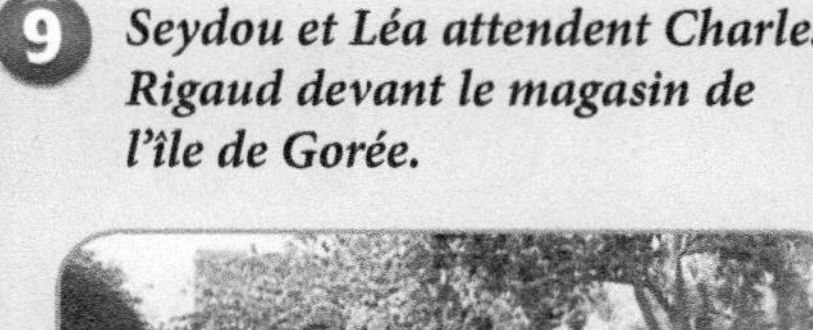

Seydou et Léa attendent Charles Rigaud devant le magasin de l'île de Gorée.

AS-TU COMPRIS?

1. Qu'est-ce que l'inspecteur Sonko a dit à monsieur Gadio?
2. Pourquoi Seydou et Léa décident d'aller sur l'île de Gorée?
3. Le commerçant décrit un homme. Qui est cet homme?
4. Quand Seydou dit «Charles Rigaud! Je suis sûr que c'est lui!», qu'est-ce qu'il veut dire?
5. Qu'est-que Seydou et Léa décident de faire à la fin de l'épisode?

Prochain épisode:
Peux-tu deviner qui va venir au magasin dans l'épisode 4?

Lecture et écriture

Jean-Jacques Sempé

René Goscinny

Jean-Jacques Sempé (1932–) est un des dessinateurs français les plus connus. Il commence à publier des dessins humoristiques vers l'âge de 19 ans. À partir de 1960, *Le Petit Nicolas* prend la forme de romans écrits par **René Goscinny** (1926–1977) et illustrés par Sempé. Goscinny est aussi le scénariste[1] de la bande dessinée *Astérix*.

STRATÉGIE

Making inferences is drawing conclusions based on evidence that is hinted at, or implied. While you read or listen, pause after each paragraph or exchange to think about the details the author includes, why they are included, and what they tell you. This can help you identify the main idea.

A Avant la lecture

Lis le titre et regarde les illustrations. D'après toi, qui est le narrateur? Qu'est-ce qu'il fait? Avec qui? Essaie d'imaginer l'histoire à partir des illustrations.

Le Petit Nicolas

On a fait le marché avec papa

[...]

— Bien, a dit Papa, nous allons prouver à ta mère que c'est facile comme tout de faire le marché, et nous allons lui apprendre à faire des économies[2]. Pas vrai, bonhomme[3] ?

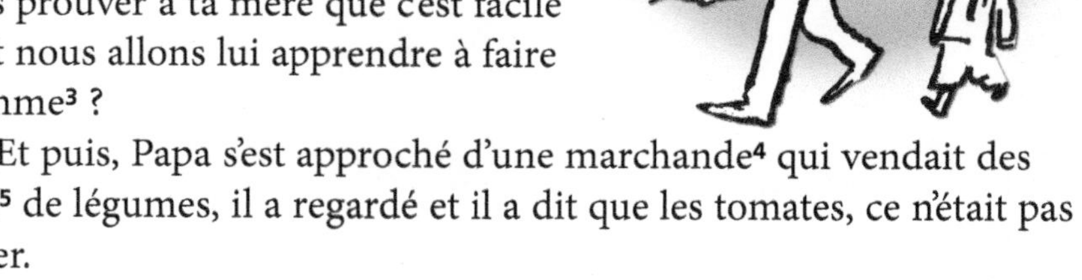

Et puis, Papa s'est approché d'une marchande[4] qui vendait des tas[5] de légumes, il a regardé et il a dit que les tomates, ce n'était pas cher.

— Donnez-moi un kilo de tomates, il a demandé, Papa.

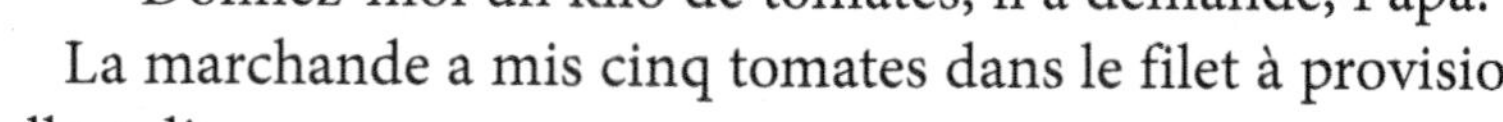

La marchande a mis cinq tomates dans le filet à provisions[6] et elle a dit :

— Et avec ça. Qu'est-ce que je vous mets ?

Papa a regardé dans le filet, et puis il a dit :

— Comment ? Il n'y a que cinq tomates dans un kilo ?

— Et qu'est-ce que vous croyez, a demandé la dame, que pour le prix vous aurez une plantation ? Les maris, quand ça vient faire le marché, c'est tous du pareil au même[7].

— Les maris, on se laisse moins rouler[8] que nos femmes, voilà tout ! a dit Papa.

1. writer **2.** save money **3.** young man **4.** saleswoman **5.** loads of **6.** string bag **7.** all the same **8.** we are not easy to con

— Répétez-ça un peu, si vous êtes un homme ? a demandé la marchande, qui ressemblait à M. Pancrace, le charcutier de notre quartier.

Papa a dit : « Bon, ça va, ça va » ; il m'a laissé porter le filet et nous sommes partis, pendant que la marchande parlait de Papa à d'autres marchandes.

Et puis, j'ai vu un marchand avec plein de poissons sur sa table et des grosses langoustes[1] :

— Regarde, papa ! Des langoustes ! j'ai crié.

— Parfait, a dit Papa, allons voir ça.

Papa, il s'est approché du marchand, et il a demandé si les langoustes étaient fraîches. Le marchand lui a expliqué qu'elles étaient spéciales. Quant à être fraîches, il pensait que oui, puisqu'elles étaient vivantes[2], et il a rigolé.

— Oui, bon, a dit Papa, à combien la grosse, là, qui remue[3] les pattes ?

Le marchand lui a dit le prix et Papa a ouvert des yeux gros comme tout.

— Et l'autre, là, la plus petite ? a demandé Papa. Le marchand lui a dit le prix de nouveau et Papa a dit que c'était incroyable et que c'était une honte[4].

— Dites, a demandé le marchand, c'est des langoustes ou des crevettes que vous voulez acheter. Parce que ce n'est pas du tout le même prix. Votre femme aurait dû vous prévenir.

— Viens, Nicolas, a dit Papa, nous allons chercher autre chose.

Mais moi, j'ai dit à Papa que ce n'était pas la peine d'aller ailleurs[5], que ces langoustes me paraissaient terribles, avec leurs pattes qui remuaient, et que la langouste c'est drôlement bon.

— Ne discute pas et viens, Nicolas, m'a dit Papa. Nous n'achèterons pas de langouste, voilà tout.

— Mais, Papa, j'ai dit, Maman fait chauffer[6] de l'eau pour les langoustes, il faut en acheter.

— Nicolas, m'a dit Papa, si tu continues, tu iras m'attendre dans la voiture !

Alors, là, je me suis mis à pleurer[7] ; c'est vrai, quoi, c'est pas juste. [...]

— Nous rentrons, a dit Papa, qui avait l'air nerveux et fatigué ; il se fait très tard.

— Mais, Papa, j'ai dit, nous n'avons que cinq tomates. Moi, je crois qu'une langouste...

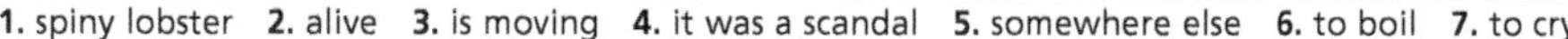

1. spiny lobster **2.** alive **3.** is moving **4.** it was a scandal **5.** somewhere else **6.** to boil **7.** to cry

Mais Papa ne m'a pas laissé finir, il m'a tiré par la main, et comme ça m'a surpris, j'ai lâché le filet à provision, qui est tombé par terre. C'était gagné. Surtout qu'une grosse dame qui était derrière nous a marché sur les tomates, ça a fait « cruish », et elle nous a dit de faire attention. Quand j'ai ramassé le filet à provisions, ce qu'il y avait dedans, ça ne donnait pas faim.

Compréhension

B Lis les phrases suivantes du texte. Puis, utilise la **Stratégie pour lire** pour déterminer le sens des phrases.

1. « Comment? Il n'y a que cinq tomates dans un kilo ? »
   a. Il y a beaucoup de tomates.
   b. Il n'y a pas assez de tomates.
2. « Répétez ça un peu, si vous êtes un homme ? »
   a. La marchande n'a pas bien compris.
   b. La marchande veut se battre (*fight*) avec Papa.
3. « Le marchand lui a dit le prix et Papa a ouvert des yeux gros comme tout. »
   a. Les langoustes sont très chères.
   b. Les langoustes sont bon marché.
4. « Quand j'ai ramassé le filet à provisions, ce qu'il y avait dedans, ça ne donnait pas faim. »
   a. Nicolas ne veut pas manger les tomates.
   b. Le petit Nicolas n'a plus faim.

C Complète les phrases suivantes en t'aidant de la lecture.

1. La marchande vend…
2. Papa veut acheter des tomates parce que…
3. Quand le petit Nicolas voit la table du marchand de poisson, il veut…
4. Les langoustes sont fraîches parce qu'elles sont…
5. Le petit Nicolas pleure parce que…
6. Le petit Nicolas a lâché le filet parce que…

Après la lecture

D Work with four of your classmates to rewrite the reading selection as a play. Use the dialogue that is already there, but add stage directions and other information the actors might need. Perform the play for the class.

Espace écriture

STRATÉGIE pour écrire

Arranging your ideas chronologically can help you map out a plan for your writing. When you give written instructions, such as recipes, the ordering of elements is crucial.

Un plat délicieux

It is your turn to organize a dinner for the French Club. You've planned the menu and are giving each guest a recipe for a dish to bring. Write a recipe for a dish. At the bottom of the recipe, add a tip or comment that would help the cook better prepare the recipe.

1 Plan

Choose a dish that can be served at a French Club dinner. List the ingredients needed to prepare the dish. Then, arrange the ingredients in the order they will be needed. Write the quantity needed in front of each ingredient, or use the partitive if an exact quantity is not required.

2 Rédaction

When writing the recipe:

- use infinitives, direct object pronouns, **en**, and **y**
- describe in detail each step in the preparation

At the bottom of the recipe, write a comment or a helpful hint about the preparation.

3 Correction

Exchange your recipe with a classmate. Have your classmate check to make sure that all the steps are in logical order and nothing has been left out. Check for spelling, punctuation, and correct use of the partitive and pronouns.

4 Application

Illustrate your recipe and display it on a poster board in class or compile all the recipes into a class cookbook. Consider testing a few of the recipes in class or at home. You might even have a potluck lunch.

Gratin de poires

(pour 6 personnes)

- 8 poires
- 2 tasses de lait
- 1 tasse de farine
- 1/2 tasse de sucre
- 1 cuillère à soupe de beurre
- 4 cuillères à soupe d'amandes pilées
- 1 cuillère d'extrait de vanille

Dans un bol, mélanger la farine, le sucre, l'extrait de vanille et le lait. Éplucher et couper les poires en lamelles. Beurrer un plat qui va au four. Mettre les poires dans le plat. Verser la pâte sur les poires. Mettre au four à 375 °F pendant 30 minutes. Servir tiède.

Chapitre 3

Prépare-toi pour l'examen

@HOMETUTOR

1 Vocabulaire 1
- to ask about food preparation
- to make requests

pp. 82–85

1 Identifie autant de *(as many)* fruits ou de légumes que tu peux pour chaque catégorie.

DES LÉGUMES:	DES FRUITS:
1. verts	1. verts
2. rouges	2. rouges
3. orange	3. orange
4. marron	4. jaunes
5. blancs	

2 Grammaire 1
- the partitive
- the pronoun **y**

Un peu plus
- question formation

pp. 86–91

2 Lucas prépare du saumon *(salmon)* pour des amis ce soir. Il prépare beaucoup d'autres choses aussi! Regarde la photo et dis ce qu'il va servir. Utilise le partitif.

3 Vocabulaire 2
- to shop for groceries
- to ask where things are

pp. 94–97

3 Lucas fait ses courses pour le dîner ce soir. Il préfère les petits magasins parce qu'il n'aime pas le supermarché. Regarde de nouveau *(once again)* la photo de l'Activité 2 et dis où Lucas doit aller pour faire ses courses.

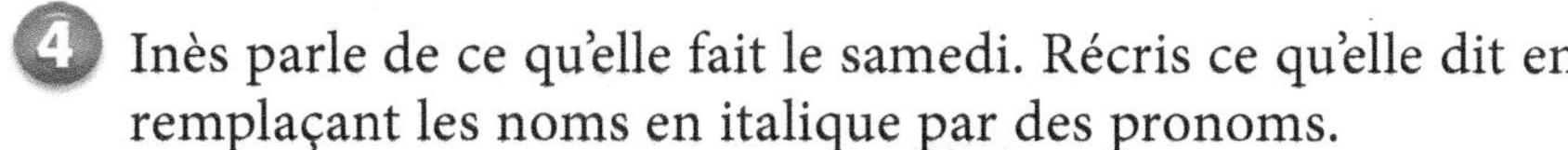

4 Inès parle de ce qu'elle fait le samedi. Récris ce qu'elle dit en remplaçant les noms en italique par des pronoms.

Le samedi, je fais les courses avec ma mère. Nous aimons faire *les courses* ensemble. D'abord, nous allons à la boulangerie et nous achetons du pain *à la boulangerie.* Il y a beaucoup *de pain!* Ensuite, nous allons à l'hypermarché. Ils vendent de tout *à l'hypermarché.* Après, nous aimons aller manger dans un café sur la place St. Jean. Nous mangeons souvent *dans ce café.* Le soir, nous préparons le dîner. Quelquefois, mon père nous aide à préparer *le dîner.* Mes grands-parents aiment manger dans leur chambre. Alors, nous servons *le dîner à mes grands-parents* dans leur chambre.

Online Assessment

my.hrw.com
Chapter Self-test

4 Grammaire 2
- the pronoun **en**
- placement of object pronouns

Un peu plus
- contractions with **à** and **de**

pp. 98–103

5 Réponds aux questions suivantes.

1. Quelles sont quelques spécialités québécoises?
2. Si on veut faire les courses au supermarché, quelles sont les différences entre le Québec et la France?

5 Culture
- **Flash culture** **pp. 84, 88, 96, 100**
- **Comparaisons** **pp. 92–93**

6 Perrine parle des courses qu'elle a faites ce matin. Fais une liste de toutes les choses qu'elle a achetées et des endroits où elle est allée.

7 Dominique (Élève A) et toi, vous préparez à manger pour vos parents ce soir. Toi, tu fais bien la cuisine mais Dominique ne sait pas la faire. Il/Elle te pose des questions et te demande de l'aider. Joue la scène avec un(e) camarade. D'abord, lisez les instructions pour chaque réplique *(exchange).* Ensuite, créez votre dialogue en utilisant des expressions de ce chapitre et d'autres chapitres.

Élève A:	Demande à ton/ta camarade la recette de la salade de fruits.
Élève B:	Donne à ton/ta camarade la recette de la salade de fruits.
Élève A:	Il te manque des ingrédients. Demande à ton/ta camarade d'aller en acheter.
Élève B:	Tu veux bien aller au magasin. Assure-toi que ta liste d'achats est complète.
Élève A:	Tu veux faire un autre plat et tu en demandes les ingrédients à ton/ta camarade.
Élève B:	Décris les ingrédients pour cette recette.
Élève A:	Dis quels ingrédients ton/ta camarade doit acheter pour ta recette.
Élève B:	Tu te souviens que tu as un cours de guitare dans une demi-heure. Excuse-toi de ne pas pouvoir aller au magasin.

Grammaire 1
- the partitive
- the pronoun **y**

Un peu plus
- question formation

pp. 86–91

Résumé: Grammaire 1

To talk about *part of* or *some of* an item, use the partitive articles **du, de la** or **des.** To talk about whole items, use **un, une,** or **des.**

—Tu veux faire **un** gâteau?
—Oui, alors je vais acheter **de la** farine, **du** sucre et **de l'**huile.

Use pronoun **y** to replace phrases beginning with **à, dans, en, sur,** and **chez.**

Tu peux aller **au marché**? Oui, j'y vais tout de suite.

To ask questions, use **est-ce que,** inversion, or a question word.

Est-ce que tu aimes les abricots? **Est-elle** à la crémerie?
Comment est la quiche?

Grammaire 2
- the pronoun **en**
- placement of object pronouns

Un peu plus
- contractions with **à** and **de**

pp. 98–103

Résumé: Grammaire 2

The pronoun **en** replaces **de + noun.**

—Tu veux **du fromage?** —Non, merci, je n'**en** veux pas.

When replacing nouns that follow an expression of quantity, you still use the expression of quantity with **en.**

—Tu manges **beaucoup de légumes?**
—Oui, j'**en** mange **beaucoup.**

When you use both direct and indirect object pronouns together, they follow a certain order. **Y** and **en** always come last.

Cette pomme? Tiens, je **te la** donne.

Remember that **à + le** contracts to form **au** and **à + les** contracts to form **aux. De + le** contracts to form **du** and **de + les** contracts to form **des.**

Lettres et sons

"h" aspiré

You've learned that you don't pronounce the letter **h** in French, like in the word **l'hiver.** However, some words begin with an *aspirated h*, or **h aspiré.** This means that you don't make a liaison with the word that comes before. For example: **les haricots, le héros, le hockey.** Since these words begin with **h aspiré,** you do not drop the **e** from the article **le.**

Jeux de langue
Hier, Henri rêvait d'être le héros d'un match de hockey et de monter en hélicoptère.

Dictée
Écris les phrases de la dictée.

Résumé: Vocabulaire 1

PRACTICE FRENCH WITH HOLT MCDOUGAL APPS!

To ask about food preparation

l'abricot (m.)	*apricot*
l'ail (m.)	*garlic*
ajouter	*to add*
l'aubergine (f.)	*eggplant*
la banane	*banana*
bouillir	*to boil*
le brocoli	*broccoli*
la carotte	*carrot*
la cerise (f.)	*cherry*
le champignon	*mushroom*
la courgette	*zucchini*
la cuisinière	*stove*
couper	*to cut*
une cuillerée à café/à soupe	*teaspoon/tablespoon*
les épices (f.)	*spices*
la farine	*flour*
faire cuire	*to bake, to cook*
le four	*oven*
la fraise/la framboise	*strawberry/raspberry*
les haricots (m.) verts	*green beans*
l'huile (f.) (d'olive)	*(olive) oil*
la laitue	*lettuce*
mélanger	*to mix*
l'oignon (m.)	*onion*
la pastèque/le melon	*watermelon/melon*
la pêche	*peach*
les petits pois (m.)	*peas*
la poire	*pear*
le poivron	*bell pepper*
la pomme	*apple*
la pomme de terre	*potato*
le sucre	*sugar*
une tasse de...	*a cup of. . . .*
la tomate	*tomato*
c'est compliqué	*it's complicated*
C'est facile de faire...?	*Is it easy to make . . . ?*
c'est très simple	*it's very simple*
Comment est-ce qu'on fait... ?	*How do you make . . . ?*
Qu'est-ce qu'il y a dans...?	*What's in . . . ?*
Il y a...	*There is/There are . . .*

To make requests........................*see page 85*

Résumé: Vocabulaire 2

To shop for groceries

du bœuf (m.)	*beef*
le/la boucher(-ère)	*butcher*
la boucherie/la charcuterie	*butcher shop/delicatessen*
le/la boulanger(-ère)	*baker*
la boulangerie/la pâtisserie	*bakery/pastry shop*
le/la caissier(-ière)	*cashier*
le chariot	*shopping cart*
les crevettes (f.)/des huîtres (f.)	*shrimp/oyster(s)*
la crémerie/la fromagerie	*dairy market/cheese market*
l'épicerie (f.)/l'épicier/l'épicière	*grocery store/grocer*
les fruits de mer (m.)	*seafood*
le/la poissonnier(-ière)	*fish monger*
la poissonnerie	*fish market*
un sac en plastique	*plastic bag*
le yaourt	*yogurt*
à peu près/environ	*about/approximately*
C'est tout pour aujourd'hui.	*That's all for today.*
C'est... le kilo.	*It's . . . per kilo.*
Ce sera tout?	*Will that be all?*
Combien vous en faut-il?	*How many do you need?*
Il me faut...	*I need . . .*
Je vais en prendre...	*I'll take . . .*
mûr(e)(s)/bien mûr(e)(s)	*ripe/very ripe*
Qu'est-ce qu'il vous faut?	*What do you need?*
Vous les voulez comment,...?	*How do you want the . . . ?*
une boîte (de conserve)	*canned food/a box (can) of . . .*
une bouteille de...	*a bottle of . . .*
une douzaine de...	*a dozen . . .*
un kilo(gramme) de...	*a kilogram of . . .*
un litre de.../une livre de...	*a liter.../a pound of . . .*
un morceau de...	*a piece of . . .*
un paquet (m.) de...	*a package of . . .*
un pot (m.) de...	*a jar of . . .*
une tranche de...	*a slice of. . .*

To ask where things are..................*see page 97*

Révisions cumulatives

1 Tu écoutes des recettes à la radio à Québec. Écoute ces extraits et choisis la photo qui correspond à chacune des recettes.

a.

b.

c.

d.

2 Les légumes et les fruits, sont-ils vraiment importants? Lis les publicités et décide si les phrases suivantes sont **a) vraies** ou **b) fausses.**

Mangez des légumes!

Faites votre plein en vitamines, en fer, en magnésium et en fibre !

Conseils :
- Chaque catégorie de légumes apporte son lot de nutriments. Diversifiez votre consommation de légumes.
- Mangez-les crus ou cuits.

(au moins 5 par jour combinés avec les fruits)

Mangez des fruits!

Faites votre plein de vitamines A et C sans oublier le potassium !

Conseils :
- Les jus de fruit 100 % fruit sont les meilleurs.
- Préférez les fruits nature : ils contiennent plus de fibres que les jus de fruits.
- Mangez des fruits riches en vitamine C.

(au moins 5 par jour combinés avec les légumes)

1. Les fruits nous apportent des vitamines A et C.
2. Les fruits contiennent une forte quantité de sodium.
3. Les jus de fruit contiennent plus de fibres que les fruits.
4. Les légumes nous apportent de nombreuses vitamines et des minéraux.
5. Chaque catégorie de légumes apporte les mêmes nutriments. Vous pouvez donc vous limiter à manger une seule catégorie de légumes.

my.hrw.com
Cumulative Self-test

3 Tu vas bientôt fêter ton anniversaire! Imagine que tu fais des achats dans une épicerie à Québec. Avec un(e) camarade, créez une conversation entre le/la commerçant(e) et le/la client(e).

4 Aujourd'hui, c'est le jour du marché. Imagine ce qui se passe dans l'image. Qu'est-ce que les marchands vendent? De quoi parlent les personnes? Est-ce qu'il y a des marchés comme ça aujourd'hui? Écris un paragraphe qui décrit le jour du marché.

***La rue des abbesses* de Maximilien Luce**

5 Écris une lettre à une amie québécoise. Parle de ce que tu manges souvent le matin, à midi et le soir. Dis aussi quand, où et avec qui tu manges. Pose-lui des questions pour tout savoir sur ses habitudes alimentaires *(eating habits)*.

6 À ton tour

Émission de cuisine You will host a cooking show for your classmates. Working with a partner, think of or research a recipe you would like to make. List all the ingredients you will need and their quantities. Then compile the steps needed in order to complete the recipe. You and your partner will present your recipe and demonstrate how to cook your recipe for the class.

chapitre 4

Au lycée

Objectifs

In this chapter, you will learn to
- ask how something turned out
- wonder what happened
- ask for information
- express frustration

And you will use
- object pronouns with the **passé composé**
- **quelqu'un, quelque chose, ne... personne, ne...rien,** and **ne... que**
- the verb **recevoir**
- the verb **suivre**
- **depuis, il y a,** and **ça fait**
- the verb **ouvrir**

Que vois-tu sur la photo?

Où sont ces jeunes?

Quel sport est-ce que ces joueurs pratiquent?

Et toi, est-ce que tu joues à ce sport?

MODES OF COMMUNICATION

INTERPRETIVE	INTERPERSONAL	PRESENTATIONAL
Listen to students talk about how things turned out at school this week. Read an email about what happened in a lab experiment.	Exchange opinions about a new computer classroom. Write a text to a friend about your frustration with a new computer.	Talk to the class about your ideal school. Write a blog entry about an assignment gone wrong.

L'équipe de hockey de l'école Cardinal-Roy, à Québec

Objectifs

- to ask how something turned out
- to wonder what happened

Vocabulaire à l'œuvre 1

Télé-vocab

Au lycée à Québec

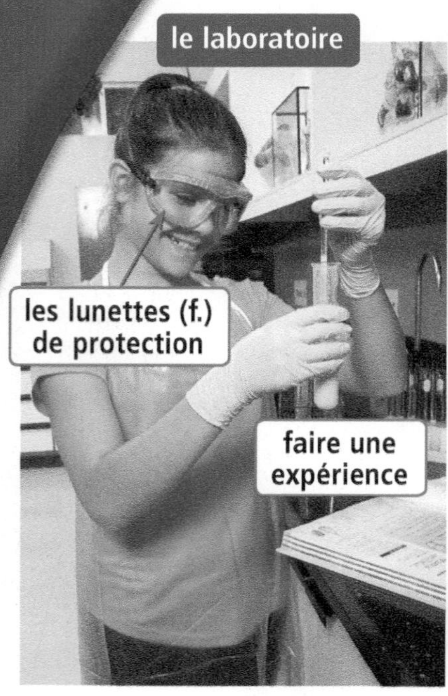

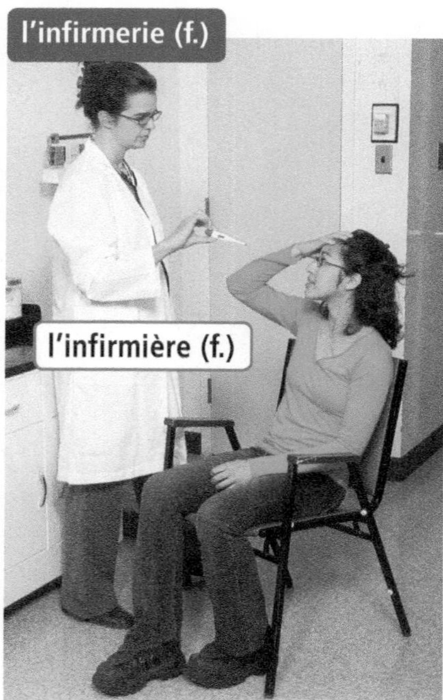

Online Practice
my.hrw.com
Vocabulaire 1 practice

Le complexe sportif

le gymnase

avoir entraînement (m.)

D'autres mots utiles

être en retenue	*to be in detention*
le conseiller/la conseillère d'éducation	*school counselor*
une note	*grade*
faire des recherches	*to do research*
rater	*to fail*
réussir	*to pass, to succeed*
passer un examen	*to take a test*
une interro(gation)	*quiz, test*

Exprimons-nous!

To ask how something turned out	To respond
Au fait, Élodie est allée à l'entraînement? *By the way . . .*	**Évidemment!** *Obviously!*
Comment s'est passé(e) ton match/ta compétition? *How did . . . go/turn out?*	**Je l'ai gagné(e)!** *I won it!*
Alors, le nouveau documentaliste, il est sympa? *So . . .*	**Je n'en sais rien.** Je ne l'ai pas encore vu. *I don't know anything about it . . .*
Dis-moi, tu as réussi ton expérience de chimie? *Tell me . . .*	Non, je l'ai **complètement** ratée. *. . . completely . . .*

Vocabulaire et grammaire, *pp. 37–39* — Online Workbooks

▶ **Vocabulaire supplémentaire**—L'athlétisme, Au gymnase, **p. R19**

Flash culture

Au Québec, à la fin du CÉGEP, les élèves doivent passer le DEC (Diplôme d'études collégiales), qui est l'équivalent du bac en France. Certains élèves choisissent de passer le bac international. Un élève qui veut entrer à l'université doit avoir un DEC. Un élève qui choisit une formation technique peut passer son DEC après trois ans et peut entrer sur le marché de l'emploi *(job market)*.

Quel diplôme est-ce que tu obtiens à la fin du lycée? Est-ce que c'est un diplôme spécialisé?

1 Au lycée

Écrivons À quelle partie du lycée associes-tu les personnes ou les choses suivantes?

1. la documentaliste	**a.** à la cantine
2. le terrain de foot	**b.** à la cour de récréation
3. une expérience	**c.** au laboratoire
4. une compétition	**d.** au CDI
5. le déjeuner	**e.** au complexe sportif
6. un entraînement	**f.** à la salle d'informatique
7. un livre	**g.** à l'infirmerie
8. les médicaments	
9. les ordinateurs	

2 Écoutons

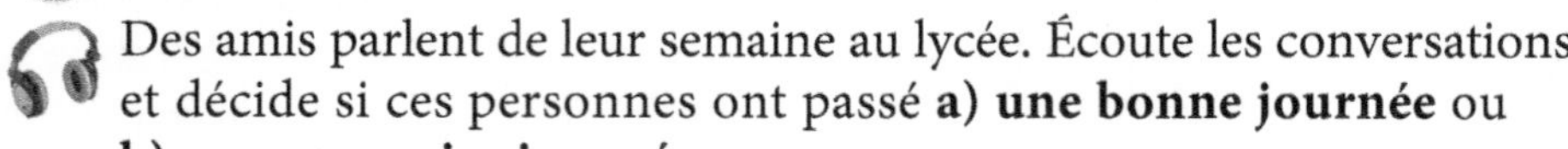

Des amis parlent de leur semaine au lycée. Écoute les conversations et décide si ces personnes ont passé **a) une bonne journée** ou **b) une mauvaise journée.**

3 La journée d'Antoine

Écrivons/Parlons Antoine a passé une journée intéressante. Imagine que tu es Antoine et raconte ce qui s'est passé d'après les images.

MODÈLE **Ce matin, j'ai été en retenue avec madame Roussel.**

1.

2.

3.

4.

4 Quelle journée!

Écrivons Tu as passé une très mauvaise journée au lycée. Écris dans ton journal quatre choses qui ne se sont pas bien passées.

MODÈLE **J'ai complètement raté mon interro… Alors...**

Exprimons-nous!

To wonder what happened	To respond
Je me demande si Anne a **encore** perdu son match de tennis. *I wonder if . . . again.*	Non, elle l'a gagné **pour une fois.** *. . . for once.*
Je parie que Mathieu a reçu une bonne note. *I'll bet that . . .*	**Oui, sans doute.** *Yes, without a doubt.* **Tu crois?** *Do you think so?*
Tu crois qu'il est arrivé quelque chose à Martin? *Do you think something happened to . . . ?*	**C'est possible.** *It's possible.* **Tu as peut-être raison.** *You could be right.*
Est-ce que **quelqu'un** est allé à l'entraînement? *. . . someone . . .*	Non, **personne.** *. . . nobody.*

Vocabulaire et grammaire, *pp. 37–39* Online Workbooks

5 La nouvelle élève

Écrivons/Parlons Julia est une nouvelle élève et elle est très bavarde *(talkative)*. Réponds à ses questions.

MODÈLE —Est-ce que tu sais si Li est déjà allée à la cantine?
—Oui, sans doute.

—Comment s'est passé ton match de tennis?

—(1) ______

—Il est midi. Tu crois qu'il est arrivé quelque chose à Fabien?

—(2) ______

—Est-ce que quelqu'un est allé à la compétition de natation?

—(3) ______

—Je parie qu'Anne-Sophie a eu une bonne note en maths.

—(4) ______

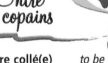

être collé(e)	*to be in detention*
potasser/ bachoter	*to study/ cram*
C'est dingue!	*It's crazy!*
Tu rigoles!	*You must be kidding!*

Communication

Digital performance space

6 Questions personnelles

Parlons Avec ton/ta camarade, discute de ta semaine et mentionne trois choses qui se sont bien ou mal passées. Pose des questions à ton/ta camarade aussi.

MODÈLE **—J'ai eu une compétition de foot cette semaine.**
—Ah bon? Comment s'est passée ta compétition?

Objectifs

- object pronouns with *the passé composé*
- *quelqu'un, quelque chose, ne... personne, ne... rien, ne... que*

Grammaire à l'œuvre 1

Grammavision

Object pronouns with the *passé composé*

1 You already learned that direct and indirect object pronouns come before the conjugated verb. In the **passé composé,** place object pronouns before the helping verb **avoir** or **être**.

—Tu as parlé à la documentaliste?

—Oui, je lui ai parlé.

2 The pronouns y and en also come before the verb in the **passé composé**.

Oui, j'y suis allé hier. J'en ai acheté.

3 In the **passé composé,** the past participle agrees with the direct object if the direct object appears *before* the verb.

Nous avons gagné la compétition.

La compétition? Nous l'avons gagn**ée.**
(Agreement with *preceding* direct object)

Vocabulaire et grammaire, *pp. 40–41*
Cahier d'activités, *pp. 31–33*

Déjà vu!

Do you remember the forms of the direct and indirect object pronouns?

Direct object pronouns:
me, te, le, la, nous, vous, les

Indirect object pronouns:
me, te, lui, nous, vous, leur

7 Les nouveaux lycéens

Écrivons Yasmina fait visiter le lycée à deux nouveaux élèves. Complète les phrases avec le pronom objet direct et la forme appropriée du verbe **avoir** ou du verbe **être**.

1. —Sandrine, est-ce que tu as essayé le nouvel ordinateur?
   —Oui, je ______ ______ essayé.
2. —Là bas *(over there)*, c'est le gymnase.
   —Oui, je sais. Je (j') ______ ______ allée hier.
3. —Dis-moi, est-ce que vous avez déjà acheté des cahiers?
   —Oui, nous ______ ______ déjà acheté.
4. —Au fait, vous avez acheté vos lunettes de protection pour le cours de chimie?
   —Non, nous ne ______ ______ pas encore achetées.
5. —Sandrine, est-ce que le prof de sport t'a choisie pour faire partie d'une équipe?
   —Oui, il ______ ______ choisie pour l'équipe de basket.

Online Practice

my.hrw.com
Grammaire 1 practice

8 La dernière fois que...

Écrivons Complète les phrases suivantes pour expliquer ce qui s'est passé la dernière fois que tu as fait ces choses.

MODÈLE La dernière fois que j'ai participé à un tournoi de golf, je _____ (perdre). **l'ai perdu**

1. La dernière fois que j'ai fait une expérience en chimie, je _______ (réussir.)
2. La dernière fois que j'ai parlé à Thomas, je _______ (parler) de ce qui s'est passé au laboratoire.
3. La dernière fois que j'ai offert un cadeau à un de mes profs, je _______ (acheter) un livre.
4. La dernière fois que j'ai parlé à mes amis, c'est quand je _______ (téléphoner) après la compétition.

À la sénégalaise

In Senegal, you might hear the expression **faire les bancs** *(seat)* to mean **aller à l'école.**

9 Un sondage

Écrivons Gisèle est allée au CDI. Plus tard, elle a reçu un sondage. Aide-la à répondre au sondage d'après les images.

MODÈLE Où est-ce que vous avez fait vos recherches?
Je les ai faites au CDI.

1.

2.

3.

4.

1. Est-ce que vous avez trouvé les livres que vous cherchiez?
2. Est-ce que vous avez trouvé les magazines que vous cherchiez?
3. Avez-vous demandé de l'aide au documentaliste?
4. Est-ce que le documentaliste vous a aidé(e)?

Digital performance space

Communication

10 Questions personnelles

Parlons Ton/Ta camarade va te poser des questions au sujet de ce qui s'est passé au lycée la semaine dernière. Ensuite, échangez les rôles.

MODÈLE **—Comment ça s'est passé ton examen de... ?**

Quelqu'un, quelque chose, ne... personne, ne... rien, ne... que

1 Use quelqu'un and quelque chose to say *someone* or *something.*

Quelqu'un fait une expérience dans le laboratoire.

2 You've learned the expressions ne... personne and ne... rien to say *no one* and *nothing.* Place them around the conjugated verb in a sentence. In the **passé composé**, place rien after the form of **avoir** or **être.** Personne, however, comes *after* the past participle in the **passé composé**.

Je n'ai rien vu.
I didn't see anything.

Je n'ai vu personne.
I didn't see anyone.

3 *No one* and *nothing* can also be the subject. Place the word personne or rien in the subject position and place **ne** before the verb.

Personne n'est venu et rien n'est arrivé.
Nobody came and nothing happened.

4 **Ne... que (qu')** means *only.* Place ne... in front of the verb and que before what you are limiting.

Il n'a gagné que deux compétitions.
He won only two competitions.

Vocabulaire et grammaire, *pp. 40–41*
Cahier d'activités, *pp. 31–33*

Flash culture

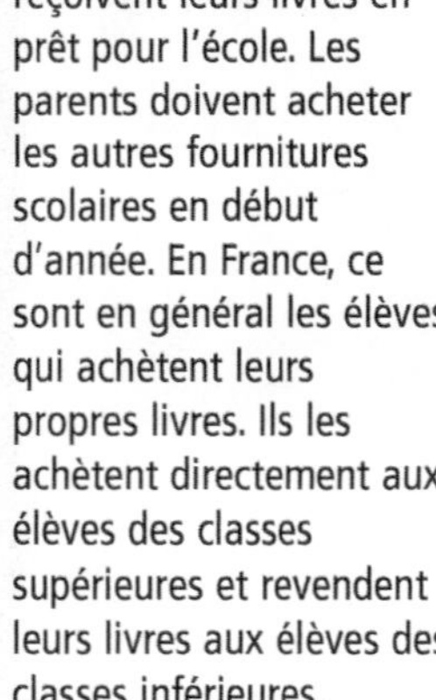

Au Québec, comme aux États-Unis, les élèves reçoivent leurs livres en prêt pour l'école. Les parents doivent acheter les autres fournitures scolaires en début d'année. En France, ce sont en général les élèves qui achètent leurs propres livres. Ils les achètent directement aux élèves des classes supérieures et revendent leurs livres aux élèves des classes inférieures.

Est-ce qu'il t'arrive d'acheter des livres pour l'école?

11 Écoutons

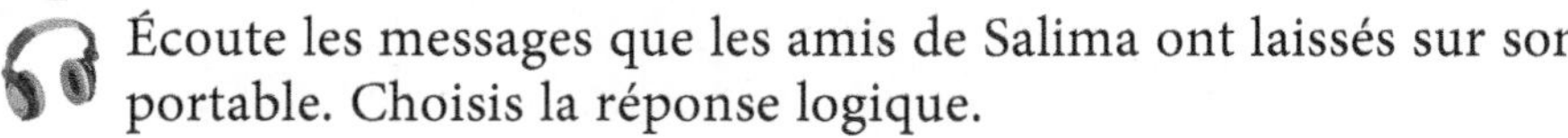

Écoute les messages que les amis de Salima ont laissés sur son portable. Choisis la réponse logique.

1. **a.** Je ne fais rien. **b.** Je n'ai rien fait.
2. **a.** Je n'ai vu personne. **b.** Personne ne m'a vu.
3. **a.** Il ne m'est rien arrivé. **b.** Elle n'en sait rien.
4. **a.** Je ne connais personne. **b.** Personne n'est venu.
5. **a.** Tu ne m'as prêté que deux livres. **b.** Tu me prêtes quelques livres.

12 À la foire aux sciences

Écrivons Remets dans le bon ordre les notes que Rachida a prises pendant son expérience à la foire aux sciences *(science fair).*

1. 8h à 9h— ma / n'est / à / personne / venu / table
2. 9h à 10h—n'est / rien / arrivé
3. 10h à 11h—personne / n'ai / vu / je
4. 11h à 12h—la table / il n'y a / de l'eau rose / sur / que

13 Tout va de travers!

Lisons Ça ne va pas aujourd'hui! Choisis les images qui correspondent aux phrases suivantes.

a. Personne n'a réussi.
b. Personne n'est venu.
c. Il n'a rien trouvé.
d. Personne n'a gagné.
e. Ils n'ont rien vu.
f. Rien ne s'est passé.

1. 2. 3.

4. 5. 6.

14 Les opposés

Écrivons Pierre et Marie ont eu des journées très différentes! Pour chaque événement, décris ce qui est arrivé à Marie.

MODÈLE Pierre a vu quelqu'un. **Marie n'a vu personne.**

1. Pierre a fait beaucoup de choses aujourd'hui.
2. Pierre a vu un film au cinéma.
3. Pierre n'a parlé à personne.
4. Personne n'a vu Pierre.

Communication

15 Scénario

Parlons Ton lycée a gagné le grand match et tu es en train de préparer une fête pour célébrer. Imagine cette scène avec tes camarades. Utilise **quelque chose, quelqu'un, rien,** et **ne… que** dans tes conversations.

Souviens-toi! Party preparations, pp. 54-55

MODÈLE **—Est-ce qu'il y a quelqu'un qui peut aller au marché?**
—Moi, je veux bien. J'achète quelque chose... ?

Synthèse
- Vocabulaire 1
- Grammaire 1

Application 1

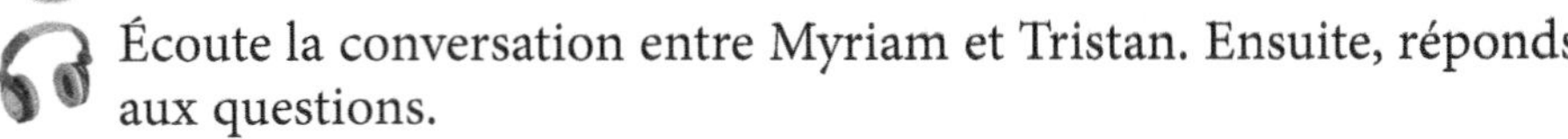

16 Écoutons

Écoute la conversation entre Myriam et Tristan. Ensuite, réponds aux questions.

1. Est-ce qu'Éloïse est allée à l'entraînement hier?
2. Qu'est-ce qu'Éloïse devait faire hier soir?
3. Qu'est-ce que Myriam suggère à Tristan de faire?

17 Au bureau

Écrivons Tu travailles au bureau administratif de ton lycée. Utilise des pronoms d'objets directs ou indirects et les éléments des boîtes pour répondre aux questions.

MODÈLE Les raquettes? **Je les ai emportées au gymnase.**

mettre emporter envoyer rendre	dans le dans la au à la	laboratoire CDI salle de classe gymnase cantine

1. Les classeurs?
2. Les ballons?
3. La boîte de pommes?
4. Les livres?
5. Les lunettes de protection?

Un peu plus

The verb *recevoir*

Notice the vowel change in the forms of **recevoir** *(to receive, to get)*.

recevoir (participe passé : reçu)			
je	reç**oi**s	nous	rec**e**vons
tu	reç**oi**s	vous	rec**e**vez
il/elle/on	reç**oi**t	ils/elles	reç**oi**vent

Je reçois toujours de bonnes notes en chimie.

Vocabulaire et grammaire, *p. 42*
Cahier d'activités, *pp. 31–33*

18 À propos de notes...

Écrivons Lise et Simon discutent de leurs notes. Complète leur conversation avec les formes du verbe **recevoir** qui conviennent.

—Je parie que je vais ___1___ une bonne note en biologie. La semaine passée, Émilie ___2___ une bonne note et mon expérience est bien meilleure, à mon avis.

—Tu crois que Lucas et Karim vont ___3___ de bonnes notes?

—C'est possible. Ils ___4___ toujours de bonnes notes.

—À propos de notes, est-ce que tu ___5___ ta note d'histoire?

—Oui, Li et moi, nous ___6___ les meilleures notes de la classe!

Communication

19 Scénario

Parlons Tu travailles au CDI avec la documentaliste. Lis l'écran et crée une conversation entre toi et la documentaliste.

MODÈLE **—Est-ce qu'Isabelle Chauvet a rendu... ?**
—Non, elle ne l'a pas... Je me demande si quelqu'un...

Fichier Edition Affichage Outils Aide

Centre de Documentation et d'Information — **1 octobre**

Numéro d'étudiant	Étudiant	Titre	À rendre	Rendu
107329	Chauvet, Isabelle	Le tennis: le jeu mental	8 octobre	❑
		Jouons au foot!		
		La Chimie pratique	8 octobre	■
		L' Art moderne	14 octobre	❑
102348	Garnier, Valérie	Dessinez des portraits	21 octobre	❑
		L' Histoire de la chimie	21 octobre	❑
103792	Nguyen, Tran			❑
105261	Michaud, Denis	Naviguez sur Internet comme un pro	28 octobre	❑

20 Scénario

Parlons Ton lycée organise un sondage pour savoir les habitudes des élèves. Avec un(e) camarade, préparez dix questions concernant les élèves pendant le mois dernier. Posez-les à la classe.

MODÈLE **—Êtes-vous souvent allé(e) au CDI?**
—Oui, j'y suis allé au moins dix fois *(times)*.

Partie de ringuette au Québec

Culture appliquée

La ringuette

Au Canada, il existe un sport créé spécialement pour les filles, la ringuette. Inventé en 1963, ce sport ressemble au hockey sur glace, mais il n'y a pas de contact physique entre les joueuses. Une équipe de ringuette est composée de cinq joueuses et d'une gardienne de but[1]. L'objectif est de lancer un anneau en caoutchouc[2] avec un bâton dans le but de l'autre équipe. Très populaire au Québec, la ringuette commence à se répandre[3] dans d'autres provinces canadiennes.

1. goal keeper **2.** throw a rubber ring **3.** to spread

Un mini tournoi de ringuette

Your class can all play **ringuette**! Instead of an ice rink, you can play outside on the grass or in the gym. Substitute broom handles for the straight sticks used to pass and shoot the rubber ring, which can be replaced with a ball.

Step 1 Divide the class into four teams. Only six players from each team should play at a given time. Choose a **gardien de but**. The other five players will pass the ball to one another and try to hit the ball into the opposing team's goal.

Step 2 Start the game between two teams. If you have enough space, the four teams can play at the same time. The game consists of two 20-minute sessions, but you can make them shorter. Remember, there is no physical contact between players. The team to score the most goals during the game wins.

Step 3 The two highest scoring teams play against each other to determine the final winner.

Est-ce qu'il existe d'autres sports typiques dans d'autres pays francophones? Lesquels?

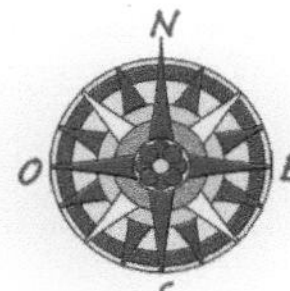

Comparaisons

Repas à la cantine, Nice

On mange où?

Tu vas au lycée en France mais tu n'as pas assez de temps pour rentrer manger chez toi à midi.

a. Tu achètes un sandwich et un coca dans un distributeur automatique[1].

b. Tu emportes un «sack lunch» comme aux États-Unis.

c. Tu manges à la cantine du lycée.

Une journée typique dans un lycée français commence à 8 heures et se termine à 17 heures. Les élèves ont une ou deux heures pour manger le midi. Beaucoup d'élèves qui n'ont pas le temps de rentrer chez eux ou de sortir du lycée pour déjeuner, mangent à la cantine. Ils sont demi-pensionnaires. Leurs parents paient un forfait[2] par mois pour les repas. La cantine est aussi appelée «le réfectoire» ou simplement «le self». De temps en temps, les lycéens aiment aussi aller manger un sandwich au café du coin[3]. Le concept de «sack lunch» n'existe pas en France.

ET TOI?

1. Qu'est-ce que les élèves de ton lycée font pour déjeuner le midi?

2. Quelles sortes de «cantines» existent dans les lycées aux États-Unis?

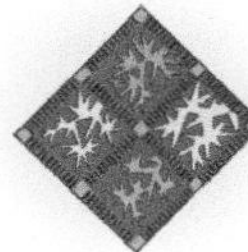

Communauté et professions

Être professeur de français

En France, pour être professeur d'anglais ou toutes autres langues étrangères dans un lycée, il faut faire des études universitaires et ensuite passer un concours, le Capes. Dans ton district, quel diplôme doit-on passer? Est-ce qu'il existe une école spécialisée dans la formation des professeurs? Fais des recherches et présente les résultats à ta classe.

1. vending machine **2.** flat rate **3.** neighborhood café

Un élève qui apprend le français

Objectifs
- to ask for information
- to express frustration

Vocabulaire à l'œuvre 2

Télé-vocab

L'interface d'un ordinateur

Précédente *Previous*

Suivante *Next*

Actualiser *Refresh*

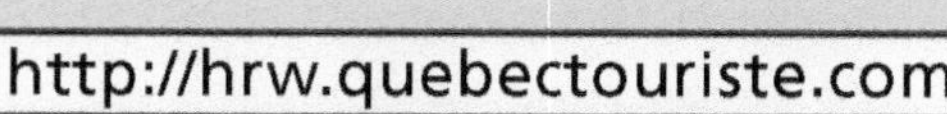

l'adresse (f).

Recherche *Search*

Favoris *Favorites*

Démarrage *Home*

Courrier *E-mail*

Imprimer *Print*

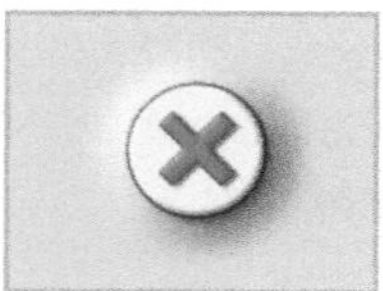
Arrêter *Stop*

D'autres mots utiles

Fichier	*File*
Édition	*Edit*
Retour	*Return/Enter*
Affichage	*View*
Outils	*Tools*
Aide	*Help*
Accueil	*Home page*
le lien	*(Web) link*
les barres de défilement	*scroll bars*
la fenêtre	*window*

Un ordinateur (portable)

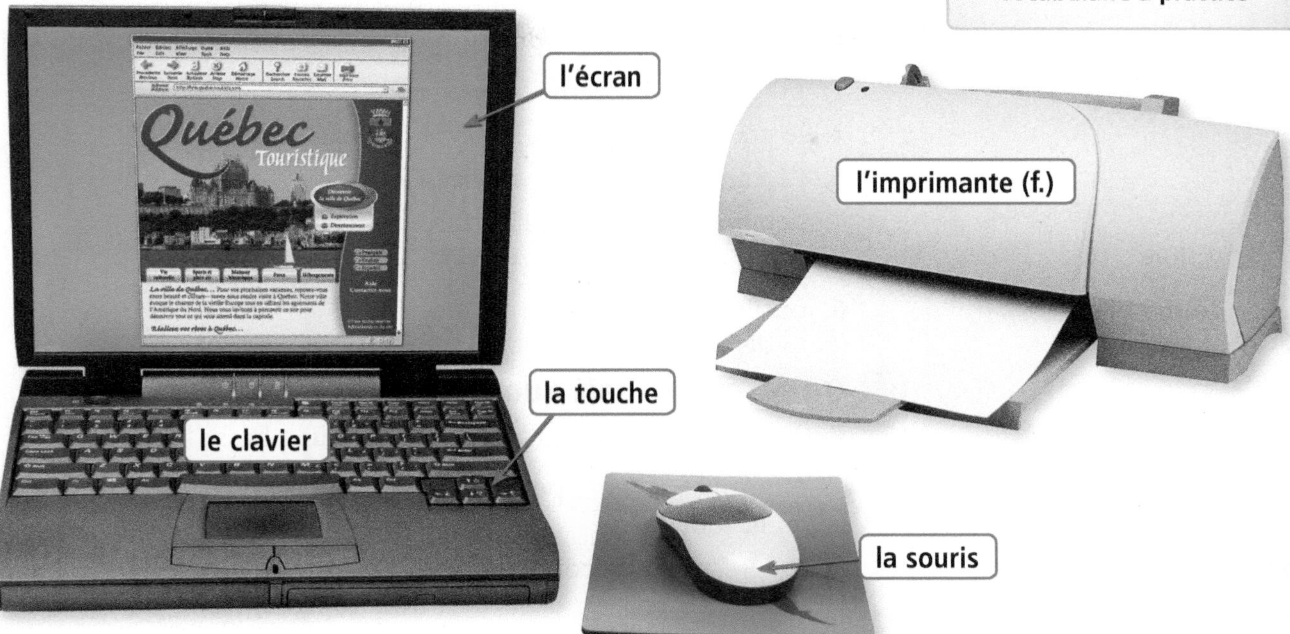

D'autres mots utiles

démarrer	*to start up*	**graver**	*to burn*
naviguer	*to surf, navigate*	**ouvrir une session**	*to start a session*
un navigateur	*browser*	**un logiciel**	*software*
cliquer	*to click*	**un menu déroulant**	*pull-down menu*
télécharger	*to download*	**un graveur de CD/DVD**	*CD/DVD burner*
un moteur de recherche	*search engine*	**une tablette**	*tablet*

Exprimons-nous!

To ask for information

Savez-vous comment démarrer cet ordinateur?
Do you know how to . . . ?

Comment est-ce qu'on fait pour sauvegarder/ouvrir un document?
What do we do to save/open a document?

Qu'est-ce que tu utilises comme tablette?
What do you use for . . . ?

Quelle sorte d'ordinateur est-ce que tu me recommandes?
What type of . . . ?

Vocabulaire et grammaire, *pp. 43–45*

▶ **Vocabulaire supplémentaire—Le matériel de bureau, p. R19**

21 L'intrus

Écrivons Identifie l'expression qui ne va pas avec les autres.

1. précédente, suivante, sauvegarder
2. le graveur, la fenêtre, le DVD
3. l'écran, les favoris, le clavier
4. la tablette, naviguer, l'adresse
5. ouvrir une session, démarrer, graver
6. outils, aide, logiciel

22 Qu'est-ce qui fait quoi?

Écrivons Choisis ce qui complète chaque phrase logiquement.

1. On utilise _______ pour choisir des liens.
   a. la souris **b.** un graveur
2. _______ fait une copie d'un document.
   a. Le fichier **b.** L'imprimante
3. Pour regarder toute la page Web, j'utilise _______.
   a. les barres de défilement **b.** le fichier
4. _______ copie un CD.
   a. Une fenêtre **b.** Un graveur
5. _______ indique le site où je suis.
   a. L'adresse **b.** L'imprimante
6. Pour commencer à surfer, il faut _______.
   a. sauvegarder **b.** ouvrir une session
7. _______ permettent de continuer les recherches.
   a. Les liens **b.** Les courriers

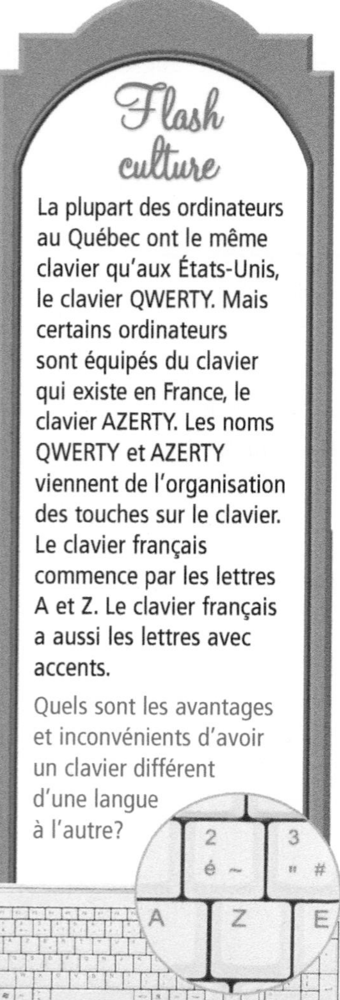

Flash culture

La plupart des ordinateurs au Québec ont le même clavier qu'aux États-Unis, le clavier QWERTY. Mais certains ordinateurs sont équipés du clavier qui existe en France, le clavier AZERTY. Les noms QWERTY et AZERTY viennent de l'organisation des touches sur le clavier. Le clavier français commence par les lettres A et Z. Le clavier français a aussi les lettres avec accents.

Quels sont les avantages et inconvénients d'avoir un clavier différent d'une langue à l'autre?

23 La salle d'informatique

Écrivons Émilie adore son cours d'informatique. Ses camarades de classe lui posent beaucoup de questions techniques. Utilise une expression de chaque colonne pour créer cinq questions.

MODÈLE **Savez-vous comment graver un CD?**

Quelle sorte Comment Sais-tu Qu'est-ce que	comment tu utilises comme est-ce qu'on fait pour de clavier est-ce qu'on télécharge	ce document? est-ce que tu me recommandes? aller à l'accueil? ouvrir une session? logiciel?

Exprimons-nous!

To express frustration

Ça m'énerve! Mon ordinateur n'arrête pas de **planter**.
How annoying! . . . crashing.

Tout va de travers depuis que j'ai commencé mes recherches sur Internet. *Everything is going wrong since . . .*

Oh là là! **Rien ne marche** aujourd'hui! *. . . Nothing is working . . . !*

Je ne sais pas quoi faire! Ça fait trois fois que je perds mon document!
I don't know what to do. I lost my document three times already!

Vocabulaire et grammaire, *pp. 43–45*

Écoutons

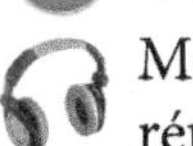

Mégane aide les élèves avec leurs problèmes d'ordinateur. Elle répond à leurs questions au téléphone. Écoute les conversations et choisis l'image qui correspond à chaque problème.

a.

b.

c.

d.

e.

Communication

25 Opinions personnelles

Parlons Pendant le cours d'informatique, tes amis et toi discutez de ce que vous aimez et de ce que vous n'aimez pas dans la nouvelle salle d'informatique. Suivez le modèle.

MODÈLE **—Tu aimes la nouvelle imprimante?**
—Non. Je ne sais pas comment la démarrer. Et toi?

26 Scénario

Parlons Il y a un nouvel élève qui ne comprend pas bien les ordinateurs! Il veut faire des recherches pour son projet sur Québec. Explique-lui ce qu'il faut faire. Ensuite, échangez les rôles.

MODÈLE **—D'abord, il faut ouvrir une session.**

Objectifs
- the verb **suivre**
- **depuis, il y a, ça fait**

Grammaire à l'œuvre 2

Grammavision

The verb *suivre*

1 The verb suivre *(to follow)* is irregular. You can use suivre to say what courses you are taking.

suivre (participe passé: suivi)			
je	suis	nous	suivons
tu	suis	vous	suivez
il/elle/on	suit	ils/elles	suivent

Je suis un cours d'informatique.

Vocabulaire et grammaire, *pp. 46–47*
Cahier d'activités, *pp. 35–37*

27 Écoutons

Écoute ces élèves qui parlent de leurs cours. Est-ce qu'ils parlent d'un cours que quelqu'un **a) suit maintenant, b) a déjà suivi** ou **c) va suivre?**

28 Un cours à choisir

Lisons/Écrivons Complète la conversation qu'Anne et Luke ont avec leur conseiller d'éducation. Utilise les formes correctes du verbe **suivre**.

M. MALONE Bonjour, Anne et Luke. Vous devez choisir un autre cours à __1__, c'est ça?

ANNE Oui, il y a eu une erreur. Nous __2__ le cours d'informatique l'année dernière.

M. MALONE Alors, regardez l'écran. Voici vos emplois du temps. Luke, tu __3__ des cours de maths, de chimie et de physique le matin...

LUKE Non, c'est l'emploi du temps d'Anne. Moi, je __4__ des cours d'anglais, d'espagnol et d'allemand...

M. MALONE Ah! Tu as raison! Anne __5__ ces cours. Est-ce que vous __6__ un cours d'art moderne? Il y a un cours à 9h. Ça vous intéresse?

ANNE Oui! Mes copines __7__ ce cours. Et toi, Luke?

LUKE D'accord. Mes copains __8__ ce cours l'automne dernier et ils m'ont dit que c'était génial.

Flash culture

La plupart des sites web canadiens sont en anglais et en français. Il faut donc choisir la langue du site sur la page d'accueil. Si en France on utilise beaucoup de termes anglais pour se référer à l'informatique, les Québécois préfèrent utiliser des termes français. Ils ont créé le terme *courriel* pour remplacer le mot *e-mail*. Le mot courriel a été officiellement adopté par la France mais n'est pas très utilisé. Les Français préfèrent parler d'e-mail ou même de mail.

Est-ce que tu as visité des sites Web canadiens?

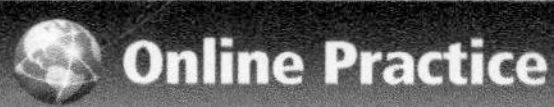
Online Practice

my.hrw.com
Grammaire 2 practice

29 Je n'aime pas mes cours!

Écrivons Didier n'aime pas ses cours cette année. Il préfère les cours de ses copains. Remets dans l'ordre les phrases de Didier.

1. année / suivre / ennuyeux / cours / je / très / cette / des
2. et / vous / Iris / un / cours / Camille / d'histoire / suivre
3. d'arts / suivre / cours / Marie / plastiques / un
4. cours / et / Djamel / suivre / d'informatique / un / moi
5. et / Lise / un / musicale / cours / suivre / d'éducation / Raphaël

30 Les fonds d'écran

Parlons/Écrivons Regarde les écrans de quelques élèves. Quels cours est-ce que chaque élève suit?

MODÈLE **Il suit un cours de français.**

Il

1. Elle

2. Elles

3. Ils

4. Il

5. Je

6. Nous

Digital performance space

Communication

31 Scénario

Parlons Tu es conseiller (conseillère) d'éducation dans un lycée. Tu veux aider un élève à choisir des cours. Pour commencer, tu dois demander à l'élève quels cours il/elle suit et à quelles heures.

MODÈLE **—Qu'est-ce que tu suis à huit heures... ?**

Depuis, il y a, ça fait

1 To say *for how long* or *since,* use **depuis.** If you are talking about an action that started in the past and continues in the present, use **depuis** and the present tense.

Elle fait de la recherche **depuis** un an.
She has been doing research for a year.

Il fait du sport **depuis** midi.
He's been playing sports since noon.

2 Two other ways to say *for how long* are **il y a** or **ça fait** and a time expression followed by **que.** These expressions are usually placed at the beginning of the sentence.

Ça fait un an **qu'**elle fait cette recherche.
Il y a un an **qu'**elle fait cette recherche.
She's been doing this research for a year.

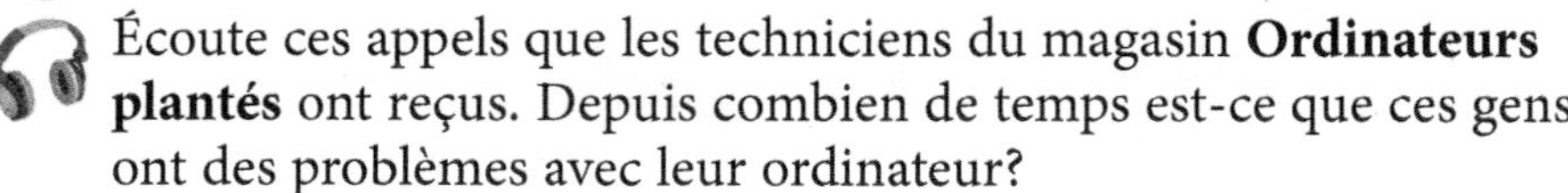
Vocabulaire et grammaire, *pp. 46–47*
Cahier d'activités, *pp. 35–37*

En anglais

In English, we use the expression *has/have been... for/since...* to talk about an action that started in the past and is still going on in the present.

He has been working at the library for 3 years.

What is the difference in meaning between these two sentences?

He has been working at the library for 3 years.

He worked at the library for 3 years.

In French, use the present tense to talk about ongoing actions.

Ça fait trois ans qu'il **travaille** au CDI.

32 Écoutons

Écoute ces appels que les techniciens du magasin **Ordinateurs plantés** ont reçus. Depuis combien de temps est-ce que ces gens ont des problèmes avec leur ordinateur?

a. huit heures
b. trente minutes
c. depuis ce matin
d. depuis lundi
e. trois jours
f. une semaine

33 Une expérience importante

Lisons/Écrivons Sonia aide un de ses profs à faire une expérience. Complète son e-mail avec **depuis, ça,** ou **il y a.**

Salut.
Je suis au laboratoire avec le professeur Dufresne. Nous sommes ici __1__ 32 heures! Je ne sais pas quoi faire. __2__ fait quinze ans que le professeur Dufresne travaille avec les chimpanzés. Il travaille ici à l'université __3__ vingt ans, mais s'il rate cette expérience... qui sait? Le pauvre! Tout va de travers pour lui. __4__ dix heures que son ordinateur ne marche pas. __5__ fait trois heures qu'il prend des notes.
__6__ fait quatre ans que je travaille avec lui. Si nous ratons l'expérience, je ne sais pas si je veux continuer. Attends! Monsieur Bobo a dit, «Banane!» L'expérience a réussi!

34 Trop de temps à l'ordinateur

Écrivons Monique pense que son frère Pierre passe trop de temps à son ordinateur. Alors, elle l'observe pour noter le temps qu'il passe à ces activités. Écris des légendes pour chacune de ses observations. Utilise les expressions **depuis, ça fait... que,** et **il y a... que** dans tes légendes.

MODÈLE **Ça fait trois heures qu'il navigue sur Internet.**

3 heures

1. deux heures

2. 15 minutes

3. une heure

4. 30 minutes

35 Depuis combien de temps... ?

Écrivons Depuis combien de temps est-ce que tu fais les activités suivantes?

1. Depuis combien de temps est-ce que tu suis des cours de français?
2. Depuis combien de temps est-ce que tu pratiques ton sport préféré?
3. Depuis combien de temps est-ce que tu habites dans cette ville?
4. Depuis combien de temps est-ce que tu vas dans ce lycée?
5. Depuis combien de temps est-ce que tu connais ton/ta meilleur(e) ami(e)?

Communication

36 Sondage

Parlons Choisis trois questions de l'activité 35 et fais un sondage parmi tes camarades de classe. Tu peux aussi penser à d'autres questions à leur poser.

MODÈLE **—Depuis combien de temps est-ce que tu habites... ?**
—Ça fait douze ans que j'habite...

Application 2

Entre copains

J'en ai ras le bol!	*I'm fed up!*
Je ne capte rien!	*I don't understand a thing!*
J'ai rien pigé!	*I didn't understand a thing!*
J'en ai marre!	*I've had enough!*

Un peu plus

The verb *ouvrir*

1. A small group of verbs ending in **-ir** are conjugated like **-er** verbs. These verbs include ouvrir *(to open)* and offrir *(to offer),* which you learned in Chapter 2.

ouvrir **(*to open*)**			
j'	ouvr**e**	nous	ouvr**ons**
tu	ouvr**es**	vous	ouvr**ez**
il/elle/on	ouvr**e**	ils/elles	ouvr**ent**

Le CDI ouvre à huit heures et demie.

2. These verbs form the **passé composé** with **avoir** and have irregular past participles.

ouvrir: j'**ai** ouvert

offrir: j'**ai** offert

Vocabulaire et grammaire, *p. 48*
Cahier d'activités, *pp. 35–37*

37 J'en ai ras le bol!

Écrivons Tu as acheté un nouvel ordinateur, mais tu as déjà beaucoup de problèmes! Ton ami Ludovic va t'aider. Écris-lui un texto pour exprimer tes frustrations et demande-lui de venir t'aider avec ton ordinateur.

MODÈLE **Ludovic! J'en ai ras le bol! Comment est-ce qu'on démarre l'ordinateur?**

38 Un peu trop tôt le matin

Écrivons Nadine et Thomas vont au laboratoire pour compléter une expérience. Complète leur conversation avec la forme du verbe **ouvrir** qui convient.

NADINE Oh, regarde! La salle d'informatique est fermée.

THOMAS Quand est-ce qu'elle __1__?

NADINE Je ne sais pas. Voilà un professeur! Excusez-moi, monsieur, quand est-ce que vous __2__ la salle d'informatique?

PROF Nous l'__3__ à neuf heures.

THOMAS Quelle heure il est?

NADINE Sept heures. Tu veux aller au CDI?

THOMAS Ils __4__ le CDI à huit heures.

NADINE Tu as envie d'aller à la cantine?

THOMAS La cantine __5__ à sept heures et demie.

NADINE Alors, elle va __6__ dans trente minutes. On peut aller dans la cour en attendant.

THOMAS Bonne idée.

my.hrw.com
Application 2 practice

39 Écoutons

Au lycée Charles Baudelaire, il y a des élèves-orientateurs qui conseillent les nouveaux élèves. Écoute ces élèves-orientateurs et puis décide si les phrases suivantes sont **a) vraies** ou **b) fausses**.

1. Paul est élève au lycée depuis deux ans.
2. Tu peux trouver Madeleine au laboratoire de chimie.
3. Ça fait trois ans que Sophie est élève au lycée.
4. Tu peux trouver Bernard au gymnase.
5. Il y a quatre ans que Nathalie est élève au lycée.
6. Xavier suit des cours d'éducation musicale.

Communication

40 Scénario

Parlons Avec un(e) camarade, imagine l'ordinateur du futur. Vous allez le présenter à une foire-exposition (*convention*) sur les nouvelles technologies. Vos camarades de classe vous posent des questions sur votre nouvel ordinateur.

MODÈLE **—Comment est-ce qu'on démarre cet ordinateur?**
—Tu n'utilises que la souris...

41 Comment ça marche?

Parlons Ton/Ta camarade et toi allez jouer le rôle d'un grand-parent qui ne sait pas utiliser un ordinateur et de son petit-fils/sa petite-fille qui l'aide. D'abord, joue le rôle du grand-parent qui pose les questions ci-dessous et ton/ta camarade va y répondre logiquement. Ensuite, échangez les rôles.

— **Sais-tu comment faire une recherche?**
—
— **Et si je veux aller à la page d'après?**
—
— **Comment est-ce qu'on fait pour envoyer un e-mail?**
—
— **Ça fait trois fois que je perds mon document!**
—

Télé-roman

Le Secret de la statuette

Épisode 4

STRATÉGIE

Understanding subtext Sometimes people don't say exactly what they mean, particularly if they want to hide something. During Rigaud's phone conversation with the mysterious woman, what seems to be her concern? Does Rigaud seem completely satisfied that he got the statuette back? Try to guess what the end of his sentence could be when he says «Mais maintenant que Mme Bondy est à Dakar...» Try also to imagine why the woman on the phone is talking about another plan to send off "the merchandise."

Devant le magasin de l'île de Gorée...

1

Seydou Dis, Léa, ça fait trois heures qu'on est là. J'en ai marre, moi! On rentre?

Léa Non! Je suis sûre que Rigaud va venir.

Seydou Ben moi, ça m'étonnerait. On perd notre temps!

2 *Charles Rigaud arrive au magasin.*

3

Seydou C'est lui! Regarde! C'est Rigaud!

Léa Qu'est-ce qu'on fait? On le suit?

Seydou Quoi?

Léa Il faut absolument le suivre! Allez, viens!

4 *Léa et Seydou suivent Charles Rigaud dans les rues de Gorée.*

Un peu plus tard, chez Charles Rigaud...

5 *Les deux jeunes se cachent sous la fenêtre de Rigaud.*

6

7

M. Rigaud Allô?... Oui, madame... J'ai la statuette...

La femme Personne ne se doute de rien?

M. Rigaud Non, non. Personne ne m'a vu. Mais maintenant que Mme Bondy est à Dakar...

La femme Oui, je sais. Il faut trouver une autre solution pour envoyer les... enfin... la marchandise, n'est-ce pas...

8 *Seydou et Léa observent Rigaud par la fenêtre.*

9 *Charles Rigaud sort de son bureau.*

10

Seydou Léa!

AS-TU COMPRIS?

1. Pourquoi Léa et Seydou attendent devant le magasin?
2. Qui arrive au magasin?
3. Où est-ce que Léa et Seydou se cachent?
4. Avec qui Charles Rigaud parle au téléphone? Donne des détails de leur conversation.
5. Qu'est-ce que Léa décide de faire à la fin de l'épisode?

Prochain épisode:
À ton avis, qu'est-ce que Léa va faire dans le bureau de Charles Rigaud? Est-ce que Seydou va aussi rentrer dans le bureau?

Lecture et écriture

Jean Giraudoux (1882–1944) est un écrivain français. Il a écrit des nouvelles, des romans *(Siegfried et le Limousin)* et des pièces de théâtre *(La guerre de Troie n'aura pas lieu)*.

STRATÉGIE pour lire

The genre of a text Before reading a text, consider its genre. The genre of a text can give you clues about what you are going to read. Take a moment to guess what the genre of the reading is.

A Avant la lecture

Lis le paragraphe qui présente la pièce et parcours le texte des yeux. Qui sont les personnages principaux? D'après toi, qu'est-ce qui va se passer dans la scène? Pourquoi?

Intermezzo

***Intermezzo** est une comédie. L'histoire se déroule[1] dans un village où des choses étranges se passent depuis que Mlle Isabelle remplace l'institutrice[2]. Mlle Isabelle a décidé de faire cours en plein air[3]. Un inspecteur de l'éducation[4] vient rendre visite à la classe. Il n'aime pas ce qu'il voit. Pour lui, les élèves devraient être assis à un bureau dans une salle de classe. La scène suivante montre Mlle Isabelle, ses élèves et l'inspecteur qui s'affrontent. Les autres personnages, le droguiste, le contrôleur et le maire sont là pour soutenir[5] Mlle Isabelle.*

Acte Premier, scène sixième

ISABELLE — Vous m'avez demandée, monsieur l'Inspecteur ?

L'INSPECTEUR — Mademoiselle, les bruits les plus fâcheux[6] courent sur votre enseignement. Je vais voir immédiatement s'ils sont fondés[7] et envisager la sanction.

ISABELLE — Je ne vous comprends pas, monsieur l'Inspecteur.

L'INSPECTEUR — Il suffit[8] ! Que l'examen commence… Entrez, les élèves… (*Elles rient*) Pourquoi rient-elles ainsi ?

1. happens 2. teacher 3. outside 4. superintendent 5. support 6. upsetting 7. justified 8. That's enough!

Online Practice
my.hrw.com
Online Edition

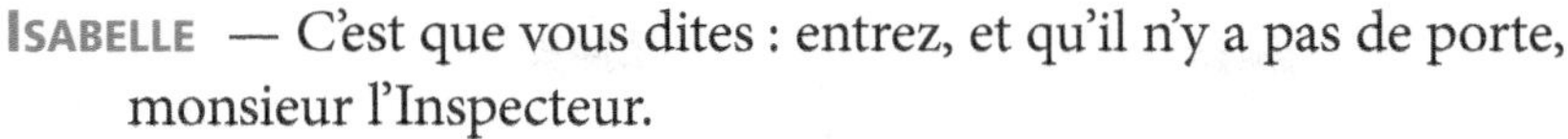

ISABELLE — C'est que vous dites : entrez, et qu'il n'y a pas de porte, monsieur l'Inspecteur.

L'INSPECTEUR — Cette pédagogie de grand air est stupide… Le vocabulaire des Inspecteurs y perd la moitié de sa force… (*Chuchotements*[1]). Silence, là-bas… La première qui bavarde[2] balaiera la classe, le champ, veux-je dire, la campagne… (*Rires*)… Mademoiselle, vos élèves sont insupportables !

LE MAIRE — Elles sont très gentilles, monsieur l'Inspecteur, regardez-les.

L'INSPECTEUR — Elles n'ont pas à être gentilles. Avec leur gentillesse, il n'en est pas une qui ne prétende avoir sa manière spéciale de sourire ou de cligner[3]. J'entends que l'ensemble des élèves montre au maître le même visage sévère et uniforme qu'un jeu de dominos.

LE DROGUISTE — Vous n'y arriverez pas, monsieur l'Inspecteur.

L'INSPECTEUR — Et pourquoi ?

LE DROGUISTE — Parce qu'elles sont gaies.

L'INSPECTEUR — Elles n'ont pas à être gaies. Vous avez au programme le certificat d'études et non le fou rire[4]. Elles sont gaies parce que leur maîtresse ne les punit pas assez.

ISABELLE — Comment les punirais-je ? Avec ces écoles de plein ciel, il ne subsiste presque aucun motif[5] de punir. Tout ce qui est faute dans une classe devient une initiative et une intelligence au milieu de la nature. Punir une élève qui regarde au plafond[6] ? Regardez-le, ce plafond !

LE CONTRÔLEUR — En effet, regardons-le.

L'INSPECTEUR — Le plafond dans l'enseignement, doit être compris de façon à faire ressortir la taille de l'adulte vis-à-vis de la taille de l'enfant[7]. Un maître qui adopte le plein air avoue[8] qu'il est plus petit que l'arbre, moins corpulent[9] que le bœuf, moins mobile que l'abeille[10], et sacrifie la meilleure preuve de sa dignité. *(Rires...)* Qu'y a-t-il encore ?

LE MAIRE — C'est une chenille[11] qui monte sur vous, monsieur l'Inspecteur !

L'INSPECTEUR — Elle arrive bien… Tant pis pour elle !

1. whispers **2.** talks **3.** blink **4.** not the "giggles diploma" **5.** no reason **6.** ceiling **7.** That sentence means that "In teaching the teacher is the ultimate authority." **8.** confesses **9.** stout **10.** bee **11.** caterpillar

Isabelle — Oh! monsieur l'Inspecteur... Ne la tuez pas[1] . C'est la *collata azurea*. Elle remplit sa mission de chenille.

L'Inspecteur — Mensonge[2]. La mission de la *collata azurea* n'a jamais été de grimper sur les Inspecteurs. (*Sanglots*[3]) Qu'ont-elles maintenant ? Elles pleurent ?

Luce — Parce que vous avez tué la *collata azurea* !

L'Inspecteur — Si c'était un merle[4] qui emportât la *collata azurea*, elles trouveraient son exploit superbe, évidemment, elles s'extasieraient[5].

Luce — C'est que la chenille est la nourriture du merle !...

Le Contrôleur — Très juste. La chenille en tant qu'aliment perd toute sympathie

[...]

---

1. kill **2.** That's a lie **3.** sobs **4.** blackbird **5.** would rejoice

Compréhension

B Est-ce que les phrases suivantes sont **a) vraies** ou **b) fausses**? Corrige les phrases fausses.

1. La scène se passe dans une salle de classe.
2. L'Inspecteur n'a pas une bonne opinion de la classe.
3. Mlle Isabelle n'a jamais besoin de punir ses élèves.
4. L'Inspecteur pense que la routine est importante.
5. La *collata azurea* est le nom scientifique de la chenille.
6. Un oiseau a mangé la chenille.

C Qui dirait *(would say)* les phrases suivantes: l'Inspecteur, Mlle Isabelle ou une élève?

1. Les hommes doivent contrôler la nature.
2. La nature est un bon modèle.
3. L'ordre et la discipline sont très importants.
4. Il ne faut pas faire mal aux créatures.
5. La créativité et l'initiative sont importantes.
6. L'enseignement, c'est sérieux.

Après la lecture

D Est-ce que tu crois qu'une situation telle que celle de la pièce peut arriver en vrai? Pourquoi ou pourquoi pas? Comment se passent les classes dans ton école? Est-ce que vous avez un prof qui ressemble à Mlle Isabelle? Qu'est-ce que vous en pensez?

Espace écriture

STRATÉGIE pour écrire

Answering the five "W" questions (Who? What? Where? When? Why?) can help you clarify your ideas before you begin to write. It can also help you make sure that you don't leave out important information for your readers.

Tout va de travers!

You are having the most frustrating day ever at school. Write an entry to post on a blog you created about a computer assignment where everything went wrong.

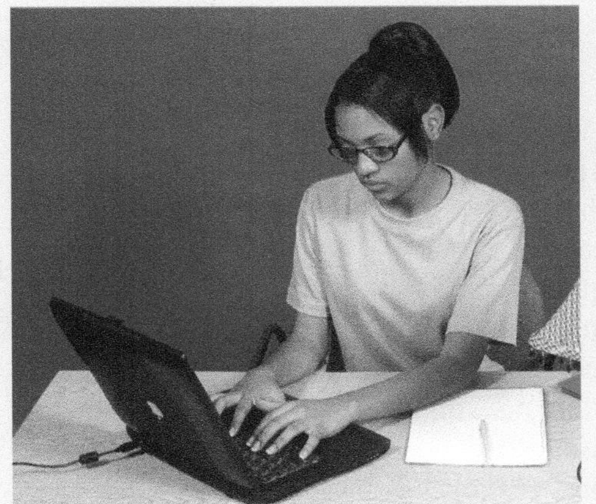

1 Plan

Imagine a research assignment for one of your classes and the things that could go wrong while doing it. To help you explain what went wrong, ask yourself "W" questions.

- What technical problems did you have?
- When did the problems begin?
- Where did they happen?
- Who did you ask for help?
- Why do you think you had these problems?

2 Rédaction

Use the answers to your "W" questions as a guide for writing your blog entry.

- Begin by telling what the assignment is.
- Use the **passé composé** to explain what went wrong.
- Use expressions of time to say when the problems began.

Be as specific and as detailed as you can in your description. Conclude your entry by expressing frustration about the entire experience.

3 Correction

Trade drafts with a classmate. Does your classmate understand what happened? Check the spelling and use of verb tenses.

4 Application

Post your blog entry on the class Web site, or display it on the class bulletin board. Who had the most frustrating experience? Respond to a classmate's posting, expressing sympathy and offering suggestions to resolve his or her computer problems.

Prépare-toi pour l'examen

@HOMETUTOR

1 Vocabulaire 1
- to ask how something turned out
- to wonder what happened

pp. 118–121

1 Lin et ses amis sont au lycée aujourd'hui. Où vont-ils?

1. Lin va faire une expérience.
2. Karima va faire des recherches.
3. Marc a faim.
4. Louise va travailler sur l'ordinateur.
5. Michel a une compétition de foot.

2 Grammaire 1
- object pronouns with the **passé composé**
- **quelqu'un, quelque chose, ne... personne, ne... rien, ne... que**

Un peu plus
- the verb **recevoir**

pp. 122–127

2 Dis qui a fait les choses indiquées, selon les illustrations et le modèle.

MODÈLE réussir son expérience
David l'a réussie.

1. rater son expérience
2. rendre ses livres au CDI
3. gagner son match
4. prendre son déjeuner

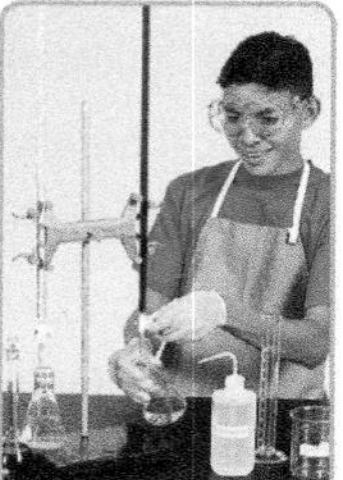

David

Caroline

Victoria

Patricia

Max et Sara

3 Vocabulaire 2
- to ask for information
- to express frustration

pp. 130–133

3 Ahmed aide sa mère qui apprend à travailler sur l'ordinateur. Complète les questions de sa mère avec une expression logique.

1. Sais-tu comment ______ cet ordinateur?
2. Comment est-ce qu'on fait pour ______ un document?
3. Je voudrais graver un CD. Où est le ______?
4. Qu'est-ce que tu ______ comme navigateur?
5. J'ai besoin d'une copie de ce document. Où est l'______ ?

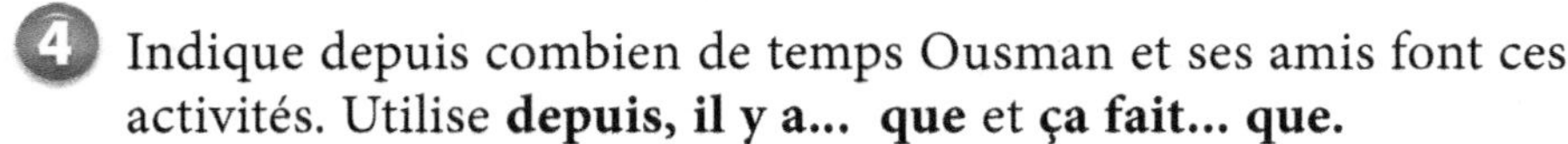

4 Indique depuis combien de temps Ousman et ses amis font ces activités. Utilise **depuis, il y a... que** et **ça fait... que.**

1. (trois mois) Ousman / suivre un cours d'informatique
2. (2001) M. Prévost / être professeur d'informatique
3. (deux heures) Sarah / travailler dans la salle d'informatique
4. (cinq heures) Justin / naviguer sur le Net
5. (un an) Michel / utiliser ce navigateur

5 Réponds aux questions suivantes.

1. Dans les lycées au Québec et en France, qui achète les livres?
2. Quelle est la différence entre le clavier français et le clavier américain?

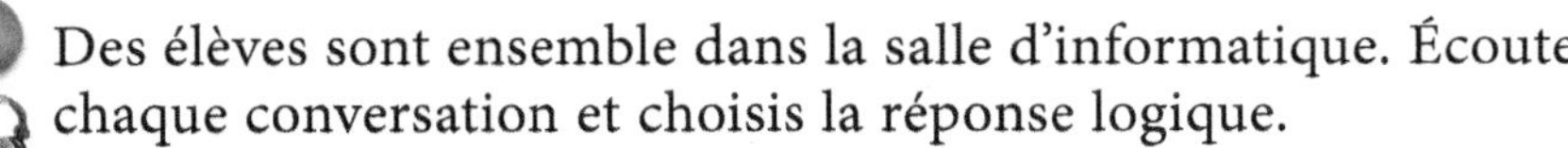

6 Des élèves sont ensemble dans la salle d'informatique. Écoute chaque conversation et choisis la réponse logique.

a. Il faut sauvegarder plus souvent tes documents.
b. Voilà le graveur de CD.
c. C'est difficile à dire. Il y en a beaucoup de bons.
d. C'est très facile. Tu n'as qu'à démarrer l'imprimante.

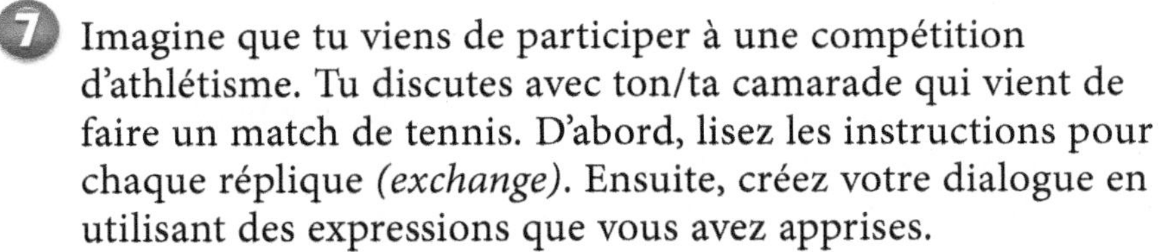

7 Imagine que tu viens de participer à une compétition d'athlétisme. Tu discutes avec ton/ta camarade qui vient de faire un match de tennis. D'abord, lisez les instructions pour chaque réplique *(exchange)*. Ensuite, créez votre dialogue en utilisant des expressions que vous avez apprises.

Élève A:	Salut ton/ta camarade et informe-toi sur son match.
Élève B:	Réponds à ton/ta camarade et informe-toi sur sa compétition.
Élève A:	Réponds et informe-toi sur le match d'un(e) autre camarade.
Élève B:	Dis que tu ne sais pas.
Élève A:	Dis si tu penses que ton autre camarade a gagné ou non.
Élève B:	Dis si tu es d'accord ou pas d'accord.
Élève A:	Demande à ton/ta camarade s'il/si elle a fini un devoir.
Élève B:	Réponds négativement et explique *(explain)* tes problèmes d'ordinateur.

Online Assessment

my.hrw.com
Chapter Self-test

4 Grammaire 2
- the verb **suivre**
- **depuis, il y a, ça fait**

Un peu plus
- the verb **ouvrir**

pp. 134–139

5 Culture
- **Flash culture** **pp. 120, 124, 132, 134**
- **Comparaisons** **pp. 128–129**

Grammaire 1
- object pronouns with the **passé composé**
- **quelqu'un, quelque chose, ne... personne, ne... rien, ne... que**

Un peu plus
- the verb **recevoir**

pp. 122–127

Résumé: Grammaire 1

Object pronouns are placed *before* the helping verb in the **passé composé.** Past participles agree with the **direct object** if the **direct object** comes *before* the verb.

Elle a perdu **sa trousse**. Heureusement, Paul **l'**a trouv**ée**!

For placement of expressions like **ne… personne, ne… rien, ne… que (qu'), quelqu'un,** and **quelque chose,** see page 124.

Here are the forms of the verb **recevoir** *(to receive, to get):*

je	reç**ois**	nous	recevons
tu	reç**ois**	vous	recevez
il/elle/on	reç**oit**	ils/elles	reç**oi**vent

Grammaire 2
- the verb **suivre**
- **depuis, il y a, ça fait**

Un peu plus
- the verb **ouvrir**

pp. 134–139

Résumé: Grammaire 2

Here are the forms of the verb **suivre** *(to follow* or *to take a class):*

suivre			
je	suis	nous	suivons
tu	suis	vous	suivez
il/elle/on	suit	ils/elles	suivent

The expressions **depuis, ça fait... que,** and **il y a... que** tell *for how long* someone *has been doing* something.

Here are the forms of **ouvrir** *(to open):*

ouvrir			
j'	ouvr**e**	nous	ouvr**ons**
tu	ouvr**es**	vous	ouvr**ez**
il/elle/on	ouvr**e**	ils/elles	ouvr**ent**

Lettres et sons

The vowel sounds [ø] and [œ]

The vowel sound [ø] in **jeu** is represented by the letters **eu.** It is pronounced with the lips rounded and the tongue pressed against the back of the lower front teeth. The vowel sound **[œ]** in the word **moniteur** and **navigateur** is similar to the sound in **neuf** and also represented by the letters **eu.** This sound is more open.

Jeux de langue

Tu veux le moniteur de ma sœur à quelle heure?

Dictée

Écris les phrases de la dictée.

Résumé: Vocabulaire 1

To ask how something turned out

avoir entraînement	*to have practice/training*
la cantine	*cafeteria*
le CDI	*library/resource center*
une compétition	*contest/competition*
le complexe sportif	*sports complex*
le/la conseiller(-ère) d'éducation	*school counselor*
la cour de récré(ation)	*playground, courtyard*
le/la documentaliste	*librarian*
emprunter (un livre)	*to borrow (a book)*
être en retenue	*to be in detention*
faire une expérience	*to do an experiment*
faire des recherches	*to do research*
gagner	*to win*
le gymnase	*gymnasium*
l'infirmier(-ière)	*nurse*
l'infirmerie (f.)	*nurse's office*
l''interro(gation) (f.)	*quiz*
le laboratoire	*laboratory*
les lunettes (f.) de protection	*safety glasses*
une note	*grade*
passer un examen	*to take a test*
la piste (d'athlétisme)	*(athletic) track*
rater	*to fail (an exam, a class)*
rendre (un livre)	*to return (a book)*
réussir	*to pass (an exam)*
la salle d'informatique	*computer room*
le terrain de sport	*sports field*
Au fait,...	*By the way,...*
Comment s'est passé(e)...?	*How did... go?*
complètement	*completely*
Dis-moi,...	*Tell me,...*
évidemment	*obviously*
Je l'ai gagné(e).	*I won it.*
Je n'en sais rien.	*I don't know anything about it.*

To wonder what happened

...quelqu'un...	*...someone...*
Je me demande si	*I wonder if...*
Je parie que...	*I bet...*
Tu crois qu'il est arrivé quelque chose à...?	*Do you think something happened to...?*
...pour une fois.	*...for once.*
Oui, sans doute.	*Yes, without a doubt*
Tu crois?	*You think?*
C'est possible.	*It's possible*
Tu as peut-être raison.	*You could be right.*

Résumé: Vocabulaire 2

To ask for information

l'accueil (m.)/la fenêtre	*home page/window (Internet)*
actualiser/arrêter	*refresh/stop (Internet)*
l'adresse (f.)	*address*
l'affichage (m.)/les outils	*view/tools*
les barres (f.) de défilement	*scroll bars*
le clavier/la touche/le retour	*keyboard/key/return key*
cliquer/la souris	*to click/the mouse*
le courrier	*mail*
le démarrage/démarrer	*home (Internet)/to start up*
l'écran (m.)/le moniteur	*screen/monitor*
l'édition (f.)/le fichier	*edit/file*
les favoris/les liens	*favorites (Internet)/links (Internet)*
graver	*to burn (a CD)*
un graveur de CD/DVD	*CD/DVD burner*
l'imprimante (f.)/imprimer	*printer/to print*
l'interface (f.)	*interface*
un logiciel	*software*
le menu déroulant	*pull-down menu*
le moteur de recherche	*search engine*
le navigateur/naviguer	*browser/to navigate*
la précédente/la suivante	*back (Internet)/forward (Internet)*
rechercher	*to research*
sauvegarder/télécharger	*to save (a document)/to download*
la tablette	*tablet*
Comment est-ce qu'on fait pour... ?	*What do you do to . . . ?*
Qu'est-ce que tu utilises comme... ?	*What do you use as . . . ?*
Quelle sorte de/d'... ?	*What type of . . . ?*
Savez-vous comment... ?	*Do you know how to . . . ?*

To express frustration............................*see p. 133*

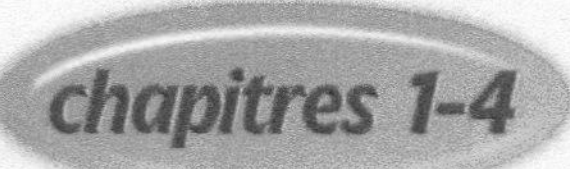

Révisions cumulatives

1 Écoute ces conversations qui ont lieu dans un lycée et choisis la photo qui correspond à chaque conversation.

a.

b.

c.

d.

2 Regarde ce plan d'un lycée québécois. Ensuite, décris le campus du lycée.

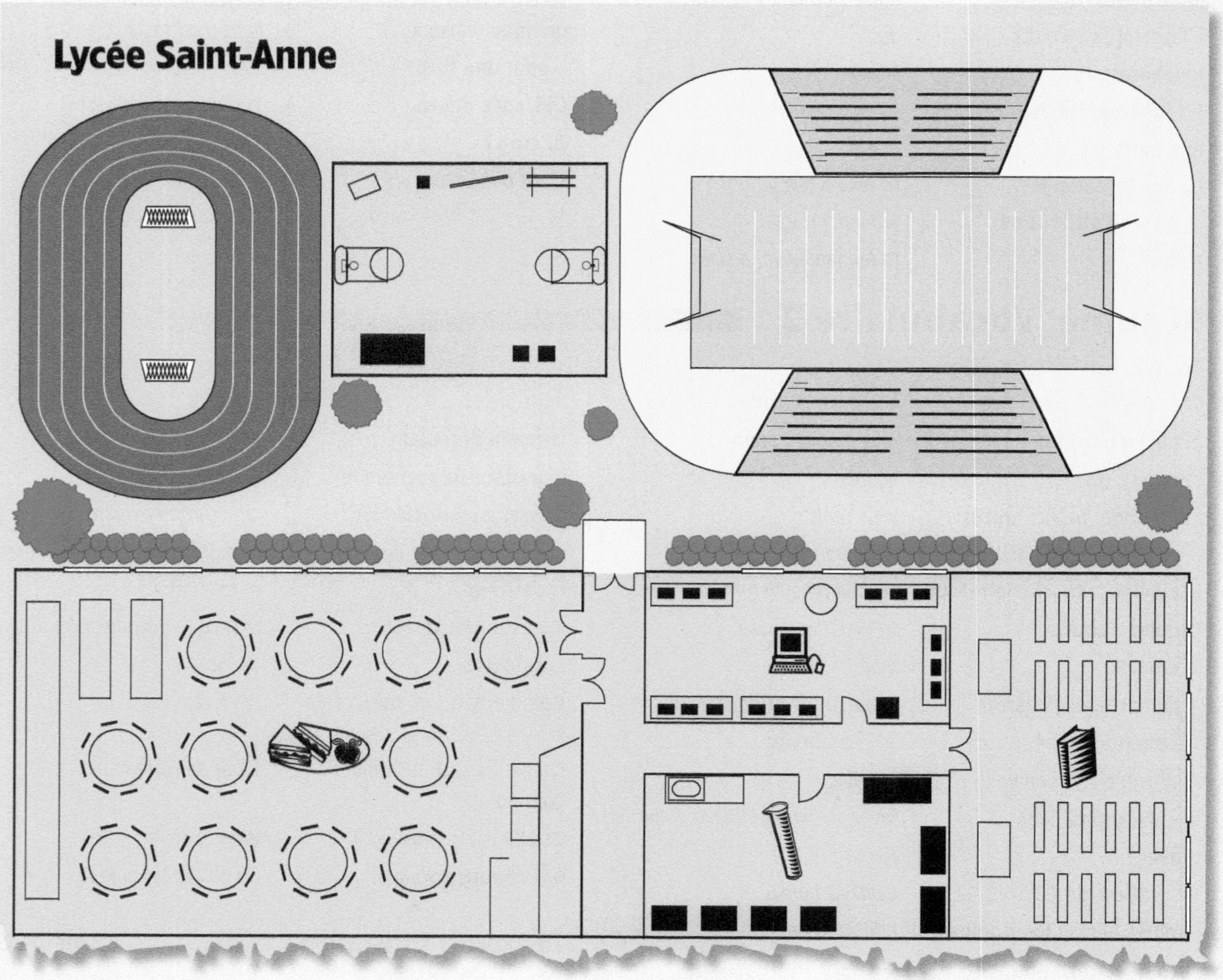

Lycée Saint-Anne

Online Assessment
my.hrw.com
Cumulative Self-test

3 Regarde l'image et imagine où on est. C'est quelle saison? Que font les jeunes? Est-ce que c'est le passé ou le présent? Est-ce que tu fais partie d'une équipe de ton lycée ou de ta ville?

Masson, Henri (1907-1996) Hockey, 1940. Oil on canvas, 55.6 x 66.3 cm, Musée d'art de Joliette, Quebec. Long Term Loan from Clercs of Saint-Viateur of Joliette.

Le Hockey d'Henri Masson

4 Écris un e-mail à un(e) ami(e) québécois(e). Explique-lui ce qu'il y a dans ton lycée et parle-lui de tes activités scolaires.

5 **À ton tour**

Un lycée idéal With a small group of classmates, design the ideal high school. Decide what classes and facilities you would have and where they would be located. Create a map in French of your ideal school and label the areas of your school. Show your drawings to the class and talk about your ideal school.

Chapitres 5 et 6

Géoculture

Géoculture

Rennes

L'Ille et la Vilaine
Rennes est au confluent *(junction)* de deux rivières, l'Ille et la Vilaine. 2

La cité judiciaire, construite dans les années 80, est un exemple d'architecture futuriste. 1

Almanach

Nom des habitants
Les Rennais

Population
Plus de 213.000 habitants

Personnages célèbres
Étienne Daho, Paul Féval, Jean-Denis Lanjuinais, La Motte-Piquet, Marie-Charles Vanel

Économie
construction automobile, enseignement, recherche, industrie agroalimentaire

Les Universités de Rennes I et Rennes II
Rennes est une ville universitaire et un centre de recherche scientifique très important. Il y a environ 60.000 étudiants à Rennes.

Université de Rennes

Savais-tu que...?

En 1720, Rennes a été détruite par un incendie qui a duré six jours. Quand on l'a reconstruite, on a interdit l'utilisation du bois *(wood)*. Les bâtiments ont été reconstruits en pierres *(stone)*.

Le parc du Thabor est un parc de dix hectares. On y trouve un jardin à la française, un jardin botanique et une roseraie. 4

Le Parlement de Bretagne est le bâtiment *(building)* le plus connu de Rennes. Aujourd'hui, c'est le palais de justice. 3

Rue Motte Fablet
Cont. de la Motte
Parc du Thabor 4
5 Place des Lices
Rue Le Bastard
Parlement de Bretagne 3
Ille
6 Portes Mordelaises
Hôtel de Ville
Rue Victor Hugo
Rue de Paris
Opéra de Rennes
Quai Duguay Trouin
Quai Lamartine
Quai Chateaubriand
Quai Dujardin
2
Vilaine
Vilaine
Quai Lamennais
Quai Emile Zola
Quai de Richemont
Boulevard de la Liberté
Avenue Jean Janvier
Boulevard de la Tour d'Auvergne

1 Cité judiciaire

Les portes Mordelaises servaient d'entrée principale à la ville au 15e siècle. On y trouvait les appartements du gouverneur de la ville. 6

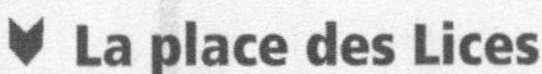

La place des Lices
Autrefois, c'était l'endroit où il y avait des joutes *(medieval tournaments)*. Maintenant, il y a un marché sur cette place tous les samedis matin. 5

Géo-quiz

Comment s'appellent les deux rivières qui se rejoignent à Rennes?

Découvre Rennes

Architecture

L'Opéra de Rennes est un exemple d'architecture néoclassique. C'est un des derniers théâtres de ce style en France.

Les maisons à colombages du vieux quartier de Rennes sont faites de terre *(clay)* et de bois. Ces maisons datent du Moyen Âge.

La Poterie est une des stations du tout nouveau métro de Rennes. C'est un exemple de l'architecture moderne qu'on trouve partout en ville.

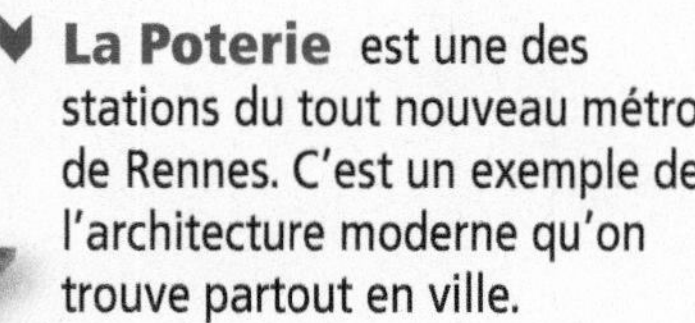

Fêtes et festivals

Le festival Travelling est le festival du cinéma de Rennes. Chaque année, le public peut découvrir une ville différente à travers les films présentés. Les jeunes réalisateurs peuvent participer à un concours de courts métrages *(short films)*.

Les Tombées de la nuit
Tous les ans, ce festival anime Rennes avec des concerts, des pièces de théâtre, des lectures de poèmes et des spectacles son et lumière.

Les Rencontres transmusicales de Rennes
C'est un festival des musiques du monde. Plusieurs stars de rock, de hip hop et de techno ont commencé leur carrière ici.

Musique

Online Practice
my.hrw.com
Photo Tour

Tri Yann Ce groupe a fait connaître la musique celtique traditionnelle bretonne dans le monde entier.

Savais-tu que...?

Rennes est une des plus petites villes au monde à avoir un métro.

Yann Tiersen a composé plusieurs musiques de films, comme celle de *Good bye Lenin* et celle du *Fabuleux destin d'Amélie Poulain*.

Le biniou est la version bretonne de la cornemuse.

Urbain Huchet est un peintre rennais qui a représenté la région de Pont-Aven dans plusieurs de ses tableaux.

Isidore Odorico a créé les mosaïques de style art déco qui ornent la piscine Saint-Georges et plusieurs autres immeubles. Il a rendu Rennes célèbre pour ses mosaïques modernes.

Activité

1. **Architecture:** De quoi sont faites les maisons à colombages?
2. **Fêtes et festivals:** Qu'est-ce qu'on voit au festival Travelling?
3. **Musique:** Qu'est-ce que Yann Tiersen a composé?
4. **Arts:** Qui a créé de belles mosaïques pour plusieurs bâtiments rennais?

chapitre 5

Une journée typique

Objectifs

In this chapter, you will learn to

- talk about your routine
- express impatience
- say when you do things
- make recommendations

And you will use

- reflexive verbs
- **tout, tous, toute, toutes**
- the verbs **s'appeler** and **se lever**
- reflexive verbs in the **passé composé**
- the imperative with reflexive verbs
- reflexive verbs with infinitives

Que vois-tu sur la photo?

Où sont ces personnes?

Qu'est-ce qu'elles font? À ton avis, où est-ce qu'elles vont?

Comment est-ce que tu vas à l'école?

MODES OF COMMUNICATION		
INTERPRETIVE	**INTERPERSONAL**	**PRESENTATIONAL**
Listen to someone ask a friend about her daily routine. Read an article about avoiding monotony.	Talk with a friend about your daily routines. Write an email to a friend describing your first day as a student at a French lycée.	Act out a conversation in which you give advice to your friends. Write an advice column for the school newspaper about studying for a quiz.

Le VAL, métro de Rennes

Objectifs
- to talk about your routine
- to express impatience

Vocabulaire à l'œuvre 1

Télé-vocab

Une journée typique à Rennes

La matinée de Farida

Je me réveille à six heures.

Je prends un bain.

Je me sèche les cheveux et je me brosse.

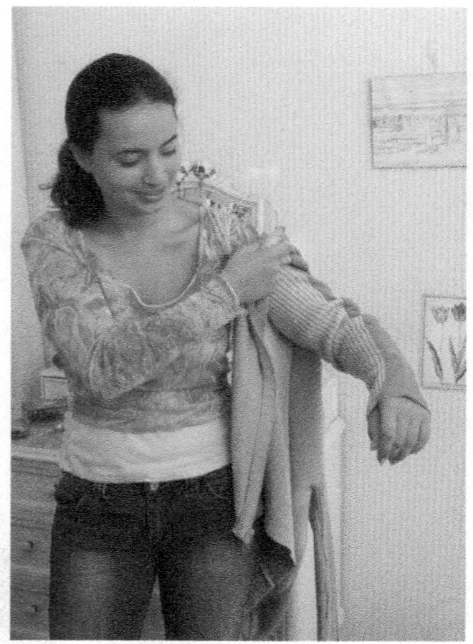
Je m'habille.

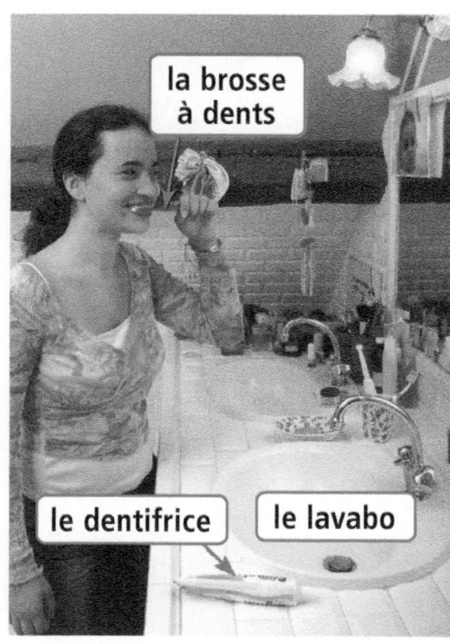

Je me brosse les dents.

Online Practice
my.hrw.com
Vocabulaire 1 practice

La matinée d'Arthur

Je me lève à
sept heures.

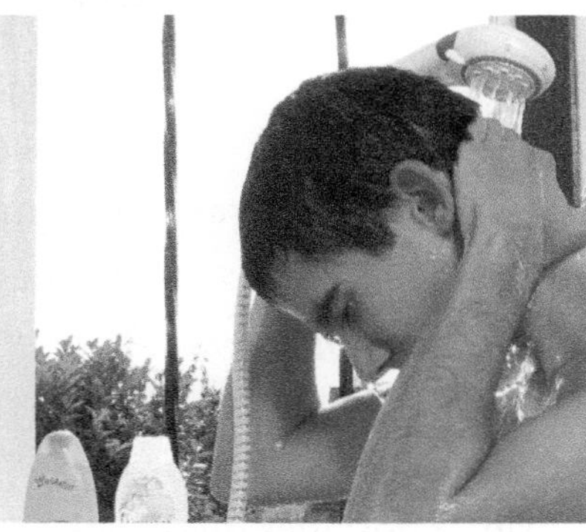

Je prends une douche et je me lave les cheveux.

Je me rase.

Je me peigne.

Je me prépare et
je m'en vais.

Exprimons-nous!

To talk about your routine

Je prends mon petit-déjeuner **en premier** et **ensuite,** je m'habille. *. . . first, and then, . . .*

Chaque matin, je me réveille à sept heures. *Every/Each . . .*

Je prends toujours mon petit-déjeuner **avant de** prendre ma douche. *. . . before . . .*

Je me rase **tous les deux** jours. *. . . every other . . .*

Je bois mon café **en même temps que** je m'habille. *. . . at the same time as . . .*

Je m'habille **pendant que** mon père prépare le petit-déjeuner. *. . . while . . .*

Vocabulaire et grammaire, pp. 49–51

▶ **Vocabulaire supplémentaire,** Les produits de beauté, **p. R19**

le shampooing

le gel douche

la crème à raser

D'autres mots utiles

le déodorant	*deodorant*
se coiffer	*to do one's hair*
le peignoir	*robe*
le robinet	*faucet*
le rasoir électrique	*electric razor*

1 Similarités

Écrivons Indique le terme qui n'appartient pas à la liste.

1.	**a.** la brosse	**b.** le gel douche	**c.** le peigne
2.	**a.** le gel douche	**b.** le savon	**c.** le robinet
3.	**a.** le rouge à lèvres	**b.** le maquillage	**c.** le peignoir
4.	**a.** un lavabo	**b.** une douche	**c.** un bain
5.	**a.** la baignoire	**b.** le réveil	**c.** le lavabo

2 Écoutons

Charlotte pose des questions à Lili au sujet de sa matinée. Indique quelles photos correspondent aux activités décrites par Lili.

a.

b.

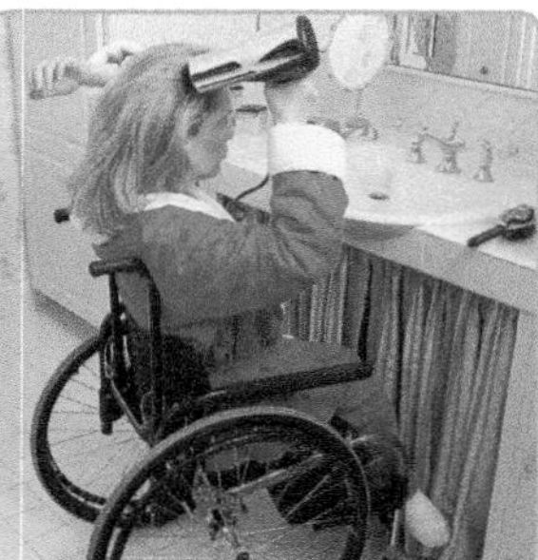
c.

d.

e.

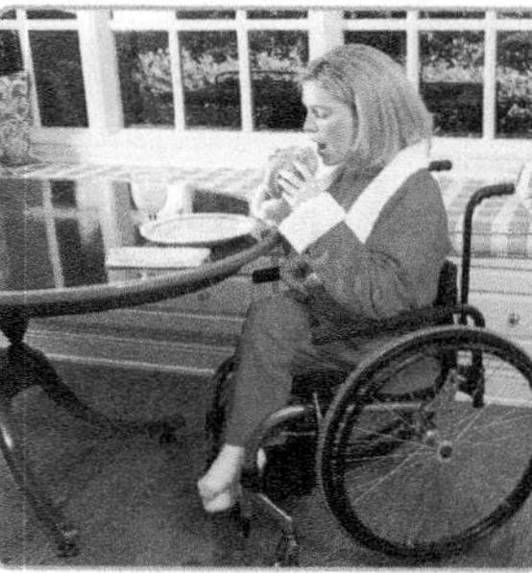
f.

Flash culture

En France, les jeunes vont à l'école à 8 heures ou à 9 heures. Certains rentrent à la maison pour déjeuner et d'autres mangent à la cantine. Ils finissent l'école vers 5 heures. Ensuite, ils font leurs devoirs. Ils dînent vers 8 heures avec leurs parents. Après le dîner, ils ont du temps libre pour jouer sur l'ordinateur, regarder la télé, ou faire autre chose et puis ils vont se coucher.

Comment s'organise ta journée? Est-ce qu'elle ressemble à la journée typique d'un adolescent français?

3 Ta matinée

Écrivons Utilise les mots des deux boîtes pour décrire ta matinée. Écris cinq phrases et ajoute des détails.

MODÈLE **Chaque matin, je me lève à six heures.**

avant de chaque matin en même temps que en premier ensuite pendant que	je me brosse je m'habille je me lave je me lève je me maquille je prends une douche je prends mon petit-déjeuner

Exprimons-nous!

To express impatience

Dépêche-toi!	*Hurry up!*
Vous allez être en retard.	*You're going to be late.*
Tu es prêt(e)?	*Are you ready?*
Alors, on y va?	*So, shall we go?*
Arrête de traîner!	*Stop dragging your feet/dawdling!*

Vocabulaire et grammaire, *pp. 49–51*

4 Dépêche-toi!

Lisons Pour chaque situation, choisis la réaction la plus logique.

1. Il est 8h. Ton frère prend son petit-déjeuner. Le bus passe à 8h05.
   a. Dépêche-toi! **b.** Tu es prêt?
2. Tu vas à une fête et tu attends ta sœur. Elle se regarde dans le miroir pendant quinze minutes.
   a. Tu vas être en retard. **b.** Tu es prête?
3. En rentrant de l'école, ta sœur s'arrête devant toutes les vitrines de magasin *(store window)*.
   a. Arrête de traîner! **b.** Tu vas être en retard.
4. Tes amis et toi, vous allez au cinéma. Tout le monde est prêt.
   a. Arrête de traîner! **b.** Alors, on y va?
5. Ton/Ta meilleur(e) ami(e) a rendez-vous chez le docteur. Comme d'habitude il/elle n'est pas prêt(e).
   a. Alors, on y va? **b.** Tu vas être en retard.

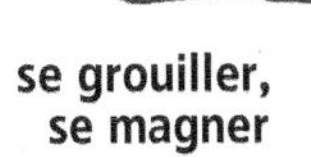

se grouiller, se magner	*to hurry*
se fringuer	*to get dressed*
les fringues	*clothes*

5 Scénario

Parlons Il est huit heures du matin, ton premier cours commence à huit heures vingt et tu es en retard. Ton père/Ta mère est très impatient(e) et dit qu'il faut te dépêcher. Réponds en disant ce que tu fais. Imagine cette conversation avec un(e) camarade. Ensuite, échangez les rôles.

Alors, on y va?	Arrête de traîner!	Attends…	Dépêche-toi!
Désolé(e)…	Pas encore…	Tu es prêt(e)?	Un moment…

MODÈLE **—Tu es prêt(e)?**
—Pas encore. Je me rase.

Objectifs
- reflexive verbs
- *tout, tous, toute, toutes*

Grammaire à l'œuvre 1

Reflexive verbs

1 Reflexive verbs are used when the same person performs and receives the action of the verb. The reflexive pronoun helps you identify a reflexive verb.

Elle **se brosse** les cheveux.	*She is brushing her hair.*
Elle **brosse** le chat.	*She is brushing the cat.* (not reflexive)

2 To form a reflexive verb, use the correct form of the verb and the reflexive pronoun that agrees with the subject.

se laver	
je **me** lave	nous **nous** lavons
tu **te** laves	vous **vous** lavez
il/elle/on **se** lave	ils/elles **se** lavent

Je **me brosse** les cheveux pendant que ma sœur **se maquille.**

3 Place **ne... pas** around the reflexive pronoun and verb.

Je **ne me peigne pas**, je me brosse les cheveux.

Vocabulaire et grammaire, *pp. 52–53*
Cahier d'activités, *pp. 41–43*

En anglais

In English, to talk about parts of the body, you use possessive pronouns: *I wash my hands; I brush my teeth.*

In French, you often use the definite article **(le, la, l', les)** with body parts.

Je me lave **les** mains et je me brosse **les** dents.

I wash my hands and I brush my teeth.

In these French sentences, how do you know to whom the body part belongs when you see le, la, or les?

6 Activités quotidiennes

Écrivons Choisis la forme correcte du verbe pour compléter chaque phrase.

1. Après le petit-déjeuner, on ______ les dents.
   a. nous brossons **b.** se brosse **c.** me brosse
2. Mais non! Mes cousins ne ______ pas.
   a. se maquillent **b.** te maquilles **c.** se maquille
3. Après ta douche, tu ______ les cheveux.
   a. vous séchez **b.** se sèche **c.** te sèches
4. Le matin, je ______ rapidement.
   a. me prépare **b.** nous préparons **c.** se préparent
5. Mon père et moi, nous ______ le soir.
   a. se rase **b.** nous rasons **c.** vous rasez

my.hrw.com
Grammaire 1 practice

7 Écoutons

Écoute ce qu'on fait chez Nathan aujourd'hui et pour chaque phrase, indique si c'est une action **a) réfléchie** ou **b) non réfléchie.**

8 Dans le bon ordre

Écrivons Mets les mots dans le bon ordre pour faire des phrases logiques. N'oublie pas de faire tous les changements nécessaires.

1. les cheveux / avec un sèche-cheveux / nous / se sécher / chaque matin
2. se réveiller / à 6h / je / le lundi matin
3. les dents / mes cousines / avant de partir à l'école / se brosser
4. tu / toujours / s'habiller / après le petit-déjeuner
5. ne… pas / Lisa / tous les matins / se maquiller
6. les cheveux / tous les soirs / se peigner / vous

9 Devinettes

Parlons/Écrivons Que font les personnes suivantes, d'après les photos?

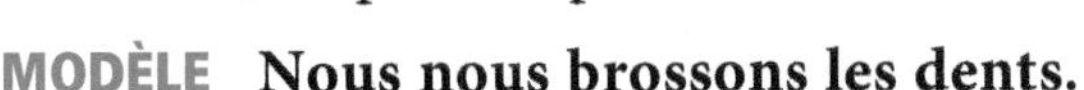

MODÈLE **Nous nous brossons les dents.**

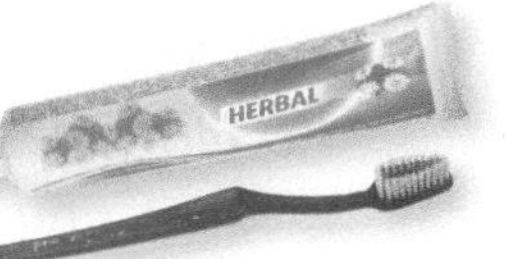

Nous

1. Lætitia

2. Laurie et Nathalie

3. Je

4. Vous

Communication

10 Interview

Parlons Prépare une liste de six questions à poser à un(e) camarade de classe au sujet de sa routine. Ensuite, pose tes questions à ton/ta camarade, puis échangez les rôles.

MODÈLE **—Julie, à quelle heure est-ce que tu te réveilles le lundi?**
—Moi, je me réveille à 7h.
—Est-ce que tu te laves le matin ou le soir?

Grammaire 1

tout, tous, toute, toutes

1. To say *all* or *whole*, use **tout**. The form will agree with the noun in gender and number.

	Singular	**Plural**
Masculine	tout	tous
Feminine	toute	toutes

Toute ma famille se lève tôt.

My whole family gets up early.

2. **Tout le monde** means *everyone*. It uses the same verb form as **il** and **elle**.

Tout le monde est prêt? *Is everyone ready?*

Vocabulaire et grammaire, *pp. 52–53*
Cahier d'activités, *pp. 41–43*

Online Workbooks

Métro, boulot, dodo est l'expression typique pour symboliser la routine de la vie en France. Comme les grandes villes françaises, Rennes a un réseau de transport en commun bien développé. Rennes possède un métro qui traverse la ville en 16 minutes. Trois parcs relais sont à la disposition des automobilistes. On peut garer sa voiture dans un parc relais (parking surveillé et gratuit) et prendre le métro pour aller dans le centre-ville de Rennes.

Comment est le réseau des transports en commun de ta ville?

11 Pas très originaux!

Écrivons Dans ton école, tout le monde fait la même chose le matin! Complète les phrases avec la forme de **tout** qui convient.

1. ______ les filles se maquillent!
2. ______ les garcons s'habillent à 7h!
3. ______ le monde se prépare rapidement!
4. ______ la classe prend une douche!
5. ______ les élèves se réveillent à 6h45!
6. ______ les professeurs de français se lavent les cheveux le soir!

12 Points communs

Écrivons Trouve quelque chose que ces personnes ou ces choses ont en commun *(have in common)*. Utilise une forme de **tout** dans tes phrases.

MODÈLE les baignoires
Toutes les baignoires ont des robinets.

1. les élèves de ton lycée
2. les cours au lycée
3. les salles de bain
4. ta famille
5. le monde
6. tes amis

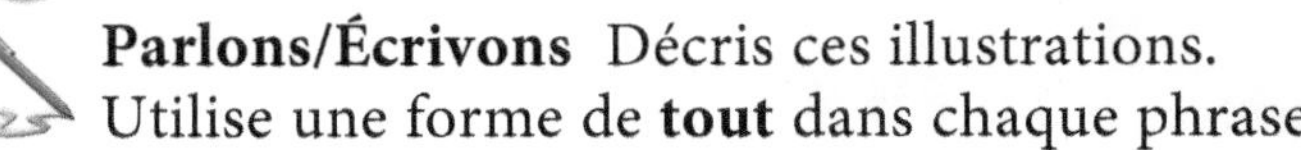

13 Comme c'est bizarre!

Parlons/Écrivons Décris ces illustrations. Utilise une forme de **tout** dans chaque phrase.

MODÈLE **Toute la salle de bain est verte!**

1.

2.

3.

4.

5.

6.

14 Mon premier jour en France

Écrivons Tu étudies en France et aujourd'hui, c'est ton premier jour au lycée. Dans un e-mail à un(e) ami(e), décris ton nouveau lycée et tes nouveaux camarades.

MODÈLE **Tous mes camarades sont... Toute la classe...**

Communication

15 Scénario

Parlons Imagine que tu viens de passer un an dans un lycée à Rennes. Tous tes camarades américains ont des questions à te poser sur la France. Réponds à leurs questions et ensuite, échangez les rôles.

MODÈLE **—Est-ce que toutes les salles de bain françaises ont des baignoires?**
—Non, il y a aussi des salles de bain avec des douches...

Synthèse
- Vocabulaire 1
- Grammaire 1

Application 1

16 La routine de ma famille

Écrivons Écris un paragraphe pour décrire la routine quotidienne de ta famille.

MODÈLE **Mes parents se réveillent à 6h. Moi, je me réveille à 6h30, mais mon frère, il ne se réveille jamais avant 7h…**

Un peu plus

The verbs *s'appeler* and *se lever*

There are spelling changes in all forms of the verbs s'appeler and se lever except the nous and vous forms.

	s'appeler *(to be named/called)*	**se lever** *(to get up)*
je	m'appe**ll**e	me l**è**ve
tu	t'appe**ll**es	te l**è**ves
il/elle/on	s'appe**ll**e	se l**è**ve
nous	nous appelons	nous levons
vous	vous appelez	vous levez
ils/elles	s'appe**ll**ent	se l**è**vent

Vocabulaire et grammaire, *p. 54*
Cahier d'activités, *pp. 41–43*

Déjà vu!

You already learned to conjugate verbs like **balayer** and **essayer.** When conjugating verbs that end in **-yer,** like **s'ennuyer,** remember to change the "**y**" to "**i**" in all forms except those of **nous** and **vous.**

s'ennuyer
je m'ennuie
tu t'ennuies
il/elle/on s'ennuie
nous nous ennuyons
vous vous ennuyez
ils/elles s'ennuient

17 La famille Martin

Écrivons Michel parle de sa famille. Lis ses réponses et pour chacune, imagine la question qu'on lui a posée.

MODÈLE Mes parents se lèvent à 8h et moi à 10h.
À quelle heure est-ce que vous vous levez?

1. Ma mère s'appelle Eugénie et mon père s'appelle Henri.
2. Le samedi, mon frère se lève souvent à midi.
3. Mon frère et moi, on ne s'ennuie jamais le samedi après-midi!
4. Non, mes parents font beaucoup de choses intéressantes le samedi.
5. Moi, je m'ennuie parfois le samedi soir.

Online Practice

my.hrw.com
Application 1 practice

18 Écoutons

Dans la rue en France, on pose des questions pour un sondage sur les jeunes et le lycée. Choisis la réponse logique pour chaque question.

a. Non, au contraire, ils sont très intéressants.
b. D'habitude, à six heures et quart.
c. Ils s'appellent Max et Émilie.
d. Je m'appelle Mégane Besson.
e. Le lycée Victor Hugo.
f. De temps en temps, oui, je m'ennuie.

19 Qu'est-ce que c'est?

Parlons/Écrivons Igor vient d'arriver à Rennes, mais il ne parle pas très bien le français. Lis les descriptions des choses qu'il veut acheter et dis-lui ce dont *(what)* il a besoin.

MODÈLE —C'est ce que j'emploie quand je me lave la figure.
—Tu as besoin de savon.

1. C'est le liquide que j'utilise quand je me lave les cheveux.
2. Ce sont les deux choses que j'utilise quand je me brosse les dents.
3. C'est le savon que j'utilise quand je prends une douche.
4. Ce sont les deux choses que j'utilise quand je me rase.
5. C'est la cloche *(clock)* qui sonne le matin.
6. C'est ce que j'emploie quand je me sèche les cheveux.

À la française

When you are not sure of a word in French, remember that you can use **circumlocution** to help you communicate. Try to paraphrase **(C'est un(e)...)**, use synonyms **(Ça ressemble à...)**, or describe essential elements **(On l'utilise pour...)**.

Communication

20 Scénario

Parlons Imagine que tu es Arthur et tu décris ta routine matinale à un(e) camarade de classe. Ta camarade va te poser des questions. Ajoute des détails. Ensuite, échangez les rôles.

MODÈLE **—À quelle heure tu te lèves... ?**
—Moi, je...

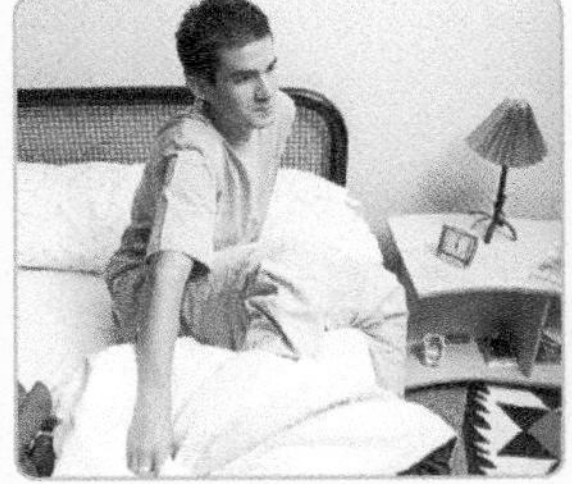

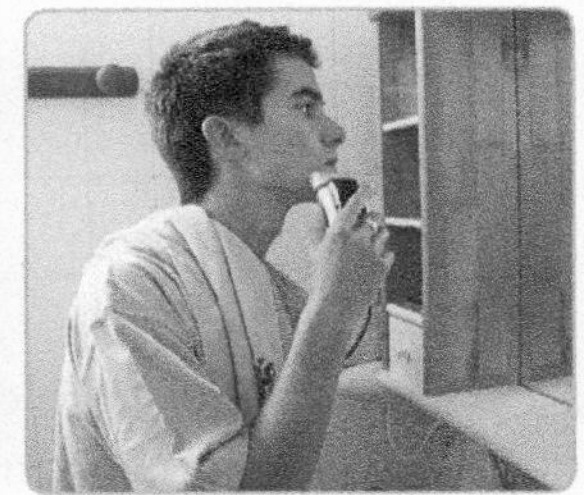

Faïence de Quimper

Culture appliquée

La faïence de Quimper

Si on visite la Bretagne, on peut voir partout[1] les mêmes personnages bretons et décorations sur les assiettes, les nappes et autres accessoires. La faïence[2] de Quimper existe depuis le 15e siècle. Aujourd'hui encore, chaque plat et assiette est fait de manière traditionnelle: peint et vernis[3] à la main et signé. Chaque pièce est donc unique.

1. everywhere 2. earthenware 3. glazed

Art breton

Materials

- color pencil or markers
- white paper plate
- sheet of paper, glue
- scissors

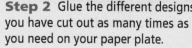

Step 1 Choose a design to go on the edge of your plate, and then choose a main design for the inside. You might choose a design inspired by a Quimper plate or create your own design. Draw them on a piece of paper and cut them out.

Step 2 Glue the different designs you have cut out as many times as you need on your paper plate.

Step 3 Color your paper plate. You can also go to a ceramic store and reproduce your design on a plate and have it glazed.

Est-ce qu'il y a d'autres types de faïencerie connue en France (porcelaine de Sèvres ou de Malicorne, par exemple)? Qu'est-ce qu'elles ont de particulier?

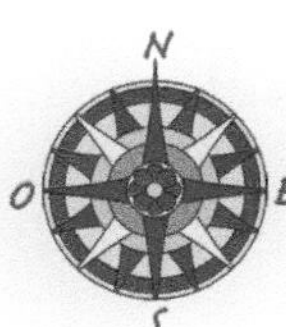

Comparaisons

Arrivée au lycée, Nice

À pied, à vélo ou en bus?

Un élève français qui habite loin de son école y va:

a. en bus jaune, comme aux États-Unis.

b. à vélo.

c. en bus, en «pedibus» ou en «vélobus».

En France, les départements[1] organisent et financent les transports scolaires. Un ramassage scolaire[2] est organisé quand le trajet[3] est trop long. Beaucoup d'élèves vont aussi à l'école en voiture avec leurs parents. Depuis quelques années, il y a deux nouveaux types de ramassage scolaire: le «pedibus» et le «vélobus». Un adulte, à pied (pedibus) ou à vélo (vélobus), attend les élèves devant un panneau[4]. En chemin[5] vers l'école, le groupe «ramasse» d'autres élèves qui attendent devant d'autres panneaux. À partir de 14 ans, les jeunes peuvent aussi conduire une mobylette ou un scooter pour aller à l'école.

ET TOI?

1. Comment vas-tu à l'école? À pied, à vélo ou en bus? Ou est-ce que tes parents t'accompagnent?

2. Est-ce qu'il existe des systèmes comme le «pedibus» ou le «vélobus» dans ta région?

Communauté et professions

Le français et les produits de beauté

As-tu remarqué que de nombreux produits de toilette ou de beauté sont français? Certains ont même des instructions d'utilisation en français. Cherche dans ta salle de bain ou au supermarché de ton quartier les produits de toilette ou de beauté qui sont français ou dont les instructions d'utilisation sont en français. Partage les résultats de tes recherches avec ta classe.

Un salon de beauté

1. French administrative districts 2. school bus service 3. route 4. sign
5. on the way

Objectifs

- to say when you do things
- to make recommendations

Vocabulaire 2
à l'œuvre

Télé-vocab

Dans la journée...

je prends le bus

je rentre à la maison

je fais mes devoirs

je m'occupe de mon petit frère

je range mes affaires

Le soir...

je me mets en pyjama

je fais ma toilette

Exprimons-nous!

To say when you do things

Le lundi, je dois me lever **tôt** pour aller au lycée.

D'habitude, je me lève **de bonne heure.** *. . . early . . .*

Mes parents se couchent **tard.** *. . . late.*

Une fois que je me brosse les dents, je me mets en pyjama. *Once . . .*

Après ça, je vais me coucher. *Afterwards, . . .*

Je dois me coucher à 10 heures **au plus tard.** *. . . at the latest.*

Vocabulaire et grammaire, *pp. 55–57*

▶ **Vocabulaire supplémentaire,** Les produits de soins et de beauté, **p. R19**

D'autres mots utiles

aller au lycée/au travail
to go to school/work

souhaiter une bonne nuit
to say goodnight

se laver la figure
to wash one's face

se mettre au lit
to go to bed

faire la sieste
to take a nap

une chemise de nuit
nightgown

Vocabulaire 2

Flash culture

Le goûter, aussi appelé le «quatre heures» est typique des enfants français. Après l'école, les enfants mangent quelque chose pour «tenir» jusqu'au dîner. Le goûter peut être soit une simple tartine ou un pain au chocolat. Certains jeunes aiment aussi boire un yaourt liquide pour le goûter.

Et toi, est-ce que tu manges quelque chose en rentrant de l'école? Quoi?

21 En premier... ensuite...

Lisons Range les activités suivantes par ordre chronologique.

a. Alors, on dîne en famille vers huit heures.
b. Après l'école, je rentre à la maison vers quatre heures.
c. Je prépare le goûter pendant que mon frère s'occupe de notre petite sœur.
d. Après le dîner, je finis mes devoirs pendant que mes parents lisent le journal.
e. Je me couche à dix heures au plus tard.
f. Mes parents rentrent à la maison vers six heures.
g. Plus tard, je fais ma toilette et me mets en pyjama.

22 Écoutons

Écoute les commentaires de Céline et indique si elle fait les activités **a) dans la journée** ou **b) le soir.**

23 La journée de Yann

Parlons/Écrivons Qu'est-ce que Yann fait la journée et le soir? Décris ses activités en utilisant les expressions de la boîte.

MODÈLE **Il s'occupe de son frère.**

au plus tard	dans la journée	de bonne heure	le soir
tard	tôt	une fois que	

1.

2.

3.

4.

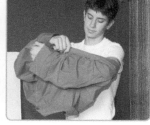

5.

6.

Exprimons-nous!

To make recommendations

Tu devrais te brosser les dents. *You should . . .*

Va te coucher. **Il est tard.** *Go . . . It's late.*

Il est temps de se préparer.
C'est l'heure d'aller te coucher. *It's time to . . .*

Vocabulaire et grammaire, *pp. 55–57*

24 Recommandations

Écrivons/Parlons Tu fais du baby-sitting et l'enfant, qui a quatre ans, est très difficile. Réponds à ses commentaires avec des recommandations utiles.

1. —Je déteste le petit-déjeuner!
   — ______ prendre un petit-déjeuner tous les matins.
2. —Je ne veux pas me préparer pour aller à l'école!
   —Mais ______ de te préparer. Le bus va arriver dans vingt minutes.
3. —Je ne veux pas prendre le bus!
   —Tu ______ partir. Le bus ne va pas t'attendre.
4. — ______ faire la sieste après l'école. Alors, plus d'excuses.

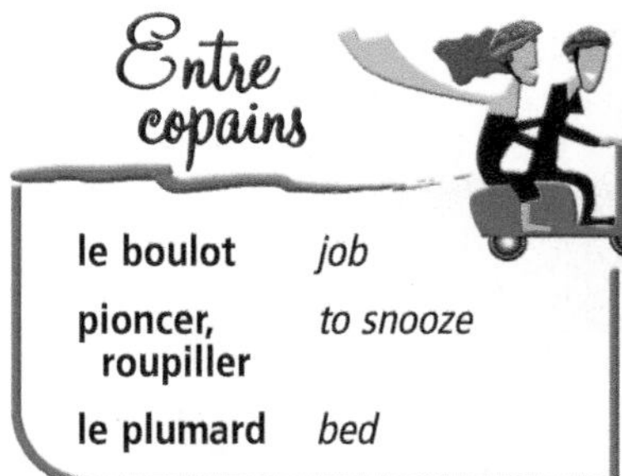

Entre copains

le boulot	*job*
pioncer, roupiller	*to snooze*
le plumard	*bed*

25 Des conseils

Écrivons Une élève française va passer un mois chez toi. Donne-lui cinq conseils qui vont l'aider à profiter de son séjour.

Communication

Digital performance space

26 Interviews

Parlons Avec un(e) camarade, écrivez cinq questions sur les activités que vous faites dans la journée. Ensuite, interviewez quatre camarades et faites un tableau de leurs réponses.

MODÈLE **—Tu vas au travail après les cours?**
—Le samedi, tu te lèves de bonne heure?

Questions	Camarades de classe Adèle	 Clément	 Salima	 Bosco
Tu vas au travail?	oui	non	non	oui
Tu te lèves de bonne heure?	oui; à 7 heures	non; à 10 heures	non; vers 8h30	oui; à 6 heures

Objectifs

- reflexive verbs in the *passé composé*
- the imperative with reflexive verbs

Grammaire à l'œuvre 2

Grammavision

Reflexive verbs in the *passé composé*

1 All reflexive verbs use **être** in the **passé composé**.

Il **s'est levé** et ensuite il **s'est habillé.**

2 In most cases, the past participle agrees with the reflexive pronoun (and the subject) in gender and number.

se laver			
je	**me suis** lavé(e)	nous	**nous sommes** lavé(e)s
tu	**t'es** lavé(e)	vous	**vous êtes** lavé(e)(s)
il/elle/on	**s'est** lavé(e)(s)	ils/elles	**se sont** lavé(e)s

Julia s'est lev**ée** en premier et ensuite, Théo s'est lev**é**. Nous nous sommes levé**s** après.

3 The past participle only agrees with the reflexive pronoun when it is the **direct object** of the verb. Sometimes, you can tell it is *not* the direct object if there is another direct object in the sentence.

Iris **s'**est lav**ée.** BUT Iris s'est lavé **les cheveux**.

Vocabulaire et grammaire, *pp. 58–59*
Cahier d'activités, *pp. 45–47*
Online Workbooks

Flash culture

Les Français font leurs courses de plus en plus dans des supermarchés et vont de moins en moins dans les petits magasins. Par conséquent, ils font leurs courses de moins en moins souvent. Cependant, la plupart des Français achètent leur pain quotidiennement à leur boulangerie préférée.

Où est-ce que ta famille fait ses courses?

Une boulangerie à Rennes

27 Avant de se coucher

Écrivons Voilà ce que les Floret ont fait avant de se coucher. Complète chaque phrase avec un verbe logique au passé composé.

1. Aude ______ avec sa brosse.
2. Aude et Frédéric ______ les dents.
3. Madame Floret et Aude ______. Aude a pris une douche et madame Floret a pris un bain.
4. Les enfants ______ et ont mis leurs pyjamas.
5. Madame Floret ______ les cheveux avec le sèche-cheveux après son bain.
6. Toute la famille ______ vers 11 heures.

my.hrw.com
Grammaire 2 practice

28 Déjà fait!

Parlons/Écrivons Monsieur Richard demande à ses enfants et à sa femme ce qu'ils font ce matin, mais ils ont déjà fait tout ce qu'il mentionne. Donne les réponses de la famille Richard.

MODÈLE Cyril et Jean, vous vous levez?
Nous nous sommes déjà levés!

1. Chérie, tu te maquilles?
2. Julia et Jean, vous vous réveillez?
3. Julia et Myrna, vous vous habillez?
4. Myrna, tu te laves la figure?
5. Jean et Cyril, vous vous brossez les dents?

29 Qu'ont-ils fait?

Parlons/Écrivons Écris ce qui se passe sur les photos. Utilise le sujet donné et un verbe réfléchi au passé composé.

les filles

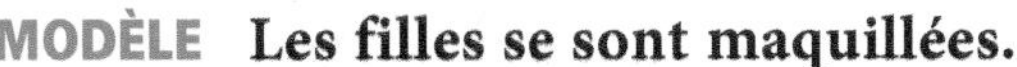

MODÈLE **Les filles se sont maquillées.**

1. Vous

2. Gérard

3. Moi, je

4. Toi, tu

30 Chez toi hier soir

Écrivons Écris un paragraphe pour décrire ce que tu as fait hier soir avant de te coucher. Utilise le passé composé.

MODÈLE **Hier soir, j'ai pris un bain... Je me suis lavé...**

Communication

31 Questions personnelles

Parlons Fais une liste de six choses que toi et ta famille avez faites à la maison ce matin. Ensuite, prépare six questions à poser à un(e) camarade pour savoir si sa famille a fait les mêmes choses que ta famille.

MODÈLE **— Bryan, est-ce que ton père s'est réveillé à 6h?**
— Oui, mais ma mère s'est levée à 7h.

The imperative with reflexive verbs

1 When you make a negative command using a reflexive pronoun, place the reflexive pronoun immediately *before* the verb.

Ne te lève pas!	*Don't get up!*
Ne vous couchez pas tard!	*Don't go to bed late!*
Ne nous dépêchons pas!	*Let's not hurry!*

2 When you make an affirmative command using a reflexive verb, attach the reflexive pronoun to the *end* of the verb with a hyphen. Notice that **te** becomes **toi** in this situation.

Lève-toi!	*Get up!*
Couchez-vous!	*Go to bed!*
Dépêchons-nous!	*Let's hurry!*

Vocabulaire et grammaire, ***pp. 58–59***
Cahier d'activités, ***pp. 45–47***

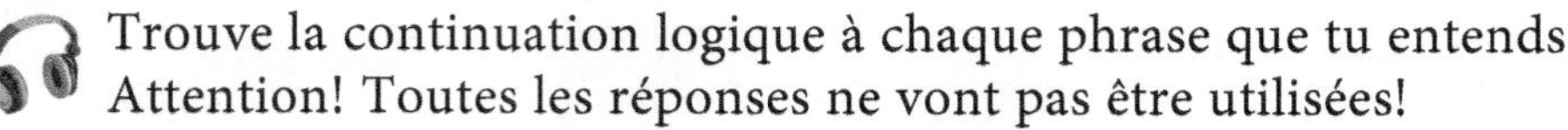

Déjà vu!

You can use **tu, vous,** or **nous** commands. Use the appropriate form of the verb without the pronoun **tu, vous,** or **nous.**

Tu prends ton livre. → Prends ton livre.

Vous prenez vos livres. → Prenez vos livres.

Nous prenons nos livres. → Prenons nos livres.

Remember to drop the final **-s** from the **tu** commands of **-er** verbs.

Tu rentre**s** tôt. → Rentre tôt.

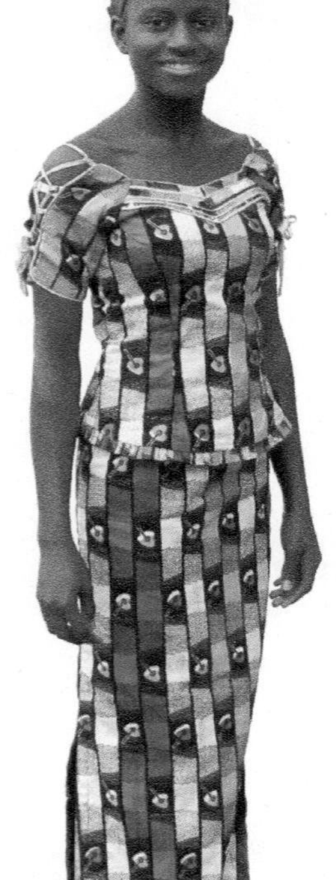

32 Écoutons

Trouve la continuation logique à chaque phrase que tu entends. Attention! Toutes les réponses ne vont pas être utilisées!

a. Brosse-toi les dents!
b. Lève-toi!
c. Sèche-toi les mains!
d. Prends ton petit-déjeuner!
e. Couchez-vous!
f. Dépêchez-vous!

33 Six conseils pour une meilleure vie

Écrivons Madame Rigaudet donne quelques conseils à ses petits-enfants. Complète ses conseils avec l'impératif des verbes entre parenthèses. Il faut choisir logiquement entre la forme affirmative et la forme négative des verbes.

1. Marina, ______ tôt tous les jours et fais du sport! (se lever)
2. Georges et Marina, ______ trop tard ce soir! (se coucher)
3. Vous et moi, ______ bien de notre famille et de nos amis. (s'occuper)
4. Georges et Marina, ______ tout le temps! Ce n'est pas bon! (se dépêcher)
5. Georges, ______ tous les jours. (se raser)
6. Marina, ______ les mains avant de passer à table. (se laver)

34 Incroyable!

Écrivons/Parlons Tout le monde fait des choses bizarres aujourd'hui! Dis-leur ce qu'ils ne doivent pas faire.

MODÈLE **Calypso, ne te couche pas sur la table!**

Calypso

1. Noëlle et Firmin

2. Zelda

3. Nous

4. Maui et Maya

5. Vous

6. Karine

35 Avant l'interro

Écrivons Tu écris un article pour le journal de ton lycée. À ton avis, qu'est-ce qu'on doit faire pour se préparer avant une interrogation? Donne cinq conseils.

MODÈLE **Ne vous couchez pas tard!**

Communication

36 Scénario

Parlons Imagine que tu fais du baby-sitting pour une famille française ce soir. Malheureusement, les trois enfants, Hugo, Luc et Florence, sont impossibles! Tu leur demandes de se préparer pour aller au lit, mais ils n'ont pas envie de se coucher et ils ne t'écoutent pas.

MODÈLE — **Hugo, déshabille-toi et couche-toi!**
— **Non, je ne me couche jamais de bonne heure! Je préfère lire.**

Application 2

37 Écoutons

Trop de conseils! Choisis la meilleure réponse pour chaque invitation ou suggestion.

a. Oui, et je vais préparer mon sac aussi.
b. Oui, mais je dois m'occuper de mon frère.
c. Non, elle va faire ses devoirs.
d. Non, ils doivent étudier.
e. Je me couche assez tôt.
f. Tu ne peux pas. Tu dois faire les courses.

38 Vive les vacances!

Écrivons Imagine que ta famille et toi, vous partez une semaine à la Guadeloupe! Écris un petit mot à ta famille pour dire à tout le monde ce qu'il faut faire et ne pas faire pour être prêt de bonne heure. Utilise l'impératif.

MODÈLE **Claire et Tara: Lavez-vous ce soir.**

Un peu plus

Reflexive verbs with infinitives

1 When using a reflexive verb in the infinitive form in a sentence, remember to use the reflexive pronoun that agrees with the subject.

Moi, je dois **me** lever à huit heures, mais mes sœurs aiment **se** lever tard.

2 Form the immediate future by using a form of the verb **aller** with the reflexive pronoun plus an **infinitive**.

À quelle heure est-ce que vous **allez vous coucher?**

Vocabulaire et grammaire, *p. 60*
Cahier d'activités, *pp. 45–47*

39 Les responsabilités de chacun

Écrivons Fais des phrases au futur proche avec les éléments donnés.

1. professeur de français / s'occuper / élèves francophones
2. élèves de la classe / se dépêcher / pour être à l'heure en cours
3. nous / se coucher de bonne heure / pour se préparer pour l'interro
4. vous, les profs / s'habiller / pour la cérémonie
5. moi, je / se réveiller / à 6h
6. et toi, tu / se préparer / avant de venir à la réunion

my.hrw.com
Application 2 practice

40 Qu'est-ce qu'ils vont donc faire?

Écrivons D'après toi, qu'est-ce que ces gens vont faire ce soir?

MODÈLE Mademoiselle Laugier s'est réveillée à 4h du matin.
Elle va se coucher de bonne heure.

1. Je n'ai pas eu le temps de prendre une douche ce matin.
2. La fille de Laurence est malade *(sick)*.
3. Les enfants Garcia ont écrit sur leurs mains avec des stylos.
4. Tu as mangé du chocolat pour le dessert.
5. Vous êtes très fatigués.

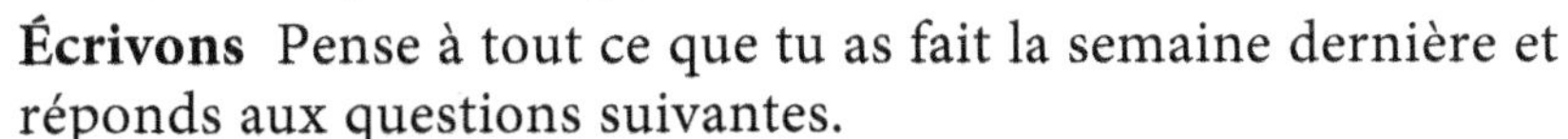

41 Qu'est-ce qui s'est passé la semaine dernière?

Écrivons Pense à tout ce que tu as fait la semaine dernière et réponds aux questions suivantes.

Qu'est-ce que tu as fait...

1. à 10h samedi matin?
2. à 8h vendredi soir?
3. à midi dimanche?
4. à 7h mercredi matin?
5. à 11 h jeudi soir?
6. à 9h lundi matin?

Communication

42 Routine du matin

Parlons Avec ton/ta camarade, vous parlez de ce que vous faites le matin typiquement. Lisez les questions ci-dessous et répondez-y de manière logique. Ensuite, échangez les rôles.

— **Tu te lèves à quelle heure?**
—
— **Qu'est-ce que tu fais avant de partir au lycée?**
—
— **À quelle heure tu pars au lycée?**
—
— **Quand est-ce que tu ranges tes affaires?**
—

Application 2

Télé-roman

Le Secret de la statuette *Épisode 5*

STRATÉGIE

Evaluating choices Léa and Seydou have made several choices to get to where they are by the end of **Episode 5**. Go back and write down all the decisions they have made up to this point. Then decide which choices were reasonable and which were foolish or dangerous. Where would you have made a different choice? Why? Does Léa's last action in **Episode 5** seem reasonable to you? What could be the consequences of such an act?

Chez Charles Rigaud, sur l'île de Gorée...

1

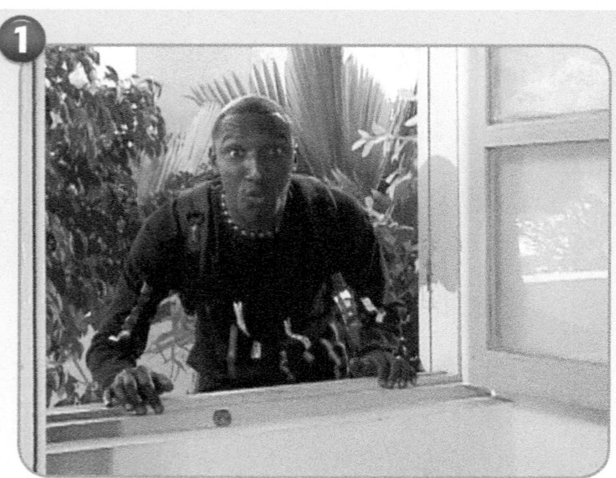

Seydou Léa! Tu es folle! Reviens!

2 *Léa entend Charles Rigaud dans le couloir.*

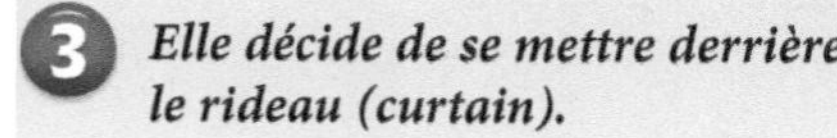

3 *Elle décide de se mettre derrière le rideau (curtain).*

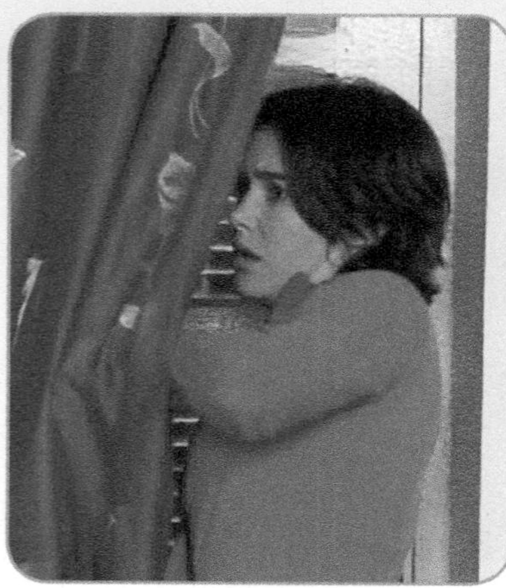

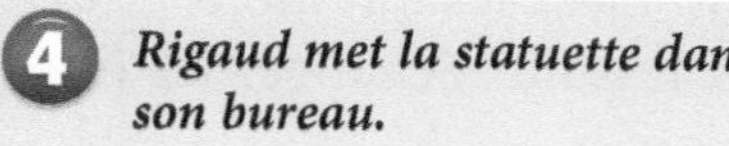

4 *Rigaud met la statuette dans son bureau.*

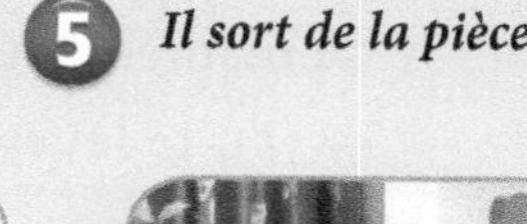

5 *Il sort de la pièce.*

6 *Après le départ de Rigaud, Léa prend la statuette.*

7 *Seydou et Léa prennent le ferry pour rentrer à Dakar.*

8 *Rigaud revient dans le bureau et découvre que la statuette n'est plus là.*

Rigaud trouve le sac de Léa et son nom dans son carnet d'adresse.

9

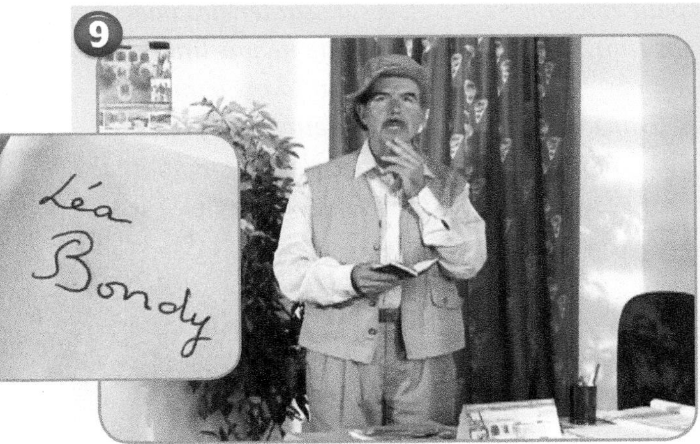

M. Rigaud Bondy... Bondy... Ah, mais oui! bien sûr!

10 *Rigaud a une idée... Il donne un coup de téléphone.*

AS-TU COMPRIS?

1. Pourquoi est-ce que Léa décide d'entrer dans le bureau de Charles Rigaud?
2. Pourquoi est-ce qu'elle se met derrière le rideau?
3. Où est-ce que Rigaud met la statuette?
4. Qu'est-ce que Léa prend?
5. Comment est-ce que Léa et Seydou rentrent à Dakar?
6. Qu'est-ce que Rigaud trouve sur son bureau? Pourquoi c'est important?

Prochain épisode:
D'après toi, à qui est-ce que Charles Rigaud téléphone à la fin de l'épisode? Pourquoi?

Lecture et écriture

Daniel Pennac est né au Maroc en 1944. Il a grandi entre l'Afrique et l'Asie. Après avoir obtenu sa maîtrise de Lettres, il devient professeur dans un collège. En 1985, il publie *Au bonheur des ogres,* premier livre d'une série dont la famille Malaussène est le centre. *Comme un roman* est publié en 1992.

STRATÉGIE

Using the context When you come across a word that you don't know, use the context of the sentence or passage to infer, or figure out, the meaning of the word. You can guess an approximate meaning of the word, which is often enough to understand the gist of a text.

A Avant la lecture

Est-ce que tu aimes lire? Qu'est-ce que tu lis? Pour le plaisir ou pour l'école? Est-ce que tu as les mêmes motivations quand tu lis pour le plaisir et pour l'école?

Comme un roman

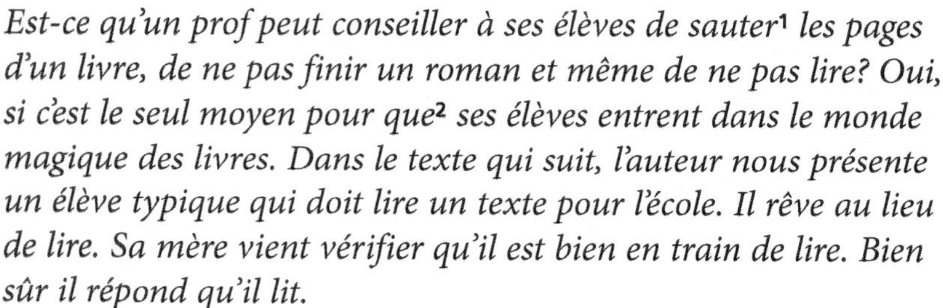

Est-ce qu'un prof peut conseiller à ses élèves de sauter[1] les pages d'un livre, de ne pas finir un roman et même de ne pas lire? Oui, si c'est le seul moyen pour que[2] ses élèves entrent dans le monde magique des livres. Dans le texte qui suit, l'auteur nous présente un élève typique qui doit lire un texte pour l'école. Il rêve au lieu de lire. Sa mère vient vérifier qu'il est bien en train de lire. Bien sûr il répond qu'il lit.

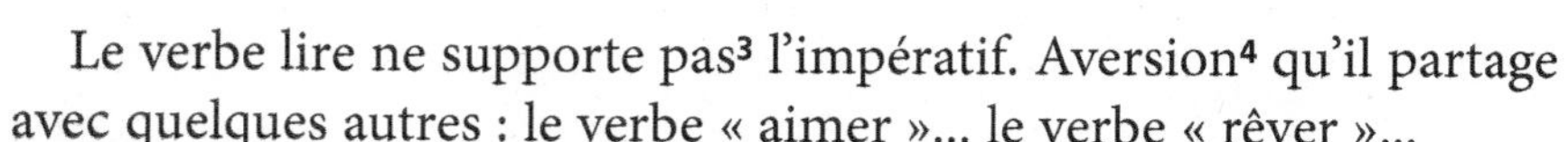

Le verbe lire ne supporte pas[3] l'impératif. Aversion[4] qu'il partage avec quelques autres : le verbe « aimer »... le verbe « rêver »...

On peut toujours essayer, bien sûr. Allez-y : « Aime-moi ! » « Rêve ! » « Lis ! » « Lis ! Mais lis donc, bon sang[5], je t'ordonne de lire ! »

— Monte dans ta chambre et lis !

Résultat ?

Néant[6].

Il s'est endormi sur son livre. La fenêtre, tout à coup[7], lui a paru immensément[8] ouverte sur quelque chose d'enviable. C'est par là qu'il s'est envolé[9]. Pour échapper[10] au livre. Mais c'est un sommeil vigilant : le livre reste ouvert devant lui. Pour peu que nous ouvrions la porte de sa chambre nous le trouverons assis à son bureau, sagement occupé à lire. Même si nous sommes montés à pas de loup, de la surface de son sommeil il nous aura entendus venir.

1. to skip **2.** so that **3.** doesn't stand **4.** dislike **5.** darn! **6.** no result **7.** suddenly **8.** seemed immensely **9.** flew away **10.** to escape

— Alors, ça te plaît ?

Il ne nous répondra pas non, ce serait un crime de lèse-majesté[1]. Le livre est sacré, comment peut-on ne pas aimer lire ? Non, il nous dira que les descriptions sont trop longues.

Rassuré, nous rejoindrons notre poste de télévision. Il se peut même que cette réflexion suscite un passionnant débat entre nous et les autres nôtres...

— Il trouve les descriptions trop longues. Il faut le comprendre, nous sommes au siècle de l'audiovisuel, évidemment, les romanciers du XIXe avaient tout à décrire...

— Ce n'est pas une raison pour le laisser sauter la moitié des pages !

...

Ne nous fatiguons pas, il s'est rendormi.

Les droits[2] imprescriptibles[3] du lecteur

1. Le droit de ne pas lire.
2. Le droit de sauter des pages.
3. Le droit de ne pas finir un livre.
4. Le droit de relire.
5. Le droit de lire n'importe quoi.
6. Le droit au bovarysme[4] (maladie textuellement transmissible).
7. Le droit de lire n'importe où.
8. Le droit de grappiller[5].
9. Le droit de lire à haute voix.
10. Le droit de nous taire[6].

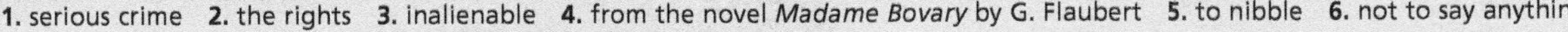

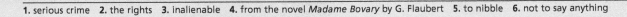

1. serious crime **2.** the rights **3.** inalienable **4.** from the novel *Madame Bovary* by G. Flaubert **5.** to nibble **6.** not to say anything

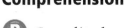

Compréhension

B Complète les phrases suivantes avec la réponse correcte.

1. Quand tu sautes les pages…
- **a.** tu ne lis pas toutes les pages.
- **b.** tu tournes les pages.

2. «N'importe où» veut dire…
- **a.** nulle part.
- **b.** où tu veux.
- **c.** dans un seul endroit.

3. Deux choses qui partagent des caractéristiques…
- **a.** sont très différentes.
- b. sont similaires.
- **c.** sont totalement opposées.

4. Quand on marche à pas de loup, on marche…
- **a.** en silence.
- b. lentement.
- **c.** vite.

5. Le sommeil est l'acte de…
- **a.** rêver.
- **b.** étudier.
- **c.** dormir.

C Réponds aux questions suivantes avec des phrases complètes.

1. Selon l'auteur, qu'est-ce qui se passe quand on ordonne à un enfant de lire?

2. Qu'est-ce que l'enfant fait à son bureau?

3. Est-ce que l'enfant aime son livre?

4. Qui regarde la télévision?

5. Selon le texte, pourquoi est-ce que l'enfant trouve les descriptions trop longues?

Après la lecture

D Est-ce que tu aimes lire? Pourquoi ou pourquoi pas? Est-ce que tu finis toujours les livres que tu commences? Est-ce qu'il t'arrive de sauter des pages? Est-ce que tu es d'accord avec les **droits imprescriptibles du lecteur?** Explique ta réponse.

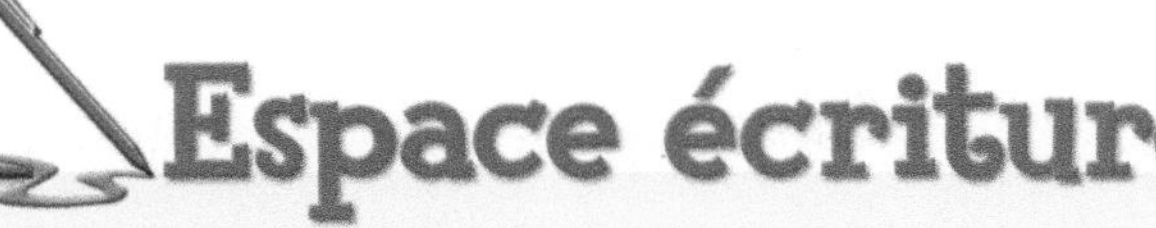

Espace écriture

STRATÉGIE pour écrire

Identifying your audience is a primary consideration when you do any type of writing. Having a good idea of who will read what you've written will help determine the length, tone, register, and style of your writing.

Vive la variété!

Imagine that you write an advice column for the school newspaper. This week you're responding to a letter from a student whose daily routine is so boring that it is affecting the student's school work and overall mood. Write the student a letter in which you recommend several creative and unusual ways to spice up his or her daily routine.

1 Plan

First consider who will be reading your letter—a high school student who is bored and possibly depressed.

- Create a timeline in French of what you imagine to be this student's typical day, from getting up to going to bed.
- Brainstorm ideas about how that student might change his or her daily routine to make the day more fun and interesting.

6h30	Je me lève
8h00	
9h00	
10h00	
11h00	
midi	
13h00	

2 Rédaction

Begin with an appropriate greeting and introductory statement to set the tone and intention of the letter. Use:

- reflexive verbs,
- expressions for saying when you do things,
- expressions for making recommendations. Suggest five changes to the student's daily routine. Refer to your timeline and brainstorming ideas.

To end your letter, explain why the student should make the suggested changes and write an appropriate closing.

3 Correction

Exchange your draft with a classmate who will give you feedback on the appropriateness of the tone and content. Then check for the use of the reflexive verbs and pronouns, agreement, spelling, and punctuation.

4 Application

Read your letter to the class. Which letter has the most creative suggestions? Which one has the most practical suggestions? Which suggestions could you incorporate into your own routine to add variety?

Prépare-toi pour l'examen

@HOMETUTOR

1 Vocabulaire 1
- to express impatience
- to talk about your routine

pp. 158–161

1 Des amis parlent de leur routine le matin. Selon ce qu'ils disent, complète leurs phrases logiquement.

1. Le réveil sonne et je ______.
2. Je ______ les cheveux avec du shampooing.
3. Avec le sèche-cheveux, je ______.
4. Je prends ma brosse à cheveux et je ______.
5. Je trouve mon maquillage et je ______.
6. Je prends ma brosse à dents et je ______.
7. Je prends mon rasoir et je ______.

2 Grammaire 1
- reflexive verbs
- **tout, tous, toute, toutes**

Un peu plus
- the verbs **s'appeler** and **se lever**

pp. 162–167

2 Anne a la visite de sa famille. Anne parle de la routine de sa famille le matin. Dis ce que chaque membre de la famille fait d'abord et ce qu'il fait ensuite.

MODÈLE papa et maman: se lever / se réveiller
Papa et maman se réveillent et ensuite ils se lèvent.

1. Marc: se raser / prendre son rasoir
2. Marie et moi, nous: prendre un bain / se maquiller
3. moi, je: se laver les cheveux / se sécher les cheveux
4. Marc, il: s'habiller / se laver
5. Marie et maman, elles: se préparer / s'en aller

3 Vocabulaire 2
- to say when you do things
- to make recommendations

pp. 170–173

3 Karim parle de sa routine du lundi. Explique à quelle heure il fait les choses illustrées.

MODÈLE **À sept heures, Karim prépare son sac.**

7h

1. 4h

2. 4h30

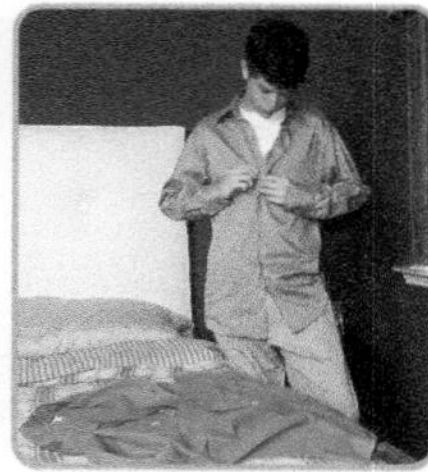
3. 10h

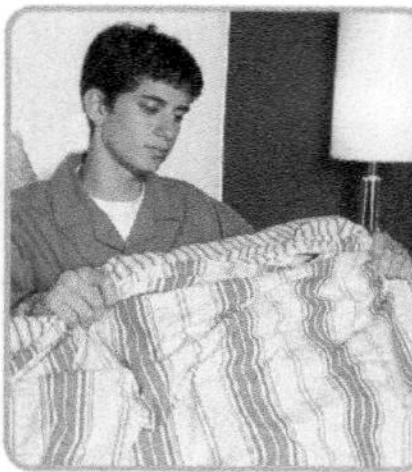
4. 10h30

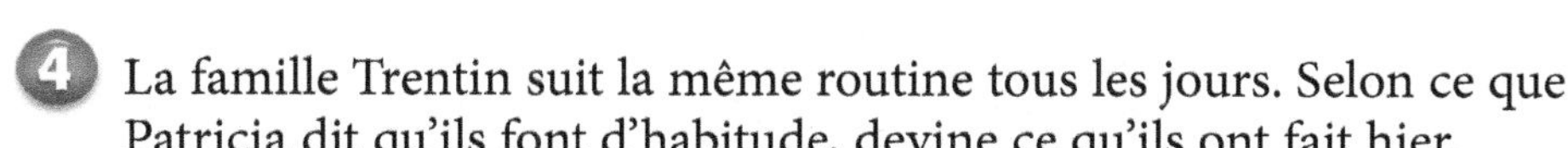

4 La famille Trentin suit la même routine tous les jours. Selon ce que Patricia dit qu'ils font d'habitude, devine ce qu'ils ont fait hier.

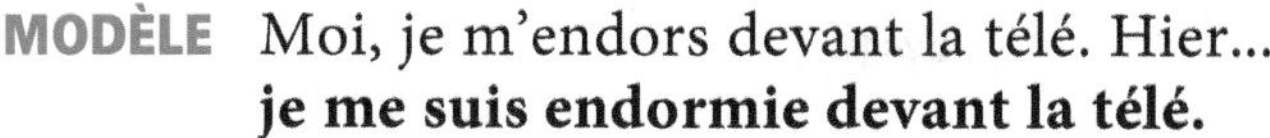

MODÈLE Moi, je m'endors devant la télé. Hier...
je me suis endormie devant la télé.

1. Nous nous réveillons de bonne heure. Hier...
2. Mes parents se lèvent vers six heures. Hier...
3. Moi, je me lève avant sept heures. Hier...
4. Nous nous préparons rapidement. Hier...
5. Je me lave les cheveux le matin. Hier matin...
6. Ma mère se dépêche pour aller au travail. Hier...

5 Réponds aux questions suivantes.

1. Comment est une journée typique pour un adolescent français?
2. Quels sont les moyens de transports en commun à Rennes?

6 Michel s'occupe de son petit frère ce week-end. Est-ce qu'il parle de ce que son frère doit faire **a) le matin** ou **b) le soir?**

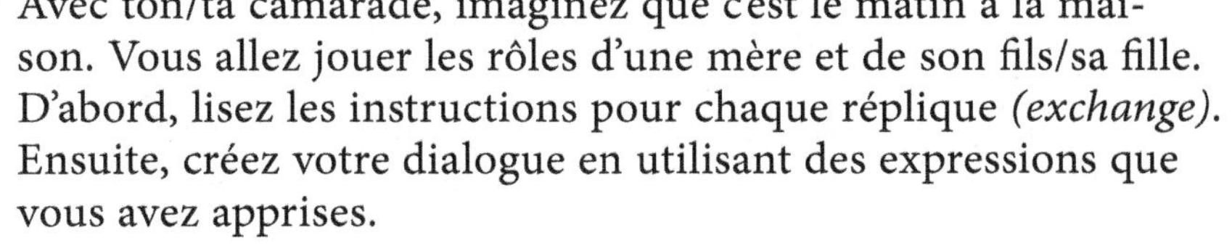

7 Avec ton/ta camarade, imaginez que c'est le matin à la maison. Vous allez jouer les rôles d'une mère et de son fils/sa fille. D'abord, lisez les instructions pour chaque réplique *(exchange)*. Ensuite, créez votre dialogue en utilisant des expressions que vous avez apprises.

Élève A:	Ton fils/Ta fille est en retard pour l'école. Dis-lui de se dépêcher.
Élève B:	Réponds que tu te prépares. Donne des détails.
Élève A:	Dis (d'une autre manière) à ton fils/ta fille de se dépêcher.
Élève B:	Réponds que tu dois faire autre chose avant de prendre ta douche.
Élève A:	Conseille à ton fils/ta fille de manger avant de partir.
Élève B:	Réponds négativement. Dis ce que tu dois encore faire avant de partir.
Élève A:	Il est 7h45 et vous devez partir immédiatement. Dis-le à ton fils/ta fille.
Élève B:	Demande à ta mère si vous y allez.

Online Assessment
my.hrw.com
Chapter Self-test

4 Grammaire 2
- reflexive verbs in the **passé composé**
- the imperative with reflexive verbs

Un peu plus
- reflexive verbs with infinitives

pp. 174–179

5 Culture
- **Flash culture** **pp. 160, 164, 172, 174**
- **Comparaisons** **pp. 168–169**

Grammaire 1

- reflexive verbs
- **tout, tous, toute, toutes**

Un peu plus

- the verbs **s'appeler** and **se lever**

pp. 162–167

Résumé: Grammaire 1

Reflexive pronouns are used when conjugating reflexive verbs. The reflexive pronoun must agree with the subject.

se brosser *to brush (one's hair)*			
je	me brosse	nous	nous brossons
tu	te brosses	vous	vous brossez
il/elle	se brosse	ils/elles	se brossent

Use an appropriate form of tout (tout, tous, toute, toutes) to say *all* or *the whole.*

When conjugating the verbs s'appeler, se lever, and s'ennuyer, there are spelling changes in all forms of these verbs, except the **nous** and **vous** forms.

Vous vous appelez comment? Je m'appe**ll**e Bertrand.

Grammaire 2

- reflexive verbs in the **passé composé**
- the imperative with reflexive verbs

Un peu plus

- reflexive verbs with infinitives

pp. 174–179

Résumé: Grammaire 2

With **reflexive verbs,** the **passé composé** is formed using être. The past participle agrees with the subject in number and gender, except when the reflexive pronoun is not the direct object of the verb.

Elle s'est lavé**e**. BUT Elle s'est brossé les cheveux.

Negative commands are formed by placing the reflexive pronoun directly before the verb and placing ne... pas around the reflexive pronoun and the verb: Ne te lève pas tard!

Affirmative commands with reflexive verbs are made by attaching the reflexive pronoun to the *end* of the verb with a hyphen.

Lave-toi! Dépêchez-vous!

When using **reflexive verbs** in the **infinitive** form, place the **reflexive pronoun** before the infinitive.

Je préfère me doucher avant de me brosser les dents.

Lettres et sons

The vowel sound [ɛ]

Listen to the vowels in the word **dépêche.** How are they different? The second vowel represents the vowel sound [ɛ]. To make this sound, hold your mouth in an open, smiling position. Some spellings of this vowel sound are **è, ait, ais,** and **ê.** Try pronouncing these examples: **gel, crème, lèvres.**

Jeux de langue

Un ver vert allait vers un verre en verre vert en faisant des vers.

Dictée

Écris les phrases de la dictée.

Résumé: Vocabulaire 1

PRACTICE FRENCH WITH HOLT MCDOUGAL APPS!

To talk about your routine

la baignoire	*bathtub*
la brosse/la brosse à dents	*brush/toothbrush*
se brosser les cheveux/les dents	*to brush one's hair/teeth*
se coiffer	*to do one's hair*
la crème à raser	*shaving cream*
le dentifrice	*toothpaste*
le déodorant	*deodorant*
la douche	*shower*
s'en aller	*to run along*
le gel douche	*shower gel*
s'habiller	*to get dressed*
le lavabo	*sink*
se laver (les cheveux) (m.)	*to wash (one's hair)*
se lever	*to get up/stand up*
le maquillage	*make-up*
se maquiller	*to put on makeup*
le mascara	*mascara*
la matinée	*morning*
le miroir	*mirror*
le peigne	*comb*
se peigner (les cheveux)	*to comb (one's hair)*
le peignoir	*robe*
prendre un bain/une douche	*to take a bath/shower*
se préparer	*to get ready*
se raser	*to shave*
le rasoir (électrique)	*(electric) razor*
le réveil	*alarm*
le robinet	*faucet*
se réveiller	*to wake up*
le rouge à lèvres	*lipstick*
le savon	*soap*
le sèche-cheveux	*blow-dryer*
se sécher les cheveux (m.)	*to dry one's hair*
la serviette	*towel*
le shampooing	*shampoo*
sonner	*to ring*
avant de	*before*
chaque	*each/every*
en même temps (que)	*at the same time (as)*
en premier	*first/firstly*
ensuite	*then/next*
pendant que	*while/during*
tous les deux (jours)	*every other (day)*

To express impatience

Alors, on y va?	*So, shall we go?*
Arrête de traîner!	*Stop dragging your feet/dawdling!*
Dépêche-toi!	*Hurry up!*
Tu es prêt(e)?	*Are you ready?*
Vous allez être en retard.	*You're going to be late.*

Résumé: Vocabulaire 2

To say when you do things

aller au travail/au lycée	*to go to work/to high school*
se coucher/se mettre au lit	*to go to bed*
se déshabiller/s'endormir	*to get undressed/to fall asleep*
faire la sieste	*to take a nap*
faire sa toilette	*to clean (oneself) up*
faire ses devoirs	*to do one's homework*
la figure	*face*
se mettre en pyjama/en chemise de nuit	*to put on pajamas/a nightgown*
s'occuper (de)	*to take care (of)*
préparer son sac	*to get one's backpack ready*
prendre le bus	*to take the bus*
ranger ses affaires	*to put one's things away*
rentrer à la maison	*to return to the house*
souhaiter une bonne nuit	*to say good night*
au plus tard	*at the latest*
de bonne heure	*bright and early*
tard/tôt	*late/early*
une fois que/après ça	*once/afterwards*
la journée/le soir	*day/evening*

To make recommendations

C'est l'heure de...	*It's time to . . .*
Il est temps de...	*It's time to . . .*
Tu devrais...	*You should . . .*
Va... Il est tard.	*Go . . . It's late.*

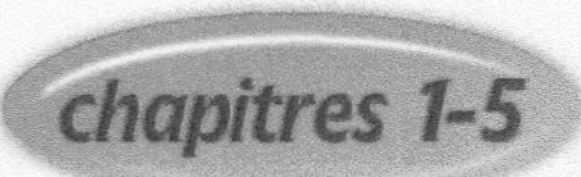

Révisions cumulatives

1 Cet article web décrit *(describes)* comment éviter *(to avoid)* la monotonie de la vie. Lis l'article et réponds aux questions suivantes.

Accueil
Forum
Sondage
Chercher

Il est impossible d'éliminer **la routine** de la vie. Le matin on est bien obligé de se lever et d'aller au travail et le soir on est bien obligé de se coucher...

Mais il y a une autre sorte de routine, **un automatisme** qui peut facilement gâcher une vie. Pour une personne qui tous les jours se réveille, déjeune, va au travail, le soir rentre, mange, se brosse les dents et va se coucher... la vie devient ennuyeuse.

Alors, comment ne pas la laisser s'installer, cette routine? Le week-end, partez en famille, mais aussi, laissez respirer les autres. Sortez avec des amis. Ce soir on se fait une soirée. Justement, jeudi il y a un match de foot... En gros, pour que la vie ne devienne pas une habitude, il faut **varier les plaisirs.**

1. Est-il important d'éliminer la routine de la vie? Pourquoi ou pourquoi pas?
2. Dans une famille, il est important de passer du temps en famille, mais il est aussi important de faire quoi?
3. En gros, qu'est-ce qu'on peut faire pour éviter la monotonie?

my.hrw.com
Cumulative Self-test

2 Nadine a passé une journée intéressante. Écoute Nadine et puis mets les évènements de sa journée en ordre.

a. Elle s'est occupée de son frère.
b. Elle s'est lavé les cheveux.
c. Elle s'est levée à huit heures.
d. Elle est allée au CDI.
e. Elle est allée à la charcuterie.

3 Regarde l'image suivante et puis réponds aux questions.

1. Que fait la femme sur l'image? Et l'homme?
2. Fais une description de tout ce que tu vois sur l'image.
3. D'après l'image, imagine la routine quotidienne de cette femme. Comment est sa vie?

Manet, Édouard, Nana, 1877. Oil on canvas, Height: 154.31 cm (60.75in.), Width: 114.94 cm (45.25 in.), Hamburger Kunsthalle Gallery, Hamburg, Germany.

Nana **d'Édouard Manet**

4 Tu vas partir en week-end avec un(e) ami(e) français(e). Écris-lui un e-mail. Parle de ta routine le matin et le soir.

À ton tour

Trop de conseils! Your friends have problems and you are giving them advice. Your friend Marie never arrives to school on time, Marc is always sleepy in class, Dominique does not do all her homework, and Sylvie wants to do something fun this weekend. With a partner, act out this conversation. Then, present your conversation to the class.

chapitre 6

Le bon vieux temps

Objectifs

In this chapter, you will learn to
- talk about when you were a child
- tell about an event in the past
- compare life in the country and in the city
- describe life in the country

And you will use
- the **imparfait**
- the **passé composé** and the **imparfait**
- adverb placement
- the comparative with adjectives and nouns
- the superlative with adjectives
- irregular comparatives and superlatives

Que vois-tu sur la photo?

Où sont ces jeunes?

Est-ce qu'ils s'amusent?

Et toi, tu aimes les carrousels?

MODES OF COMMUNICATION

INTERPRETIVE	INTERPERSONAL	PRESENTATIONAL
Listen to friends talk about how often they used to do things. Read an ad for a summer camp.	Speak with a partner about differences between city life and country life. Write to a penpal about your childhood.	Present similarities and differences between your and some classmates' childhood activities to the class. Write a poem about childhhood memories.

Un carrousel devant l'opéra de Rennes

Objectifs
- to talk about when you were a child
- to tell about an event in the past

Vocabulaire 1 *à l'œuvre*

Télé-vocab

Souvenirs d'enfance

Quand j'étais jeune, j'aimais...

faire des châteaux (m.) de sable

jouer à la poupée

sauter à la corde

faire du manège

jouer à chat perché

faire de la balançoire

jouer à la marelle

Online Practice

my.hrw.com
Vocabulaire 1 practice

Vocabulaire 1

Et moi, j'aimais...

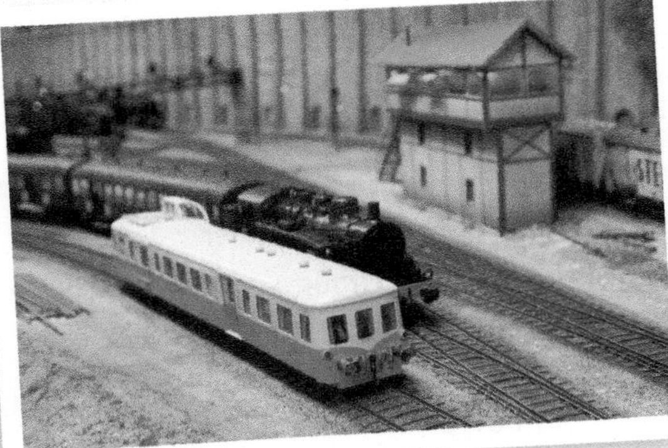

jouer au train électrique

jouer au ballon

jouer aux petites voitures

grimper aux arbres (m.)

jouer aux dames (f.)

Exprimons-nous!

To talk about when you were a child

Quand j'étais (plus) jeune, j'aimais jouer aux dames. *When I was young (younger) . . .*

Quand j'étais petit(e), j'aimais aller au cirque. *When I was little . . .*

Quand j'avais huit **ans,** j'aimais faire de la balançoire. *When I was . . . years old . . .*

Vocabulaire et grammaire, *pp. 61–63*

D'autres mots utiles

aller au cirque	*to go to the circus*
faire des farces	*to play pranks/ practical jokes*
regarder des dessins animés	*to watch cartoons*
collectionner	*to collect*
jouer aux billes	*to play marbles*
faire de la bascule	*to seesaw*
content(e)/triste	*happy/sad*
obéissant(e)	*obedient*

1 C'est l'intention qui compte

Écrivons Christian veut choisir un cadeau d'anniversaire pour les six ans de son frère. Alors, il a pensé aux activités qu'il aimait faire à son âge. Complète ses phrases avec des mots de la boîte.

électrique	collectionner	dames
voitures	cirque	dessins animés

1. Quand j'étais petit, j'aimais bien regarder des ______. Peut-être un DVD de Tintin?
2. Quand j'avais sept ans, j'aimais ______ les timbres, mais je ne sais pas si René aime faire ça.
3. Quand j'étais petit, j'aimais jouer aux ______, mais je crois que René aime mieux jouer aux échecs.
4. Quand j'étais plus jeune, j'aimais jouer au train ______, mais je pense que René aime mieux jouer aux petites ______.
5. Quand j'avais sept ans, j'aimais aller au ______. René adore les clowns! Je crois que j'ai trouvé le cadeau idéal.

Flash culture

Les enfants français aiment jouer aux jeux de société comme jouer aux dames ou aux cartes. Il y a deux jeux de société typiquement français: le jeu des Mille Bornes® et le jeu des petits chevaux. Le jeu des Mille Bornes est basé sur le code de la route. Le jeu des petits chevaux est une course de chevaux.

Quels sont tes jeux préférés?

Le jeu des petits chevaux

2 Écoutons

Amélie demande à sa grand-mère ce qu'elle aimait faire quand elle était petite. Dans quel ordre est-ce qu'elles mentionnent ces activités?

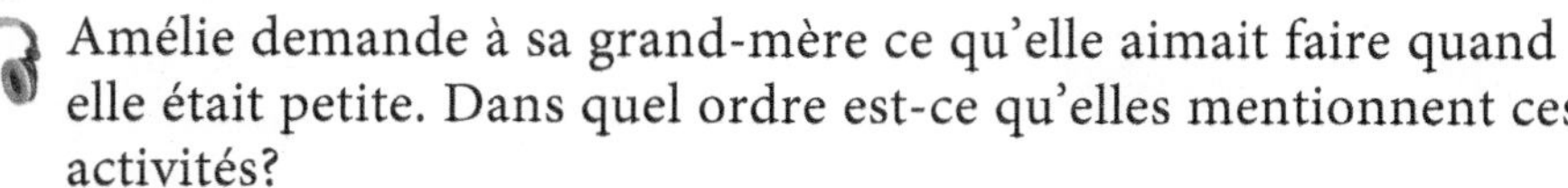

a. grimper aux arbres
b. jouer à chat perché
c. faire des châteaux de sable
d. jouer à la marelle
e. jouer à la poupée
f. sauter à la corde

3 Quand j'étais petit(e)...

Parlons/Écrivons Dis si tu aimais ou n'aimais pas faire les activités illustrées quand tu étais petit(e).

MODÈLE —**Quand j'étais petit(e), j'aimais sauter à la corde.**

1.

2.

3.

4.

Exprimons-nous!

To tell about an event in the past

Un jour, **pendant que** je jouais dans le jardin, j'ai vu un petit chat dans un arbre. *. . . while . . .*

Alors que je l'aidais à descendre de l'arbre, il est tombé. *While/When . . .*

À ce moment-là, mon chien est arrivé et a commencé à courir après le chat. *At that moment, . . .*

Heureusement, ma mère a appelé le chien. *Fortunately . . .*

Finalement, le petit chat a pu rentrer chez lui. J'étais content. *Finally . . .*

Vocabulaire et grammaire, *pp. 61–63*

4 Une histoire incroyable

Lisons La sœur de Marc lui a raconté une histoire incroyable. Remets son histoire dans le bon ordre.

a. Elle a dit: «Vous devez m'aider! La mer va détruire *(destroy)* mon château!»
b. Alors que je regardais autour de moi, j'ai entendu de nouveau: «Au secours!»
c. Quand j'étais petite, j'aimais beaucoup aller à la plage.
d. J'ai décidé de faire un autre château pour la princesse, loin de la mer.
e. Finalement, la princesse est allée habiter dans son nouveau château.
f. À ce moment-là, j'ai vu une petite princesse à l'une des fenêtres du château de sable!
g. Un jour, pendant que je faisais un château de sable, j'ai entendu quelqu'un appeler: «Au secours!» (*Help!*)

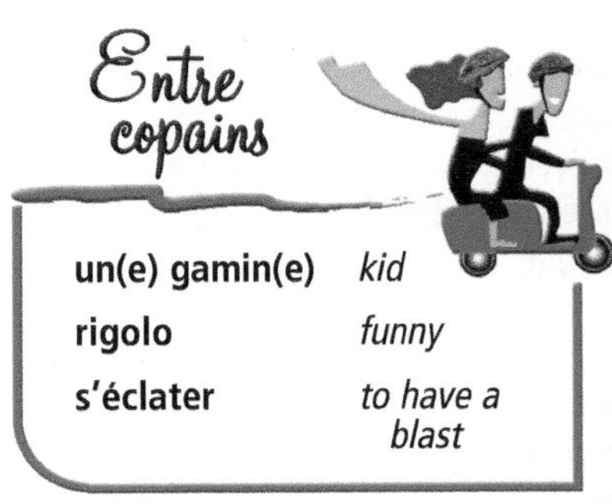

un(e) gamin(e)	*kid*
rigolo	*funny*
s'éclater	*to have a blast*

5 Scénario

Parlons Le maire (*mayor*) de ta ville t'a demandé de créer un parc pour les enfants. Avec tes camarades, discutez de quelles activités vous aimiez faire quand vous étiez plus jeunes. Puis, faites un dessin qui montre les activités que votre parc va offrir et présentez votre dessin à la classe.

MODÈLE **—Quand j'étais petit(e), j'aimais jouer à la marelle...**

Objectifs
- the *imparfait*
- the *passé composé* and the *imparfait*

Grammaire à l'œuvre 1

Grammavision

The *imparfait*

1 The **imparfait** (imperfect) tense tells *how things were* or what *used to happen repeatedly* in the past. To form the imperfect, drop the **-ons** from the present-tense **nous** form and add these endings.

	parler	finir	vendre
je	parl**ais**	finiss**ais**	vend**ais**
tu	parl**ais**	finiss**ais**	vend**ais**
il/elle/on	parl**ait**	finiss**ait**	vend**ait**
nous	parl**ions**	finiss**ions**	vend**ions**
vous	parl**iez**	finiss**iez**	vend**iez**
ils/elles	parl**aient**	finiss**aient**	vend**aient**

2 Verbs like **manger** and **commencer** that have spelling changes in the **nous** form keep the spelling change in the imperfect, except in the **nous** and **vous** forms.

(nous mang**e**ons) — je mang**e**ais, *but* nous mangions
(nous commen**ç**ons) — je commen**ç**ais, *but* nous commencions

3 **Être** is the only verb that has an irregular stem: **ét-**

Quand j'**ét**ais jeune, j'**ét**ais très timide!

Vocabulaire et grammaire, *pp. 64–65*
Cahier d'activités, *pp. 51–53*

Flash culture

Les bandes dessinées sont très populaires en France. Tout le monde connaît Astérix, Lucky Luke, Tintin et Gaston Lagaffe. Les librairies ont souvent toute une section réservée à la BD. Les enfants commencent en général par lire Boule et Bill. Cela raconte les aventures, une par page, d'un petit garçon, Boule et de son chien, Bill.

Est-ce que tu lis des BD? Lesquelles?

6 Ah! La jeunesse...

Écrivons Choisis la forme du verbe qui convient pour compléter les phrases d'après le contexte.

1. Julie, tu ______ jouer à chat perché avec moi cet après-midi?
   a. veux **b.** voulais **c.** voulons
2. Quand nous allions à la mer, nous ______ des châteaux de sable.
   a. faisons **b.** faisions **c.** faisaient
3. Maman et papa, est-ce que vous ______ danser quand vous étiez jeunes?
   a. aimaient **b.** aimiez **c.** aimez
4. Paul et ses copains ______ aux arbres, comme toujours.
   a. grimpez **b.** grimpait **c.** grimpaient

my.hrw.com
Grammaire 1 practice

7 L'enfance

Écrivons Ursuline discute avec sa grand-mère des activités des enfants d'autrefois *(in the past)*. Complète leur conversation avec les verbes appropriés à l'imparfait.

—Mamie, est-ce que quand tu ___1___ petite, il y ___2___ des jeux vidéo?

—Bien sûr que non! Nous, les filles, nous ___3___ à la poupée. On ___4___ à la corde aussi.

—Et les garçons, qu'est-ce qu'ils ___5___ faire en général?

—Eh bien, ils ___6___ aux petites voitures ou aux billes. Ils ___7___ des trains électriques aussi. Et puis, ils ___8___ toujours des farces aux filles!

8 Les vacances de David

Écrivons/Parlons Voici des photos des dernières vacances de ton ami David. Invente une légende à l'imparfait pour chaque photo.

MODÈLE **C'était au mois de juillet. On était... Il faisait....**

1.

2.

3.

4.

9 La vie de ma famille il y a dix ans

Écrivons Qu'est-ce que tu aimais faire quand tu étais petit(e)? Écris un paragraphe pour décrire la vie de ta famille il y a dix ans.

MODÈLE **Ma famille habitait à San Diego. Après l'école, mes frères et moi, nous...**

Communication

10 Opinions personnelles

Parlons Imagine que tu travailles pour une compagnie qui fait des jeux pour enfants. Pour créer des idées, les employés parlent des jeux qu'ils aimaient quand ils étaient petits. Jouez cette scène.

MODÈLE **—Alors moi, je jouais toujours à la marelle.**

The *passé composé* and the *imparfait*

1 Use both the **passé composé** and the **imparfait** to talk about the past. Use the **imparfait** to tell how things *were* or what *used to happen* over and over.

Quand j'**étais** jeune, nous **allions** à la plage chaque été.

When I was young, we used to go to the beach every summer.

2 You also use the **imparfait** to give descriptions.

Il **faisait** très beau. Il y **avait** beaucoup de fleurs.

The weather was beautiful. There were a lot of flowers.

3 Use the **passé composé** to say what *happened* or what someone *did* in a set period of time.

Une fois, j'**ai fait** un château de sable incroyable!

4 Sometimes you need to use both the **passé composé** and the **imparfait** in the same sentence. You can tell what was going on (**imparfait**) when another action happened (**passé composé**).

Je **jouais** aux dames quand le téléphone **a sonné**.

Vocabulaire et grammaire, *pp. 64–65*
Cahier d'activités, *pp. 51–53*

En anglais

In English, we use *was/were . . . ing* to talk about something that was going on when something else happened.

What is the difference in meaning between these two sentences?

When Alicia arrived, we were climbing the tree.

When Alicia arrived, we climbed the tree.

In French, use the **imparfait** to talk about something that was going on when something else happened.

11 Écoutons

Écoute Nadine qui parle des vacances de sa famille. Est-ce qu'elle parle **a) des choses qu'elle faisait souvent** ou **b) des choses qu'elle a faites une fois** *(one time)*?

12 Une soirée mouvementée

Souviens-toi! The passé composé, p. 58

Écrivons Hier, il s'est passé beaucoup de choses chez Sonya. Complète les phrases suivantes avec le passé composé ou l'imparfait des verbes entre parenthèses.

1. D'abord, moi, je ______ quand je ______ de la balançoire! (tomber, faire)
2. Puis, mes frères ______ une farce stupide pendant qu'Elsa ______ les dessins animés. (faire, regarder)
3. Elsa et moi, nous ______ aux dames après l'école et nous ______. (jouer, se disputer)
4. Alors que papa ______ dans son bureau, il ______ notre chat dans le jardin. (travailler, voir)
5. Mes frères et moi, on ______ dans le jardin quand le petit chat ______ à l'arbre. (s'amuser, grimper)
6. Heureusement, papa ______ le petit chat qui ______ de l'arbre sans problème. (aider, descendre)

13 Tout est bien qui finit bien!

Écrivons/Parlons Justin et sa copine ont passé une journée intéressante au parc la semaine dernière. Raconte ce qui s'est passé, d'après les images suivantes.

MODÈLE **Justin et sa petite amie visitaient le parc quand un cerf-volant est tombé dans un arbre.**

visiter, tomber

1. être triste, grimper à l'arbre

2. descendre de l'arbre, tomber

3. donner des billets

4. être contents, partir

14 Mon enfance

Écrivons Réponds aux questions suivantes pour parler de ton enfance (ou de l'enfance d'une autre personne, si tu préfères).

1. Comment étais-tu quand tu avais 8 ans?
2. À quoi est-ce que tu jouais quand tu étais petit(e)?
3. Est-ce que tu aimais grimper aux arbres? Est-ce que tu es tombé(e) un jour?
4. Est-ce que tu préférais jouer aux billes ou à la poupée?
5. Est-ce que tu avais un chien ou un chat? Comment était cet animal?

Communication

15 Scénario

Parlons En petits groupes, vous allez inventer une histoire au passé. Une personne du groupe commence l'histoire par une phrase ou un morceau de phrase qu'elle invente. Puis, les autres membres du groupe continuent l'histoire, une personne à la fois. L'histoire peut être marrante, bizarre, etc.

MODÈLE **Élève 1** **Un jour, pendant qu'un enfant rentrait de l'école,...**
Élève 2 **... il a vu un magasin de poissons en ville.**
Élève 3 **Il adorait les poissons alors...**

Synthèse
- Vocabulaire 1
- Grammaire 1

Application 1

16 Souvenirs d'enfance

Écrivons Écris un paragraphe pour raconter un événement important (ou une histoire imaginaire) de ton enfance.

MODÈLE **Un jour, quand j'étais petit(e), ma mère est rentrée avec deux petits chats. Ils étaient...**

Un peu plus Révisions

Adverb placement

1 Generally, place adverbs that tell how much, how often, or how well someone does something *after* the conjugated verb.

Je joue souvent aux dames et hier, j'ai bien joué.

2 Comme ci comme ça, quelquefois, and de temps en temps are exceptions.

Je joue aux dames comme ci comme ça. De temps en temps, je joue avec mon frère. Quelquefois je gagne, mais je perds quelquefois aussi.

3 Most other adverbs, such as those of time (hier, maintenant) and those ending in **-ment** often go at the beginning or end of the sentence.

Normalement, je passe le samedi avec mes copains.

Vocabulaire et grammaire, ***p. 66***
Cahier d'activités, ***pp. 51–53***

Déjà vu!
Do you remember the following adverbs?
souvent
rarement
de temps en temps
beaucoup

17 Écoutons

Des amis parlent de ce qu'ils aimaient faire quand ils étaient petits. Écoute les phrases et indique si chaque personne parle d'une activité qu'il/elle faisait **a) souvent, b) de temps en temps** ou **c) rarement.**

18 Des précisions

Parlons Complète les phrases avec les adverbes indiqués.

1. La chanteuse a chanté au Super Bowl. (très bien)
2. Les chiens grimpent aux arbres. (assez mal)
3. On est allé sur la planète Jupiter. (ne... jamais)
4. Il a fait beau à Montréal pendant nos vacances. (rarement)
5. Marc jouait au football le dimanche. (souvent)

19 La famille de Tran

Écrivons Fais des phrases complètes au temps indiqué entre parenthèses pour décrire les activités de la famille de Tran.

1. Tran / mal / jouer au foot / hier (passé composé)
2. La mère de Tran / quelquefois / lire (présent)
3. Lin / comme ci comme ça / jouer aux dames (présent)
4. Sa famille / souvent / aller en vacances à la mer (imparfait)
5. Tran / toujours / être / bon élève au lycée (passé composé)

20 L'interview

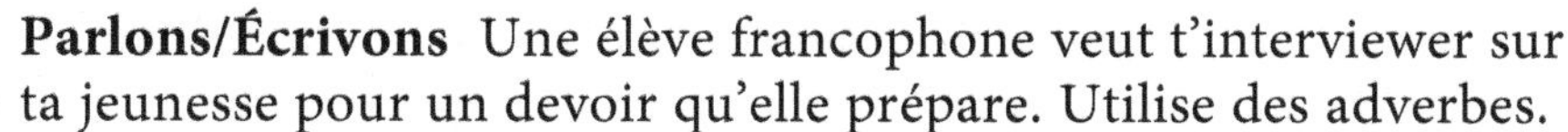

Parlons/Écrivons Une élève francophone veut t'interviewer sur ta jeunesse pour un devoir qu'elle prépare. Utilise des adverbes.

1. Qu'est-ce que tu faisais quand tu avais 6 ans?
2. Est-ce que tu étais content(e) ou triste quand tu étais plus jeune?
3. Qu'est-ce que tu aimais collectionner?

21 Questions personnelles

Parlons Lis l'annonce pour un magasin de jouets. Lequel de ces jouets est-ce que tu préférais quand tu étais petit(e)? Demande à ton ou ta camarade lequel de ces jouets il ou elle préférait.

MODÈLE **—Moi, j'aimais... Et toi?**

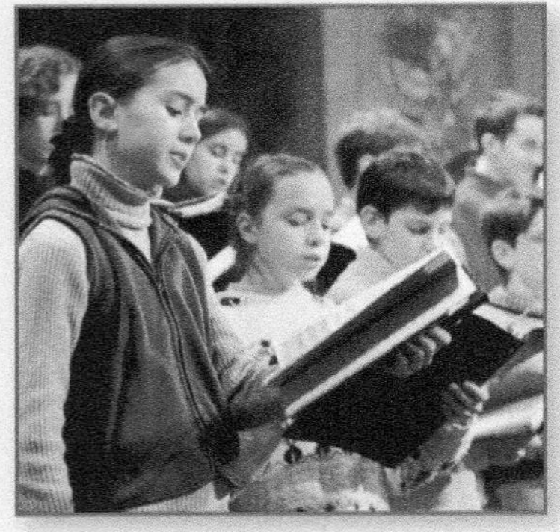
Une chorale à Versailles

Culture appliquée

Les comptines

Une comptine est une chanson ou un poème pour enfants. La musique de certaines comptines françaises est la même que la musique de comptines américaines. Par exemple, la musique de *Frère Jacques* est la même que celle de *Where is Thumbkin?* La musique de *Twinkle, Twinkle, Little Star* est la même qu'une comptine française du 18e siècle, *Ah! vous dirais-je, maman.*

Paroles et musique

Below you will find the words and music to *Twinkle, Twinkle, Little Star* and the words to **Ah! vous dirais-je, maman.** Sing the French lyrics to the tune of *Twinkle, Twinkle, Little Star.* In French songs and poems, every syllable is pronounced, including the silent *e* at the end of a word if it is followed by a consonant.

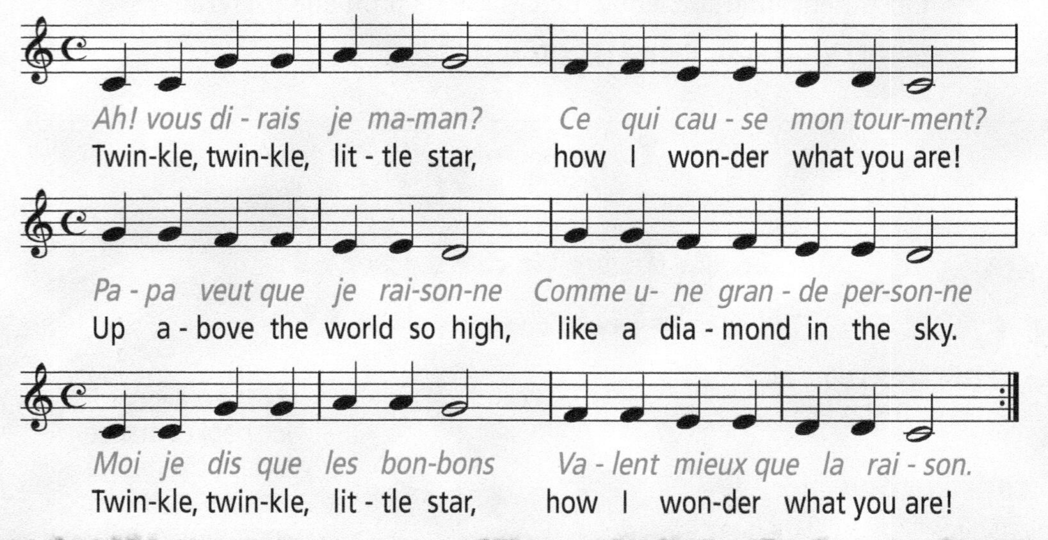

Ah! vous di - rais je ma-man? Ce qui cau - se mon tour-ment?
Twin-kle, twin-kle, lit - tle star, how I won-der what you are!
Pa - pa veut que je rai-son-ne Comme u- ne gran - de per-son-ne
Up a - bove the world so high, like a dia - mond in the sky.
Moi je dis que les bon-bons Va - lent mieux que la rai - son.
Twin-kle, twin-kle, lit - tle star, how I won-der what you are!

Fais des recherches pour trouver les paroles françaises de *Jingle Bells.*

Online Practice

my.hrw.com

Online Edition

Culture

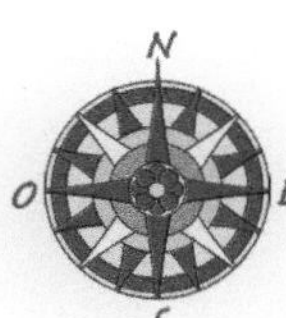

Comparaisons

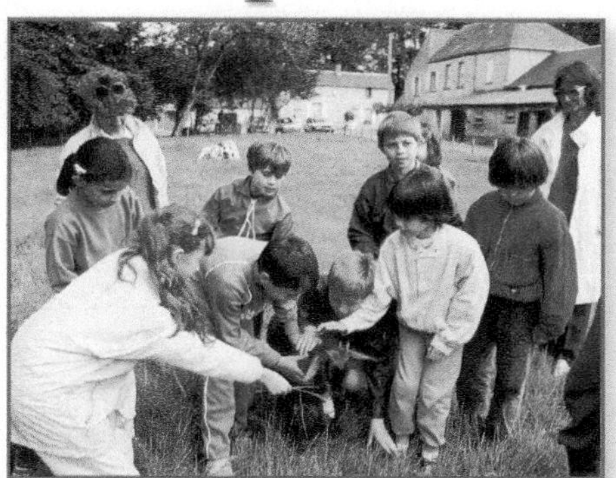

Une visite d'une ferme d'éveil près de Nantes

À la ferme

Tu fais du camping à la campagne en France. Tu as besoin de lait et d'œufs, mais tu ne veux pas aller en ville. Où peux-tu faire tes courses?

a. au café du village le plus proche

b. sur le bord[1] de la route

c. dans une ferme

En France, pour acheter des produits frais, on peut aller au marché ou directement à la ferme. Il y a plus de 2.200 fermes en France où on peut acheter directement des produits. On y trouve de nombreuses variétés de fruits et de légumes, du lait, de la crème fraîche, du beurre, des fromages (blancs[2], frais, régionaux)... Il existe aussi des «fermes pédagogiques et de découverte». Ce sont des exploitations agricoles[3] qui ouvrent leurs portes au public pour faire découvrir le monde agricole et son environnement.

ET TOI?

1. Où est-ce que tu fais tes courses en général?
2. Est-ce qu'il y a des «fermes pédagogiques et de découverte» dans ta région? Où?

Communauté et professions

Au pair

Être au pair peut être une expérience enrichissante, mais il faut s'habituer[4] à la routine des enfants. Les jeunes gens au pair s'occupent des enfants de leur famille d'accueil toute la journée. Est-ce que tu connais quelqu'un qui a été au pair? Est-ce qu'il y a des organisations dans ta région qui organisent le séjour de jeunes gens au pair? Fais des recherches et écris un rapport pour partager les résultats de ta recherche avec la classe.

Une jeune fille au pair

1. on the side **2.** cottage cheese **3.** farms **4.** to get used to

Objectifs

- to compare life in the country and in the city
- to describe life in the country

Vocabulaire à l'œuvre 2

Télé-vocab

La vie à la campagne

Online Practice

my.hrw.com
Vocabulaire 2 practice

le village
la prairie
le mouton
l'âne
la chèvre

D'autres mots utiles

tranquille	*peaceful*	**propre**	*clean*
calme	*calm*	**sale**	*dirty*
bruyant(e)	*noisy*	**stressant(e)**	*stressful*
pur(e)	*pure/clear*	**dangereux (dangereuse)**	*dangerous*
pollué(e)	*polluted*	**vivant(e)**	*vibrant/lively*

Exprimons-nous!

To compare life in the country and in the city

La vie en ville est **plus** stressante **qu'**à la campagne.
. . . more . . . than . . .

La campagne, **c'est moins** vivant **que** la ville. *. . . less . . . than . . .*

Il y a plus de bruit à Rennes **que** dans mon village. *There is more . . . than . . .*

La vie à Brest est **différente de** la vie à Saint-Malo. *. . . different from . . .*

J'aime **autant** la vie en ville **qu'**à la campagne. *. . . as much . . . as . . .*

Vocabulaire et grammaire, *pp. 67–69*

▶ **Vocabulaire supplémentaire—À la campagne, p. R20**

22 Écoutons

Mademoiselle Chardin et ses élèves visitent une ferme près de leur école. Écoute ce que disent les élèves. De quels animaux est-ce qu'ils parlent?

a.

b.

c.

d.

e.

23 En fait...

Écrivons Yann habite dans une ferme, mais Jade n'a jamais visité de ferme. Complète les phrases de Yann logiquement.

1. JADE Un cochon est plus sale qu'une vache.
   YANN En fait *(Actually)*, un cochon est ______ sale qu'une vache. (différent, moins)
2. JADE Il n'y a pas de différence entre un cheval et un âne.
   YANN En fait, un âne est ______ d'un cheval. (autant, différent)
3. JADE Un tracteur est moins bruyant qu'une voiture.
   YANN En fait, un tracteur est ______ bruyant qu'une voiture. (différent, plus)
4. JADE Un canard est plus calme qu'une poule.
   YANN En fait, une poule est ______ calme qu'un canard. (moins, plus)
5. JADE La vie à la ferme, c'est moins tranquille que la vie en ville.
   YANN En fait, la vie à la ferme, c'est ______ tranquille que la vie en ville. (plus, autant)

Flash culture

En France, la campagne est de plus en plus populaire. Les Français passent leurs vacances à la campagne pour faire du VTT, de l'escalade et de la randonnée. De nombreux Français préfèrent aussi aller habiter à la campagne que de rester en ville. Mais la campagne doit rester proche de la ville; beaucoup veulent avoir les avantages de la campagne (calme et nature) et les avantages de la ville (travail et commerce).

Est-ce que tu aimes aller à la campagne? Qu'est-ce que tu y fais?

Exprimons-nous!

To describe life in the country

C'était **tellement** bien, la vie à la ferme! *. . . really/so . . .*

Il y avait dix poules et six canards. *There were . . .*

Ce qui était bien, **c'était** le calme. *What was . . . was . . .*

Ce qui me manque, c'est le paysage. *What I miss is . . .*

Vocabulaire et grammaire, *pp. 67–69*

 24 C'était tellement bien!

Écrivons Le grand-père de Justine lui montre des photos de son enfance quand il habitait dans une ferme. Écris ce qu'il dit d'après les photos et utilise les expressions de la boîte.

Il y avait...	Ce qui était bien, c'était...	Ce qui me manque, c'est...

1.

2.

3.

4.

 25 À chacun ses goûts

Parlons/Écrivons Est-ce que tu préfères la vie en ville où à la campagne? Complète les phrases suivantes.

MODÈLE La campagne, c'est moins...
La campagne, c'est moins stressant que la ville.

1. La vie à la campagne, c'est moins...
2. La ville, c'est plus...
3. La campagne, c'est plus...
4. Il y a moins/plus de... en ville.
5. Il y a moins/plus de... à la campagne.

À la française 

You can use **assez** *(enough, rather)* and **plutôt** *(rather)* to better describe people or things.

La campagne est assez calme.

Communication

26 Scénario

Parlons Tu habites à la campagne, mais tu passes l'été avec ton/ta camarade dans une grande ville. La vie à la campagne te manque beaucoup! Dis à ton/ta camarade ce que tu aimes à la campagne. Il/Elle va essayer de te consoler.

MODÈLE **—C'était tellement bien, la vie à la ferme! Il y avait...**
—Oui, mais la vie en ville, c'est plus....

Objectifs
- the comparative with adjectives and nouns
- the superlative with adjectives

Grammaire à l'œuvre 2

Grammavision

The comparative with adjectives and nouns

1 You can use these expressions with adjectives to compare things and people. Make the adjective agree with the noun in gender and number. With **c'est,** there is no agreement.

plus + adjective + que *more . . . than*
aussi + adjective + que *as . . . as*
moins + adjective + que *less . . . than*

La ville est plus bruyant**e** que la campagne.
La ville est aussi intéressant**e** que la campagne.
La campagne est moins pollué**e** que la ville.
La ville? C'est aussi intéressant que la campagne!

2 You can also compare nouns using plus de, moins de, and autant de before the noun. Remember to use **que/qu'** to continue the comparison.

Il y a plus de vaches que de canards.
Elle a moins de chevaux que ses grands-parents.

Vocabulaire et grammaire, *pp. 70–71*
Cahier d'activités, *pp. 55–57*

En France il y a beaucoup de colonies de vacances où les enfants peuvent participer à une grande variété d'activités comme la randonnée, la natation, le kayak, le VTT, l'équitation et parfois des activités spécialisées comme l'art, la musique, le théâtre. Certaines des activités les plus populaires en Bretagne sont la voile et la planche à voile.

Est-ce que tu as déjà été en colonie de vacances? Si oui, est-ce que tu as aimé? Sinon, est-ce que tu aimerais y aller? Pourquoi?

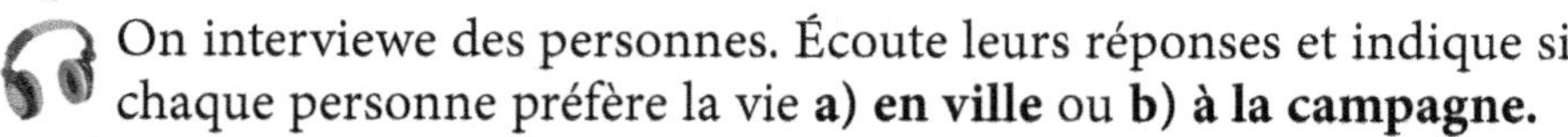

27 Écoutons

On interviewe des personnes. Écoute leurs réponses et indique si chaque personne préfère la vie **a) en ville** ou **b) à la campagne.**

28 Les animaux de la ferme

Écrivons Fais une phrase pour comparer ces animaux qu'on trouve souvent dans les fermes. Utilise **plus... que, moins... que** et **aussi... que.**

MODÈLE lapin / âne / bruyant
Le lapin est moins bruyant que l'âne.

1. poules / canards / gros
2. chèvres / moutons / bruyant
3. cheval / âne / grand
4. lapins / poules / calmes
5. vaches / cochons / gros
6. cochon / cheval / propre

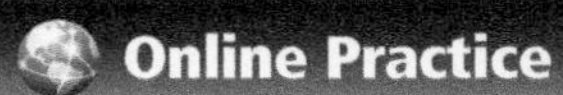

Online Practice

my.hrw.com
Grammaire 2 practice

29 Les photos de Nathalia

Parlons/Écrivons Nathalia, ta nouvelle correspondante française, t'a envoyé ces photos de son village et de sa famille. Pour chaque photo, fais une comparaison avec l'endroit où tu habites ou avec ta famille.

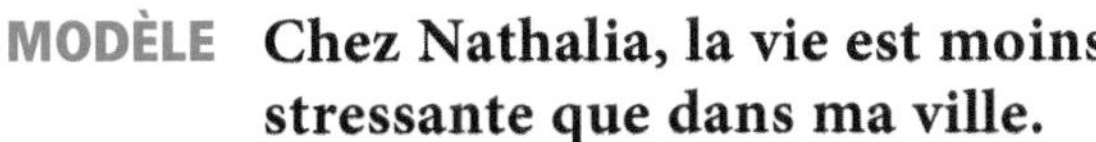

MODÈLE **Chez Nathalia, la vie est moins stressante que dans ma ville.**

1.

2.

3.

4.

30 Ville ou campagne?

Écrivons Écris 8 phrases pour donner ton opinion de la vie en ville et de la vie à la campagne et fais des comparaisons entre ces deux endroits. Choisis des adjectifs de la boîte.

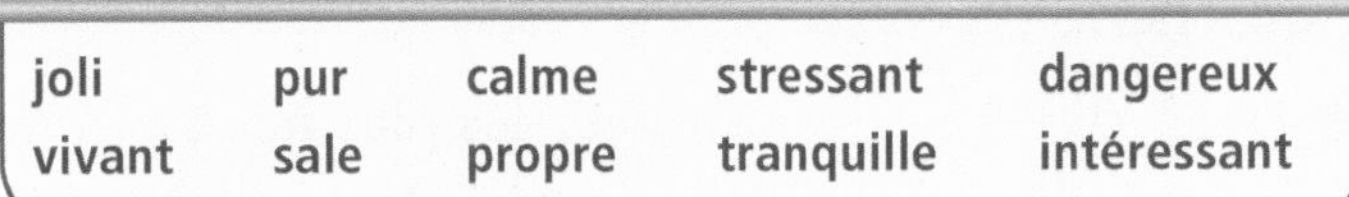

joli	pur	calme	stressant	dangereux
vivant	sale	propre	tranquille	intéressant

MODÈLE **Le paysage est plus (moins/aussi) joli à la campagne qu'en ville.**

Digital **performance space**

Communication

31 Opinions personnelles

Parlons Imagine que tu vas passer un an dans un pays francophone. Tu vas voir le conseiller/la conseillère du programme d'échanges pour discuter de l'endroit où tu voudrais aller. Il/Elle te demande quel pays francophone tu préfères et si tu veux habiter dans une ville ou à la campagne. Explique-lui tes préférences. Joue cette scène pour la classe avec un(e) camarade.

MODÈLE **—Alors, Jonathan, est-ce que tu veux aller en France?**
—Non, moi, j'ai envie d'aller au Québec. Le Québec est plus...

The superlative with adjectives

1 To say *the least* or *the most,* use the following structure. Remember to make the adjective agree in gender and in number with the noun.

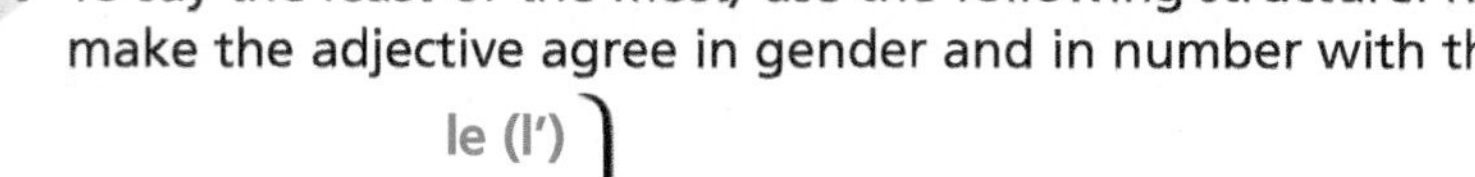

le (l') / la (l') / les } **plus/moins** + adjective + **de**

C'est la ville **la plus** intéressant**e** **de** la région.

2 When the adjective goes before the noun, use this structure instead.

C'est **le plus** joli village **de** la région.

Paris est **la plus** grande ville **de** France.

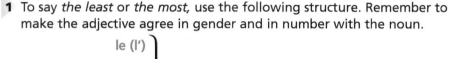

Vocabulaire et grammaire, *pp. 70–71*
Cahier d'activités, *pp. 55–57*

Déjà vu!

Don't forget that the preposition **de** contracts with **le** and **les** to become **du** and **des**.

C'est la plus grande maison **du** village.

32 Petit test de culture

Lisons Connais-tu bien les pays francophones? Trouve la fin de chaque phrase de la colonne de gauche dans la colonne de droite.

1. La tour Eiffel est le monument...
2. Le quartier du Petit-Champlain est le quartier...
3. Dakar est la ville...
4. Les Alpes sont les montagnes...
5. Le musée du Louvre et le musée d'Orsay sont les musées...

a. le plus vivant de Québec.
b. les plus visités de Paris.
c. les plus hautes *(tall)* de France et de Suisse.
d. le plus célèbre de France.
e. la plus grande du Sénégal.

33 L'agent immobilier

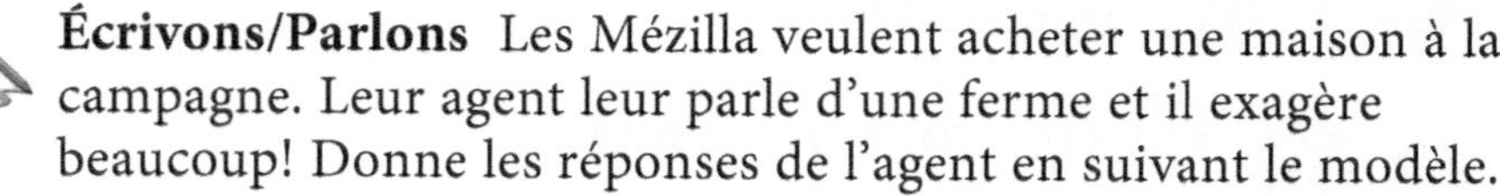

Écrivons/Parlons Les Mézilla veulent acheter une maison à la campagne. Leur agent leur parle d'une ferme et il exagère beaucoup! Donne les réponses de l'agent en suivant le modèle.

MODÈLE —Est-ce que cette région est dangereuse?
—Non, c'est la région la moins dangereuse!

1. Ce village est calme?
2. Ces champs sont assez sales!
3. Est-ce que l'air est pur dans ce village?
4. L'eau de la rivière est polluée, non?
5. Les voisins *(neighbors)* sont un peu bruyants, non?
6. Et le paysage est joli?

34 La ferme de M. Lacroix

Écrivons/Parlons Décris les animaux de la ferme de M. Lacroix en utilisant le superlatif.

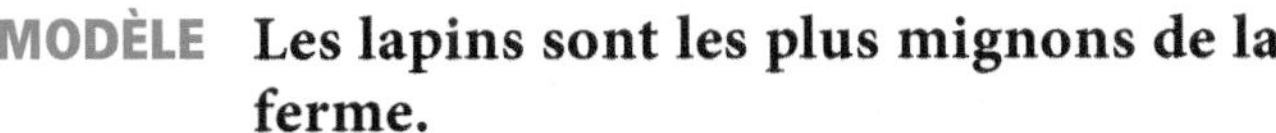

MODÈLE **Les lapins sont les plus mignons de la ferme.**

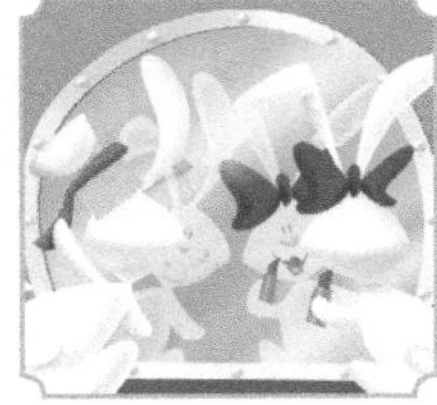

1. le cheval, méchant

2. la poule, grand

3. la chèvre, bruyant

4. les cochons, sale

5. le mouton, petit

6. les vaches, calme

35 Ma région francophone préférée

Écrivons Quelle région francophone est-ce que tu trouves la plus intéressante? Pourquoi? Écris un paragraphe dans lequel tu décris cette région en détail. Utilise le superlatif.

MODÈLE **J'aime beaucoup Tahiti. Je pense que Tahiti a les plus belles plages du monde.**

un patelin	*little town*
mortel(le)	*boring*
la cambrousse	*country*

Digital performance space

36 Interview

Parlons En France, il y a une émission (program) de télé-réalité qui s'appelle «La ferme aux célébrités». Des stars vont habiter à la campagne. Tu dois interviewer des célébrités qui veulent participer. Tu leur poses des questions sur ce qu'elles pensent de la vie à la campagne. Ensuite, joue cette scène pour ta classe.

MODÈLE **—Alors, qu'est-ce que vous pensez de la vie à la campagne?**
—J'adore! Je trouve que la campagne est l'endroit le moins stressant.

Synthèse
- Vocabulaire 2
- Grammaire 2

Application 2

37 Rat des villes ou rat des champs?

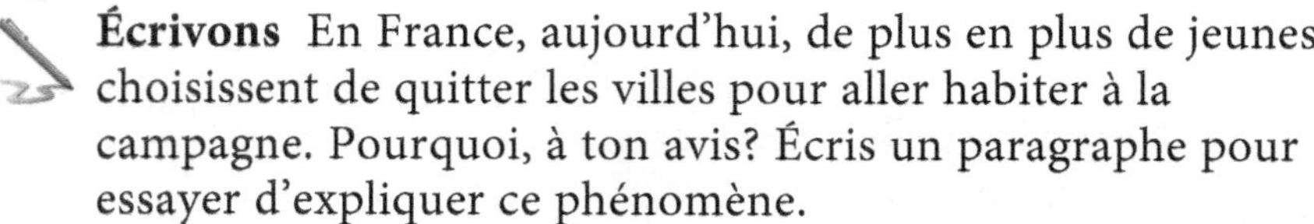

Écrivons En France, aujourd'hui, de plus en plus de jeunes choisissent de quitter les villes pour aller habiter à la campagne. Pourquoi, à ton avis? Écris un paragraphe pour essayer d'expliquer ce phénomène.

MODÈLE **À mon avis, les jeunes Français ont envie d'habiter à la campagne parce que c'est plus calme. Il y a...**

Un peu plus

Irregular comparatives and superlatives

1. The comparative and superlative forms of **bon** and **mauvais** are irregular.

good	→ *better*	→ *best*
bon(ne)(s)	→ meilleur(e)(s)	→ le (la, les) meilleur(e)(s)

bad	→ *worse*	→ *the worst*
mauvais(e)(s)	→ pire(s)	→ le (la, les) pire(s)

Moi, je pense que la vie à la campagne est meilleure que la vie en ville.

2. Notice that it is common to use **moins bon(ne)(s)** rather than **pire(s).**

Et moi, je trouve que la vie à la campagne est **pire / moins bonne** que la vie en ville.

3. Meilleur(e)(s) and pire(s) go before the noun.

L'été que j'ai passé chez mes grands-parents était le meilleur (le pire) été de ma vie.

Vocabulaire et grammaire, *p. 72*
Cahier d'activités, *pp. 55–57*

Online Workbooks

38 Écoutons

Patrice a quitté Paris pour aller habiter à la campagne il y a quelques mois. Écoute ses commentaires et indique si Patrice est **a) content** ou **b) pas content** de chaque chose qu'il mentionne.

39 Les titres dans la presse

Écrivons Complète ces titres avec les comparatifs et les superlatifs de la boîte.

les meilleurs	la moins bonne	les pires
plus mauvaise	meilleure	

1. Bravo aux poulets de Bresse: ce sont ______ poulets de France!
2. Été chaud: la qualité de l'air va être ______ en juillet qu'en juin!
3. Attention sur la route: ______ accidents arrivent toujours en août!
4. Concours de cuisine: le canard du pauvre maire de Rochefort est ______ spécialité (f.) de la région, d'après les juges!
5. Conclusion du Professeur Hildrez: la vie à la campagne est ______ pour la santé que la vie en ville.

my.hrw.com
Application 2 practice

40 Pour le meilleur et pour le pire

Parlons/Écrivons Selon le contexte, utilise un superlatif ou un comparatif des adjectifs **bon** ou **mauvais** pour parler des choses suivantes.

MODÈLE la cuisine de la cantine du lycée / la cuisine des restaurants de ma ville
La cuisine de la cantine du lycée est plus mauvaise que la cuisine des restaurants de ma ville.

1. regarder les dessins animés / lire un roman
2. les hamburgers / la pizza
3. tes dernières vacances
4. ta note à ton dernier examen de français
5. ton équipe de football / l'équipe de football d'une autre école

41 Question de goût

Écrivons À ton avis, quels sont les meilleurs livres? Les meilleurs films? Les meilleurs groupes de musique? Et les moins bons? Écris un petit paragraphe dans lequel tu donnes ton opinion des livres, des films et des groupes dont on parle beaucoup en ce moment.

MODÈLE **Moi, je pense que le meilleur livre...**

42 Souvenirs d'enfance

Parlons Avec ton/ta camarade vous discutez des jeux que vous aimiez quand vous étiez petits. Lisez les questions ci-dessous et répondez-y de manière logique. Ensuite, échangez les rôles.

— **À quoi est-ce que tu aimais jouer quand tu étais petit(e)?**
—
— **Où est-ce que tu aimais aller?**
—
— **Est-ce que tu aimais faire de la balançoire?**
—
— **Est-ce que tu allais souvent à la campagne?**
—

Télé-roman

Le Secret de la statuette *Épisode 6*

STRATÉGIE

Making deductions Making deductions based on what unfolds in the story is an important skill. The characters themselves make deductions as they learn more about their situation. You may or may not agree with their deductions because you may have more information than they have. Think about the information you have gathered in **Episodes 5 and 6** and make a list of deductions. For instance, based on what you know, decide whether Anne Bondy is making the right choice by getting into the black car.

Chez les Gadio, Anne Bondy reçoit un coup de téléphone...

Anne Très bien. Dites à l'inspecteur Sonko que j'y serai dans quinze minutes. Merci, monsieur. Au revoir.

Anne Je vais retrouver l'inspecteur Sonko. Il veut me montrer quelque chose. Tu peux le dire à Salif quand il rentrera?

Mme Gadio Bien sûr, Anne. À plus tard.

Un peu plus tard...

Seydou Vous ne devinerez jamais ce qui nous est arrivé! Mais d'abord... regardez un peu ce que nous avons!

Léa On a découvert que Rigaud habite à Gorée. On l'a suivi chez lui... Bref, on a repris la statuette!

M. Gadio Mais vous êtes fous!

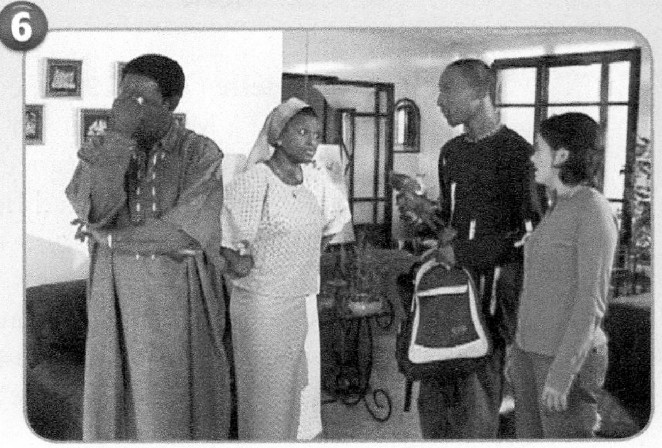

Mme Gadio Les enfants, c'était très dangereux, ce que vous avez fait, vous savez.

Pendant ce temps, dans les rues de Dakar...

Anne Bondy attend l'inspecteur Sonko.

8

L'homme inconnu Madame Bondy?
Anne Oui, c'est moi.
L'homme inconnu L'inspecteur Sonko m'a demandé de venir vous chercher et de vous amener au poste de police.

Anne monte dans la voiture noire de Charles Rigaud.

AS-TU COMPRIS?

1. Pourquoi est-ce qu'Anne Bondy part de chez les Gadio?
2. Qu'est-ce que Léa et Seydou disent aux parents de Seydou?
3. Quelle est la réaction des parents de Seydou? Pourquoi?
4. Pourquoi est-ce qu'Anne monte dans la voiture noire?
5. Qui est dans cette voiture?

Prochain épisode:
D'après ce que tu vois à la fin de l'épisode, est-ce que tu penses que la voiture noire va vraiment au poste de police?

Lecture et écriture

Jules Supervielle (1884-1960), écrivain français, est né à Montevideo en Uruguay. Il a partagé sa vie entre la France et l'Uruguay. Ses premiers poèmes sont traditionnels *(Brumes du passé,* 1900; *Comme des voiliers,* 1910). *L'Homme de la pampa* est un roman fantastique publié en 1923. Il a aussi écrit *Le Voleur d'enfants, L'Enfant de la haute mer* et *La Belle au bois* (pièce de théâtre).

STRATÉGIE

Using images and symbols
Poets use imagery and symbols to express a message. While reading or listening, ask yourself what images and symbols the words express, and how these help to form the main idea and theme of the poem.

A Avant la lecture

Le poème est sur la nature aux premières heures de la journée. Quelles impresssions as-tu quand tu te réveilles très tôt le matin? Fais une liste des mots et des images que tu peux associer avec les thèmes suivants: la nature et les animaux, le silence et le bruit, la terre et l'espace *(earth and space)*.

Le matin du monde

Alentour[1] naissaient mille bruits[2]
Mais si pleins[3] encor de silence
Que l'oreille croyait ouïr[4]
Le chant de sa propre innocence

Tout vivait en se regardant,
Miroir était le voisinage[5],
Où chaque chose allait rêvant[6]
A l'éclosion[7] de son âge.

Les palmiers[8] trouvant une forme
Où balancer leur plaisir pur
Appelaient de loin les oiseaux
Pour leur montrer leurs dentelures[9].

1. All around 2. a thousand sounds were being born 3. full 4. that the ear thinks it hears 5. neighborhood 6. dreaming 7. birth 8. palm trees 9. jagged outlines

Online Practice
my.hrw.com
Online Edition

Un cheval blanc découvrait l'homme[1]
Qui s'avançait à petit bruit,
Avec la Terre autour de lui
Tournant pour son cœur astrologue

Le cheval bougeait[2] les naseaux[3]
Puis hennissait[4] comme en plein ciel[5],
Et tout entouré d'irréel
S'abandonnait à son galop.

Dans la rue des enfants, des femmes,
A de beaux nuages pareils[6],
S'assemblaient pour chercher leur âme[7]
Et passaient de l'ombre[8] au soleil.

Mille coqs[9] traçaient de leurs chants
Les frontières[10] de la campagne
Mais les vagues[11] de l'océan
Hésitaient entre vingt rivages[12]

L'heure était si riche en rameurs[13],
En nageuses phosphorescentes
Que les étoiles[14] oublièrent
Leurs reflets dans les eaux parlantes.

1. man 2. moved 3. nostrils 4. neighed 5. sky 6. similar 7. soul 8. shadows
9. roosters 10. borders 11. waves 12. shores 13. rowers 14. stars

Compréhension

B Choisis la réponse correcte.

1. Comment était le matin?
   a. plein de bruits et de silence **b.** noir et froid
2. Qu'est-ce que les palmiers appellent?
   a. des formes **b.** des oiseaux
3. Qu'est-ce que le cheval a découvert?
   a. la terre **b.** l'homme
4. À quoi ressemblent *(look like)* les enfants et les femmes?
   a. à des nuages **b.** au soleil
5. Qu'est-ce que les vagues faisaient? Elles. . .
   a. essayaient de choisir un rivage. **b.** cherchaient l'océan.

C Quel est l'intrus *(the odd one)*?

1.	bruit	chant	silence	palmier
2.	miroir	galop	image	reflet
3.	vague	enfant	femme	homme
4.	oiseau	cheval	étoile	coq
5.	océan	ciel	vague	rivage
6.	nuage	ciel	étoile	oreille

D Trouve les mots du poème qui évoquent les thèmes suivants.

MODÈLE la naissance et l'enfance
naissaient **éclosion**
innocence **pur**
découvrait **enfants**

1. la nature et les animaux
2. le silence et le bruit
3. la terre et l'espace

Après la lecture

E Dans **Avant la lecture,** tu as fait une liste de mots associés à différents thèmes. Compare ta liste avec celle que tu viens de faire dans l'activité D. Est-ce qu'il y a des mots en commun? Est-ce que tu aurais utilisé *(would have used)* les mots de la même manière que Supervielle? Pourquoi ou pourquoi pas?

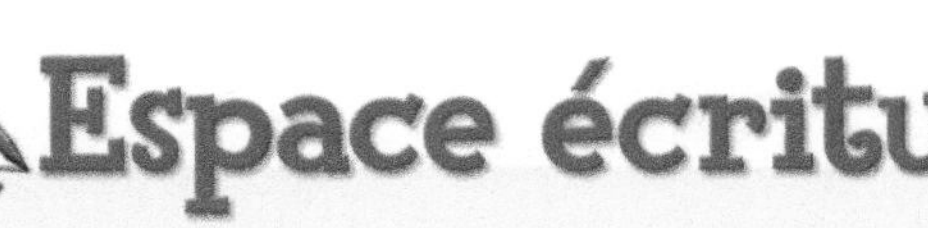

Espace écriture

STRATÉGIE pour écrire

Writing poems Poets use a variety of techniques to express emotion and meaning. They use **symbols,** objects that represent something other than what they are, and **imagery,** words or phrases that appeal to the senses. They also use direct and indirect comparisons. Direct comparisons, such as "He's a teddy bear," are called **metaphors,** and indirect comparisons, such as "He's **like** a teddy bear" are called **similes.**

Un souvenir

Think about a landscape that you have seen and really enjoyed. What made the landscape so special? Think about what you were like as a child and what you used to do. How would you describe the landscape or your childhood? Write a poem about those memories. You may also want to write about your favorite pet.

1 Plan

Draw three columns on a sheet of paper.

- In the left column, list the things you will describe using the imperfect.
- In the middle column, list events. For each event or activity that took place, use the preterite.
- In the right column, write metaphors, comparisons, similes, or words and phrases that you can use as symbols for the ideas in the first two columns.

description (imparfait)	activités (passé composé)	images et symboles
Il faisait beau.	Je suis allé au lac.	L'eau était bleue comme le ciel.

2 Rédaction

Write your poem in the past, taking care to use vivid language that creates images. Be sure to use some of the symbols, metaphors, and similes from your pre-writing. Revise your poem.

3 Correction

Trade poems with a couple of classmates. Ask your classmates what they think your poem is about. Then, ask them if they can picture your landscape, if they can explain what they think your childhood was like, what was important to you, and how you felt. Also have your classmates check your spelling and use of the preterite and imperfect.

4 Application

Scan your poem so that it can be projected. Read or recite your poem to the class as they view it on a screen.

Chapitre 6

Prépare-toi pour l'examen

@HOMETUTOR

1 Vocabulaire 1
- to talk about when you were a child
- to tell about an event in the past

pp. 194–197

1 Quand tu étais petit(e), quelle activité aimais-tu mieux faire?

MODÈLE **J'aimais mieux grimper aux arbres.**

1.

2.

3.

4.

2 Grammaire 1
- the **imparfait**
- the **passé composé** and the **imparfait**

Un peu plus
- adverb placement

pp. 198–203

2 Quand tu étais petit(e), est-ce que ces personnes faisaient souvent les choses indiquées?

1. mes grands-parents: passer beaucoup de temps chez moi
2. moi, je: jouer avec des copains
3. mon meilleur ami (ma meilleure amie): venir souvent chez moi
4. mes amis et moi: aller au zoo
5. ma famille et moi: regarder des dessins animés

3 Vocabulaire 2
- to compare life in the country and in the city
- to describe life in the country

pp. 206–209

3 Quand Yann était petit, il allait souvent à la ferme de ses grands-parents. Qu'est-ce qu'il y avait?

Online Assessment

my.hrw.com
Chapter Self-test

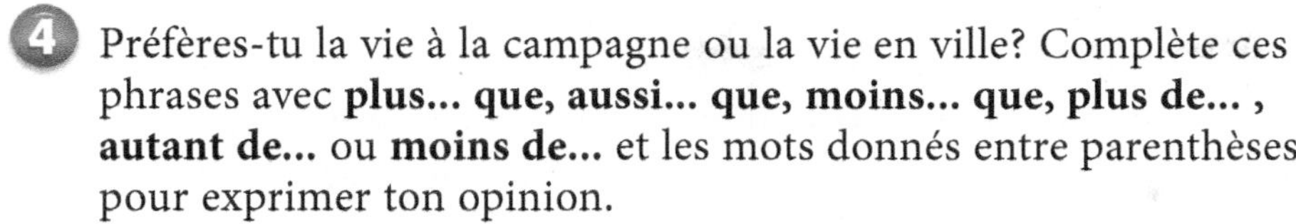

4 Préfères-tu la vie à la campagne ou la vie en ville? Complète ces phrases avec **plus... que, aussi... que, moins... que, plus de... , autant de...** ou **moins de...** et les mots donnés entre parenthèses pour exprimer ton opinion.

1. (intéressant) La vie à la campagne / la vie en ville
2. (stressant) La vie à la campagne / la vie en ville
3. (calme) La vie à la campagne / la vie en ville
4. (arbres) Il y a / à la campagne qu'en ville
5. (pollution) Il y a / à la campagne qu'en ville

4 Grammaire 2
- the comparative with adjectives and nouns
- the superlative with adjectives

Un peu plus
- irregular comparatives and superlatives

pp. 210–215

5 Réponds aux questions suivantes.

1. À quels jeux est-ce que les jeunes Français jouent?
2. Quelles bandes dessinées sont populaires?
3. Qu'est-ce qu'on peut faire dans une colonie de vacances en France?

5 Culture
- **Flash culture** **pp. 196, 198, 208, 210**
- **Comparaisons** **pp. 204–205**

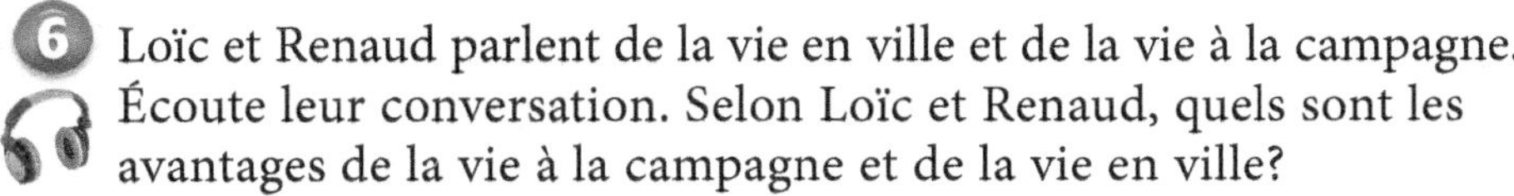

6 Loïc et Renaud parlent de la vie en ville et de la vie à la campagne. Écoute leur conversation. Selon Loïc et Renaud, quels sont les avantages de la vie à la campagne et de la vie en ville?

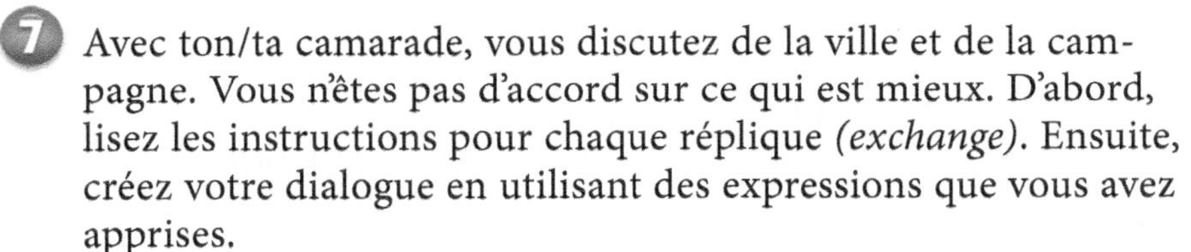

7 Avec ton/ta camarade, vous discutez de la ville et de la campagne. Vous n'êtes pas d'accord sur ce qui est mieux. D'abord, lisez les instructions pour chaque réplique *(exchange)*. Ensuite, créez votre dialogue en utilisant des expressions que vous avez apprises.

Élève A:	Parle de ton week-end à la campagne. Dis que tu as aimé.
Élève B:	Dis que tu n'aimes pas la campagne. Explique pourquoi.
Élève A:	Compare (positivement) la campagne à la ville.
Élève B:	Explique pourquoi tu préfères la ville.
Élève A:	Explique pourquoi toi, tu n'aimes pas la ville.
Élève B:	Parle des choses qu'on peut faire en ville.
Élève A:	Réponds en disant ce qu'on peut faire à la campagne.
Élève B:	Conclus qu'il y a des différences entre les deux.

Grammaire 1
- the **imparfait**
- the **passé composé** and the **imparfait**

Un peu plus
- adverb placement

pp. 198–203

Résumé: Grammaire 1

To form the **imparfait**, drop the **-ons** from the present-tense **nous** form and add these endings: **-ais, -ais, -ait, -ions, -iez, -aient.** The verb **être** has an irregular stem: **ét-.**

The **imparfait** is used to describe *conditions in the past* or *what used to happen over and over.* The **passé composé** is used to tell about *past specific events that happened at a specific time.*

Adverbs telling *how much, how often,* and *how well* something is done go after the conjugated verb. Most adverbs of time, and some ending in **-ment,** can go at the beginning or end of the sentence.

Grammaire 2
- the comparative with adjectives and nouns
- the superlative with adjectives

Un peu plus
- irregular comparatives and superlatives

pp. 210–215

Résumé: Grammaire 2

To compare adjectives: La campagne est plus calme que la ville.

plus / **aussi** / **moins** } + **adjective** + **que** + **noun**

To form the superlative, use the following construction. The structure will change slightly depending on whether the adjective goes before or after the verb.

le, l' / **la, l'** / **les** } **plus** / **moins** + **adjective** + **de** + **noun**

C'est le plus beau village du monde.
C'est la plage la moins polluée du monde.

In order to say *better/best* or *worse/worst,* use the comparative and superlative forms of **bon** and **mauvais**, which are irregular (see page 214). The superlative forms of **bon** and **mauvais** go in front of the noun.

Lettres et sons

The combination ch

In French, **ch** is usually pronounced like the English *sh,* as in the word *shower.* You have learned some words in this chapter that are pronounced like this: **cheval, cochon, chat.** In some cases, **ch** is pronounced like *k,* as in: **chorale, archéologie.**

Jeux de langue
Les chaussettes de l'archi-duchesse sont-elles sèches?

Dictée
Écris les phrases de la dictée.

Résumé: Vocabulaire 1

PRACTICE FRENCH WITH HOLT MCDOUGAL APPS!

To talk about when you were a child

aller au cirque (m.)	*to go to the circus*
collectionner	*to collect*
content(e)/triste	*happy/sad*
faire de la balançoire	*to swing*
faire de la bascule	*to seesaw*
faire des châteaux (m.) de sable	*to make sandcastles*
faire des farces (f.)	*to play practical jokes*
faire du manège	*to go on a carousel*
grimper aux arbres (m.)	*to climb trees*
jouer au ballon	*to play ball*
jouer aux billes (f.)	*to play marbles*
jouer à chat perché	*to play a game similar to tag*
jouer aux dames (f.)	*to play checkers*
jouer à la marelle	*to play hopscotch*
jouer à la poupée	*to play dolls*
jouer aux petites voitures	*to play with matchbox cars*
jouer au train électrique	*to play with electric trains*
obéissant(e)	*obedient*
regarder des dessins animés	*to watch cartoons*
sauter à la corde	*to jump rope*
les souvenirs d'enfance	*childhood memories*
Quand j'avais... ans,...	*When I was . . . years old, . . .*
Quand j'étais petit(e),...	*When I was little, . . .*
Quand j'étais (plus) jeune,...	*When I was young (younger), . . .*

To tell about an event in the past

à ce moment-là	*at that moment*
alors que	*while*
finalement	*finally*
heureusement	*fortunately*
pendant que	*while/during*

Résumé: Vocabulaire 2

To compare life in the country and the city

l'âne (m.)	*donkey*
bruyant(e)	*noisy*
calme	*calm*
la campagne	*countryside*
le canard	*duck*
le champ	*field*
le cheval	*horse*
la chèvre	*goat*
le cochon	*pig*
dangereux(-euse)	*dangerous*
la ferme	*farm*
la grange	*barn*
le lapin	*rabbit*
le mouton	*sheep*
le paysage	*landscape*
pollué(e)	*polluted*
la poule	*chicken*
la prairie	*meadow*
propre	*clean*
pur(e)	*clear*
sale	*dirty*
stressant(e)	*stressful*
le tracteur	*tractor*
tranquille	*peaceful*
la vache	*cow*
la vie	*life*
le village	*village*
vivant(e)	*vibrant*
autant que	*as much as*
différent(e) de	*different from*
plus... que	*more . . . than*
plus de... que	*more of . . . than*
moins... que	*less . . . than*

To describe life in the country

Ce qui était..., c'était...	*What was . . . was . . .*
Ce qui me manque, c'est...	*What I miss is . . .*
Il y avait...	*There were . . .*
tellement	*so/so much*

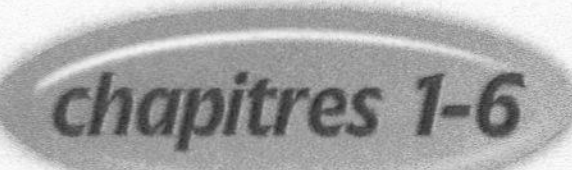

Révisions cumulatives

1 Des amis parlent de leur matinée. Pour chaque phrase, choisis l'illustration qui correspond.

a.

b.

c.

d.

2 Voilà une publicité web pour un centre de vacances. Lis la publicité et réponds aux questions qui suivent.

Centre de vacances – Animaux de la Ferme

Pourquoi envoyer vos enfants à la campagne?

Pour qu'ils...

- se mettent en contact avec la nature.
- apprennent à soigner les animaux.
- passent du temps en plein air.
- apprennent à s'amuser sans télévision, ordinateur.

Au centre Animaux de la Ferme, à 50 kilomètres de Rennes, les enfants passent leur temps en pleine nature. Pendant la journée, ils s'occupent des animaux: chevaux, canards, cochons, vaches, ânes. Ils participent à une grande variété d'activités de plein air:

- chasse au trésor,
- tir à l'arc,
- piscine,
- monter à cheval,
- feu de camp.

1. Comment s'appelle ce centre de vacances?
2. Quelles sont les activités proposées aux enfants?
3. Est-ce que tu aimerais ce centre de vacances? Pourquoi ou pourquoi pas?

my.hrw.com
Cumulative Self-test

3 Avec deux ou trois amis, parlez de ce que vous aimiez faire quand vous étiez petit(e)s. Après, dites à la classe les différences et les similarités que vous avez trouvées.

4 Regarde l'image suivante. Fais une description du paysage. Ensuite, imagine que tu visitais cet endroit souvent quand tu étais petit(e). Que faisais-tu comme activités?

Gauguin, Paul (1848-1903), Landscape in Pont-Aven, France. Canvas, Private Collection.

Paysage de Pont-Aven **de Paul Gauguin**

5 Ta correspondante française veut savoir comment ta vie a changé depuis ta jeunesse. Écris-lui une lettre. Parle de ce que tu faisais et aimais faire quand tu étais enfant et de ce que tu fais et aimes faire maintenant.

6 À ton tour

Une colonie de vacances! Your class is going to host a weekend camp for French children in your area. Plan the camp. Decide where it will be and what activities you will offer. Create a schedule of activities from the time the children wake up to bedtime. Then create a brochure advertising your camp.

Chapitres 7 et 8

Géoculture

Géoculture

Dakar

L'île de Gorée se trouve en face de Dakar. Autrefois, c'était le centre du commerce des esclaves *(slaves)*. Aujourd'hui, ce quartier résidentiel et touristique est connu pour sa beauté et son calme.

La place de l'Indépendance se trouve dans le vieux quartier français, le Plateau. C'est le cœur *(heart)* de Dakar où il y a beaucoup d'hôtels, de restaurants et d'entreprises. 2

4 Marché Soumbédioune

Almanach

Nom des habitants
Les Dakarois

Population
1.000.000 (commune, 2015)
3.215.255 (région, 2015)

Personnages célèbres
Birago Diop,
Youssou N'Dour,
Ousmane Sow

Industries
port maritime,
centre administratif,
raffinerie de pétrole,
industries alimentaires,
tourisme

Au marché Kermel, on peut acheter des produits alimentaires africains et européens, des fleurs et des produits de l'artisanat. 1

Savais-tu que...?

Un Sénégalais sur quatre habite dans la région de Dakar.

La gare, construite en 1883, est un des monuments les plus anciens de la ville.

Soumbédioune Chaque jour, les Sénégalais peuvent acheter du poisson frais au marché Soumbédioune. 3

La Grande Mosquée, de style maghrébin *(north African)*, a été construite en 1964. Chaque vendredi, des Dakarois musulmans y vont pour la grande prière *(prayer)*. 3

PRESQU'ÎLE DU CAP VERT

Av. de l'Arsenal

Port de Dakar

3 Grande Mosquée

5 Porte du Troisième Millénaire

1 Marché Kermel

Route de la Corniche-Ouest

Av. Jean Jaurès

Av. Pompidou

2 Place de l'Indépendance

Route de la Corniche-Est

Blvd. de la République

Av. Jean XXIII

Av. Nelson Mandela

6 Palais présidentiel

Av. Pasteur

Océan Atlantique

ˆe de or e

La porte du Troisième Millénaire Construite en 2001, elle représente un homme qui sonne l'appel du 21e siècle. 5

Le Palais présidentiel Depuis l'indépendance en 1960, les présidents du Sénégal habitent cette ancienne résidence du gouverneur colonial. 6

Géo-quiz

Où est-ce qu'on peut trouver du poisson frais?

Découvre Dakar

Arts

Pape Samb a peint plusieurs fresques murales à Dakar. Celle-ci représente deux personnages de l'histoire sénégalaise: Lat Dior et le Général Faidherbe.

Dak'Art a pour but la promotion de la création africaine actuelle. Le gouvernement sénégalais patronne cet événement tous les deux ans.

Ousmane Sow est devenu sculpteur tard dans la vie. Il crée de grandes sculptures faites de terre et de matériaux de récupération.

Mode

Mariam Diop crée des vêtements de haute couture qui combinent tradition et modernité.

Les tissus d'Aïssa Dione sont utilisés dans les maisons de couture de Paris.

La Simod, ou la Semaine internationale de la mode, est un événement où tous les stylistes d'Afrique montrent leurs collections.

Fêtes et festivals

Online Practice
my.hrw.com
Photo Tour

Savais-tu que...?

Le *griot* joue plusieurs rôles dans la société africaine: historien, musicien, poète et conteur. Il transmet la connaissance et les traditions oralement.

Le Festival du film de quartier permet aux jeunes réalisateurs du monde entier de présenter leur première œuvre audiovisuelle.

Le Festival international de danse Kaay Fecc présente des spectacles de danses traditionnelles et contemporaines.

Africa Fête réunit des musiciens de toute l'Afrique pour offrir des concerts divers. Ce festival montre l'universalité des cultures africaines.

Cinéma

Moussa Sene Absa est metteur en scène et acteur de cinéma. Ses films *Tableau Ferraille* et *Madame Brouette* ont reçu des prix dans des festivals internationaux.

Ousmane Sembène était un auteur et un réalisateur africain très connu. Dans ses films, il traitait de sujets tels que la corruption, la pauvreté et le colonialisme.

Activité

1. **Arts:** Comment sont les sculptures d'Ousmane Sow?
2. **Mode:** Qu'est-ce que c'est que la Simod?
3. **Fêtes et festivals:** Qu'est-ce qu'on peut voir au festival Kaay Fecc?
4. **Cinéma:** De quoi est-ce qu'Ousmane Sembène parlait dans ses films?

chapitre 7

Un week-end en plein air

Objectifs

In this chapter, you will learn to
- say what happened
- describe circumstances
- tell what you will do
- wonder what will happen

And you will use
- the **passé composé** and the **imparfait**
- **être en train de**
- the future
- the future of irregular verbs

Que vois-tu sur la photo?

Où sont ces personnes?

Qu'est-ce qu'elles font?

Et toi, est-ce que tu aimes pêcher?

MODES OF COMMUNICATION

INTERPRETIVE	INTERPERSONAL	PRESENTATIONAL
Listen to people say what they have done and what they are in the process of doing. Read a Senegalese legend.	Speak with a friend about a hike you're going to take. Write an email to a friend about what you think of camping.	Tell the class about plans for a future trip. Write a short story about an adventure you had.

Des pêcheurs à Dakar

Objectifs
- to say what happened
- to describe circumstances

Vocabulaire à l'œuvre 1

Télé-vocab

On fait du camping à Dakar!

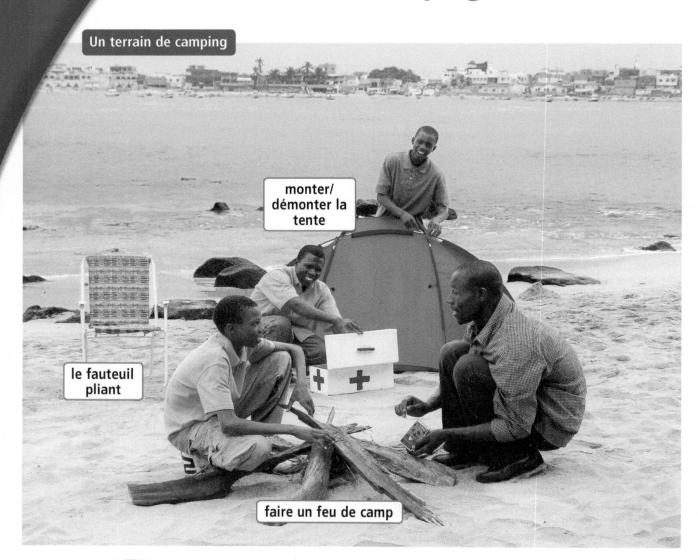

Un terrain de camping

monter/ démonter la tente

le fauteuil pliant

faire un feu de camp

la bouteille isotherme

la lanterne

les boîtes (f.) de conserve

la crème solaire

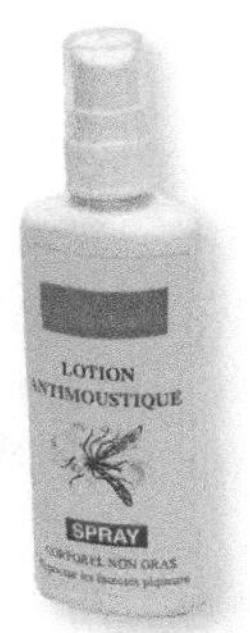

la lotion anti-moustiques

Online Practice

my.hrw.com
Vocabulaire 1 practice

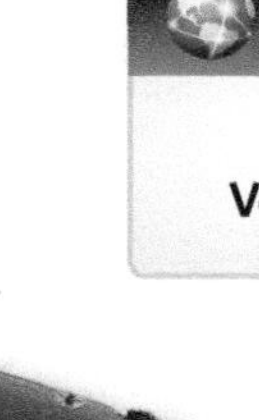
l'allume-gaz (m.)

le réchaud

la boîte d'allumettes

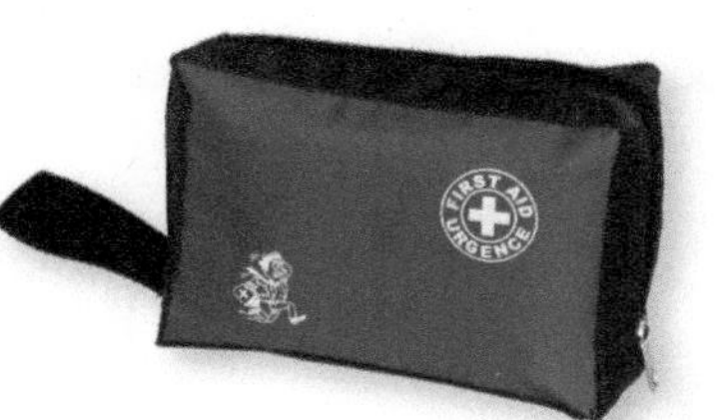
la trousse de premiers soins

la lampe de poche

la gourde

la boussole

Vocabulaire 1

Exprimons-nous!

To say what happened

Figure-toi que pendant que je campais, j'ai décidé de faire un feu. *Imagine that . . .*

Alors, j'ai cherché la boîte d'allumettes. Pas d'allumettes! *So, . . .*

À ce moment-là, j'ai entendu une voiture. C'était mon père. *At that moment, . . .*

Heureusement, il avait un briquet! *Fortunately, . . .*

Bref, on a pu faire un feu de camp et on n'a pas eu froid. *In short, . . .*

Vocabulaire et grammaire, *pp. 73–75*

▶ **Vocabulaire supplémentaire—Le camping, p. R20**

D'autres mots utiles

allumer	*to light*
un briquet	*lighter*
camper	*to camp*
un camping	*campsite*
un sac de couchage	*sleeping bag*
un ouvre-boîte	*can opener*
une moustiquaire	*mosquito net*
un désinfectant	*disinfectant*

1 Écoutons

Doudou a fait du camping le week-end passé. Écoute sa conversation avec son ami Youssou. Est-ce qu'il **a) a oublié les objets représentés** ou est-ce qu'il **b) les a pris avec lui?**

1.

2.

3.

4.

5.

2 Pauvre Seydou!

Lisons Seydou fait du camping avec ses amis et il n'est pas très bien préparé. Choisis les réponses logiques.

1. —Dis, Marius, tu pourrais me prêter ta gourde?
2. —Anselme, il me faut une lampe de poche.
3. —Noah, tu peux me prêter ton briquet pour allumer un feu de camp?
4. —Amadou, tu pourrais me prêter ton sac de couchage?
5. —Taki, il me faut la trousse de premiers soins.

a. —Ne me dis pas que tu as froid! Il fait chaud!

b. —Voilà. Il te faut le désinfectant aussi?

c. —Tiens. Mais ne bois pas toute mon eau!

d. —Non, j'en ai besoin pour dormir ce soir.

e. —Mais, pourquoi? Il est deux heures de l'après-midi!

Flash culture

On peut faire du camping ou encore dormir à la belle étoile au Sénégal. Il existe des campements qui sont souvent des bungalows à louer. On peut aussi faire du camping avec une tente. Dans tous les cas, il est conseillé de camper en groupe.

Où est-ce que tu peux faire du camping dans ta région? Quelles sortes de commodités sont proposées?

3 Les conseils du garde-forestier

Écrivons Un garde-forestier (*park ranger*) parle à Aminata de quelque chose qui lui est arrivé pendant qu'il faisait du camping. Complète son histoire avec les mots de la boîte.

À ce moment-là	Bref	Pendant
Heureusement	Figurez-vous	Alors

Je faisais du camping dans le parc. Il faisait très froid et je marchais sur le terrain de camping. ___1___ que je traversais un petit lac, la glace s'est rompue (*broke*)! ___2___, je suis tombé dans le lac! ___3___, j'ai perdu toutes mes affaires de camping. ___4___, j'avais un briquet dans ma poche. J'ai fait un feu. ___5___, on ne doit pas faire du camping tout seul en hiver!

Exprimons-nous!

To describe circumstances

J'étais en train de monter la tente quand Pauline m'a appelé(e).
I was in the process of (middle of) . . .

Je venais d'allumer le feu quand mes copains sont arrivés.
I had just . . .

Au moment où je prenais la photo de Julien, je suis tombé(e).
As . . .

J'étais **sur le point de** partir quand ils m'ont téléphoné.
. . . about to . . .

Vocabulaire et grammaire, *pp. 73–75*

4 Attention au lion!

Écrivons/Parlons Pendant que toi et ta famille faisiez du camping, un lion est entré dans le terrain de camping. Écris quatre phrases pour décrire ce que tu faisais au moment où le lion est arrivé.

MODÈLE **J'étais en train d'allumer la lanterne quand...**

J'étais en train de... Je venais de... J'étais sur le point de... Au moment où...	démonter la tente faire la cuisine allumer la lanterne mettre de la crème solaire faire un feu	le lion est arrivé je l'ai vu j'ai vu le lion avec une boîte de conserve j'ai entendu un bruit le lion est venu vers ma tente

Communication

5 Scénario

Parlons Tu fais du camping avec tes amis. Un garde-forestier arrive et vous dit que quelqu'un a vu une personne en train de donner à manger aux animaux. C'est interdit (*forbidden*) dans le parc. Il demande à chaque personne ce qu'il/elle faisait à ce moment-là. En groupes de quatre, donnez vos alibis.

MODÈLE **—Je cherche la personne qui a... Qu'est-ce que vous faisiez à... ?**
—J'étais en train de...

Objectifs

- the *passé composé* and the *imparfait*
- *être en train de*

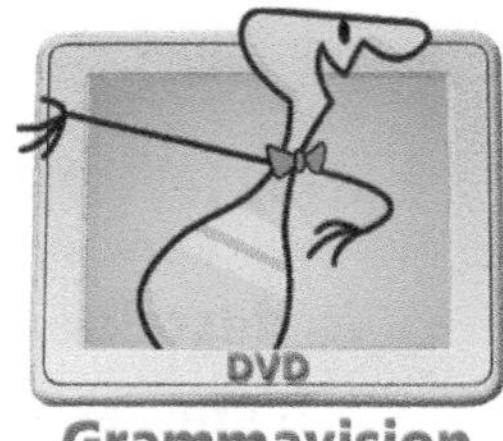

Grammavision

The *passé composé* and the *imparfait*

You know that you use the **passé composé** to tell what happened and the **imparfait** to tell what things used to be like and what people used to do. Here are some additional ways to use these tenses.

USE THE IMPARFAIT TO:	**USE THE PASSÉ COMPOSÉ TO:**
give background information	tell what happened on a specific occasion
set the scene, explain the circumstances	tell about events happening within a specified period of time in the past **Il a travaillé à Dakar pendant trois ans.**
explain what you used to do repeatedly, often after expressions like **souvent, tous les jours, d'habitude**	talk about a change or reaction to something, often after words like **soudain** ***(suddenly)***, **à ce moment-là, au moment où**

Il **faisait** très beau ce jour-là. D'abord, on **a déjeuné.** Ensuite, on **a fait** un feu de camp.

Vocabulaire et grammaire, *pp. 76–77*
Cahier d'activités, *pp. 61–63*

Remember that you can tell what was going on while something else happened by using both the **passé composé** and the **imparfait.**

Nadine **montait** sa tente quand elle **a trouvé** sa boussole.

6 Un week-end catastrophique

Écrivons Noémie raconte son week-end à Victor. Complète leur conversation avec **l'imparfait** ou le **passé composé** des verbes entre parenthèses.

—Je/J' __1__ (aller) faire du camping. D'abord, quand nous __2__ (arriver), il n'y __3__ (avoir) plus de place au camping.

—Alors, qu'est-ce que vous __4__ (faire)?

—Nous __5__ (décider) de monter nos tentes dans la forêt. Mais pendant que je __6__ (monter) ma tente, on __7__ (entendre) le guide du parc. Il nous __8__ (dire) que c'était interdit de monter sa tente dans la forêt, alors on __9__ (démonter) nos tentes!

—Et qu'est-ce que vous __10__ (faire)?

—Il ne __11__ (faire) pas beau, alors on __12__ (rentrer).

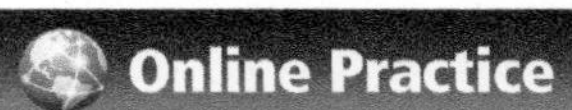

Grammaire 1

7 En camp de vacances

Parlons/Écrivons Adrien a travaillé dans un camp de vacances l'été dernier. Décris ce qui s'est passé. Pour chaque illustration, utilise un verbe au passé composé et un verbe à l'imparfait.

MODÈLE **Ils montaient leur tente quand leurs copains sont arrivés.**

1.

2.

3.

4.

8 Les vacances de mon enfance

Écrivons Où est-ce que tu passais tes vacances quand tu étais petit(e)? Qu'est-ce que tu faisais? Est-ce que tu t'amusais bien en général? Raconte les vacances de ton enfance et décris un événement important dont tu te souviens.

Souviens-toi! Childhood activities, pp. 194–195

MODÈLE **Quand j'étais petit(e), je passais toujours mes vacances chez mes grands-parents.**

Communication

9 Questions personnelles

Parlons Imagine que tu travailles pour une compagnie qui fabrique (*makes*) du matériel de camping. Tu dois faire un sondage pour connaître les habitudes des jeunes. Prépare dix questions à poser à tes camarades. Compare tes réponses avec celles d'un(e) autre camarade.

MODÈLE **—La dernière fois que tu as fait du camping, où est-ce que tu es allé(e)?**
—Je suis allé(e) au Grand Canyon.
—Est-ce que tu as pris ta tente?

Être en train de

1 Use the expression **être en train de (d')** to emphasize that someone is doing something at a particular moment. Follow it with an infinitive.

Il **est en train de** faire un feu.

He's making (in the process of making) a fire.

2 To use this expression when talking about the past, use the **imparfait.**

Ils **étaient en train de** démonter la tente quand il a commencé à pleuvoir.

They were in the process of taking down the tent when it started to rain.

Vocabulaire et grammaire, *pp. 76–77*
Cahier d'activités, *pp. 61–63*

10 Écoutons

Écoute les phrases suivantes et décide si **a) on a déjà fait quelque chose** ou **b) on est en train de faire quelque chose.**

11 Un élève très pénible!

Écrivons Tu fais du camping avec un groupe d'élèves francophones. Un des élèves pose des questions pour s'assurer que tout se passe bien. Donne les réponses de ces personnes en utilisant l'expression **être en train de** + infinitif.

MODÈLE Vous sortez les lanternes de vos sacs?
Oui, nous sommes en train de sortir les lanternes de nos sacs!

1. Gérald, est-ce que tu mets de la crème solaire?
2. Est-ce que les filles cherchent la trousse de premiers soins?
3. Est-ce que Sophie lave la bouteille isotherme?
4. Est-ce que vous cherchez un allume-gaz pour allumer le feu de camp?
5. Est-ce que Farid et Aminata ouvrent des boîtes de conserve pour le dîner?
6. Et toi, est-ce que tu montes les tentes?
7. Vous allumez les lanternes?
8. Est-ce que Sophie ouvre son sac de couchage?

Flash culture

Les sports nautiques sont populaires au Sénégal. On peut pratiquer la voile, la plongée sous-marine, le jet-ski, le ski nautique et encore le surf. La plongée sous-marine est une des activités les plus intéressantes. Elle est pratiquée sur la presqu'île du Cap Vert dont les fonds sont assez riches pour être explorés. Il y a aussi quelques sites intéressants sur la Petite Côte et notamment à La Somone.

Est-ce que tu as déjà fait de la plongée? Est-ce que tu aimerais en faire? Pourquoi?

12 Un vol au Camping Forestier

Parlons/Écrivons Il y a eu un vol *(theft)* au Camping Forestier! Le lieutenant de police Molinart te demande ce que tous les campeurs faisaient au moment du vol. Réponds d'après les images en utilisant l'expression **être en train de** et les sujets donnés.

MODÈLE **Madame Riverain était en train de faire une randonnée.**

Madame Riverain

1. Mes amis et moi

2. Toi, tu

3. Lucie

4. Vous

13 Une aventure incroyable

Écrivons Imagine que pendant tes dernières vacances, il s'est passé quelque chose de vraiment incroyable *(unbelievable)* (tu as rencontré une star, tu as trouvé un trésor...). Écris un paragraphe pour raconter cette aventure.

MODÈLE **Il s'est passé quelque chose de super la semaine dernière. J'étais en train de monter ma tente quand...**

Communication

14 Interview

Parlons Un/Une jeune étudiant(e) *(college student)* est allé(e) faire du camping. Il/Elle dit qu'il/elle a vu un OVNI *(UFO)*. Alexis Sensation, reporter pour un journal de Dakar, pose des questions pour obtenir plus de détails: comment était l'OVNI, ce que l'étudiant(e) faisait à ce moment-là, ce qu'il/elle a fait quand il/elle l'a vu, etc. Joue cette scène avec un(e) camarade.

MODÈLE **—Bonjour. Je m'appelle Alexis Sensation et je suis reporter pour le journal *L'Incroyable*. Alors, qu'est-ce que vous faisiez quand vous avez vu l'OVNI?**
—Moi, j'étais en train de chercher ma boussole...

Application 1

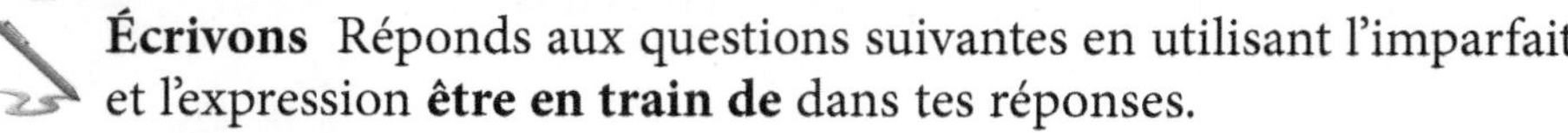

15 Les moments importants dans ma vie

Écrivons Réponds aux questions suivantes en utilisant l'imparfait et l'expression **être en train de** dans tes réponses.

1. Qu'est-ce que ton/ta meilleur(e) ami(e) et toi, vous faisiez quand vous vous êtes rencontré(e)s pour la première fois?
2. Est-ce qu'on t'a déjà annoncé une bonne nouvelle (une très bonne note, etc.)? Qu'est-ce que tu étais en train de faire?
3. Pendant tes dernières vacances, est-ce qu'il s'est passé quelque chose d'intéressant, de marrant ou de bizarre? Raconte.

Un peu plus

Verbs with *être* or *avoir* in the passé composé

1. You know that the verbs **sortir, passer, monter,** and **descendre** usually use être as the helping verb in the **passé composé.** The past participle agrees with the subject.

   Elle est sorti**e** de la maison. Sa copine est monté**e** dans la voiture.

2. However, when these verbs have a direct object, they use avoir as the helping verb in the **passé composé.** The past participle does not agree with the subject unless the direct object comes before the verb.

   Elle a sorti la tente de son sac? Oui, elle l'a sorti**e.**

   Elles ont sorti la lanterne de la voiture.

Vocabulaire et grammaire, *p. 78*
Cahier d'activités, *pp. 61–63*

16 Le bon choix

Écrivons Choisis le verbe correct pour compléter les phrases.

1. Les garçons ______ leurs tentes en moins de deux minutes!
   a. sont montés **b.** ont monté **c.** sont montées
2. Tu ______ la trousse de premiers soins à ton frère, Yvan?
   a. as passé **b.** es passé **c.** a passé
3. Nous ______ dans la voiture pour partir.
   a. sont montées **b.** sommes montés **c.** avons monté
4. Vous ______ les fauteuils pliants de la voiture, les filles?
   a. êtes sorties **b.** avez sortis **c.** avez sorti
5. Ils ______ un excellent week-end dans ce camping.
   a. ont passé **b.** sont passés **c.** ont passés

Online Practice

my.hrw.com

Application 1 practice

Application 1

17 Écoutons

Pendant un week-end de camping, le guide demande si tes amis et toi, vous êtes en train de faire les choses suivantes, mais tout a déjà été fait. Choisis les réponses logiques.

1. **a.** Je l'ai déjà montée. **b.** Oui, je suis monté.
2. **a.** Nous les avons déjà descendus. **b.** Oui, les filles sont descendues ce matin.
3. **a.** Oui, ils ont sorti leurs sacs à dos. **b.** Oui, ils sont déjà sortis.
4. **a.** Je te l'ai déjà passée. **b.** Oui, je suis passée par le camping.
5. **a.** Oui, ils sont sortis de la voiture. **b.** Oui, ils ont sorti les sacs.

18 Les activités de ce matin

Écrivons Regarde ce que ces personnes ont fait ce matin et écris une légende pour chaque image.

MODÈLE **Madame Dialo est passée à la pharmacie.**

Madame Dialo / passer

1. Jacqueline et Léa / monter

2. Nos amis / sortir

3. Léopold / monter

4. Isabelle / sortir

Digital performance space

Communication

19 Scénario

Parlons Imagine que ta classe va faire un voyage au Sénégal. Vous allez faire du camping. Il faut vérifier que tous les préparatifs ont été faits. Joue la scène avec un(e) camarade. Utilisez la liste de préparatifs.

MODÈLE **—Julian, tu es passé à la pharmacie?**

Préparatifs à faire

- acheter une trousse de premiers soins
- ✓ supermarché: eau, boîtes de conserve
- ✓ descendre chercher les fauteuils pliants
- sortir les trois réchauds
- acheter des briquets ou des allumettes
- ✓ sortir les tentes et les sacs de couchage
- passer au magasin de camping pour acheter des bouteilles isothermes
- ✓ monter tous les sacs dans le bus

Parc national de la Langue de Barbarie

Culture appliquée

Le parc national de la Langue de Barbarie

Au sud de Saint-Louis au Sénégal se trouve le parc national de la Langue de Barbarie. Le parc a été créé[1] en 1976 et il couvre[2] environ 2.000 hectares[3] entre le fleuve Sénégal et l'océan Atlantique. Le parc national de la Langue de Barbarie est un sanctuaire d'oiseaux. On peut y observer des pélicans, des flamants roses et beaucoup d'autres oiseaux migrateurs chaque année.

1. was created 2. covers 3. about 5,000 acres

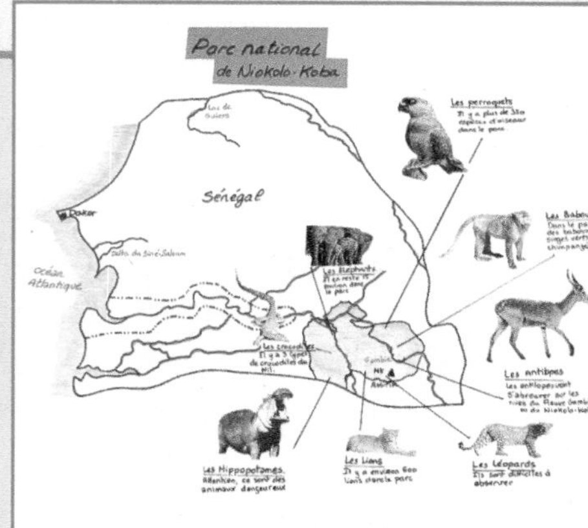

Parc national

Research a national park or animal reserve in Senegal either on the Internet or at the library. Create a topographical map using markers or clay and poster-board.

Materials

- poster board
- scissors
- markers or colored pencils
- clay
- glue

Step 1 Draw an outline of the area on your poster board and indicate in blue where there are bodies of water.

Step 2 Label all the important geographical features, such as mountains, canyons, and so on.

Step 3 Cut out pictures of various animals that live in the park. Write a short description in French of each animal. Include what the animals eat, if they live alone or in groups, and if they are found anywhere else in the world. You may also create representations of the animals out of clay.

Est-ce qu'il y a des animaux qui vivent seulement au Sénégal? Lesquels?

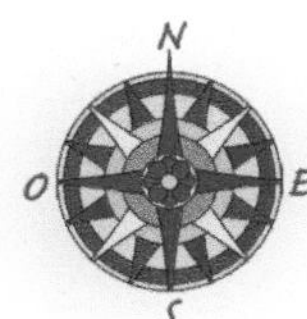

Comparaisons

Un terrain de camping en France

Le camping

Tu veux faire du camping en France. Tu peux planter ta tente:

a. où tu veux en ville ou à la campagne.
b. seulement dans un parc naturel.
c. sur un terrain de camping.

En France, le camping est très réglementé[1]. Le camping sauvage[2] est officiellement interdit[3]. On peut camper sur une propriété privée si le propriétaire[4] est d'accord. Il existe un classement[5] des terrains de camping comme pour les hôtels (d'une étoile à quatre étoiles). Les terrains de camping sont généralement bien équipés: électricité, eau chaude, toilettes et piscine. Récemment, une nouvelle formule est apparue: le camping en ferme d'accueil[6]. Les personnes qui souhaitent faire du camping en milieu naturel sont accueillies dans une ferme.

ET TOI?

1. Est-ce que tu peux faire du «camping sauvage» aux États-Unis? Quelles sont les règles?
2. Connais-tu des campings en ferme d'accueil dans ta région? Où?

Communauté et professions

Le français dans le monde du tourisme

Pour être guide touristique, il est souvent conseillé de savoir parler une langue étrangère, le français par exemple. Existe-t-il dans ta ville ou dans ton état un lieu touristique? Les guides parlent-ils le français? Quelles sont les conditions requises pour être guide dans ta ville ou dans ton état? Fais des recherches et présente ce que tu as trouvé à la classe.

Un guide à Chicago

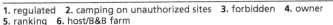

1. regulated 2. camping on unauthorized sites 3. forbidden 4. owner
5. ranking 6. host/B&B farm

Objectifs
- to tell what you will do
- to wonder what will happen

Vocabulaire à l'œuvre 2

Télé-vocab

À la pêche à Dakar

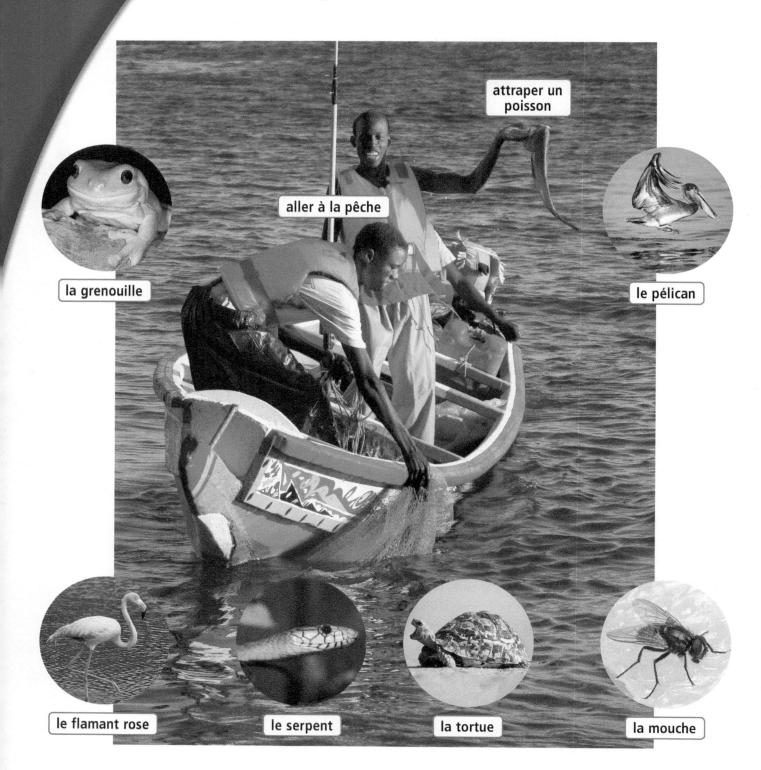

attraper un poisson

aller à la pêche

la grenouille

le pélican

le flamant rose

le serpent

la tortue

la mouche

Online Practice
my.hrw.com
Vocabulaire 2 practice

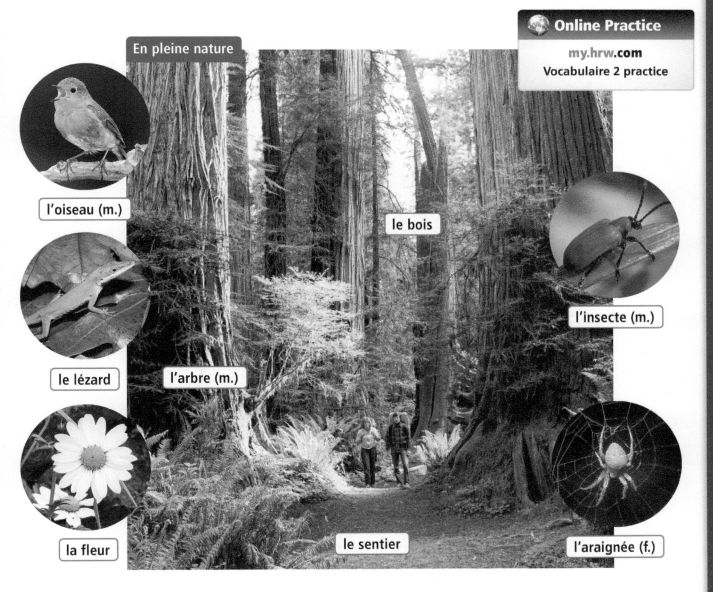

En pleine nature

l'oiseau (m.)
le lézard
la fleur
l'arbre (m.)
le bois
le sentier
l'insecte (m.)
l'araignée (f.)

Exprimons-nous!

To tell what you will do

Tout à l'heure, nous allons nous baigner dans le lac.
Later (today), . . .

Après-demain, je vais aller à la pêche.
The day after tomorrow, . . .

Je vais **bientôt** partir en vacances.
. . . soon . . .

Je vais aller à la campagne l'été **prochain.**
. . . next . . .

La prochaine fois, je vais emporter une lampe de poche.
Next time, . . .

Vocabulaire et grammaire, *pp. 79–81*

D'autres mots utiles

se promener	*to take a stroll*
un moustique	*mosquito*
une toile d'araignée	*spider web*
une forêt	*forest*
se baigner	*to swim, take a dip in the water*
un fleuve	*river (big)*
la rivière	*river (small)*

▶ **Vocabulaire supplémentaire—La nature, p. R20**

 20 Écoutons

Écoute l'histoire de Madame Araignée et mets les images dans le bon ordre.

a.

b.

c.

d.

e.

f.

21 Une camarade de pêche pénible

Écrivons Awa va à la pêche pour la première fois avec son frère Ousmane. Complète leur conversation.

tout à l'heure	bientôt	après-demain
prochain	la prochaine fois	demain

AWA Deux heures et pas de poisson!?

OUSMANE Patience, hein? Tu vas __1__ attraper un poisson.

AWA Ça, c'est le huitième poisson que tu attrapes et moi, rien! Le week-end __2__, je vais aller me baigner. Je n'aime pas pêcher! Attends... Attends... Regarde mon beau poisson! Dis, on peut aller à la pêche __3__?

OUSMANE Non, je dois travailler. Mais __4__, j'irai à la pêche.

AWA Chouette! __5__, je vais attraper plus de poissons que toi!

À la cajun 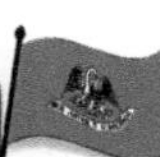

In Louisiana, you might hear different names for some animals. For example, an alligator can be **un cocodril** and a bullfrog is **un ouaouaron.**

22 Des vacances formidables

Écrivons Vous allez faire du camping dans la forêt. Décris ce que tu vas faire et ce que tu vas voir.

Exprimons-nous!

To wonder what will happen

Je me demande si on va attraper beaucoup de poissons.
I wonder if . . .

Tu crois qu'on va voir les flamants roses? *Do you think that . . . ?*

Est-ce qu'il va y avoir un orage? *Is there going to be . . . ?*

Est-ce que tu sais si on va pouvoir se promener? *Do you know if . . . ?*

Vocabulaire et grammaire, *pp. 79–81*

23 Des animaux exotiques

Écrivons Aminata et Ahmed rendent visite à Marius, un ami d'Aminata qui adore les animaux et les insectes. Ahmed a peur de *(is scared)* ces créatures. Complète sa partie de la conversation.

MODÈLE **—Je me demande si Marius a des araignées.**
—Oui, je suis certaine qu'il en a beaucoup.

1. — ______ ?
— Oui, je crois qu'il en a un.
2. — ______ ?
— Oui, mais calme-toi. Ils ne sont pas trop grands.
3. — ______ ?
—Non, je ne sais pas si on peut leur donner à manger.
4. — ______ .
—Non, il ne se baigne pas dans la piscine!
5. — ______ .
— Oui, probablement. Marius les aime beaucoup.
6. — ______ .
—Je ne sais pas si Marius en a une.

Flash culture

Le Sénégal compte 700 km de côtes environ. L'océan le long des côtes de l'Afrique occidentale est très riche en poissons. La pêche est l'industrie qui rapporte le plus au Sénégal. La pêche sportive rapporte aussi beaucoup d'argent au Sénégal. Plusieurs types de pêche sont pratiqués selon les régions : pêche au lancer, dite surf-casting, pêche à la traîne *(trolling)* ou pêche au gros *(sports fishing)*.

Où peux-tu pêcher près de chez toi? Quels types de poissons?

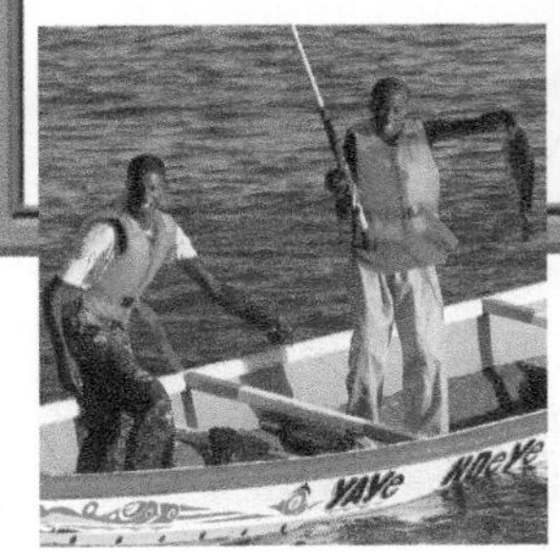

Digital performance space

Communication

24 Scénario

Parlons Tu vas faire du camping pour la première fois. Ton/Ta camarade a souvent fait du camping. Tu veux savoir ce que tu devrais emporter et aussi ce que tu vas peut-être voir dans la forêt.

MODÈLE **—Je me demande si je devrais emporter une gourde.**
—Oui, tu devrais emporter une gourde.

Objectifs
- the future
- the future of irregular verbs

Grammavision

The future

1 The future tense tells what *will* happen. For most verbs, use the infinitive as the stem and add the future endings. Drop the **-e** from verbs ending in **-re** before adding the endings.

	parler	finir	vendre
je	parler**ai**	finir**ai**	vendr**ai**
tu	parler**as**	finir**as**	vendr**as**
il/elle/on	parler**a**	finir**a**	vendr**a**
nous	parler**ons**	finir**ons**	vendr**ons**
vous	parler**ez**	finir**ez**	vendr**ez**
ils/elles	parler**ont**	finir**ont**	vendr**ont**

Nous nous baignerons dans le lac. *We will swim in the lake.*

2 Many of the irregular present-tense verbs are regular in the future.

boire	je boir**ai**	mettre	je mettr**ai**
connaître	je connaîtr**ai**	ouvrir	j'ouvrir**ai**
dire	je dir**ai**	suivre	je suivr**ai**

Vocabulaire et grammaire, *pp. 82–83*
Cahier d'activités, *pp. 65–67*

Online Workbooks

En anglais

In English, we use the present tense after the word *when*, even when the action is going to take place in the future.

*When I **get** to the lake, I **will** swim.*

When does the action in both parts of the sentence take place, now or in the future?

In French, use the future tense after the word **quand** if the action is going to take place in the future.

Quand j'arriverai au lac, je me baignerai.

25 Écoutons

Malik prépare un devoir sur un parc de sa région. Pour chaque phrase, dis s'il parle **a) de quelque chose qui est déjà arrivé** ou **b) de quelque chose qui arrivera.**

26 Les explications du guide

Écrivons Complète les explications du guide d'un parc naturel avec le futur des verbes entre parenthèses.

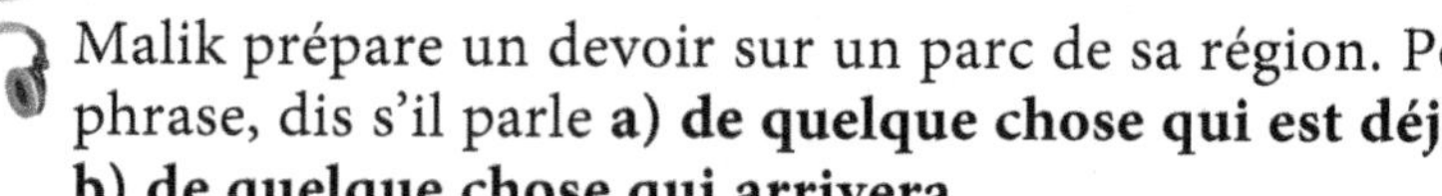

1. Ce soir, je vous ______ (parler) des arbres et des fleurs.
2. Le groupe ______ (finir) la randonnée à onze heures.
3. Nous ______ (mettre) de la crème solaire avant de nager.
4. Les enfants, vous me ______ (suivre) bien sur les sentiers.
5. Noémie, tu me le ______ (dire) si tu es fatiguée.

my.hrw.com
Grammaire 2 practice

Grammaire 2

27 À chacun sa tâche

Parlons/Écrivons La famille Dongala est partie le week-end dans le parc naturel du Djoudj. Au camping, tout le monde doit aider. Dis comment ces personnes aideront, d'après les images. Utilise le futur et les sujets indiqués.

Aïssata

MODÈLE **Aïssata ouvrira les boîtes de conserve.**

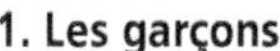

1. Les garçons

2. Toi, Amadou, tu

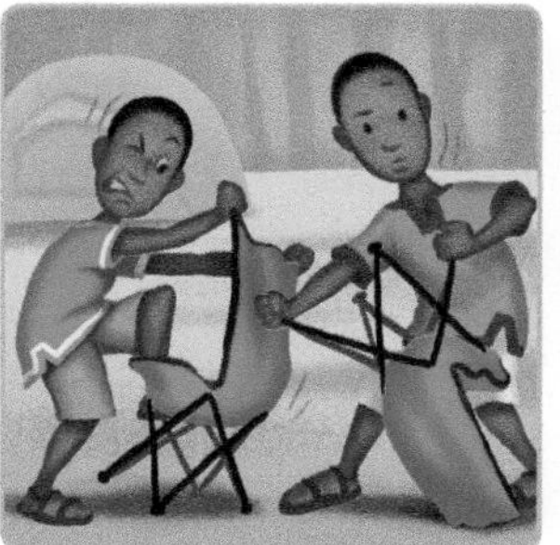

3. Nous

4. Aïssata et toi, vous

28 Suite logique

Écrivons Imagine que tu vas passer des vacances dans un parc national avec ta famille. Finis les phrases pour expliquer ce que vous allez faire dans ces situations. Utilise le futur.

MODÈLE Si on n'arrive pas à monter nos tentes, on **dormira dans la voiture.**

1. Quand nous arriverons au parc, nous ______.
2. Si nous avons faim, mes parents ______.
3. Le soir, mon père ______.
4. S'il fait très chaud, nous ______.
5. Après la randonnée, on ______.
6. Si on n'a plus de boîtes de conserve, moi, je (j') ______.

Entre copains

avoir la frousse	*to be scared*
une bestiole	*a small animal/insect*

Communication

29 Scénario

Parlons Tu vas aller rendre visite à Aminata, ta correspondante sénégalaise. Avec sa famille, vous allez faire une randonnée dans le parc national du Niokolo-Koba. Tu téléphones à Aminata pour avoir plus de détails sur cette randonnée.

MODÈLE **—Aminata, je suis très content(e) de venir te voir au Sénégal et j'ai envie de faire une randonnée dans le parc national. On emportera... ?**

The future of irregular verbs

1 All verbs in French use the same endings in the future tense, but some verbs have an irregular stem.

aller	ir-	j'irai, tu iras...
avoir	aur-	j'aurai, tu auras...
devoir	devr-	je devrai, tu devras...
être	ser-	je serai, tu seras
faire	fer-	je ferai, tu feras...
pouvoir	pourr-	je pourrai, tu pourras...
venir	viendr-	je viendrai, tu viendras...
voir	verr-	je verrai, tu verras...
vouloir	voudr-	je voudrai, tu voudras...

2 Verbs with spelling changes in the present tense like **appeler** and **acheter** also have spelling changes in the future.

J'achèterai une carte téléphonique et j'appellerai mes parents.

Vocabulaire et grammaire, *pp. 82–83*
Cahier d'activités, *pp. 65–67*

30 Les deux font la paire

Lisons Associe l'infinitif qui correspond au verbe au futur dans chaque phrase de la colonne de gauche.

1. Nicolas fera du bateau sur la rivière.
2. Les oiseaux viendront passer l'hiver ici.
3. Dans la forêt, nous verrons des serpents.
4. Nadine, toi, tu iras voir les flamants roses.
5. Après-demain, nous serons près du parc.

a. voir
b. venir
c. être
d. aller
e. faire

Flash culture

Le nom «Sénégal» viendrait du mot Wolof «sunu gal» qui signifie «pirogue». De nos jours, les pirogues sont toujours utilisées pour la pêche. Elles sont décorées de couleurs vives et portent le nom d'une personnalité, d'un saint ou d'un héros local. Des courses de pirogues ont lieu régulièrement au Sénégal. La plus connue est celle qui se déroule à Saint-Louis au mois de février.

D'où vient le nom de ta ville? De ta région? De ton état?

31 Projets d'avenir

Écrivons Complète les descriptions des projets d'avenir *(futur)* de ces personnes avec le futur. Utilise les verbes de la boîte.

appeler voir acheter se baigner vouloir être

1. Moi, je (j')______ une jolie maison en Bretagne.
2. Lucas ______ habiter au Maroc.
3. Les Dioula ______ leur fille Mariame.
4. Moi, je ______ pharmacienne.
5. Nous ______ dans la rivière avec nos amis.

32 L'été prochain

Écrivons/Parlons Utilise un élément de chaque colonne pour dire ce que ces personnes feront peut-être l'été prochain.

Moi, je	avoir	un beau voyage
Le professeur de français	pouvoir	passer beaucoup de temps avec des amis
Mes parents	être	peut-être en France
Mes amis et moi, nous	faire	travailler
Vous, les professeurs, vous	devoir	un billet d'avion pour le Sénégal
Toi, [nom de ton (ta) meilleur(e) ami(e)], tu	acheter	le temps d'aller à la pêche

33 Demain

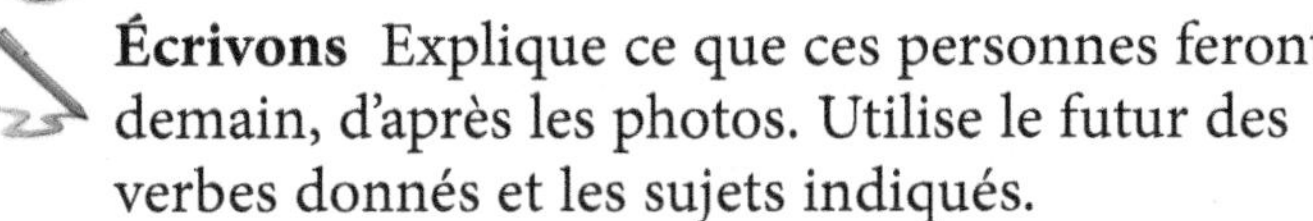

Écrivons Explique ce que ces personnes feront demain, d'après les photos. Utilise le futur des verbes donnés et les sujets indiqués.

MODÈLE **Henri fera ses devoirs.**

Henri / faire

1. Moi, je (j') / aller

2. Charlotte / appeler

3. Vous / devoir

4. Nous / acheter

Digital performance space

Communication

34 Scénario

Parlons Imagine que tu peux savoir ce qui va se passer dans l'avenir. Tous tes amis veulent que tu leur parles de leur avenir! Donne tes prédictions pour l'avenir d'un(e) camarade. Ensuite, échangez les rôles.

MODÈLE **—Alors, à mon avis, tu iras habiter en France.**
—Ah oui? Et qu'est-ce que je ferai en France?
—Tu travailleras dans un parc.

Synthèse
- Vocabulaire 2
- Grammaire 2

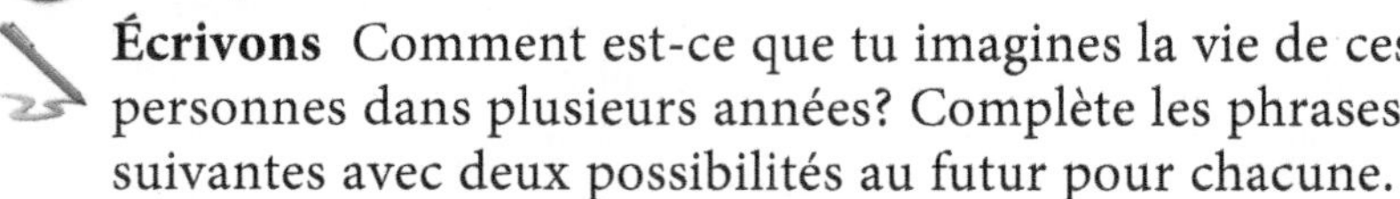

Application 2

35 Des prédictions

Écrivons Comment est-ce que tu imagines la vie de ces personnes dans plusieurs années? Complète les phrases suivantes avec deux possibilités au futur pour chacune.

MODÈLE Dans cinq ans, j'**irai à l'université et je ferai des études de physique.**

1. Dans cinq ans, je (j') ______.
2. Dans cinq ans, mon/ma meilleur(e) ami(e) ______.
3. Dans dix ans, mes parents ______.
4. Dans quinze ans, vous, monsieur /madame [nom de ton professeur de français], vous ______.
5. Dans vingt ans, ma famille et moi, nous ______.
6. Dans vingt-cinq ans, tous les élèves de la classe ______.
7. Dans dix ans, le président ______.
8. Dans trente ans, je ______.

36 Un voyage idéal

Écrivons Tu iras en vacances avec ta famille. Décris l'endroit idéal. Est-ce qu'il y aura des lacs, des montagnes, des animaux?

MODÈLE **Quand on arrivera près du lac, on verra de grandes forêts. Il y aura...**

Un peu plus

The verb **courir** is irregular.

courir *(to run)*			
je	**cours**	nous	**courons**
tu	**cours**	vous	**courez**
il/elle/on	**court**	ils/elles	**courent**

The past participle of courir is couru:
Martin a couru cinq kilomètres.

The future stem for courir is courr-:
Nous courrons très vite samedi.

Vocabulaire et grammaire, *p. 84*
Cahier d'activités, *pp. 65–67*

37 Écoutons

Écoute les phrases suivantes et décide si chaque phrase est **a) au présent, b) au passé** ou **c) au futur.**

38 Entraînement dans la nature

Écrivons Des athlètes se préparent pour les Jeux olympiques. Un journaliste de sport les interviewe au sujet de leur entraînement. Complète l'interview avec les formes correctes du verbe **courir**.

—Alors, Patrick, qu'est-ce que vous faites pour vous entraîner?

—Eh bien, moi, je ___1___ dix kilomètres tous les matins.

—Dix kilomètres! C'est beaucoup!

—Non, pas tellement. On ___2___ souvent beaucoup plus que ça!

—Ah bon. Et vous? Vous ___3___ aussi tous les jours?

—Oui, nous ___4___ le matin et le soir, nous nageons dans le lac.

—Et ces jeunes garçons?

—Ils ne ___5___ pas souvent, je crois... Attendez, on peut demander à Paul. Paul, tu ___6___ pour t'entraîner?

—Non, je n'aime pas ça. Je préfère faire du vélo tout terrain.

39 Opinions personnelles

Écrivons À ton avis, comment sera la vie en 2500? Est-ce qu'il y aura beaucoup de changements?

Communication

40 On va camper!

Parlons Avec ton/ta camarade, vous vous préparez à aller camper. L'un(e) de vous n'a jamais campé et n'est pas sûr(e) de ce qu'il faut emporter *(take along)*. Lisez les questions ci-dessous et répondez-y de manière logique. Ensuite, échangez les rôles.

— **Il va faire froid la nuit. Qu'est-ce que je dois emporter?**

—

— **Et si on veut faire un feu de camp?**

—

— **J'aimerais faire la cuisine. C'est possible?**

—

— **Je crois qu'il va y avoir des moustiques. Qu'est-ce qu'on prend?**

—

Télé-roman

Le Secret de la statuette *Épisode 7*

STRATÉGIE

Getting confirmation As a story unfolds, it is important to decide whether the deductions and connections you have made are correct. This allows you to move forward in understanding the story. List the events from **Episode 7**. Then, find your list of deductions from **Episodes 5** and **6** and compare the two lists. Were your deductions right? If they are not completely confirmed, decide whether they might still turn out to be true, or whether you can discard them.

Quelques heures plus tard, Anne n'est toujours pas rentrée...

1

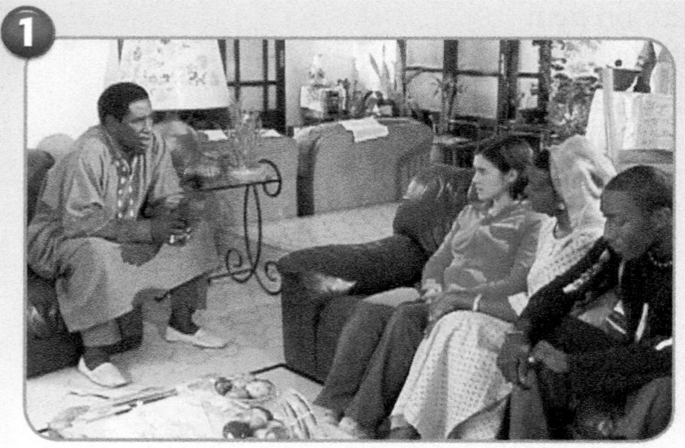

M. Gadio À quelle heure Anne est partie, Adja?
Mme Gadio Il y a plusieurs heures, c'est sûr.
M. Gadio Je vais téléphoner à l'inspecteur Sonko.

2

Léa Qu'est-ce qui s'est passé? Où est ma mère?

3

M. Gadio L'inspecteur ne lui a jamais téléphoné. Il pense que c'est Rigaud qui l'a appelée...

4

M. Gadio Allô?... Allô?... Allô!... Ici Salif Gadio, oui! Qui est à l'appareil?... Oui, je comprends. À cinq heures là-bas. Ne lui faites pas de mal, je vous en prie!

5

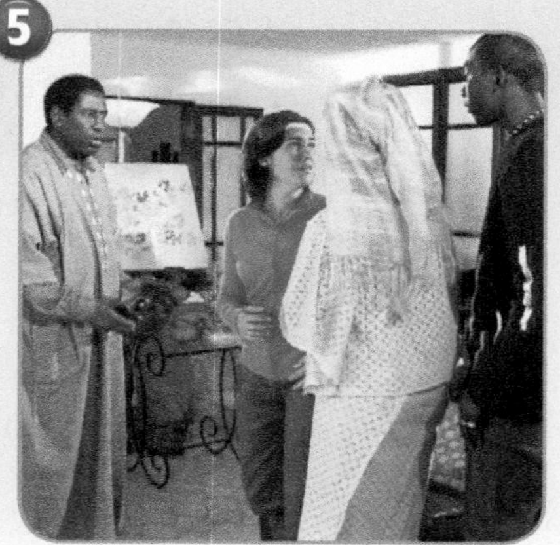

M. Gadio L'inspecteur avait raison. Rigaud a bien kidnappé ta mère, Léa. Il veut la statuette en échange... Je dois aller seul au rendez-vous pour échanger Anne contre la statuette.

Visit Us Online

my.hrw.com
Online Edition

M. Gadio rencontre Charles Rigaud

6

M. Rigaud Vous êtes venu seul, j'espère.
M. Gadio Oui, oui! Je suis seul!

7

M. Rigaud Apportez la statuette ici...
Posez la statuette par terre et retournez à votre voiture.

8 *Charles Rigaud libère Anne et part.*

9

M. Gadio Anne! Ça va? Tu es blessée?
Anne Non, non, ça va. Je n'ai rien.

10

M. Gadio Tu sais, Sonko ne t'a pas téléphoné.
Anne Oui, bien sûr, maintenant je le sais. Est-ce que Sonko sait ce qui s'est passé?
M. Gadio Non. Je lui téléphonerai quand on arrivera à la maison.

AS-TU COMPRIS?

1. Qui est-ce que Léa et les Gadio attendent au début de l'épisode?
2. Est-ce que c'est l'inspecteur de police qui a téléphoné à Anne?
3. Pourquoi est-ce que M. Gadio va retrouver Charles Rigaud?
4. Qu'est-ce que Charles Rigaud reprend?
5. Qu'est-ce que M. Gadio fera quand il arrivera à la maison?

Prochain épisode:
D'après toi, où est-ce que M. Gadio et Anne vont aller? Qui va être content(e) de revoir sa mère?

Lecture et écriture

STRATÉGIE

Focusing on ideas When you read or listen to a text, it is important to focus on ideas instead of isolated words. 1. Read or listen to a portion of the text without looking up any words. 2. Return to the same passage and ask yourself what you understand. 3. Repeat steps 1 and 2 as you go through to the end. 4. Read or listen to the story again, pausing to see if you can summarize the main idea and theme of each passage.

A Avant la lecture

Le texte suivant est une légende du Sénégal. Avant de lire le texte, regarde les illustrations et le titre. Est-ce que tu peux deviner le sujet du texte? À l'aide des illustrations, écris trois ou quatre phrases pour raconter l'histoire.

COMMENT GUÉRIR LA PEUR[1]

Il était une fois[2] un homme qui marchait seul dans la brousse[3]. Il a marché si longtemps qu'il a été tenaillé par la faim[4]. Il s'est arrêté dans un village. Là, on lui a donné à manger, il s'est régalé même copieusement[5] et a renoncé à poursuivre sa route. Après avoir épousé[6] une jeune femme du village, il y a élu domicile[7] et n'a plus songé[8] à repartir.

Un jour, après un bon repas, le vieux s'est aventuré dans la brousse, qui, malheureusement, était infestée de fauves[9], surtout de lions.

1. How to cure fear 2. Once upon a time 3. bush 4. he was gnawed by hunger 5. he had a delicious and rich meal 6. wed 7. he chose to make it his home 8. thought 9. wild cats

Online Practice

my.hrw.com

Online Edition

Le vieux n'en savait rien. À peine s'était-il éloigné[1] que le roi de la forêt a surgi[2] en poussant un long rugissement[3]. Le lion s'est approché, le vieux alors s'est engouffré[4] dans un buisson épineux[5]. Le lion l'a cherché, en vain ; il n'a pas réussi à retrouver l'homme. Cependant, il est resté aux aguets[6] pendant une semaine, puis, dégoûté, s'en est allé. Et le vieux est resté seul dans son buisson, complètement abasourdi[7] de son sort. Un chasseur[8] est venu à passer par là. L'homme a entendu son pas[9] et a demandé :

— Qui va là ?

— C'est moi.

— Qui êtes-vous ?

— Je suis un chasseur à la recherche de gibier[10].

— Ami chasseur, veux-tu me porter secours[11] pour me tirer d'ici ?

— Mais comment as-tu fait pour entrer là-dedans ?

— C'est une peur bleue[12] qui m'y a conduit.

— Eh bien ! c'est une peur bleue qui t'en sortira bientôt !

— Et que vas-tu faire ?

— Tu le sauras le moment venu.

Et le chasseur a commencé à entasser de la paille[13] sèche sur le buisson. Tout à coup, il a mis le feu en plusieurs endroits du buisson. Pris de frayeur[14], le vieux s'est élancé[15] et, d'un violent coup de tête dans les épines, s'est mis hors de danger. Le chasseur l'a accueilli[16] avec un large sourire. Ils se sont embrassés et se sont liés d'amitié.

(Raconté par Amsata Dieye) COPANS Jean et COUTY Philippe. Contes wolofs *du Baol.*

1. He had barely stepped away **2.** appeared **3.** roar **4.** rushed **5.** thorny bush **6.** on the watch **7.** astounded **8.** hunter **9.** steps **10.** game **11.** help **12.** fright **13.** straw **14.** fright **15.** rushed out **16.** welcomed

Compréhension

B Remets dans l'ordre la légende.

1. Un lion a surgi.
2. L'homme s'est installé dans un village et s'est marié.
3. Un chasseur est arrivé.
4. L'homme est parti se promener.
5. L'homme a eu peur et s'est caché dans un buisson.
6. Le lion est parti.
7. L'homme ne pouvait pas sortir du buisson.
8. Le chasseur a aidé l'homme à sortir du buisson.

C Choisis la meilleure réponse aux questions suivantes.

1. Où est-ce que l'histoire se passe?
   a. dans la brousse **b.** dans la jungle
2. Pourquoi est-ce que l'homme s'est arrêté dans le village?
   a. Il avait peur. **b.** Il avait faim.
3. Quand l'homme est parti se promener, qu'est-ce qu'il a vu dans la brousse?
   a. un lion **b.** un buisson épineux
4. Pourquoi est-ce que l'homme s'est mis dans le buisson? Parce que/qu'...
   a. il a eu peur du lion. **b.** le chasseur lui a fait peur.
5. Pourquoi est-ce que l'homme est resté si longtemps dans le buisson?
   a. Il ne pouvait pas sortir du buisson.
   b. Il avait honte *(was ashamed).*
6. Comment est-ce que l'homme est sorti du buisson?
   a. Le chasseur a coupé le buisson.
   b. Le chasseur a mis le feu au buisson.

Après la lecture

D Cette histoire est une fable sénégalaise. Une fable est une histoire qui donne une leçon. Quelle est la leçon ou la morale de cette fable? Est-ce que tu connais d'autres histoires, citations ou proverbes qui ont la même morale ou qui ont un thème similaire? Compare-les avec cette fable.

Espace écriture

STRATÉGIE pour écrire

When beginning a story, one of the writer's most important tasks is to create the setting. A well-written setting includes vivid, concise details, establishes the tone and mood of a story, and may foreshadow events. For example, a storm can suggest conflict of some sort, while a calm lake on a sunny day may suggest tranquility and happiness.

Il était une fois...

You're writing a short story for a French outdoor magazine about some friends who went on a camping trip and had a hair-raising adventure. Create an engaging setting. Then, narrate the events of your story. Use specific and vivid details to help your readers "see" the story and keep them engaged.

1 Plan

Look for an illustration that matches the setting of your story. Looking at it, decide what to describe.

- How will you depict the surroundings?
- What kind of mood do you want to create?
- What are your characters thinking and doing?

Organize these details to grab the reader's attention. Then, brainstorm the events. Decide on an ending.

2 Rédaction

Set the scene, using the **imparfait:**

- to describe the surroundings (location, time, weather)
- to explain background circumstances thoughts and motivations).

Then, use the **passé composé:**

- to narrate the events of your story,
- tell what your characters did
- explain what happened to them.

Make sure the events in your story follow a logical order and that you have included details to create suspense and maintain the reader's interest.

3 Correction

Trade stories with a classmate. Does the beginning of your story grab his/her attention? Can he/she visualize the setting? Ask your classmate to check for the correct use of the **imparfait** and the **passé composé**.

4 Application

Attach your final draft to the illustration you found. Post your stories on the wall or hold a storytelling session to read the stories to the class.

Chapitre 7

Prépare-toi pour l'examen

@HOMETUTOR

1 Vocabulaire 1
- to say what happened
- to describe circumstances

pp. 234–237

2 Grammaire 1
- the **passé composé** and the **imparfait**
- **être en train de**

Un peu plus
- verbs with **être** or **avoir** in the **passé composé**

pp. 238–243

3 Vocabulaire 2
- to tell what you will do
- to wonder what will happen

pp. 246–249

4 Grammaire 2
- the future
- the future of irregular verbs

Un peu plus
- the verb **courir**

pp. 250–255

1 Imagine que tu as fait du camping ce week-end près de la plage. Écris deux ou trois phrases pour décrire ton week-end.

2 Alexia parle d'un week-end qu'elle a passé dans un camping. Complète sa description en mettant les verbes au passé composé ou à l'imparfait.

Le week-end dernier, je/j'__1__ (faire du camping) avec des amies. Nous __2__ (arriver) à la plage vers deux heures. Il __3__ (faire) très beau. La mer __4__ (être) bleue et claire et nous __5__ (décider) de nous baigner. Nous __6__ (mettre) de la crème solaire et nous __7__ (entrer) dans l'eau. L'eau __8__ (être) très agréable.

3 Noah pêche avec son père. Qu'est-ce que tu vois?

4 Olivia parle de ses prochaines vacances en famille. Complète ses phrases avec le futur d'un verbe de la boîte.

aller	voir	partir	rentrer	faire	dormir

Nous __1__ du camping dans la forêt. Nous y __2__ beaucoup de choses intéressantes. Mes parents __3__ à la pêche. Nous __4__ sous une tente. Nous __5__ le 5 juillet et nous __6__ à la maison le 10 juillet. Et ta famille et toi, où __7__-vous en vacances?

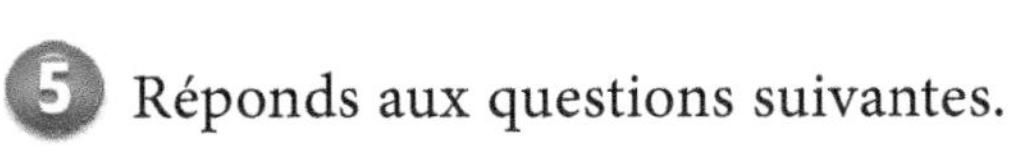

my.hrw.com
Chapter Self-test

5 Culture
- **Flash culture** pp. 236, 240, 249, 252
- **Comparaisons** pp. 244–245

5 Réponds aux questions suivantes.

1. Comment sont les campements au Sénégal?
2. Quels sont des sports nautiques populaires au Sénégal?
3. Comment est-ce que l'océan influence la vie des Sénégalais?

6 Jérôme raconte son week-end en forêt à Philippe. Écoute leur conversation et complète les phrases qui suivent.

1. Vendredi, Jérôme et ses amis n'ont pas pu faire un feu de camp parce qu'il ______.
2. Ils ont voulu faire ______ mais ils n'ont pas pu à cause de la pluie.
3. Samedi, il a fait ______ et ils sont allés ______.
4. Jérôme n'a rien ______. Mais Thomas a attrapé ______ poissons.
5. Les garçons ont eu peur quand un ______ a traversé le sentier. Ils ont couru et Thomas a perdu ses ______.

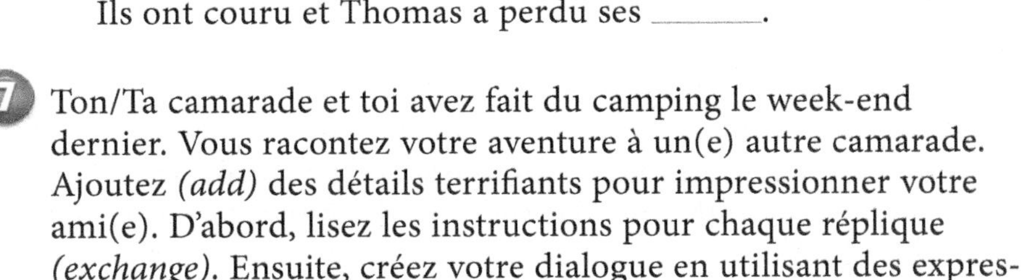

7 Ton/Ta camarade et toi avez fait du camping le week-end dernier. Vous racontez votre aventure à un(e) autre camarade. Ajoutez *(add)* des détails terrifiants pour impressionner votre ami(e). D'abord, lisez les instructions pour chaque réplique *(exchange)*. Ensuite, créez votre dialogue en utilisant des expressions que vous avez apprises.

Élève A:	Dis que vous êtes allé(e)s faire du camping et où vous êtes allé(e)s.
Élève B:	Dis ce que vous faisiez quand quelque chose est arrivé.
Élève A:	Ajoute un détail à l'histoire.
Élève B:	Parle de quelque chose d'autre qui s'est passé.
Élève A:	Ajoute un autre détail à l'histoire.
Élève B:	Parle d'autre chose qui s'est passé pendant une action.
Élève A:	Finis l'histoire de votre aventure.
Élève B:	Dis ce que vous ferez la prochaine fois.

Grammaire 1
- the **passé composé** and the **imparfait**
- **être en train de**

Un peu plus
- verbs with **être** or **avoir** in the **passé composé**

pp. 238–243

Résumé: Grammaire 1

Use the **imparfait** to give background information, set the scene, and tell what someone used to do repeatedly.

Use the **passé composé** to tell what happened on a specific occasion and to tell the order of past events.

À ce moment-là, j'ai entendu un bruit.

Use **être en train de** to tell what someone is or was doing at a specific time.

Use **être** as the helping verb with the verbs **sortir, passer, monter,** and **descendre** and make the past participle agree with the subject. However, if there is a direct object, use **avoir.** With **avoir,** the past participle agrees with a preceding direct object, never the subject.

Elle **est** sorti**e** de la tente. *(no direct object)*

Elle **a** sorti la gourde de la tente. *(direct object)*

Elle **l'a** sorti**e** de la tente. *(direct object precedes the verb)*

Grammaire 2
- the future
- the future of irregular verbs

Un peu plus
- the verb **courir**

pp. 250–255

Résumé: Grammaire 2

To form the future, add **-ai, -as, -a, -ons, -ez,** or **-ont** to the future stem. Some verbs with irregular stems in the future tense are found on page 252.

The verb **courir** *(to run)* is irregular. The past participle of this verb is **couru,** and the future stem is **courr-**.

courir *(to run)*			
je	**cours**	nous	**courons**
tu	**cours**	vous	**courez**
il/elle/on	**court**	ils/elles	**courent**

Lettres et sons

La lettre s

As you learned in Level 1, the letter **s** can be pronounced either as **s** or z in French. If the letter **s** appears between two vowels, like in **oiseau,** you will hear the **z** sound. If the letter **s** is doubled, as in **poisson,** you use the **s** sound. If it appears at the end of a word, like in **le bois,** you do not pronounce the **s**.

Jeux de langue

—Bonjour Madame Sans-Souci. Combien sont ces soucis-ci?

—Six sous, ces soucis-ci.

—Six sous?! C'est trop cher, Madame Sans-Souci. Et l'oiseau?

Dictée

Écris les phrases de la dictée.

Résumé: Vocabulaire 1

PRACTICE FRENCH WITH HOLT MCDOUGAL APPS!

To say what happened

un allume-gaz	*gas lighter*
allumer	*to light*
la boîte d'allumettes	*box of matches*
la boîte de conserve	*can of food*
la boussole	*compass*
la bouteille isotherme	*thermos*
le briquet	*lighter*
camper	*to camp out*
le camping	*camping*
la crème solaire	*sunscreen*
démonter la tente	*to take down the tent*
le désinfectant	*disinfectant*
faire un feu de camp	*to make a campfire*
le fauteuil pliant	*folding chair*
la gourde	*canteen*
la lampe de poche	*flashlight*
la lanterne	*lantern*
la lotion anti-moustiques	*mosquito repellent*
monter la tente	*to pitch a tent*
la moustiquaire	*mosquito net*
un ouvre-boîte	*can opener*
le réchaud	*camping stove*
un sac de couchage	*sleeping bag*
la trousse de premiers soins	*first-aid kit*
le terrain de camping	*campground*
à ce moment-là	*at that moment*
bref	*in short*
Figure-toi que…	*Imagine that . . .*
heureusement	*fortunately*

To describe circumstances

au moment où	*at the time (when) / as*
J'étais en train de...	*I was in the middle of . . .*
Je venais de (d')…	*I had just . . .*
sur le point de	*about to*

Résumé: Vocabulaire 2

To tell what you will do

aller à la pêche	*to go fishing*
l'araignée (f.)	*spider*
l'arbre (m.)	*tree*
attraper un poisson	*to catch a fish*
se baigner	*to swim*
le bois	*woods*
le flamant rose	*flamingo*
la fleur	*flower*
le fleuve	*river (bigger)*
la forêt	*forest*
la grenouille	*frog*
l'insecte (m.)	*insect*
le lézard	*lizard*
la mouche	*fly*
le moustique	*mosquito*
la nature	*nature*
l'oiseau (m.)	*bird*
le pélican	*pelican*
se promener	*to take a stroll*
la rivière	*river (smaller)*
le sentier	*path*
le serpent	*snake*
la toile d'araignée	*spider web*
la tortue	*turtle*
après-demain	*day after tomorrow*
bientôt	*soon*
la prochaine fois	*next time*
prochain(e)	*next*
tout à l'heure	*later (today)*

To wonder what will happen

Est-ce qu'il va y avoir… ?	*Is there going to be . . . ?*
Est-ce que tu sais si… ?	*Do you know if . . . ?*
Je me demande si… ?	*I wonder if . . . ?*
Tu crois que (qu')… ?	*Do you think that . . . ?*

Révisions cumulatives

1 Des amis font du camping. Pour chaque phrase, décide si **a) les choses vont bien** ou **b) les choses ne vont pas bien.**

2 Lis cet article sur le parc naturel Niokolo-Koba au Sénégal et réponds aux questions qui suivent.

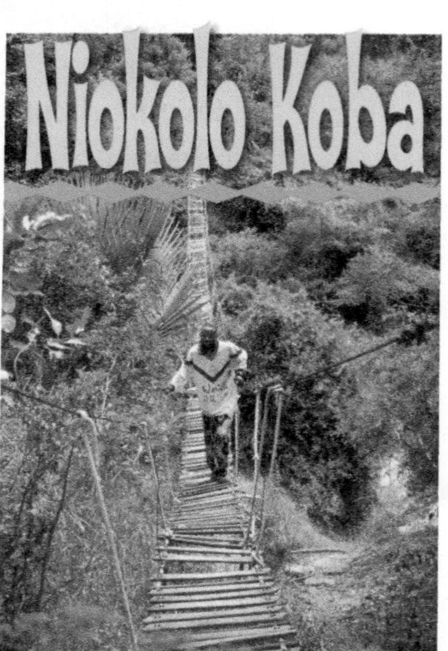

Le parc naturel Niokolo Koba, situé au sud-est de Dakar, est l'une des réserves d'animaux les plus importantes de l'Afrique. Nous vous conseillons de le visiter entre mars et mai, quand, malgré la chaleur, vous aurez la meilleure possibilité de voir des animaux. Le point de départ des excursions est Tambacounda. Vous pourrez y aller en train ou en avion de Dakar. Dans la région, vous trouverez tout ce dont vous aurez besoin: campements, hôtels, voitures de tourisme à louer, guides...

Tout le parc est accessible au touriste. À part les éléphants, les panthères et les chimpanzés, menacés par l'extinction et aujourd'hui rares dans le parc, vous verrez de tout: des hippopotames, des lions, des antilopes, des gazelles, des crocodiles, des hyènes, des buffles...

1. Pendant quels mois est-ce que l'auteur vous conseille de visiter le parc? Pourquoi?
2. Comment est-ce que les touristes peuvent aller au parc?
3. Qu'est-ce que les touristes peuvent faire dans le parc?
4. Pourquoi est-ce que les éléphants, les panthères et les chimpanzés y sont rares?

my.hrw.com
Cumulative Self-test

3 Avec deux amis, imaginez que l'été prochain, vous irez passer un mois en Afrique et vous visiterez une réserve naturelle. Faites des projets. Décidez ce que vous emporterez et ce que vous ferez. Utilisez le futur. Après, parlez de vos projets à la classe.

4 Regarde l'image et décris ce que tu vois. Comment sont les couleurs? Imagine que tu vas y faire du camping. Qu'est-ce que tu feras?

de Jean Metzinger

5 Un(e) ami(e) français(e) veut faire du camping avec toi. Écris-lui un e-mail. Explique-lui pourquoi tu aimes ou tu n'aimes pas faire du camping.

6

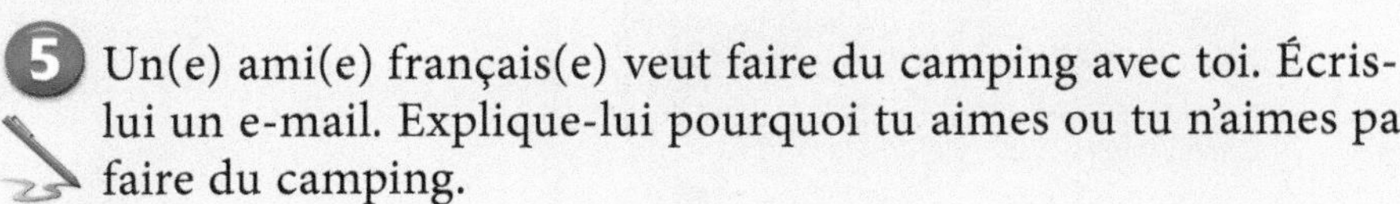

Bulletin du lycée Your class is going to create a newsletter about what will happen this month at your school. Work in small groups and have each group write about a different topic, such as school events, games, field trips to local parks, and so on. Then put all your material together to form the newsletter. When you are finished, post the newsletter on your school web site. You might work with students taking other languages in your school to do the same.

chapitre 8

Es-tu en forme?

Objectifs

In this chapter, you will learn to
- ask and tell how you feel
- describe symptoms and give advice
- complain about health and give advice
- sympathize with someone

And you will use
- the subjunctive
- the conditional
- **si** clauses

Que vois-tu sur la photo?

Où sont ces jeunes?

Qu'est-ce qu'ils font?

Et toi, est-ce que tu fais souvent du jogging? Qu'est-ce que tu fais pour rester en forme *(stay in shape)*?

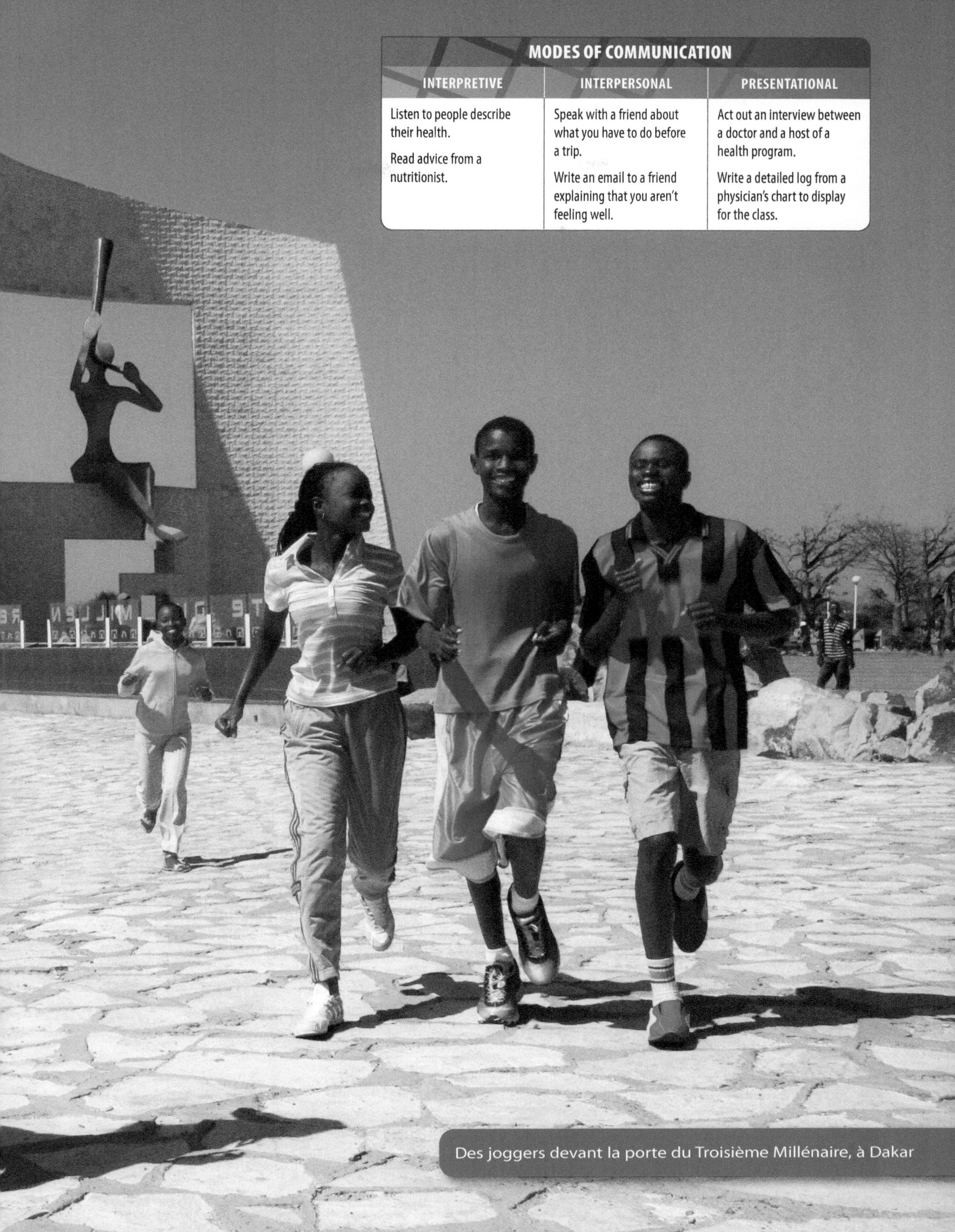

MODES OF COMMUNICATION

INTERPRETIVE	INTERPERSONAL	PRESENTATIONAL
Listen to people describe their health. Read advice from a nutritionist.	Speak with a friend about what you have to do before a trip. Write an email to a friend explaining that you aren't feeling well.	Act out an interview between a doctor and a host of a health program. Write a detailed log from a physician's chart to display for the class.

Des joggers devant la porte du Troisième Millénaire, à Dakar

Objectifs

- to ask and tell how you feel
- to describe symptoms and give advice

Vocabulaire 1

Télé-vocab

Le corps

le doigt

l'épaule (f.)

le cou

le bras

le poignet

la main

la jambe

le genou

le pied

la cheville

le doigt de pied

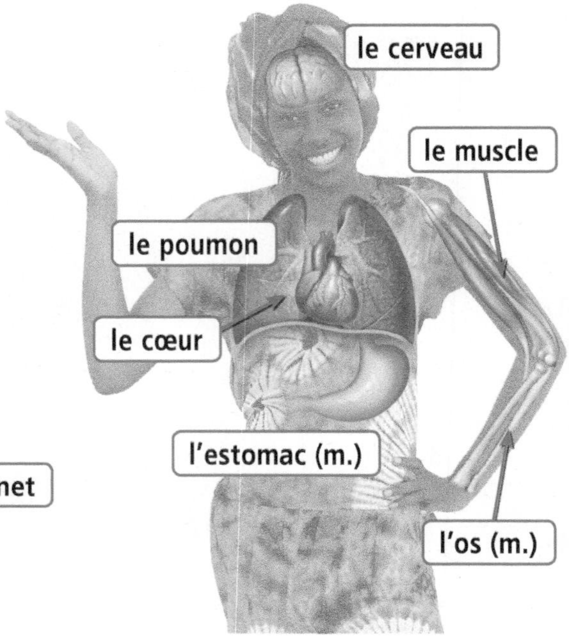

le cerveau

le muscle

le poumon

le cœur

l'estomac (m.)

l'os (m.)

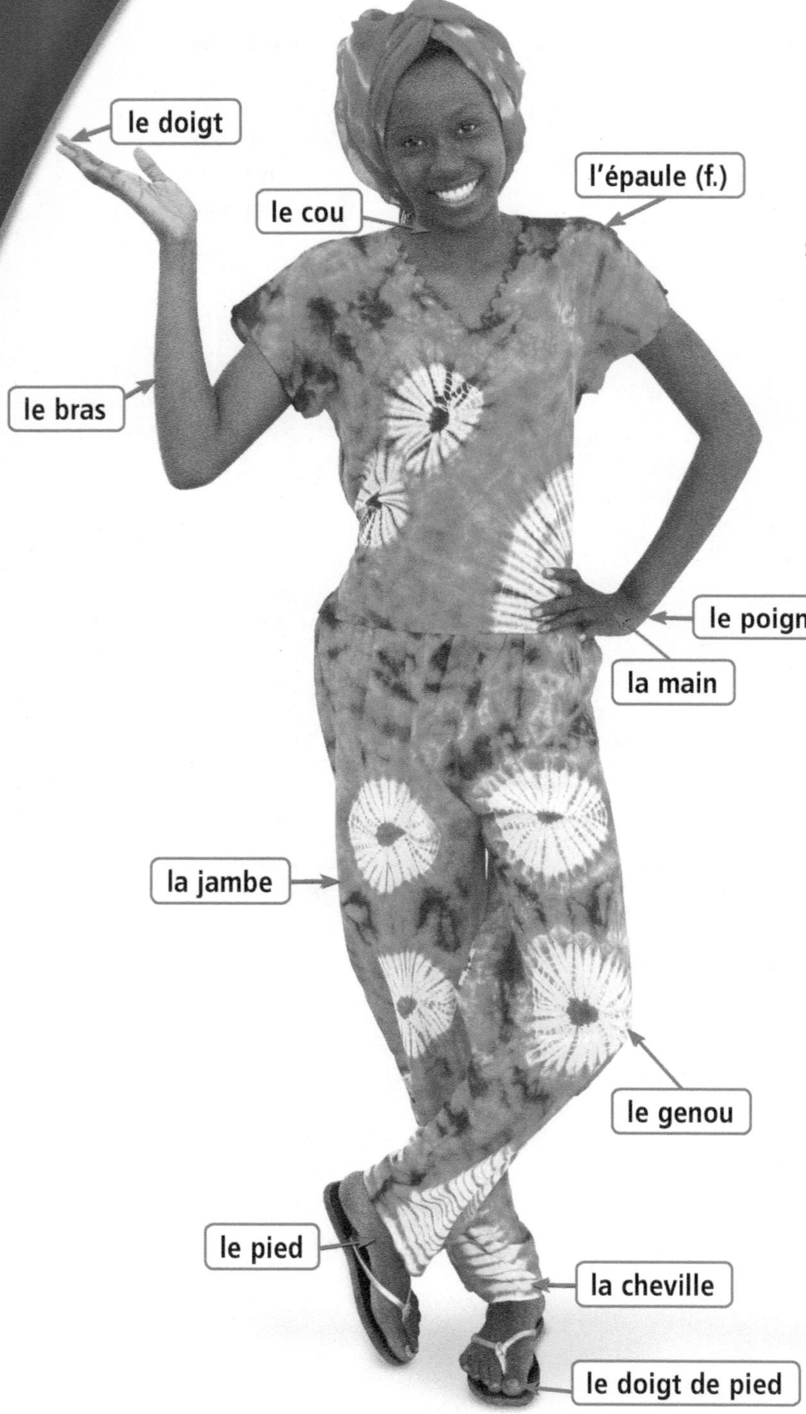

Le visage

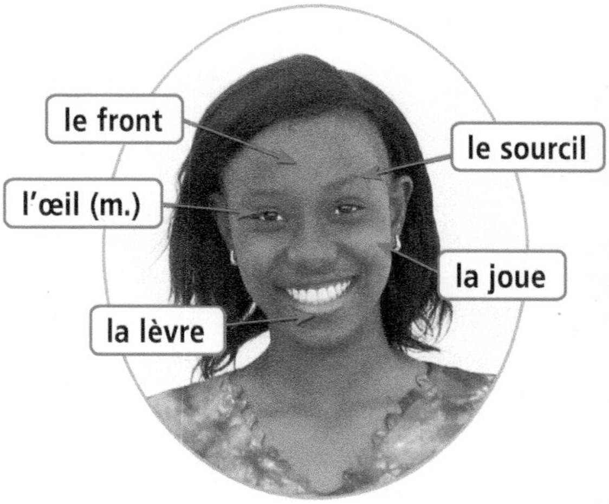

le front

le sourcil

l'œil (m.)

la joue

la lèvre

Online Practice

my.hrw.com
Vocabulaire 1 practice

Je me suis fait mal.

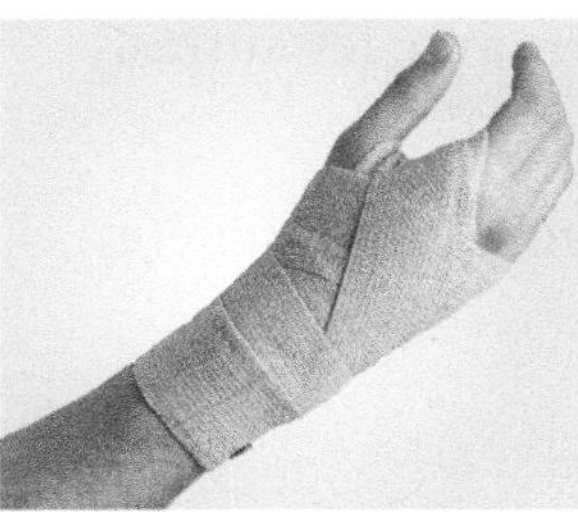

se fouler le poignet

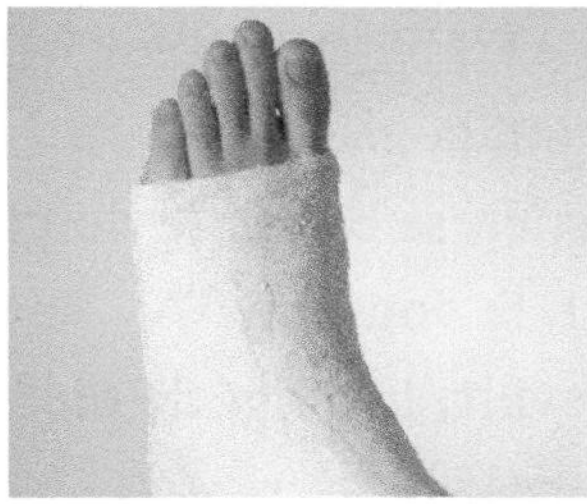

se casser le pied

Je suis malade.

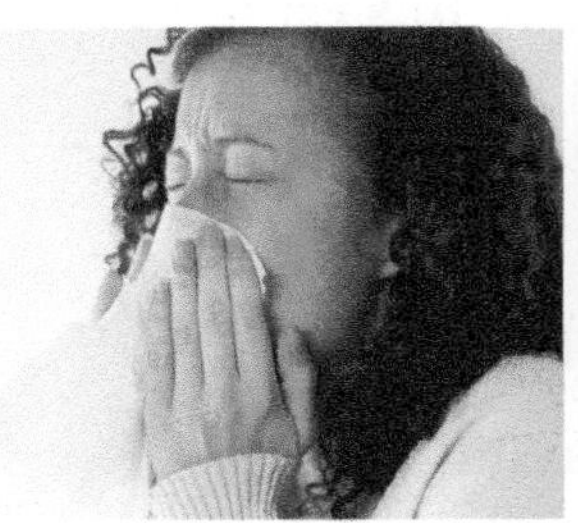

éternuer

avoir de la fièvre

Déjà vu!

You have already learned several body parts. What do these words mean?

la bouche
la gorge
le nez
les dents
les oreilles
les yeux

D'autres mots utiles

prendre la température	*to take a temperature*	**se brûler**	*to burn oneself*
avoir la grippe	*to have the flu*	**être fatigué(e)**	*to be tired*
tousser	*to cough*	**le dentiste**	*dentist*
se blesser	*to injure oneself*	**le médecin**	*doctor*
		le dos	*back*

Exprimons-nous!

To ask and tell how you feel

Qu'est-ce que tu as? *What's wrong?* **Qu'est-ce qu'il y a?** *What's wrong?*	**Je ne me sens pas bien.** *I don't feel well.* **Je me sens mal.** *I feel sick.*
Ça n'a pas l'air d'aller. *You don't seem to be doing well.* **Tu n'as pas bonne mine** aujourd'hui. *You don't look good . . .* **Tu as mauvaise mine.** *You look bad.*	Non, **je ne suis pas en forme.** *..., I'm not in good shape.* Oui, je crois que je suis **malade.** *. . . sick.*
Tu as l'air fatigué(e). *You seem . . .*	Oui, **j'ai mal dormi.** *. . . , I slept badly.*

Vocabulaire et grammaire, *pp. 85–87*

▶ **Vocabulaire supplémentaire,** Le corps humain, **p. R20**

Au Sénégal, la population a accès à des soins courants *(routine care)*. L'assurance maladie est obligatoire pour tous les salariés permanents et leurs familles. Comme en France, il y a des centres médicaux privés et publics au niveau local, régional et national.

Est-ce qu'il existe un système d'assurance maladie accessible à tous dans ton état?

1 L'intrus

Écrivons Identifie l'expression qui ne va pas avec les autres.

1. la jambe, le genou, la grippe
2. se fouler le poignet, se brûler le doigt, avoir l'air fatigué(e)
3. le cœur, le front, le poumon
4. le sourcil, la cheville, le doigt de pied
5. tousser, éternuer, se blesser

2 Écoutons

Écoute ces conversations entre l'infirmière et des étudiants. Est-ce que chaque personne **a) est malade** ou **b) s'est fait mal** *(hurt himself/herself)*?

3 Devinettes

Écrivons Complète les phrases suivantes logiquement.

1. On dit «à tes souhaits» *(bless you!)* quand tu ______.
2. Il faut aller chez le dentiste pour se faire soigner *(care for)* les ______.
3. Le médecin prend ma température quand j'ai de la ______.
4. Pierre travaille trop et il ne dort pas beaucoup. Alors, il est toujours ______.
5. Ne touche pas le four ou tu vas te ______!

4 J'ai mal à...

Parlons/Écrivons Qu'est-ce qui te fait mal si...

MODÈLE tu as mangé trop de pizza? **l'estomac**

1. tu as joué au volley-ball toute la journée?
2. tu as dansé jusqu'à minuit?
3. tu as passé la nuit à étudier?
4. tu es allé(e) chez le dentiste?
5. tu tousses beaucoup?
6. tu as fait du jogging pendant deux heures?

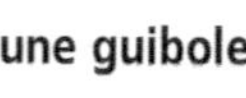

une guibole	*leg*
un panard	*foot*
le bide	*tummy*
un pif	*nose*
ramasser une gamelle	*to fall flat on one's head*

5 Je ne suis pas en forme!

Écrivons Ton/Ta camarade t'a invité(e) à sa fête, mais tu ne vas pas bien du tout! Écris-lui un e-mail et explique-lui comment tu te sens. Demande des conseils.

MODÈLE **Magali,**
Je me sens mal. J'ai mal dormi et...

Exprimons-nous!

To describe symptoms	To give advice
J'ai mal aux dents/**à la** tête/**à l'**estomac. *I have a(n) . . . ache.*	**Je te conseille de** prendre des comprimés. *I advise you to . . .*
Je me suis coupé le doigt. *I cut my . . .*	**Il est important que** tu le **désinfectes.** *It is important that . . . disinfect . . .*
J'ai le nez qui coule. *I have a runny nose.*	**Il faut que** tu achètes un médicament. *It is necessary that . . .*
J'ai mal au cœur. *I'm nauseated.*	**Tu dois** boire de l'eau **gazeuse.** *You must . . . carbonated*

Vocabulaire et grammaire, *pp. 85–87*

Vocabulaire 1

6 Les premiers soins

Écrivons Tu joues le rôle d'un(e) malade et tu te plains (*complain*) des maladies représentées. Un(e) ami(e) te donne des conseils. Écris ces conversations.

aller chez le médecin	acheter un médicament	se coucher plus tôt
aller chez le dentiste	prendre un comprimé	boire de l'eau gazeuse

MODÈLE **—J'ai mal à la tête!**
—Je te conseille de prendre un comprimé.

1.

2.

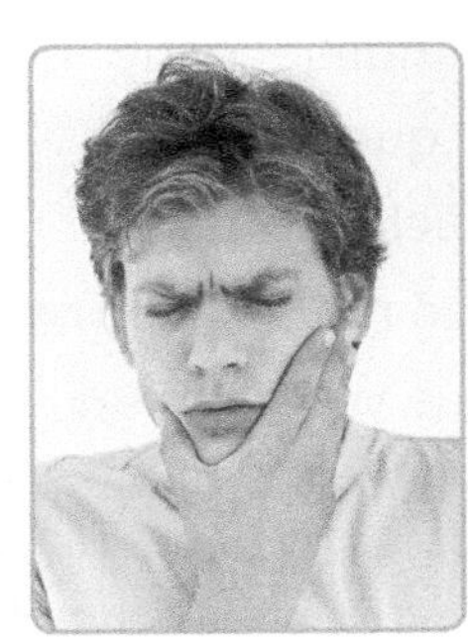
3.

4.

Digital performance space

Communication

7 Scénario

Parlons En groupes, jouez cette scène. Toi et ton/ta camarade êtes malades. Vous arrivez à l'infirmerie et il n'y a qu'un lit dans le bureau. Essaie de convaincre l'infirmier(-ère) que c'est toi le/la plus malade. L'infirmier(-ère) vous donne des conseils.

MODÈLE **—Monsieur, je me sens mal. J'ai le nez qui coule...**
—Mais, monsieur, moi aussi, j'ai le nez qui coule et...

Objectifs
- the subjunctive of regular verbs
- the subjunctive of irregular verbs

Grammaire à l'œuvre 1

Grammavision

The subjunctive of regular verbs

1 The verb tenses you have learned so far, such as the present tense and the **passé composé,** belong to the *indicative* mood. There is another mood called the *subjunctive mood.* In certain situations, you must use the subjunctive.

2 Use the **subjunctive** with expressions of necessity, such as **il faut que** and **il est important que.** The verb that follows an expression like **il faut que** will be in the **subjunctive.**

Il faut que vous **parliez** au médecin.

3 To form the subjunctive of regular verbs, drop the **-ent** of the present-tense **ils** form of the verb and add the following endings.

	parler **ils parlent**	**finir** **ils finissent**	**vendre** **ils vendent**
que je	parl**e**	finiss**e**	vend**e**
que tu	parl**es**	finiss**es**	vend**es**
qu'il/elle/on	parl**e**	finiss**e**	vend**e**
que nous	parl**ions**	finiss**ions**	vend**ions**
que vous	parl**iez**	finiss**iez**	vend**iez**
qu'ils/elles	parl**ent**	finiss**ent**	vend**ent**

Il est important qu'elle finiss**e** ses médicaments.

Vocabulaire et grammaire, ***pp. 88–89***
Cahier d'activités, ***pp. 71–73***

En anglais

In English, there are different ways to express necessity:

It is important that he get enough sleep!

You must eat right!

In French, if you want to use an expression of necessity, you need to follow the expression with the subjunctive or an infinitive.

Il faut qu'il se couche tôt.

Il faut se coucher tôt.

What is the difference between the two sentences? In what situation do you think that you use a sentence with the infinitive?

8 Écoutons

Tous tes amis ont des problèmes de santé cette semaine! Choisis la réponse la plus logique.

a. Il faut que vous téléphoniez au dentiste.
b. Il faut qu'elle se couche tôt.
c. Il faut que vous parliez au médecin.
d. Il ne faut pas que tu marches.
e. Il faut que tu manges mieux.

my.hrw.com
Grammaire 1 practice

Grammaire 1

9 Souhaits et conseils

Écrivons Utilise les éléments donnés pour faire des phrases au subjonctif.

1. il faut que / les enfants / se laver / souvent / les mains
2. il est important / que / son fils / manger / des légumes
3. il est important que / nous / parler / au médecin / demain
4. il faut que / tu / finir / toute la soupe
5. il est important que / vous / téléphoner / au dentiste

10 Que faut-il faire?

Nathalie

Parlons/Écrivons Dis ce que ces personnes doivent faire. Utilise **il faut que (il ne faut pas que)** et le subjonctif dans chaque phrase.

MODÈLE **Il faut que Nathalie désinfecte son doigt.**

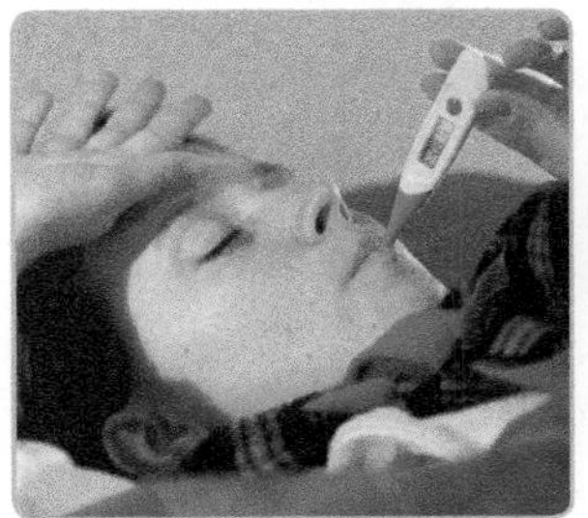
1. Raoul

2. vous

3. je

4. nous

11 Un petit mot

Écrivons Ton ami Jonathan n'est pas en forme et il est stressé. Écris-lui un petit mot pour lui donner quelques conseils. Utilise **il faut que, il est important que** et le subjonctif.

MODÈLE **Il est important que tu manges...**

À la québécoise

In Quebec, you might hear the expression **magané** or **abîmé** *(damaged)* to describe someone in poor health.

Digital performance space

Communication

12 Scénario

Parlons Marco, un petit garçon, a la grippe. Il demande à ses parents ce qu'il faut faire. Ses parents lui donnent des conseils.

finir les comprimés — manger des fruits — se coucher tôt

MODÈLE **—Maman, j'ai mal à la gorge et...**
—Il faut que tu te couches....

The subjunctive of irregular verbs

1 Some verbs, like the ones below, have two stems to which you add the subjunctive endings. The stem for **nous** and **vous** comes from the **nous** form of the present tense. The other stem comes from the **ils/elles** form.

boire	que je **boiv**e	que nous **buv**ions
		que vous **buv**iez
devoir	que je **doiv**e	que nous **dev**ions
		que vous **dev**iez
prendre	que je **prenn**e	que nous **pren**ions
		que vous **pren**iez
venir	que je **vienn**e	que nous **ven**ions
		que vous **ven**iez
voir	que je **voi**e	que nous **voy**ions
		que vous **voy**iez

2 These verbs are irregular in all forms of the subjunctive.

Il faut que j'aille chez le docteur.

	aller	**être**	**avoir**	**faire**
que je (j')	aille	sois	aie	fasse
que tu	ailles	sois	aies	fasses
qu'il/elle/on	aille	soit	ait	fasse
que nous	allions	soyons	ayons	fassions
que vous	alliez	soyez	ayez	fassiez
qu'ils/elles	aillent	soient	aient	fassent

Vocabulaire et grammaire, *pp. 88–89*
Cahier d'activités, *pp. 71–73*

Au Sénégal, on peut aller dans une clinique ou dans un hôpital, mais les médecins ne font pas de visite à domicile comme en France. En effet, en France, les médecins font des consultations à domicile si les personnes sont trop malades pour se déplacer. Au Sénégal, on achète les médicaments dans une pharmacie, signalée d'une croix verte.
Est-ce qu'il y a des médecins qui font des consultations à domicile dans ta ville?

L'Hôpital militaire de Ouakam

13 L'intrus

Écrivons Pour chaque groupe de verbes, indique quel verbe n'est pas au subjonctif.

1. aies	ayons	avez	aient
2. boive	buvions	buvez	boives
3. ayons	ayez	aie	ai
4. allez	ailles	aillent	alliez
5. soient	soyons	sommes	sois
6. allons	aille	allions	ailles
7. fais	fasse	fassions	fassent

14 Les parents de Pascal et Denis

Écrivons Les parents de Pascal et Denis parlent de leurs souhaits. Complète les phrases avec le subjonctif du verbe.

1. Plus tard, il faut que vous ______ (être) médecins.
2. Il faut que Denis ______ (avoir) de meilleures notes au lycée!
3. Pascal, nous voulons que tu ______ (aller) à l'université.
4. Il faut que vous ______ (faire) vos devoirs!
5. Il est important que Denis et Pascal ______ (aller) à la bibliothèque plus souvent.
6. Il faut que j'______ (avoir) une conversation sérieuse avec Denis!

15 À faire aujourd'hui

Parlons/Écrivons Regarde la liste des choses que ta famille doit faire aujourd'hui, puis fais cinq phrases pour dire aux personnes de ton choix ce qu'il faut faire. Utilise le subjonctif et des sujets différents.

Souviens-toi! La famille, pp. 6-7

MODÈLE **Maman, il faut que tu ailles au supermarché...**

courses
médicaments
dentiste
chien
gymnase
bibliothèque

16 De très mauvaises habitudes

Écrivons Pense à (ou invente) six mauvaises habitudes que ta famille, tes amis et toi avez. Note chaque mauvaise habitude, puis écris ce qu'il faut faire pour la changer. Utilise le subjonctif et des sujets différents.

MODÈLE **Je ne fais jamais de sport. Il faut que je sois plus sportif (sportive).**

Digital performance space

Communication

17 Interview

Parlons À la télé, il y a une nouvelle émission sur la santé. Un médecin donne des conseils: comment rester en forme, que faire quand on est malade, etc. Avec un(e) camarade, inventez une conversation entre l'animateur (animatrice) de l'émission et le médecin. Jouez cette scène pour la classe.

MODÈLE **—Bonjour, Docteur. Je voudrais savoir quels conseils vous avez pour une personne qui n'est pas...**
—Alors, il faut que cette personne soit plus active...

Synthèse
- Vocabulaire 1
- Grammaire 1

Application 1

18 Les qualités d'un bon médecin

Écrivons À ton avis, quelles qualités un bon médecin doit-il avoir? Fais une liste de cinq qualités. Utilise le subjonctif dans tes phrases.

MODÈLE **Il faut qu'il écoute les malades. Il est important...**

Un peu plus

More expressions with the subjunctive

You've used the subjunctive after expressions of necessity **(il faut que, il est important que).** Another such expression is **il est nécessaire que.**

You also use the subjunctive to express certain requests and with certain emotions.

Je veux que... (Je ne veux pas que...)

Je suis content(e) que...

Je suis triste que...

Il est bon que...

There are more uses with the subjunctive that you will learn about in Level 3.

Vocabulaire et grammaire, *p. 90*
Cahier d'activités, *pp. 71–73*

19 Le bon choix

Lisons Complète les phrases de façon logique.

1. ______ que Marina soit malade.
   a. Je suis triste **b.** Il est bon
2. Nous sommes tombés dans le lac. ______ que nous tombions malades!
   a. Je veux **b.** Je ne veux pas
3. Natasha mange des bonbons. ______ qu'elle se brosse les dents.
   a. Il n'est pas bon **b.** Il est nécessaire
4. ______ qu'Alex aille chercher ses médicaments.
   a. Il faut **b.** Je suis triste
5. Tu n'es pas en forme. ______ que tu commences à faire plus d'exercice.
   a. Il faut **b.** Je ne veux pas

20 Écoutons

Écoute chaque phrase et indique si on exprime **a) une opinion ou un souhait** *(wish)* ou **b) un fait** *(fact).*

21 Ma vie

Parlons/Écrivons Finis chaque phrase en utilisant le subjonctif.

MODÈLE Je suis triste que mon meilleur ami...
n'habite pas dans cette ville.

1. Mes parents sont contents que je (j')...
2. Il faut que les élèves du cours de français...
3. Il est important que mon/ma petit(e) ami(e)...
4. Je suis content(e) que vous, mes camarades de classe, vous...

Online Practice

my.hrw.com
Application 1 practice

22 Préparatifs de voyage

Lisons/Écrivons Ton/Ta correspondant(e) francophone va aller faire un safari-photo en République centrafricaine. D'abord, lis la brochure que l'agence de voyages lui a donnée. Ensuite, donne des conseils de santé mentionnés dans la brochure à ton/ta correspondant(e).

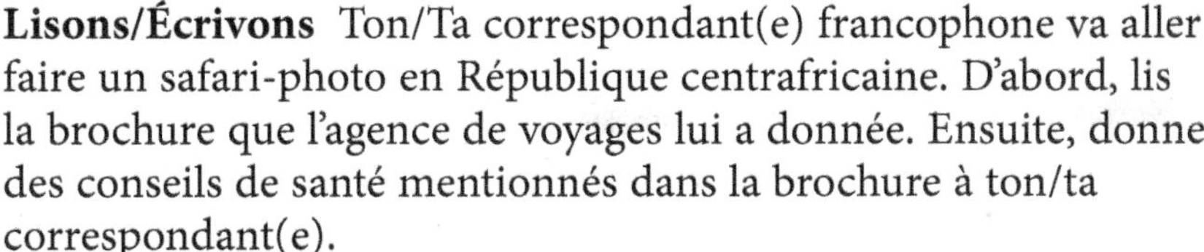

MODÈLE **Je suis contente que tu ailles faire un safari... Tu sais, il faut que...**

- prenez rendez-vous chez votre médecin avant de partir pour être sûr(e) que vous êtes assez en forme pour faire ce voyage
- préparez-vous bien physiquement (randonnée ou autre sport) pendant plusieurs mois avant de partir
- reposez-vous bien avant le voyage
- ne buvez jamais d'eau non purifiée (achetez toujours de l'eau en bouteille)
- buvez beaucoup d'eau pendant la journée
- lavez-vous souvent les mains
- emportez de la lotion anti-moustiques

23 Scénario

Parlons Imagine que toi et ton/ta camarade allez faire un voyage dans un pays tropical. Vous discutez de ce que vous devez faire avant le voyage et de ce que vous pensez faire là-bas. Utilise les éléments de la boîte, ou d'autres idées si tu préfères, et le subjonctif.

avoir un passeport	aller chez le médecin avant de partir
acheter des médicaments	demander un visa
écrire des cartes à nos familles	bien dormir le soir avant le voyage

MODÈLE **—Il est nécessaire que nous ayons des passeports.**
—Oui, et moi, il faut que je demande un visa.

Une partie d'awalé

Culture appliquée

L'awalé

L'awalé est le plus célèbre des jeux de réflexion[1] africains. Il est similaire au backgammon. L'awalé était déjà joué en Égypte il y a plusieurs milliers d'années. Il est toujours joué dans toute l'Afrique, en particulier en Afrique de l'ouest. Il est commun que les enfants apprennent à compter[2] en jouant à l'awalé avant même d'apprendre à compter à l'école. C'est un jeu qui développe la mémoire.

1. strategy 2. to count

Une partie d'awalé

Originally played with seeds that were "sowed" in cups on a game board, **awalé** can also be played with pebbles or marbles. An empty egg carton can be used instead of a ready-made game board.

Materials

- an **awalé** board or an empty carton of a dozen eggs
- two paper cups for captured seeds
- 48 pebbles, marbles, or large seeds

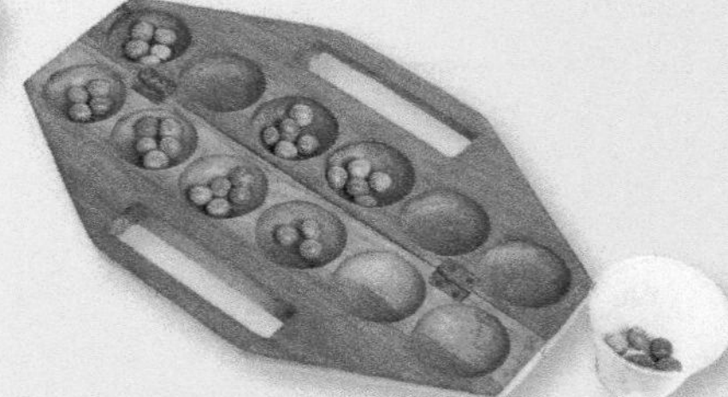

The rules

Step 1. Place 4 "seeds" in each cup of the egg carton "game board". Players sit on opposite sides of the board and play from the six cups in front of them.

Step 2. Player A takes all the seeds from one of his cups and "sows" them to the right, putting one in each cup. Player B then does the same. If a player gets to the last cup on his side, he goes across and continues sowing seeds in his opponent's cups, counterclockwise. Play continues with each player taking turns.

Step 3. If the last seed sowed falls into an opponent's cup containing only 1 or 2 seeds, a player captures those 2 or 3 seeds. If this is also true for the next-to-last seed sowed, the player captures those seeds, too. Players can capture the seeds of several cups at a time. For example, if the last 3 seeds fall in 3 consecutive cups, each containing 1 or 2 seeds, all those seeds are captured. However, if the last 3 seeds fall into 3 cups containing 2, 4, and 2 seeds, only seeds in the last cup are captured.

Step 4. Play continues until one player has no seeds left, and the opponent cannot reach the other side of the board in one move. The player with the most captured seeds wins. (Rules may vary from region to region.)

Le nom du jeu «awalé» est différent d'un pays d'Afrique à un autre. Fais des recherches pour trouver ses autres noms.

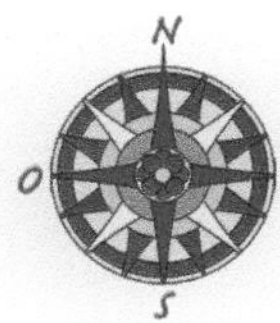

Comparaisons

Une pharmacie en France

Malade en France

Si tu as un simple rhume en France, il vaut mieux:

a. aller à l'hôpital.
b. consulter un spécialiste.
c. aller à la pharmacie.

En France, les pharmaciens ont le droit[1] de donner des conseils[2] médicaux. Si ton problème n'est pas très grave[3], le pharmacien te conseillera un médicament en vente libre (sans ordonnance[4]) ou décidera si tu dois consulter un docteur. Les docteurs français font aussi des visites à domicile[5]. En cas d'urgence, on peut aller dans n'importe quel hôpital. On peut aussi appeler le SAMU (Service d'aide médicale d'urgence) ou SOS Médecins 24 heures sur 24 pour une intervention médicale rapide. Les frais médicaux sont remboursés par la Sécurité sociale (système d'assurance maladie[6] pour les Français et les gens résidant en France).

ET TOI?

1. Est-ce que ton docteur fait des visites à domicile? Est-ce que les pharmaciens américains conseillent les patients?
2. Compare les services médicaux en France avec ceux des États-Unis. Lesquels préfères-tu?

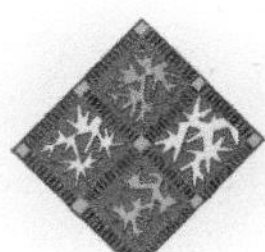

Communauté et professions

Le français dans le monde médical

As-tu entendu parler de *Médecins sans frontières?* C'est une organisation française qui fournit une aide médicale (médecins, infirmiers, médicaments...) dans le monde entier. Le personnel médical de MSF est composé de volontaires qui viennent du monde entier et qui doivent pouvoir parler une langue étrangère, par exemple le français. Fais des recherches sur *Médecins sans frontières* ou une autre organisation humanitaire. Présente ce que tu as trouvé à ta classe.

Un volontaire de Médecins sans frontières

1. right **2.** advice **3.** serious **4.** without prescription **5.** house calls **6.** health insurance

Objectifs

- to complain about health and give advice
- to sympathize with someone

Vocabulaire à l'œuvre 2

DVD

Télé-vocab

En pleine forme à Dakar!

Pour être en forme, il faut faire de l'exercice.

faire de la musculation

faire du yoga

faire des abdominaux (m.)

faire des pompes (f.)

Il faut se ménager aussi...

manger léger

avoir un régime équilibré

se reposer

se relaxer

Online Practice
my.hrw.com
Vocabulaire 2 practice

Pour rester en forme, il ne faut pas...

D'autres mots utiles

se peser	*to weigh oneself*	être en bonne santé	*to be healthy*
se nourrir	*to feed oneself*	prendre des vitamines (f.)	*to take vitamins*
faire un régime	*to go on a diet*	les produits (m.) bio(logiques)	*organic products*
perdre/prendre du poids	*to lose/to gain weight*		

Exprimons-nous!

To complain about health	To give advice
Je suis fatigué(e). *I'm . . .*	**Tu n'as qu'à** te reposer. *All you have to do is . . .*
Je suis au régime. *I'm on a diet.*	**Tu devrais** prendre des vitamines. *You should . . .*
J'ai mal partout. *I ache everywhere.*	**Pourquoi tu ne** vas **pas** chez le docteur? *Why don't you . . . ?*
J'ai grossi. *I gained weight.*	**Tu ferais bien de** manger léger. *You would do well to/You should . . .*
Je suis stressé(e). *I'm stressed.*	**Il faudrait que** tu fasses du yoga. *You should . . .*

Vocabulaire et grammaire, *pp. 91–93* Online Workbooks

▶ **Vocabulaire supplémentaire,** Les problèmes de santé, **p. R21**

24 Écoutons

Écoute ces appels au programme «Docteur Bonne Santé», un programme radio qui répond aux questions de santé des adolescents. Puis, associe les adolescents avec le conseil que le médecin leur donne.

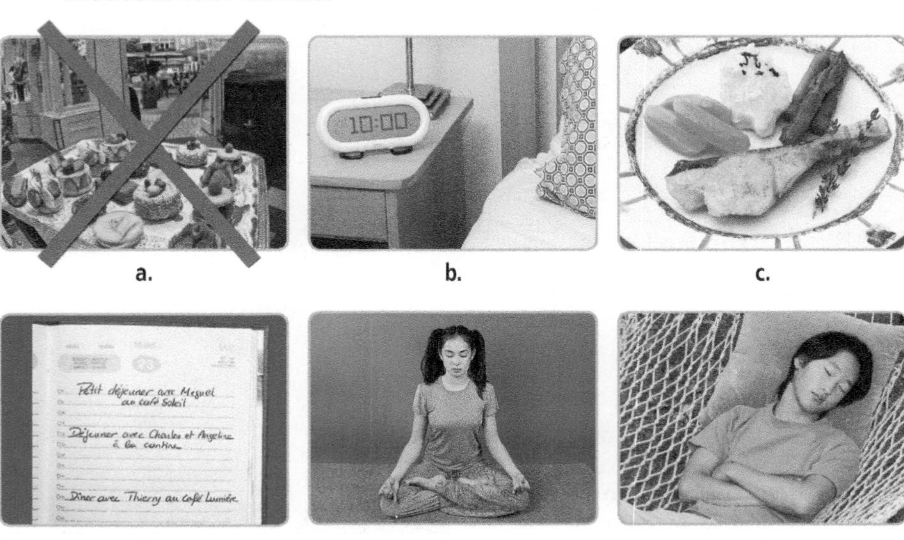

a. b. c.

d. e. f.

25 Tu n'as qu'à...

Écrivons Julien donne des conseils à ses amis. Mets les mots dans le bon ordre.

1. de / bien / perdre / tu / du / poids / ferais
2. relaxer / n'as / te / tu / qu'à
3. tu / pas / au / pourquoi / gymnase / vas / ne
4. reposes / faudrait / tu / il / te / que
5. faut / se / ne / sommeil / pas / priver / il / de

26 Des conseils

Écrivons/Parlons Ton/Ta meilleure ami(e) ne fait pas d'exercice, n'a pas de régime équilibré et il/elle est toujours stressé(e). Quels conseils est-ce que tu voudrais lui donner?

MODÈLE Pour te nourrir, tu n'as qu'à **manger des produits biologiques.**

1. Pour perdre du poids, tu n'as qu'à...
2. Pour te relaxer, tu devrais...
3. Pour être en bonne forme, tu ferais bien de...
4. Pour prendre du muscle, tu ferais bien de...
5. Pour te relaxer, tu ferais bien de ne pas...

Flash culture

Tout comme aux États-Unis, les clubs de gym ou les salles de fitness existent au Sénégal. Les salles de sport se présentent aussi bien dans les zones résidentielles que dans les zones populaires. Les hommes et les femmes y vont pour rester en forme. La fréquentation des salles de sports est influencée par les films américains.

Qu'est-ce que tu fais pour rester en forme? Où vas-tu pour faire du sport?

Exprimons-nous!

To sympathize with someone

Ce n'est pas grave.	*It's not serious.*
Ne t'en fais pas!	*Don't worry!*
Ça va aller mieux.	*It's going to get better.*
Mon/Ma pauvre!	*Poor thing!*
Je te plains.	*I feel sorry for you.*

Vocabulaire et grammaire, *pp. 91–93*

Entre copains

Je suis crevé(e).	*I'm exhausted.*
Je suis nase.	*I'm exhausted.*
J'ai pas la pêche.	*I don't feel good.*
J'en ai marre!	*I'm fed up!*

27 Mon pauvre!

Parlons/Écrivons Imagine que les personnes suivantes sont tes amis et ils ont les symptômes suivants. Donne-leur des conseils.

MODÈLE **—Je ne me sens pas très bien. J'ai de la fièvre.**
—Ma pauvre! Pourquoi tu ne prends pas un comprimé?

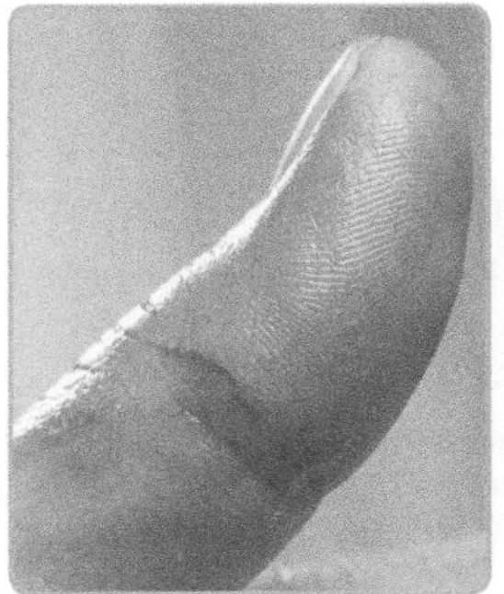
1.

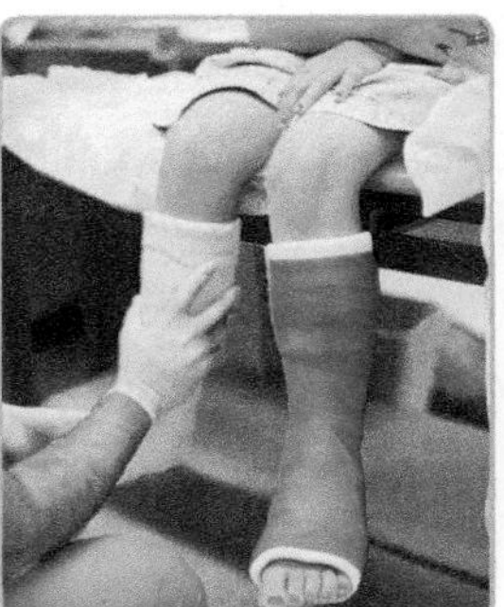
2.

3.

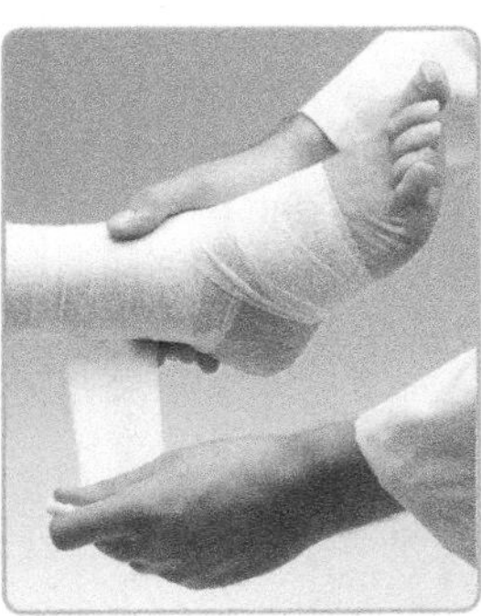
4.

Communication

28 Scénario

Parlons Maintenant, tu es «Docteur Bonne Santé». Écoute les problèmes de santé des gens qui t'appellent. Donne-leur des conseils. Joue cette scène en groupes de trois ou quatre.

MODÈLE **—Je m'appelle Josh et j'ai grossi. Qu'est-ce que je peux faire?**
—Ne t'en fais pas, Josh. Tu n'as qu'à faire de l'exercice et manger léger.

Objectifs
- the conditional
- *si* clauses

Grammaire à l'œuvre 2

Grammavision

The conditional

1 The conditional **(le conditionnel)** tells what *would* happen. The conditional uses the infinitive as the stem for most verbs. The endings are the same as those of the **imparfait.** Drop the **-e** from verbs ending in **–re** before adding the endings.

	parler	finir	vendre
je	parler**ais**	finir**ais**	vendr**ais**
tu	parler**ais**	finir**ais**	vendr**ais**
il/elle/on	parler**ait**	finir**ait**	vendr**ait**
nous	parler**ions**	finir**ions**	vendr**ions**
vous	parler**iez**	finir**iez**	vendr**iez**
ils/elles	parler**aient**	finir**aient**	vendr**aient**

2 Verbs that have irregular stems and spelling changes in the future tense have the same stems in the conditional.

Tu devrais bien manger. Tu pourrais aussi prendre des vitamines.
You should eat well. You could also take vitamins.

Vocabulaire et grammaire, *pp. 94–95*
Cahier d'activités, *pp. 75–77*

Déjà vu!

Do you remember the stems of verbs that are irregular in the future?

aller (ir-)	**pouvoir** (pourr-)
avoir (aur-)	**savoir** (saur-)
devoir (devr-)	**venir** (viendr-)
être (ser-)	**voir** (verr-)
faire (fer-)	**vouloir** (voudr-)

29 Pour être en bonne santé

Écrivons Qu'est-ce que ces personnes feraient si elles voulaient être en bonne santé, d'après toi? Écris six phrases en utilisant le conditionnel et un élément de chaque colonne.

MODÈLE **Moi, je prendrais des vitamines.**

Moi, je	manger	des vitamines
(à ton ami[e]) Tu	faire	plus d'eau
Le professeur	prendre	au club de sport
Nous, les élèves, nous	aller	des pompes
Vous, les parents, vous	avoir	léger
Les jeunes	boire	un régime équilibré

my.hrw.com
Grammaire 2 practice

30 Mais enfin, réagissez!

Écrivons/Parlons Les personnes sur ces illustrations ne sont pas du tout en forme! Qu'est-ce qu'elles feraient ou ne feraient pas pour aller mieux, d'après toi? Utilise les sujets indiqués et le conditionnel.

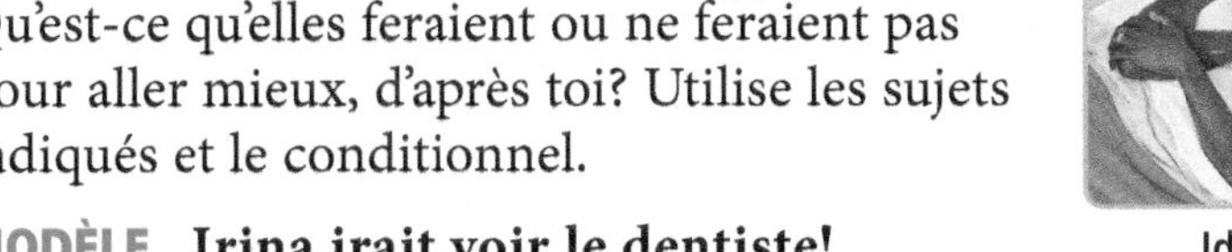

MODÈLE **Irina irait voir le dentiste!**

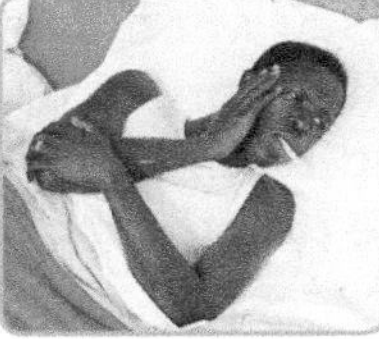

Idrissa

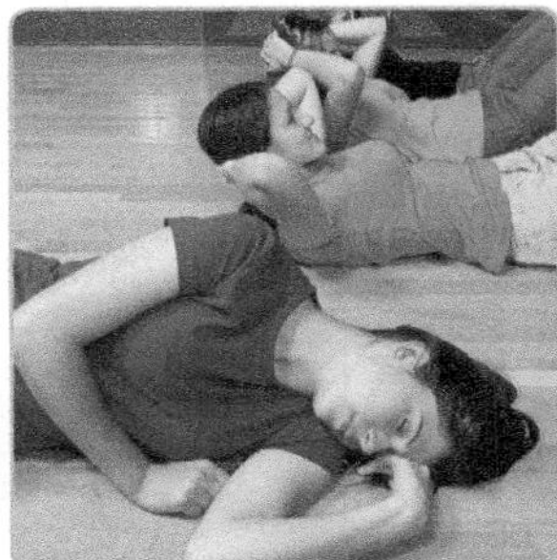

1. Nous

2. Je

3. Elle

4. Vous

31 Ma lettre à Amadou

Écrivons Amadou, ton correspondant sénégalais, va venir te rendre visite cet été. Écris-lui un e-mail pour lui suggérer des activités que vous pourriez faire ensemble. Attention! Amadou est un athlète et il est très en forme. Il adore le sport et il veut rester en bonne santé, alors propose des activités appropriées.

MODÈLE **Cher Amadou,**
Il y a un club de sport super dans ma ville. On pourrait y aller pour faire du yoga.

Communication

32 Scénario

Parlons Un(e) jeune Français(e) a décidé de changer ses habitudes pour être en meilleure forme. Il/Elle essaie de convaincre un(e) ami(e) de faire du sport avec lui/elle et de changer leurs habitudes. Son ami(e) n'a pas envie de changer! Avec un(e) camarade, inventez une conversation entre ces deux personnes et jouez la scène pour la classe.

MODÈLE **—On pourrait manger des produits biologiques?**
—Pas question! Moi, j'aimerais mieux manger des sandwichs et des frites!

Si clauses

1 To say what someone *would* do *if* things were different, use two clauses, an "if" clause and a "result" clause. The "if" clause will start with **si** *(if)* and will be in the **imparfait**. The "result" clause will be in the **conditional**. Either clause can come first.

Si tu voulais être en bonne santé, tu ferais de l'exercice.

If you wanted to be in good health, you would exercise.

Tu achèterais des légumes **si** tu voulais bien manger.

You would buy vegetables if you wanted to eat well.

2 You can also use si + on + **imparfait** to invite someone to something.

Si on faisait de l'exercice? *How about exercising?*

Vocabulaire et grammaire, *pp. 94–95*
Cahier d'activités, *pp. 75–77*

33 Le bon choix

Lisons Choisis la forme qui convient pour compléter les phrases.

1. Si nous _______ au gymnase samedi?
   a. allions **b.** irions
2. Si Monica _______ des abdominaux, elle serait plus en forme.
   a. ferait **b.** faisait
3. Nous _______ faire un régime si nous voulions perdre du poids.
   a. devrions **b.** devions
4. Si tu voulais, tu _______ faire de la musculation avec Paul.
   a. pouvais **b.** pourrais
5. Si les filles faisaient du yoga, elles _______ moins stressées.
   a. étaient **b.** seraient

34 Écoutons

Écoute chaque phrase et indique s'il s'agit **a) d'une invitation** ou **b) d'une action conditionnelle.**

35 Des si, toujours des si...

Lisons Complète les phrases avec l'imparfait et le conditionnel des verbes entre parenthèses. Attention à l'ordre des verbes!

1. (vouloir; fumer) Si tu _______ être en forme, tu ne _______ pas!
2. (perdre; faire) Noémie _______ du poids si elle _______ un régime.
3. (aller; être) Si vous _______ vraiment malade, vous _______ voir le médecin!
4. (manger; maigrir) Si je _______ plus léger, je _______ !
5. (manger; être) Nous _______ en forme si nous _______ mieux!

Flash culture

La cuisine sénégalaise est l'une des meilleures d'Afrique. Le riz et le poisson sont les principales sources de nourriture. L'arachide (cacahuète) est la principale culture, son huile remplace le beurre et parfume viandes et poissons. Sur les marchés, on vend des biscuits recouverts de beurre d'arachide et des arachides grillées.

Comment est-ce que la nourriture sénégalaise se compare à la nourriture américaine?

36 De bons conseils

Écrivons Phillipe demande à son amie Colette de lui donner des conseils pour être en bonne santé. Regarde chaque image et écris les conseils de Colette.

MODÈLE **Si tu voulais faire un régime, tu devrais manger des fruits et des légumes...**

1.

2.

3.

4.

37 Un voyage à Dakar!

Écrivons Si ta classe de français gagnait un voyage d'une semaine à Dakar ou une autre ville francophone, qu'est-ce que vous feriez? Où iriez-vous? Qu'est-ce que vous visiteriez? Pourquoi? Utilise des phrases avec **si** et le conditionnel.

MODÈLE **Si la classe gagnait un voyage à Dakar, nous serions très contents!**

Communication

38 Questions personnelles

Parlons Crée un petit sondage pour savoir ce que tes camarades pensent qu'ils pourraient faire pour être plus en forme. Prépare 6 à 8 questions sur les sports qu'ils voudraient faire, les choses qu'ils voudraient manger ou ne plus manger, les mauvaises habitudes qu'ils voudraient changer, etc. Ensuite, circule dans la classe et pose tes questions à des camarades. Enfin, compare leurs réponses avec les réponses des autres élèves.

MODÈLE **—Cindy, qu'est-ce que tu voudrais faire comme sport si tu voulais être plus en forme?**
—Moi, j'aimerais essayer le yoga.

Synthèse
- Vocabulaire 2
- Grammaire 2

Application 2

39 Écoutons

Imagine que tu es nutritionniste et que tu as une émission à la radio. Plusieurs personnes téléphonent pour te demander des conseils. Choisis toutes les réponses logiques.

Vous devriez...

a. faire une promenade tous les jours
b. faire du jogging
c. manger des fruits
d. manger du poulet ou du poisson
e. manger moins de matières grasses
f. prendre des vitamines

40 Un programme de remise en forme

Écrivons Crée un programme pour changer les habitudes d'un(e) ami(e) ou d'un membre de ta famille qui n'est pas très en forme. Donne-lui au moins cinq suggestions au conditionnel.

MODÈLE **Programme pour mon amie Karen:**
1. Tu ne devrais plus sauter de repas parce que c'est mauvais pour la santé.

Un peu plus

The conditional to make polite requests

The conditional (le conditionnel de politesse) can be used to make a request or offer sound more polite.

Pourrais-tu m'aider?
Could you help me?
Est-ce que vous voudriez faire du yoga?
Would you like to do yoga?

Vocabulaire et grammaire, *p. 96*
Cahier d'activités, *pp. 75–77*

41 Des questions

Écrivons Vous entendez ces conversations au gymnase. Choisis le verbe qui convient et fais tous les changements nécessaires.

manger	pouvoir	vouloir
aimer	faire	essayer

1. ______ -je t'aider à faire de la musculation?
2. M. Durand, vous ______ faire un régime?
3. Sasha ______-il faire du sport avec nous?
4. Vous pensez que vos enfants ______ une promenade avec Magali?
5. Lucas, ______-tu au restaurant biologique avec nous?
6. ______ -nous ces boissons aux vitamines?

my.hrw.com
Application 2 practice

42 Soyons polis!

Parlons/Écrivons Reformule les questions suivantes en utilisant le conditionnel pour les rendre plus polies.

MODÈLE Peux-tu me montrer comment faire des pompes?
Pourrais-tu me montrer comment faire des pompes?

1. Luc et Ronan peuvent-ils aller jouer au tennis avec nous?
2. Conduirez-vous les enfants à leur cours de danse?
3. Leslie, tu m'achètes des médicaments à la pharmacie?
4. Carole veut-elle faire plus d'exercice?
5. Devons-nous attendre le prof de yoga?
6. Tu peux passer à la pharmacie? Il me faut des vitamines.

À la française

When you hurt yourself accidentally, say **Aïe!** *(Ow!)* or **Ouille!** *(Ouch!)*. When you have finished doing something physically difficult, say **Ouf!** *(Whew!)*

43 Le grand marathon

Écrivons Tu as décidé de participer à un marathon dans six mois, alors bien sûr, tu dois t'entraîner. Écris une lettre à la personne qui organise le marathon pour lui demander des conseils. Utilise le conditionnel pour être plus poli(e).

MODÈLE **Cher Monsieur,**
Je vais faire le marathon dans six mois et je voudrais... Pourriez-vous me dire...

Communication

44 Des conseils

Parlons Ton/Ta camarade et toi vous saluez et parlez entre les cours. L'un(e) de vous ne se sent pas bien et l'autre lui pose des questions sur sa santé. Lisez les questions ci-dessous et répondez-y de manière logique et détaillée. Utilisez des gestes pendant que vous parlez. Ensuite, échangez les rôles.

— **Ça n'a pas l'air d'aller. Qu'est-ce qu'il y a?**
—
— **Tu crois que tu as de la fièvre?**
—
— **Quels sont tes symptômes?**
—
— **Tu devrais prendre des médicaments.**
—

Application 2

Télé-roman

Le Secret de la statuette Épisode 8

STRATÉGIE

Following the plot The plot is the sequence of actions in a story. Go back to the past seven episodes and write down at least two plot developments from each as well as for Episode 8. For example, in Episode 1: (1) Charles Rigaud gives a statuette to Mister Gadio. (2) Mister Gadio calls his French friend Anne Bondy, to tell her about the statuette. Keeping track of the plot will help you to understand the overall storyline, and might give you ideas about how the story will end.

Le lendemain matin...

1

Anne Alors, il y a du nouveau dans l'enquête? Vous avez des nouvelles de l'inspecteur Sonko?

M. Gadio Eh bien, hier soir, après notre retour, je l'ai appelé et je lui ai raconté l'aventure des enfants à Gorée et ton kidnapping...

2 *Il est tout de suite allé à Gorée, mais il n'a rien trouvé. Rigaud est parti sans laisser de traces.*

3 *L'inspecteur Sonko a aussi prévenu les autres postes de police du pays. Il nous téléphonera s'il y a du nouveau.*

Plus tard, ce jour-là, chez les Gadio...

4

Seydou Tu sais, cette histoire de statuette volée est vraiment bizarre. Tu penses que la police va la retrouver?

Léa Je ne sais pas. Si on oubliait un peu toute cette histoire?

5

Seydou Oui, bonne idée. Tu voudrais aller faire un tour quelque part?

Léa Oui. Pourquoi pas?

6

Seydou Il y a un concert de Didier Awadi. C'est un chanteur hip-hop célèbre. Je vais regarder sur Internet s'il y a encore des places.

Au musée...

7

Anne Tu sais, Salif, il y a quelque chose de bizarre au sujet de cette statuette...

M. Gadio Ah oui, c'est sûr! Rigaud me l'apporte lui-même. Et puis, il la vole. C'est une histoire de fous!

8

M. Gadio En tout cas, moi, j'ai l'impression que cette statuette cache quelque chose.

AS-TU COMPRIS?

1. Où est-ce que l'inspecteur Sonko est allé?
2. Est-ce que l'inspecteur Sonko a trouvé Charles Rigaud?
3. Qu'est-ce que Léa voudrait faire?
4. Qu'est-ce que Seydou propose de faire?
5. Pourquoi l'histoire de la statuette est bizarre?
6. Comment résumerais-tu l'idée principale et le thème de cet épisode?

Prochain épisode:
M. Gadio pense que la statuette «cache quelque chose». Est-ce que tu es d'accord? Si oui, quel est le secret de la statuette, d'après toi?

Lecture et écriture

STRATÉGIE

Using background knowledge can help you understand text or spoken language. Study the images, then look or listen for familiar words to determine the main idea and theme, and guess the meaning of unfamiliar vocabulary.

A Avant la lecture

Qu'est-ce que tu dois faire pour être en forme? Est-ce que la pyramide alimentaire américaine est familière? Écris ce que tu sais sur une feuille de papier.

Mange bien !

Pour bien vivre, mange de tout
Pour bien manger, équilibre ton alimentation
Pour l'équilibre, fais une activité physique

Mathilde Dauxais est nutritionniste à Paris. Elle recommande, pour être en bonne santé et en pleine forme, une alimentation simple et variée.

Pour bien commencer ta journée[1], prends un bon petit déjeuner : un grand verre de jus de fruit, un bol de chocolat au lait ou un thé, une tartine de confiture ou des céréales. Si tu as très faim, tu peux manger un œuf, mais pas tous les jours !

À midi, le déjeuner est ton repas principal. En entrée, tu peux commencer avec une salade de tomates ou des carottes râpées[2], continuer avec un steak ou une escalope de dinde[3], du riz et des légumes verts, puis prendre un yaourt ou du fromage. Tu peux terminer ton repas avec un dessert sympa : une crème caramel, une glace ou un fruit. Comme boisson, de l'eau c'est très bien. Tu peux aussi boire une limonade, mais pas trop souvent.

Quatre heures, c'est l'heure du goûter. Un petit pain au chocolat, une banane ou une pomme avec un verre de lait ou un jus de fruit, c'est parfait !

1. day 2. grated 3. turkey breast

Le soir, au dîner, mange léger. Une soupe de légumes, un filet de poisson ou une tranche de jambon et des pâtes, une salade verte, un fruit cuit et un yaourt, c'est suffisant. Comme boisson, de l'eau. Tu ne dois pas boire de boissons avec du sucre ou de la caféine si tu veux bien dormir.

Et n'oublie pas de faire du sport tous les jours : du jogging, de la natation, du tennis, du football, du basket, de la danse, du yoga... ou une grande promenade avec ton chien !

La pyramide alimentaire française

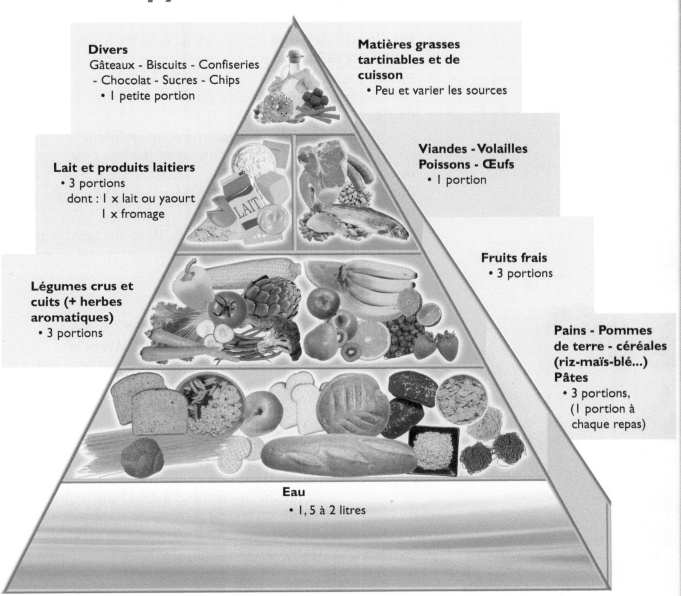

Divers
Gâteaux - Biscuits - Confiseries - Chocolat - Sucres - Chips
- 1 petite portion

Matières grasses tartinables et de cuisson
- Peu et varier les sources

Lait et produits laitiers
- 3 portions dont : 1 x lait ou yaourt 1 x fromage

LAIT

Viandes - Volailles Poissons - Œufs
- 1 portion

Fruits frais
- 3 portions

Légumes crus et cuits (+ herbes aromatiques)
- 3 portions

Pains - Pommes de terre - céréales (riz-maïs-blé...) Pâtes
- 3 portions, (1 portion à chaque repas)

Eau
- 1, 5 à 2 litres

Pendant la lecture

B Réponds aux questions suivantes.

1. Pour avoir une vie équilibrée, qu'est-ce qu'il faut faire?
2. Qu'est-ce qu'il ne faut pas manger trop souvent?
3. Qu'est-ce qu'il faut manger le plus souvent, des fruits ou des légumes?
4. Quel est le repas le plus important de la journée?
5. Quelle boisson est-ce que Mme Dauxais recommande?
6. Quand est-ce que tu dois faire une activité physique?

C Est-ce que Mme Dauxais penserait que les choix alimentaires des personnes suivantes sont bons? Réponds par **oui** ou **non**.

1. Pour le petit-déjeuner, Robert mange deux œufs, des toasts et un verre de lait.
2. Pascale mange la même chose tous les jours pour le déjeuner: une salade verte, un morceau de poulet et du riz.
3. Le soir, Sylvie mange une omelette et un fruit, une soupe et une salade ou un sandwich au jambon avec des crudités.
4. Pour le dîner, chez Alain, on mange un grand repas avec tous les groupes alimentaires.
5. Thomas et Frédéric adorent les fruits. Ils en mangent tous les jours pour le goûter.

Après la lecture

D Quel est le message de l'article? Qu'est-ce que tu as écrit sur ta liste dans **Avant la lecture?** Est-ce que tu as beaucoup de points en commun avec l'article? Lesquels?

E Est-ce que tu penses que les recommandations mentionnées dans l'article sont difficiles à suivre? Pourquoi ou pourquoi pas? Est-ce que ton mode de vie est proche de celui décrit dans l'article? Est-ce que ton régime alimentaire est proche de celui décrit par la pyramide alimentaire? Que dois-tu changer?

Espace écriture

STRATÉGIE pour écrire

Providing specific details can give clarity and plausibility to a report or story. The details you add provide concrete examples which help your readers understand what you have written and make your writing more vivid and interesting.

Je lui ai dit, «Tu ferais bien de te reposer».

You're a physician keeping personal records of your patients' problems and the recommendations you give them. Recreate today's chart with several patients' detailed complaints, symptoms, or accounts of accidents, followed by your diagnosis and advice or prescriptions.

1 Plan

Imagine six different accidents or conditions that prompt patients to visit your office, and make a list of them in French. Match words and expressions from the chapter's vocabulary to each accident or condition. Next to each, write two sentences with advice you might give to your patients, using the subjunctive or the conditional tense.

Nom	Symptômes	Conseils
Mireille		
Pascal		
Corinne		
Anne		
Jean		
Alain		

2 Rédaction

Now make a chart like one a doctor might keep on a clipboard, with headings such as **nom, symptômes,** and **conseils.** For each condition or accident, provide interesting and specific details. Then provide your diagnosis, followed by your medical or health advice. Use the sentences you wrote earlier: **Thierry s'est foulé la cheville quand il jouait au football. Je lui ai dit, «Il faut que vous vous reposiez. Ne faites pas de sport pendant huit semaines».**

3 Correction

Trade drafts with a classmate and make suggestions that might improve the thoroughness and detail of the conditions. Check for diagnoses that are appropriate. Check for correct use and forms of the subjunctive and the **passé composé, imparfait,** and conditional tenses.

4 Application

You may wish to provide a title in the form of an invented letterhead for your office. Display the records on a bulletin board for comparison. Which doctors had the most interesting set of patients? Who gave the most innovative advice?

Prépare-toi pour l'examen

@HOMETUTOR

1 Vocabulaire 1
- to ask and tell how you feel
- to describe symptoms and give advice

pp. 270–273

1 Amadou et Aminata sont malades. Imagine comment chacun se sent *(feels)*. Ensuite, dis ce que chacun doit faire.

1. Amadou

2. Aminata

2 Grammaire 1
- the subjunctive of regular verbs
- the subjunctive of irregular verbs

Un peu plus
- more expressions with the subjunctive

pp. 274–279

2 Ton ami a la grippe. Donne-lui des conseils avec **il faut que tu...** et les verbes suivants.

1. aller chez le médecin
2. rester au lit
3. dormir beaucoup
4. prendre des médicaments
5. finir tous tes médicaments
6. boire beaucoup d'eau
7. prendre des vitamines
8. ne... pas sortir ce soir

3 Vocabulaire 2
- to complain about health and to give advice
- to sympathize with someone

pp. 282–285

3 Qu'est-ce qu'il faut faire dans les circonstances données? Qu'est-ce qu'il ne faut pas faire? Écris au moins deux phrases pour chaque circonstance.

1. pour être en bonne santé
2. pour perdre du poids
3. pour devenir plus fort *(get stronger)*
4. pour être moins stressé

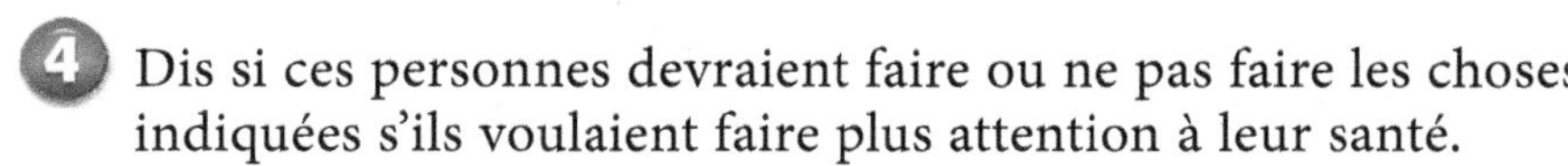

Online Assessment

my.hrw.com
Chapter Self-test

4 Dis si ces personnes devraient faire ou ne pas faire les choses indiquées s'ils voulaient faire plus attention à leur santé.

MODÈLE à ton ami(e) (sauter des repas)
Si tu voulais faire plus attention à ta santé, tu ne sauterais pas de repas.

1. moi, je (faire plus souvent de l'exercice)
2. ma famille (manger beaucoup de matières grasses)
3. mes amis et moi (aller plus souvent au gymnase)
4. mon meilleur ami / ma meilleure amie (fumer)
5. mes amis (manger plus de fruits)

4 Grammaire 2
- the conditional
- **si** clauses

Un peu plus
- the conditional to make polite requests

pp. 286–291

5 Réponds aux questions suivantes.

1. Qu'est-ce que la France et le Sénégal ont en commun en ce qui concerne la médecine?
2. Décris la nourriture sénégalaise.

5 Culture
- **Flash culture** **pp. 272, 276, 284, 288**
- **Comparaisons** **pp. 280–281**

6 Samuel voudrait être en bonne santé et il te pose des questions. Donne-lui de bons conseils en répondant à ses questions par **a) oui** ou **b) non.**

7 Avec un(e) camarade, vous allez jouer les rôles d'un(e) jeune qui ne se sent pas bien et d'un docteur. D'abord, lisez les instructions pour chaque réplique *(exchange)*. Ensuite, créez votre dialogue en utilisant des expressions que vous avez apprises.

Élève A:	Dis bonjour au/à la patient(e). Fais une observation sur son apparence et demande-lui ce qu'il/elle a.
Élève B:	Explique tes symptômes au docteur.
Élève A:	Questionne le/la patient(e) sur ses habitudes (comment il/elle mange, dort, etc.)
Élève B:	Parle au docteur de tes habitudes.
Élève A:	Donne des conseils au/à la patient(e) sur de meilleures habitudes à prendre.
Élève B:	Pose une question au docteur sur ce que tu dois faire comme sport.
Élève A:	Réponds au/à la patient(e) et rassure-le/la *(reassure him/her)*.
Élève B:	Remercie le docteur et dis-lui au revoir.

Grammaire 1
- the subjunctive of regular verbs
- the subjunctive of irregular verbs

Un peu plus
- more expressions with the subjunctive

pp. 274–279

Résumé: Grammaire 1

Use the **subjunctive** when talking about something that is a *necessity*, such as after the phrases **il faut que, il est nécessaire que** and **il est important que.**

To form the subjunctive of most verbs, drop the **-ent** from the **ils** form of a present-tense verb and add these endings:

	parler	finir	vendre
je	parl**e**	finiss**e**	vend**e**
tu	parl**es**	finiss**es**	vend**es**
il/elle/on	parl**e**	finiss**e**	vend**e**
nous	parl**ions**	finiss**ions**	vend**ions**
vous	parl**iez**	finiss**iez**	vend**iez**
ils/elles	parl**ent**	finiss**ent**	vend**ent**

Some verbs have different subjunctive stems for the **nous** and **vous** forms. See page 276 to see how these verbs are formed in the subjunctive.

The verbs **aller, être, avoir,** and **faire** all have irregular forms in the subjunctive. See page 276 for a table showing these forms.

Grammaire 2
- the conditional
- **si** clauses

Un peu plus
- the conditional to make polite requests

pp. 286–291

Résumé: Grammaire 2

Use the **conditional** to tell what *would* happen.

To form the conditional, add these endings to the future stem:
-ais, -ais, -ait, -ions, -iez, -aient

parler → je parler**ais**
vendre → elle vendr**ait**
aller → ils ir**aient**

To tell what someone would do if things were different, use a **si** clause with a verb in the **imparfait** and a result clause with a verb in the **conditional.**

Si j'étais riche, j'achèterais une nouvelle voiture.

The expression **si + on + imparfait** is useful for inviting someone to do something or for making a suggestion: **Si on allait voir un film?**

Lettres et sons

The symbols œ and æ

These symbols are a combination of two letters and you will sometimes see the letters written separately. Notice the sounds in the words **cœur, sœur,** and **Læticia.**

Jeux de langue

Le cœur de ma sœur ne meurt jamais!

Dictée

Écris les phrases de la dictée.

Résumé: Vocabulaire 1

PRACTICE FRENCH WITH HOLT MCDOUGAL APPS!

To ask and tell how you feel

avoir la grippe/de la fièvre	*to have the flu/a fever*
se blesser	*to injure oneself*
le bras	*arm*
se brûler	*to burn oneself*
se casser	*to break (one's leg)*
le cerveau	*brain*
la cheville	*ankle*
le cœur	*heart*
le corps	*body*
le cou	*neck*
le dentiste	*dentist*
le doigt (de pied)	*finger (toe)*
le dos	*back*
l'épaule (f.)	*shoulder*
l'estomac (m.)	*stomach*
éternuer	*to sneeze*
être fatigué(e)	*to be tired*
se fouler	*to twist (one's ankle/wrist)*
le front	*forehead*
le genou	*knee*
la jambe	*leg*
la joue	*cheek*
la lèvre	*lip*
la main	*hand*
malade	*sick*
le médecin	*doctor*
le muscle	*muscle*
l'œil (m.)	*eye*
l'os (m.)	*bone*
le pied	*foot*
le poignet	*wrist*
le poumon	*lung*
prendre la température	*to take a temperature*
le sourcil	*eyebrow*
tousser	*to cough*
le visage	*face*
Ça n'a pas l'air d'aller.	*You don't seem to be doing well.*
J'ai mal dormi.	*I slept badly.*
Je me sens mal.	*I feel ill.*
Je ne me sens pas bien.	*I don't feel well.*
Non, je ne suis pas en forme.	*No, I'm not in good shape.*
Qu'est-ce que tu as?	*What's wrong?*
Qu'est-ce qu'il y a?	*What's wrong?*
Tu n'as pas bonne mine...	*You don't look good . . .*
Tu as mauvaise mine.	*You look bad.*
Tu as l'air...	*You seem . . .*

To describe symptoms and give advice, see p. 273

Résumé: Vocabulaire 2

To complain and give advice

avoir un régime équilibré	*to have a balanced diet*
consommer trop de matières grasses	*to consume/eat too many fatty foods*
être en bonne santé	*to be healthy*
faire des abdominaux (m.)	*to do abdominal exercises*
faire de l'exercice (m.)	*to exercise*
faire de la musculation	*to lift weights*
faire des pompes (f.)	*to do push ups*
faire un régime	*to go on a diet*
faire du yoga	*to do yoga*
fumer	*to smoke*
manger léger	*to eat light*
se nourrir	*to feed oneself*
perdre/prendre du poids	*to lose/to gain weight*
se peser	*to weigh oneself*
prendre des vitamines (f.)	*to take vitamins*
se priver de sommeil	*to deprive oneself of sleep*
les produits (m.) bio(logiques)	*organic products*
se relaxer/se reposer	*to relax/to rest*
sauter des repas (m.)	*to skip meals*
Il faudrait que tu...	*You should...*
J'ai mal partout.	*I ache everywhere.*
Je suis au régime.	*I'm on a diet.*
Pourquoi tu ne (n')... pas... ?	*Why don't you . . . ?*
Tu ferais bien de...	*You would do well to . . .*
Tu n'as qu'à...	*All you have to do is . . .*

To sympathize with someone, see p. 285

Révisions cumulatives

1 C'est une journée difficile pour Justine et ses amis. Pour chaque phrase, choisis la photo qui convient.

a.

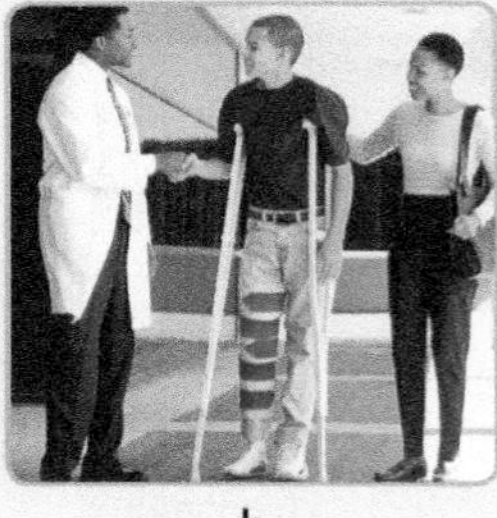
b.

c.

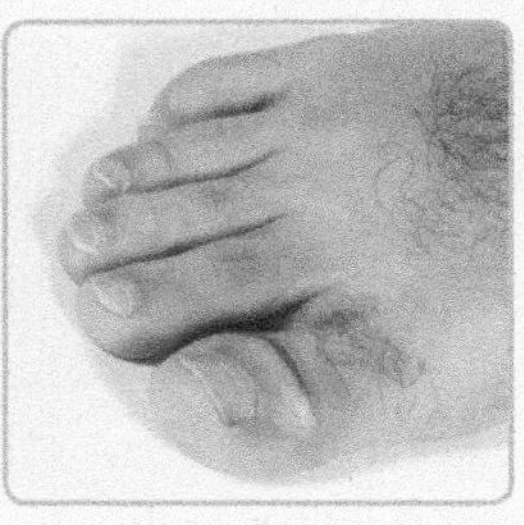
d.

2 Voilà un article Web sur la pyramide de l'équilibre alimentaire. Lis l'article et réponds aux questions qui suivent.

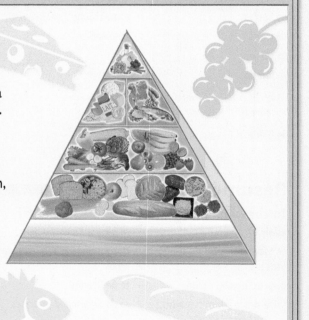

Choisissez les bonnes proportions pour une meilleure santé avec la pyramide de l'équilibre alimentaire.

- La pyramide de l'équilibre alimentaire s'adresse à toute personne en bonne santé, de 2 ans et plus.
- Ce modèle donne de l'importance aux groupes alimentaires qui se situent à la base de cette pyramide, et en particulier au groupe principal, celui des céréales sous toutes leurs formes : pain, céréales en grains, riz, pâtes alimentaires, etc.
- Le pain, le riz, les pâtes et les céréales sous diverses formes sont des aliments de base parce qu'ils sont une source d'énergie importante.
- Les céréales apportent aussi des vitamines, des minéraux et des fibres.

1. À qui est-ce que la pyramide alimentaire s'adresse?
2. Pourquoi est-il important de manger des céréales?
3. Compare la pyramide française à la pyramide alimentaire américaine.

Online Assessment
my.hrw.com
Cumulative Self-test

Révisions cumulatives

3 Regarde la scène et décris ce qui se passe. Qui est malade? Imagine les conversations et en petits groupes, jouez la scène pour la classe.

Un souwère **du Sénégal**

4 Imagine que tu as décidé d'améliorer *(to improve)* ta santé. Crée un programme indiquant tes buts *(goals)* et ce que tu devrais et ne devrais pas faire.

Buts	Actions	Limitations
Je voudrais être moins stressé.	Je devrais faire du yoga.	Il ne faut pas que je me prive de sommeil.

5 À ton tour

Un sondage Create a survey to find out about the habits of your classmates. Ask about their classes, their daily routines, and their eating habits. Print the survey and have everyone in the class fill it out. Finally, analyze the results and post them in the classroom.

Chapitres 9 et 10

Géoculture

Nice

Géoculture

Les ruines romaines
Sur une colline au nord de la ville se trouve le site archéologique où l'on peut visiter des ruines romaines. 3

Almanach

Nom des habitants
Les Niçois

Population
Plus de 343.000 habitants

Personnages célèbres
Arman, Joseph Garibaldi, Yves Klein, François Payard

Industries
Tourisme, trafic portuaire, informatique, hautes technologies

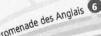

Savais-tu que...?

Les Niçois ont leur propre langue: le nissard.

Le port Lympia
Les maisons du port de Nice sont de style italien. Nice a été une possession italienne jusqu'en 1860. 2

7 La Cathédrale orthodoxe russe

Boulevard Gambetta

Le musée d'Art moderne et d'art contemporain (MAMAC)
On y trouve toutes les tendances de l'art contemporain de la deuxième moitié *(half)* du 20e siècle. De ses terrasses, on a une très belle vue de Nice. 1

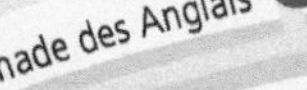

Baie des Anges

Le cours Saleya est apprécié pour ses terrasses, ses restaurants et son marché aux fleurs. Il est situé dans le vieux quartier de Nice. 4

CIMIEZ

5 Musée Matisse

3 Ruines romaines

Le musée Matisse est situé dans une villa du 17e siècle. Il présente des œuvres du peintre Henri Matisse qui a vécu à Nice. 5

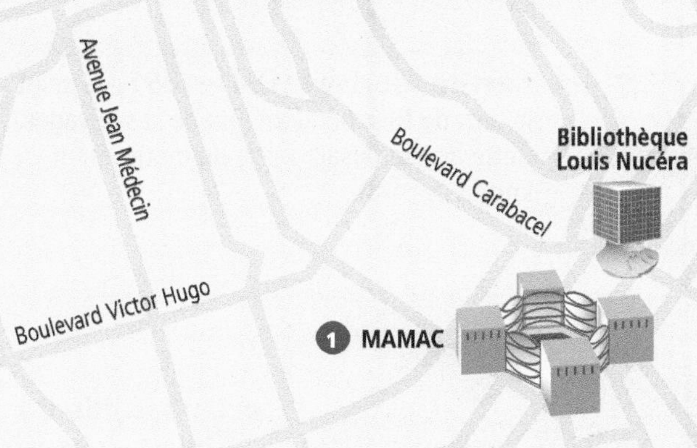

Palais Lascaris

4 COURS SALEYA

Quai des États-Unis

2 Le Port Lympia

La promenade des Anglais
C'est un Anglais, Lewis Way, qui a fait construire cette promenade le long de la baie des Anges au 19e siècle. Aujourd'hui, «la Prom» fait le bonheur des amateurs de roller. 6

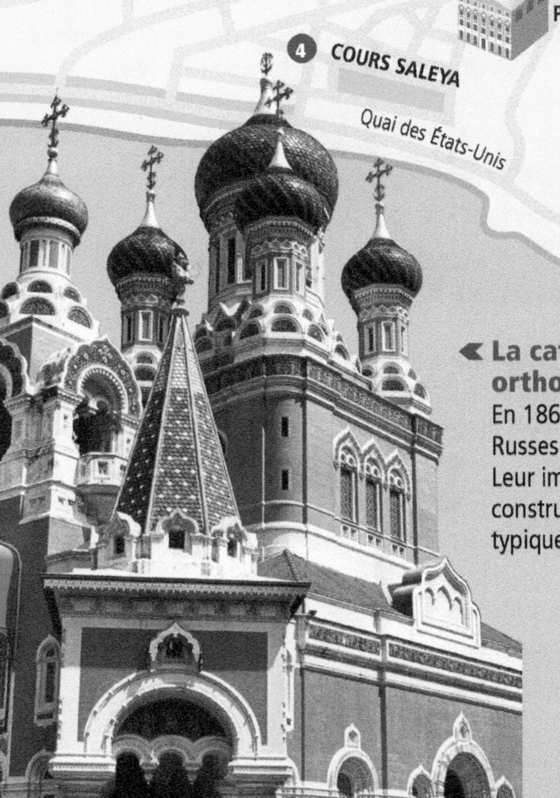

La cathédrale orthodoxe russe
En 1860, beaucoup de Russes vivaient à Nice. Leur impératrice a initié la construction de cette église typiquement russe. 7

Géo-quiz

La promenade des Anglais longe une baie. Comment s'appelle cette baie?

Découvre Nice

Arts

Arman (1928–2005) utilise des objets de la vie quotidienne pour créer des sculptures et des monuments publics.

Bundle of Clarinets. 1976. Soldered clarinets. Dimensions: 43 x 63 x 32.5 cm. Inv. AM1986-349. Musee National d'Art Moderne, Centre Georges Pompidou, Paris, France.

Yves Klein (1928–1962) a inventé la couleur IKB (*International Klein Blue*). Pendant une période de sa vie, il n'a utilisé que cette couleur dans toutes ses œuvres.

Yves Klein, Blue Sponge, 1959. Dry pigment in synthetic resin on sponge with metal rod and stone base. 39 x 12 x 10 inches (99.06 x 30.48 x 25.4 cm). Solomon R. Guggenheim Museum, New York. Gift Mrs. Andrew P. Fuller, 1964. 64.1752.

Berthe Morisot (1841–1895) a peint le port de Nice pendant l'un de ses voyages. Cette artiste faisait partie du mouvement impressionniste.

Fêtes et festivals

Le Carnaval de Nice anime la ville pendant les deux semaines qui précèdent le Carême.

La Bataille de fleurs est le défilé qui commence les festivités du Carnaval. On y offre des milliers de fleurs aux spectateurs.

Le Nice Jazz Festival a lieu en juillet. On peut assister à des concerts de jazz dans les arènes gallo-romaines et parmi les champs d'oliviers.

Architecture

Le château de l'Anglais est un exemple d'architecture Belle Époque. Construit en 1856, son style mélange des caractéristiques classiques avec celles des palais de l'Inde.

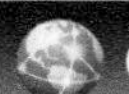

Online Practice

my.hrw.com
Photo Tour

Savais-tu que...?

Nice est la ville française qui a le plus grand nombre d'hôtels après Paris et son aéroport est le deuxième aéroport de France après celui de Paris.

La Bibliothèque Louis Nucéra Inaugurée en 2002, la bibliothèque Louis Nucéra est constituée de la Tête Carré, sculpture monumentale qui accueille l'administration et la Bibliothèque Louis Nucéra.

Le Palais Lascaris a été construit au milieu du 17e siècle par une famille italienne. Son architecture est de style baroque.

Gastronomie

La socca est une crêpe à la farine de pois chiches (*chickpeas*) cuite dans un four à bois.

La salade niçoise est faite avec du thon, des tomates, des concombres, des poivrons verts, des œufs durs, des olives noires de Nice et des anchois (*anchovies*).

Les fleurs de courgettes farcies sont une spécialité de Nice. On les prépare avec du fromage, puis on les passe dans une pâte à beignet et ensuite on les frit (*fry*).

Activité

1. **Art:** Qu'est-ce qu'Yves Klein a inventé?
2. **Fêtes et festivals:** Qu'est-ce qui se passe pendant la Bataille de fleurs?
3. **Architecture:** Quel est le style du château de l'Anglais?
4. **Gastronomie:** Quels sont les ingrédients de la salade niçoise?

chapitre 9

On s'amuse!

Objectifs

In this chapter, you will learn to
- describe a movie or a book
- ask for and give information
- ask about preferences
- recommend and advise against something

And you will use
- the relative pronouns **qui, que,** and **dont**
- present participles
- **c'est** and **il/elle est**
- interrogative pronouns
- demonstrative pronouns
- comparatives and superlatives

Que vois-tu sur la photo?

Où sont les personnes?

Qu'est-ce qu'elles font?

Et toi, où vas-tu pour acheter des livres, des CD ou des DVD?

DVD
Films
Séries TV
Russell Crowe Renée Zellweger En DVD
De l'ombre à la lumière

MODES OF COMMUNICATION

INTERPRETIVE	INTERPERSONAL	PRESENTATIONAL
Listen to friends talk about films and books. Read a page from a T.V. guide.	Discuss movie posters with a partner. Write an email to a friend asking about television preferences.	Present findings from a survey about television shows and music videos to the class. Write a movie review to display in the classroom.

La FNAC®, à Nice

Objectifs

- to describe a movie or book
- to ask for and give information

Vocabulaire à l'œuvre 1

Télé-vocab

Les genres de film

un film classique

un film d'aventures

un film d'action

un film d'horreur

un film de science-fiction

un film étranger

un film de guerre

un film d'espionnage

un film comique / une comédie

Les genres littéraires

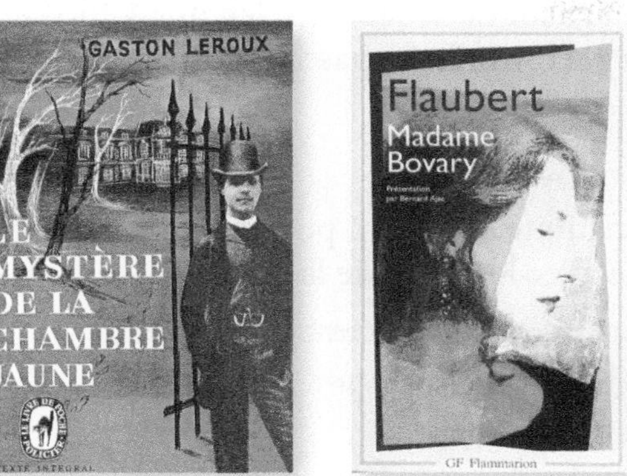

un roman policier

un roman classique

un roman fantastique

un roman d'amour

un recueil de poésie

une pièce de théâtre

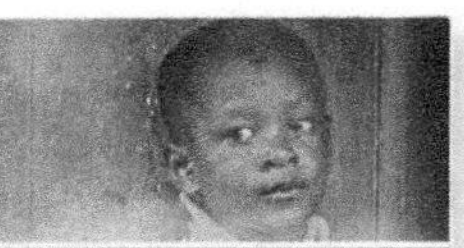

L'enfant noir

Camara Laye

J'étais enfant et je jouais près de la case de mon père. Quel âge avais-je en ce temps-là ? Je ne me rappelle pas exactement. Je devais être très jeune encore : cinq ans, six ans peut-être. Ma

PRESSES POCKET

une autobiographie

D'autres mots utiles

le personnage principal	*main character*
le héros	*hero*
l'héroïne (f.)	*heroine*
un acteur	*actor*
une actrice	*actress*
un dessin animé	*cartoon (film)*
un drame	*drama*
les sous-titres (m.)	*subtitles*
un metteur en scène	*director*

Exprimons-nous!

To describe a movie or book

C'est drôle/amusant. *It's funny/amusing.*	**C'est trop long/ennuyeux/déprimant.** *It's too long/boring/depressing.*
Il y a plein de rebondissements. *It's full of twists.*	**Il n'y a pas d'histoire.** *There's no story.*
Il y a beaucoup de suspense. *There's a lot of suspense.*	**Ce n'est pas mal, sans plus.** *It's just O.K.*
C'est une histoire passionnante. *It's an exciting story.*	**Ce n'est pas génial.** *It's not great.*
C'est une bonne **adaptation du** roman. *It's a . . . adaptation of the . . .*	**Ça n'a rien à voir avec** le roman. *It has nothing to do with . . .*

Vocabulaire et grammaire, *pp. 97–99*

▶ **Vocabulaire supplémentaire—Le cinéma, p. R21**

1 Écoutons

Chloé travaille dans un magasin de vidéos. Est-ce que Chloé **a) recommande** ou **b) ne recommande pas** chaque film?

2 Une revue

Écrivons Juliette écrit la critique d'un film pour le journal de son lycée. Complète sa critique avec les mots de la boîte.

amour	adaptation	acteur	personnages	héroïne
drame	actrice	héros	long	histoire

Le __1__ *Deux Personnes, un cœur* est mauvais et beaucoup trop __2__. Les __3__ principaux ne sont pas trop intéressants. Le __4__ Thierry est un jeune homme qui ne sait pas quoi faire de sa vie. L' __5__ , Cécile est amoureuse de Thierry, mais elle est trop timide pour lui parler. Elle lui recommande des romans d' __6__ comme *Je t'aime toujours*. Thierry ne comprend pas ce qu'elle fait. À la fin du film, Thierry part pour les États-Unis et Cécile reste en France. Bref, il n'y a vraiment pas d'histoire. En plus, l' __7__ qui joue le rôle de Thierry et l'__8__ qui joue le rôle de Cécile ne sont pas très bons.

3 À la librairie

Écrivons Théo entend ces conversations à la librairie. De quels genres littéraires est-ce que les personnes parlent?

MODÈLE —Tu aimes la musique de Nathalie Chantout? Tu devrais lire son livre *Ma vie et mes rêves.*
une autobiographie

1. —Un homme tombe amoureux d'une femme. C'est tout!
   —Oh, mais c'est très romantique!
2. —Le détective dit, «C'est vous, le meurtrier *(killer)* de Mme Dupont!"
   —Ne m'en dis pas plus! Je ne l'ai pas encore lu!»
3. —C'était cool quand le professeur est devenu une grenouille!
   —Oui, j'ai trouvé ça très drôle!
4. —Tu vas acheter *Madame Bovary?*
   —Non, c'est trop long!
5. —Ce livre a tous les poèmes d'Edgar Allan Poe!
   —Je n'aime pas ses poèmes. Ils sont déprimants.

Entre copains

le cinoche	*movie theater*
Ça casse pas des briques.	*It's not great.*
un polar	*detective story (book)*
un navet	*dud, flop (film)*
Ça a fait un tabac.	*It was a hit.*

Flash culture

En France, la majorité des films étrangers sont doublés, c'est-à-dire que des acteurs doublent les voix des acteurs étrangers. Les spectateurs peuvent voir un film étranger en français sans avoir à lire les sous-titres. Beaucoup de cinémas montrent aussi les films étrangers dans leur version originale (V.O.), c'est-à-dire dans la langue originale de tournage du film. Les mentions V.F. (version française-doublée) ou V.O. sont inscrites sur les guides de cinéma et dans les salles de cinéma.

Est-ce que tu as vu un film français en V.O.?

Exprimons-nous!

To ask for information	To give information
Qu'est-ce qu'on joue au... ? *What's playing . . . ?*	**Il y a** le nouveau film de Jugnot. *There's . . .*
C'est avec qui? *Who's in it?*	**C'est avec** Juliette Binoche. *It's with . . .*
Ça passe où? *Where's it playing?*	**Ça passe au** Majestic. *It's playing at . . .*
Ça commence à quelle heure? *What time does it start?*	**La séance est à** 20h10. *The showing is at . . .*
Qu'est-ce que tu as lu d'intéressant récemment? *What have you read that's interesting . . . ?*	Je viens de finir **le dernier** Pennac. *. . . the latest . . .*
De quoi ça parle? *What's it about?*	**Ça parle d'/C'est l'histoire d'**un garçon... *It's about . . .*
Qu'est-ce que ça raconte? *What's it about?*	**C'est basé sur** une histoire vraie. *It's based on a . . . .*

Vocabulaire et grammaire, *pp. 97–99* Online Workbooks

Communication

4 Scénario

Parlons Avec un(e) camarade, discutez des films suivants.

MODÈLE **—Qu'est-ce qu'on joue au cinéma Bijoux?**
—Il y a le nouveau film de...

Objectifs

- the relative pronouns *qui, que,* and *dont*
- present participles

Grammavision

The relative pronouns *qui, que,* and *dont*

1 Use clauses that begin with qui or que (*that, which, who,* or *whom*) to describe something or someone you have already mentioned.

Le livre qui est sur mon bureau est un roman policier.

J'ai vu un nouveau film que j'ai beaucoup aimé.

2 Qui *(that, which, who)* is the *subject* of the clause and is followed by a verb.

C'est un film qui est basé sur une histoire vraie.

3 Que (qu') *(that, which, whom)* is the *object* of the clause. It is followed by a subject and a verb.

C'est un film qu'on joue au cinéma Rex.

If the **passé composé** follows que, the past participle will agree with the noun que represents.

La pièce de théâtre qu'on a vu**e** hier était amusante!

4 The relative pronoun dont *(that, whom, whose)* replaces a prepositional phrase starting with **de**. It is often used with the verbs you see in the ***Déjà vu!*** section on this page.

C'est un film. Tout le monde parle de ce film.
C'est un film dont tout le monde parle.

It's a film that everyone is talking about.

Vocabulaire et grammaire, *pp. 100–101*
Cahier d'activités, *pp. 81–83*
Online Workbooks

Déjà vu!

Do you remember these expressions that are often followed by the preposition **de?**

parler de
avoir besoin de
avoir envie de
avoir peur de

5 Des films

Écrivons Jérémy parle des films qu'il a vus récemment. Complète ses phrases avec **qui, que** ou **dont**.

1. C'est un film étranger _______ j'ai vu avec des amis.
2. Le film _______ je parle est un film de science-fiction.
3. J'aime beaucoup l'acteur _______ joue dans ce film comique.
4. C'est une adaptation d'un roman _______ j'ai lu en cours.
5. L'héroïne, _______ le père est mort, cherche sa mère.

6 Des affiches de film

Parlons/Écrivons Regarde les posters de ces films. Donne ton opinion sur chaque film. Utilise un pronom relatif. Si tu ne connais pas ces films, tu peux parler d'autres films.

MODÈLE **C'est une histoire passionnante dont l'héroïne s'appelle Scarlett O'Hara.**

Online Practice
my.hrw.com
Grammaire 1 practice

1.

2.

3.

7 Mon roman préféré

Écrivons Quel est ton roman préféré? Écris un paragraphe pour résumer l'histoire et pour expliquer pourquoi ce roman est ton roman préféré. Utilise des pronoms relatifs pour relier tes phrases.

MODÈLE **Mon roman préféré est... C'est un livre qui...**

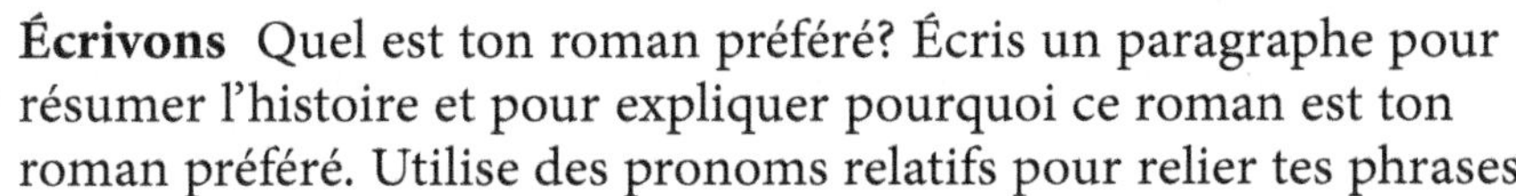

8 Scénario

Parlons Tu as envie d'aller au cinéma ce week-end. D'abord, choisis un film que tu voudrais voir. Demande à un(e) camarade s'il/elle veut y aller avec toi. Tu lui racontes un peu l'histoire et tu lui parles des acteurs et des critiques que le film a reçues. Ton/Ta camarade n'est pas très enthousiaste. Jouez cette scène avec ton/ta camarade.

MODÈLE **—Julie, j'ai envie d'aller voir le nouveau film de science-fiction...**
—Je n'aime pas trop la science-fiction. De quoi ça parle?
—C'est un film que...

Present participles

1 To form the **present participle**, remove the **-ons** from the **nous** form of the verb and add the ending **-ant.**

écouter nous écoutons + **-ant** = écout**ant**

nous sortons	→ sortant	nous attendons	→ attendant
nous finissons	→ finissant	nous faisons	→ faisant
nous prenons	→ prenant	nous allons	→ allant

2 **Être, avoir,** and **savoir** have irregular present participles.

être → étant
avoir → ayant
savoir → sachant

L'acteur étant très célèbre, il y avait une foule!

3 Use en or tout en + present participle to say that someone is doing something *while* doing something else.

Ils ont quitté le cinéma tout en parlant du film.

They left the theater (while) talking about the film.

Je vais acheter le billet en arrivant au cinéma.

I will buy the ticket as I arrive at the movie theater.

4 You can also use the present participle as an adjective to describe someone or something. It will agree with the noun being described.

C'est une histoire passionnant**e**.

It's an exciting story.

Vocabulaire et grammaire, *pp. 100–101*
Cahier d'activités, *pp. 81–83*

En anglais

In English, the *–ing* form of a verb can be used with the verb *to be* to say what is happening at a particular moment (present progressive).

We are leaving.

In what other circumstances do we use the –ing form in English?

In French, the present participle is not used to express present progressive time. Instead, the present tense is used.

We are leaving.

Nous partons.

Flash culture

En France la taxe sur les produits s'appelle la TVA (taxe sur la valeur ajoutée). Elle est incluse dans le prix. La TVA est de 20%. Cependant, la TVA sur les livres est seulement de 5,5%. Certains produits alimentaires, dits de première nécessité (lait, farine, sucre...) ont une TVA réduite à 5,5%.

Quelle est la taxe sur les produits dans ton état?

9 Le week-end de Ludivine

Lisons Ludivine parle de ce qu'elle a fait ce week-end. Indique si dans ses phrases, il y a un participe présent **(oui)** ou pas **(non)**. S'il y a un participe présent, indique l'infinitif du verbe.

1. En allant au cinéma, j'ai vu Natasha et je l'ai invitée à venir avec moi.
2. Le film que nous avons vu était une bonne adaptation d'un roman célèbre.
3. Il y a beaucoup de suspense et les acteurs sont formidables.
4. Tout en regardant le film, j'ai pensé au roman.
5. On a quitté le cinéma tout en discutant du film.

10 Écoutons

Écoute les personnes suivantes. Dis si elles font les actions **a) simultanément** ou **b) l'une après l'autre.**

11 Des commentaires

Écrivons Complète chaque phrase avec la forme qui convient du participe présent du verbe donné entre parenthèses.

1. Ces films de guerre sont vraiment ______ (déprimer)!
2. En ______ (adapter) ce livre pour le cinéma, Mondrieu a vraiment eu une bonne idée.
3. Avec les films en v.o., on doit lire les sous-titres tout en ______ (regarder) le film.
4. Cette autobiographie est vraiment ______ (passionner).
5. ______ (être) passionné d'histoire, mon père achète souvent des romans historiques.

12 Deux choses à la fois

Parlons Fais des phrases pour expliquer ce que tu fais en même temps que les activités illustrées par ces photos.

MODÈLE **J'écoute souvent de la musique en faisant mes devoirs.**

1.

2.

3.

4.

Communication

13 Opinions personnelles

Parlons En petits groupes, organisez un débat sur les différents genres de films et sur ce qu'ils apportent *(they bring)* aux personnes qui les voient. Utilisez des participes présents dans la conversation.

MODÈLE **—Moi, j'aime bien les films étrangers parce qu'en les regardant, on apprend...**
—Oui, et en écoutant les acteurs parler...

Synthèse
- Vocabulaire 1
- Grammaire 1

Application 1

14 Ma critique

Écrivons Écris une critique d'un film que tu as vu récemment. Utilise des pronoms relatifs et des participes présents.

MODÈLE **J'ai vu un film français en DVD. Ce film était en version originale, alors en le regardant... L'acteur qui...**

Un peu plus — Révisions

C'est and il/elle est

1. Use c'est and ce sont with a noun to identify *who* or *what*. C'est can also be used with adjectives to describe something general.

   C'est une histoire vraie. Ce sont des acteurs.

   Faire de la vidéo? C'est amusant.

2. Identify or describe someone or something with il/elle est followed by an adjective.

   Juliette Binoche? Elle est belle!

3. When talking about someone's profession or nationality, use either **c'est** or **il/elle est.** If you use **c'est,** you need to use an article.

   C'est un acteur. Il est acteur.

   C'est un Français. Il est français.

Vocabulaire et grammaire, *p. 102*
Cahier d'activités, *pp. 81–83*

15 Écoutons

Des amis parlent de films et de livres. Qu'est-ce que ces personnes pensent des films et des livres mentionnés?

a. Plein de rebondissements
b. Ça n'a rien à voir avec le roman.
c. C'est trop déprimant.
d. C'est une histoire passionnante!
e. Ce n'est pas génial.

16 Des descriptions

Écrivons Complète chaque phrase avec **c'est, ce sont, il est, elle est, ils sont** ou **elles sont.**

1. ______ un acteur de cinéma.
2. ______ française et elle a joué dans beaucoup de films célèbres.
3. Ces romans? ______ des romans fantastiques.
4. Oui, ______ très long, ce film! Trois heures et demie!
5. ______ tous les deux au théâtre avec leurs amis.

my.hrw.com
Application 1 practice

17 C'est quoi?

Écrivons/Parlons Donne une description des choses suivantes.

MODÈLE le personnage principal d'un film d'horreur
C'est un homme grand qui...

1. l'héroïne d'un roman d'amour
2. l'histoire d'un film d'action
3. les héros des romans policiers
4. des acteurs comiques
5. un film ennuyeux

18 Ma dernière sortie

Écrivons Raconte ta dernière sortie au cinéma ou au théâtre. Utilise un participe présent dans au moins cinq phrases.

MODÈLE **Je suis allé(e) voir un film...**
En arrivant au cinéma, on a acheté les billets...

Communication

19 Scénario

Lisons/Parlons Le professeur de français va montrer un film français à la classe. Les élèves doivent choisir le film. En groupes, lisez les résumés des deux films français que le professeur propose. Ensuite, parlez de ces films. Choisissez un film que tout le groupe a envie de regarder.

MODÈLE **—Moi, je voudrais voir *Le Grand Bleu* parce que c'est un film dont on m'a parlé. Et j'adore...**

Jules et Jim

Juste avant la guerre de 14–18, Jim, un Français, et Jules, un Allemand, deviennent amis et tombent tous les deux amoureux de la même femme qui s'appelle Catherine. Malheureusement, les trois amis sont séparés par la guerre...

Un grand classique du cinéma français à voir absolument.

Le Grand Bleu

Depuis l'enfance, Jacques Mayol et Enzo Molinari se battent pour le record de plongée en apnée. C'est l'aventure de deux hommes liés à la mer. Un jour, Jacques rencontre Johana, une Américaine qui ne comprend pas sa passion pour la mer.

Un film culte pour découvrir un autre monde, le monde de la mer.

Application 1

La distribution de la Palme d'or

Culture appliquée

Le Festival de Cannes

Chaque année, la ville de Cannes accueille[1] des vedettes[2], des cinéastes[3] et des journalistes du monde entier pour le plus grand festival de cinéma du monde. Le premier Festival de Cannes a eu lieu en 1946. Aujourd'hui, parallèlement au festival, il y a aussi des concerts et des expositions[4]. Le prix le plus prestigieux du cinéma, la *Palme d'or*, est accordé[5] au meilleur film de l'année.

1. welcomes 2. superstars 3. filmmakers 4. exhibitions 5. awarded

L'affiche du festival

Every year for the **Festival international du film de Cannes**, judges select a new design for the official poster. For this project, you will create your own poster promoting either the Cannes Film Festival or an imaginary French film festival held in your town.

Materials needed:

- poster board
- pencil
- markers
- construction paper
- scissors
- glue

Step 1 Divide the class into groups of 2 or 3 students. Each group brainstorms ideas for the poster board. Plan your design by sketching it on a piece of paper.

Step 2 Sketch in pencil your design on the poster board. Color your design with markers. Don't forget to include the name and year of the festival in French.

Step 3 Present your poster to the class. Once all the posters have been presented, the class should vote on the best poster!

Quel film a gagné la Palme d'or l'année dernière? De quel pays était-il? Quel est le sujet du film? Est-ce que tu voudrais le voir? Pourquoi ou pourquoi pas?

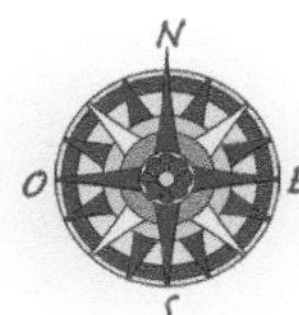

Comparaisons

Un adolescent regardant la télé à Rennes

La télévision en France

Si tu veux regarder la télévision en France, tu as le choix entre:

a. seulement trois chaînes.
b. seulement des chaînes payantes.
c. quelques chaînes gratuites[1] et des centaines de chaînes payantes.

En France, il y a 25 chaînes de télévision gratuites comme TF1, France 2, France 3, France 4, France 5, Arte et M6. La première chaîne payante avec décodeur[2], Canal+, existe depuis 1984. Canal+ diffuse essentiellement des films. Canal+ est «en clair»[3] quelques heures par jour. Le câble, le satellite, la diffusion en flux[4] et la télévision numérique terrestre (TNT)[5] sont de plus en plus populaires et permettent d'avoir accès à des centaines de chaînes. D'autre part, la publicité à la télévision en France est très réglementée: 8 à 12 minutes par heure avant ou après une émission, mais pas pendant.

ET TOI?

1. Est-ce qu'il y a des chaînes de télévision gratuites aux États-Unis? Lesquelles?
2. Quelle est la fréquence de la publicité à la télévision américaine? Quel système préférerais-tu?

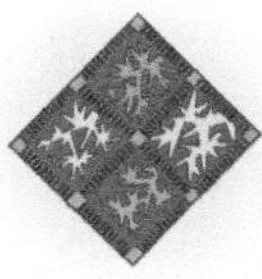

Communauté et professions

Être traducteur[6] ou interprète

Si un film français a du succès aux États-Unis, les acteurs peuvent être invités à donner des interviews. Un interprète sera là pour traduire ce qu'ils disent. Si le film est tiré d'un roman, ce dernier sera sans doute traduit en anglais. C'est le travail du traducteur. Est-ce que tu connais un traducteur ou un interprète? Qu'est-ce qu'il faut faire pour devenir traducteur ou interprète? Fais des recherches et présente ce que tu as trouvé à la classe.

Pendant une conférence internationale

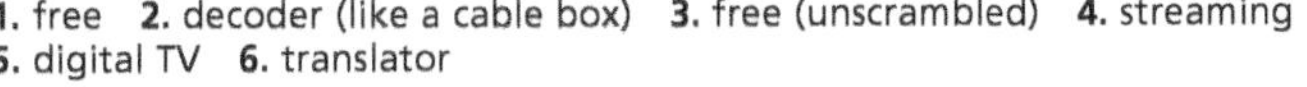

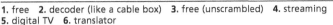

1. free 2. decoder (like a cable box) 3. free (unscrambled) 4. streaming 5. digital TV 6. translator

Objectifs

- to ask about preferences
- to recommend or advise against something

Vocabulaire 2
à l'œuvre

Télé-vocab

Les émissions télé

un reportage sportif

une émission de variétés

les informations (f.)

un feuilleton

le bulletin météo(rologique)

un documentaire

un spot publicitaire

une série (un sitcom)

un jeu

Les genres de musique

le jazz	*jazz*
le rock	*rock*
le rap	*rap*
la pop	*pop*
le hip-hop	*hip-hop*
le reggae	*reggae*
le blues	*blues*
la country	*country*
la techno	*techno*

D'autres mots utiles

les vidéoclips	*music videos*
un présentateur	*(male) newscaster*
une présentatrice	*(female) newscaster*
un animateur	*(male) host*
une animatrice	*(female) host*
une vedette	*star*
en direct	*live*
une chaîne	*channel*
un programme télé	*t.v. program*
une télécommande	*remote control*

Exprimons-nous!

To ask about preferences	To respond
Qu'est-ce que tu aimes regarder à la télé? *What do you like to watch on television?*	**Ce que je préfère, c'est** les vidéoclips. *What I prefer is . . .*
Lequel de ces feuilletons **est-ce que tu préfères?** *Which of . . . do you prefer?*	**Celui avec** Laurie Halle. *The one with . . . .*
Tu as suivi les Jeux olympiques? *Did you follow . . . ?*	Non, **je déteste** regarder le sport à la télé. *. . . I hate . . .*
Tu as vu le concert hip-hop de... ? *Did you see . . . ?*	Oui! **Je ne rate jamais** ce type de concert. *I never miss . . .*

Vocabulaire et grammaire, *pp. 103–105* Online Workbooks

20 Écoutons

Chaîne Ado, une chaîne de télévision, fait un sondage pour connaître les préférences des adolescents. Écoute les interviews et décide si chaque phrase est **a) vraie** ou **b) fausse.**

1. Denis aime regarder les sitcoms et les feuilletons.
2. Amadou aime regarder les spots publicitaires.
3. Karine ne rate jamais les documentaires sur les animaux.
4. Marc déteste regarder le bulletin météo.
5. Zita aime les vidéoclips de country.

Flash culture

Depuis 2005, les Français ont accès à un grand nombre de chaînes à la télé. Certaines sont des chaînes publiques comme France 2, France 3, France 4. D'autres sont des chaînes privées par câble et par satellite. Certaines chaînes privées comme TF1, M6 et Direct 8 sont gratuites D'autres chaînes privées sont payantes. La télé en France donne accès à beaucoup de chaînes étrangères en langue étrangère.

Est-ce que la télévision en France est similiaire à la télévision aux États-Unis?

21 À la télé

Écrivons Sonia rend visite à son grand-père. Il voudrait regarder la télévision. Complète leur conversation avec les mots de la boîte.

émission de variétés	documentaire	informations	jeu
série	reportage sportif	vidéoclips	

SONIA Bon, à six heures, il y a *Le monde aujourd'hui.*

GRAND-PÈRE Non, je n'aime pas regarder les ___1___.

SONIA Il y a aussi *Venez chanter ce soir.*

GRAND-PÈRE Qu'est-ce que c'est que ça?

SONIA C'est une ___2___. On danse, on chante...

GRAND-PÈRE Est-ce qu'il n'y a pas de ___3___? Je voudrais savoir si les Bleus ont gagné leur match.

SONIA Non. Mais à sept heures il y a le ___4___ *Qui veut gagner beaucoup d'argent?*, la ___5___ *Guillaume et Gigi* et un ___6___ sur les lézards d'Australie.

22 Les vidéoclips

Parlons/Écrivons Quel genre de musique est-ce que tu préfères? Pourquoi ou pourquoi pas?

MODÈLE —J'aime... mais ce que je préfère...

1.

2.

3.

4.

Exprimons-nous!

To recommend something	To advise against something
Je te recommande cette série. Elle est super. *I recommend . . .*	Ce jeu **ne vaut vraiment pas le coup.** *. . . isn't worth your time.*
Le vidéoclip de Zazi est **à ne pas manquer.** *. . . is not-to-be-missed.*	Ce film **ne m'a pas emballé(e).** *. . . didn't thrill me.*
Qu'est-ce qu'elle est bien, cette pub! *What a great/awesome . . . !*	Ce sitcom **est ennuyeux à mourir.** *. . . bores me to death.*
C'est le meilleur jeu télévisé **que** j'aie jamais vu! *It's the best . . . that . . .*	**Je ne te conseille pas** ce reportage... *I don't recommend . . .*

Vocabulaire et grammaire, *pp. 103–105* Online Workbooks

23 À mon avis!

Écrivons Écris cinq expressions logiques en utilisant les mots des boîtes.

J'aime bien	cette série!	Ça ne vaut pas le coup.
Je ne te recommande pas	ce film d'aventures.	C'est à ne pas manquer.
Qu'est-ce qu'elle est bien,	le vidéoclip de MC Solaar.	Il/Elle est drôle!
C'est	ce documentaire.	Il ne m'a pas emballé.
Je déteste	ennuyeux à mourir.	Je ne te conseille pas....

24 Je te recommande...

Écrivons/Parlons Ton/Ta correspondant(e) te rend visite. Il/Elle ne connaît pas bien les émissions télé américaines. Recommande-lui deux ou trois émissions et dis-lui pourquoi tu les aimes.

MODÈLE —**Je te recommande l'émission *The Apprentice*®! C'est à ne pas manquer! Il y a...**

Entre copains

le clip	*(music) video clip*
la pub	*ad, commercial*
Ça craint.	*It stinks.*

Communication

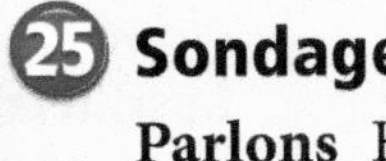

25 Sondage

Parlons Fais un sondage auprès de tes camarades de classe pour savoir quelles émissions de télé ils aiment regarder et le genre de vidéoclips qu'ils préfèrent. En groupes, présentez les résultats à votre classe.

MODÈLE —**Qu'est-ce que tu aimes regarder à la télé?**
—**J'aime regarder les jeux.**

Objectifs
- interrogative pronouns
- demonstrative pronouns

Grammavision

Interrogative pronouns

The interrogative pronoun lequel (*which (one(s))* asks a question that refers back to someone or something previously named. The form of lequel agrees with the person or thing previously named.

	Masculine	Feminine
Singular	lequel	laquelle
Plural	lesquel**s**	lesquelle**s**

Il y a **un jeu et un soap** à la télé. Lequel préfères-tu regarder?

Vocabulaire et grammaire, *pp. 106–107*
Cahier d'activités, *pp. 85–87*

Online Workbooks

Déjà vu!

Remember to use **quel (quels, quelle, quelles)** when you want to say *which* or *what* in front of a noun or the word **est** or **sont**.

Quelles émissions aimes-tu regarder?

Quelle est ta série préférée?

26 De quoi parle-t-on?

Lisons De quel programme est-ce qu'on parle?

1. Laquelle est-ce que tu regardes?
   a. la série **b.** les informations
2. Je ne sais pas laquelle passe sur cette chaîne.
   a. les reportages **b.** la série
3. Lesquels sont les plus intéressants, à ton avis?
   a. les vidéoclips **b.** le soap
4. Lesquelles passent le mardi?
   a. les documentaires **b.** les émissions de variétés
5. Lequel as-tu regardé?
   a. le bulletin météo **b.** la série

27 Besoin de précisions

Écrivons Tu regardes la télé avec un ami. Demande à ton ami de te dire exactement ce qu'il veut voir.

MODÈLE Je veux regarder les vidéoclips. **Lesquels?**

1. J'ai envie de regarder cette chaîne.
2. Et toi, tu veux voir le reportage sportif?
3. Moi, je n'aime pas ces émissions de variétés.
4. La série que j'ai vue hier est géniale.
5. Et si on regardait les informations?

my.hrw.com
Grammaire 2 practice

28 Chez les Durand

Écrivons Coralie et Marc choisissent ce qu'ils vont regarder à la télé. Complète leur conversation avec la forme correcte du pronom **lequel**.

—Coralie, on regarde cette chaîne?
—___1___? France 3?
—Non, TF1. Je n'aime pas le jeu qui passe sur France 3.
—___2___?
—Ce jeu-là, avec les deux présentateurs sympas.
—Des présentateurs sympas? ___3___?
—Je ne sais pas leurs noms. Si on regardait les informations?
—___4___? Les informations régionales ou nationales?
—Les informations nationales.
—Non, moi, je préfère regarder cette émission de variétés.
—___5___? L'émission qui passe sur France 2?

29 Ils ont tout en double!

Écrivons Tu passes une soirée chez les Azaoui. Pose des questions au sujet des objets des illustrations en utilisant une forme du pronom **lequel**.

Rachid / chercher

MODÈLE **L'émission? Laquelle tu cherches, Rachid?**

1. Madame Azaoui / vouloir

2. Monsieur Azaoui / ne pas trouver

3. Samia / vouloir lire

4. Rachid / utiliser

Digital performance space

30 Interview

Parlons D'abord, fais une liste des types d'émissions que tu regardes. Pour chaque type d'émissions, note les noms de deux ou trois émissions que tu aimes. Interviewe tes camarades pour voir s'ils regardent les mêmes émissions que toi.

MODÈLE **—Moi, j'aime le jeu... Et toi, Steven?**
—Moi aussi, mais je préfère un autre jeu.
—Ah oui? Lequel?

Demonstrative pronouns

1 The demonstrative pronouns celui, celle, ceux, and celles refer back to someone or something already named.

Tu aimes **les drames?** Celui qu'on passe ce soir est super!
Do you like dramas? The one they're showing tonight is great!

2 The gender of the demonstrative pronoun will match the person or thing already named.

	Masculine	**Feminine**
Singular	celui	celle
Plural	ceux	celles

3 To distinguish *this one* from *that one*, and *these* from *those*, use **-ci** and **-là.**

Regarde les jeux. Celui**-ci** est bon, mais celui**-là** est ennuyeux.

Vocabulaire et grammaire, *pp. 106–107*
Cahier d'activités, *pp. 85–87*

Toutes les chaînes de télévision doivent respecter des règlements précis établis par le Conseil Supérieur de l'Audiovisuel. Par exemple, la véracité des informations, le respect et la dignité des personnes et la protection des enfants. Il y a aussi des critères pour la publicité. La publicité pour l'alcool *(alcohol)*, les cigarettes et la plupart des médicaments est interdite.

Est-ce qu'il existe un organisme qui régit la télévision aux États-Unis?

31 Les goûts de Nathalie

Lisons Tu as demandé à ton amie quelles émissions elle aimait. Associe les éléments des deux colonnes.

1. les émissions de variétés
2. sa présentatrice préférée
3. son jeu favori
4. les sitcoms

a. ceux qui sont amusants
b. celle qui est sur France 2
c. celui qui passe à 18h sur M6
d. celles qui ont des vedettes internationales

32 Écoutons

Écoute ces conversations et indique si on parle **a) d'un homme, b) d'une femme, c) de plusieurs hommes** ou **d) de plusieurs femmes.**

33 Devinettes

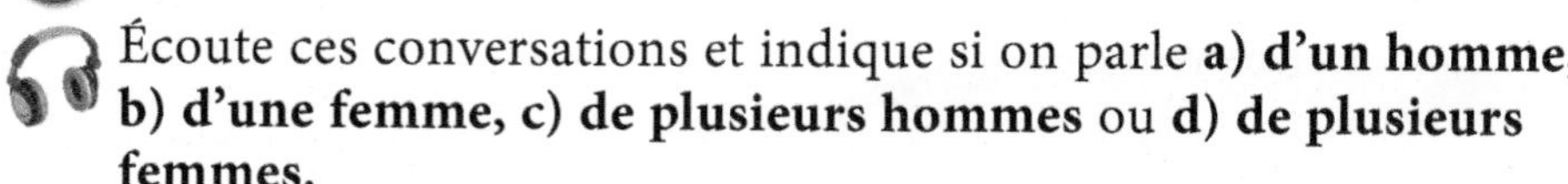

Parlons/Écrivons Trouve les réponses aux devinettes *(riddles)* suivantes. Utilise une forme de **celui** dans tes réponses.

MODÈLE les émissions qui passent à la télé au moment où elles sont filmées **Celles qui sont en direct?**

1. le film d'aventures
2. le héros d'un film
3. une actrice célèbre
4. les acteurs comiques

34 Mes préférences à moi

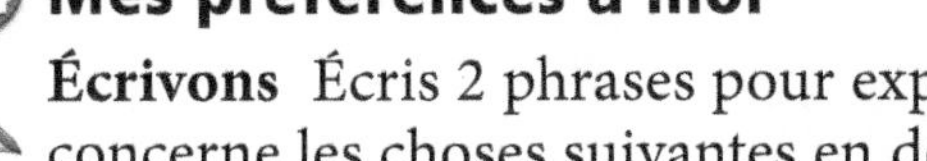

Écrivons Écris 2 phrases pour expliquer tes préférences en ce qui concerne les choses suivantes en donnant quelques détails. Utilise des pronoms démonstratifs.

MODÈLE mon sitcom préféré
C'est celui qui passe à 18h30. J'adore...

1. mon film préféré
2. mon actrice préférée
3. mes émissions de télé préférées
4. mes vidéoclips préférés
5. ma présentatrice préférée
6. mon spot publicitaire préféré

À la québécoise

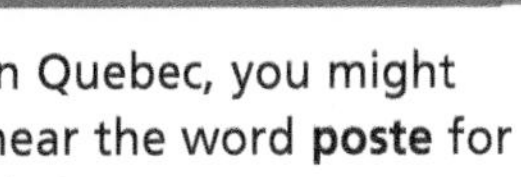

In Quebec, you might hear the word **poste** for **chaîne**.

Communication

35 Scénario

Parlons Imagine que tu habites avec une famille française cette année. Aujourd'hui, ton «frère»/ta «sœur» français(e) et toi, vous regardez la télé. Discutez des émissions qui vont passer ce soir. Ensemble, essayez de choisir 2 ou 3 programmes que vous allez regarder. Joue cette scène avec un(e) camarade.

MODÈLE **—Tu as envie de regarder le jeu?**
—Lequel?
—Celui qui passe à 16h45.

Vendredi **le 18 novembre**

16.45	**Le maillon faible** (jeu)
17.15	**Téléfoot** (reportage sportif)
17.45	**À prendre ou à laisser** (jeu)
18.15	**Informations régionales et météo**
19.50	**Musique** (vidéoclips)
20.00	**Journal télévisé** (informations nationales)
20.20	**Bulletin météorologique**
20.25	**Attention danger!** (film d'action)
22.00	**Karen Sisco** (série)
23.00	**Les animaux d'Afrique** (documentaire)

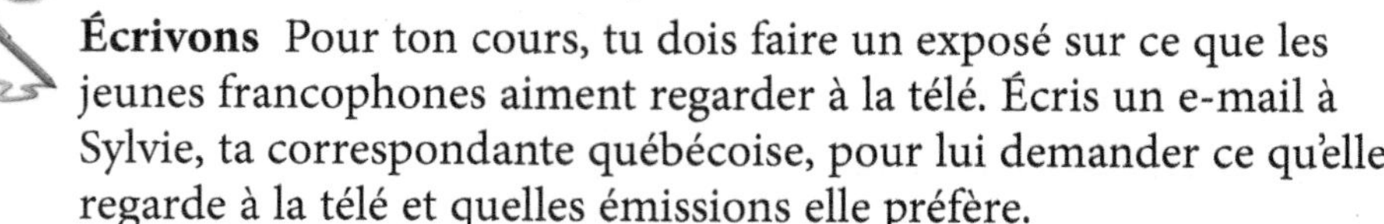

Application 2

36 Une lettre à ma correspondante

Écrivons Pour ton cours, tu dois faire un exposé sur ce que les jeunes francophones aiment regarder à la télé. Écris un e-mail à Sylvie, ta correspondante québécoise, pour lui demander ce qu'elle regarde à la télé et quelles émissions elle préfère.

MODÈLE **Chère Sylvie,**
Est-ce qu'au Canada, vous aimez bien les sitcoms? Lesquels? Moi, j'aime...

Un peu plus — Révisions

Comparatives and superlatives

1. To compare things , use:

plus + ***adjective*** **+ que**	*more . . . than*
aussi + ***adjective*** **+ que**	*as . . . as*
moins + ***adjective*** **+ que**	*less . . . than*

2. To say *the least . . .* or *the most . . .* use:

le/la/les + plus/moins + ***adjective*** **+ de** OR

le/la/les + noun + le/la/les + plus/moins + ***adjective*** **+ de**

3. The superlative forms of **bon** and **mauvais** are irregular:

bon(ne)(s)	**meilleur(e)(s)**	**le (la, les) meilleur(e)(s)**
mauvais(e)(s)	**pire**	**le (la, les) pire(s)**

Vocabulaire et grammaire, *p. 108*
Cahier d'activités, *pp. 85–87*

37 Écoutons

Écoute ces commentaires et indique s'ils sont **a) positifs** ou **b) négatifs.**

38 Chacun ses goûts!

Écrivons/Parlons Que penses-tu des choses suivantes? Fais des phrases comparatives pour en donner ton opinion personnelle.

MODÈLE les films d'aventures / les films d'horreur
Les films d'aventures sont plus intéressants que les films d'horreur.

1. le jazz / le hip-hop
2. le cinéma / la télé
3. les jeux télévisés / les émissions de variétés
4. les soaps / les séries
5. les jeux / les feuilletons
6. la musique country / la techno
7. les romans policiers / les pièces de théâtre
8. les recueils de poésie / les romans historiques

my.hrw.com
Application 2 practice

39 Pour le meilleur et pour le pire

Parlons/Écrivons Donne ton opinion sur les sujets suivants en utilisant des superlatifs. Attention aux accords!

MODÈLE actrice / + / beau
Nicole Kidman est la plus belle actrice.

1. film / + / bon
2. spot publicitaire / + / marrant
3. films / + / intéressant
4. musique / – / bon
5. vedettes / + / célèbre
6. émissions / mauvais

40 La meilleure chaîne de télé

Écrivons À ton avis, quelle est la meilleure chaîne de télé? Écris un paragraphe pour donner ton opinion sur ce sujet. Utilise des comparatifs et des superlatifs.

MODÈLE **Moi, je préfère la chaîne... parce qu'il y a plus de films policiers. J'aime aussi les documentaires sur cette chaîne. Ils sont les plus intéressants...**

Communication

41 Côté musique

Parlons Avec ton/ta camarade vous parlez des programmes télé. Lisez les questions ci-dessous et répondez-y de manière logique. Ensuite, échangez les rôles.

— **Qu'est-ce que tu aimes regarder à la télé?**
—
— **Tu as suivi le dernier match de foot avec les Rangers?**
—
— **Et tu as vu le concert hip-hop sur la chaîne 5 hier soir?**
—
— **Lequel des animateurs de télé est-ce que tu préfères?**
—

Application 2

Télé-roman

Le Secret de la statuette *Épisode 9*

STRATÉGIE

Predicting As you near the end of a story, you naturally start making predictions about what is going to happen. Based on what you know, make a prediction about the following people and situations: Charles Rigaud and his attempt to send the statuette to France; Inspector Sonko and his attempt to catch Charles Rigaud; Anne Bondy and her eagerness to evaluate the statuette; M. Gadio and his attempt to solve the mystery behind the statuette; the mysterious woman who talked to Rigaud on the phone.

Le lendemain matin...

1

Seydou Bonjour, Léa. Tu as bien dormi?

Léa Bonjour, Seydou. Oui, très bien, merci.

2

Seydou Qu'est-ce que tu veux faire aujourd'hui? On pourrait aller au cinéma, si tu veux.

Léa Bof... Je préférerais visiter la ville.

3

Seydou Alors, ce matin, on pourrait se promener. Je vais téléphoner à mon copain Khadim pour lui donner rendez-vous. Il est très sympa.

Dans l'après-midi, Léa et Seydou retrouvent Khadim...

4

Khadim Salamaleikum.

Seydou Leikumsalam. Je te présente Léa, mon amie française.

5

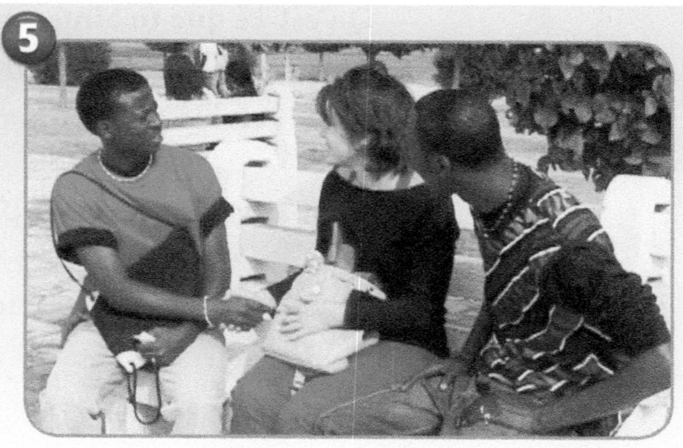

Khadim Nanga def?

Léa Mangui... fi rek.

Khadim Très bien!

Visit Us Online

my.hrw.com
Online Edition

Télé-roman

6

Khadim Alors, quel est l'endroit que tu préfères à Dakar?

Léa L'île de Gorée! C'est l'endroit dont je me souviendrai toujours.

7

Léa Je trouve ça très joli. Les maisons, le musée de la mer, la plage, ... tout!

8

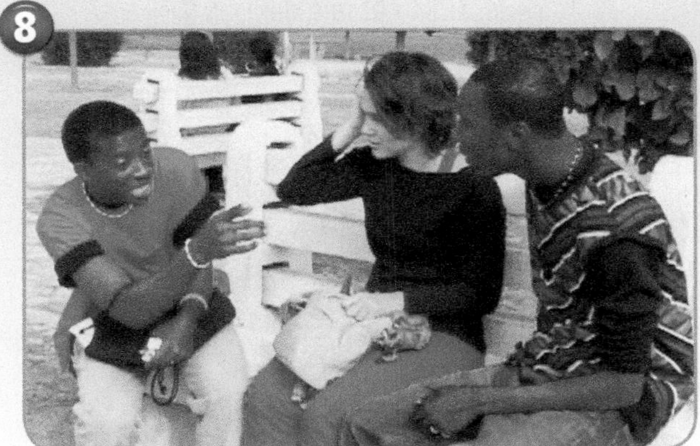

Khadim Eh! Regardez cet homme, là-bas, habillé en explorateur!

9 ***Les trois jeunes observent Charles Rigaud qui est au bout de la rue.***

AS-TU COMPRIS?

1. Qu'est-ce que Seydou propose d'abord comme activité?
2. Qu'est-ce que Seydou et Léa décident de faire ce matin?
3. À qui est-ce que Seydou va téléphoner?
4. Pourquoi Léa aime l'île de Gorée?
5. Qui est-ce que Khadim voit à la fin de l'épisode?

Prochain épisode:
D'après la fin de cet épisode, comment est-ce que tu crois que l'histoire va finir?

Lecture et écriture

STRATÉGIE

Recognizing the main idea When you read or listen to something, it's important to separate the main idea from the supporting details. Sometimes the main idea is clearly stated, but other times it is just implied. Listing key words as you go can help you find the main idea and determine which details support it.

A Avant la lecture

Quand est-ce que tu regardes la télévision? Et tes amis, est-ce qu'ils la regardent souvent? Pendant que tu lis l'article suivant prends des notes et essaie de dégager *(to draw)* l'idée principale du texte.

Génération télé

La télé, tu as grandi avec, elle fait partie des meubles[1] mais ce n'est pas l'essentiel !

Tes parents te répètent tous les jours ou presque[2] que tu regardes trop la télé, que tu devrais sortir, faire autre chose. Ils ne s'en rendent pas compte[3], mais c'est ce que tu fais : tu sors, tu vois tes copains. Pour toi, la télé, c'est quand il n'y a rien de mieux[4] à faire. En fait, ce sont tes parents qui la regardent le plus, en moyenne trois heures et demie contre deux heures pour toi.

La télé, quand tu l'allumes, c'est plus par habitude que pour la regarder, un peu comme la radio que tu écoutes sans écouter. Elle est en bruit de fond[5] pendant que tu bosses tes maths ou que tu surfes sur le Net. Quand tu t'assoies devant, tu deviens le roi du zapping[6]. En général, tu n'es pas accro[7] à un programme en particulier, sauf peut-être à une ou deux émissions, celles dont tout le monde parle à la récré. Histoire de rester dans le vent[8].

Car, la télé, c'est aussi un super-sujet de conversation avec les copains. Vous pouvez parler pendant des heures du dernier épisode de la série en vogue. Vous êtes aussi des pros pour vous remémorer les émissions cultes de votre enfance. Tout ça, en affirmant que la télé c'est nul.

Aussi, quand tu regardes la télé, c'est pour te vider la tête[9], pas pour te cultiver. Tu préfères regarder les séries américaines ou des sitcoms. Seuls les films et quelques séries réussissent encore à capter[10] ton attention.

Maxime, 17 ans

La télé sport

« Je regarde la télé en rentrant du lycée et après le dîner, mais rarement le vendredi soir ou le week-end parce que je sors avec mes potes[11]. Ce que je regarde ? Le sport. Surtout le foot, le basket et le tennis. Je regarde rarement les séries, sauf si au lycée tout le monde commence à parler d'une série, alors j'essaie de la regarder pour rester dans le coup[12]. »

1. part of the furniture 2. almost 3. realize 4. there is nothing better 5. background noise 6. surfing 7. addicted 8. to stay in the loop 9. to clear your head 10. to capture 11. friends 12. to stay in the loop

Salomé, 16 ans

Branchée télé

« Je me réveille avec la télé et m'endors avec la télé. Ça a toujours été comme ça. Mes parents sont pareils[1]. Le matin, je regarde M6 et les clips vidéo. Le soir, après l'école, je l'allume plus par habitude que pour la regarder. Elle est là en bruit de fond pendant que je fais mes devoirs. Je ne suis pas accro à une émission ou une série, juste à la télé. »

Emma, 18 ans

Sans plus

« Je regarde la télé mais sans plus. En fait, ça ne fait pas longtemps qu'on a la télé à la maison. Quand j'étais petite, notre télé a cassé[2] et mes parents ont décidé de ne pas en racheter une tout de suite. Le « pas tout de suite » a duré 12 ans. J'ai pris l'habitude de faire autre chose, alors la plupart du temps j'oublie qu'on a la télé maintenant. Quand je la regarde, c'est pour les infos et les documentaires. Certaines séries sont marrantes aussi. »

1. the same 2. broke

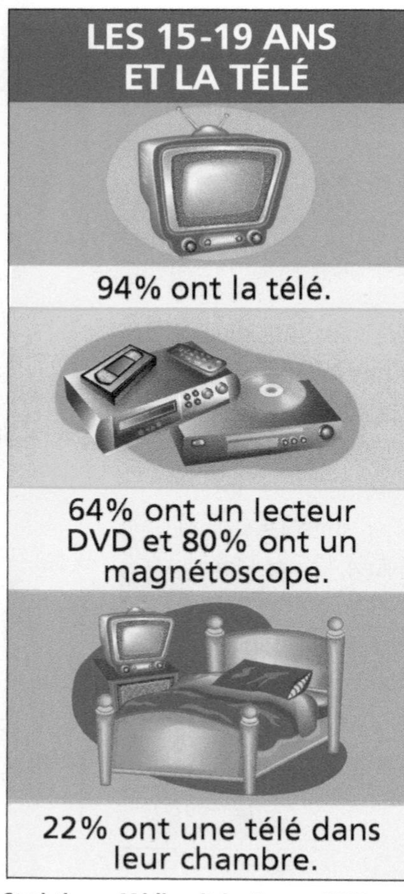

LES 15-19 ANS
ET LA TÉLÉ
94% ont la télé.
64% ont un lecteur DVD et 80% ont un magnétoscope.
22% ont une télé dans leur chambre.

Statistiques Médiamétrie, France, 2003

Compréhension

B Est-ce que les phrases suivantes sont **a) vraies** ou **b) fausses?** Corrige les phrases fausses.

1. Les jeunes sortent plus qu'ils ne regardent la télé.
2. En général, les enfants regardent plus la télé que leurs parents.
3. Les jeunes ont souvent la télé allumée pendant qu'ils font autre chose.
4. En général, les jeunes pensent que la télé est très intéressante.
5. Maxime ne regarde jamais les séries.
6. Chez Salomé, la télé est presque toujours allumée.

C Remets dans l'ordre de l'article les idées principales suivantes.

1. On regarde la télé pour se reposer.
2. Les jeunes parlent souvent de la télé.
3. Regarder la télé n'est pas l'activité préférée des jeunes.
4. Les jeunes ne sont pas très attachés à la télé ni à la majorité des programmes.

D Choisis l'idée de l'article qui correspond aux commentaires des personnes suivantes.

1. Maxime
2. Salomé
3. Emma

a. On n'allume pas la télé pour la regarder, mais pour avoir un bruit de fond.
b. Regarder la télé n'est pas l'activité préférée des jeunes.
c. On ne regarde que les programmes dont tout le monde parle à l'école.

Après la lecture

E Reprends les réponses que tu as données dans **Avant la lecture.** Compare tes réponses avec les notes que tu as prises pendant ta lecture. Est-ce que tu penses que les adolescents français ont la même attitude envers la télé que toi et tes amis? Quelles sont les similarités et les différences? Est-ce que tu penses que l'étiquette «**Génération télé**» est aussi vraie pour ta génération? Pourquoi? Pourquoi pas?

Espace écriture

STRATÉGIE pour écrire

Using conjunctions and relative pronouns helps your writing flow more smoothly and allows for more varied, natural-sounding sentences. Conjunctions such as **et, ou,** and **mais** can join choppy sentences into longer, more interesting ones. The relative pronouns **que, qui,** and **dont** serve the same purpose. They can join two or more clauses to make a sentence that projects style, sophistication, and elegance.

Les gros succès et les navets de l'année

You're writing an article in which you review a movie that you saw this year. For your review, you need to include the genre of the film, the actors who starred in it, a brief summary of what it was about, and your opinion of it. Provide examples from the film that support your opinions.

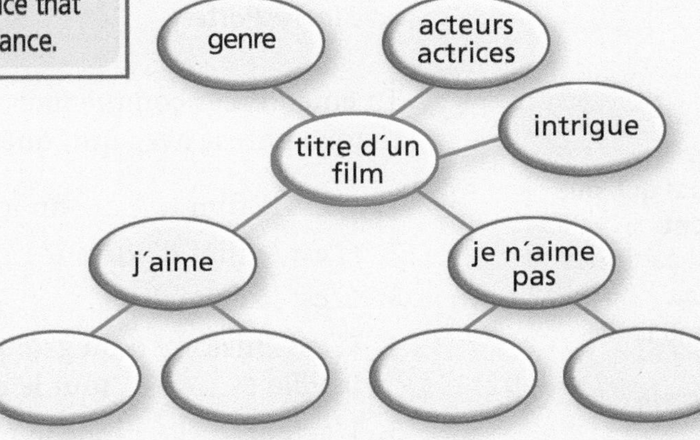

1 Plan

Choose a film to review. Use a cluster diagram to organize the facts about the film and your opinions of it. In the center circle, write the title of the film. Then, in adjoining circles above the center circle, write the facts about the film: the genre, the main actors, and a brief summary of the plot. In two circles that also connect to the center circle, write **"J'aime..."** and **"Je n'aime pas..."** Then, in circles that join those two, write what you like and don't like about the film.

2 Rédaction

Use the cluster diagram to write about the film and your opinion of it. Begin by stating the purpose of your article including the name of the film, the genre and the names of the actors. Give your opinion of the film and support this opinion with examples from the **"J'aime"** and **"Je n'aime pas..."** circles.

3 Correction

Ask a classmate to read your article. Have you provided all the information about the film that the reader needs? Have you supported your opinions?

4 Application

Make a poster with your article and images from a magazine or the Internet that illustrate your reviews. Display it in your classroom. Do you and your classmates agree with each other's reviews? Discuss why or why not.

Prépare-toi pour l'examen

@HOMETUTOR

1 Vocabulaire 1
- to describe a movie or book
- to ask for and give information

pp. 310–313

1 Ton ami français voudrait louer un de ces films américains. Pour chacun, dis-lui le genre du film et ce que tu en penses. Si tu ne connais pas un des films, essaie d'identifier le genre et dis que tu ne l'as jamais vu.

1. *Indiana Jones and the Raiders of the Lost Ark*
2. *Star Wars*
3. *Saving Private Ryan*
4. *Shrek*
5. *Harry Potter*

2 Grammaire 1
- the relative pronouns **qui, que** and **dont**
- present participles

Un peu plus
- **c'est** and **il/elle est**

pp. 314–319

2 Tu entends ces commentaires devant le cinéma. Complète chaque phrase avec **qui, que** ou **dont.**

1. C'est le film ______ on joue au cinéma Bijoux.
2. C'est le film d'horreur ______ tout le monde parle.
3. C'est la comédie ______ j'ai vue hier soir.
4. C'est l'histoire d'un groupe de Zombies ______ attaquent la ville et ______ tout le monde a peur.
5. L'acteur ______ joue le rôle principal dans ce film s'appelle Stéphane Sauvage.

3 Vocabulaire 2
- to ask about preferences
- to recommend or advise against something

pp. 322–325

3 Un groupe d'amis parlent de ce qu'ils aiment et n'aiment pas. Lis leurs réponses et dis quelle sorte d'émission télé chacun préfère regarder.

SARAH Je lis le journal tous les jours parce que j'aime savoir ce qui se passe dans le monde.

ÉMILE J'aime jouer aux cartes, aux dames... à toute sorte de jeux!

PHILIPPE J'adore le sport, surtout le foot. J'aime savoir les résultats de chaque match.

LILIANE Comme je travaille en plein air *(outdoors)*, je veux savoir exactement quel temps il va faire chaque jour.

ROSE Moi, j'aime tout ce qui est musique!

MARC Moi, j'aime un peu de tout: la musique, la danse, les blagues *(jokes)*...

 **Online Assessment**

my.hrw.com
Chapter Self-test

4 La famille de Karima parle des émissions à la télé. Complète leur conversation avec les formes correctes de **lequel** ou **celui.**

KARIMA Je voudrais voir ce feuilleton à la télé ce soir.
AHMAD ___1___?
KARIMA ___2___ qui commence à huit heures.
AHMAD Non, je veux regarder mes deux séries préférées!
KARIMA Ce sont ___3___ , tes séries préférées?
AHMAD ___4___ qui commencent à huit heures sur Canal plus.

4 Grammaire 2
- the interrogative pronoun **lequel**
- the demonstrative pronoun **celui**

Un peu plus
- the comparative and superlative

pp. 326–331

5 Réponds aux questions suivantes.

1. Quelle est la différence entre **v.o.** et **v.f.**?
2. Comment est la télévision française?

5 Culture
- **Flash culture pp. 312, 316, 324, 328**
- **Comparaisons pp. 320–321**

6 Écoute la conversation de Monsieur et Madame Renault et indique si chaque phrase est **a) vraie** ou **b) fausse.**

1. M. Renault voudrait sortir ce soir.
2. Mme Renault aime beaucoup regarder la télé.
3. M. Renault suggère un documentaire.
4. M. et Mme Renault décident de regarder le documentaire.

7 Avec ton/ta camarade, vous parlez d'aller au cinéma ce soir. D'abord, lisez les instructions pour chaque réplique *(exchange).* Ensuite, créez votre dialogue en utilisant des expressions que vous avez apprises.

Élève A:	Propose à ton/ta camarade d'aller au cinéma.
Élève B:	Réponds positivement. Demande quel film ton/ta camarade veut voir.
Élève A:	Réponds et parle un peu du film.
Élève B:	Demande où vous pouvez voir ce film.
Élève A:	Réponds.
Élève B:	Demande l'heure de la séance.
Élève A:	Propose deux possibilités.
Élève B:	Suggère une séance.

Grammaire 1
- the relative pronouns **qui, que** and **dont**
- present participles

Un peu plus
- **c'est** and **il/elle est**

pp. 314–319

Résumé: Grammaire 1

The relative pronouns **qui, que, dont**
- **Qui** is the **subject** of the clause. **Que** is the **object** of the clause.
- **Dont** replaces phrases beginning with the preposition **de**.

To form the present participle, drop the **-ons** from the present tense form of the verb and add **-ant**. Verbs with irregular present participles are: **être** (**étant**), **avoir** (**ayant**), and **savoir** (**sachant**).

Use **c'est (ce sont)** with a noun to identify who or what something is. Use **il/elle est** with an adjective when there is no identifying noun. When describing someone's profession or nationality, use **c'est** with an article or **il/elle est** without an article.

Grammaire 2
- the interrogative pronoun **lequel**
- the demonstrative pronoun **celui**

Un peu plus
- the comparative and superlative

pp. 326–331

Résumé: Grammaire 2

Use a form of **lequel** *(which one(s))* when asking about something or someone previously named.

	MASCULINE	FEMININE
SINGULAR	lequel	laquelle
PLURAL	lesquel**s**	lesquelle**s**

Use a form of the pronoun **celui** *(this one, that one, these, those)* when telling about someone or something specific that has already been named. Add **-ci** and **-là** to distinguish between ***this one/these*** and ***that one/those.***

	MASCULINE	FEMININE
SINGULAR	celui	celle
PLURAL	ceux	celles

To compare things, use **plus/aussi/moins** + **adjective** + **que.**
Use **le/la/les plus/moins** + **adjective** + **de** to say *the most...* or *the least...*
The adjectives **bon** and **mauvais** are irregular; see page 330.

Lettres et sons

The sounds [o] and [ɔ]
The sound [o] is similar to the vowel sound in the English word *boat*. It is usually spelled with **au, eau (beau), ô (drôle),** and sometimes **o (vidéo).** The sound **[ɔ]** is between the vowel sounds in the English words *boat* and *bought*. It is usually spelled with **o (historique).**

Jeux de langue
Ce beau petit garçon a un bateau trop drôle.

Dictée
Écris les phrases de la dictée.

Résumé: Vocabulaire 1

PRACTICE FRENCH WITH HOLT MCDOUGAL APPS!

To describe a movie or a book

un acteur/une actrice	*actor/actress*
une (auto)biographie	*(auto)biography*
un dessin animé	*cartoon (film)*
un drame	*drama*
un film classique	*classic movie*
un film comique/une comédie	*a comedy*
un film d'action/d'aventures	*action/adventure movie*
un film d'espionnage	*spy movie*
un film d'horreur	*horror movie*
un film de guerre/étranger	*war movie/foreign film*
un film de science-fiction	*science-fiction movie*
le héros/l'héroïne	*hero/heroine*
le metteur en scène	*director*
le personnage principal	*main character*
une pièce de théâtre	*play*
un recueil de poésie	*poetry collection*
un roman classique	*classic novel*
un roman d'amour	*romance novel*
un roman fantastique	*fantasy novel*
un roman policier	*mystery novel*
les sous-titres (m.)	*subtitles*
C'est drôle/amusant.	*It's funny/amusing.*
C'est une...adaptation de...	*It's a . . . adaptation of . . .*
C'est une histoire passionnante.	*It's an exciting story.*
Il y a beaucoup de suspense.	*There's a lot of suspense.*
Il y a plein de rebondissements.	*It's full of twists.*
Ça n'a rien à voir avec...	*It has nothing to do with . . .*
Ce n'est pas génial.	*It's not great.*
Ce n'est pas mal, sans plus.	*It's just O.K.*
C'est trop long/ennuyeux/déprimant.	*It's too long/boring/depressing.*
Il n'y a pas d'histoire.	*There's no story.*

To ask for and give information

Ça commence à quelle heure?	*At what time does it begin?*
Ça passe où?	*Where is it playing?*
C'est avec qui?	*Who's in it?*
De quoi ça parle?	*What's it about?*
Qu'est-ce qu'on joue... ?	*What's playing... ?*
Qu'est-ce que tu as lu d'intéressant...?	*What have you read . . . that's interesting?*
Qu'est-ce que ça raconte?	*What's it about?*
Ça parle de.../C'est basé sur...	*It's about . . . /It's based on . . .*
Ça passe au.../C'est avec...	*It's playing at . . . /It's with . . .*
C'est l'histoire de...	*It's the story of . . .*
La séance est à...	*The showing is at . . .*
... le dernier...	*. . . the latest . . .*

Résumé: Vocabulaire 2

To ask about preferences

un animateur/une animatrice	*disc jockey*
le blues/la country/le jazz	*blues/country/jazz*
le bulletin météo(rologique)	*weather report*
une chaîne/une télécommande	*station/remote control*
un documentaire/un jeu	*documentary/game*
une émission de variétés	*variety show*
en direct	*live*
un feuilleton	*soap opera*
le hip-hop/le rap/le reggae	*hip-hop/rap/reggae*
les informations (f.)	*news*
la pop/le rock/la techno	*pop/rock/techno*
un présentateur/une présentatrice	*newscaster*
un reportage sportif	*sports report*
une série	*series*
un spot publicitaire	*commercial*
une vedette	*star*
un vidéoclip	*music video*
Tu as suivi... ?	*Did you follow . . . ?*
Tu as vu...sur... ?	*Did you see . . . on . . .*
Ce que je préfère, c'est...	*What I prefer is/are . . .*
...je déteste...	*. . . I hate. . . .*
Je ne rate jamais...	*I never miss . . .*

To recommend or advise against something............*See pp. 325* chapitres 1-9

Révisions cumulatives

1 Des amis parlent des émissions et des films qu'ils ont vus. Écoute les conversations et décide si on donne **a) une bonne critique, b) une mauvaise critique** ou **c) une description sans critique.**

2 Voici le programme de télé. Lis le programme et puis réponds aux questions suivantes.

WT8

18.10 Star Academy ★★★

Star Academy Demi-finale

19.05	A prendre ou à laisser
19.50	A vrai dire
19.55	Météo
20.00	Journal
20.35	Portrait d'expert
20.38	A livre ouvert
20.40	Le résultat des courses
20.42	Météo
20.45	Trafic info
20.48	Euro millions
20.50	Téléréalité 2 HEURES 25

ARTE

18.15	La Provence
19.00	La Cuisine Sénégalaise
19.45	Arte info
20.00	Le journal de la culture
20.10	Arte Météo
20.15	La clinique du professeur Mao
20.40	1 HEURE 55 ★★ Charade, Film d'espionnage, EU 1963
22.30	Attention mesdames et messieurs
22.35	Samir et ses frères
23.30	Tracks

18.50	Les chemins de l'étrange Dans le temps
19.50	Météo
20.04	La minute de l'immobilier
20.05	Tout le sport

20.39	Conso le dise
20.40	Infos locales / Kaamelott

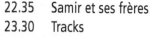

☆ 1 BLANK STAR A la rigueur
★ 1 STAR A voir
★★ 2 STARS A enregistrer
★★★ 3 STARS A conserver

1. On peut savoir la météo sur quelle(s) chaîne(s)?
2. Ma meilleure amie adore le sport, alors elle ne manque pas quelle émission sur quelle chaîne?
3. Que pensent les critiques du film Charade?
4. Et toi, quelle(s) émission(s) regarderais-tu?

Online Assessment

my.hrw.com
Cumulative Self-test

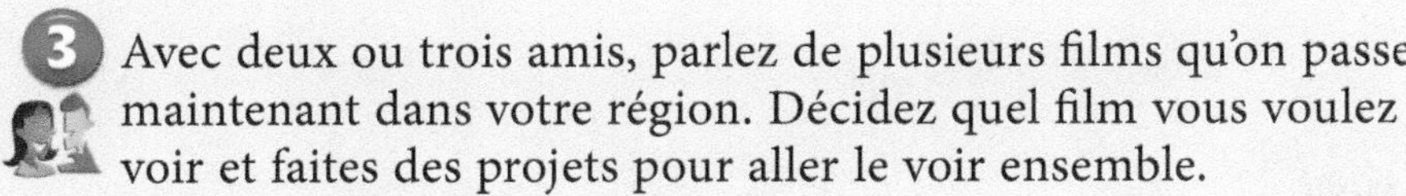

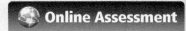

3 Avec deux ou trois amis, parlez de plusieurs films qu'on passe maintenant dans votre région. Décidez quel film vous voulez voir et faites des projets pour aller le voir ensemble.

4 Regarde l'image et décris ce qui se passe dans la scène. Est-ce qu'on est dans le passé ou le présent? Si tu pouvais visiter cet endroit, que ferais-tu?

Gogh, Vincent van (1853-1890), Drawbridge at Arles with a group of washerwomen (Pont de Langlois, Arles, France), 1888. Oil on canvas, Rijksmuseum Kroeller-Mueller, Otterlo, The Netherlands.

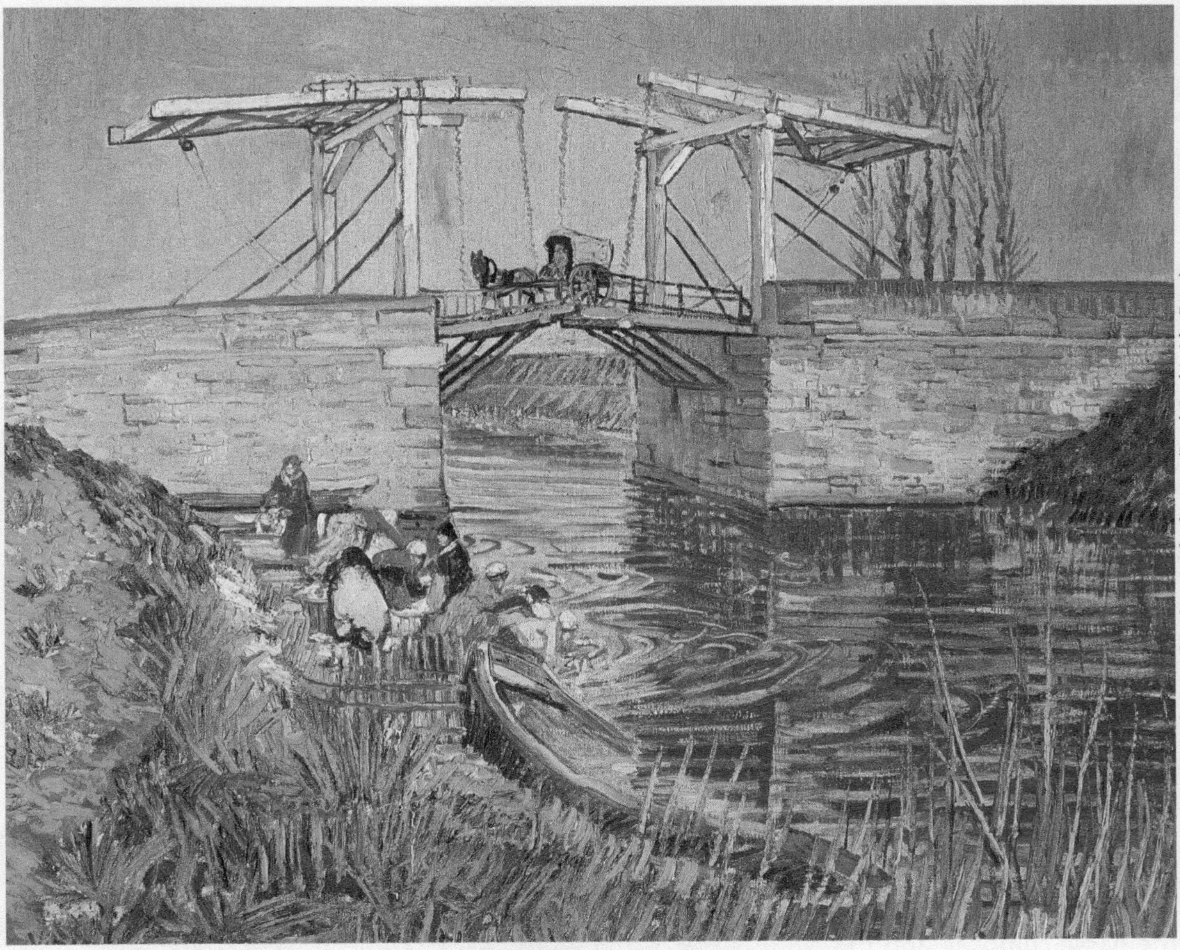

Pont de Langlois **de Vincent Van Gogh**

5 Écris la critique d'un film que tu as vu ou d'un livre que tu as lu. Dis de quoi ça parle et pourquoi tu l'aimes ou tu ne l'aimes pas.

6 À ton tour

Les divertissements Your class is in charge of the entertainment section of a French club newsletter. As a class, create several articles on activities going on in your school or area and put them together to form the feature for the newsletter.

chapitre 10

Partons en vacances!

Objectifs

In this chapter, you will learn to
- ask about a vacation
- say what you would do if you could
- express necessity
- ask about what has been done

And you will use and review
- object pronouns
- the conditional
- **si** clauses
- the subjunctive
- the **passé composé** and the **imparfait**
- **être en train de**

Que vois-tu sur la photo?

Où sont ces adolescents?

Qu'est-ce qu'ils font?

Qu'est-ce que tu aimes faire quand tu es en vacances ou quand tu voyages?

MODES OF COMMUNICATION

INTERPRETIVE	INTERPERSONAL	PRESENTATIONAL
Listen to someone ask friends what they do on vacation. Read a postcard describing what someone did on a trip.	Ask classmates what they do and would like to do on vacation. Write an email about vacation activities where you live.	Present a conversation about preparing for a trip. Write a vacation brochure to display in class.

Vue de Nice de la colline du Château

Objectifs
- to ask about a vacation
- to say what you would do if you could

Vocabulaire à l'œuvre 1

Télé-vocab

Dans le sud de la France, on peut aller...

D'autres mots utiles

le bateau	*boat*
aller en colonie de vacances	*to go to summer camp*
un spectacle son et lumière	*a sound and light show*
monter à cheval	*to go horseback riding*
faire de la voile	*to go sailing*
un château	*castle*

my.hrw.com
Vocabulaire 1 practice

On peut aussi visiter les pays d'Europe.

Fiona est anglaise.

Massimo est italien.

Ana est portugaise.

Kristian est allemand.

Petra est espagnole.

D'autres mots utiles

rendre visite à	*to visit (a person)*	**faire un voyage organisé**	*to take an organized trip*
visiter (un endroit)	*to visit (a place)*	**un itinéraire**	*itinerary/route*
faire un séjour à l'étranger	*to stay (trip) abroad*		

Exprimons-nous!

To ask about a vacation	To respond
Qu'est-ce que tu aimes faire **pendant les vacances?** . . . . *during your vacation?*	**Ça dépend,** mais ce que je préfère, c'est me baigner. *That depends...*
Qu'est-ce que tu fais de beau pendant tes vacances? *What exciting things are you doing . . . ?*	Rien. **Je reste chez moi.** *. . . I am staying home.*
Tu fais de la planche à voile quand tu vas au bord de la mer? *Do you . . .?*	Oui. **J'en fais** souvent. *I go / I do that. . . .*
Ça t'arrive d'aller à la montagne en été? *Do you ever . . . ?*	Oui, **j'y vais** tous les étés. *. . . , I go there. . .*

Vocabulaire et grammaire, *pp. 109–111* Online Workbooks

▶ **Vocabulaire supplémentaire,** Quelques pays, **p. R21**

1 Écoutons

Leïla demande à ses amis ce qu'ils font pendant les vacances pour lui donner des idées. Qu'est-ce que chaque personne aime faire?

a. aller à la montagne
b. monter à cheval
c. faire de la planche à voile
d. rester à la maison
e. aller à la campagne
f. faire une randonnée

2 Qu'est-ce que tu fais pendant les vacances?

Écrivons Complète la conversation entre Annick et Nicolas qui parlent de leurs vacances.

la randonnée	la planche à voile	à la montagne	sommet
l'escalade	pendant tes vacances	au bord de la mer	

—Salut, Nicolas! Qu'est-ce que tu fais ___1___?

—Bon, en juillet, je vais ___2___.

—Ça t'arrive de faire de ___3___?

—Oui, j'en fais souvent. Une fois, je suis allé jusqu'au ___4___ du mont Blanc.

—Oh là là! C'est difficile, ça! Ce que je préfère, c'est faire de ___5___ à la campagne.

—Et en août, je vais ___6___ pour faire du bateau et de ___7___.

Déjà vu!

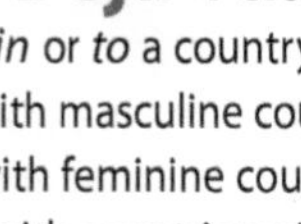

To say *in* or *to* a country, use:

- au with masculine countries
- en with feminine countries
- aux with countries with plural names

Je vais en France

To say *from* a country, use:

- du with masculine countries
- de with feminine countries
- des with countries with plural names

Martine vient des États-Unis.

3 Un examen de géographie

Écrivons Juliette étudie pour un examen de géographie. Aide-la en écrivant les pays où les villes suivantes se trouvent.

1. Londres se trouve en ______.
2. Rome se trouve en ______.
3. Berlin se trouve en ______.
4. Oslo se trouve en ______.

Exprimons-nous!

To say what you would do if you could

Si je pouvais, **je partirais en vacances.**
. . . I would go on vacation.

Je voudrais **faire le tour du monde.** *. . . to travel around the world.*

Mon rêve, ce serait de visiter toute l'Europe. *My dream would be to . . .*

J'aimerais **tellement** aller à l'étranger! *. . . really . . .*

Vocabulaire et grammaire, *pp. 109–111* — Online Workbooks

4 J'aimerais tellement... !

Écrivons Dis ce que tu aimerais faire en utilisant les expressions suivantes.

MODÈLE **—Je voudrais monter au sommet du mont Blanc et...**

Je voudrais... Mon rêve, ce serait de... J'aimerais tellement...	monter au sommet du (de la) visiter faire un séjour d'un an à habiter à/en rendre visite à aller faire	mont Blanc tour Eiffel la France l'Italie Paris de la voile un château mon acteur préféré mon actrice préférée à l'étranger

5 Si je pouvais... !

Écrivons Isabelle travaille dans un office du tourisme, mais elle n'a pas envie de travailler aujourd'hui! Écris quatre phrases pour dire ce qu'elle voudrait faire au lieu de (*instead of*) travailler.

MODÈLE **—J'aimerais tellement aller en France!**

1.

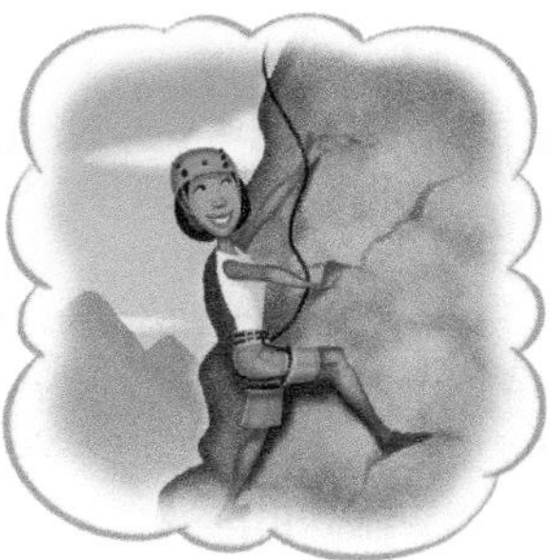
2.

3.

4.

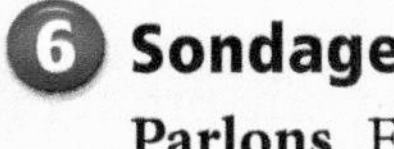

6 Sondage

Parlons Fais un sondage pour savoir ce que tes camarades font d'habitude en vacances et ce qu'ils/elles aimeraient faire s'ils/elles le pouvaient.

MODÈLE **—Qu'est-ce que tu fais d'habitude pendant les vacances?**
—D'habitude, je rends visite à mes grands-parents.

Objectifs
- review of object pronouns
- review of the conditional

Grammaire à l'œuvre 1

Grammavision

Révisions Object pronouns

1 Object pronouns are used to avoid repetition. A direct object is the person or thing receiving the action of the verb. An indirect object is the person who benefits from the action of the verb. A noun that is an indirect object is almost always preceded by **à.**

Direct object	me	te	se	le, la, l'	nous	vous	les
Indirect object	me	te	se	lui	nous	vous	leur

2 Object pronouns are placed before the verb (or infinitive). In the **passé composé,** they go before the helping verb **avoir** or **être**.

Je vais lui envoyer cette carte. Je l'ai envoyé**e** à ma cousine.

3 Use y to replace prepositional phrases of place or location. Use en to replace indefinite articles or partitives + nouns. When a noun is preceded by a number or a quantity expression like **beaucoup**, use en before the verb to replace the noun, and place the number or quantity expression after the verb.

— Tu vas en France?
— Oui, j'y vais.

— Tu as une valise?
— Non, j'en ai trois!

4 If you have a sentence with both direct and indirect object pronouns, place the pronouns in order according to the chart below.

me, te, se, nous, vous	**le, la, l', les**	**lui, leur**	**y**	**en**

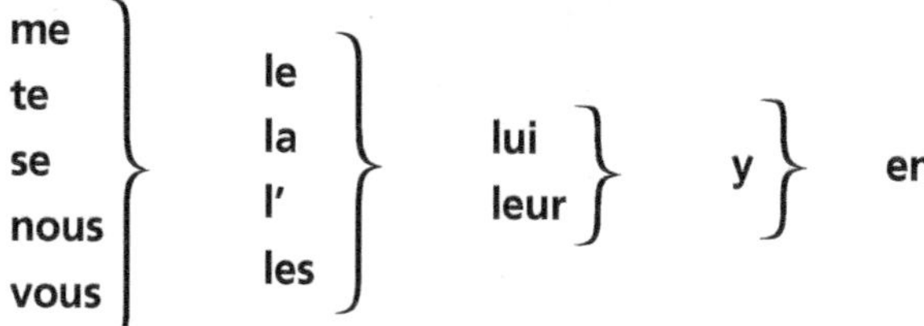

Vocabulaire et grammaire, *pp. 112–113*
Cahier d'activités, *pp. 91–93*
Online Workbooks

Flash culture

Avec 85 millions de visiteurs étrangers, la France est la première destination mondiale, devant l'Espagne et les États-Unis. La France attire les touristes grâce à sa richesse culturelle et à la qualité de sa nourriture. Mais seulement 12% des Français partent en vacances à l'étranger. Ils préfèrent l'Espagne, l'Italie, le Maroc, la Tunisie et la Turquie.

Est-ce que tu es déjà parti(e) en vacances à l'étranger? Si oui, où?

7 En vacances

Lisons Dans chaque phrase, indique si le pronom en caractères gras est un pronom d'objet **a) direct** ou **b) indirect.**

1. —Je **l'**ai donnée à maman.
2. —On va **leur** en envoyer une d'Écosse.
3. —Oui, nous **les** adorons!
4. —On **vous** envoie un e-mail de la campagne lundi.
5. —Sophie **nous** a téléphoné de la mer.

Online Practice

my.hrw.com
Grammaire 1 practice

Grammaire 1

8 Une amie curieuse

Écrivons/Parlons Une amie française te pose des questions sur tes voyages. Réponds-lui en utilisant les pronoms qui conviennent pour remplacer les mots en caractères gras.

1. Tu as déjà fait **un voyage organisé**?
2. Est-ce que tu achètes souvent **des cadeaux à ta mère?**
3. Tu vas souvent **à la montagne**?
4. Tu envoies **des cartes postales à tes amis** quand tu voyages?
5. Tu téléphones souvent **à ton ami(e)** quand tu es en vacances?
6. Tu prends **ton appareil photo** quand tu voyages?

9 Des photos

Parlons/Écrivons Yvan a passé ses vacances en France et il montre ses photos à un camarade. Écris leurs conversations, suivant le modèle. Utilise des pronoms qui correspondent aux photos.

MODÈLE **—Tu as visité ce château?**
—Oui, je l'ai visité.

1.

2.

3.

4.

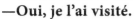

Communication

10 Opinions personnelles

Parlons La famille Martin essaie de décider où passer les vacances d'été, mais personne n'est d'accord! Tout le monde veut aller dans un endroit différent et faire des activités différentes. En groupe de quatre, jouez cette scène. Utilisez des pronoms.

MODÈLE **—Moi, j'ai envie d'aller à la mer pour faire du bateau.**
—Ah non! On y est allés l'année dernière et moi, le bateau, je n'aime pas tellement en faire.

Révisions The conditional

1 To form the conditional, use the infinitive as the stem for most verbs and add these endings.

parler	
je parler**ais**	nous parler**ions**
tu parler**ais**	vous parler**iez**
il/elle/on parler**ait**	ils/elles parler**aient**

2 Use the conditional to say what *would* happen if things were different. You can also use it to make polite requests.

Est-ce que je pourr**ais** changer de l'argent ici?

These verbs have irregular stems in the future and conditional.

être	*ser-*
aller	*ir-*
avoir	*aur-*
devoir	*devr-*
faire	*fer-*
pouvoir	*pourr-*
savoir	*saur-*
venir	*viendr-*
voir	*verr-*
vouloir	*voudr-*

Vocabulaire et grammaire, *pp. 112–113*
Cahier d'activités, *pp. 91–93*

11 Écoutons

On parle de voyages. Pour chaque phrase, indique si on parle **a) d'un souhait** *(wish)* ou **b) de quelque chose qui est certain.**

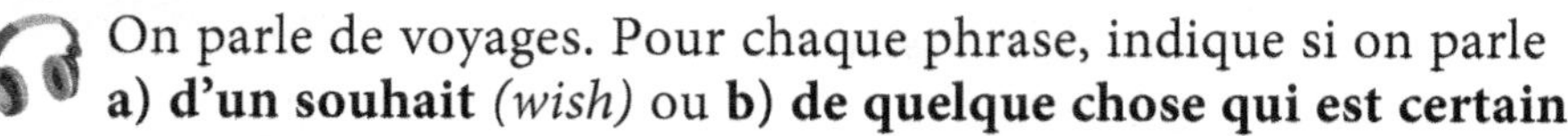

12 Ah! Si seulement...

Écrivons Complète les phrases avec la forme correcte du conditionnel pour expliquer ce que ces personnes feraient si elles pouvaient voyager cet été.

1. Nous _______ (aimer) faire de la planche à voile.
2. Ludivine _______ (faire) du camping à Tahiti avec ses amis.
3. Moi, je (j') _______ (aller) faire un voyage organisé en Italie.
4. Les Azouzi _______ (venir) en France.
5. Vous _______ (aller) voir des pièces de théâtre à New York.

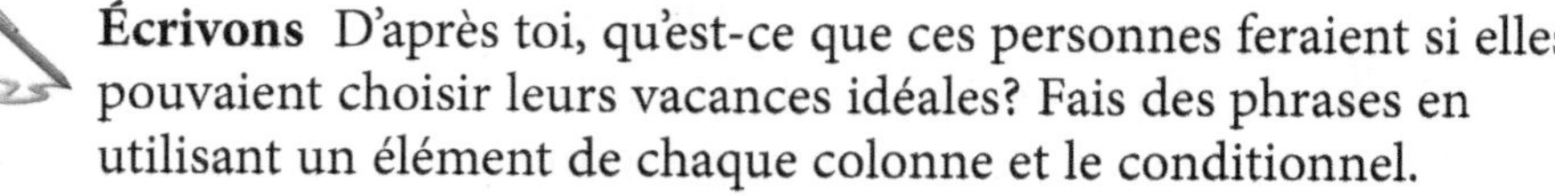

13 Les vacances idéales de tous

Écrivons D'après toi, qu'est-ce que ces personnes feraient si elles pouvaient choisir leurs vacances idéales? Fais des phrases en utilisant un élément de chaque colonne et le conditionnel.

Moi, je	aller	les grands monuments de Paris
Le prof de français	visiter	faire un séjour à ???
Nous, les élèves de la classe, nous	voir	un voyage organisé
Ma famille	faire	la Suisse
	vouloir	

Flash culture

Les Français ont cinq semaines de congés payés *(paid vacation)* tous les ans. La majorité des Français partent en vacances et vont visiter une autre région. Grâce à la grande diversité géographique de la France, les vacanciers ont beaucoup d'options: la mer, la montagne, la campagne et les villes.

Combien de jours de vacances ont les Américains en moyenne? Qu'est-ce qu'ils font?

La promenade des Anglais, à Nice

Grammaire 1

14 Si nous allions à Tahiti...

Parlons Si ta famille et toi, vous alliez à Tahiti pour les vacances, qu'est-ce que chaque personne ferait? Décris vos activités, d'après les photos. Utilise le conditionnel et des verbes différents dans chaque phrase.

MODÈLE **On ferait du bateau.**

On

1. Nous

2. Mon père

3. Maman et toi, vous

4. Toi, tu

15 Un voyage de rêve

Écrivons Si on t'offrait un voyage en Europe, où est-ce que tu irais? Dans quels pays et dans quelles villes est-ce que tu aimerais passer quelques jours? Qu'est-ce que tu y ferais? Écris un paragraphe pour décrire ce voyage.

MODÈLE **Si on m'offrait un voyage en Europe, j'irais d'abord en France. Mes amis et moi, on...**

À la française

French speakers tend to use **on** more often than **nous** in informal speech. To emphasize *we*, you can say **Nous, on...**

Communication

16 Scénario

Parlons Imagine que tu travailles dans une agence de voyages à Nice. Un(e) client(e) vient d'entrer dans l'agence et c'est à toi de l'aider avec ses projets de voyage. Tu lui poses des questions pour mieux connaître les préférences de sa famille. Joue cette scène avec un(e) camarade. Ensuite, échangez les rôles.

MODÈLE **—Bonjour, madame (monsieur). Je peux vous aider?**
—Oui, je voudrais partir en vacances une semaine avec ma famille, mais nous ne savons pas trop où aller. Vous auriez des suggestions?

Synthèse
- Vocabulaire 1
- Grammaire 1

Application 1

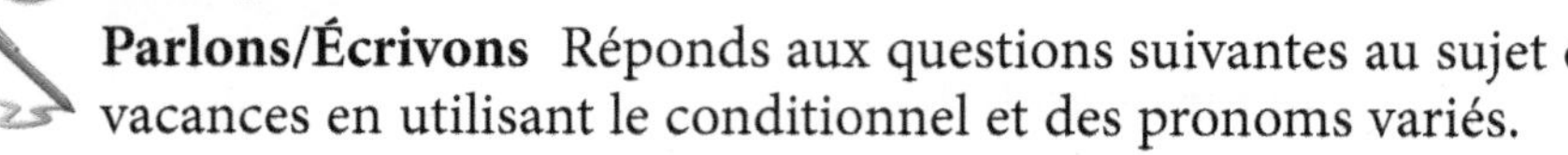

17 Mes prochaines vacances

Parlons/Écrivons Réponds aux questions suivantes au sujet de tes vacances en utilisant le conditionnel et des pronoms variés.

1. Où est-ce que tu voudrais passer tes prochaines vacances?
2. Avec qui est-ce que tu aimerais partir?
3. Qu'est-ce que vous feriez là-bas? Vous visiteriez des endroits connus? Vous feriez du sport? Lesquels?
4. Quel temps ferait-il pendant ton séjour, à ton avis?
5. Écrirais-tu des cartes postales à tes amis et à ta famille?

18 Des conseils

Écrivons Ton/Ta correspondant(e) suisse et sa famille vont venir passer leurs vacances dans ta région. Écris un e-mail pour lui donner des suggestions pour leur séjour. Utilise le conditionnel.

MODÈLE **Alors, pour votre voyage, vous devriez venir en hiver parce que dans le Colorado, vous pourriez faire...**

Un peu plus Révisions

si clauses

Si clauses are used...

- to make a suggestion using the present tense in both clauses.

  Si tu veux aller en France, tu as besoin d'un passeport.

- to express hopes or wishes, to give advice, or to tell what *would happen* if the situation were different. Use **si** with the imperfect in one clause; use the conditional in the result clause.

  Ça serait sympa si je pouvais y aller.

- to give an invitation or to say *how about...* by using **si + l'imparfait.**

  Si on faisait du camping?

Vocabulaire et grammaire, *p. 114*
Cahier d'activités, *pp. 91–93*

19 Écoutons

Écoute chaque phrase et indique si c'est **a) une suggestion ou un conseil, b) un désir ou un souhait,** ou **c) une invitation.**

20 Ça serait comme ça

Écrivons Décris ce que ces personnes feraient si elles allaient dans les endroits indiqués.

MODÈLE Laetitia / aller en Angleterre
Si Laetitia allait en Angleterre, elle boirait du thé.

1. Nous / passer les vacances en Suisse
2. Mes amis / voyager en Grèce
3. Tu / visiter le Canada
4. Nathalie / se promener à New York
5. Vous / faire un séjour en Afrique

my.hrw.com
Application 1 practice

21 Réponse à tout

Parlons/Écrivons Réagis à ce que tes amis francophones disent en utilisant des phrases avec **si** et les éléments de la boîte.

passer les vacances à la Martinique	visiter Barcelone
faire un séjour à Québec	acheter un croque-monsieur
aller au musée du Louvre	aller en colonie de vacances

MODÈLE Ma petite cousine ne sait pas quoi faire cet été.
Si elle allait en colonie de vacances?

1. Il est midi et Céline a très faim.
2. Je voudrais passer des vacances à la mer.
3. Marie a envie de rencontrer de jeunes Canadiens.
4. On fait des études d'art.
5. Mes parents vont visiter l'Espagne cette année.

22 Opinions personnelles

Parlons Un(e) élève français(e) a envie de faire un séjour dans un pays anglophone. Voici deux brochures. Aide ton ami(e) à choisir un séjour. Joue la scène avec un(e) camarade.

MODÈLE **—Si j'étais toi, je choisirais le séjour à Cambridge.**

Séjours linguistiques

PROGRAMMES JUNIORS (14-17 ANS)

Cambridge, Angleterre

Centre de cours
- Cours du lundi au vendredi de 9h à 12h00
- Centre-ville, accès en bus facile

Logement (au choix)
- En résidence: chambres individuelles, salles de bains partagées, salle de télé
- Dans une famille d'accueil

Loisirs
- Tour guidé de la ville, visite des célèbres collèges, cinéma, cours de théâtre, sports (football, volley-ball, cricket, piscine, bowling), week-end à Londres ou à Oxford

Boston, USA

Centre de cours
- En centre-ville, près de Beacon Hill
- 10 leçons d'anglais par semaine

Logement
- En chambres doubles meublées tout confort à l'université de Suffolk: salle de bains, bureau, air conditionné, bibliothèque, salle d'ordinateurs avec accès Internet, salle de télé avec DVD, cafétéria

Loisirs
- Promenades en ville, cinéma, promenade en bateau, activités sportives, excursions à New York, à Montréal, aux chutes du Niagara et à Washington

L'office du tourisme à Nice

Culture appliquée

Le tourisme à Nice

Nice est une ville très touristique qui compte beaucoup de choses à visiter. Par exemple il y a l'Opéra et la maison où le peintre Henri Matisse a vécu pendant vingt ans. En été, toutes sortes de festivals ont lieu comme le Nice Jazz Festival en juillet. Il y a aussi une grande sélection de boutiques et de marchés où on peut acheter des produits provençaux[1] et d'autres souvenirs.

1. from Provence

Les destinations s'affichent

Summer break will soon be here! For this project you will advertise five or six tourist destinations in the francophone world on your classroom or school bulletin board.

Materials
- pens
- scissors
- glue
- travel magazines
- postcards

Step 1 As a class, make a list of interesting places tourists might like to visit in the francophone world. Choose five or six sites. You can go back to the **Géoculture** pages for ideas. Break into small groups and assign a location to each group.

Step 2 Do some research on the location. What can you visit? What activities are offered? What products are particular to the area? On a piece of paper, make a list of all the things you find. Each member of the group can research a particular aspect of the region.

Step 3 Design the basic outline of your poster. Don't forget to cut out photos from magazines or print them from the Internet. You can also use postcards. Invent an interesting title and write captions for the photos. Glue the photos to your ad.

Step 4 You may also want to write a small paragraph in French advertising the area to potential visitors. Post your ad on the bulletin board of your class or school.

Quelles sont les destinations favorites des Français pour les vacances?

Online Practice
my.hrw.com
Online Edition

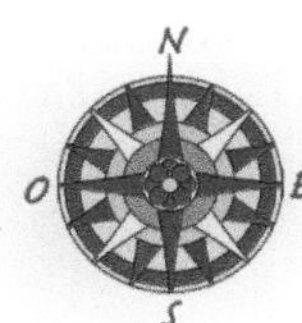

Comparaisons

La plage de Nice

En vacances!

Tu visites la France en août. Un matin, tu veux acheter des croissants pour tes amis à la boulangerie. Surprise!

a. La boulangerie ne vend pas de croissants.

b. La boulangerie est fermée pour un mois.

c. La boulangerie n'est pas encore ouverte.

Les Français ont cinq semaines de congés[1] payés par an. En général, ils partent en vacances en juillet et en août, pendant les «grandes vacances[2]» scolaires. Les petits commerces de quartier (boulangerie, boucherie) ferment à tour de rôle[3] pendant ces deux mois. Dans les grandes villes, il y a toujours une boulangerie ou une boucherie ouverte. Les supermarchés, eux, ne ferment pas. À l'inverse, au bord de la mer et dans les régions touristiques, les magasins qui sont fermés presque toute l'année sont ouverts tous les jours et même parfois[4] tard le soir.

ET TOI?

1. Combien de jours de vacances est-ce que les Américains ont en général? À ton avis c'est assez?
2. Est-ce qu'il y a aux États-Unis des magasins qui sont ouverts ou fermés selon la saison?

Communauté et professions

Le français et le tourisme

Les métiers du tourisme sont nombreux: employé dans un office du tourisme, employé dans un hôtel, guide... Savoir parler français peut être un avantage au moment d'un entretien[5]. Fais des recherches pour savoir ce que les sites touristiques de ta région attendent[6] de leur employés. Présente les résultats de tes recherches à la classe.

1. vacation **2.** summer vacation **3.** take turns **4.** sometimes **5.** interview **6.** expect

Une réceptionniste dans un hôtel

Objectifs
- to express necessity
- to ask what has been done

Télé-vocab

Avant de partir en voyage...

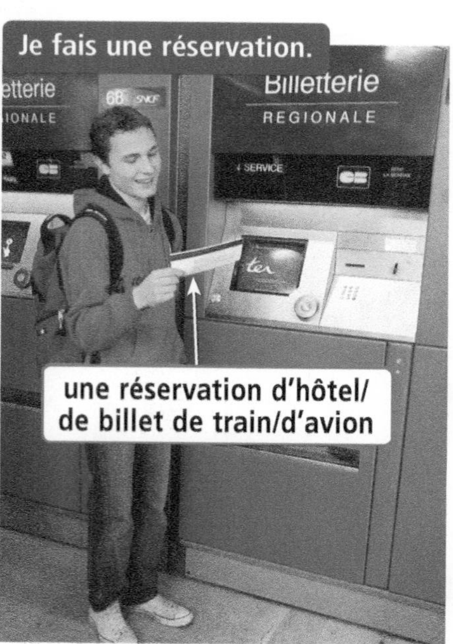

Online Practice

my.hrw.com
Vocabulaire 2 practice

Dans ma valise, je mets...

un pull

un appareil photo

un permis de conduire

des lunettes (f.) de soleil

un passeport

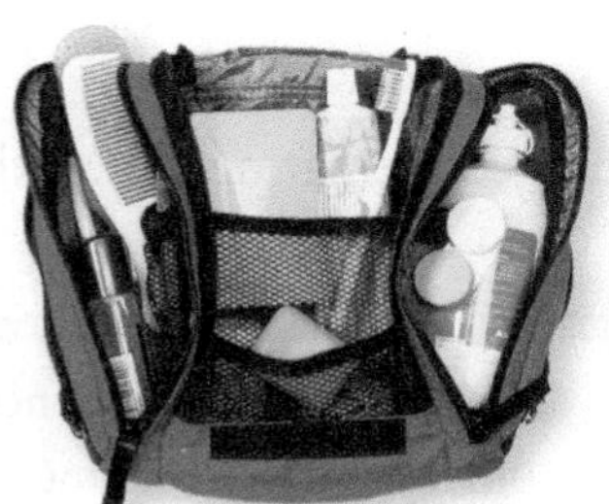
une trousse de toilette

des chèques (m.) de voyage

un sac à dos

D'autres mots utiles

faire une demande de visa	*to apply for a visa*
se faire vacciner	*to get vaccinated*
louer (une maison, une voiture)	*to rent*
partir en voyage	*to leave on a trip*

Exprimons-nous!

To express necessity

Il faut que je me fasse vacciner avant de partir au Sénégal.
I have to . . . .

J'ai besoin d'emporter mon passeport.
I need to . . .

Il ne faut surtout pas oublier nos chèques de voyage.
We especially must not . . .

Je dois absolument changer de l'argent.
I must absolutely . . .

Vocabulaire et grammaire, *pp. 115–117*

23 Écoutons

Écoute Marie-Alice qui fait des préparatifs pour son voyage à New York. Puis, mets les images dans le bon ordre.

a.

b.

c.

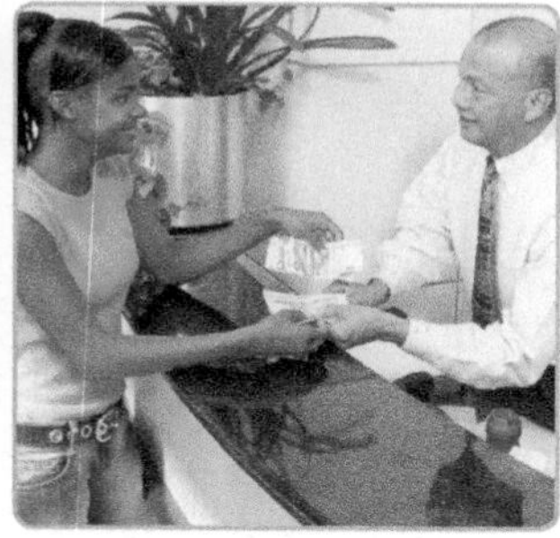

d.

24 Méli-mélo!

Écrivons Complète la conversation de Mathieu et Anne avec les mots et expressions de la boîte.

me fasse vacciner	m'informe	agence de voyages
brochures	billet d'avion	itinéraires
me renseigner	louer	

—Salut, Mathieu! Qu'est-ce que tu fais?

—Salut, Anne! Je ___1___ sur Internet sur le Sénégal.

—J'y suis allée l'année passée. Qu'est-ce que tu veux savoir?

—Je veux savoir s'il faut que je ___2___.

—Oui, c'est une bonne idée. Tu ne veux pas être malade pendant ton voyage. Tu as acheté un guide sur le Sénégal?

—Non, mais je vais ___3___ dans une ___4___.

—C'est bien. Ils auront des ___5___ et des ___6___ de train. Ils pourront te renseigner si tu veux ___7___ une voiture.

25 Voyage en Grèce

Parlons/Écrivons Tu vas partir en Grèce. Tu as demandé conseil à un employé d'une agence de voyages. Fais une liste de cinq ou six choses que tu dois faire avant ton voyage.

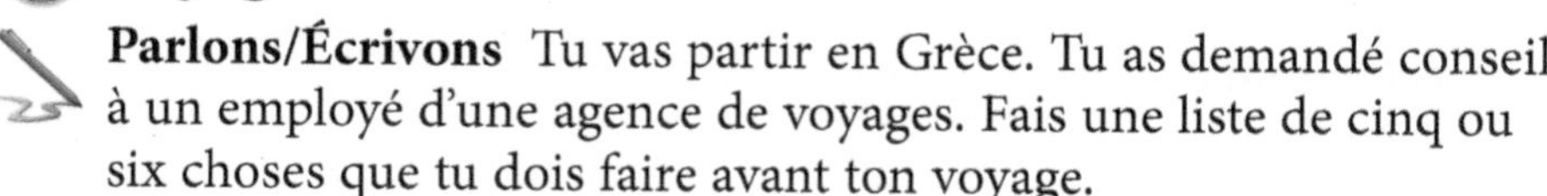

Souviens-toi! Les vêtements et les accessoires, p. R15

MODÈLE **Je dois acheter des lunettes de soleil....**

Flash culture

Beaucoup de familles voyagent pendant les vacances scolaires. L'année scolaire commence au début du mois de septembre. Il y a quatre périodes de vacances : la Toussaint, une semaine et demie à la fin du mois d'octobre; Noël, deux semaines; les vacances d'hiver, deux semaines au mois de février ; les vacances de printemps, deux semaines au mois d'avril. Les grandes vacances d'été commencent fin juin.

Est-ce que tu penses avoir plus ou moins de vacances qu'un élève français?

Exprimons-nous!

To ask what has been done	To respond
Tu as bien pensé à prendre ton caméscope? *Did you make sure you thought of . . . ?*	Non! **Tu as bien fait de me le rappeler.** *It's a good thing you reminded me.*
Tu as **déjà** fait les réservations? *. . . already . . . ?*	**Évidemment que** je les ai faites. *Obviously . . .*
Tu n'as pas oublié d'acheter un guide? *You didn't forget to . . .?*	**Ah, mais si!** J'ai complètement oublié. *Ah, yes!*

Vocabulaire et grammaire, *pp. 115–117*

26 Tu as bien pensé à prendre... ?

Écrivons/Parlons Noémie a gagné un voyage en Italie. Elle raconte la bonne nouvelle à son ami Cédric. Écris les questions que Cédric lui pose.

MODÈLE —**Tu as bien pensé à acheter un guide?**
—Non! Tu as bien fait de me le rappeler.

1. —....?
   —Oui, évidemment que je l'ai faite! Je pars demain à 8h30.
2. —....?
   —Non! Tu as bien fait de me le rappeler. Il faut que je le prenne si je veux faire des photos de la tour de Pise!
3. —....?
   —Ah, mais si! J'ai oublié! Je dois absolument m'informer sur Internet pour trouver le nom d'un hôtel à Rome.
4. —....?
   —Évidemment que je l'ai acheté! Je ne veux pas me perdre à Rome!
5. —....?
   —Non, pas encore. Je vais la faire juste avant de partir. Je vais aussi prendre ma trousse de toilette.

Communication

27 Scénario

Parlons Ta classe de français va partir en France. Avant de partir, ton/ta prof de français te demande si tu as fait tous les préparatifs. Tu n'as encore rien préparé! Jouez cette scène avec un(e) camarade, puis échangez les rôles.

MODÈLE **—Tu as bien pensé à faire une réservation d'avion?**
—Non, Madame! Vous avez bien fait de me rappeler.

Objectifs

- review of the subjunctive
- review of the **passé composé** and the **imparfait**

Grammaire à l'œuvre 2

Grammavision

Révisions The subjunctive

1 To form the subjunctive of most verbs, drop the **-ent** of the present-tense **ils** form of the verb and add these endings:

visiter			
je	visit**e**	nous	visit**ions**
tu	visit**es**	vous	visit**iez**
il/elle/on	visit**e**	ils/elles	visit**ent**

2 Use the subjunctive with expressions of necessity and obligation.

Il (ne) faut (pas) que... *It's (not) necessary that . . .*

Il (n') est (pas) nécessaire que... *It's (not) necessary that . . .*

3 Some verbs, like **boire, devoir,** and **venir,** have two stems. The stem for the **nous** and **vous** forms come from the **nous** form of the present tense. The other stem comes from the **ils/elles** form.

que je **boiv**e, que nous **buv**ions

que je **vienn**e, que nous **ven**ions

4 The verbs **aller, être, avoir,** and **faire** are irregular in all forms of the subjunctive.

aller **aille, ailles, aille, allions, alliez, aillent**

être **sois, sois, soit, soyons, soyez, soient**

avoir **aie, aies, aie, ayons, ayez, aient**

faire **fasse, fasses, fasse, fassions, fassiez, fassent**

Vocabulaire et grammaire, *pp. 118–119*
Cahier d'activités, *pp. 95–97*

En anglais

In English, you use an infinitive after an expression beginning with *it's* . . . if it's something that should be done by people in general.

It's necessary for you to go to the airport.

Can you think of another example when we use it's + an infinitive in English?

In French, you use an infinitive after these expressions if it's something that should be done by people in general. Otherwise, you use que + the subjunctive.

Il est nécessaire que tu ailles à l'aéroport.

28 Écoutons

Noémie et Julie partent en voyage demain. Écoute le message que Noémie a laissé. Regarde la liste et dis ce qu'elles doivent encore faire.

s'informer sur Internet
acheter un guide
aller chercher les billets à l'agence
réserver les chambres d'hôtel
trouver un plan
changer de l'argent
demander un visa

my.hrw.com
Grammaire 2 practice

Grammaire 2

29 Préparatifs de voyage

Écrivons Explique ce que ces personnes doivent faire pour préparer leurs voyages en utilisant le subjonctif des verbes entre parenthèses.

1. Il faut que Sonya ______ (aller) faire ses réservations.
2. Il faut que je ______ (être) à la gare à huit heures.
3. Il est nécessaire que nous ______ (avoir) tous un passeport.
4. Il faut que vous ______ (partir) pour l'aéroport tout de suite!
5. Il est nécessaire qu'ils ______ (acheter) un guide de ce pays.

30 Nécessaire ou pas?

Parlons/Écrivons Tu pars au Canada avec tes cousins. Dis ce que vous avez besoin de faire en utilisant les sujets donnés et des verbes au subjonctif.

MODÈLE **Il faut que nous achetions un guide.**

Nous

1. Je

2. Mes cousins

3. Ma cousine

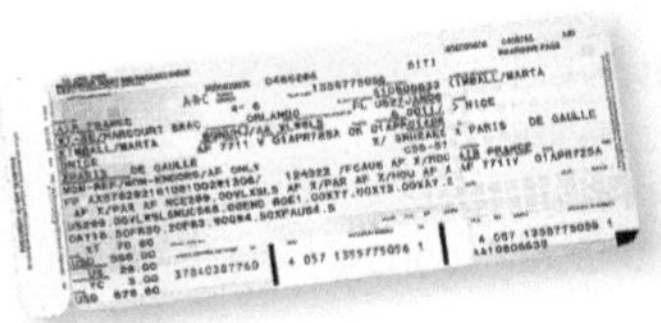

4. Vous

31 Ma liste de préparatifs

Écrivons Fais une liste de six préparatifs que ta famille et toi, vous devrez faire avant de partir en voyage dans le pays francophone de ton choix. Utilise des verbes variés et le subjonctif.

MODÈLE **Pour aller au Sénégal: Il est nécessaire que nous nous fassions vacciner. Il ne faut pas que...**

Communication

32 Scénario

Parlons Hector n'a jamais fait de voyage à l'étranger. Cet été, il va passer ses vacances en Europe. Hector te demande des conseils pour préparer son voyage. Joue cette scène avec un(e) camarade.

MODÈLE **—Dis, est-ce qu'il est nécessaire que je prenne... ?**
—Oui, bien sûr, mais il n'est pas nécessaire que tu...

Révisions The *passé composé* and the *imparfait*

When talking about the past, remember that the **imparfait** and the **passé composé** have different uses.

Use the passé composé to:	Use the imparfait to:
tell what happened on a specific occasion	say how things used to be and what people, places, and things were generally like
tell the sequence of events	set the scene and give background information
talk about a change or a reaction to something	explain the circumstances surrounding an event
talk about an event that began or ended while something else was going on	say what was going on when something else happened

Le jour de notre arrivée, il faisait très beau et la plage était magnifique. Les gens se baignaient et faisaient de la planche à voile. Tout le monde s'amusait. Je lisais un roman quand soudain il a commencé à pleuvoir. Nous avons tous couru vers la porte de l'hôtel. Nous avons passé le reste de l'après-midi dans l'hôtel. Nous avons joué aux cartes et nous avons beaucoup parlé.

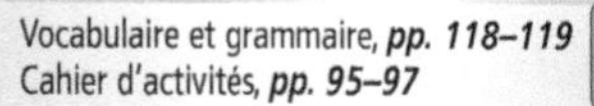

Vocabulaire et grammaire, *pp. 118–119*
Cahier d'activités, *pp. 95–97*

Flash culture

Les vacances d'hiver et de printemps ne tombent pas en même temps partout en France. Le pays est divisé en trois zones qui ont des dates de vacances différentes. Cela évite *(avoid)* que tout le monde ne parte en même temps en vacances. La période des vacances est alors plus longue pour les hôtels et les restaurants et on évite le surnombre sur les routes et dans les stations de sports d'hiver.

Est-ce que toutes les écoles de ton état sont en vacances en même temps?

33 La carte postale de Maxime

Lisons Lis la carte postale de ton ami Maxime et choisis le temps correct de chaque verbe.

On (arrivait / est arrivés) en Suisse il y a deux jours. C'est super! Hier, il (faisait / a fait) très beau, alors on (faisait / a fait) du ski toute la matinée. Moi, l'après-midi, je (j') (faisais / ai fait) une randonnée dans la montagne. Je (J') (étais / ai été) très content. Vers quatre heures, tout d'un coup, il (neigeait / a neigé), alors je (rentrais / suis rentré) à l'hôtel. Le salon (était/ a été) plein de monde. Je (J') (buvais, ai bu) un bon chocolat chaud et je (j') (prenais / ai pris) des photos de la neige par la fenêtre.

Maxime

34 C'est dans le passé, tout ça!

Écrivons Réécris les phrases de Juliette au passé. Choisis entre le passé composé et l'imparfait, selon le contexte.

1. Je vais chez le docteur pour me faire vacciner.
2. Nous faisons de la voile ce matin.
3. Les enfants perdent leur argent!
4. Il fait très beau, alors nous allons à la plage.

35 Que s'est-il passé?

Parlons Explique ce qui est arrivé à ces personnes aujourd'hui.

Elle

MODÈLE **Elle lisait le guide quand son amie a trouvé la tour Eiffel.**

1. Paul et Hervé

2. Nous

3. Amélie

4. Je

36 Ça s'est passé comme ça!

Écrivons Raconte (ou invente) comment ces événements de ta vie se sont passés. Utilise le passé composé et l'imparfait.

MODÈLE rencontrer mon/ma petit(e) ami(e)
Je faisais un voyage organisé quand j'ai rencontré...

1. décider d'apprendre le français
2. rencontrer mon/ma meilleur(e) ami(e)
3. voir quelqu'un qui est célèbre
4. recevoir une bonne nouvelle

Communication

37 Interview

Parlons Tu fais un reportage sur les différents pays ou régions où les élèves passent leurs vacances. Prépare une liste de 8 à 10 questions. Pose des questions sur les régions qu'ils ont visitées et sur les préparatifs qu'ils ont faits.

MODÈLE **—Où est-ce que tu es allé en vacances, Thomas?**

Synthèse
- Vocabulaire 2
- Grammaire 2

Application 2

38 Un petit bonjour de Québec

Écrivons Imagine que tu passes tes vacances à Québec. Écris une carte postale à un(e) camarade de la classe. Décris ce que tu as fait depuis ton arrivée en utilisant le passé composé et l'imparfait.

MODÈLE **Ma mère et moi, nous sommes arrivé(e)s à Québec jeudi. Il faisait très beau et on a décidé de se promener...**

Un peu plus Révisions

être en train de

Remember that to tell *what was going on* when *something else happened*, you can use the expression être en train de. When talking about the past, this expression is almost always in the **imparfait.**

Ils étaient en train de prendre des photos de la tour Eiffel quand il a commencé à pleuvoir.

Vocabulaire et grammaire, *p. 120*
Cahier d'activités, *pp. 95–97*

39 Écoutons

Écoute chaque phrase et choisis l'événement qui est arrivé en premier.

1

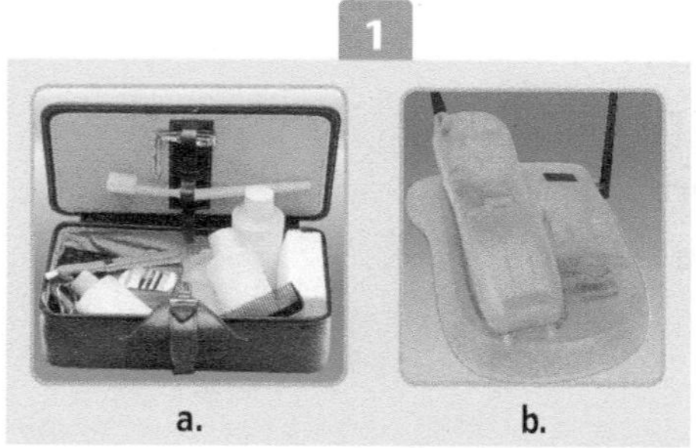

a. b.

2

a. b.

3

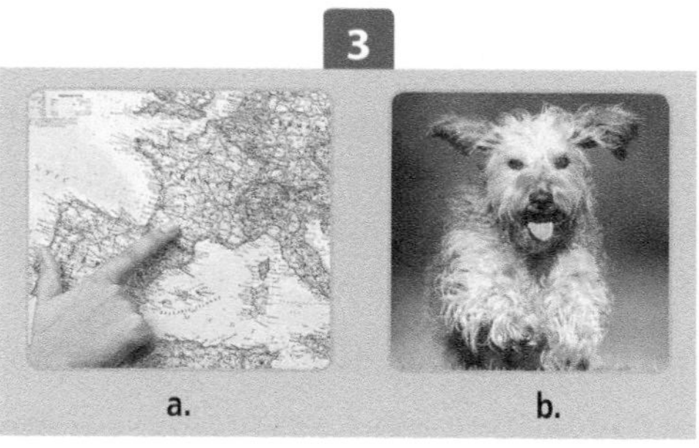

a. b.

4

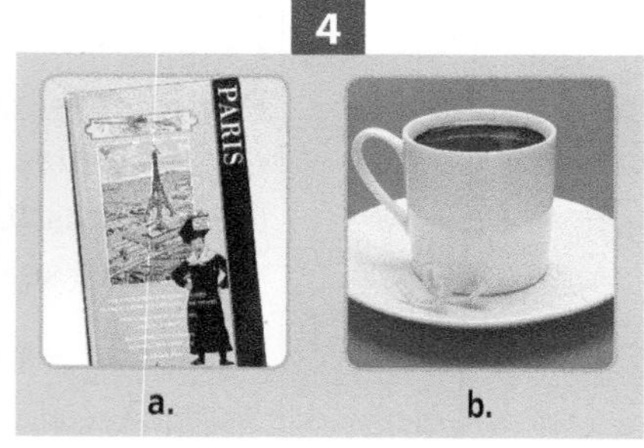

a. b.

Online Practice

my.hrw.com
Application 2 practice

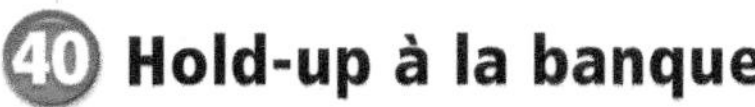

40 Hold-up à la banque

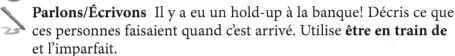

Parlons/Écrivons Il y a eu un hold-up à la banque! Décris ce que ces personnes faisaient quand c'est arrivé. Utilise **être en train de** et l'imparfait.

1. M. Duchemin: commander des chèques de voyage
2. Je: changer de l'argent
3. Les employés: travailler
4. Nous: compter nos pièces
5. Vous: ranger vos billets

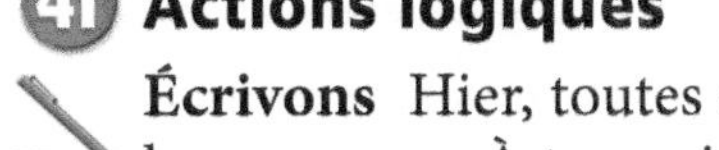

41 Actions logiques

Écrivons Hier, toutes ces personnes ont fait des préparatifs pour les vacances. À ton avis, qu'est-ce que chaque personne était en train de faire quand elle était à l'endroit indiqué?

MODÈLE Monsieur et Madame Laroche / à la banque
Ils étaient en train de changer de l'argent.

1. Tu / à la librairie
2. Vous / au supermarché
3. Moi, je / chez le docteur
4. Elsa / à l'agence de voyages
5. Nous / au téléphone

Digital performance space

Communication

42 Bientôt les vacances!

Parlons Ton/Ta camarade et toi allez jouer les rôles d'un(e) lycéen(ne) et d'un(e) journaliste qui lui pose des questions sur ses vacances. Lisez les questions ci-dessous et répondez-y de manière logique. Ensuite, échangez les rôles.

— **Qu'est-ce que tu fais pendant les vacances?**
—
— **Qu'est-ce que tu aimes faire en vacances?**
—
— **Dans quel pays d'Europe est-ce que tu aimerais aller et pourquoi?**
—
— **Et si tu étais très riche, qu'est-ce que tu ferais?**
—

Le Secret de la statuette Épisode 10

STRATÉGIE

Putting the pieces together At the end of the story, all the pieces of the puzzle are put together. Imagine you are Léa or Seydou and you are writing an article on the story of the statuette. Go back to each episode and write down the important details. Once you have watched the final episode, you will be able to fully explain in your article why M. Gadio and Anne Bondy were chosen by Rigaud and his boss to carry out their scheme. Try to write a factual report that fairly describes the motivations of all sides.

Quelques jours plus tard, chez les Gadio...

1

Mme Gadio Regardez qui est là! L'inspecteur Sonko. Et il a une surprise pour nous!

L'inspecteur Sonko Je vous apporte quelque chose...

2

Léa Alors, racontez-nous tout!

L'inspecteur Sonko Quand j'ai reçu le coup de téléphone de Seydou, je n'étais pas loin de là où était Rigaud... J'ai pu arrêter Rigaud avant qu'il quitte Dakar.

3

L'inspecteur Sonko Rigaud a tout avoué. Il s'appelle en fait Paul Delille et il est recherché pour trafic de bijoux.

4

Caroline Dufresne
12, rue du Port
06300 Nice

L'inspecteur Sonko Et Rigaud nous a donné le nom et l'adresse de son chef de gang. Elle habite à Nice.

Anne Madame Dufresne?! Mais c'est ma bijoutière!

5

L'inspecteur Sonko Mais nous ne savons toujours pas pourquoi cette statuette a tant de valeur pour ces trafiquants. Alors, qu'est-ce que vous en pensez?

Visit Us Online

my.hrw.com
Online Edition

Anne Euh... Pour vous dire la vérité,... c'est une copie... Tiens, qu'est-ce que c'est que...

L'inspecteur Sonko Mais ce sont les bijoux volés de mon autre enquête! Ah, je comprends maintenant! Madame Dufresne voulait que vous envoyiez la statuette à Nice...

M. Gadio Eh oui, bien sûr! C'est pourquoi Rigaud ne voulait pas vraiment qu'Anne vienne à Dakar. Il voulait que la statuette aille à Nice.

C'est le moment du départ...

Seydou Ba beneen yon, inch'Allah!
Léa Dieureudieuf.
Mme Gadio Bravo!

Waly Pardon, monsieur. J'ai un objet rare que je voudrais vous montrer...
M. Gadio Non, non. Merci!

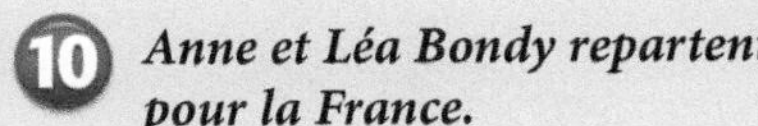

10 *Anne et Léa Bondy repartent pour la France.*

AS-TU COMPRIS?

1. Quelle est la surpise de l'inspecteur Sonko?
2. Qui est madame Dufresne?
3. Qu'est-ce qu'il y a dans la statuette?
4. Pourquoi est-ce que Rigaud voulait envoyer la statuette à Anne?
5. Qui fait une blague à la fin de l'histoire?

Lecture et écriture

Jacques Prévert (1900–1977) est un poète français. Il a aussi écrit les scénarios et les dialogues de grands films classiques du cinéma français. Le poème suivant est tiré du recueil ***Histoires.***

STRATÉGIE pour lire

Personification is another technique used by poets. Personification is a type of comparison in which something that is not human is given human abilities, reactions, and characteristics. Other techniques used by poets are alliteration, onomatopoeia and symbols.

A Avant la lecture

Regarde les illustrations sur ces pages et celle de la page 372. Quels éléments sont personnifiés? De quoi va parler le poème, à ton avis?

En sortant de l'école

de Jacques Prévert

En sortant de l'école
nous avons rencontré[1]
un grand chemin de fer[2]
qui nous a emmenés[3]
tout autour de la terre[4]
dans un wagon doré
Tout autour de la terre
nous avons rencontré
la mer qui se promenait
avec tous ses coquillages[5]
ses îles parfumées
et puis ses beaux naufrages[6]
et ses saumons fumés[7]
Au-dessus de la mer
nous avons rencontré
la lune[8] et les étoiles[9]
sur un bateau à voiles
partant pour le Japon
et les trois mousquetaires des cinq doigts de la main
tournant la manivelle[10] d'un petit sous-marin[11]
plongeant au fond[12] des mers
pour chercher des oursins[13]

1. met 2. traintrack 3. took us 4. around the world 5. seashells 6. shipwrecks 7. smoked salmon 8. moon 9. stars 10. crank 11. submarine 12. bottom 13. sea urchins

Revenant sur la terre
nous avons rencontré
sur la voie[1] de chemin de fer
une maison qui fuyait[2]
fuyait tout autour de la terre
fuyait tout autour de la mer
fuyait devant l'hiver
qui voulait l'attraper[3]
Mais nous sur notre chemin de fer
on s'est mis à rouler[4]
rouler derrière l'hiver
et on l'a écrasé[5]
et la maison s'est arrêtée
et le printemps nous a salués
C'était lui le garde barrière[6]
et il nous a bien remerciés
et toutes les fleurs de toute la terre
soudain[7] se sont mises à pousser[8]
pousser à tort et à travers[9]
sur la voie de chemin de fer
qui ne voulait plus avancer
de peur de les abîmer[10]
Alors on est revenu à pied
à pied tout autour de la terre
à pied tout autour de la mer
tout autour du soleil
de la lune et des étoiles
À pied à cheval en voiture et en bateau à voiles.

1. track 2. was running away 3. wanted to catch it 4. we started to roll 5. we ran over (winter) 6. gate keeper 7. suddenly 8. to grow 9. wildly 10. to smash

Compréhension

B Prévert a personnifié les choses suivantes dans son poème. Attribue à chaque chose son élément personnificateur. Toutes les réponses ne seront pas utilisées.

1. la mer	**a.** conduire
2. la maison	**b.** rencontrer quelqu'un
3. l'hiver	**c.** attraper quelque chose
4. le printemps	**d.** parler
5. le chemin de fer	**e.** fuir
	f. se promener
	g. avoir peur de faire mal

C Complète les phrases suivantes d'après le poème que tu viens de lire.

1. Après l'école, le narrateur a fait un voyage…
2. Il voyageait en…
3. La première chose qu'il a vue était…
4. Après, il est parti pour le Japon sur…
5. Les trois mousquetaires sont…
6. Sur le chemin de fer il y avait…
7. L'hiver voulait…
8. Le printemps a dit merci parce que…
9. Le chemin de fer n'a pas avancé parce que…
10. Alors, le narrateur…

Après la lecture

D Est-ce que tu as aimé ce poème? Qu'est-ce que tu as aimé? Qu'est-ce que tu n'as pas aimé? Si tu devais écrire un poème sur le voyage, quelles images est-ce que tu utiliserais? Écris un court poème sur le voyage en utilisant ces images.

Espace écriture

STRATÉGIE pour écrire

Always define your purpose for writing. You may want to explain something to someone, to relate something or to persuade someone to do something. Whatever your purpose is, it will influence the tone, language, and organization of your writing.

Vos vacances de rêve

Create a brochure advertising a vacation destination. The place may be a realistic location or a fanciful one. Your brochure should grab the attention of readers, tell them what activities they can do and what sights to visit, and provide them with a checklist of things that they need for their trip.

1 Plan

Imagine the ideal vacation spot. Brainstorm words to describe:

- what the place looks like
- what kinds of activities there are
- what sights to see and to visit
- what is needed to get ready for the trip

Next, think about what vocabulary expressions you should use to persuade your readers. Don't forget to find photos to illustrate your brochure.

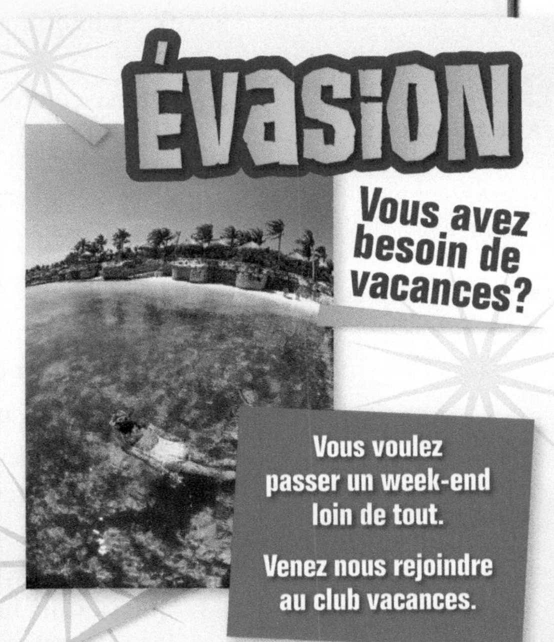

ÉVASION
Vous avez besoin de vacances?
Vous voulez passer un week-end loin de tout.
Venez nous rejoindre au club vacances.

2 Rédaction

Begin with a "catchy" title and introduction. Then describe the activities and sights. Use some expressions of necessity. Conclude your brochure with a checklist of things your readers should do before leaving for this destination.

3 Correction

Ask a classmate to read your brochure, checking for the correct use of **si** clauses and the subjunctive. Does your classmate think that this destination would be a fun place to spend a vacation? What changes could you make to your brochure to make it more appealing?

4 Application

Post your illustrated brochure in class or on the bulletin board. Read each other's brochures and answer your classmates' questions trying to convince them to visit the destination you featured.

Prépare-toi pour l'examen

@HOMETUTOR

1 Vocabulaire 1
- to ask about a vacation
- to say what you would do if you could

pp. 346–349

1 Marion et ses amis parlent de ce qu'ils vont faire pendant leurs vacances cet été. Selon l'endroit où ils vont aller, dis toutes les choses qu'ils vont probablement faire.

1. Marion va étudier à Dakar pour six mois.
2. Aminata va à Québec avec sa famille.
3. Serge va passer deux semaines à Paris.
4. Antoine et son frère vont en colonie de vacances près de la ville de Rennes.
5. Amadou et sa famille vont passer dix jours à Nice.

2 Grammaire 1
- review of object pronouns
- review of the conditional

Un peu plus
- review of **si** clauses

pp. 350–355

2 Qu'est-ce que tes amis et les membres de ta famille aimeraient faire? Dis s'ils feraient les choses indiquées s'ils pouvaient.

1. mes parents: faire le tour du monde
2. je: aller à la plage
3. mes amis et moi, nous: partir en vacances
4. mon/ma meilleur(e) ami(e): aller en colonie de vacances
5. le/la prof de français: visiter la France
6. tu (à ton meilleur ami): rendre visite à tes grands-parents
7. vous (à tes camarades de classe): rester chez vous pendant les vacances

3 Vocabulaire 2
- to express necessity
- to ask what has been done

pp. 358–361

3 Imagine que tu pars bientôt pour le Sénégal. Dis à un ami ce que tu dois faire pour préparer ton voyage. Base tes phrases sur les illustrations qui suivent.

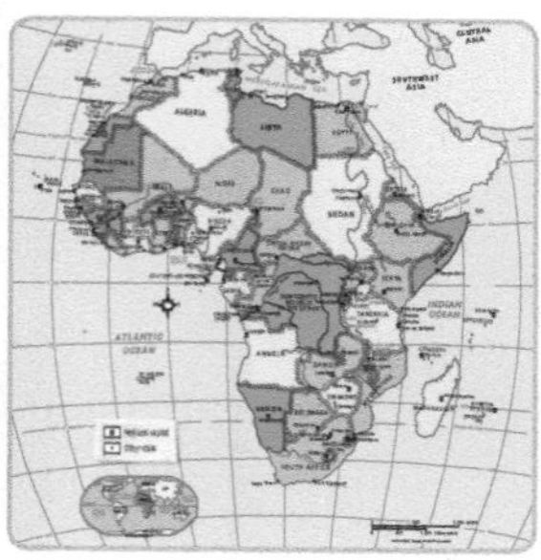
1.

2.

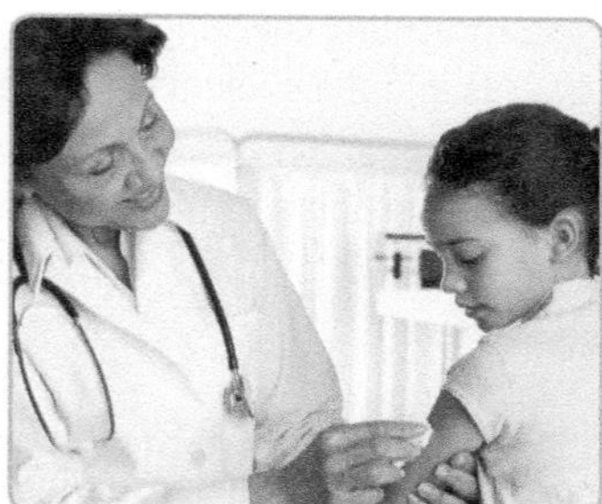
3.

4.

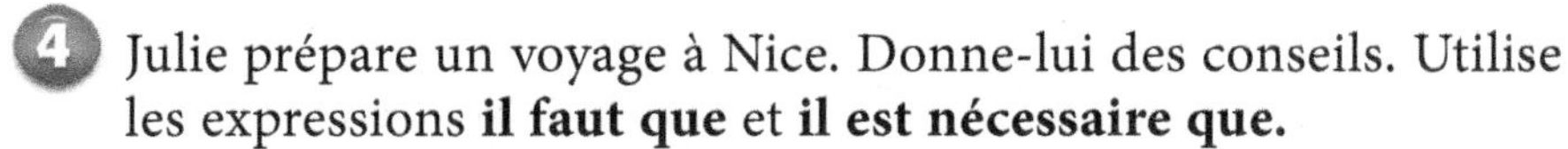

Online Assessment

my.hrw.com
Chapter Self-test

4 Julie prépare un voyage à Nice. Donne-lui des conseils. Utilise les expressions **il faut que** et **il est nécessaire que.**

1. Je n'ai pas encore réservé de chambre d'hôtel.
2. Je n'ai pas encore de visa.
3. Je n'ai pas d'euros.
4. Je voudrais prendre beaucoup de photos.
5. Je ne sais pas où j'ai mis mon passeport.

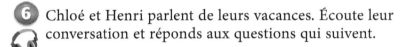

> **4 Grammaire 2**
> - review of the subjunctive
> - review of the **passé composé** and the **imparfait**
>
> Un peu plus
> - review of **être en train de**
>
> **pp. 362–367**

5 Réponds aux questions suivantes.

1. Qu'est-ce que les Français aiment faire pendant les vacances?
2. Quelles sont les quatre périodes de vacances en France?

> **5 Culture**
> - **Flash culture** **pp. 350, 352, 360, 364**
> - **Comparaisons** **pp. 356–357**

6 Chloé et Henri parlent de leurs vacances. Écoute leur conversation et réponds aux questions qui suivent.

1. Pourquoi est-ce qu'Henri aime voyager en famille?
2. Pourquoi est-ce que Chloë n'aime pas beaucoup voyager en famille?
3. Pourquoi est-ce qu'elle aime aller en colonie de vacances?

7 Imagine que tu pars en vacances avec ton/ta camarade. Vous préparez votre voyage et vous vérifiez si l'un(e) et l'autre, vous avez pensé à tout ce qu'il faut faire. D'abord, lisez les instructions pour chaque réplique *(exchange)*. Ensuite, créez votre dialogue en utilisant des expressions que vous avez apprises.

Élève A:	Demande à ton/ta camarade s'il/si elle a pensé à faire une chose.
Élève B:	Réponds positivement. Demande si ton/ta camarade a fait autre chose.
Élève A:	Réponds négativement. Dis que tu vas le faire.
Élève B:	Parle de quelque chose que tu dois faire.
Élève A:	Parle de quelque chose que vous ne devez pas oublier.
Élève B:	Parle de ce que tu dois mettre dans ta valise.
Élève A:	Recommande à ton/ta camarade d'autres choses à mettre dans sa valise.
Élève B:	Remercie ton/ta camarade pour la suggestion.

Grammaire 1
- review of object pronouns
- review of the conditional

Un peu plus
- review of *si* clauses

pp. 350–355

Résumé: Grammaire 1

- The direct object pronouns are: **me, te, se, le/la, nous, vous,** and **les.**
- The indirect object pronouns are: **me, te, se, lui, nous, vous,** and **leur.**

Double object pronouns are placed in the following order.

me / te / se / nous / vous	le / la / l' / les	lui / leur	y	en

Use **y** to replace prepositional phrases. **En** is used to replace phrases beginning with **de** and expressions of quantity.

To form the **conditional**, add the appropriate endings **(-ais, -ais, -ait, -ions, -iez, -aient)** to the future stem.

You can use clauses beginning with **si** in a variety of situations:
- for making suggestions **(Si on allait au marché?)**
- for telling what would happen under different circumstances **(Si on avait beaucoup d'argent, on ferait le tour du monde.)**

Grammaire 2
- review of the subjunctive
- review of the **passé composé** and the **imparfait**

Un peu plus
- review of **être en train de**

pp. 362–367

Résumé: Grammaire 2

Form the subjunctive of most French verbs by dropping the **-ent** from the **ils** form and adding the endings: **-e, -es, -e, -ions, -iez, -ent.** The subjunctive is used after expressions of necessity and obligation.

Use the **passé composé** to:
- tell what happened at a **specific point in time.**

Use the **imparfait** to:
- tell **how things used to be** and **what people and things were like**
- give **background information,** and to **set the scene.**

Use the expression **être en train de** to tell *what was going on* when *something else happened.*

Lettres et sons

The nasal sound [œ̃]

You have already learned how to distinguish between the nasal sounds in the following words: **an, on,** and **copain.** There is one additional nasal sound, the **[œ̃]** sound, that can be heard in words like **un, lundi,** and **brun.**

Jeux de langue

Un enfant brun et son copain marchant dans les embruns mangeaient un morceau de pain brun à la confiture.

Dictée

Écris les phrases de la dictée.

Résumé: Vocabulaire 1

PRACTICE FRENCH WITH HOLT MCDOUGAL APPS!

To ask about a vacation

au bord de la mer	*at the seashore*
à la campagne	*in the countryside*
à la montagne	*in the mountains*
en ville	*in the city*
le bateau	*boat*
un château	*castle*
un gilet de sauvetage	*life jacket*
l'office du tourisme (m.)	*tourist center*
la plage	*beach*
le sentier	*path*
le sommet	*peak*
un spectacle son et lumière	*a sound and light show*
la vallée	*valley*
l'Allemagne (f.)	*Germany*
l'Angleterre (f.)	*England*
la Belgique	*Belgium*
le Danemark	*Denmark*
l'Espagne (f.)	*Spain*
la Grèce	*Greece*
l'Italie (f.)	*Italy*
le Portugal	*Portugal*
la Suisse	*Switzerland*
la Norvège	*Norway*
allemand(e)	*German*
anglais(e)	*English/British*
espagnol(e)	*Spanish*
italien(ne)	*Italian*
portugais(e)	*Portuguese*
à l'étranger	*abroad*
aller en colonie de vacances	*to go to summer camp*
faire de l'escalade	*to mountain climb*
faire de la planche à voile	*to windsurf*
faire un séjour	*to stay/to sojourn*
faire une randonnée	*to go hiking*
faire une visite guidée	*to take a guided tour*
monter à cheval	*to horseback ride*
rendre visite à (une personne)	*to visit (a person)*
visiter (un endroit)	*to visit (a place)*
Ça dépend...	*That depends . . .*
Ça t'arrive de/d'	*Do you ever . . . ?*
J'en fais...	*I go . . .*
... j'y vais ...	*. . . I go there . . .*
Je reste chez moi.	*I stay home.*
pendant les vacances (f.)	*during vacation*
Qu'est-ce que tu fais de beau... ?	*What interesting things do you do . . . ?*

To say what you would do if you could ..*see p. 348*

Résumé: Vocabulaire 2

To express necessity

acheter un guide	*to buy a guidebook*
un appareil photo	*photo camera*
un billet	*ticket*
une brochure	*brochure*
changer de l'argent (m.)	*to change money*
des chèques de voyage (m.)	*traveller's checks*
faire sa valise	*to pack one's suitcase*
faire une demande de visa	*to apply for a visa*
faire une réservation d'hôtel/ de billet de train/d'avion	*to make a hotel/train ticket/ airline ticket reservation*
un itinéraire	*itinerary/route*
des lunettes de soleil (f.)	*sunglasses*
un passeport	*passport*
un permis de conduire	*driver's license*
une pièce	*coin*
un plan	*map*
se faire vacciner	*to get vaccinated*
s'informer sur Internet	*to inquire on the Internet*
se renseigner dans une agence de voyages	*to get information at a travel agency*
le site d'une compagnie aérienne	*airline website*
une trousse de toilette	*vanity case*
Il faut que ...	*I have to . . .*
Il ne faut surtout pas...	*We especially must not . . .*
J'ai besoin de/d'...	*I need to . . .*
Je dois absolument...	*I absolutely must . . .*

To ask what has been done..................*see p. 361*

Révisions cumulatives

1 Des amis parlent de ce qu'ils aiment faire pendant leurs vacances. Écoute ce qu'ils disent et décide si chacun devrait aller **a) dans une grande ville, b) au bord de la mer** ou **c) à la montagne.**

2 Une agence de voyages qui se spécialise dans le tourisme pour jeunes te propose ces séjours. Lis la description de chaque séjour. Décide quel séjour tu choisirais et dis pourquoi.

ALLEZ, LES JEUNES!

Séjours ECCO. Contactez-nous à www.hmhpub.ecco.com.

Sports et découvertes (Montpellier)

Ce séjour propose un large éventail d'activités : escalade, tir à l'arc, trampoline, arts martiaux, tennis, danse, baignade au lac, kayak...

- Dates : du 15/04 au 29/04
- Âges : de 11 à 17 ans
- Prix : à partir de 424,00 € / pers

Vedettes! (Lyon)

Danser, chanter, rapper, monter un spectacle, tout cela est possible pendant ce séjour. Chacun rentrera avec un CD ou un DVD de sa première expérience.

- Dates : du 03/07 au 21/07
- Âges : de 6 à 15 ans
- Prix : à partir de 369,00 € / pers

Surf, Snow Blade et Ski! (Noël)

Ce séjour est pensé pour les adolescents de 14 à 16 ans. Au programme ski ou surf tous les jours, piscine, patinoire, veillée raclette...

Contactez-nous pour plus d'informations.

my.hrw.com
Cumulative Self-test

Révisions cumulatives

3 Avec deux amis, imaginez que vous allez partir en week-end. Décidez où vous allez aller et ce que vous allez faire comme activité (sports, loisirs)? Ensuite, faites une liste de tout ce qu'il faut faire pour préparer votre voyage. Créez une conversation dans laquelle vous parlez du voyage. Présentez votre conversation à la classe.

4 Regarde l'image et imagine la vie de ces femmes. Où sont-elles? Que font-elles? Imagine leur routine. Est-ce que tu aimerais passer des vacances dans cet endroit? Pourquoi ou pourquoi pas?

Scène du jardin en Bretagne **de Pierre Auguste Renoir**

5 Imagine que tu es en vacances et que tu envoies une carte postale à un(e) de tes camarades de classe. Parle-lui de ce que tu fais pendant tes vacances.

6 À ton tour

Chez moi, on... Students from a **lycée** in Nice are coming to your area for a two-week visit. Create a brochure in French about your area, recommending places to go and things to do. Include information about your school as well.

Variations littéraires

Visit Us Online
my.hrw.com
Online Edition

Paris

Paris Plages

Aucune voiture sur les berges[1] de la Seine en plein cœur de Paris, entre le tunnel des Tuileries et le pont Henri IV, mais du sable, de l'eau, de la verdure[2], des transats[3], des palmiers et des parasols. Chaque été, Paris Plages reprend ses quartiers d'été[4]. Son objectif : offrir au plus grand nombre la possibilité de se détendre[5] et de s'amuser gratuitement[6].

STRATÉGIE

Before reading a text, you can use **images and titles** to anticipate its content. Briefly look over pictures and section titles, and then skim the text, looking for supporting details to guess what this reading is about.

Vive la plage !

Trois plages sont proposées aux visiteurs. La première est en lattes de bois[7]. La deuxième est toute en herbe[8]. La troisième est une plage de sable fin[9]. On peut se détendre et faire la sieste[10] en regardant passer les bateaux-mouches[11] grâce à 200 transats et 40 hamacs.

À vos pinceaux[12] !

Si vous aimez la peinture, des artistes sont là pour vous aider à peindre à l'aquarelle[13] une scène de Paris Plages sur un papier format carte postale.

Le Marais
Rue de Rivoli
Quartier Saint-Paul
Le Louvre
Q. du Louvre
Q. de l'Hôtel de Ville
Pont Neuf
Île de la Cité
Île St-Louis
Notre-Dame
Quartier Latin

CALENDRIER	HORAIRES D'OUVERTURE	HORAIRES DES ACTIVITÉS
du 21 juillet au 20 août	de 7h à minuit	de 9h à 22h30 Prix : gratuit

1. banks 2. greenery 3. deck chairs 4. summer headquarters 5. to relax 6. for free 7. wooden decks 8. grass 9. fine sand 10. to take a nap 11. river boats 12. paintbrushes 13. watercolor

Pas de plage… sans châteaux de sable[1] !
Face à la Conciergerie, un espace châteaux de sable permet aux tout-petits de jouer aux architectes. Un sculpteur professionnel construit, en sable, des personnages et les principaux monuments de la capitale.

Tous au sport !
Des activités sportives gratuites et encadrées[2] par des professionnels sont proposées, aussi bien pour les débutants que pour les initiés : frisbee®, beach volley, badminton, exercices de relaxation, roller, trampoline, escalade[3]… On peut aussi jouer à la pétanque au boulodrome[4].

Que d'eau !
Il y a un bassin de baignade avec cabines de bains[5] pour se changer et une pataugeoire[6] pour les moins de cinq ans. Des brumisateurs[7] sont également répartis le long de la Seine. Chacun peut aussi se désaltérer[8] gratuitement à l'une des sept fontaines.

APRÈS la lecture

1. Quel est le but de Paris Plages?
2. Quelles sont les différentes sortes de plage?
3. Sur quoi peut-on faire la sieste à Paris Plages?
4. Parmi les sports cités, lequel se joue avec un ballon? Lequel se joue avec des boules?
5. Comment est-ce que les images aident à comprendre l'idée principale du texte?

1. sand castle 2. directed 3. rock climbing 4. area to play **pétanque** 5. beach hut 6. wading pool 7. water sprays 8. quench your thirst

 Le Fantôme de l'Opéra

Avez-vous déjà vu *Le Fantôme de l'Opéra* ? C'est inspiré par le roman *Le Fantôme de l'Opéra* de Gaston Leroux.

Using cognates can be especially helpful with a challenging text. Before you read this passage, skim it for cognates. Use what you know about the story to help you infer, or guess, their meaning.

Gaston Leroux (1868–1927) a été avocat[1], journaliste et écrivain. Il a écrit une série de romans[2] policiers (*Le Mystère de la chambre jaune, Le Parfum de la dame en noir*) dont le personnage principal, Joseph Rouletabille, ressemble[3] un peu à Sherlock Holmes. Mais, Gaston Leroux est plus connu pour son roman, *Le Fantôme de l'Opéra*, qui est inspiré par des incidents étranges mais réels qui ont eu lieu[4] à l'opéra Garnier.

GASTON LEROUX

Le Fantôme de l'Opéra

L'extrait suivant se situe au début du livre. Les danseuses du corps de ballet viennent de quitter la scène et en retournant dans les coulisses[5], elles ont vu un homme en noir surgir[6] : le fantôme. Elles se sont enfermées[7] dans la loge[8] de la Sorelli, danseuse étoile de l'Opéra.

1. lawyer **2.** novels **3.** looks like **4.** took place **5.** backstage **6.** suddenly appear **7.** locked themselves **8.** dressing room

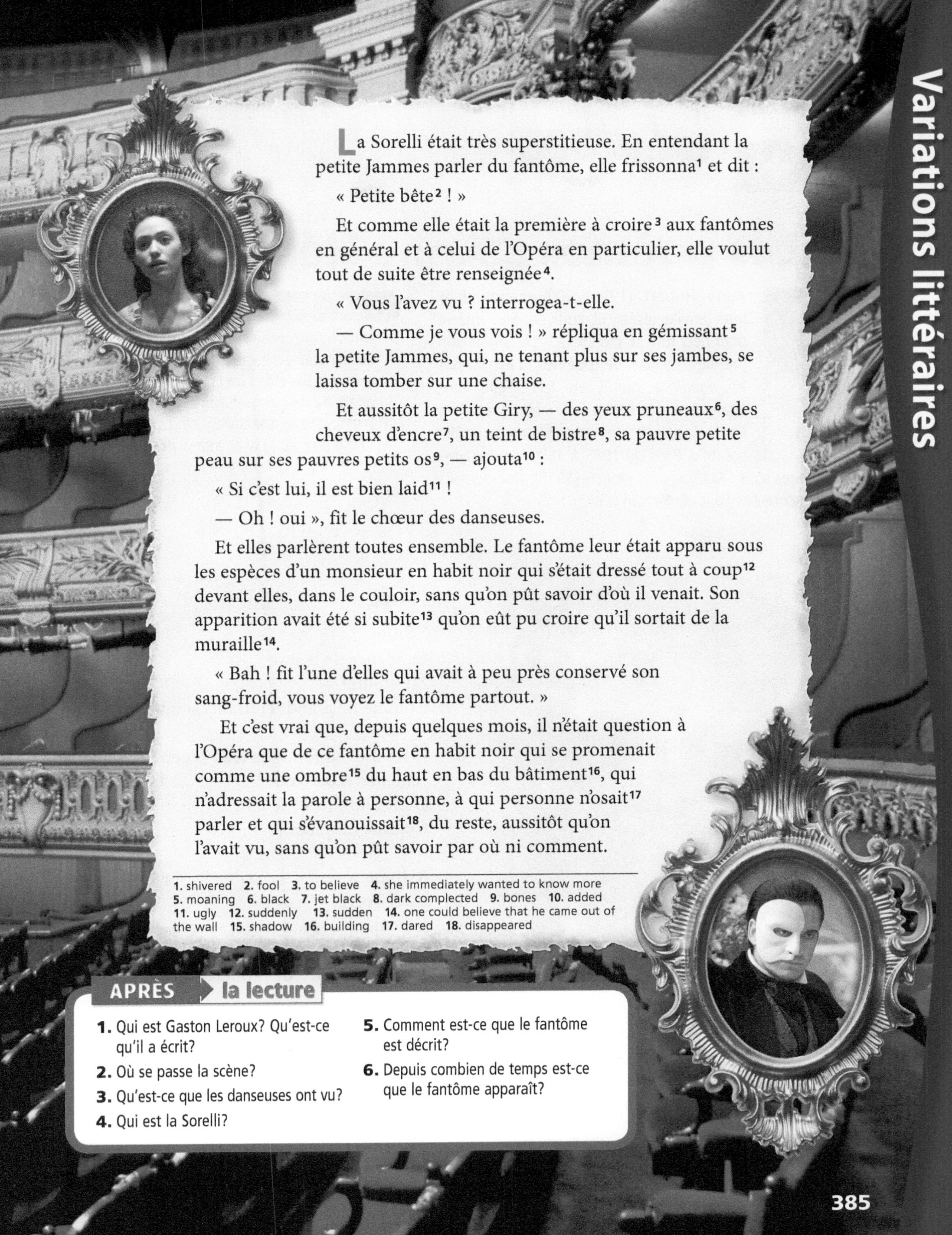

La Sorelli était très superstitieuse. En entendant la petite Jammes parler du fantôme, elle frissonna[1] et dit :

« Petite bête[2] ! »

Et comme elle était la première à croire[3] aux fantômes en général et à celui de l'Opéra en particulier, elle voulut tout de suite être renseignée[4].

« Vous l'avez vu ? interrogea-t-elle.

— Comme je vous vois ! » répliqua en gémissant[5] la petite Jammes, qui, ne tenant plus sur ses jambes, se laissa tomber sur une chaise.

Et aussitôt la petite Giry, — des yeux pruneaux[6], des cheveux d'encre[7], un teint de bistre[8], sa pauvre petite peau sur ses pauvres petits os[9], — ajouta[10] :

« Si c'est lui, il est bien laid[11] !

— Oh ! oui », fit le chœur des danseuses.

Et elles parlèrent toutes ensemble. Le fantôme leur était apparu sous les espèces d'un monsieur en habit noir qui s'était dressé tout à coup[12] devant elles, dans le couloir, sans qu'on pût savoir d'où il venait. Son apparition avait été si subite[13] qu'on eût pu croire qu'il sortait de la muraille[14].

« Bah ! fit l'une d'elles qui avait à peu près conservé son sang-froid, vous voyez le fantôme partout. »

Et c'est vrai que, depuis quelques mois, il n'était question à l'Opéra que de ce fantôme en habit noir qui se promenait comme une ombre[15] du haut en bas du bâtiment[16], qui n'adressait la parole à personne, à qui personne n'osait[17] parler et qui s'évanouissait[18], du reste, aussitôt qu'on l'avait vu, sans qu'on pût savoir par où ni comment.

1. shivered 2. fool 3. to believe 4. she immediately wanted to know more 5. moaning 6. black 7. jet black 8. dark complected 9. bones 10. added 11. ugly 12. suddenly 13. sudden 14. one could believe that he came out of the wall 15. shadow 16. building 17. dared 18. disappeared

APRÈS la lecture

1. Qui est Gaston Leroux? Qu'est-ce qu'il a écrit?
2. Où se passe la scène?
3. Qu'est-ce que les danseuses ont vu?
4. Qui est la Sorelli?
5. Comment est-ce que le fantôme est décrit?
6. Depuis combien de temps est-ce que le fantôme apparaît?

Les poèmes d'Anne Hébert

Anne Hébert (1916–2000) grandit dans une famille aisée[1] et cultivée. Son intérêt pour l'écriture se manifeste[2] très jeune. Son premier recueil de poèmes, *Les Songes en équilibre*, paraît en 1942. Elle écrit également des textes radiophoniques pour Radio-Canada et des scénarios de films. Elle habite à Paris de 1965 à 1997. Ses œuvres les plus connues sont *Les Chambres de bois* (1958), *Kamouraska* (1970), ou encore *Les Fous de Bassan* (1982).

STRATÉGIE

Making inferences Often in poetry, the author states the cause and not the effect, or states the effect and not the cause. To analyze cause-and-effect relationships, you must make inferences by using information in the text along with your own experience.

Nuit

La nuit
Le silence de la nuit
M'entoure[3]
Comme de grands courants sous-marins[4].

Je repose[5] au fond[6] de l'eau muette et glauque[7].
J'entends mon cœur
Qui s'illumine et s'éteint
Comme un phare[8].

Rythme sourd[9]
Code secret
Je ne déchiffre aucun mystère.

À chaque éclat[10] de lumière
Je ferme les yeux
Pour la continuité de la nuit
La perpétuité du silence
Où je sombre[11].

1. well-to-do **2.** showed itself **3.** surrounds me
4. underwater currents **5.** rest **6.** at the bottom
7. silent and dull blue-green **8.** lighthouse
9. deaf **10.** sparkle **11.** sink

Nos mains au jardin

Nous avons eu cette idée
De planter nos mains au jardin

Branches des dix doigts[1]
Petits arbres d'ossements[2]
Chère plate-bande[3].
Tout le jour

Nous avons attendu l'oiseau[4] roux
Et les feuilles fraîches
À nos ongles[5] polis.

Nul oiseau
Nul printemps
Ne se sont pris au piège[6] de nos mains coupées.

Pour une seule fleur[7]
Une seule minuscule étoile[8] de couleur
Un seul vol d'aile[9] calme
Pour une seule note pure
Répétée trois fois.

Il faudra[10] la saison prochaine
Et nos mains fondues[11] comme l'eau.

1. fingers 2. bones 3. flower bed 4. bird 5. fingernails 6. trapped 7. a flower 8. star 9. a flap of a wing 10. we'll have to 11. melted

APRÈS la lecture

La nuit

1. À quoi «le silence de la nuit» est-il comparé?
2. À quoi le «cœur» est-il comparé?
3. Trouve les mots qui parlent de la mer.

Nos mains au jardin

1. Comment est la nature?
2. Que forment les doigts?
3. Qu'est-ce qu'il faut attendre?

Québec

L'alouette

Gabrielle Roy (1909–1983) est d'abord institutrice[1] dans l'ouest canadien. En 1937, elle part étudier l'art dramatique en France et en Angleterre. Elle écrit ses premiers articles. Elle rentre au Canada juste avant la Deuxième Guerre mondiale. Elle travaille à Montréal comme journaliste et écrivain. Son premier roman, *Bonheur d'occasion,* est publié en 1945. Elle passe le reste de sa vie à écrire.

STRATÉGIE

Metaphor, a direct comparison of one thing to another, provides supporting details that help you understand a text. The title of this story is a metaphor: Nil is called «l'alouette» (the lark) because he, like the bird, sings very well. Look for other metaphors as you read.

L'histoire « L'alouette » est issue du recueil autobiographique Ces Enfants de ma vie. « L'alouette » est un jeune immigré ukrainien doté d'une voix[2] magnifique, et qui apporte le bonheur à ceux qui l'entendent chanter.

Assez souvent je priais[3] mes petits élèves de chanter ensemble. Un jour, au milieu de leurs voix plutôt ternes, j'en distinguai une, claire, frémissante[4], étonnamment juste[5]. Je fis cesser le groupe[6] pour laisser Nil continuer seul. La ravissante voix et de quel prix pour moi qui n'eus[7] jamais beaucoup d'oreille pour la musique !

Dès lors je demandai :

— Donne le ton[8], veux-tu, Nil ?

Il le donnait sans se faire prier ni s'enorgueillir[9], enfant né pour chanter comme d'autres pour faire la moue[10].

Partait alors à sa remorque[11] ma volée de passereaux[12] que Nil entraînait[13] tant bien que mal et, avant longtemps, plutôt bien que mal, car, outre son brillant talent, il possédait celui de paraître[14] en donner aux autres. On écoutait Nil chanter et on se croyait tous capables de chanter.

1. a primary school teacher **2.** a voice **3.** asked **4.** quivering **5.** pure **6.** asked the group to stop **7.** never had **8.** to give the pitch **9.** to boast **10.** to pout **11.** in his path **12.** my flock of passerines (type of bird) **13.** led **14.** seem

L'heure du chant dans ma classe m'attira[1] l'envie des maîtresses des classes avoisinantes[2].

— Que se passe-t-il ? Tous les jours, à présent, de ta classe, c'est un concert.

Il n'y avait rien à comprendre puisque je n'avais guère jusque-là brillé comme maîtresse de chant.

Notre vieil inspecteur des écoles, au cours de sa visite, en fut[3] tout stupéfait.

— Comment se fait-il ! Vos élèves chantent mille fois mieux que ceux des années passées !

Puis il cessa de me guetter[4] pour me demander plutôt de faire chanter encore une fois mes enfants, et la première chose que je sus[5], il était parti au loin d'une rêverie heureuse où il ne paraissait même plus se souvenir qu'il était inspecteur des écoles.

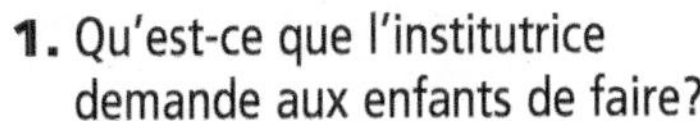

APRÈS la lecture

1. Qu'est-ce que l'institutrice demande aux enfants de faire?
2. Qui est Nil?
3. Comment Nil est-il appelé? Pourquoi?
4. Pourquoi est-ce que l'inspecteur est étonné quand il entend les enfants chanter?
5. Pourquoi l'inspecteur demande-t-il à l'institutrice de faire chanter les enfants?

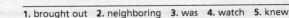

1. brought out 2. neighboring 3. was 4. watch 5. knew

Rennes

Mémoires d'outre-tombe

François René de Chateaubriand (1768–1848) se destine d'abord à une carrière militaire, mais, après le choc de la Révolution Française (1789), il s'exile en Amérique puis en Angleterre[1]. En 1806, il voyage en Orient. Il commence ensuite une carrière diplomatique et politique. À la fin de sa vie il écrit son chef-d'œuvre autobiographique, les *Mémoires d'outre-tombe*[2], commencé en 1809 et publié après sa mort.

STRATÉGIE

In a narrative, **analyzing chronological order** helps you understand the text's structure and, as a consequence the order of events. While you read, try to note the expressions of time.

Dans cet extrait des Mémoires d'outre-tombe, Chateaubriand évoque les deux années qu'il a passées au château familial de Combourg en Bretagne, avec ses parents et sa plus jeune sœur Lucile. Il avait 16 ans.

Mon père se levait à quatre heures du matin, hiver comme été : il venait dans la cour intérieure appeler et éveiller[3] son valet de chambre[4], à l'entrée de l'escalier de la tourelle[5]. On lui apportait un peu de café à cinq heures ; il travaillait ensuite dans son cabinet jusqu'à midi. Ma mère et ma sœur déjeunaient chacune dans leur chambre, à huit heures du matin. Je n'avais aucune heure fixe, ni pour me lever, ni pour déjeuner ; j'étais censé[6] étudier jusqu'à midi : la plupart[7] du temps je ne faisais rien.

1. England **2.** *Memoirs from Beyond the Grave* **3.** woke **4.** the servant **5.** the small tower
6. I was supposed to **7.** most of

À onze heures et demie, on sonnait le dîner que l'on servait à midi. La grand'salle était à la fois salle à manger et salon : on dînait et l'on soupait à l'une de ses extrémités du côté de l'est ; après les repas, on se venait placer à l'autre extrémité du côté de l'ouest, devant une énorme cheminée. La grand'salle était boisée[1], peinte en gris blanc et ornée de vieux portraits depuis le règne de François Ier jusqu'à celui de Louis XIV[2] ; parmi ces portraits, on distinguait ceux de Condé et de Turenne[3] : un tableau représentant Hector tué par Achille sous les murs de Troie[4], était suspendu au-dessus de la cheminée.

Le dîner fait, on restait ensemble, jusqu'à deux heures. Alors, si l'été, mon père prenait le divertissement de la pêche, visitait ses potagers[5], se promenait dans l'étendue du vol du chapon[6] ; si l'automne et l'hiver, il partait pour la chasse[7], ma mère se retirait dans la chapelle, où elle passait quelques heures en prières[8]. Cette chapelle était un oratoire sombre, embelli de bons tableaux des plus grands maîtres[9], qu'on ne s'attendait guère[10] à trouver dans un château féodal, au fond de la Bretagne. J'ai aujourd'hui, en ma possession, une *Sainte Famille* de l'Albane[11], peinte sur cuivre[12], tirée de cette chapelle : c'est tout ce qui me reste de Combourg.

Mon père parti et ma mère en prières, Lucile s'enfermait[13] dans sa chambre ; je regagnais ma cellule[14], où j'allais courir les champs.

À huit heures, la cloche annonçait le souper. Après le souper, dans les beaux jours, on s'asseyait sur le perron[15]. Mon père, armé de son fusil[16], tirait des chouettes[17] qui sortaient des créneaux à l'entrée de la nuit. Ma mère, Lucile et moi, nous regardions le ciel, les bois, les derniers rayons du soleil, les premières étoiles[18]. À dix heures, on rentrait et l'on se couchait.

1. panelled with wood **2.** François I (1494–1547) and Louis XIV (1638–1715) were French kings **3.** generals of the French king Louis XIV **4.** from Homer's The Iliad **5.** the vegetable gardens **6.** about an acre **7.** hunting **8.** prayers **9.** the master **10.** one would hardly expect to **11.** an Italian painter **12.** copper **13.** locked herself up **14.** cell **15.** the steps of the front door **16.** rifle **17.** shot owls **18.** stars

APRÈS la lecture

1. Quel âge avait Chateaubriand dans ce passage?
2. Combien de repas sont évoqués? Lesquels?
3. Qu'est-ce que Chateaubriand et sa famille faisaient l'après-midi?
4. Quel objet de ce château Chateaubriand a-t-il conservé?
5. Que pensez-vous du mode de vie décrit dans le texte?

Rennes

Saint-Malo, cité corsaire

Son nom

La ville de Saint-Malo doit son nom à un moine gallois[1], Mac Low, et son surnom[2] de « cité corsaire[3] » aux nombreux corsaires qui y ont habité.

Sa devise

Longtemps indépendante, Saint-Malo est rattachée au royaume de France en 1493. Mais selon leur devise[4], « Ni Français, ni Breton, Malouin suis », les Malouins revendiquent[5] leur liberté.

STRATÉGIE

Use prior knowledge and experiences to help you understand a new text. Scan the images, captions, and headings to determine the subject matter, then think of what you already know about the topics.

Les corsaires Un corsaire était un marin[6] qui avait reçu le droit d'attaquer des bateaux ennemis, par le roi. Les règles[7] étaient strictes :

- Un marin ne pouvait pas se déclarer corsaire. Le roi ou le prince devait lui donner une lettre de marque[8]. Cette lettre le protégeait s'il était fait prisonnier. Il était considéré comme soldat par ses ennemis et il ne pouvait pas être pendu[9].
- Les corsaires ne pouvaient pas attaquer n'importe quel navire[10]. Le navire attaqué devait être un navire ennemi en temps de guerre[11].
- Le butin[12] était partagé avec l'État.

Les corsaires de Saint-Malo les plus connus sont René Duguay-Trouin (1673–1736) et Surcouf (1773–1827).

Station balnéaire
On peut profiter des plages et aussi faire de la voile, du kayak de mer et même de la plongée sous-marine.

1. a Welsh monk 2. nickname 3. a privateer was a "pirate" commissioned by the King and was protected by him 4. a motto 5. claim 6. sailor 7. rules 8. letter authorizing one to make its own justice 9. hung 10. ship 11. time of war 12. bounty

Saint-Malo, c'est aussi ...

Le port
Au 17e siècle, Saint-Malo était le plus grand port de France grâce au commerce avec les Amériques, les Indes, la Chine et l'Afrique. Aujourd'hui, c'est un des points de départ des ferrys pour l'Angleterre, aussi des croisières sur vieux gréements[1]. C'est aussi d'où part la Course du Rhum, une course de bateaux, en solitaire, dont l'arrivée est à la Guadeloupe.

Le Grand Aquarium, ouvert depuis 1996, comprend[2] plus de 500 espèces animales et un sous-marin[3] qui emporte les visiteurs au fond des mers[4].

ANECDOTE

Pendant la Seconde Guerre mondiale[5], la cité malouine a été détruite à plus de 80%. Elle a été reconstruite à l'identique. Le chantier[6] a pris fin en 1962.

Les remparts[7] ont été construits[8] par l'ingénieur militaire Vauban pour protéger la ville de la flotte[9] anglaise.

APRÈS la lecture

1. D'où vient le nom de Saint-Malo?
2. Qui étaient les corsaires?
3. Qui sont les plus célèbres corsaires de Saint-Malo?
4. Qui a fait construire les remparts de Saint-Malo?
5. Qu'est-ce que tu peux faire à Saint-Malo?

1. old ships **2.** includes **3.** submarine **4.** bottom of the sea **5.** World War II **6.** reconstruction **7.** outer walls **8.** were built **9.** fleet

Dakar

Les poèmes de Léopold Sédar Senghor

Léopold Sédar Senghor (1906–2001) fait ses études à Dakar puis à Paris. En 1933, il obtient[1] la nationalité française et enseigne le français au lycée. Avec Aimé Césaire et Gontran Damas, il établit les fondements[2] de *la négritude*. En 1945, il devient député du Sénégal. En 1960, il est élu président de la République du Sénégal. Il est réélu cinq fois de suite. Il est élu à l'Académie française en 1983. Parmi ses recueils de poèmes, on peut citer *Chants d'ombre* (1945), *Hosties noires* (1948) et *Nocturnes* (1961).

STRATÉGIE

In each poem, there is a main idea and relevant details that illustrate this idea. **Determining the main idea** helps you understand the overall meaning of the poem.

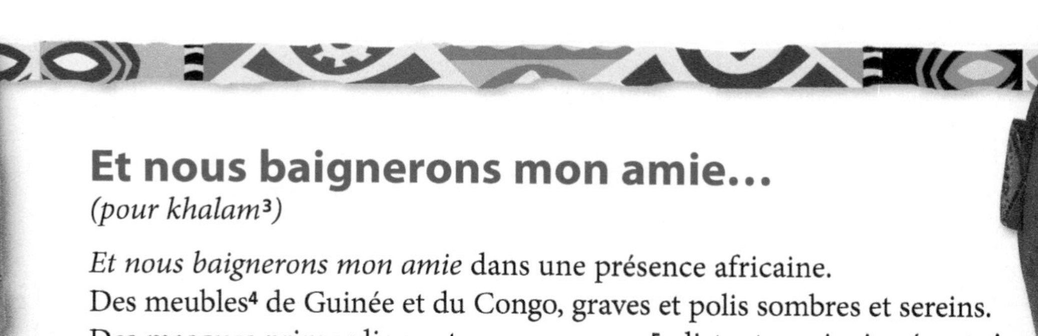

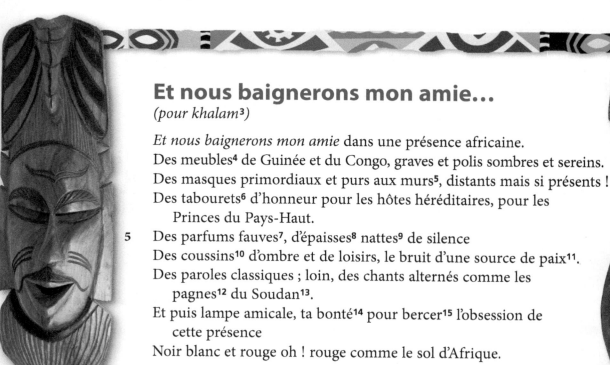

Et nous baignerons mon amie…

(pour khalam[3])

Et nous baignerons mon amie dans une présence africaine.
Des meubles[4] de Guinée et du Congo, graves et polis sombres et sereins.
Des masques primordiaux et purs aux murs[5], distants mais si présents !
Des tabourets[6] d'honneur pour les hôtes héréditaires, pour les
Princes du Pays-Haut.
Des parfums fauves[7], d'épaisses[8] nattes[9] de silence
Des coussins[10] d'ombre et de loisirs, le bruit d'une source de paix[11].
Des paroles classiques ; loin, des chants alternés comme les
pagnes[12] du Soudan[13].
Et puis lampe amicale, ta bonté[14] pour bercer[15] l'obsession de
cette présence
Noir blanc et rouge oh ! rouge comme le sol d'Afrique.

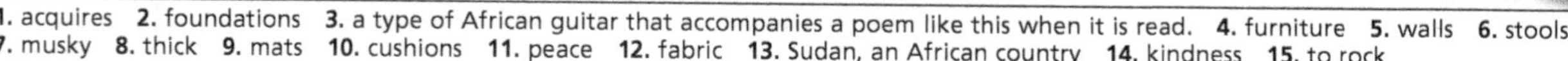

1. acquires **2.** foundations **3.** a type of African guitar that accompanies a poem like this when it is read. **4.** furniture **5.** walls **6.** stools **7.** musky **8.** thick **9.** mats **10.** cushions **11.** peace **12.** fabric **13.** Sudan, an African country **14.** kindness **15.** to rock

Je suis seul

Je suis seul[1] dans la plaine
Et dans la nuit
Avec les arbres recroquevillés[2] de froid
Qui, coudes au corps[3], se serrent[4] les uns tout contre les autres.

Je suis seul dans la plaine
Et dans la nuit
Avec les gestes de désespoir[5] pathétique des arbres
Que leurs feuilles ont quittés pour des îles[6] d'élection.

Je suis seul dans la plaine
Et dans la nuit.
Je suis la solitude des poteaux télégraphiques[7]
Le long des routes[8]
Désertes.

1. lonely, alone **2.** curled up **3.** elbows to body **4.** squeeze up **5.** despair **6.** islands **7.** telegraph poles **8.** along the roads

APRÈS la lecture

Et nous baignerons mon amie

1. Quels autres pays sont mentionnés?

2. À quoi ressemble la décoration de la maison?

3. Qu'est-ce que la décoration représente?

Je suis seul

4. Comment sont les arbres?

5. Où sont parties les feuilles des arbres?

6. Qu'est-ce que les feuilles représentent?

Dakar

La mendiante et l'écolière

Fatou Diome est née en 1968 au Sénégal. Elle est étudiante à l'université de Dakar quand elle rencontre son futur mari qui est français. Ils s'installent en France en 1994, où elle continue ses études de Lettres[1]. Son premier recueil[2] de nouvelles[3], *La Préférence Nationale*, est publié en 2001. Ses histoires sont en grande partie autobiographiques. Son premier roman *Le ventre de l'Atlantique* est publié en 2003. En Alsace, Fatou Diome est à la fois étudiante en doctorat de Lettres, présentatrice d'émissions littéraires à la télévision et écrivain.

STRATÉGIE

When a text presents a lot of material, **using text organizers** helps you classify, summarize, and therefore understand information. For instance, you can create a chart such as a spider to organize the information about different characters.

Dans « La mendiante et l'écolière », une des nouvelles publiées dans La Préférence nationale, la narratrice est une jeune écolière. Elle habite dans une famille d'accueil[4] qu'elle n'aime pas, et en qui elle n'a pas confiance. Elle s'achète à manger avec ses économies, 5.000 francs[5]. Elle cache[6] d'abord cet argent sous un arbre. Quand elle fait la connaissance de Codou, une mendiante, elle décide de lui prêter cet argent. Codou peut ainsi acheter des cacahuètes et les revendre[7] grillées pour gagner un peu d'argent.

Foundiougne était le centre actif d'une région agricole. Les paysans[8] y venaient vendre leur récolte d'arachides[9], ce qui rendait le commerce des cacahuètes florissant[10] : il suffisait d'avoir du bois, du sel et un peu d'argent pour y participer. Comme Codou ne manquait que de ce dernier élément, je proposai de lui prêter mes 5 000 F avec lesquels elle achèterait deux sacs d'arachides au marché pour apprêter[11] les cacahuètes. Quant au[12] point de vente, il était tout trouvé puisque Codou habitait en face du collège, il lui suffisait de se tenir[13] devant chez elle pour intercepter la clientèle captive des collégiens dont l'unique goûter, souvent, consistait en un cornet[14] de cacahuètes.

1. Literature and Linguistics **2.** collection **3.** short stories **4.** host family **5.** 5.000 francs CFA (about 9 dollars) **6.** hides **7.** resell **8.** peasants **9.** peanuts **10.** flourishing **11.** prepare **12.** as far as **13.** all she had to do was to stand **14.** cone

Pour le remboursement, nous avions passé un contrat oral : il était convenu qu'elle me donnerait tous les jours de classe, à l'heure du déjeuner, deux cornets de cacahuètes pour la contre-valeur[1] de 20 F, plus trois pièces de 10 F pour l'achat d'un quart de pain. Dès que Codou eut commencé[2] son petit commerce, je lui laissai un carnet[3] où je consignais soigneusement le montant versé[4] ainsi que la valeur restante[5]. Avec ses petits bénéfices[6], Codou nourrissait sa famille ; elle avait même réussi à renouveler[7] son stock d'arachides et sa mendicité[8] n'était plus qu'un triste souvenir.

Je marchais. 4 950 F, me répétais-je, après-demain ça fera 5 000 F de remboursement. C'est la fin[9], oui, la faim. J'étais presque contente en arrivant chez Codou de n'avoir pu acheter mon quart de baguette. Les 30 F rescapés[10] me feraient encore trois cornets de thiaf[11].

— Mais où est ton pain, me questionna Codou.

— La boulangerie est fermée, dis-je.

— Oh petite, dit-elle navrée[12], il fallait hâter le pas[13], tu es toujours rêveuse. Tiens voilà tes deux cornets de thiaf, et un troisième pour compenser ton bout de pain ; mais ne le compte[14] pas, je te l'offre.

— Où est le carnet, lui demandai-je après l'avoir remerciée, je vais noter les 20 F d'aujourd'hui et je te rends les 30 F du pain pour...

— Ne t'en fais pas[15] petite, on ne note rien aujourd'hui, reprit-elle fermement.

— Mais si mame Codou, rétorquai-je[16], d'ailleurs dans deux jours tu ne me devras plus rien[17]. Tu m'as déjà rendu 50 F x 99 moins les 30 F du pain ce qui fait...

— Arrête donc petite, dit-elle en faisant de sa main incurvée une béquille pour sa voix[18], je ne sais ni lire ni écrire, mais je sais combien ça fait. Sache[19] qu'il y a des choses que l'école des Blancs ne t'apprendra jamais à évaluer. Et puisque personne n'a inventé une mesure pour l'amitié, tes cornets de cacahuètes et tes sous pour le pain t'attendront toujours chez moi. À demain petite, je ferai de beaux cornets de thiaf avec notre petit carnet.

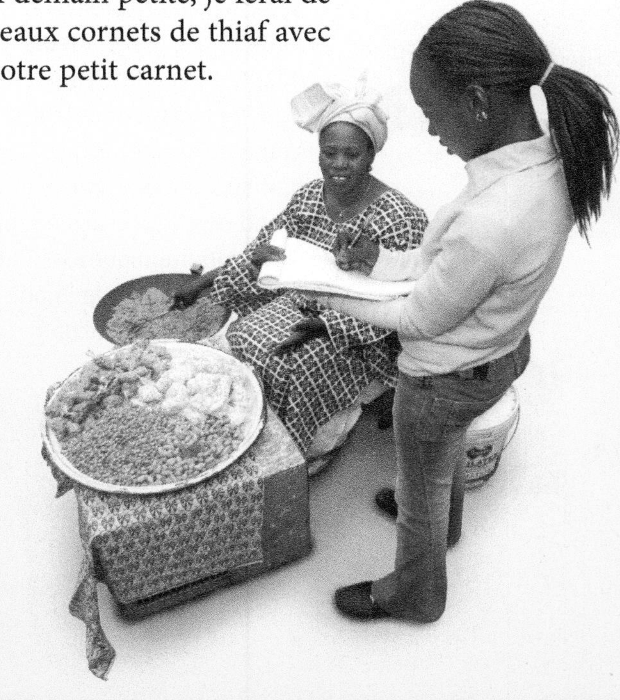

APRÈS la lecture

1. Que mangent les collégiens au goûter?
2. Que mange la narratrice au déjeuner d'habitude?
3. Que mange-t-elle ce jour-là?
4. Est-ce que Codou est toujours mendiante?
5. Pourquoi est-ce que la narratrice dit «C'est la fin, oui, la faim»?
6. Pourquoi est-ce que la narratrice veut son petit carnet?
7. Selon Codou, qu'est-ce qui n'a pas de prix?

1. exchange value **2.** as soon as Codou started **3.** notebook **4.** I carefully put down the sum she had paid me **5** remaining **6.** profits **7.** renew **8.** begging **9.** end **10.** saved **11.** grilled peanuts (slang) **12.** sorry **13.** to hurry **14.** don't count it **15.** Don't worry **16.** I answered back **17.** you won't owe me anything any more **18.** cupping her hand over her mouth **19.** let me tell you

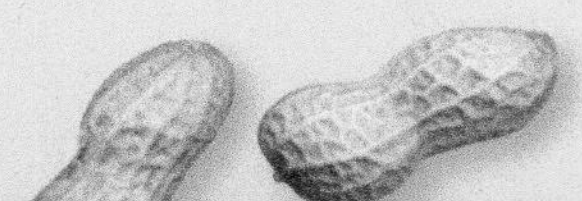

Nice

La littérature au cinéma

Les Trois Mousquetaires d'Alexandre Dumas, *Le Bossu* de Paul Féval, *Le Hussard sur le toit* de Jean Giono ou encore *Un long dimanche de fiançailles* de Sébastien Japrisot sont connus du large public grâce à leurs adaptations au cinéma. Certains auteurs français, comme Jules Verne ou Marcel Pagnol sont tout particulièrement appréciés du grand écran. Une des adaptations cinématographiques les plus réussies est celle de la pièce *Cyrano de Bergerac* par Jean-Paul Rappeneau (1990), avec Gérard Depardieu dans le rôle principal.

STRATÉGIE

Monitoring your comprehension of a text enables you to make adjustments when necessary. Ask yourself "W" questions (*who, what, when, where* and *why*) about the text as you read. Then re-read or use a dictionary to answer the question before going on.

Cyrano de Bergerac a un très grand nez et il n'aime pas qu'on le lui fasse remarquer[1]*. L'extrait suivant se situe à l'acte I scène 4. Dans cette scène, Cyrano est au théâtre et il a interrompu les acteurs en plein spectacle*[2]*. Les spectateurs ne sont pas contents. Un des spectateurs, le vicomte de Valvert, provoque Cyrano en lui faisant remarquer qu'il a un nez « très grand ». Cyrano n'aime pas que quelqu'un se moque*[3] *de son nez. Mais, lui au contraire peut se moquer de son propre*[4] *nez, ce qu'il fait dans l'extrait suivant en réponse à Valvert.*

1. notice **2.** in the middle of the show **3.** makes fun **4.** own

CYRANO

Ah ! non ! c'est un peu court, jeune homme !
On pouvait dire… Oh ! Dieu !... bien des choses en somme[1]…
En variant le ton, — par exemple, tenez :
Agressif : « Moi, monsieur, si j'avais un tel nez,
Il faudrait sur le champ que je me l'amputasse[2] ! »

Amical : « Mais il doit tremper[3] dans votre tasse :
Pour boire, faites-vous fabriquer un hanap[4] ! »

Descriptif : « C'est un roc ! ... c'est un pic[5].. . c'est un cap[6] !
Que dis-je, c'est un cap ? ... c'est une péninsule ! »

Curieux : « De quoi sert cette oblongue capsule ?
D'écritoire[7], monsieur, ou de boîte à ciseaux ? »

Gracieux : « Aimez-vous à ce point les oiseaux
Que paternellement vous vous préoccupâtes[8]
De tendre ce perchoir[9] à leurs petites pattes ? » [. . .]

— Voilà ce qu'à peu près[10], mon cher, vous m'auriez dit,
Si vous aviez un peu de lettres et d'esprit[11] :
Mais d'esprit, ô[12] le plus lamentable des êtres,
Vous n'en eûtes[13] jamais un atome, et de lettres
Vous n'avez que les trois qui forment le mot : sot[14] ! [. . .]

---

1. all in all, in short **2.** amputated it **3.** to dip **4.** goblet **5.** peak (mountain) **6.** cape (land) **7.** writing case **8.** preoccupied **9.** perch **10.** (just) about **11.** education and wit **12.** oh! **13.** had **14.** fool

APRÈS la lecture

1. Quels romans ont été réalisés au cinéma?
2. Quelle pièce de théâtre est-ce que Jean-Paul Rappeneau a adapté au cinéma? Qui est l'acteur principal?
4. D'après toi, est-ce que Cyrano aime qu'on parle de son nez? Pourquoi?
5. Connais-tu d'autres œuvres littéraires qui ont été adaptées au cinéma?

Nice

Mondo et autres histoires

Jean-Marie Le Clézio est né à Nice en 1940. Il commence à écrire vers l'âge de huit ans et publie son premier roman, *Le procès-verbal*, en 1963. Son œuvre[1] est composée de romans, d'histoires pour enfants et d'essais. Elle compte plus de trente volumes dont son chef-d'œuvre *Désert* (1980). « Mondo » provient du recueil de contes *Mondo et autres histoires* (1978).

STRATÉGIE

Using root words to expand vocabulary When you know one word, you can often guess the meaning of a related word. These derived forms often have a similar meaning. For example, **le pêcheur** means *the fisherman*. You can guess that the meaning of the verb **pêcher** is *to fish*.

Mondo est un petit garçon d'une dizaine d'années arrivé un jour dans la ville. Personne ne sait d'où il vient, ni pourquoi il est là. Il vit libre et seul, et se cache[2] la nuit pour ne pas être emporté par l'Assistance publique ou par la police. Pendant ses promenades, il parle avec des habitants ; certains sont mêmes devenus ses amis. Dans cet extrait, il discute avec Giordan le Pêcheur.

Un jour, pas très loin en mer, ils avaient vu un grand cargo noir qui glissait[3] sans bruit.

« Comment s'appelle-t-il ? » demandait Mondo.

Giordan le Pêcheur mettait sa main en visière et plissait ses yeux[4].

« *Erythrea* », disait-il ; puis il s'étonnait un peu :

« Tu n'as pas de bons yeux. »

« Ce n'est pas cela », disait Mondo. « Je ne sais pas lire. »

« Ah bon ? » disait Giordan.

Ils regardaient longuement le cargo qui passait.

« Qu'est-ce que ça veut dire, le nom du bateau ? » demandait Mondo.

« Erythrea ? C'est un nom de pays, sur la côte d'Afrique, sur la mer Rouge. »

« C'est un joli nom », disait Mondo. « Ça doit être un beau pays.»

1. His work 2. hides 3. glided along 4. shaded his eyes with his hand and squinted

Mondo réfléchissait un instant.

« Et la mer là-bas s'appelle la mer Rouge ? »

Giordan le Pêcheur riait :

« Tu crois que là-bas la mer est vraiment rouge ? »

« Je ne sais pas », disait Mondo.

« Quand le soleil se couche, la mer devient rouge, c'est vrai. Mais elle s'appelle comme ça à cause des hommes qui vivaient là autrefois[1]. »

Mondo regardait le cargo qui s'éloignait[2].

« Il va sûrement là-bas, vers l'Afrique. »

« C'est loin », disait Giordan le Pêcheur. « Il fait très chaud là-bas, il y a beaucoup de soleil et la côte est comme le désert. »

« Il y a des palmiers ? »

« Oui, et des plages de sable[3] très longues. Dans la journée, la mer est très bleue, il y a beaucoup de petits bateaux de pêche avec des voiles en forme d'aile[4], ils naviguent le long de la côte, de village en village. »

« Alors on peut rester assis sur la plage et regarder passer les bateaux ? On reste assis à l'ombre[5], et on se raconte des histoires en regardant les bateaux sur la mer ? »

« Les hommes travaillent, ils réparent les filets[6] et ils clouent[7] des plaques de zinc sur la coque[8] des bateaux échoués dans le sable. Les enfants vont chercher des brindilles[9] sèches et ils allument des feux sur la plage pour faire chauffer la poix qui sert à colmater les fissures des bateaux[10]. »

Giordan le Pêcheur ne regardait plus sa ligne maintenant. Il regardait au loin, vers l'horizon, comme s'il cherchait à voir vraiment tout cela.

1. in the past **2.** moved away **3.** sand **4.** wing **5.** in the shade **6.** the nets **7.** nail down **8.** hull **9.** twigs **10.** to heat the pitch which is used to fill in cracks in the boats

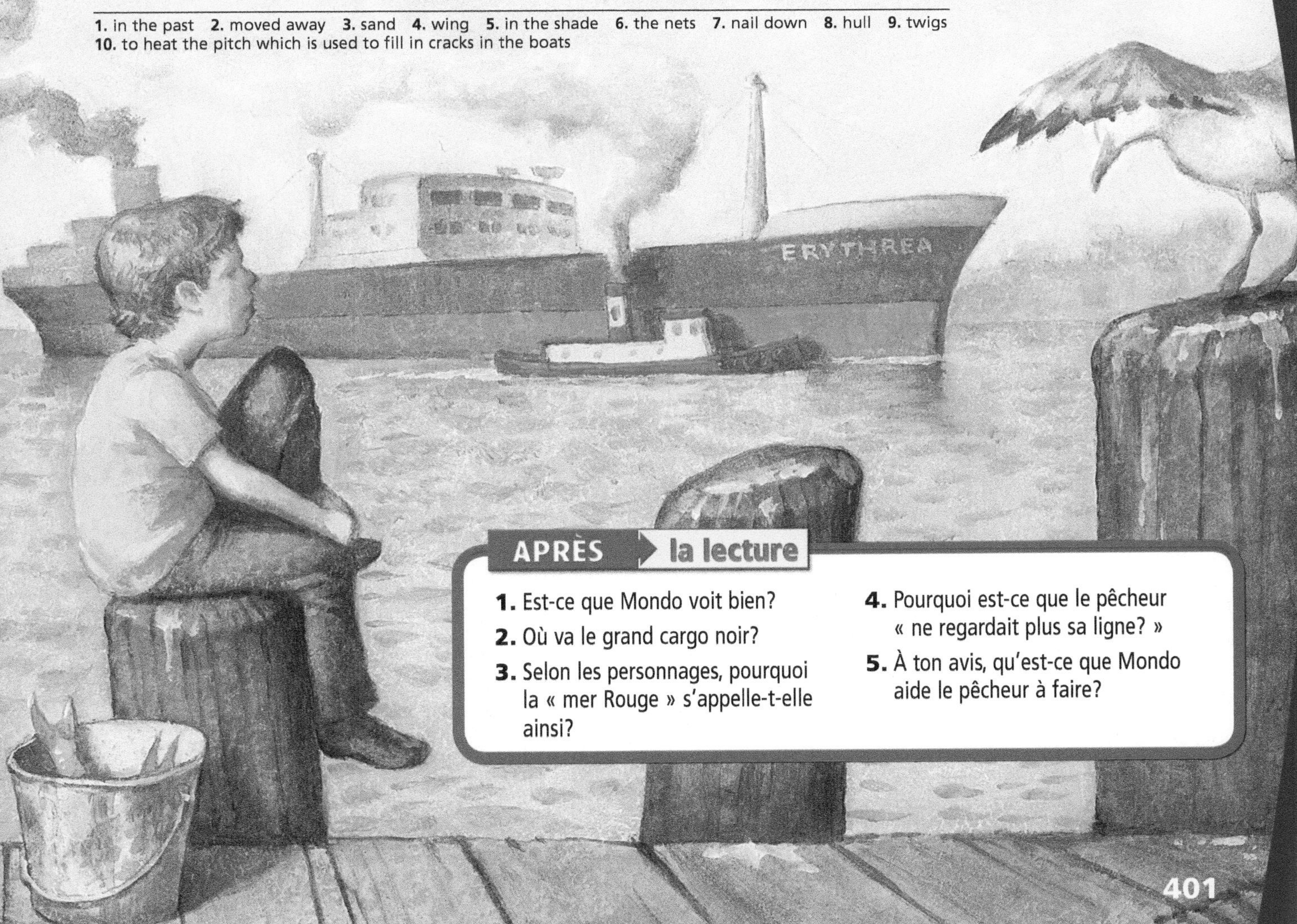

APRÈS la lecture

1. Est-ce que Mondo voit bien?
2. Où va le grand cargo noir?
3. Selon les personnages, pourquoi la « mer Rouge » s'appelle-t-elle ainsi?
4. Pourquoi est-ce que le pêcheur « ne regardait plus sa ligne? »
5. À ton avis, qu'est-ce que Mondo aide le pêcheur à faire?

Références

La France

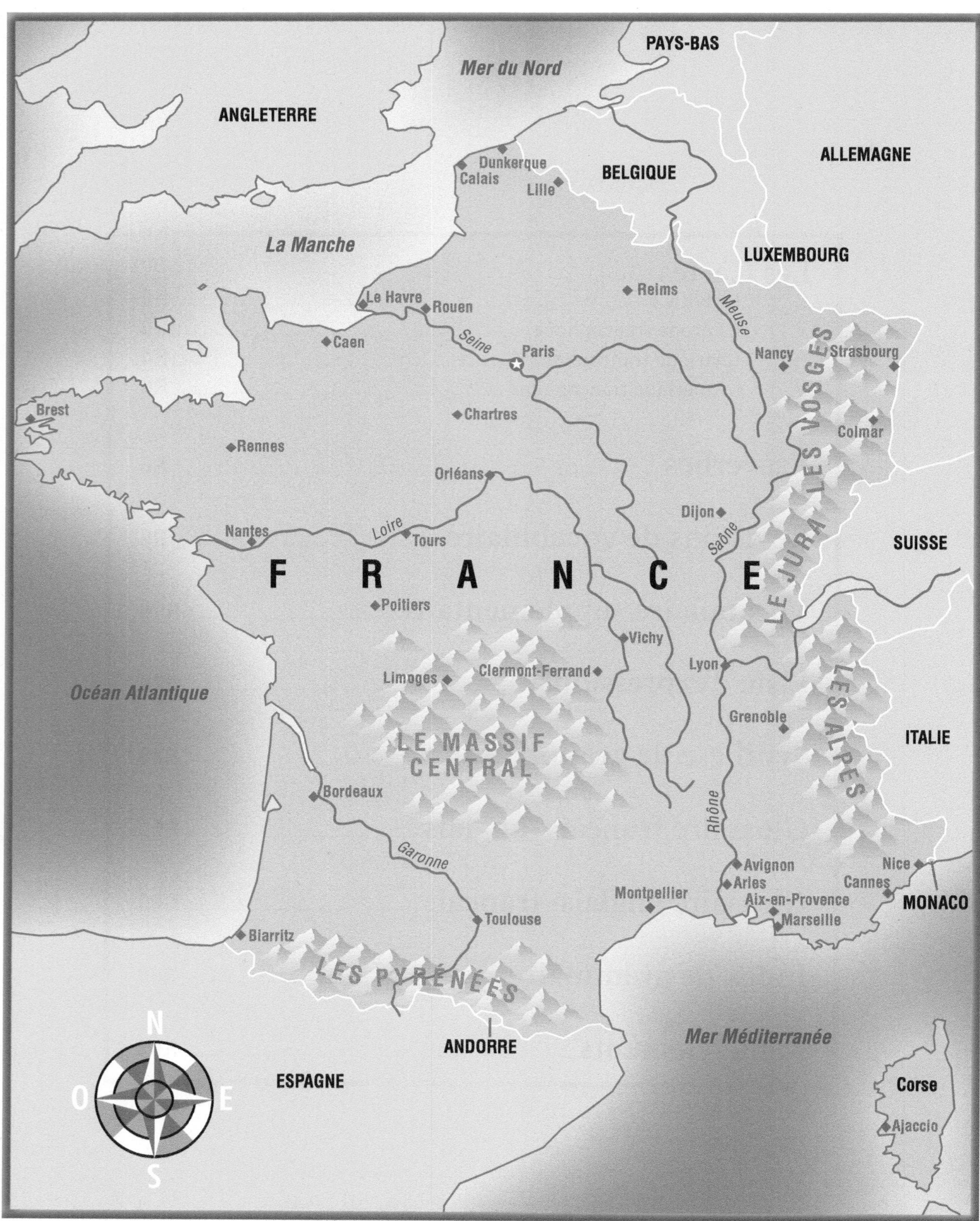
PAYS-BAS
Mer du Nord
ANGLETERRE
ALLEMAGNE
Dunkerque
Calais
Lille
BELGIQUE
La Manche
LUXEMBOURG
Le Havre
Rouen
Reims
Meuse
Caen
Seine
Paris
Nancy
Strasbourg
LES VOSGES
Brest
Chartres
Colmar
Rennes
Orléans
Dijon
Saône
LE JURA
SUISSE
Nantes
Loire
Tours
F R A N C E
Poitiers
Vichy
Lyon
Limoges
Clermont-Ferrand
Océan Atlantique
Grenoble
LES ALPES
ITALIE
LE MASSIF CENTRAL
Bordeaux
Rhône
Garonne
Avignon
Arles
Nice
Cannes
Montpellier
Aix-en-Provence
Marseille
MONACO
Toulouse
Biarritz
LES PYRÉNÉES
ANDORRE
Mer Méditerranée
N
O
E
S
ESPAGNE
Corse
Ajaccio

L'Europe francophone

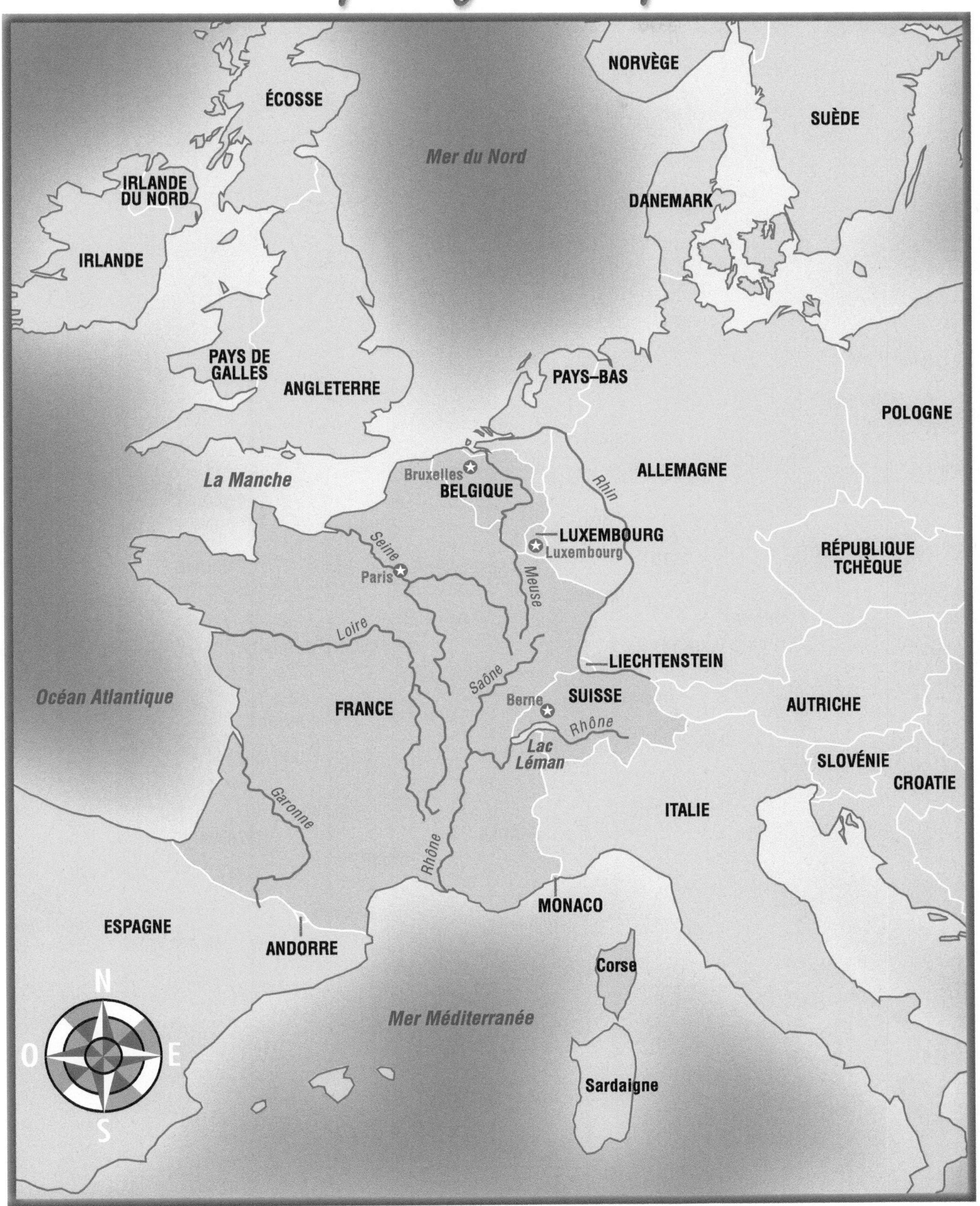

L'Afrique francophone

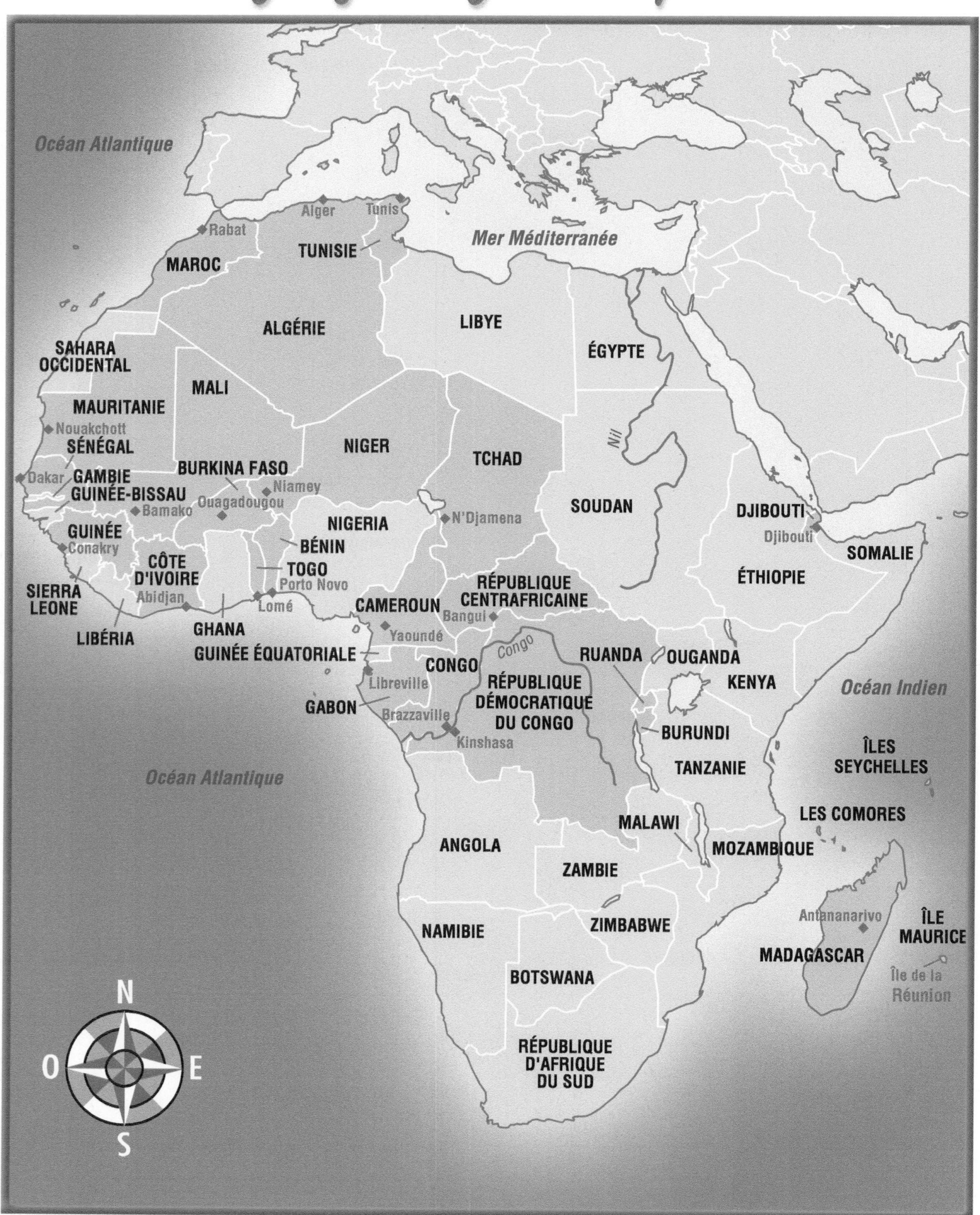

Océan Atlantique
Alger
Tunis
Rabat
TUNISIE
Mer Méditerranée
MAROC
ALGÉRIE
LIBYE
SAHARA OCCIDENTAL
ÉGYPTE
MALI
MAURITANIE
Nouakchott
SÉNÉGAL
NIGER
TCHAD
Nil
Dakar
GAMBIE
BURKINA FASO
GUINÉE-BISSAU
Niamey
Bamako
Ouagadougou
SOUDAN
DJIBOUTI
NIGERIA
N'Djamena
GUINÉE
Conakry
Djibouti
BÉNIN
CÔTE D'IVOIRE
TOGO
SOMALIE
ÉTHIOPIE
SIERRA LEONE
Porto Novo
RÉPUBLIQUE CENTRAFRICAINE
Abidjan
Lomé
CAMEROUN
Bangui
LIBÉRIA
GHANA
Yaoundé
Congo
GUINÉE ÉQUATORIALE
RUANDA
OUGANDA
CONGO
KENYA
Libreville
RÉPUBLIQUE DÉMOCRATIQUE DU CONGO
Océan Indien
GABON
Brazzaville
BURUNDI
Kinshasa
ÎLES SEYCHELLES
TANZANIE
Océan Atlantique
LES COMORES
MALAWI
ANGOLA
MOZAMBIQUE
ZAMBIE
Antananarivo
ÎLE MAURICE
NAMIBIE
ZIMBABWE
MADAGASCAR
Île de la Réunion
BOTSWANA
N
O
E
S
RÉPUBLIQUE D'AFRIQUE DU SUD

L'Amérique francophone

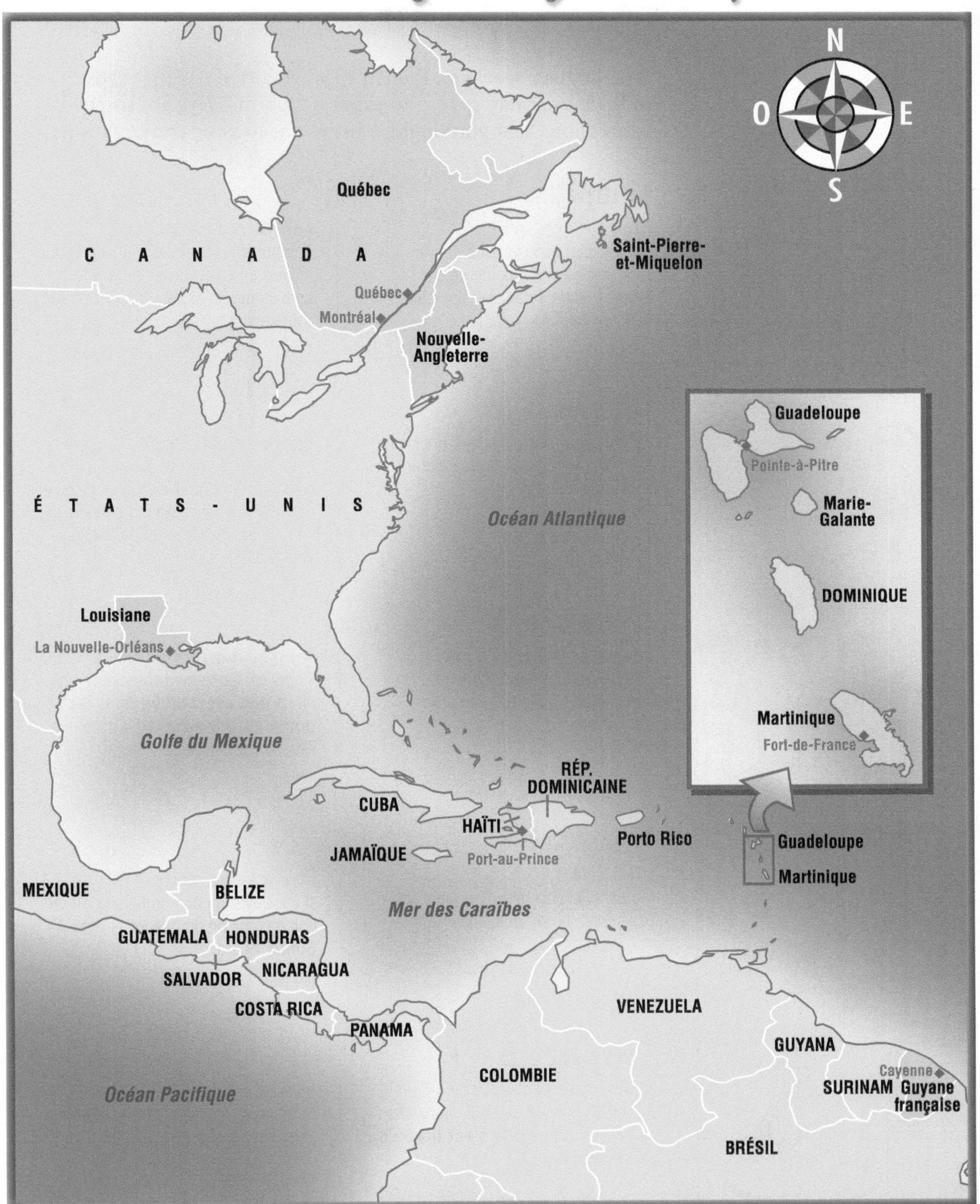

N
O
E
S
Québec
C A N A D A
Saint-Pierre-et-Miquelon
Québec
Montréal
Nouvelle-Angleterre
ÉTATS-UNIS
Océan Atlantique
Guadeloupe
Pointe-à-Pitre
Marie-Galante
DOMINIQUE
Martinique
Fort-de-France
Louisiane
La Nouvelle-Orléans
Golfe du Mexique
RÉP. DOMINICAINE
CUBA
HAÏTI
Port-au-Prince
JAMAÏQUE
Porto Rico
Guadeloupe
Martinique
MEXIQUE
BELIZE
Mer des Caraïbes
GUATEMALA
HONDURAS
SALVADOR
NICARAGUA
COSTA RICA
PANAMA
VENEZUELA
GUYANA
COLOMBIE
Cayenne
SURINAM
Guyane française
Océan Pacifique
BRÉSIL

Proverbes et expressions

Like English speakers, French speakers often use proverbs in their everyday speech to express a point. Here are some expressions that you might want to use in your conversations.

Chapitre 1

Faire les gros yeux
Cette expression veut dire qu'une personne n'est pas contente. Par exemple, si un enfant fait une bêtise, sa mère ou son père va faire les gros yeux.

Connaître la musique
Tu peux utiliser cette expression quand tu veux dire que tu sais ce qu'il faut faire ou que tu as déjà fait la même chose avant.

Chapitre 2

Noël au balcon, Pâques au tison
Selon ce proverbe, s'il fait chaud à Noël, il va faire froid à Pâques.

Croire au père Noël
Cette expression veut dire qu'une personne croit qu'elle va avoir ce qu'elle veut. Par exemple, elle croit qu'elle va avoir une nouvelle voiture pour son anniversaire.

Chapitre 3

Couper la poire en deux
Cette expression veut dire être diplomatique, faire des compromis.

Tomber dans les pommes
Si une personne perd conscience on dit qu'**elle est tombée dans les pommes.** Une autre façon de le dire est: s'évanouir *(faint)*.

Chapitre 4

Faire école
Cette expression veut dire que d'autres personnes suivent le même exemple.

Être à bonne école
Si vous avez un bon professeur ou un bon mentor, on dit que **vous êtes à bonne école.**

Chapitre 5

Se lever du pied gauche
Quand une personne est de mauvaise humeur, on dit qu'**elle s'est levée du pied gauche.**

S'endormir sur ses lauriers
Cette expression veut dire se contenter d'un premier succès et ne plus faire d'effort après.

Chapitre 6

Retomber en enfance
Quand un adulte agit comme un enfant, on peut dire qu'**il** ou **elle est retombé(e) en enfance.**

C'est un jeu d'enfant
Cette expression veut dire que quelque chose est facile à faire.

Chapitre 7

Rusé comme un renard
Cette expression veut dire que quelqu'un est rusé *(sly)*.

Les petits ruisseaux font les grandes rivières
Cette expression veut dire qu'une petite chose plus une autre petite chose finit par produire une chose importante.

Chapitre 8

Avoir un chat dans la gorge
Si vous avez mal à la gorge, vous pouvez dire que **vous avez un chat dans la gorge.**

Aux grands maux, les grands remèdes
Quand le mal est grave, il faut un traitement énergique. Il faut une solution proportionnée au mal ou aux problèmes.

Chapitre 9

Une histoire à dormir debout
Cette expression s'utilise pour qualifier une histoire tellement extraordinaire qu'elle est difficile à croire.

C'est toujours la même histoire.
Cette expression exprime souvent l'impatience face à un incident qui se reproduit. Par exemple, un(e) ami(e) est toujours en retard quand vous êtes pressé(e).

Chapitre 10

Faire une montagne de quelque chose
Cette expression veut dire voir des difficultés où il n'y en a pas.

Mener quelqu'un en bateau
Si une personne ne dit pas la vérité à une autre personne, on peut dire qu'**elle le/la mène en bateau.**

APRÈS la lecture

1. Can you think of English equivalents for some of these proverbs and expressions?
2. Pick a proverb that is not illustrated and work in groups of three to create an illustration to explain it.
3. On the Internet or at the library, find additional proverbs that use vocabulary and themes you've learned.
4. Work in small groups to create a mini-skit in which you use one or more of these proverbs in context.

Révisions de vocabulaire

This list includes words introduced in *Bien dit!* Level 1. If you can't find the words you need here, try the French-English and English-French vocabulary sections beginning on page R51.

Le calendrier *(Calendar)*

le jour	*day*
la semaine	*week*
le week-end	*weekend*
aujourd'hui	*today*
demain	*tomorrow*
hier	*yesterday*
lundi	*Monday*
mardi	*Tuesday*
mercredi	*Wednesday*
jeudi	*Thursday*
vendredi	*Friday*
samedi	*Saturday*
dimanche	*Sunday*
janvier	*January*
février	*February*
mars	*March*
avril	*April*
mai	*May*
juin	*June*
juillet	*July*
août	*August*
septembre	*September*
octobre	*October*
novembre	*November*
décembre	*December*
l'hiver	*Winter*
le printemps	*Spring*
l'été	*Summer*
l'automne	*Fall*

Les chiffres *(Numbers)*

zéro	*zero*
un/une	*one*
deux	*two*
trois	*three*
quatre	*four*
cinq	*five*
six	*six*
sept	*seven*
huit	*eight*
neuf	*nine*
dix	*ten*
onze	*eleven*
douze	*twelve*
treize	*thirteen*
quatorze	*fourteen*
quinze	*fifteen*
seize	*sixteen*
dix-sept	*seventeen*
dix-huit	*eighteen*
dix-neuf	*nineteen*
vingt	*twenty*
vingt et un/vingt et une	*twenty-one*
vingt-deux	*twenty-two*
vingt-trois	*twenty-three*
vingt-quatre	*twenty-four*
vingt-cinq	*twenty-five*
vingt-six	*twenty-six*
vingt-sept	*twenty-seven*
vingt-huit	*twenty-eight*
vingt-neuf	*twenty-nine*
trente	*thirty*
quarante	*forty*
cinquante	*fifty*
soixante	*sixty*
soixante-dix	*seventy*
soixante et onze	*seventy-one*

soixante-douze	*seventy-two*
quatre-vingts	*eighty*
quatre-vingt-un	*eighty-one*
quatre-vingt-dix	*ninety*
quatre-vingt-onze	*ninety-one*
cent	*one hundred*
cent un	*one hundred one*
deux cents	*two hundred*
mille	*one thousand*
million (m.)	*million*

Le corps *(Body)*

la bouche	*mouth*
les cheveux (m.)	*hair*
le nez	*nose*
les oreilles (f.)	*ears*
la tête	*head*
les yeux (m.)	*eyes*

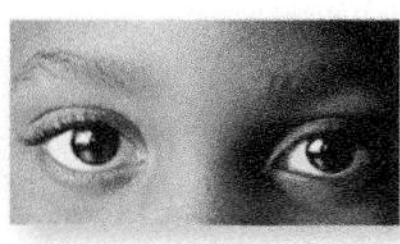

Les corvées *(Chores)*

arroser les plantes (f.)	*to water the plants*
balayer	*to sweep*
débarrasser la table	*to clear the table*
faire la cuisine	*to cook*
faire la lessive	*to do the laundry*
faire la vaisselle	*to do the dishes*
faire son lit	*to make one's bed*
laver la voiture	*to wash the car*
mettre la table	*to set the table*
nettoyer	*to clean*
passer l'aspirateur (m.)	*to vacuum*
promener le chien	*to walk the dog*
ranger sa chambre	*to pick up one's bedroom*
sortir la poubelle	*to take out the trash*
tondre la pelouse	*to mow the lawn*
vider le lave-vaisselle	*to empty the dish-washer*

Les couleurs *(Colors)*

blanc(he)	*white*
bleu (foncé)	*(dark) blue*
bleu (clair)	*(light) blue*
gris(e)	*grey*
jaune	*yellow*
marron	*brown*
noir(e)	*black*
orange	*orange*
rose	*pink*
rouge	*red*
vert(e)	*green*
violet(te)	*purple*

Les descriptions *(Descriptions)*

beau (belle)	*handsome, beautiful*
blond(e)	*blond*
bon (bonne)	*good*
brun(e)	*dark-haired*
châtain	*chestnut, light brown*
court(e)	*short*
créatif (créative)	*creative*
fort(e)	*strong*
généreux (généreuse)	*generous*
génial(e)	*fantastic, awesome*
gentil(le)	*kind*
grand(e)	*tall*
gros(se)	*big, fat*
intelligent(e)	*smart*
jeune	*young*
long (longue)	*long*
marrant(e)	*funny*
méchant(e)	*mean*
mince	*thin*
nouveau (nouvelle)	*new*
paresseux (paresseuse)	*lazy*
pénible	*tiresome, difficult*
petit(e)	*short*
roux (rousse)	*red-headed*
sérieux (sérieuse)	*serious*
sportif (sportive)	*athletic*
sympathique	*nice*
timide	*shy*
vieux (vieille)	*old*

En ville *(In town)*

à pied	*by foot*
à vélo	*by bicycle*
l'arrêt (m.) de bus	*bus stop*
la banque	*bank*
la bibliothèque	*library*
la boutique	*shop*
la cabine téléphonique	*phone booth*
le café	*café*
la campagne	*country*
le carrefour	*intersection*
le centre commercial	*mall*
le centre-ville	*downtown*
le club	*sport club*
le coiffeur	*hairdresser*
le cybercafé	*cybercafé*
le distributeur d'argent	*automatic cash machine*
l'école	*school*
l'église (f.)	*church*
en bus	*by bus*
en métro	*by subway*
en taxi	*by taxi*
en voiture	*by car*
le feu	*traffic light*
le fleuriste	*flower shop*
la grande surface	*hypermarket*
l'hôpital (m.)	*hospital*
le lac	*lake*
la librairie-papeterie	*books and stationery store*
le lycée	*high school*
la Maison des jeunes et de la Culture (MJC)	*recreation center*
le marché	*open air market*
la mer	*sea*
la montagne	*mountain*
le musée	*museum*
l'opéra (m.)	*opera house*
la patinoire	*skating rink*
le parc	*park*
la pharmacie	*pharmacy*
la plage	*beach*
le plan	*map*
le pont	*bridge*
la poste	*post office*
le rayon bijouterie	*jewelry section*
le rayon maroquinerie	*leathergood section*
le rayon sport et plein air	*sport section*
la rue	*street*
le stade	*stadium*
la station de métro	*subway station*
le théâtre	*theater*
le ticket	*ticket*
le zoo	*zoo*

La famille *(Family)*

le beau-père	*stepfather*
la belle-mère	*stepmother*
le chat	*cat*
le chien	*dog*
le/la cousin(e)	*cousin*
le demi-frère	*half-brother*
la demi-sœur	*half-sister*
divorcé(e)	*divorced*
un/une enfant (m./f.)	*child*
la famille	*family*
la femme	*wife*
la fille	*daughter*
le fils	*son*
le frère	*brother*
la grand-mère	*grandmother*
le grand-père	*grandfather*
les grands-parents (m.)	*grandparents*
le mari	*husband*
la mère	*mother*
le neveu	*nephew*
la nièce	*niece*
l'oncle	*uncle*
les parents (m.)	*parents*

le père	*father*
la petite-fille	*granddaughter*
le petit-fils	*grandson*
les petits-enfants (m.)	*grandchildren*
la sœur	*sister*
la tante	*aunt*

Les fournitures scolaires *(School supplies)*

le cahier	*notebook*
la calculatrice	*calculator*
le classeur	*binder*
le crayon (de couleur)	*pencil (colored)*
le dictionnaire	*dictionnary*
la feuille de papier	*sheet of paper*
la gomme	*eraser*
le livre	*book*
la règle	*ruler*
le sac (à dos)	*backpack*
le stylo	*pen*
le taille-crayon	*pencil sharpener*
la trousse	*pencil case*

L'heure *(Time)*

Quelle heure est-il?	*What time is it?*
Il est... heure(s)	*It is . . . o'clock.*
À quelle heure tu as... ?	*At what time do you have . . . ?*
de l'après-midi	*in the afternoon*
du matin	*in the morning*
du soir	*in the evening*
maintenant	*now*
midi	*noon*
minuit	*midnight*
moins le quart	*a quarter to*
moins vingt	*twenty minutes to*
et demie	*half past*
et quart	*a quarter past*

Les loisirs *(Leisure activities)*

le baladeur (MP3)	*MP3 player*
la bande dessinée (une BD)	*comic strip/comic book*
chanter	*to sing*
le dessin/dessiner	*drawing/to draw*
dormir	*to sleep*
écouter de la musique	*to listen to music*
les écouteurs (m.)	*headphones*
envoyer des e-mails (m.)	*to send e-mail*
étudier	*to study*
le journal	*newspaper*
lire	*to read*
le magazine	*magazine*
la musique classique	*classical music*
la musique moderne	*modern music*
parler anglais/français	*to speak English/ French*
le portable/le mobile	*cell phone and laptop/cell phone*
la radio	*radio*
regarder la télé	*to watch T.V.*
le roman	*novel*
le SMS (un texto)	*instant message*
surfer sur Internet	*to surf the Internet*
téléphoner (à des amis)	*to telephone friends*
travailler	*to work*
les vacances (f.)	*vacation*
la voiture de sport (f.)	*sport car*

La maison *(House/Home)*

l'appartement (m.)	*apartment*
l'armoire (f.)	*wardrobe*
le balcon	*balcony*
la chaîne stéréo	*stereo*
la chambre	*bedroom*
la commode	*chest of drawers*
la cuisine	*kitchen*
l'escalier	*staircase*
l'étagère (f.)	*shelf*
le fauteuil	*armchair*
le garage	*garage*
l'immeuble (m.)	*appartment building*
le jardin	*yard, garden*
les jumelles (f.)	*binoculars*
la lampe	*lamp*
le lit	*bed*
la pièce	*room*
le placard	*closet, cabinet*
le premier étage	*second floor*
le rez-de-chaussée	*first floor*
la salle à manger	*dining room*

la salle de bain	*bathroom*
le salon	*living room*
le sofa	*couch*
la table basse	*coffee table*
la table de nuit	*night stand*
le tableau	*painting (hanging on a wall)*
le tapis	*rug*
les toilettes (f.)	*restroom*

La nourriture *(food)*

l'assiette (f.)	*plate*
le bacon	*bacon*
la baguette	*long loaf of bread*
la banane	*banana*
le beurre	*butter*
le bol	*bowl*
boire	*to drink*
le café (au lait)	*coffee with milk*
les céréales (f.)	*cereal*
le chocolat (chaud)	*(hot) chocolate*
le coca	*cola*
la confiture	*jelly*
le couteau	*knife*
le croissant	*croissant*
le croque-monsieur	*ham and cheese sandwich*
la cuillère	*spoon*
le déjeuner	*lunch*
le dîner	*dinner*
l'eau minérale (f.)	*mineral water*
la fourchette	*fork*
les frites (f.)	*french fries*
la glace	*ice cream*
la grenadine	*water with pomegranate syrup*
le jus d'orange/de pomme	*orange/apple juice*
le lait	*milk*
les légumes (m.)	*vegetables*
la limonade	*lemon soda*
manger	*to eat*
la nappe	*tablecloth*
les œufs (m.)	*eggs*
l'omelette (f.)	*omelet*
le pain	*bread*
le pamplemousse	*grapefruit*
les pâtes (f.)	*pasta*
le petit-déjeuner	*breakfast*
la pizza	*pizza*
le poisson	*fish*
le poivre	*pepper*
le porc	*pork*
le poulet	*chicken*
la quiche	*quiche*
le repas	*meal*
le riz	*rice*
saignant(e)/à point/ bien cuit(e)	*rare/medium/ well-done*
la salade	*salad*
le sandwich au fromage/ au jambon/au saucisson	*cheese/ham/ salami sandwich (with baguette)*
le sel	*salt*
la serviette	*napkin*
le sirop de menthe	*water with mint syrup*
le steak	*steak*
la tarte	*fruit pie*
la tartine	*slice of French bread*
le toast	*toast*
la tasse	*cup*
le verre	*glass*

Les présentations *(Introductions)*

C'est un ami/une amie.	*He/She's a friend.*
Ça, c'est...	*This is . . .*
Enchanté(e)!	*Delighted!*
Je te/vous présente...	*I'd like to introduce you to . . .*
Voici... /Voilà...	*Here is . . ./There is . . .*
Ça, c'est/ce sont...	*This is/These are . . .*
Qui c'est, ça?	*Who is that?*
Il/Elle s'appelle comment?	*What is his/her name?*
Tu t'appelles comment?	*What is your name?*
Il/Elle s'appelle...	*His/Her name is . . .*
Je m'appelle...	*My name is . . .*

La salle de classe *(Classroom)*

le bureau	*desk*
la carte	*map*
le CD	*CD*
la chaise	*chair*
le DVD	*DVD*

l'élève	*student*
la fenêtre	*window*
la fille	*girl*
le garçon	*boy*
le lecteur de CD/DVD	*CD/DVD player*
l'ordinateur (m.)	*computer*
la porte	*door*
le poster	*poster*
le/la prof(esseur)	*teacher*
la table	*table*
le tableau	*blackboard*
la télé(vision)	*television*

Au lycée *(In high school)*

l'allemand (m.)	*German*
l'anglais (m.)	*English*
les arts (m.) plastiques	*art class*
la biologie	*biology*
la chimie	*chemistry*
les devoirs (m.)	*homework*
l'école (f.)	*school*
l'éducation musicale (f.)	*music*
l'EPS (éducation physique et sportive) (f.)	*physical education*
l'espagnol (m.)	*Spanish*
l'examen (m.)	*test*
le français	*French*
la géographie	*geography*
l'histoire (f.)	*history*
l'informatique (f.)	*computer science*
les mathémathiques (maths) (f.)	*mathematics (math)*
les matières (f.)	*school subjects*
la physique	*physics*
la récréation	*break*
la sortie	*dismissal*

Les salutations *(Greetings)*

À bientôt.	*See you soon.*
À demain.	*See you tomorrow.*
À plus tard./ À tout à l'heure.	*See you later.*
Au revoir.	*Goodbye.*
Bonjour.	*Good morning.*
Bonsoir.	*Good evening.*
Salut!	*Hi!*
Ça va?/Comment ça va?	*Are you doing OK?/ How's it going?*
Comment allez-vous?	*How are you doing?*
Et toi/vous?	*And you?*
Bien.	*Fine.*
Non, pas très bien.	*No, not too good.*
Oui, ça va. Merci.	*Yes, fine. Thank you.*
Pas mal.	*Not bad.*
Plus ou moins.	*So-so.*
Très bien.	*Very well.*

Les sports et les passe-temps *(Sports and hobbies)*

aller à la piscine	*to go to the pool*
aller au café	*to go to a café*
aller au cinéma	*to go to the movie theater*
l'appareil photo numérique	*digital camera*
la balle/le ballon	*ball*
la batte	*bat*
le caméscope	*camcorder*
la canne à pêche	*fishing rod*
le casque	*helmet*
le cerf-volant	*kite*
danser	*to dance*
discuter (avec des amis)	*to chat (with friends)*
faire...	
de l'aérobic (f.)	*aerobics*
de l'athlétisme (m.)	*track and field*
de la photo	*take pictures*
de la vidéo amateur	*make videos*
du jogging	*jogging*
du patin à glace	*skating*
du skate(-board)	*skateboarding*
du ski	*skiing*
du sport	*sports*
du surf	*surfing*
du théâtre	*drama*
du vélo	*biking*
faire la fête	*to party*
faire les magasins (m.)	*to go shopping*

faire un pique-nique	*to have a picnic*
jouer...	
à des jeux vidéo	*video games*
au base-ball	*baseball*
au basket(-ball)	*basketball*
au football	*soccer*
au hockey	*hockey*
au tennis	*tennis*
au volley	*volleyball*
aux cartes	*cards*
aux échecs	*chess*
de la batterie	*drums*
de la guitare	*guitar*
du piano	*piano*
le masque de plongée	*diving mask*
nager	*to swim*
les palmes (f.)	*fins*
la planche de surf	*surf board*
la raquette	*racket*
les skis	*skis*
le skate (board)	*skateboard*
sortir	*to go out*
le tuba	*snorkeling mask and tube*
le vélo tout terrain (VTT)	*mountain bike*
voir un film	*to see a movie*

Le temps *(Weather)*

Quel temps fait-il?	*What is the weather like?*
Il fait beau.	*It's nice weather.*
Il fait chaud.	*It's hot.*
Il fait froid.	*It's cold.*
Il fait mauvais.	*It's bad weather.*
Il neige.	*It's snowing.*
Il y a des nuages.	*It's cloudy.*
Il pleut.	*It's raining.*
Il y a du vent.	*It's windy.*
Il y a du soleil.	*It is sunny.*

Les vacances *(Vacation)*

à l'heure	*on time*
l'aéroport (m.)	*airport*
l'accès handicapé (m.)	*handicap access*
annuler	*to cancel*
l'arrivée (f.)	*arrival*
l'ascenseur (m.)	*elevator*
l'avion (m.)	*plane*
le bagage (à main)	*(carry-on) luggage*
le billet d'avion/de train	*plane/train ticket*
le bureau de change	*currency exchange office*
la carte d'embarquement	*boarding pass*
la chambre avec vue/ non-fumeur	*room with a view/ non-smoking*
les chèques de voyage (m.)	*traveler's checks*
la climatisation	*air conditioning*
le compartiment	*compartment*
composter	*to punch (a ticket)*
la consigne	*baggage locker*
le contrôleur	*ticket collector*
la correspondance	*connecting flight/ connection*
la couchette	*sleeping car*
le départ	*departure*
demi-pension	*half-board*
disponible (pour)	*available (for)*
le distributeur de billets	*ticket machine*
emporter	*to take something (with)*
en avance	*early*
en retard	*late*
la gare	*train station*
la glacière	*ice chest*
le hall	*lobby*
l'hôtel	*hotel*
l'hôtesse	*stewardess*

le lit simple/double	*single/double bed*
manquer/rater	*to miss*
le parking	*parking*
le passager	*passenger*
le passeport	*passport*
le pilote	*pilot*
la place assise	*seat*
le porte-bagages	*luggage carrier/rack*
la porte d'embarquement	*boarding gate*
la première/ deuxième classe	*first/second class*
le quai/la voie	*platform/track*
la réception	*reception*
le/la réceptionniste	*receptionist*
le sac de voyage	*traveling bag*
le tableau d'affichage	*information board*
la tente	*tent*
le terminal	*terminal*
le train	*train*
la trousse de toilette	*vanity case*
la valise	*suitcase*
le visa	*visa*
le vol	*flight*
le wagon	*car (in a train)*
le wagon-restaurant	*dining car*

Les vêtements et les accessoires *(Clothes and accessories)*

l'anorak (m.)	*hooded winter jacket*
les baskets (f.)	*sneakers*
les bottes (f.)	*boots*
la bague	*ring*
les boucles (f.) d'oreilles	*earrings*
le bracelet	*bracelet*
la casquette	*cap*
la ceinture	*belt*
la chaîne	*chain*
le chapeau	*hat*
les chaussures (f.) de randonnée	*hiking shoes*
les chaussettes (f.)	*socks*
les chaussures (f.)	*men's dress shoes*
la chemise	*shirt*
le chemisier	*blouse*
cher/chère	*expensive*
le collier	*necklace*
le costume/	*man's suit/*
le coupe-vent	*wind-breaker*
la cravate	*tie*
l'écharpe (f.)	*scarf (long, wool scarf)*
en argent	*in silver*

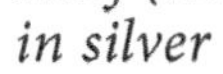

en coton	*made of cotton*
en cuir	*made of leather*
en jean	*made of denim*
en laine	*made of wool*
en lin	*made of linen*
en or	*in gold*
en soie	*made of silk*
étroit(e)/ serré(e)/	*tight*
le foulard	*scarf (as in a dressy silk scarf)*
les gants (m.)	*gloves*
l'imperméable (m.)	*raincoat*
le jean	*jeans*
la jupe	*skirt*
large	*loose*
les lunettes (f.) de soleil	*sunglasses*
le maillot de bain	*bathing suit*
le manteau	*coat*
la montre	*watch*
le pantalon	*pants*
le parapluie	*umbrella*
le portefeuille	*wallet*
le porte-monnaie	*coin purse*
le pull	*pullover*
la robe	*dress*
le sac (à main)	*handbag*
les sandales (f.)	*sandals*
le sweat-shirt/le tee-shirt	*sweat-shirt/ tee-shirt*
le tailleur	*woman's suit*
la veste	*jacket*

Vocabulaire supplémentaire

This list includes additional vocabulary that you may want to use to personalize activities. If you can't find the words you need here, try the French-English and English-French glossary sections beginning on page R51.

La famille *(Family)*

l'aîné(e)	*oldest child*
les ancêtres (m. pl.)	*ancestors*
le benjamin/ la benjamine	*youngest child in a family of more than 2 children*
le cadet/la cadette	*youngest child of 2*
le ménage	*household*
les parents (m. pl.)	*relatives*

Les adjectifs descriptifs *(Descriptive adjectives)*

actif/active	*active*
bavard(e)	*talkative*
bien élevé(e)	*well-mannered*
branché(e)	*in, with 'it'*
compréhensif/ compréhensive	*understanding*
débrouillard(e)	*resourceful*
égoïste	*selfish*
enthousiaste	*enthusiastic*
gâté(e)	*spoiled*
mal élevé(e)	*ill-mannered*
optimiste	*optimistic*
pessimiste	*pessimistic*
réservé(e)	*quiet, reserved*
sage	*quiet, well-behaved*
sévère	*strict*
têtu(e)	*stubborn*
travailleur/ travailleuse	*hard-working*

Les animaux domestiques *(Pets)*

le berger allemand	*German shepherd*
le cacatoès	*cockatoo*
le canari	*canary*
le caniche	*poodle*
le chat persan	*Persian cat*
le chat siamois	*Siamese cat*
le cochon d'Inde	*guinea pig*
le furet	*ferret*
le golden retriever	*golden retriever*
le hamster (m.)	*hamster*
l'iguane (m.)	*iguana*
le labrador	*labrador retriever*
le perroquet	*parrot*
le poisson rouge	*goldfish*

Au café/La nourriture *(At the café/ Food)*

le café-crème	*coffee with cream*
le café liégeois	*coffee ice-cream with coffee sauce and whipped cream*
le chocolat liégeois	*chocolate ice-cream with chocolate sauce and whipped cream*
la coupe Melba	*vanilla ice-cream with peach, red currant jelly, whipped cream, and almonds*

le croque-madame	*grilled ham, cheese, and egg sandwich*
l'eau (f.) gazeuse	*sparkling water*
les glaçons	*ice cubes*
le jus d'abricot	*apricot juice*
le jus d'ananas	*pineapple juice*
le jus de mangue	*mango juice*
le jus de pamplemousse	*grapefruit juice*
le jus de raisin	*grape juice*
le pan bagnat	*tuna and vegetable sandwich*
la salade niçoise	*salad with mixed vegetables and tuna*
le sandwich au saumon fumé	*smoked salmon sandwich*
le sandwich aux merguez	*spicy lamb sausage sandwich*
le sandwich grec	*gyro*
le sirop de cassis à l'eau	*black currant syrup with water*
le sirop de citron à l'eau	*lemon syrup with water*
le sirop de fraise à l'eau	*strawberry syrup with water*
le sirop de framboise à l'eau	*raspberry syrup with water*
le sirop de menthe à l'eau	*mint syrup with water*
la soupe à l'oignon	*onion soup*
le thé glacé	*iced tea*

Les fêtes *(Parties)*

le buffet (chaud, froid)	*(cold, warm) buffet*
commander	*to order*
le déguisement	*costume*
grignoter	*to snack*
les hors-d'œuvres	*hors d'oeuvres, appetizers*
livrer	*to deliver*
le masque	*mask*

les plats préparés	*prepared dishes*
les plats surgelés	*frozen dishes*
servir	*to serve*
se servir	*to help oneself*
la soirée à thème	*theme party*
le traiteur	*caterer*

Dans la cuisine *(In the kitchen)*

la casserole	*sauce pan*
le couvercle	*lid*
couvrir	*to cover*
la cuillère en bois	*wooden spoon*
cuire à feu doux	*to cook on low heat*
cuisiner	*to cook*
égoutter	*to strain*
l'égouttoir (m.)	*colander*
éplucher	*to peel*
le fouet	*whisk*
le/la gourmand(e)	*someone who likes to eat a lot*
le gourmet	*someone who appreciates good food*
la marmite	*stock pot*
mesurer	*to measure*
mijoter	*to simmer*
le moule à gâteau	*cake dish*
le moule à tarte	*pie dish*
le plat à gratin	*ovenproof dish*
la poêle	*frying pan*

la râpe	*grater*
la recette	*recipe*
remuer	*to stir*
le saladier	*salad bowl, mixing bowl*
la spatule	*spatula*
le tablier	*apron*
végétarien(ne)	*vegetarian*
le verre à mesurer	*measuring glass*
verser	*to pour*

À la boucherie-charcuterie *(At the butcher's)*

l'agneau (m.)	*lamb*
le bifteck	*steak*
la caille	*quail*
la côtelette	*loin chop*
les cubes de bœuf	*beef cubes*
le filet de bœuf	*beef tenderloin*
le foie	*liver*
le jambon fumé	*smoked ham*
l'oie (f.)	*goose*
le rôti	*roast*
le veau	*veal*

À la poissonnerie *(At the fish monger's)*

le calmar	*squid*
la coquille Saint-Jacques	*scallop*
le crabe	*crab*
la crevette	*shrimp*
l'espadon (m.)	*swordfish*
le flétan	*halibut*
le homard (m.)	*lobster*
la langouste	*spiny lobster*
la moule	*mussel*

la palourde	*clam*
le saumon	*salmon*
la sole	*sole*
le thon	*tuna*
la truite	*trout*

Le basket-ball *(Basketball)*

l'anneau (m.)	*rim*
l'arrière (m.)	*guard*
l'entraîneur (m.)	*coach*
le filet	*net*
le panier	*basket*
le pivot	*center*
le terrain	*court*

Le base-ball *(Baseball)*

l'abri des joueurs	*dugout*
l'arbitre (m.)	*referee*
l'avant-champ	*infield*
la batte	*bat*
la base	*base*
le casque	*helmet*
centre	*center*
le champ	*field*
droit(e)	*right*
le frappeur	*batter*
le gant	*glove*
le lanceur	*pitcher*
le maillot	*team shirt*
le marbre	*home plate*
le masque	*mask*
le plastron	*chest protector*
la plaque du lanceur	*pitcher's plate*
le receveur	*catcher*

L'athlétisme *(Track and field)*

le bloc de départ	*starting block*
le couloir	*lane*
les haies (f. pl.)	*hurdles*
le lancer du disque	*discus throw*
le lancer du javelot	*javelin throw*
le lancer du poids	*shot put*
la ligne d'arrivée	*finish line*
le relais	*relay*
le saut à la perche	*pole vault*
le saut en hauteur	*high jump*
le saut en longueur	*long jump*
le tableau indicateur	*score board*
le témoin	*baton*

Au gymnase *(At the gym)*

les anneaux (m. pl.)	*rings*
les barres asymétriques (f. pl.)	*uneven parallel bars*
les barres parallèles (f. pl.)	*parallel bars*
le cheval d'arçons	*pommel horse*
le/la gymnaste	*gymnast*
le juge	*judge*
la note	*score*
la poutre	*balance beam*
le tapis	*floor mat*
le travail au sol	*floor exercise*
le tremplin	*springboard*
le vestiaire	*locker room*

Le matériel de bureau *(Office equipment)*

la ligne téléphonique	*telephone line*
la messagerie vocale	*voicemail*
le répondeur téléphonique	*answering machine*
le photocopieur	*photocopier*
la souris mécanique	*mechanical mouse*
la souris optique	*optical mouse*
le télécopieur	*fax machine*

Les professions *(Professions)*

l'assistant(e) social(e)	*social worker*
l'avocat(e)	*lawyer*
le/la chef d'entreprise	*business owner*
le/la comptable	*accountant*
l'électricien(ne)	*electrician*
l'employé(e) de bureau	*office worker*
l'infirmier/infirmière	*nurse*
l'ingénieur	*engineer*
le/la mécanicien (ne)	*mechanic*
le plombier	*plumber*
le policier	*police officer*
le pompier	*firefighter*
le prêtre	*priest*
le/la secrétaire	*secretary*

Les produits de soins et de beauté *(Body care and beauty products)*

l'après-rasage	*aftershave*
l'après-shampooing (m.)	*conditioner*
la crème de soin	*face cream*
la crème pour le corps	*lotion*
le démaquillant	*make-up remover*
l'eau de toilette	*cologne*
le fard à joues	*blush*
le fond de teint	*foundation*
le gel	*hair gel*
l'ombre à paupières (f.)	*eye shadow*
le parfum	*perfume*
la poudre	*powder*

À la campagne *(In the country)*

l'abreuvoir (m.) — *drinking trough*
l'agriculteur/ agricultrice — *farmer*
l'agriculture (f.) — *agriculture*
l'auge (f.) — *feeding trough*
le coq — *rooster*
cultiver — *to grow (crops)*
les cultures (f. pl.) — *crops*
l'élevage — *cattle raising*

l'étable (f.) — *barn*
le fermier/la fermière — *farmer*
le foin — *hay*
la moisson — *harvest*
planter — *to sow*

Le camping *(Camping)*

l'auvent (m.) — *canopy*
le couteau suisse — *Swiss Army knife*
la glacière — *cooler*
le gonfleur — *air pump*
le lit de camp pliant — *folding cot*
le matelas mousse — *foam pad*
le matelas pneumatique — *air mattress*
la pelle-pioche pliante — *folding shovel*
le piquet — *stake*
la tente igloo — *pop-up tent*

La nature *(Nature)*

l'aigle (m.) — *eagle*
aller observer les oiseaux — *to go bird watching*
le castor — *beaver*
le cerf — *deer*
la chasse — *hunting*
le corbeau — *raven*
la couleuvre — *garter snake*

faire du canoë — *to go canoeing*
faire du rafting — *to go rafting*
la grotte — *cave*
l'hirondelle (f.) — *swallow*
le lièvre — *hare*
la moufette (au Canada) — *skunk*
l'ornithologie (f.) — *bird watching*
le porc-épic — *porcupine*
le raton-laveur — *raccoon*
le renard — *fox*
le serpent à sonnette — *rattlesnake*
le tir à l'arc — *archery*
le vautour — *vulture*

Le corps humain *(The human body)*

l'avant-bras — *forearm*
le coude — *elbow*
le crâne — *skull*
la cuisse — *thigh*
la hanche — *hip*
le mollet — *calf*
la nuque — *nape*
l'omoplate (f.) — *shoulderblade*
le talon — *heel*
la tempe — *temple*
le ventre — *abdomen, stomach*

Les problèmes de santé *(Health issues)*

les allergies (f.)	*allergies*
l'angine (f.)	*tonsillitis*
avoir la nausée	*to be nauseous*

avoir mal à l'estomac	*to have a stomach ache*
le bandage	*bandage*
les béquilles (f.)	*crutches*
la bronchite	*bronchitis*
s'évanouir	*to faint*
la grippe	*flu*
le plâtre	**cast**
la radiographie	**x-ray**
le rhume	**cold**
la salle d'attente	*waiting room*
le sirop	*syrup*

Le cinéma *(Movies)*

la bande annonce	*movie trailer*
les cascades (f.)	*stunts*
le cascadeur	*stuntman*
le décor	*set*
les effets spéciaux (m. pl.)	*special effects*
le film doublé	*dubbed movie*

le film en noir et blanc	*black and white movie*
le générique	*credits*
l'intrigue (f.)	*plot*
la maquilleuse	*make-up artist*
le metteur en scène	*director*
le producteur	*producer*
le réalisateur	*director*

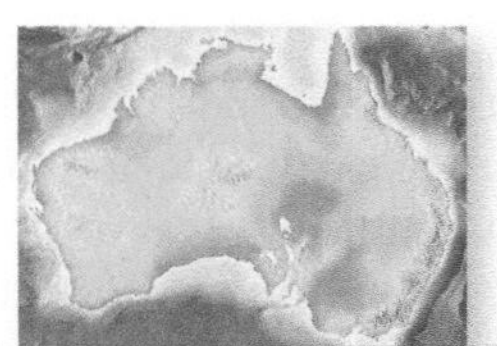

Quelques pays *(A few countries)*

l'Afrique (f.) du Sud	*South Africa*
l'Autriche (f.)	*Austria*
l'Australie (f.)	*Australia*
le Brésil	*Brazil*
le Cameroun	*Cameroon*
la Chine	*China*

l'Égypte (f.)	*Egypt*
la Grèce	*Greece*
l'Inde (f.)	*India*
l'Irlande (f.)	*Ireland*
le Japon	*Japan*
le Mexique	*Mexico*
la Nouvelle-Zélande	*New Zealand*
les Pays-Bas (m. pl.)	*Netherlands*
le Royaume-Uni	*United Kingdom*
la Russie	*Russia*
la Turquie	*Turkey*

Liste d'expressions

Functions are the ways in which you use a language for particular purposes. In specific situations, such as in a restaurant , in a grocery store, or at school, you will want to communicate with those around you. In order to do that you have to "function" in French: you buy food, tell what you like to do for fun, or talk about your daily routine.

Here is a list of the functions presented in this book along with the French expressions you'll need to communicate in a wide range of situations. Following each function is the chapter and page number from the book where it is introduced.

Socializing

Describing yourself and asking about others
Ch. 1, p. 7

Comment tu t'appelles?
Je m'appelle...
Tu as quel âge?
J'ai... ans.
De quelle couleur sont... ?
Il/Elle est comment, ton ami(e)?
Il/Elle est...

Wishing someone a good time
Ch. 2, p. 43

J'espère que tu vas passer...
Amuse-toi bien...
Bonne soirée!
Profite bien...
Je te/vous souhaite...

Exchanging information

Telling when you do something
Ch. 1, p. 21

Le lundi,... souvent... ... fois par semaine.
... tous les mercredis. ... au printemps... en été.
...rarement.

Checking if things have been done
Ch. 2, p. 57

Tu as déjà... ?
... pas encore.
Est-ce qu'il y a encore... ?
... c'est bon.
Tu as bien... ?
Mais oui!
Tu as pensé à... ?
J'ai complètement oublié!

Asking about food preparation
Ch. 3, p. 83

Comment est-ce qu'on fait... ?
Coupe... Ajoute... Mélange...
C'est facile de faire... ?
... c'est très simple.
... c'est compliqué.
Qu'est-ce qu'il y a dans... ?
Il y a...

Shopping for groceries
Ch. 3, p. 95

Qu'est-ce qu'il vous faut?
Il me faut...
Combien vous en faut-il?
À peu près...
... environ.
Vous les voulez comment,... ?
Bien mûrs / mûres,...
C'est... le kilo.
... je vais en prendre...
Ce sera tout?
... c'est tout pour aujourd'hui,...

Asking where things are
Ch. 3, p. 97

Madame,... s'il vous plaît?
Alors,... tout près...
Où est-ce que je pourrais trouver... ?
Si vous allez... , au bout du/de la/de l'...
... ça se trouve où,... ?
Au milieu du/de la/de l'...

Asking how something turned out
Ch. 4, p. 119

Au fait,...
Évidemment!
Comment s'est passée... ?
Je l'ai gagné(e).
Alors,...
Je n'en sais rien.
Dis-moi,... ?
... complètement...

Asking for information
Ch. 4, p. 131

Savez-vous comment... ?
Comment est-ce qu'on fait pour... ?
Qu'est-ce que tu utilises comme... ?
Quelle sorte de/d'... ?

Talking about your routine
Ch. 5, p. 159

... en premier... ensuite,...
Chaque...
... avant de...
... tous les deux...
... en même temps que...
... pendant que...

Saying when you do things
Ch. 5, p. 171

... tôt... ... de bonne heure.
... tard. Une fois que...
Après ça,... ... au plus tard.

Talking about when you were a child
Ch. 6, p. 195

Quand j'étais (plus) jeune,...
Quand j'étais petit(e),...
Quand j'avais... ans,

Telling about an event in the past
Ch. 6, p. 197

Alors que... À ce moment-là,...
Heureusement,... Finalement,...
Pendant que...

Describing life in the country
Ch. 6, p. 208

... tellement...
Il y avait...
Ce qui était... , c'était...
Ce qui me manque, c'est...

Saying what happened
Ch. 7, p. 235

Figure-toi que... Alors,...
À ce moment-là,... Heureusement,...
Bref,...

Describing circumstances
Ch. 7, p. 237

J'étais en train de/d'... Je venais de/d'...
Au moment où... ... sur le point de/d'...

Telling what you will do
Ch. 7, p. 247

Tout à l'heure,... Après-demain,...
... bientôt... ... prochain...
La prochaine fois,...

Asking and telling how you feel
Ch. 8, p. 271

Qu'est-ce que tu as?
Je ne me sens pas très bien.
Je me sens mal.
Ça n'a pas l'air d'aller.
Tu n'as pas bonne mine...
Tu as mauvaise mine.
... je ne suis pas en forme.
... malade.
Tu as l'air...
... j'ai mal dormi.

Asking for information
Ch. 9, p. 313

Qu'est-ce qu'on joue... ?
Il y a...
C'est avec qui?
C'est avec...
Ça passe où?
Ça passe au...
Ça commence à quelle heure?
La séance est à...
Qu'est-ce que tu as lu d'intéressant... ?
... le dernier...
De quoi ça parle?
Ça parle de/C'est basé sur...
Qu'est-ce que ça raconte?
C'est l'histoire de/d'...

Asking about TV habits/preferences
Ch. 9, p. 323
Qu'est-ce que tu aimes regarder à la télé?
Ce que je préfère, c'est...
Lequel de... est-ce que vous préférez?
Celui avec...
Tu as suivi... ?
... je déteste...
Tu as vu... ?
Je ne rate jamais...

Asking someone about a vacation
Ch. 10, p. 347
... pendant les vacances ?
Ça dépend,...
Qu'est-ce que tu fais de beau... ?
Je reste chez moi.
Tu fais de la voile... ?
J'en fais...
Ça t'arrive de/d'... ?
... j'y vais...

Asking about what has been done
Ch. 10, p. 361
Tu as bien pensé à... ?
Tu as bien fait de me le rappeler.
... déjà... ?
Évidemment que...
Tu n'as pas oublié de/d'... ?
Ah, mais si!

Expressing attitudes and opinions

Talking about likes and dislikes
Ch. 1, p. 9
J'adore.../ J'aime bien...
Moi aussi./Pas moi.
Moi, je n'aime pas...
Moi non plus.
Je n'aime pas beaucoup...
Moi si.
Qu'est-ce que/qu'... aime faire?
Il/Elle aime...

Inquiring about abilities and preferences
Ch. 1, p. 19
Il est bon,... ?
Excellent!/Pas mauvais.
Est-ce que tu joues bien... ?
Assez bien.
Ça te dit de/d'... ?
Tu as envie de/d'... ?
Pourquoi pas?
Tu veux... ?
... je n'ai pas le temps. Je dois...
Qu'est-ce que tu penses de... ?
Il est génial!

Asking for and giving advice
Ch. 2, p. 45
Tu as une idée de cadeau... ?
Tu pourrais lui offrir...
Bonne idée!
Qu'est-ce que je pourrais offrir... ?
Offre-lui...
Tu n'as pas une autre idée?
Il/Elle en a déjà plein.

Wondering what happened
Ch. 4, p. 121
Je me demande si...
... pour une fois.
Je parie que...
Oui, sans doute.
Tu crois?
Tu crois qu'il est arrivé quelque chose à... ?
C'est possible.
Tu as peut-être raison.
... quelqu'un... ?
... personne.

Making recommendations
Ch. 5, p. 173
Tu devrais... Va te coucher.
Il est temps de/d'... C'est l'heure de/d'...

Comparing life in the country and life in the city
Ch. 6, p. 207
... plus... que/qu'...
... c'est moins... que/qu'...
Il y a plus de... que/qu'...
... différent(e) de...
...autant... que/qu'...

Wondering what will happen
Ch. 7, p. 248
Je me demande si...
Tu crois que/qu'... ?
Est-ce qu'il va y avoir... ?
Est-ce que tu sais si... ?

Describing symptoms and giving advice
Ch. 8, p. 273
J'ai mal au/à la/à l'/aux
Je me suis coupé...
J'ai le nez qui coule.
J'ai mal au coeur.
Je te conseille de...
Il est important que...
Il faut que...
Tu dois...

Complaining and giving advice
Ch. 8, p. 283
Je suis fatigué(e).
Tu n'as qu'à...
Je suis au régime.
Tu devrais...
J'ai mal partout.
Pourquoi tu ne/n'... pas... ?
J'ai grossi.
Tu ferais bien de...
Je suis stressé(e).
Il faudrait que...

Describing a movie or a book
Ch. 9, p. 311
C'est drôle/amusant.
C'est trop long/ennuyeux/déprimant.
Il y a plein de rebondissements.
Il n'y a pas d'histoire.
Il y a beaucoup de...
C'est pas mal, sans plus.
C'est une histoire passionnante.
Ce n'est pas génial.
C'est une bonne adaptation... du...
Ça n'a rien à voir avec...

Recommending or advising against something
Ch. 9, p. 325
Je te recommande...
... ne vaut vraiment pas le coup.
... à ne pas manquer.
... ne m'a pas emballé(e).
Qu'est-ce qu'elle est bien,... !
... ennuyeux à mourir.
C'est le meilleur... que...
Je ne te conseille pas...

Saying what you would do if you could
Ch. 10, p. 348
... je partirais en vacances...
... faire le tour du monde.
Mon rêve, ce serait de...

Expressing necessity
Ch. 10, p. 359
Il faut que...
Il ne faut surtout pas...
J'ai besoin de/d'...
Je dois absolument...

Expressing feelings and emotions

Expressing frustration
Ch. 4, p. 133
Ça m'énerve!
Tout va de travers depuis...
... Rien ne marche... !
Je ne sais pas quoi faire!

Expressing impatience
Ch. 5, p. 161
Dépêche-toi!
Vous allez être en retard.
Tu es prêt(e)? Alors, on y va?
Arrête de traîner!

Sympathizing with someone
Ch. 8, p. 285
Ce n'est pas grave.
Ça va aller mieux.
Je te plains.
Ne t'en fais pas!
Mon/Ma pauvre!

Persuading

Asking for help
Ch. 2, p. 55
Tu peux m'aider à... ?
D'accord... /Pas de problème.
Désolé(e), je n'ai pas le temps.
Ça t'ennuie de... ?
Bien sûr que non.
Pas maintenant. Je dois d'abord...

Making requests
Ch. 3, p. 85
Tu veux bien... ?
Tu me rapportes... ?
Oui, j'y vais tout de suite.
Non, je regrette mais...
... je suis trop occupé(e).
N'oublie pas...
... Tu n'as besoin de rien d'autre?

Synthèse de grammaire

ADJECTIVES

Adjective Agreement

Adjectives are words that describe or modify a noun. Adjectives agree in gender and in number with the nouns they modify. To make an adjective feminine, add an **-e** to the masculine singular form. To make an adjective plural, add an **-s** to the singular form.

	SINGULAR	PLURAL
MASCULINE	intelligent	intelligent**s**
FEMININE	intelligent**e**	intelligent**es**

Adjectives ending in *-eux*

If the masculine singular form of the adjective ends in **-eux**, change the **-x** to **-se** to make it feminine.

	SINGULAR	PLURAL
MASCULINE	heureux	heureux
FEMININE	heureu**se**	heureu**ses**

Adjectives ending in *-if*

If the masculine singular form of the adjective ends in **-if**, change the **-f** to **-ve** to create the feminine form.

	SINGULAR	PLURAL
MASCULINE	sportif	sportif**s**
FEMININE	sporti**ve**	sporti**ves**

Adjectives with Irregular Feminine Forms

The following adjectives have irregular feminine forms.

SINGULAR		PLURAL	
MASCULINE	FEMININE	MASCULINE	FEMININE
long	long**ue**	long**s**	long**ues**
blanc	blan**che**	blanc**s**	blan**ches**
bon	bon**ne**	bon**s**	bon**nes**
gros	gros**se**	gros	gros**ses**

The Irregular Adjectives *beau, nouveau,* and *vieux*

Masculine Singular (before a consonant)	Masculine Singular (before a vowel)	Masculine Plural	Feminine Singular	Feminine Plural
beau nouveau vieux	bel nouvel vieil	beaux nouveaux vieux	belle nouvelle vieille	belles nouvelles vieilles

Adjective Placement

Most French adjectives come **after** the nouns they describe. Adjectives of **beauty, age, number, goodness,** or **size** usually come before the nouns they modify. The following adjectives fall into this group.

Category	Adjectives
*B*eauty	beau, joli
*A*ge	vieux, jeune
*N*umber	un, deux, trois...
*G*oodness	bon, mauvais
*S*ize	grand, petit

Mme Pasquier est une **belle** dame et elle a des enfants **intelligents.**

If the adjective comes before a plural noun, the word **des** becomes **de**.

Il y a **de** bons films au cinéma ce week-end.

Possessive Adjectives

Possessive adjectives agree in gender and in number with the nouns they modify. Possessive adjectives agree with the items (people, things, animals, etc.) possessed.

	Masculine Singular	Feminine Singular	Plural
my	mon	ma	mes
your	ton	ta	tes
his/her/its	son	sa	ses
our	notre	notre	nos
your	votre	votre	vos
their	leur	leur	leurs

In English, possession can be shown by using **'s**. In French, the preposition **de/d'** is used to show possession.

Le livre **de** Jacqueline est sur la table.

Demonstrative Adjectives

Words like *this, that, these,* and *those* are called demonstrative adjectives. There are four demonstrative adjectives in French: **ce, cet, cette,** and **ces**.

Masculine Singular	Masculine Singular (vowel sound)	Masculine Plural	Feminine Singular	Feminine Plural
ce livre	**cet** ordinateur	**ces** livres	**cette** chaise	**ces** chaises

To distinguish between *this* and *that* and *these* and *those,* add **–ci** or **–là** to the end of any noun.

J'achète **cette robe-ci** parce que je n'aime pas **cette robe-là**!

Interrogative Adjectives

Certain adjectives in French can be used to form questions. The interrogative adjective **quel** means *what* and it has four forms.

	Singular	Plural
Masculine	**Quel** restaurant?	**Quels** restaurants?
Feminine	**Quelle** classe?	**Quelles** classes?

When a form of **quel** is followed by **est** or **sont**, it agrees in gender and number with the noun following the verb.

Quelle est ta couleur préférée?

Quel can also be used as an exclamation. Use a form of **quel** plus a noun to express the idea *"What a..."*

Quelle belle robe! *What a beautiful dress!*

Adjectives used as Nouns

When used as a noun, the adjective has a definite article in front of it. Both the adjective and the article will agree in gender and in number with the noun to which they refer.

—Tu préfères la grande maison ou **la petite?**
—Je préfère **la petite**.

The Adjectives *tout, tous, toute, toutes*

Tout and its forms are used in French to say *all* or *whole.* **Tout** has four forms and agrees in gender and in number with the noun it modifies.

	Singular	Plural
Masculine	tout	tous
Feminine	toute	toutes

Toutes les chemises sont chères!

ADVERBS

Formation of Adverbs

Adverbs modify verbs, adjectives, or other adverbs and tell when, where, why, and to what extent an action is performed. In French, adverbs usually end in **-ment**. To form most adverbs in French, take the feminine form of the adjective and add **-ment**. Common French adverbs are **bien, souvent, de temps en temps, rarement,** and **régulièrement**.

Adjective (Masculine Singular Form)	Adjective (Feminine Singular Form)	Adverb (Feminine Singular Adjective + -ment ending)
sérieux	sérieuse	sérieusement

Paul et Luc étudient **sérieusement** pour leur examen final.

Placement of Adverbs

While adverbs are generally placed near their verbs, they can take other positions in the sentence. Here is a general overview that might help when deciding where to place French adverbs.

Type of adverb	Examples	Placement in the sentence
how much, how often, or how well something is done	**rarement, souvent, bien, mal**	after the verb
adverbs of time	**hier, maintenant, demain**	the beginning or the end of the sentence
some adverbs ending in **-ment**	**normalement, généralement**	the beginning or the end of the sentence

Nous allons **rarement** chez nos cousins.

Patricia a fait du vélo **hier.**

Normalement, je sors avec mes copains après les cours.

Some adverbs are exceptions to these rules and require a special place in the sentence or clause.

Adverb	Placement
comme ci comme ça quelquefois	end of the clause beginning or end of the clause or after the verb

Paul parle italien **comme ci comme ça**. Il voyage souvent en Italie et **quelquefois** il réussit à communiquer.

The Adverbs *bien* and *mal*

The adjectives **bon** and **mauvais** have irregular adverbs.

Adjective	Adverb
bon	bien
mauvais	mal

Ma mère chante **bien,** mais moi, je chante **mal**.

Adverbs with the *passé composé*

The following adverbs are helpful when talking about the past. They can be placed at either the beginning or at the end of a sentence.

hier (matin, après-midi, soir)
yesterday (morning, afternoon, evening)

la semaine dernière/le mois dernier/l'année dernière
last week/last month/last year

soudain *(suddenly)*

Hier, je suis allé au cinéma avec des amis.

Depuis, il y a, ça fait

To say what someone ***has been doing*** or ***for how long*** a person has been doing an activity, use **depuis + a time expression**. This expression can also be used to mean **since**.

Nous habitons à Paris **depuis** cinq ans.	*We've been living in Paris **for** 5 years.*
Je travaille **depuis** six heures du matin.	*I've been working **since** 6 a.m.*

You can also use the expressions **il y a** and **ça fait + a time expression** to say ***how long something has been going on.*** When you use these expressions, they must be followed by the word **que** and usually come at the beginning of the sentence.

Ça fait une semaine **que** nous attendons.	*We've been waiting for a week.*
Il y a trois mois **que** Marie est malade.	*Marie's been sick for three months.*

ARTICLES

Definite Articles

There are four definite articles in French.

	Masculine (beginning with a consonant)	Feminine (beginning with a consonant)	Masculine or Feminine (beginning with a vowel or vowel sound)
Singular	le	la	l'
Plural	les	les	les

The definite article contracts with the preposition **à** to express *at the* or *to the*. It contracts with the preposition **de** to express *of the* or *from the.*

Definite Article	Contracted Form With À	Contracted Form With *De*
le	au	du
les	aux	des
l'	à l'	de l'
la	à la	de la

Je vais **au** café. — Je sors **du** café.

Paul répond **aux** questions. — Le père **des** garçons travaille beaucoup.

Vous retournez **à la** gare. — Le train part **de la** gare.

Chantal et Paul vont **à l'**école. — La porte **de l'**école est grande.

Indefinite Articles

The indefinite articles in French are **un, une,** and **des. Un** and **une** mean *a* or *an* and **des** means *some.* They agree in gender (masculine or feminine) and number (singular or plural) with the nouns they modify.

	Singular	Plural
Masculine	un livre	des livres
Feminine	une carte	des cartes

Un, **une**, and **des** become **de** after a negative.

Chantal a **un** cours de français. — Chantal n'a pas **de** cours de français.

Ils mangent **des** sandwichs. — Ils ne mangent pas **de** sandwichs.

If **de** comes before a noun beginning with a vowel or vowel sound, it changes to **d'**.

The Partitive Articles

The partitive is used in French to express *a part* or *some* of an item.

Masculine Singular	Feminine Singular	Before a Noun Beginning With a Vowel	Plural
du café	**de la** salade	**de l'**eau	**des** petits pois

Je vais prendre **de l'**eau. Pierre va prendre **du** café.

The partitive will change to **de** after a negative.

Aurélie ne mange pas **de** tarte parce qu'elle ne veut pas grossir.

When speaking about a whole item, use the indefinite articles **un, une,** and **des**.

Tu veux **un** croissant ou **une** orange?

COMPARATIVES AND SUPERLATIVES

Comparing Adjectives

To compare adjectives, use the following expressions. Remember to make your adjectives agree in gender and in number with their noun.

To say	Use
more...than	**plus** + adjective + **que**
as...as	**aussi** + adjective + **que**
less...than	**moins** + adjective + **que**

Marie est **plus** généreuse **que** son frère.

Nous sommes **aussi** fatigués **que** vous.

Les amis de Xavier sont **moins** sportifs **que** les amis de David.

Comparing Nouns

To compare things, persons, places, or ideas, use the following expressions. Use **de** before the noun.

To say	Use
more...than	**plus** + **de** + noun + **que**
as...as	**autant** + **de** + noun + **que**
less...than	**moins** + **de** + noun + **que**

Marie a **plus de** livres **que** son frère.

Nous achetons **autant de** CD **que** vous.

Les amis de Xavier font **moins de** voyages **que** les amis de David.

The Superlative of Adjectives

The superlative is used to convey *the best, the most, the least,* or *the worst.* Make your adjective agree in gender and in number with the noun it modifies. Depending on the adjective, the superlative can come either before or after its noun.

C'est + definite article + plus/moins + adjective + noun + de + noun

C'est la plus jolie fille de la classe.

le (l')
C'est + definite article + noun + la (l') + plus/moins + adjective + de + noun
les

C'est la fille la plus intelligente de la classe.

Irregular Comparatives and Superlatives

The adjectives **bon** and **mauvais** have irregular forms in both the comparative and the superlative.

ADJECTIVE	COMPARATIVE	SUPERLATIVE
bon(s)/bonne(s)	meilleur(s)/meilleure(s) aussi bon(s)/bonne(s) moins bon(s)/bonne(s)	le meilleur/la meilleure les meilleurs/les meilleures
mauvais/mauvaise(s)	pire(s) aussi mauvais/mauvaise(s)	le pire/la pire/les pires

INTERROGATIVES

Inversion

One way of asking questions is by using inversion. The subject and verb switch positions and are connected by a hyphen.

Tu aimes le chocolat? → **Aimes-tu** le chocolat?

Vous parlez français? → **Parlez-vous** français?

If your subject is **il, elle,** or **on** and if your verb ends with a vowel, insert **-t-** between the verb and the subject.

Elle va au cinéma ce soir? → **Va-t-elle** au cinéma ce soir?

When you have a noun as the subject, such as a person's name, use the subject and then invert with the corresponding pronoun.

Est-ce que **Paul** préfère le vert? → **Paul préfère-t-il** le vert?

NEGATIVE EXPRESSIONS

Negative Expressions

The most common negative expression is **ne… pas**. To make a sentence negative, put **ne… pas** around the conjugated verb.

Vous travaillez bien! → Vous **ne** travaillez **pas** bien!

In the **passé composé**, the negative comes around the helping verb.

Ils **ont mangé** ensemble. → Ils **n'**ont **pas mangé** ensemble.

Here are more negative expressions in French.

Negative Expression		**Example**
ne… pas encore	*not yet*	Ils **n'**ont **pas encore** mangé.
ne… plus	*no longer*	Elle **ne** mange **plus** de croissants.
ne… ni… ni	*neither nor*	Je **n'**aime **ni** les bananes **ni** les pommes.
ne… jamais	*never*	Tu **ne** viens **jamais** au parc avec nous.
ne… personne	*no one*	Danièle **n'**entend **personne** au téléphone.
ne… rien	*nothing*	Nous **ne** faisons **rien** ce soir.
ne… que	*only*	Je **n'**aime **que** le chocolat suisse.

When used as subjects, both **rien** and **personne** come before **ne**.

Rien n'est impossible! **Personne n'**écoute Charles!

In the past tense **ne… personne** works differently. Put the **ne** before the helping verb, but position the word **personne** after the past participle.

—Hier soir, vous avez vu **Marie** au théâtre ?

—Non je **n'**ai vu **personne** au théâtre.

The negative expressions **ne… rien, ne… personne,** and **ne… que** are often used with the expressions **quelque chose** *(something)* and **quelqu'un** *(someone).*

Expression	**Corresponding Negatives**
quelque chose	ne… rien; ne… que
quelqu'un	ne… personne, ne… que

Tu veux **quelque chose?**	*Do you want something?*
Je **ne** veux manger **que** la salade.	*I only want the salad.*
Vous attendez **quelqu'un**?	*Are you waiting for someone?*
Non, nous **n'**attendons **personne**.	*No, we aren't waiting for anyone.*
Je **n'**attends **que** mes parents.	*I'm **only** waiting for my parents.*

PRONOUNS

Subject Pronouns

Here are the subject pronouns in French.

Person	Singular Pronouns		Plural Pronouns	
1st	je (j')	*I*	nous	*we*
2nd	tu	*you*	vous	*you*
3rd	il/elle/on	*he/she/one, we*	ils/elles	*they*

Tu and **vous** both mean *you*. Here are the rules for using them.

Tu	Vous
• someone your own age • someone younger than you • family members • friends • someone called by his/her first name	• someone older than you • someone you've just met • someone in authority • groups

When referring to a group with both masculine and feminine nouns (people or things), use **ils**.

Direct Object Pronouns

A **direct object** is the person or thing that receives the action of a verb. A direct object can be either a noun or a pronoun. Direct objects can be replaced by **direct object pronouns**.

Direct Object Pronouns	
me (m') *me*	**nous** *us*
te (t') *you (fam)*	**vous** *you (formal, plural)*
le/la (l') *him/her, it*	**les** *them*

Direct object pronouns come before the conjugated verb or infinitive.

Paul et Sophie **nous** invitent au restaurant.

Tu veux regarder **la télévision**? → Oui, je veux **la** regarder.

When using a direct object pronoun with a negative, place the negative expression around the direct object pronoun and its verb.

Pierre **n'**entend **pas ses amis.** → Pierre **ne les** entend **pas.**

In the **passé composé,** the direct object pronoun will come before the helping verbs **avoir** or **être**.

Tu **as** regardé **le film français** hier? → Tu **l'as** regardé hier?

In the **passé composé** with **avoir,** the past participle doesn't agree with the subject. It will agree with a preceding direct object.

Michel a écouté **la radio.** → Michel **l'**a écout**ée.**

Nicole n'a pas aimé **les croissants.** → Nicole ne **les** a pas aim**és.**

Indirect Object Pronouns

An **indirect object** is the person who benefits from the action of the verb. Indirect objects indicate *to whom* or *for whom* something is done. In French, the indirect object is usually preceded by the preposition **à** and is often used with verbs of giving **(donner, offrir, envoyer)** and of communication (**parler, écrire, dire, téléphoner**).

Nous allons écrire une carte postale **à nos parents**.

Indirect Object Pronouns	
me (m') *to me*	**nous** *to us*
te (t') *to you*	**vous** *to you (formal, plural)*
lui *to him, to her*	**leur** *to them*

Indirect object pronouns come before the verb. In the present tense, place the object before the conjugated verb.

Paul et Sophie **nous** envoient une lettre.

If there is an infinitive in the sentence, place the indirect object pronoun in front of the infinitive.

Tu veux parler **à ta mère?** → Oui, je veux **lui** parler.

When using an indirect object pronoun with a negative, place the negative expression around the indirect object pronoun and its verb.

Pierre **ne** téléphone **pas à ses amis.** → Pierre **ne leur** téléphone **pas.**

In the **passé composé,** the indirect object pronoun will come before the helping verbs **avoir** or **être**.

J'ai dit **à ma cousine** de venir ce soir. → Je **lui** ai dit de venir ce soir.

The Pronoun *en*

The pronoun **en** replaces **de + noun. En** is best understood to mean *some, any, of it,* or *of them.*

Tu prends **du café?** *Do you want some coffee?*

Oui, **j'en** veux bien. *Yes, I'd really like some.*

You can use the pronoun **en** to replace nouns that follow numbers or expressions of quantity.

D'habitude, j'achète **beaucoup de pain.** D'habitude, j'**en** achète **beaucoup.**

Tu as combien **de sœurs?** J'**en** ai **une.**

If there is an infinitive in the sentence, the pronoun **en** comes before the infinitive.

Je peux **en** manger.

In the **passé composé,** the pronoun **en** comes before the helping verb **avoir** or **être**.

Nous avons fait **des gâteaux.** Nous **en** avons fait.

A negative expression comes around the pronoun **en** and its verb.

Paul ne veut pas **de glace?** Non, il **n'en** veut **pas.**

The Pronoun *y*

The pronoun **y** replaces the names of places that start with prepositions like **à, dans, en, chez, sur,** and **sous.**

Monique travaille **au musée?** → Oui, elle **y** travaille.

If there is an infinitive in the sentence, the pronoun **y** comes before the infinitive.

Vous voulez voyager **en Italie** l'année prochaine?

Oui, je veux **y** voyager l'année prochaine.

In the **passé composé,** the pronoun **y** comes before the helping verb **avoir** or **être**.

Nous avons dîné **au restaurant.** → Nous **y** avons dîné.

Elles sont allées **à la bibliothèque.** → Elles **y** sont allées.

Double Object Pronouns

It is possible to have both a **direct object** and an **indirect object** in the same sentence. When this occurs, place the pronouns before the verb in the following order.

me										
te		**le (l')**								
se	→	**la (l')**	→	**lui**	→	**y**	→	**en**	→	**verb**
nous		**les**		**leur**						
vous										

J'envoie **la lettre à mes parents.**	*I am sending my parents the letter.*
Je **l'**envoie à mes parents.	*I am sending **it** to my parents.*
Je **leur** envoie la lettre.	*I am sending **them** the letter.*
Je **la leur** envoie.	*I am sending **it to them.***

The Relative Pronouns *qui, que, dont*

To refer to something or someone already mentioned in conversation, use the relative pronouns **qui** and **que** *(that, which, who,* or *whom).*

Qui, meaning *that, which,* or *who,* is used as the subject of the second clause and is always followed by a verb.

C'est un étudiant **qui est** très sérieux.

Que, meaning *that, which, whom,* is the object of the second clause and is followed by a subject and a verb.

Paul est un ami **que nous aimons** beaucoup.

If the **passé composé** follows **que**, the past participle agrees in gender and number with the noun to which **que** refers.

La maison que vous avez achet**é**e est très grande!

Use the relative pronoun **dont** (*that, whom, whose*) to replace a prepositional phrase beginning with **de**.

Tu parles **de Céline?** Elle travaille à la boulangerie.

La fille **dont** tu parles travaille à la boulangerie.

Interrogative Pronouns

To ask *which one* or *which ones,* use the appropriate form of the interrogative adjective **lequel**. It refers back to someone or to something already mentioned and agrees in gender and in number with its noun.

	MASCULINE	FEMININE
SINGULAR	lequel	laquelle
PLURAL	lesquels	lesquelles

Voici un sandwich au jambon et un sandwich au poulet. **Lequel** veux-tu?

Les chaussures noires ou les chaussures blanches? **Lesquelles** achètes-tu?

Demonstrative Pronouns

The **demonstrative pronoun** is used to refer back to the person(s) or thing(s) already mentioned. Demonstrative pronouns agree in gender and in number with the nouns they replace.

	MASCULINE	FEMININE
SINGULAR	celui	celle
PLURAL	ceux	celles

Cette affiche est jolie.

Laquelle? **Celle** qui est sur la table.

To make a distinction between *this one* and *that one,* and to separate *these* from *those,* use **-ci** and **-là**.

Je veux des bananes. **Celles-ci** sont bonnes mais **celles-là** sont mauvaises.
I want some bananas. These are good but those are bad.

VERBS

Present Tense of regular *-er* verbs

Regular verbs ending in **-er** are formed by dropping the **-er** from the verb and adding the appropriate endings.

aimer	
j'	aim**e**
tu	aim**es**
il/elle/on	aim**e**
nous	aim**ons**
vous	aim**ez**
ils/elles	aim**ent**

Tu **aimes** chanter avec la radio, n'est-ce pas?

Verbs ending in *-ger* and *-cer*

Verbs ending in **-ger** or **-cer** have a slightly different conjugation pattern. Verbs ending in **-ger**, like **manger**, follow the regular pattern except for the **nous** form. Verbs ending in **-cer**, like **commencer**, also change in the **nous** form.

	manger *(to eat)*	**commencer** *(to begin)*
je	mange	commence
tu	manges	commences
il/elle/on	mange	commence
nous	mangeons	commençons
vous	mangez	commencez
ils/elles	mangent	commencent

Regular *-re* verbs

Regular verbs ending in **-re** are formed by dropping the **-re** ending and adding the appropriate endings.

attendre *(to wait for)*	
j'	attend**s**
tu	attend**s**
il/elle/on	attend
nous	attend**ons**
vous	attend**ez**
ils/elles	attend**ent**

Regular *-ir* verbs

Regular verbs ending in **-ir** are formed by dropping the **-ir** ending from the verb and adding the appropriate endings.

finir *(to finish)*	
je	fini**s**
tu	fini**s**
il/elle/on	fini**t**
nous	fini**ssons**
vous	fini**ssez**
ils/elles	fini**ssent**

Synthèse de grammaire

Stem-changing verbs

Some **-er** verbs, like **préférer** and **acheter**, change their stems in the **je**, **tu**, **il/elle/on**, and **ils/elles** forms of the verb.

préférer *(to prefer)*		**acheter** *(to buy)*	
je **préfère**	nous préférons	j'**achète**	nous achetons
tu **préfères**	vous préférez	tu **achètes**	vous achetez
il/elle/on **préfère**	ils/elle **préfèrent**	il/elle/on **achète**	ils/elles **achètent**
Verbs like préférer: espérer, répéter		Verbs like acheter: amener, emmener, lever, promener	

Tu **préfères** le café.

Elles **achètent** de belles bananes au marché.

Other verbs like **appeler** *(to call)* change their stems by doubling a consonant. Verbs ending in **-yer,** like **nettoyer** *(to clean)*, change the **-y** to **-i.**

appeler *(to call)*		**nettoyer** *(to clean)*	
j'**appelle**	nous appelons	je **nettoie**	nous nettoyons
tu **appelles**	vous appelez	tu **nettoies**	vous nettoyez
il/elle/on **appelle**	ils/elles **appellent**	il/elle/on **nettoie**	ils/elles **nettoient**
Verbs like appeler: jeter, épeler, rappeler		Verbs like nettoyer: balayer, envoyer, essayer (de), payer	

appellenettoie

The Irregular Verbs *avoir, être, aller,* and *faire*

The verbs **avoir**, **être**, **aller**, and **faire** are all irregular.

	avoir *(to have)*	**être** *(to be)*	**aller** *(to go)*	**faire** *(to make, to do)*
je/j'	ai	suis	vais	fais
tu	as	es	vas	fais
il/elle/on	a	est	va	fait
nous	avons	sommes	allons	faisons
vous	avez	êtes	allez	faites
ils/elles	ont	sont	vont	font
Past Participle	eu	été	allé	fait

The Irregular Verbs *vouloir, pouvoir,* and *devoir*

The verbs **vouloir**, **pouvoir**, and **devoir** are all irregular. They do not follow the normal conjugation pattern like regular **-ir** verbs.

	vouloir *(to want)*	**pouvoir** *(to be able to)*	**devoir** *(must, to have to)*
je	veux	peux	dois
tu	veux	peux	dois
il/elle/on	veut	peut	doit
nous	voulons	pouvons	devons
vous	voulez	pouvez	devez
ils/elles	veulent	peuvent	doivent

The Irregular Verb *prendre*

prendre *(to take, to have food or drink)*	
je prends	nous prenons
tu prends	vous prenez
il/elle/on prend	ils/elles prennent

Other verbs that follow the conjugation of **prendre** are: **apprendre, comprendre,** and **reprendre**.

The Verbs *dormir, sortir,* and *partir*

The verbs **dormir, sortir,** and **partir** follow a different conjugation pattern than regular **-ir** verbs.

	dormir *(to sleep)*	**partir** *(to leave)*	**sortir** *(to go out)*
je	dors	pars	sors
tu	dors	pars	sors
il/elle/on	dort	part	sort
nous	dormons	partons	sortons
vous	dormez	partez	sortez
ils/elles	dorment	partent	sortent

The Irregular Verbs *boire* and *voir*

The verbs **boire** and **voir** are both irregular.

	boire *(to drink)*	**voir** *(to see)*
je	bois	vois
tu	bois	vois
il/elle/on	boit	voit
nous	buvons	voyons
vous	buvez	voyez
ils/elles	boivent	voient

The Verbs *savoir* and *connaître*

Both **savoir** and **connaître** mean *to know* and they are irregular verbs.

savoir *(to know)*		**connaître** *(to know; to be acquainted with)*	
je sais	nous savons	je connais	nous connaissons
tu sais	vous savez	tu connais	vous connaissez
il/elle/on sait	ils/elles savent	il/elle/on connaît	ils/elles connaissent
Past participle: su		**Past participle:** connu	

Savoir means *to know about something.* It is used to express general knowledge, facts, and also means to know how to do something.

Nous **savons** l'heure. Il est trois heures et demie.

Connaître means *to know* as in the sense of being *acquainted with.* It is used with people, places, works of art, and literature.

Je **connais** bien cet hôtel. Vous **connaissez** Martin?

The Irregular Verb *mettre*

The verb **mettre** is an irregular verb. Its past participle is **mis**.

mettre *(to put, to put on clothes)*	
je mets	nous mettons
tu mets	vous mettez
il/elle/on met	ils/elles mettent

Tu **mets** un pull bleu? Chantal **met** le CD dans son sac.

The Irregular Verb *courir*

The verb **courir** is irregular. Its past participle is **couru**.

courir *(to run)*	
je cours	nous courons
tu cours	vous courez
il/elle/on court	ils/elles courent

The Verbs *ouvrir* and *offrir*

The verbs **offrir** and **ouvrir** end in **-ir,** but are conjugated like **-er** verbs.

offrir *(to offer)*	**ouvrir** *(to open)*
j'offre	j'ouvre
tu offres	tu ouvres
il/elle/on offre	il/elle/on ouvre
nous offrons	nous ouvrons
vous offrez	vous ouvrez
ils/elles offrent	ils/elles ouvrent

Synthèse de grammaire

The Verb *recevoir*

The verb **recevoir** is irregular. Its past participle is **reçu**.

recevoir *(to receive, to get)*	
je reçois	nous recevons
tu reçois	vous recevez
il/elle/on reçoit	ils/elles reçoivent

The Irregular Verb *suivre*

The verb **suivre** is irregular. You can use this verb to say which courses you are taking this year.

suivre *(to follow)*	
je suis	nous suivons
tu suis	vous suivez
il/elle/on suit	ils/elles suivent

The *passé composé* with *avoir*

The **passé composé** tells what happened in the past. The **passé composé** has two main parts, a helping verb (usually the verb **avoir**) and a past participle.

To form the past participle of an **-er** verb, take off the **-er** and add **-é.** To form the past participle of an **-ir** verb, take off the **-r.** For **-re** verbs, drop the **-re** and add a **-u** to form its past participle.

INFINITIVE	PAST PARTICIPLE
écouter	**écouté**
choisir	**choisi**
perdre	**perdu**

	écouter *(to listen to)*	**choisir** *(to choose)*	**perdre** *(to lose)*
j'	ai écouté	ai choisi	ai perdu
tu	as écouté	as choisi	as perdu
il/elle/on	a écouté	a choisi	a perdu
nous	avons écouté	avons choisi	avons perdu
vous	avez écouté	avez choisi	avez perdu
ils/elles	ont écouté	ont choisi	ont perdu

To make the **passé composé** negative, put **ne** and **pas** around the helping verb.

Vous **n'**avez **pas** écouté le professeur.

Past Participles of Irregular Verbs

Here is a list of some irregular verbs and their past participles.

INFINITIVE	PAST PARTICIPLE	INFINITIVE	PAST PARTICIPLE
être	**été**	faire	**fait**
avoir	**eu**	pleuvoir	**plu**
vouloir	**voulu**	connaître	**connu**
boire	**bu**	devoir	**dû**
lire	**lu**	dire	**dit**
voir	**vu**	écrire	**écrit**
mettre	**mis**	pouvoir	**pu**
prendre	**pris**	savoir	**su**

The *passé composé* with *être*

Some verbs, mainly verbs of motion like **aller,** use **être** instead of **avoir** as a helping verb in the **passé composé.** For these verbs, the past participle agrees with the subject.

aller *(to go)*	
je suis **allé(e)**	nous sommes **allé(e)s**
tu es **allé(e)**	vous êtes **allé(e)s**
il est **allé**	ils sont **allés**
elle est **allée**	elles sont **allées**
on est **allé(e)(s)**	

Les professeurs **sont arrivés** en retard pour leurs cours.

Here is a list of verbs that take **être** in the **passé composé.**

VERB	PAST PARTICIPLE	VERB	PAST PARTICIPLE
arriver	**arrivé**	partir	**parti**
descendre	**descendu**	rester	**resté**
entrer	**entré**	tomber	**tombé**
sortir	**sorti**	mourir	**mort**
retourner	**retourné**	naître	**né**
monter	**monté**	venir	**venu**

Verbs with *être* or *avoir* in the *passé composé*

Some verbs can take either **être** or **avoir** to form the **passé composé.** When these verbs have a direct object, the past participle agrees with the direct object if it comes before the past participle.

Anne **est sortie** hier soir avec ses amies.
Anne went out last night with her friends.

Anne **a sorti la poubelle** après le dîner.
Anne took out the trash after dinner.

Anne **l'a sortie** après le dîner.
Anne took it out (the trash) after dinner.

C'est versus *il/elle est*

USE C'EST WITH	USE IL/ELLE EST WITH
• someone's name • an article/possessive adjective + a noun • an article + a noun + an adjective	• an adjective by itself • a profession

C'est **Pierre.** Il est **dentiste.** C'est **un restaurant italien.**

Venir and the *passé récent*

The verb **venir** means *to come* and is an irregular verb.

venir *(to come)*	
je viens	nous venons
tu viens	vous venez
il/elle/on vient	ils/elles viennent

A form of **venir** plus the preposition **de** plus an infinitive can be used to express an action that has just occurred.

Nous **venons de finir** nos devoirs. *We have just finished our homework.*

The Imperative

To give a command in French, use the imperative. The imperative form comes from the **tu, nous,** and **vous** forms. In **-er** verbs, the **-s** is dropped from the **tu** form.

	tu	nous	vous
écouter	écoute	écoutons	écoutez
finir	finis	finissons	finissez
attendre	attends	attendons	attendez

To make a command negative, put **ne** and **pas** around the verb.

Donne le livre à Monique! → **Ne donne pas** le livre à Monique!

Reflexive Verbs

Reflexive verbs are used when the same person does and receives the action of the verb. These verbs use reflexive pronouns.

se laver *(to wash oneself)*	
je me lave	nous nous lavons
tu te laves	vous vous lavez
il/elle/on se lave	ils/elles se lavent

Marie **se lave** les cheveux chaque soir et elle **se brosse** les dents.

Reflexive Pronouns with Infinitives

When you use the reflexive verb in the infinitive form, the reflexive pronoun will agree with the subject.

Nous n'allons pas **nous** ennuyer à la plage!

Reflexive Verbs in the *passé composé*

All reflexive verbs use **être** to form the **passé composé.**

Paul **s'est déshabillé** et puis il **s'est couché.**

In the **passé composé** of reflexive verbs, the past participle usually agrees in gender and number with the reflexive pronoun.

se coucher *(to go to bed)*	
je me suis **couché(e)**	nous nous sommes **couché(e)s**
tu t'es **couché(e)**	vous vous êtes **couché(e)(s)**
il/elle s'est **couché/couchée**	il/elles se sont **couché(e)s**
on s'est **couché(e)(s)**	

The past participle agrees with the reflexive pronoun only if the pronoun is a direct object. The reflexive pronoun, however, is not always a direct object.

Monique **s'est lavée.** Monique **s'est lavé les mains.**

Commands with Reflexive Verbs

When you make an affirmative command with a reflexive verb, connect the reflexive pronoun to the verb with a hyphen.

Couche-toi! *Go to bed!*

If the command is negative, however, the reflexive pronoun comes before the verb and **ne... pas** comes around the whole structure.

Ne te couche **pas!** *Don't go to bed!*

The *imparfait*

The **imparfait** is used to describe events in the past or to emphasize that certain actions were done habitually. To form the imperfect, drop the **-ons** from the **nous** form of the verb and add the endings. The **only** verb that has an irregular stem is **être: ét-**.

	parler	**finir**	**vendre**
je	parlais	finissais	vendais
tu	parlais	finissais	vendais
il/elle/on	parlait	finissait	vendait
nous	parlions	finissions	vendions
vous	parliez	finissiez	vendiez
ils/elles	parlaient	finissaient	vendaient

Remember that **-ger** verbs, like **manger** and **-cer** verbs, like **commencer,** have a different stem in the **nous** and **vous** forms than in the other forms of the verb.

	manger	**commencer**
je	mangeais	commençais
tu	mangeais	commençais
il/elle/on	mangeait	commençait
nous	**mangions**	**commencions**
vous	**mangiez**	**commenciez**
ils/elles	mangeaient	commençaient

The Future

The future tense in French is used to tell what will happen. To form the future tense, use the infinitive as the stem and add the future endings. Drop the **-e** from **-re** verbs before you add the future endings.

	parler	finir	vendre
je	parlerai	finirai	vendrai
tu	parleras	finiras	vendras
il/elle/on	parlera	finira	vendra
nous	parlerons	finirons	vendrons
vous	parlerez	finirez	vendrez
ils/elles	parleront	finiront	vendront

While the endings for the future are the same for all verbs, several verbs have irregular future stems.

aller	**ir-**	**j'irai, tu iras,**
avoir	**aur-**	**j'aurai, tu auras,**
devoir	**devr-**	**je devrai, tu devras**
être	**ser-**	**je serai, tu seras,**
faire	**fer-**	**je ferai, tu feras,**
pouvoir	**pourr-**	**je pourrai, tu pourras**
vouloir	**voudr-**	**je voudrai, tu voudras**
venir	**viendr-**	**je viendrai, tu viendras**
voir	**verr-**	**je verrai, tu verras**
envoyer	**enverr-**	**j'enverrai, tu enverras**
courir	**courr-**	**je courrai, tu courras**
mourir	**mourr-**	**je mourrai, tu mourras**

Verbs like **appeler, acheter, lever,** and **préférer** that have spelling changes in the present tense also have spelling changes in the future.

The Conditional

The conditional **(le conditionnel)** is used to tell what would happen. To form the conditional, use the infinitive as the stem (same as the future stem) and add the endings from the **imparfait**.

	parler	finir	vendre
je	parlerais	finirais	vendrais
tu	parlerais	finirais	vendrais
il/elle/on	parlerait	finirait	vendrait
nous	parlerions	finirions	vendrions
vous	parleriez	finiriez	vendriez
ils/elles	parleraient	finiraient	vendraient

The conditional can also be used to make polite requests.

Est-ce que **tu pourrais** m'aider? *Could you help me?*

Si clauses

To express what happens, will happen, or would happen in different circumstances, use two different types of clauses, an "if" clause and a "result" clause. The if clause will be in either the present or the **imparfait** and the result clause will be in either the present, the future, or the conditional.

Si tu étudies beaucoup, **tu réussis.**	*If you study a lot, you succeed.*
Si tu étudies beaucoup, **tu réussiras.**	*If you study a lot, you will succeed.*
Nous viendrions si nous avions le temps.	*We would come if we had the time.*

You can also use a **si** clause to make an invitation. To do this, you will use ***si + on + imparfait***.

Si on allait à la plage ce week-end?
How about going to the beach this weekend?

The *passé composé* versus the *imparfait*

Both the **imparfait** and the **passé composé** can be used to talk about the past.

The **imparfait** is generally used to talk about things that happened over and over again in the past or how things used to be.

Quand Nicole **était** petite, sa famille **rendait** visite à ses grands-parents en été.
When Nicole was little, her family used to visit her grandparents every summer.

The **imparfait** can also be used to give descriptions of the weather, people, or places.

Il **pleuvait** quand on est arrivés.
Yesterday, the weather was bad. It was raining!

The **passé composé** is used to tell what happened at a specific moment in the past.

Ce matin, **j'ai téléphoné** deux fois à Max mais il **n'a pas répondu**!
This morning I called Max two times but he didn't answer!

Use the Imparfait To:	Use the Passé Composé To:
give background information	tell what happened on a particular occasion
set the scene and explain the circumstances in a story	tell the sequence of events in a story **(d'abord, ensuite, puis, après)**
explain what used to happen repeatedly	indicate a sudden change or the reaction to something
Key words: **souvent, tous les jours, d'habitude, le lundi (mardi, jeudi…etc.)**	Key words: **soudain, à ce moment-là, au moment où, une fois, deux fois…**

The Subjunctive of Regular Verbs

The present tense, the **passé composé,** and the future tense are in the indicative mood. There is another mood in French called the **subjunctive** mood that is used after certain expressions like **il faut que.** The subjunctive is used to express emotion, desire, and doubt.

> **Il faut que** nous nous **dépêchions.**
> *We have to hurry!*
>
> Ma mère **est heureuse que** je **finisse** mes devoirs.
> *My mother is happy that I am finishing my homework.*

Use the **subjunctive** with the following expressions:

Il faut que...	**Je veux que...**
Il est important que...	**Je suis content(e) que...**
Il est nécessaire que...	**Je suis triste que...**
Il est bon que....	

To form the subjunctive, drop the **-ent** from the **ils/elles** present tense form of the verb and add the following endings: **-e, -es, -e, -ions, -iez, -ent**

	parler **ils** parl**ent**	**finir** **ils** finiss**ent**	**vendre** vend**ent**
que je	parle	finisse	vende
que tu	parles	finisses	vendes
qu'il/elle/on	parle	finisse	vende
que nous	parlions	finissions	vendions
que vous	parliez	finissiez	vendiez
qu'ils/elles	parlent	finissent	vendent

The Subjunctive of Irregular Verbs

Some verbs in the subjunctive are irregular because they have different stems for the **nous** and **vous** forms of the verb.

boire	que je boive	que nous buvions
devoir	que je doive	que nous devions
prendre	que je prenne	que nous prenions
venir	que je vienne	que nous venions
voir	que je voie	que nous voyions

	aller	**être**	**avoir**	**faire**
que je (j')	aille	sois	aie	fasse
que tu	ailles	sois	aies	fasses
qu'il/elle/on	aille	soit	ait	fasse
que nous	allions	soyons	ayons	fassions
que vous	alliez	soyez	ayez	fassiez
qu'ils/elles	aillent	soient	aient	fassent

Present Participles

Form the **present participle** of French verbs by taking off the **-ons** from the **nous** form and adding the ending **-ant**.

verb	**nous** form	**present participle**
sortir	sortons	sortant
aller	allons	allant
attendre	attendons	attendant
finir	finissons	finissant
prendre	prenons	prenant
vouloir	voulons	voulant
dormir	dormons	dormant
faire	faisons	faisant

The present participles for **avoir, être,** and **savoir** are irregular.

Verb	**Present Participle**
être	étant
avoir	ayant
savoir	sachant

Use **en** or **tout en + present participle** to indicate that someone is doing one thing while another is going on. It can also show two activities that occur at the same time.

J'ai répondu au téléphone **en mangeant** un croissant.
I answered the phone while eating a croissant.

The present participle can also be used as an adjective. Remember to make it agree in gender and in number with its noun.

C'est une maison **charmante**!

Glossaire français–anglais

This vocabulary includes almost all of the words presented in the textbook, both active (for production) and passive (for recognition only). An entry in boldface type indicates that the word or phrase is active. Active words and phrases are practiced in the chapter and are listed in the **Résumé** pages at the end of each chapter. You are expected to know and be able to use active vocabulary.

All other words are for recognition only. These words are found in activities, in optional and visual material, in the **Géoculture, Comparaisons, Lecture et écriture,** the **Télé-roman,** and **Variations littéraires.** Many words have more than one definition; the definitions given here correspond to the way the words are used in *Bien dit!*

The number after each entry refers to the chapter where the word or phrase first appears or where it is presented as an active vocabulary word. Active words and phrases from Level 1 are indicated by the Roman numeral I.

(auto)biographie *(auto) biography,* 9

à *at/to,* 3; **À bientôt.** *See you soon.* I; **à ce moment-là** *at that moment,* 6; **à côté de** *next to,* I; **À demain.** *See you tomorrow.,* I; **à destination de** *heading for,* I; **à droite de** *to the right of,* I; **à gauche de** *to the left of,* I; à haute voix *aloud,* 5; **à l'** at/to, 3; à l'époque *at the time,* 3; **à l'étranger** *abroad,* 10; **à l'heure** *on time,* I; à l'inverse *conversely,* 10; **à la** *at/to,* 3; à la fois *at the same time,* 396; **à la télé** *on TV,* 9; **à mon avis** *in my opinion,* I; à partir de *from,* 1; à pas de loup *on tip toes,* 5; **à peine** *barely,* 7; **à peu près** *about,* 3; **à pied** *on foot,* I; **À plus tard.** *See you later.,* I; **à point** *medium,* I; **À quel nom?** *Under what name?,* I; **à quelle heure** *at what time,* I; **À quelle heure tu as… ?** *At what time do you have . . . ?,* I; **à tour de rôle** *taking turns,* 10; **À tout à l'heure.** *See you later.,* I; à travers *through,* 5; **à vélo** *by bicycle,* I; **À votre service.** *You're welcome.,* I

abasourdi(e) *astounded,* 7

les abdominaux (m. pl.) *abdominal muscles,* 8

l' abeille (f.) *bee,* 10

abîmer *to damage,* 10

l' abricot (m.) *apricot,* 3

absolument *absolutely,* 10

l' accès (handicapé) (m.) *handicap access,* I

les accessoires (m. pl.) *accessories,* I

accorder *to give,* 1; *to award,* 9

accorte *cheerful,* 1

s' accouder *to lean (one's elbows) on,* 1

accro *addicted (slang),* 9

accrocher *to hang; to attach,* 2

l' accueil (m.) *home page,* 4

accueillir *to welcome,* 7

l' achat (m.) *purchase,* 396

acheter *to buy,* 1

l' acteur (m.) *actor,* 1

l' activité (f.) *activity,* I

l' actrice (f.) *actress,* 1

actualiser *to refresh,* 4

l' addition (f.) *bill,* I

adorer *to adore,* 1

l' adresse (f.) *address,* 4; **adresse e-mail** *e-mail address,* I

s' adresser *to address,* I

Adressez-vous… *Ask . . . ,* I

aérien(ne) *air/air-related,* 10

l' aérobic (m.) *aerobics,* I

l' aéroport (m.) *airport,* I

l' affichage (m.) *view,* 4

l' affiche (f.) *poster,* 9

s' afficher *to show off,* 10

s' affronter *to confront each other,* 4

l' âge (m.) *age,* I

âgé(e) *elderly,* 1

l' agence (f.) de voyages *travel agency,* 10

agricole *agricultural,* 6

agroalimentaire *agro-food,* 5

l' aide (f.) *help,* 4

aider *to help,* I

l' ail (m.) *garlic,* 3

l' aile (f.) *wing,* 401

ailleurs *somewhere else,* 3

aimer *to like/to love,* 1; **aimer bien** *to like,* I; **aimer mieux** *to like better/to prefer,* I

ainsi *so, thus,* 4

aisé(e) *well-to-do,* 386

ajouta *added,* 385

ajouter *to add,* 3

alentour *around,* 6

alimentaire *food (adj.),* 3

l' alimentation (f.) *eating,* 8

l' Allemagne (f.) *Germany,* 10

l' allemand (m.) *German (language),* I

allemand(e) *German,* 10

aller *to go,* 2; **s'en aller** *to run along, to leave* 5; **aller de travers** *to go wrong,* 4

l' aller simple (m.) *one way,* I

l' aller-retour (m.) *round-trip,* I

l' allume-gaz (m.) *gas lighter,* 7

allumer (les bougies) *to light (the candles),* 2; *to turn on,* 9

les allumettes (f. pl.) *matches,* 7

alors *well/then,* 3; *so,* 4; **alors que** *while,* 6
l' alouette (f.) *lark,* 388
l' amateur (m.) (de) *lover (of),* 9
l' âme (f.) *soul,* 6
amener *to bring someone along,* I
américain *American,* I
amputasse *amputate,* 399
l' ami(e) *friend,* I
amusant(e) *funny/amusing,* 9
les amuse-gueules (m.pl.) *snacks,* 2
s' amuser *to have fun,* 2
Amuse-toi bien... *Have fun...,* 2
l' anchois (m.) *anchovy,* 9
l' âne (m.) *donkey,* 6
l' ange (m.) *angel,* 9
l' anglais (m.) *English,* I
anglais(e) *English/British,* 10
l' Angleterre (f.) *England,* 10
l' animal(-aux) (m.) *animal(s),* I
l' animateur (animatrice) *disc jockey,* 9
animer *to animate,* 5
l' anneau (m.) *ring,* 4
l' anniversaire (m.) *birthday,* 2
annuler *to cancel, stop,* 4
l' anorak (m.) *winter jacket,* I
août *August,* I
l' appareil photo (numérique) *(digital) camera,* 1
l' apparition (f.) *appearance,* 385
l' appartement (m.) *apartment,* I
apparu(e) *appeared*
l' appel (m.) *call*
appeler *to call,* I; **s'appeler** *to be named,* I
apporter *to bring,* 388
apprécier *to appreciate,* 9
apprendre *to learn,* I
l' apprentissage (m.) *learning,* 1
après *after,* I; **après ça** *afterwards,* 5;
après-demain *day after tomorrow,* 7
l' après-midi (m.) afternoon, I
apprêter *to prepare,* 396
l' aquarelle (f.) *watercolor,* 382
l' arachide (f.) *peanut,* 396
l' araignée (f.) *spider,* 7
l' arbre (m.) *tree,* 7
les arènes (f. pl.) *amphitheater,* 9
l' argent (m.) *silver,* I; money, I
argenté(e) *silver,* 2
l' armoire (f.) *wardrobe,* I
l' arrêt (de bus) (m.) *(bus) stop,* I
arrêter *to stop,* 4
l' arrivée (f.) *arrival,* I
arriver *to arrive,* 2; *to happen (to someone),* 4

l' arrondissement (m.) *neighborhood or district in Paris,* 1
arroser *to water,* I
les arts plastiques (m. pl.) *visual arts,* I
l' ascenseur (m.) *elevator,* I
l' aspirateur (m.) *vacuum cleaner,* I
s' asseoir *to sit down,* 3
Asseyez-vous! *Sit down!,* I
assez *quite,* I; *pretty/rather,* 1; assez bien *pretty well,* 1
l' assiette (f.) *plate,* I
assis(e) *seated,* 4
l' assurance maladie (f.) *health insurance,* 8
l' atelier (m.) *workshop,* 3
l' athlétisme (m.) *track and field,* I
attendre *to wait,* 1; *to expect,* 10
attira *brought,* 389
attraper *to catch,* 7
au *to/at/at the,* 3; **au bord de la mer** *seashore,* 10; **au bout de** *at/ to the end of,* 3; au cours de *during,* 389; **au début de** *at the beginning of,* 384; au-dessus *above,* 10; **Au fait,...** *By the way,...,* 4; **au fond de** *at the end of,* I; *at the bottom of,* 10; **au milieu de** *in the middle of,* 3; **au moment où** *at the time (when)/ as,* 7; **au plus tard** *at the latest,* 5; au premier abord *at first glance,* 8; **Au revoir.** *Goodbye.,* I
l' aubergine (f.) *eggplant,* 3
aucun(e) *no other,* 1; *no, not any,* 4
aujourd'hui *today,* I
aurait dû *should have,* 3
aussi bien pour ... que pour ... *for ... as well as for ...,* 383
aussitôt que *as soon as,* 385
autant de *as many as,* 6
autant que *as much as,* 6
l' automne (m.) *fall,* I
autour de *around,* 3
autrefois *in the past,* 5
aux *at/to,* 3; at the, I; aux aguets *on guard,* 7
avancer *to go forward,* I
avant (de) *before,* 5
avec *with,* I; **avec qui** *with whom,* I; **Avec qui... ?** With whom ...?, I; **avec vue** *with a view,* I
l' aversion (f.) *dislike,* 5
l' avion (m.) *plane,* 10
l' avocat(e) *lawyer,* 384

avoir *to have,* 1; **avoir... ans** *to be ... years old,* 1; **avoir besoin de** *to need,* 3; **avoir bonne mine** *to look good (healthy),* 8; **avoir chaud** *to be hot,* I; avoir confiance *to trust,* 396; **avoir de la fièvre** *to have a fever,* 8; **avoir entraînement** *to have practice/training,* 4; **avoir envie de** *to feel like,* I; **avoir faim** *to be hungry,* I; **avoir froid** *to be cold,* I; avoir honte *to be ashamed,* 7; **avoir intérêt à** *to be in one's best interest,* I; **avoir l'air** *to seem,* 8; **avoir le temps** *to have time,* 2; **avoir les yeux...** *to have... eyes,* I; avoir lieu *to take place,* 1; **avoir mal (à)** *to hurt/ ache,* 8; **avoir mauvaise mine** *to look bad (unhealthy),* 8; **avoir raison** *to be right,* 4; **avoir soif** *to be thirsty,* I
avoisinant(e) *neighboring,* 389
avouer *to confess,* 4
avril *April,* I
l' awalé (m.) *African game like Backgammon,* 8

le bacon *bacon,* I
les bagages (à main) (m. pl.) *(carry-on) luggage,* I
la bague *ring,* I
la baguette *loaf of French bread,* I
la baie *bay,* 9
se baigner *to swim,* 7
la baignoire *bathtub,* 5
le bal populaire *village dance,* 2
le baladeur *walkman,* I
la balançoire *swing,* 6
balayer *to sweep,* I
le balcon *balcony,* I
la balle *ball,* 1
le ballon *(inflatable) ball,* I; *balloon,* 2
la banane *banana,* 3
la bande dessinée (BD) *comic strip,* 9
la banque *bank,* I
la barre de défilement *scroll bar,* 4
bas (basse) *low,* I
le bas-relief *raised surface sculpture,* 9
basé(e) sur *based on,* 9
le base-ball baseball, I

le basket(ball) *basketball,* 1
les baskets (f.) tennis shoes, I
la basse-cour barnyard, 6
le bassin de baignade *swimming area,* 383
le bateau: *boat,* 10; bateau-mouche *river boat (on the Seine),* 382
bateau à voiles *sailboat,* 10
le bâtiment *building,* 1
le bâton *stick,* 4
la batte *bat,* I
la batterie *drums,* 1
se battre *to fight,* 3
bavarder *to talk,* 4
beau *handsome,* 1
beaucoup *a lot,* 3
le beau-père *stepfather,* 1
la Belgique *Belgium,* 10
belle *beautiful,* 1
la belle-mère *stepmother,* 1
les bénéfices (m. pl.) *profit,* 397
bercer *to rock (cradle),* 394
la berge *bank (of a river),* 382
bête *fool,* 385
le beurre *butter,* I
la bibliothèque *library,* I
bien *well,* I; **bien cuit** *well-done,* I; bien des *many,* 399; **bien entendu** *of course,* I; **bien mûr(e)** *ripened,* 3
bien sûr *of course,* I; **Bien sûr que non.** *Of course not.,* 2
bientôt *soon,* 7
la bijouterie *jewelry,* I
le/la bijoutier (-ière) *jeweler,* 1
les billes (f.) *marbles,* 6
le billet *bill,* I; *ticket,* 10; **billet d'avion** *plane ticket,* I; **billet de train** *train ticket,* 10
les biscuits (m.) *cookies,* 2
blanc(he) *white,* I
se blesser *to injure oneself,* 8
bleu(e) *blue,* 1
blond(e) *blond(e),* 1
le blues *blues music,* 9
le bœuf *beef,* 3; *ox,* 4
boire *to drink,* 2
le bois *woods,* 7; wood, 5
boisé(e) *panelled,* 390
la boisson *drink,* I
la boîte *box,* 3; **boîte de conserve** *canned food,* 3
le bol *bowl,* I
bon *good,* I; *fine,* 2; **Bon anniversaire!** *Happy birthday!,* 2; **bon appétit** *enjoy your meal,* I; **bon marché** *inexpensive,* I; bon sang! *blast!, darn!,* 5
les bonbons (m. pl.) *sweets/candy,* 2
le bonheur *happiness,* 388
le bonhomme *sonny,* 3
Bonjour. *Hello.,* I; *Good morning.,* I
bonne *good,* I; **bonne année** *Happy New Year,* 2; **Bonne idée!** *Good idea!,* 2; **Bonne soirée!** *Have a good evening!,* 2
Bonsoir. *Hello./Good evening.,* I
la bonté *kindness,* 394
le bord *edge,* 10; *side,* 6
bosser *to work (slang),* 9
le bossu (la bossue) *hunchback,* 398
les bottes (f. pl.) *boots,* I
la bouche *mouth,* I
le boucher (la bouchère) *butcher,* 3
la boucherie *butcher shop,* 3
les boucles d'oreilles (f. pl.) *earrings,* I
bouger *to move,* 6
la bougie *candle,* 2
bouillir *to boil,* 3
le boulanger(-ère) *baker,* 3
la boulangerie *bakery,* 3
la boule *ball,* 3
le boulodrome *area to play pétanque,* 383
le bouquet de fleurs *bouquet of flowers,* 2
la boussole *compass,* 7
la bouteille d'eau *bottle of water,* 3
la bouteille isotherme *thermos,* 7
la boutique *shop,* I
le bovarysme *refers to the novel Madame Bovary,* 5
le bracelet *bracelet,* I
la branche *branch,* 7
branché(e) *tuned in; plugged in,* 9
le bras *arm,* 8
bref *in short,* 7
briller *to shine,* 389
la brindille *twig,* 401
le briquet *lighter,* 7
la brochure *brochure,* 10
le brocoli *broccoli,* 3
la bronche *bronchial tube*
la brosse *brush,* 5; **brosse à dents** *toothbrush,* 5
se brosser (les cheveux/les dents) *to brush (one's hair/one's teeth),* 5
la brousse *African bush (wilderness),* 7
le bruit *noise,* 6; bruit de fond, *background noise,* 9; bruits, *gossip,* 4
se brûler *to burn oneself,* 8
le brumatiseur *spray,* 383
brun(e) *brown(-haired),* I
bruyant(e) *noisy,* 6
la bûche de Noël *Yule log,* 2
le buisson *bush,* 7
le bulletin météo(rologique) *weather report,* 9
le bureau *desk,* I; **bureau de change** *currency exchange office, I*
le bus *bus,* 9
le but *goal,* 4
le butin *bounty,* 392

C

C'est l'heure de… *It's time to…,* 5
C'est pas mal, sans plus. *It's just O.K.,* 9
C'est… le kilo. *It's… per kilo.,* 3
ça *this/that,* I; **ça fait** *since/ago/for,* I; **Ça fait…** *It's . . . (euros).,* I; **Ça fait combien (en tout)?** *How much is it (total)?,* I; **Ça m'énerve!** *How annoying!,* 4; **Ça me plaît beaucoup.** *I really like it.,* 3; **Ça n'a rien à voir avec le roman.** *It has nothing to do with the novel,* 9; **Ça parle d'un petit garçon qui...** *It's about a little boy who . . . ,* 9; **Ça s'écrit…** *It is spelled . . . ,* I; **Ça t'ennuie de… ?** *Would you mind . . . ?,* ; **Ça te/vous dit de… ?** *Do you feel like . . . ?,* 1; **Ça te plaît,… ?** *Do you like . . . ?,* I; **Ça va?** *How are you? (informal),* I; **Ça va aller mieux.** *It's going to get better.,* 8; **Ça, c'est…** *This is . . .* I; **Ça, ce sont…** *These are . . .* I
la cabine de bains *beach hut,* 383
la cabine téléphonique *telephone booth,* I
le cabinet *study,* 390
les cacahuètes (f. pl.) *peanuts,* 2
cacher *to hide,* 396
le cadeau *present,* 2
le café *coffeehouse,* I; *coffee,* 1; **café au lait** *coffee with milk,* I; café du coin *neighborhood café,* 4
le cahier *notebook,* I
la caisse *checkout/cash register,* 3
le caissier (la caissière) *cashier,* 3
la calculatrice *calculator,* I

calme *calm,* 6
le caméscope *video camera,* 1
la campagne *countryside,* 6
camper *to camp out,* 7
le camping *camping,* 7; camping sauvage *primitive camping,* 7
le cap *cape (land),* 399
capter *to capture,* 9
le canard *duck,* 6
la canne à pêche *fishing pole,* I
la cantine *cafeteria,* 4
le car *bus,* 2
car *because,* 388
le caractère d'imprimerie *block letter,* 1
le carnet *notebook,* 396
la carotte *carrot,* 3
le carrefour *intersection,* I
le carreau *(window)pane,* 3
la carte *card,* I; *map,* I; *menu,* I; *playing card,* I; **carte bancaire** *bank card,* I; **carte d'anniversaire** *birthday card,* 2; **carte de vœux** *greeting card,* 2; **carte d'embarquement** *boarding pass,* I; **carte postale** *post card,* I; **carte téléphonique** *calling card,* I
le cas *case,* 5
la cascade *waterfall,* 7
le casque *helmet,* I
la casquette *cap,* I
se casser la jambe *to break one's leg,* 8
le caoutchouc *rubber,* 4
le CD *CD,* I
le CDI (centre de documentation et d'information) *library,* 4
ce *this,* I; Ce n'était pas la peine de... *It wasn't worth...,* 3; ce que *What (before subject),* 9; **ce qui** *what (before verb),* 6; **Ce sera tout?** *Will that be all?,* 3
la ceinture *belt,* I
cela *that,* 400
celles *those,* 5
la cellule *cell,* 391
celui *the one,* 9
cent *one hundred,* I
cent un *one hundred and one,* I
les centaines (f. pl.) *hundreds,* 9
le centre *center,* I; centre aéré *outdoor center,* I; **centre commercial** *mall,* I;
le centre-ville *downtown,* I
les céréales (f. pl.) *cereal,* I
le cerf-volant *kite,* I
la cerise *cherry,* 3
le cerveau *brain,* 8
ces *these,* I
C'est... *It's...,* I; **C'est combien (pour)...?** *How much is (it)...?,* I; **C'est tout à fait toi.** *It's totally you.,* I; **C'est une bonne affaire!** *It's a good deal!,* I; **C'est... arobase... point...** *It's... @... dot...,* I
c'était une honte *it was a scandal,* 3
le certificat *diploma,* 4
cesser *to stop,* 388
cet *this,* I
cette *this,* I
ceux *those,* 388
la chaîne *chain,* I; *station,* 9; **chaîne stéréo** *stereo system,* I
la chaise *chair,* I
la chambre *bedroom,* I; **chambre avec vue** *room with a view,* I
le champ *field,* 6
le champignon *mushroom,* 3
le championnat *championship,* 1
changer (en) *to change (into),* I; **changer de l'argent** *to exchange money,* I
la chanson *song,* 6
le chant *song,* 6
chanter *to sing,* I
le chantier *construction site,* 393
le chapeau *hat,* I
chaque *each/every,* 5
la charcuterie *delicatessen,* 3
le charcutier *delicatessen dealer, butcher,* 3
le chariot *shopping cart,* 3
la chasse *hunting,* 391
le chasseur (la chasseuse) *hunter,* 7
le chat *cat,* 1
châtain(s) *light brown(-haired),* I
le château *castle,* 10; **château de sable** *sand castle,* 6
chaud *hot,* I
chauffer *to boil,* 3
les chaussettes (f. pl.) *socks,* I
les chaussures (f. pl.) *shoes,* I; **chaussures de randonnée** *hiking shoes,* I
le chef d'œuvre *masterpiece,* 1
le chemin de fer *train track,* 10
la chemise *man's shirt,* I; **chemise de nuit** *night gown,* 5
le chemisier *woman's blouse,* I
la chenille *caterpillar,* 4
le chèque *check,* I; **chèques de voyage** *travelers' checks,* 10; **chèque-cadeau** *gift card,* 2
cher (chère) *expensive,* I
chercher *to look for,* I
le cheval *horse,* 6
les cheveux (m. pl.) *hair,* 1
la cheville *ankle,* 8
la chèvre *goat,* 6
chez *at the house of,* 3; **chez moi** *at (my) home,* 8
le chien *dog,* 1
la chimie *chemistry,* I
les chips (m. pl.) *chips,* 2
le chocolat *chocolate,* 2; **chocolat chaud** *hot chocolate,* 1
le chœur *chorus,* 385
choisir *to choose,* 1
le choix *choice,* 2
la chose *thing,* I
la chouette *owl,* 391
le chroniqueur judiciaire *legal affairs correspondant,* 384
le chuchotement *whisper,* 4
la chute *(water)fall,* 3
le ciel (cieux, pl.) *heaven,* 1; *sky,* 6
le cimetière *cemetery,* I
le cinéaste *film maker,* 9
le cinéma *movie theatre/movies,* I
cinq *five,* I
cinquante *fifty,* I
le cirque *circus,* 6
citer *to cite, mention,* 394
clair *light,* I
la classe *class/classroom,* I
le classement *ranking,* 7
le classeur *binder,* I
classique *classical,* I
le clavier *keyboard,* 4
la clé *key,* I
cligner *to blink,* 4
la climatisation *air conditioning,* I
cliquer *to click,* 4
la cloche *bell,* 391
clouer *to nail,* 401
le club (de tennis, de foot) *(sports) club,* I
le coca *soda,* 1
le cochon *pig,* 6
le code postal *zip code,* I
le cœur *heart,* 8
se coiffer *to do one's hair,* 5
le coiffeur (la coiffeuse) *hairdresser,* I
le colis *package,* I
collectionner *to collect,* 6
le collège *middle school,* 5
le collégien (la collégienne) *middle school student,* 396
le collier *necklace,* I
colmater *to fill in,* 401
le colon *colonist*
la colonie de vacances *summer camp,* 10
le colorant alimentaire *food coloring,* 2
combien de (d') *how many/how much,* 3; **Combien vous en faut-il?** *How many do you need?,* 3
comblé(e) de *filled with,* 1
la comédie *comedy,* 9
comme *like,* 5
comme ci comme ça *so so,* 6

comme tout *as can be,* 3
commencer *to begin,* 1
comment *how,* 3; **Comment allez-vous?** *How are you? (formal),* I; **Comment ça s'écrit?** *How do you write that?,* I; **Comment ça va?** *How are you? (informal),* I; **Comment c'est,… ?** *How is…?,* I; **Comment dit-on… en français ?** *How do you say . . . in French?,* I; **Comment tu épelles… ?** *How do you spell . . . ?,* I; **Comment tu t'appelles?** *What is your name ?,* I; **Comment tu trouves… ?** *What do you think of . . . ?,* I
le commerce *business,* 10; *trade,* 393
la commode *chest of drawers,* I
la compagnie *company,* 10
le compartiment *compartment,* I
la compétition *contest/ competition,* 4
complet *booked/full,* I
complètement *completely,* 4
le complexe sportif *sports complex,* 4
compliqué(e) *complicated,* 3
composter *to punch (a ticket),* I
comprendre *to understand,* I; *to include,* 393
le comprimé tablet, I
compter *to count,* 8; *to have,* 400
la comptine *nursery rhyme or song,* 6
la conciergerie *attendant's station,* 383
le concombre *cucumber,* 9
le concours *competition,* 3
conduire *to lead,* 400
les confettis (m. pl.) *confetti,* 2
la confiture *jam,* I
le confluent *merging,* 5
le congé *vacation,* 10
congeler *to freeze,* 2
connaître *to know,* 2
se consacrer *to dedicate (oneself),* 1
les conseils (m. pl.) *advice,* 8
conseiller *to advise,* I
le conseiller (la conseillère) d'éducation *school counselor,* 4
la consigne *baggage locker,* I
consigner *to record,* 396
consommer *to consume/eat,* 8
construire *to build,* 1
le conte *story,* 400
contemporain(e) *contemporary,* 7
content(e) *happy,* 6
continuer *to continue,* I
contre *against,* 395
la contre-valeur *exchange value,* 397
le contrôleur *ticket collector,* 10; *inspector,* 4
convenu(e) *agreed,* 397
le copain (la copine) *friend,* 1
le coq *rooster,* 6
la coque *hull (of a ship),* 401
le coquillage *shell,* 10
le cornet *cone,* 396
la corde *jump rope,* 6
le corps *body,* 8
la correspondance *connecting flight/ connection,* I
corriger *to correct,* 4
le corsaire *privateer,* 392
la corvée *chore,* 8
le costume *suit,* 7
la côte *coast,* 401
le côté *side,* 390
le coton *cotton,* 7
le cou *neck,* 8
se coucher *to go to bed,* 5
la couchette *built-in bunk (train)* I
le coude *elbow,* 395
couler *to run/drip,* 8
la couleur *color,* I
les coulisses *backstage,* 384
la country *country music,* 9
couper *to cut,* 3; **se couper** *to cut oneself,* 8
le coupe-vent *windbreaker,* 7
la cour *courtyard,* 390; **cour de récré(ation)** *playground,* 4
le courant current, 386
la courgette *zucchini,* 3
courir *to run,* 7
couvrir *to spread,* 4
le courrier *mail,* I
le(s) cours *class(es),* I
la course du rhum *yacht race following the old rum route to Guadeloupe,* 393
le court métrage *short film,* 5
court(e) *short (length),* 1
le cousin (la cousine) *cousin,* 1
le coussin *cushion,* 3
le couteau *knife,* I
coûter *to cost,* I
le couturier *fashion designer,* 1
le couvert *table setting,* I
couvrir *to cover,* 7
la cravate *tie,* I
le crayon (de couleur) *(colored) pencil,* I
créatif(-ive) *creative,* I
créer *to create,* 1
la crème *cream,* 5; **crème à raser** *shaving cream,* 5; crème fraîche *sour cream,* 6; **crème solaire** *sunscreen,* 7
la crémerie *dairy market,* 3
la crevette *shrimp,* 3
le crime de lèse-majesté *crime against the king (terrible crime),* 5
croire *to think/believe,* 4; **croire que** *to think that,* 7
le croisement *intersection,* 1
la croisière *cruise ship,* 393
le croissant *croissant,* I
le croque-monsieur *toasted ham and cheese sandwich,* 1
les crudités (f. pl.) *vegetable salad,* 8
la cuillère *spoon,* I; **cuillerée à café** *teaspoon,* 3; **cuillerée à soupe** *tablespoon,* 3
le cuir *leather,* I
la cuisine *cooking,* I; **cuisine** *kitchen,* I,
la cuisinière *stove,* 3
cuit *cooked,* 8
le cuivre *copper,* 391
cultivé(e) *cultured,* 386
le cybercafé *Internet café,* I

d'abord *first,* I
D'accord. *Okay.,* 2
D'autre part… *On the other hand…,* 9
le Danemark *Denmark,* 10
dangereux(-euse) *dangerous,* 6
danois(e) *Danish,* 10
dans *in/inside,* 3
danser *to dance,* I
le danseur (la danseuse) *dancer,* 384
d'ailleurs *besides,* 397
d'après moi *in my opinion,* I
de *of/from,* I; **de bonne heure** *bright and early,* 5; **de l'** *of the,* I; *some,* 3; *from,* 3; **de la** *of the,* I; *some,* 3; *from,* 3; de la même façon *the same way;* de luxe *luxury,* 1; de nouveau *again,* 3; **De quelle couleur sont… ?** *What color are . . . ?,* 1; **De quelle couleur?** *In what color?,* 4; **De quoi ça parle?** *What's it about?,* 9; **De quoi tu as besoin?** *What do you need?,* I; **de temps en temps** *from time to time,* I
débarrasser *to clear (something),* I
le début *beginning,* 3
le débutant(e) *beginner,* 383
décembre *December,* I

décevoir *to disappoint,* 390
déchiffrer *to decode*
le décodeur *decoder (allows people who pay a monthly fee to watch the movies the channel shows),* 9
les décorations (f. pl.) *decorations,* 2
décorer *to decorate,* 2
la découverte *discovery,* 6
découvrir *to discover,* 1; *to find out,* 2
le défilé *parade,* 2
dégoûté(e) *disgusted,* 7
déjà *already,* 10
le déjeuner *lunch,* I
délicieux (délicieuse) *delicious,* I
demain *tomorrow,* I
se demander *to wonder,* 4
le démarrage *home (Internet),* 4
démarrer *to start up,* 4
demi(e) *half,* I
le demi-frère *half-brother,* I
la demi-pension *half-board,* I
le demi-pensionnaire *half-boarder,* 4
la demi-sœur *half-sister,* I
démonter la tente *to take down the tent,* 7
la dentelure *jagged outline,* 6
le dentifrice *toothpaste,* 5
le dentiste *dentist,* 8
les dents (f. pl.) *teeth,* 5
le déodorant *deodorant,* 5
le départ *departure,* I
le département *district,* 5
se dépêcher *to hurry,* 5
Dépêche-toi! *Hurry up!,* 5
dépendre *to depend,* 10
déposer *to deposit,* I
déprimant *depressing,* 9
depuis *since/ago,* 4
le député *representative (government),* 394
déranger *to disturb,* I
dernier(ière) *last/latest,* 9
se dérouler *to happen,* 4
derrière *behind,* I
des *of the,* I; *some,* 3; *from,* 3
dès lors *from then on,* 388; dès que *as soon as,* 396
se désaltérer *to quench one's thirst,* 383
descendre *to come down,* I; *to go down/to get out,* 1
le désespoir *despair,* 395
se déshabiller *to get undressed,* 5
le désinfectant *disinfectant,* 7
désirer *to want,* I
désolé(e) *sorry,* I
le dessin *drawing,* I; **dessin animé** *cartoon/movie cartoon,* I
le dessinateur *cartoonist,* 3
dessiner *to draw,* I
la destination *destination,* I
se détendre to relax, 382
détester *to hate,* 9
détruit(e) *destroyed,* 5
deux *two,* I
deux cent un *two hundred and one,* I
deux cents *two hundred,* I
deuxième *second,* I; **la deuxième classe** *second class,* I; la Deuxième Guerre mondiale *Second World War,* 388
devant *in front (of),* I
devenir *to become,* 1
deviner *to guess,* 5
la devise *motto,* 392
devoir *to have to/must,* 2
le devoir *homework,* I
d'habitude *usually,* I
le dictionnaire *dictionary,* I
Dieu *God,* 1
différent(e) de *different from,* 6
difficile *difficult,* I
diffuser *to broadcast,* 9
dimanche *Sunday,* I
dîner *to have dinner,* I
dire *to say,* 2; *to tell,* I
direct *live,* 9
discuter (avec des amis) *to talk (with friends),* I
Dis-moi,... *Tell me, . . .* 4
disponible (pour) *available (for),* I
disposer *to place,* 2
se distraire *to have fun,* 382
le distributeur: le distributeur d'argent *cash machine,* I; **distributeur de billets** *ticket machine,* I; distributeur automatique *vending machine,* 4
dites-moi *tell me,* I
le divertissement *entertainment,* 391
divorcer *to divorce,* I
dix *ten,* I
dix-huit *eighteen,* I
dix-neuf *nineteen,* I
dix-sept *seventeen,* I
le docteur *doctor,* 8
le document *document,* 4
le documentaire *documentary,* 9
le/la documentaliste *librarian,* 4
le doigt *finger,* 8; **doigt de pied** *toe,* 8
le domicile *home,* 7
donc *thus,* 5
donner *to give,* I
Donnez-moi... *Give me...,* I
doré(e) *gold,* 2; *golden,* 10
dormir *to sleep,* 1
le dos *back,* 8
doté(e) de *endowed with,* 388
la douche *shower,* 5
doux (douce) *sweet,* 1
la douzaine d'œufs *dozen eggs,* 3
douze *twelve,* I
le drame *drama,* 9
se dresser *to stand up,* 385
le droit *(legal) right,* 5
la droite *right,* I
drôle *funny,* 9
drôlement *strangely,* 3
du *of the,* I; *some,* 3; *from,* 3; **du... au** *from the... to the...,* I; du haut en bas *from top to bottom,* 385
durer *to last,* 5
le DVD *DVD,* I

l' eau (f.) *water,* I; eau d'érable *maple sap,* 3; **eau gazeuse** *sparkling water,* 8; **eau minérale** *mineral water,* I; eau pétillante *sparkling water,* 2
l' échange (m.) *exchange,* 1
échapper *to escape,* 5
l' écharpe (f.) *winter scarf,* I
les échecs (m. pl.) *chess,* I
échoué(e) *washed up,* 401
l' éclat (m.) *flash (of light),* 386
l' éclosion (f.) *birth,* 6
l' école (f.) *school,* I; école (f.) maternelle *kindergarten,* 1
les économies (f. pl.) *savings,* 396
écouter *to listen,* I
les écouteurs (m.pl.) headphones, I
l' écran (m.) *screen,* 4
écraser *to crush,* 10
écrire *to write,* 2
l' écritoire (m.) *writing case,* 399
l' écrivain *writer,* 384
l' édition (f.) *edition,* 4
l' éducation musicale music education, I
également *also,* 383
l' église (f.) church, I
s' élancer *to rush out,* 7
élégant (e) *elegant,* I
l' élève (m./f.) *student,* I
elle *she,* I; **Elle est comment,...?** *How is...?,* I
elles *they (fem),* I
s' éloigner *to move away,* 7
élu(e) *chosen,* 7; *elected,* 394
l' e-mail (m.) *e-mail,* I
emballer *to wrap,* 2; *to thrill (slang),* 9
embelli(e) *embellished (decorated),* 391
l' émission (f.) *program,* 9; **émission de variétés** *variety*

show, 9; **émissions télé** *television programs*, 9
emmener *to take*, 10
l' **employé(e)** *employee*, I
emporter *to take (with)*, 7
emprunter (un livre) *to borrow (a book)*, 4
en *in/to*, 3; **en argent** *(of) silver*, I; **en avance** *early*, I; **en bas** *downstairs*, I; **en bus** *by bus*, I; en chemin *on the way*, 5; en clair *in other words*, 9; **en diamant** *made of diamonds*, I; **en face de** *across from*, I; en fait *in fact*, 9; en habit *dressed in*, 385; **en forme** *in shape*, 8; **en haut** *upstairs*, I; **en jean** *(of) denim*, I; **en laine** *(of) wool*, I; **en lin** *(of) linen*, I; **en même temps (que)** *at the same time (as)*, 5; **en métro** *by subway*, I; en moyenne *on an average*, 9; **en or** *(of) gold*, I; **en premier** *first*, 5; **en provenance de** *from*, I; en plein *in the middle of*, 398; **en retard** *late*, I; **en solde** *on sale*, I; en somme *in short*, 398; **en taxi** *by taxi*, I; **en train de** *in the middle of*, 7; en vente libre (médicaments) *over the counter (medecine)*, 8; **en voiture** *by car*, I
en *some of it (them)/any of it(them)*, 3
encadré(e) *supervised*, 383
Enchanté(e)! *Delighted!*, I
encore *more*, I; *yet/again*, I; *still*, 2
encourager *to encourage*, I
l' encre (f.) *ink*, 385
s' **endormir** *to fall asleep*, 5
l' endroit (m.) *place*, 3
énerver *to annoy*, 4
l' **enfant** *child*, I
s' enfermer *to lock oneself in*, 384
s' enorgueillir *to boast*, 388
s' engouffrer *to dive*, 7
enlever ses vêtements *to take off one's clothes*, 5
ennuyeux (-euse) *boring*, 1
enregistrer *to check in*, I
enrichissant(e) *enriching*, 6
l' enseignement (m.) *education*, 5
enseigner *to teach*, 394
ensemble *together*, 385
ensuite *then/next*, 5
entasser *to pile up*, 7
entendre *to hear*, I
entier (entière) *whole*, 1
entouré *surrounded*, 6
entourer *to surround*, 386
entraîner *to drag along*, 388
entre *between*, I
l' entrée (f.) *entrance*, 5; *first course*, 8
l' entreprise (f.) *business*, 7
entrer *to enter*, 2
l' entretien (m.) *interview*, 10
l' **enveloppe (m.)** *envelope*, I
environ *approximately*, 3
envisager *to consider*, 4
s' envoler *to fly away*, 5
envoyer *to send*, 2
épais (-se) *thick*, 394
l' **épaule** (f.) *shoulder*, 8
épeler *to spell*, I
l' **épicerie** (f.) *grocery store*, 3
les **épices** (f. pl.) *spices*, 3
l' **épicier(-ière)** *grocer*, 3
l' épine (f.) *thorn*, 7
épineux (-euse) *thorny*, 7
éplucher *to core (an apple)*, 3
épouser *to wed*, 7
éprouver *to feel*, 1
l' **EPS (éducation physique et sportive)** (f.) *Physical education (P.E.)*, I
l' équilibre (m.) *balance*, 8
équilibré *balanced*, 8
équilibrer *to balance*, 8
l' équipe (f.) *team*, 1
l' **escalade** (f.) *mountain climbing*, 10; *rock climbing*, 383
escalader *to climb*, 3
l' **escale** (f.) *stopover*, I; *layover*, I
l' escalier (m.) *staircase*, I
l' escalope de dinde (f.) *turkey breast*, 8
l' espace (m.) *space*, 6
l' **Espagne** (f.) *Spain*, 10
l' **espagnol** (m.) *Spanish*, I
espagnol(e) *Spanish*, 10
l' espèce (f.) *species*, 393
espérer *to hope*, 2
l' esprit (m.) *mind*, 399
essayer *to try (on)*, I
essentiellement *primarily*, 9
l' est (m.) east, 390
est-ce que *is it that / does*, 3
estival(e) *summer*, 382
l' **estomac** (m.) *stomach*, 8
et *and*; **Et toi?** *(informal)* **Et vous?** *(formal) How about you?*, I
établir *to establish*, 394
l' **étage** (m.) *floor*, I
l' **étagère** (f.) *bookshelf*, I
l' état (m.) *state*, 7
l' **été** (m.) *summer*, 1
s' éteindre *to turn off (a light)*, 386
éternuer *to sneeze*, 8
l' étoile (f.) *star*, 1
étonnamment *surprisingly*, 388
étonner *to surprise*, 400
étrange *strange*, 384
étranger (-ère) *foreign*, 10
être *to be*, 1; être censé(e) *to be supposed to*, 390; **être en forme** *to be in shape/healthy*, 8; **être en retard** *to be late*, 5; **être en retenue** *to be in detention*, 4; **être fatigué(e)** *to be tired*, 8; être issu(e) de *to stem from*, 10; être pris(e) au piège *to be trapped*, 387
étroit(e) *tight*, I
les études (f. pl.) *studies*, 4
étudier *to study*, I
eus *had*, 388
eût commencé *started*, 396
eût pu *could*, 385
évanouir (s') *to faint*, 385
éveiller *to wake*, 390
l' événement (m.) *event*, 7
évidemment *obviously*, 4
éviter *to avoid*, 2
évoluer *to evolve*, 2
excellent(e) *excellent*, 1
excusez-moi... *excuse-me . . .*, I
l' **exercice** (m.) *activity*, I; *exercise*, 8
l' exploitation (f.) agricole *farming*, 6
l' exposition (f.) *exhibition*, 9
s' extasieraient *would go into ecstasies*, 4
l' extrait (m.) *excerpt*, 384

fabriquer *to create*, 384
fâcheux *upsetting*, 4
facile *easy*, I
le **facteur** *mail carrier*, I
la faïence *earthenware*, 5
la faim *hunger*, 397
faire *to do/to make*, 2; **faire +** *place to visit (France)*, I; faire chauffer *to heat*, 401; **faire cuire** *to cook/ to bake*, 3; **faire de l'escalade** *to mountain climb*, 10; **faire de l'exercice** *to exercise*, 8; **faire de la balançoire** *to swing*, 6; **faire de la musculation** *to lift weights*, 8; **faire de la photo** *to do photography*, 1; **faire de la planche à voile** *to windsurf*, 10; **faire de la vidéo amateur** *to make amateur videos*, 1; **faire de la voile** *to go sailing*, 10; **faire des châteaux de sable** *to make sandcastles*, 6; faire des économies *to save money*, 3; **faire des farces** *to play practical jokes*, 6; **faire des pompes** *to do*

push-ups, 8; **faire du camping** *to go camping,* 10; **faire du manège** *to go on a carousel,* 6; **faire du sport** *to play sports,* I; **faire du théâtre** *to do theater/drama,* 1; **faire du yoga** *to do yoga,* 8; **faire escale** *to make a stopover/layover,* I; faire la connaissance *to meet,* 396; **faire la cuisine** *to cook,* I; **faire la fête** *to party,* I; **faire la lessive** *to do laundry,* I; faire la moue *to pout,* 388; **faire la poussière** *to dust,* 2; **faire la queue** *to stand in line,* I; **faire la sieste** *to take a nap,* 5; **faire la vaisselle** *to do the dishes,* I; faire le bonheur *to make happy,* 9; **faire le ménage** *to clean house,* 2; **faire le tour du monde** *to take a world tour,* 10; **faire les courses** *to go grocery shopping,* 2; **faire les magasins** *to go shopping,* I; **faire les valises** *to pack the bags,* I; **faire partie de** *to be part of,* 3; **faire sa toilette** *to clean (oneself) up,* 5; **faire sa valise** *to pack one's suitcase,* 10; **faire ses devoirs** *to do one's homework,* 5; **faire son lit** *to make one's bed,* I; **se faire très tard** *to be getting very late,* 3; **faire un pique-nique** *to go on a picnic,* I; **faire un régime** *to go on a diet,* 8; **faire un séjour** *to stay/to sojourn,* 10; **faire un voyage (organisé)** *to take a (an organized) trip,* 10; **faire une demande de visa** *to apply for a visa,* 10; **faire une expérience** *to do an experiment,* 4; **faire une randonnée** *to go hiking,* 10; faire une recherche *to do a web search,* 4; faire une réservation *to make a reservation,* 10; faire une visite guidée *to take a guided tour,* 10; se faire vacciner *to get vaccinated,* 10

falloir *to have to/to be necessary,* 10

la famille *family,* 1; famille d'accueil *host family,* 6

le fantôme *phantom, ghost,* 384

farci(e) *stuffed,* 9

la farine *flour,* 3

fascinant *fascinating,* I

la faute *mistake, error,* 4

le fauteuil *armchair,* I; **fauteuil pliant** *folding chair,* 7

le fauve *wild animal,* 7; *musky,* 394

le faux ami *false cognate,* 2

les favoris (m. pl) *favorites (Internet),* 4

la femme *wife,* I

la fenêtre *window,* 4

la ferme *farm,* 6; ferme d'accueil *host/bed and breakfast farm,* 7

fermer *to close,* I

la fête *party,* I; *holiday,* 2; **fête des mères** *Mother's Day,* 2; fête des rois *Epiphany,* 2; **fête nationale** *national holiday,* 2

le feu *traffic light,* I; **feu de camp** *campfire,* 7

la feuille *sheet,* I; *leaf,* 7; **feuille de papier** *piece of paper,* I

le feuilleton *television series,* 9

le feu d'artifice (m.) *fireworks,* 2

février *February,* I

le fichier *file,* 4

Figure-toi que *Imagine that,* 7

le filet *net,* 401; filet à provisions *string bag,* 3

la fille *girl,* I; *daughter,* I; **fille unique** *only daughter,* I

le film *film/movie,* 9; **film classique** *classic movie,* 9; **film comique** *comedy (movie),* 9; **film d'action** *action movie,* 9; **film d'aventures** *adventure movie,* 9; **film d'espionnage** *spy movie,* 9; **film d'horreur** *horror movie,* 9; **film de guerre** *war movie,* 9; **film de science-fiction** *science-fiction movie,* 9; **film étranger** *foreign film,* 9

le fils *son,* I; **fils unique** *only son,* I

la fin *end,* 397

fin(e) *fine,* 382

finalement *finally,* 6

finir *to finish,* 1

fis *made,* 388

la fissure *crack,* 401

fit *said,* 385

le flamant rose *flamingo,* 7

la fleur *flower,* 7

le fleuriste *flower shop,* I

le fleuve *river,* 7

florissant(e) *flourishing,* 396

la flotte *fleet,* 392.

la fois *time,* I; **fois par semaine** *times a week,* 1; **fois par...** *times per...,* I

foncé(e) *dark,* I

le fondement *foundation,* 394

fondu(e) *melted,* 387

le football *soccer,* I

la force *strength,* 4

la forêt *forest,* 7

le forfait *flat rate,* 4

la formation *training,* 4

former *to train,* 4

la formule *system,* 7

fort(e) *strong,* I

fortifié(e) *fortified, walled,* 3

le foulard *scarf,* I

la foule *crowd,* 2

se fouler la cheville/le poignet *to twist one's ankle/wrist,* 8

fonder *to found,* 3

le four *oven,* 3

la fourchette *fork,* I

la fourniture *supply,* I; **fournitures scolaires** *school supplies,* I

le fou rire *giggles,* 4

les frais (m. pl.) *expenses,* 8

frais (fraîche) *fresh,* 3

la fraise *strawberry,* 3

la framboise *raspberry,* 3

le français *French (language),* I

français(e) *French,* I

la France *France,* 10

franchement *honestly,* I;

la frayeur fright, 7

frémissant(e) *quivering,* 388

le frère *brother,* 1

frire *to fry,* 9

frissonna *shivered,* 385

les frites (f. pl.) *fries,* I

froid *cold,* I

le fromage *cheese,* I

la fromagerie *cheese market,* 3

le front *forehead,* 8

la frontière *border,* 6

le fruit *fruit,* 3; **fruits de mer** *seafood,* 3; **fruits secs** *dried fruit,* 2

fuire *to flee,* 10

fumer *to smoke,* 8

furent construits *were built,* 392

le fusil *rifle,* 391

fut *was,* 389

gagner *to win,* 4

la galette des rois *King's cake (eaten on Epiphany)*

gallois(e) *Welsh,* 392

les gants (m. pl.) *gloves,* I

le garage *garage,* I

le garçon *boy,* I

le garde barrière *crossing gate,* 10

le gardien (la gardienne) de but *goalie,* 4

la gare *train station,* I

le gâteau *cake,* 2

gauche *left,* I

le gel douche *shower gel,* 5

geler (gèle) *to freeze,* 3

gémissant *moaning,* 385

généreux(-euse) *generous,* I

génial(e) *great,* 3
le genou *knee,* 8
le genre *genre/type,* 9
les gens (m. pl.) *people,* 1
gentil(le) *sweet,* 1
la gentillesse *kindness,* 4
la géographie *geography,* I
le gibier *(wild) game,* 3
le gilet de sauvetage *life vest,* 10
la glace *ice cream,* 1; *ice,* 4
la glacière *ice cooler,* I
glauque *dull blue-green,* 386
glisser *to glide,* 400
la gomme *eraser,* I
la gorge *throat,* 8
la gourde *canteen,* 7
le goût *taste,* 2
le goûter *snack,* 8
grâce à *thanks to,* 382
grand(e) *big/tall,* 1
la grande surface *superstore,* I
les grandes vacances (f. pl.) *summer vacation (occurs in July and August),* 10
grandir *to grow (up),* I
la grand-mère *grandmother,* 1
le grand-parent *grandparent,* I
le grand-père *grandfather,* 1
la grange *barn,* 6
grapiller *to nibble,* 5
gratuit(e) *free (of charge),* 9
gratuitement *free (of charge),* 382
graver *to burn (a CD),* 4
le graveur de CD/DVD *CD/DVD burner,* 4
grec (grecque) *Greek,* 10
la Grèce *Greece,* 10
le gréement *rigging,* 393
le grelot *bell,* 2
la grenadine *pomegranate drink,* I; *pomegranate syrup,* 1
la grenouille *frog,* 7
grimper aux arbres *to climb trees,* 6
grignoter *to snack on,* 2
la grippe *flu,* 8
gris(e) *gray,* I
gros(se) *fat/big,* 1
grossir *to gain weight,* 1
guérir *to cure,* 7
guetter *to watch,* 389
le guichet *window/counter/ticket office,* I
le guide *guidebook,* 10
guidé(e) *guided,* 10
la guirlande *garland,* 2
la guitare *guitar,* 1
le gymnase *gymnasium,* 4

s' habiller *to get dressed,* 5
habiter *to live,* I
habituer (s') *to get used to,* 6
le hall *lobby,* I
le hanap *goblet,* 399
les haricots verts (m. pl.) *green beans,* 3
hâter le pas *to quicken one's step,* 397
haut(e) *high,* I
la haute couture *high fashion,* 1
la haute technologie *high-tech industry,* 9
l' hectare (m.) *unit of land measurement,* 5
hennir *to neigh,* 6
l' herbe (f.) *grass,* 382
l' héroïne (f.) *heroine,* 9
le héros *hero,* 9
l' heure (f.) *hour,* I
heureuse *happy,* I
heureusement *fortunately,* 6
heureux *happy,* I
hier *yesterday,* I
le hip-hop *hip-hop,* 9
l' histoire (f.) *history,* I; *story,* 9
l' hiver (m.) *winter,* I
le hockey *hockey,* I
l' homme *man,* 6
l' hôpital (m.) *hospital,* I
l' horaire (m.) *schedule,* I
horrible *horrible,* I
hors *out,* 7
l' hôtel (m.) *hotel,* 10
l' hôtesse (f.) *stewardess,* I
l' huile (d'olive) (f.) *(olive) oil,* 3
huit *eight,* I
l' huître (f.) *oyster,* 3
le hussard *horseman,* 398
l' hymne national (m.) *national anthem,* 2

il *he,* I; **Il/Elle me va,... ?** *How does . . . fit me?,* I; **Il/Elle n'est ni... ni...** *He/She is neither . . . nor . . . ,* I; **Il/Elle ne te va pas du tout.** *It doesn't suit you at all,* I; **Il/Elle te plaît,...?** *Do you like . . . ?,* I; **Il en a déjà plein.** *He already has plenty of them.,* 2; Il est courant *It's common,* 3; **Il est génial!** *It's great!,* 1; **Il est important que tu le désinfectes.** *It is important that you disinfect it.,* 8; **Il est temps de...** *It's time to... ,* 5; Il était une fois... *Once upon a time,* 7; **Il fait beau.** *It's nice outside.,* I; **Il fait chaud.** *It's hot.,* I; **Il fait froid.** *It's cold.,* I; **Il fait mauvais.** *It's bad weather.,* I; Il faudra *We'll have to,* 387; **Il faudrait que tu fasses du yoga.** *You should do yoga.,* 8; **il faut** *it is necessary,* 8; **Il me faut...** *I need . . . ,* 3; Il suffit! *That's enough!,* 4; **Il te faut autre chose?** *Do you need something else?,* 3; Il vaut mieux *It's best,* 2
il y a *since/ago/for,* 4; *There is/are...,* 3; **Il y a des nuages.** *It's cloudy.,* I; **Il y a du soleil.** *It's sunny.,* I; **Il y a du vent.** *It's windy.,* I
Il y avait... *There were . . . ,* 6
Il y en a... *There are . . . of them.,* I
l' île (f.) *island,* 7
ils *they (m.),* I; **Ils/elles sont soldé(e)s à...** *They are on sale for . . .* I
s' illuminer *to turn on (a light),* 386
immensément *immensely,* 5
l' immeuble (m.) *apartment building,* 8; building, 5
l' immigré(e) *immigrant,* 10
l' impératrice (f.) *empress,* 9
l' imperméable (m.) *raincoat,* I
imprescriptible *inalienable,* 5
l' imprimante (f.) *printer,* 4
imprimer *to print,* 4
l' incendie (m.) *fire,* 5
incroyable *unbelievable,* 3
l' infirmerie (f.) *nurse's office,* 4
l' infirmier(-ière) *nurse,* 4
les informations (f. pl.) *news,* 9
l' informatique (f.) *computer science,* 4
s' informer *to find out,* 10; **s'informer sur Internet** *to find out/to inquire on the Internet,* 10
initier *to begin,* 9
l' initié(e) *initiated,* 383
l' insecte (m.) *insect,* 7
l' inspecteur d'éducation (m.) *school superintendent,* 4
s' installer *to settle,* 396
l' instituteur (l'institutrice) *primary school teacher,* 1
intellectuel(-le) *intellectual,* 1
intelligent(e) *intelligent/smart,* 1
interdire *to forbid,* 5
intéressant (e) *interesting,* I
l' intérêt (m.) *interest,* I

Glossaire français–anglais

l' interface (f.) *interface,* 4
Internet (m.) *Internet,* I
l' interprète (m., f.) *interpreter,* 9
l' interro(gation) (f.) *quiz,* 4
interroger *to ask,* 385
l' intervention (f.) médicale *medical attention,* 8
l' invité(e) *guest,* 2
l' Italie (f.) *Italy,* 10
italien(ne) *Italian,* 10
l' itinéraire (m.) *itinerary/route,* 10

J'ai le nez qui coule. *I have a runny nose.,* 8
J'ai mal au cœur. *I'm nauseated.,* 8
J'ai sommeil. *I'm sleepy.,* 8
J'aimerais... *I would like...* I
jamais *never,* 2
la jambe *leg,* 8
le jambon *ham,* 6
janvier *January,* I
le jardin *yard/garden,* I
jaune *yellow,* I
le jazz *jazz,* 9
je *I,* I
Je fais du... *I wear a size...,* I
Je me sens mal. *I feel ill.,* 8
Je n'arrive pas à me décider. *I can't decide.* I
Je ne me sens pas très bien. *I don't feel very well.,* 8
Je suis fatigué(e). *I'm tired.,* 8
Je suis stressé(e). *I'm stressed.,* 8
je suis trop occupé(e). *I'm too busy,* 3
Je te/vous présente... *I'd like you to meet...,* I
Je te plains. *I feel sorry for you.,* 8
Je voudrais... *I would like...,* I
le jean *jeans,* I
jeter *to throw,* I
le jeu *game,* 9; **jeu télévisé** *gameshow,* 9; **jeu vidéo** *video game,* I
jeudi *Thursday,* I
jeune *young,* 1
le jogging *jogging,* I
la joue *cheek,* 8
jouer (à) *to play,* 1; **jouer à chat perché** *[similar to tag],* 6; **jouer à des jeux vidéo** *to play video games,* I; **jouer à la marelle** *to play hopscotch,* 6; **jouer à la poupée** *to play dolls,* 6; **jouer au ballon** *to play ball,* 6; **jouer au base-ball** *to play baseball,* I; **jouer au basket-ball** *to play basketball,* I; **jouer au football** *to play soccer,* I; **jouer au tennis** *to play tennis,* I; **jouer au train électrique** *to play with electric trains,* 6; **jouer aux billes** *to play marbles,* 6; **jouer aux cartes** *to play cards,* I; **jouer aux dames** *to play checkers,* 6; **jouer aux échecs** *to play chess,* I; **jouer aux petites voitures** *to play with toy cars,* 6; jouer faux *to be out of tune,* 1
le jour *day,* I; **jour de l'an** *New Year's Day,* 2; jours gras *last two days before Lent,* 2
le journal *newspaper,* I
la journée *day,* 8
les joutes (f. pl.) *jousting (Medieval tournament),* 5
Joyeux Noël *Merry Christmas,* 2
juillet *July,* I
juin *June,* I
les jumelles (f. pl.) *binoculars,* I
la jupe *skirt,* I
le jus *juice,* I; **jus de fruit** *fruit juice,* 1; **jus de pomme** *apple juice,* I; **jus d'orange** *orange juice,* I
jusqu'à *until,* I
jusque-là *up until then,* 389
juste *fair,* 3; *true,* 388

le khalam *type of African guitar,* 394
le kilo(gramme) *a kilogram,* 3

la *(direct object) her/it,* 2
là *here/there,* I; **Là, c'est...** *Here is...,* I
la (l') the, I
le laboratoire *laboratory,* 4
le lac *lake,* 7
lâcher *to let go of,* 3
laid(e) *ugly,* 385
la laine *wool,* I
laisser *to allow,* 5; *to leave,* 396; se laisser moins rouler *to not be easily conned,* 3
le lait *milk,* I
la laitue *lettuce,* 3
la lamelle *slice,* 3
la lampe *lamp,* I; **lampe de poche** *flashlight,* 7
lancer *to throw,* I
la langouste *lobster,* 3
la lanterne *lantern,* 7
le lapin *rabbit,* 6
laquelle *which,* 9
large *loose,* I
les lattes de bois *wooden deck,* 382
le lavabo *sink,* 5
laver *to wash,* I; **se laver la figure** *to wash one's face,* 5; **laver la voiture** *to wash the car,* I; **se laver les cheveux** *to wash one's hair,* 5
le lave-vaisselle *dishwasher,* I
le *(direct object) him/it,* 2
le (l') *the,* I; le long de *along,* 383; **Le lundi,...** *On Mondays,...,* 1
le lecteur de CD/DVD *CD/DVD player,* I
léger *light,* 8
le légume *vegetable,* I; **légumes** *vegetables,* 3
lequel *which,* 9
les *the,* I
les *(direct object) them,* 2
lesquels *which,* 9
la lessive *laundry,* I
la lettre *letter,* I; lettre de marque *a license to cruise at sea and take an enemy's ship and merchandise,* 392; Lettres (f. pl.) *Literature and Linguistics,* 396
leur *their,* I
leur *(indirect object) (to) them,* 2
leurs *their,* I
lever *to raise,* I
se lever *to get up/stand up,* 5
la lèvre *lip,* 8
le lézard *lizard,* 7
la liberté *freedom,* 392
la librairie *bookstore,* I
libre *free,* I
le lien *link (Internet),* 4
se lier d'amitié *to become friends,* 7
le lieu *place,* 3
la limonade *lemon-lime soda,* 1
le lin *linen,* I
le liquide (argent) *cash,* I
lire *to read,* I
le lit *bed,* I; **lit double** *double bed,* I; **lit simple** *single bed,* I
le litre *liter,* 3; **litre de jus d'orange**

liter of orange juice, 3
littéraire *literary,* 9
le livre *book,* I;
la livre *pound of,* 3; **livre de cerises** *pound of cherries,* 3
la loge *theater box,* 384
le logiciel *software,* 4
loin de *far from,* I
les loisirs (m.) *leisure-time activities,* I
long *long,* 9
long(-ue) *long,* 1
lors de *at the time of,* 2
lorsque *when,* 1
la lotion anti-moustiques *mosquito repellent,* 7
lui *(indirect object) (to) him/her,* 2
la lumière *light,* 10
lundi *Monday,* I
la lune *moon,* 10
les lunettes de protection (f. pl.) *safety glasses,* 4; **lunettes de soleil** *sunglasses,* 10
le lycée *high school,* 4

ma *my,* I; **Ma pauvre.** *Poor thing.,* 8
madame *Mrs.,* I; **Madame, s'il vous plaît?** *Ma'am,, please?,* 3
mademoiselle *Miss,* I
le magasin *shop/store,* I
le magazine *magazine,* I
maghrébin(e) *North African,* 7
se magner *to hurry (slang),* 5
mai *May,* I
maigrir *to lose weight,* 1
le maillot de bain *swimsuit,* I
la main *hand,* 8
maintenant *now,* I
le maire *mayor,* 4
mais *but,* I
la maison *house,* 2; **Maison des jeunes et de la culture (MJC)** *recreation center,* I
le maître *master,* 391
la maîtresse de maison *hostess,* 2
la maîtrise de Lettres *master's degree in literature,* 5
mal *badly,* I
malade *sick,* 8
malgré soi *despite oneself,* 1
le malheur *bad luck,* 2
malouin(e) *from Saint Malo,* 393
mamie *grandma,* 2
le mandat *money order,* I
manger *to eat,* 1
se manifester *to show itself,* 386
la manivelle *crank,* 10
manquer *to miss,* 10
le manteau *coat,* I
le maquillage *make-up,* 5
se maquiller *to put on make-up,* 5
le marchand *salesman,* 3
le marché *open air market,* I
marcher *to work/run,* 4; *to walk,* 7
mardi *Tuesday,* I
le mari *husband,* I
le marin *sailor,* 392
la maroquinerie *leather goods,* I
marrant(e) *funny,* 1
marron *brown(-eyed),* 1
mars *March,* I
le mascara *mascara,* 5
le masque de plongée *diving mask,* I
les matériaux (m. pl.) de récupération *recycled materials,* 7
les mathématiques (maths) (f. pl.) *mathematics (math),* I
la matière *school subject,* I
les matières grasses (f. pl.) *fatty substances,* 8
le matin *morning,* I
la matinée *morning,* 5
mauvais(e) *bad,* I
me (m') *(direct object) me,* 2; *(indirect object) (to) me,* 2
méchant(e) *mean,* I
le médecin *doctor,* 8
le (la) mendiant(e) *begger,* 396
le médicament *medicine,* I
la mendicité *begging,* 397
meilleur(e)(s) *best,* 1
mélanger *to mix,* 3
la mélasse *molasses,* 3
le melon *melon,* 3
le mensonge *lie,* 4
la menthe *mint,* I
la mer *sea,* 10
merci *thank you,* I
mercredi *Wednesday,* I; mercredi des Cendres *Ash Wednesday,* 9
la mère *mother,* 1
le merle *blackbird,* 4
mes *my,* I
le métro *subway,* I
le metteur en scène *(movie) director,* 9
mettre *to set,* I; to put, 2; to wear, I; **se mettre** *to put on,* 5; se mettre à + inf. *to begin to,* 3; mettre feu *to light a fire,* 7; **mettre la table** *to set the table,* I; **mettre le couvert** *to set the table,* I
les meubles (m. pl.) *permanent fixtures,* 9; *furniture,* 394
midi *noon,* I
mignon(-ne) *cute,* I
migrateur (-trice) *migratory,* 7
les milliers (m. pl.) *thousands,* 8
mince *thin,* 1
la mine *appearance,* 8
minuit *midnight,* I
le miroir *mirror,* 5
la mise en scène *set up,* 2
la misère *poverty,* 390
le mobile *cell phone,* I
la mode *fashion,* 7
moderne *modern,* I
moi *me,* I; **Moi aussi.** *Me too.,* 1; **Moi non plus.** *Me neither.,* 1; **Moi si.** *I do.,* I; **Moi, j'aime… Et toi?** *I like… And you?,* I; **Moi, je n'aime pas…** *I don't like…,* 1
le moine *monk,* 392
moins *minus,* I; **moins… que** *less… than,* 6
le mois *month,* I; **le mois dernier** *last month,* I
la moitié *half,* 4
le moment *moment,* I
mon *my,* I; **Mon pauvre.** *Poor thing.,* 8
le monde *world,* 10
la monnaie *change (coins),* I
monsieur *Mr.,* I
la montagne *mountains,* I; *mountain,* 10
le montant *sum, amount,* 397
monter *to go up,* 2; **monter à cheval** *to go horseback riding,* 10; **monter la tente** *to pitch a tent,* 7
la montre *watch,* I
moquer (se) de *to make fun of,* 398
le morceau *piece,* 3; **morceau de fromage** *piece of cheese,* 3
le mort *dead person,* 2
le mot apparenté *cognate,* 2
le moteur de recherche *search engine,* 4
le motif *reason,* 4
la mouche *fly,* 7
mourir *to die,* 2
la moustiquaire *mosquito net,* 7
le moustique *mosquito,* 7
le mouton *sheep,* 6
le moyen *way*
le Moyen Âge *Middle Ages,* 5
le MP3 *MP3,* I
muet(te) *silent,* 386
le mur *wall,* 394
mûr(e) *ripe,* 3
la muraille *wall,* 385
le muscle *muscle,* 8
le musée *museum,* I
la musique *music,* 1
musulman(ne) *Muslim*

Glossaire français–anglais

n'importe où *wherever,* 5
n'importe quoi *whatever,* 5
nager *to swim,* I
le nageur (la nageuse) *swimmer,* 6
naître *to be born,* 2
la nappe *table cloth,* I
le naseau *nostril,* 6
la natte *mat,* 394
la nature *nature,* 7
le naufrage *shipwreck,* 10
le navigateur *browser,* 4
naviguer *to navigate,* 4
le navire *ship,* 392
navré(e) *sorry,* 397
ne: ne pas avoir le temps *to not have the time,* 1; **Ne t'en fais pas!** *Don't worry!,* 8; ne… guère *hardly,* 389; **ne… jamais** *never,* I; *not ever,* 2; **ne… pas** *not,* 2; **ne… pas encore** *not yet,* 2; **ne… personne** *no one,* I; *nobody,* 4; **ne… plus** *no longer,* I; *no more, not anymore,* 2; **ne… que** *only,* 4; **ne… rien** *nothing,* I; *not anything,* 2
néant *no result,* 5
la neige *snow,* I
neiger *to snow,* I
nerveux (-euse) *nervous,* 3
nettoyer *to clean,* I
neuf *nine,* I
le neveu *nephew,* I
le nez *nose,* I
la nièce *niece,* I
le Noël *Christmas,* 2
noir(e) *black,* I
le nom *name,* I
nombreux (-euse) *numerous,* 3
non *no,* I; **Non, ça ne me dit rien.** *No, I don't feel like it.,* I
non-fumeur *non-smoking,* I
normalement *normally,* 6
nos *our,* I
la note *grade,* 4
notre *our,* I
N'oublie pas… *Don't forget…,* 3
nourrir (se) *to feed oneself,* 8
nous *we,* I
nous *us,* 2
nous *(to) us,* 2
nouveau *new,* 1
nouvelle *new,* 1
la nouvelle *short story,* 4
novembre *November,* I
le nuage *cloud,* I
la nuit *night,* I
nul (le) *worthless,* 9
nulle part *nowhere,* 5
le numéro *number,* I; **numéro de téléphone** *phone number,* I

O

ô *oh,* 399
obéissant(e) *obedient,* 6
obtenir *to obtain,* 5
occupé(e) *busy,* I
s' occuper (de) *to take care (of),* 5
octobre *October,* I
l' œil (m.) *eye,* 8
l' œuf (m.) *egg,* I; **œuf dur** *hard-boiled egg,* 9
l' œuvre (f.) *work,* 386
l' office de tourisme (m.) *tourist center,* 10
offre-lui… *give him/her…,* 2
offrir *to offer,* 2; *to give,* 7
l' oignon (m.) *onion,* 3
l' oiseau (m.) *bird,* 7
l' olive (f.) *olive,* 3
l' olivier (m.) *olive tree,* 9
l' ombre (f.) *shadow,* 7
l' omelette (f.) *omelet,* I
on *one/we,* I
l' oncle (m.) *uncle,* 1
l' ongle (m.) *(finger)nail,* 387
onze *eleven,* I
l' opéra (m.) *opera,* I
l' or (m.) *gold,* I
l' orage (m.) *storm,* 7
l' orange (f.) *orange,* I
l' oranger (m.) *orange tree,* 3
l' ordinateur (portable) (m.) *(laptop) computer,* 4
l' ordonnance (f.) *prescription,* 8
ordonner *to order,* I
l' oreille (f.) *ear,* I
organisé(e) *organized,* 10
organiser *to plan/to organize,* 2; **organiser une soirée/fête** *to plan a party,* 2
orner *to adorn,* 5
l' os (m.) *bone,* 8
oser *to dare,* 385
les ossements (m.pl.) *bones,* 1
ou *or,* I
où *where,* 3; **Où ça?** *Where?,* I; **Où est-ce que je pourrais trouver… ?** *Where could I find…?,* 3; **Où se trouve… ?** *Where is…?,* I
oublier *to forget,* 2
l' ouest (m.) *west,* 388
oui *yes,* I; **Oui, je veux bien.** *Yes, I would indeed.,* I
l' ouïe (f.) *hearing,* 6
l' oursin (m.) *sea urchin,* 10
les outils (m. pl.) *tools,* 4
outre *besides,* 388
l' ouvre-boîte (m.) *can opener,* 7
ouvrir *to open,* I; **ouvrir une session** *to open a session,* 4

P

la page *page,* I
le pagne *loincloth,* 394
la paille *straw,* 7
le pain *bread,* I
le pain au chocolat *chocolate croissant,* 8
la paix *peace,* 394
le palais *palace,* 7; palais de justice *courthouse,* 5
les palmes (f. pl.) *flippers,* I
le palmier *palm tree,* 6
le pamplemousse *grapefruit,* I
le panneau *sign,* 5
le pansement *bandage,* I
le pantalon *pair of pants,* I
la papeterie *stationery store,* I
papi *grandpa,* 2
le papier *paper,* I
le paquet *package,* 3; **paquet de pâtes** *package of pasta,* 3
par: par habitude *out of habit,* 9; par rapport à *with regard to,* 9; par terre *on the ground,* 3
paraître *to appear,* 1
le parapluie umbrella, I
parce que *because,* I
pareil(le) *similar,* 6
parfois *sometimes,* 6
la parfumerie *perfume shop,* 1
parmi *among,* 9
la parole *word,* 6
le parasol *beach umbrella,* 382
le parc *park,* I
parcours des yeux *skim,* 2
pardon *excuse me,* I
le parent *parent,* I
paresseux(-euse) *lazy,* I
parier *to bet,* 4
le parking *parking,* I
parler *to speak,* 1
partager *to share,* 1
la partie *game, match,* 8
partir *to leave,* 1; partir à la remorque *to lag behind,* 388; **partir en voyage** *to go on vacation,* 10
partout *everywhere,* 8
le pas *step,* 7; **Pas bon du tout!** *Not good at all!,* I; **pas de** *not any,* 3; **pas de problème** *no problem,* 2; **pas du tout** *not at all,* I; **pas encore** *not yet,* I; **pas encore** *not yet,* 2; **Pas grand-chose.** *Not much.,* I; **Pas mal.** *Not bad.,* I; **Pas mauvais.** *Not bad.,* I; **Pas moi.** *Not me./I don't.,* I; **Pas moi.** *Not me./I don't.,* 1; **Pas question!** *Out of the question!,* I
le passeport *passport,* 10
passer (à un endroit) *to stop*

by, I; **se passer** *to happen,* 4; *to play,* 9; *to spend,* 1; **passer l'aspirateur** *to vacuum,* I
se passeraient *would be spent,* 2
le passereau *sparrow,* 388
passionnant(e) *exciting,* 9
la pataugeoire *wading pool,* 383
la pastèque *watermelon,* 3
la pâte à beignet *frying batter,* 9
les pâtes (f. pl.) *pasta,* I
le patin à glace *ice-skating,* I
la patinoire *ice-skating rink,* I
la pâtisserie *pastry shop,* 3; *pastry,* 3
la patte *claw,* 3; *paw,* 3
patronner *to sponsor,* 7
la pauvreté *poverty,* 7
payer *to pay,* I; **payer avec une carte** *to pay with a credit card,* I; **payer en liquide** *to pay cash,* I; **payer par chèque** *to pay by check,* I
le pays *country,* 10
le paysage *landscape,* 6
le (la) paysan(-ne) *peasant,* 396
la pêche *peach,* 3; *fishing,* 7
le peigne comb, 5
se peigner (les cheveux) to comb (one's hair), 5
le peignoir house coat, 5
peint(e) *painted,* 5
le peintre *painter,* 5
la peinture *painting,* 3
le pélican *pelican,* 7
la pelouse *lawn,* I
pendant *during,* 10; **pendant les vacances** *during vacation,* 10; **pendant que** *while/during,* 5
pendu(e) *hung,* 392
le pendule *pendulum,* 1
pénible *tiresome/difficult, annoying* I
penser *to think,* 1
la pension complète *full-board,* I
le perchoir *perch,* 399
perdre *to lose,* 1
le père *père,* 1
permettre *to allow,* 7
permis de conduire *driver's license,* 10
la perpétuité *perpetuity (time without end),* 386
le perron *steps,* 391
le personnage *figure,* 5; **personnage principal** *main character,* 9
la personne *person;* **ne... personne** *no one,* I; *nobody,* 4
se peser *to weigh oneself,* 8
la pétanque *type of lawn bowling,* 383
petit(e) *small,* I; *little,* 1
le petit-déjeuner *breakfast,* I
la petite-fille *granddaughter,* I
le petit-enfant *grandchild,* I
le petit-fils *grandson,* I
les petits pois (m. pl.) *peas,* 3
la peur *fear,* 7; peur bleue *scared stiff,* 7
peut-être *maybe,* 4
le phare *lighthouse,* 386
la pharmacie *pharmacy,* I
le (la) pharmacien(-ne) *pharmacist,* I
la photo *photo,* I
la physique *physics,* I
le piano *piano,* 1
le pic *peak,* 399
la pièce *room,* I; *coin,* 10; **pièce de théâtre** *play,* 9
le pied *foot,* 8
la pierre *stone,* 5
le pilote *pilot,* I
le pinceau *paintbrush*
le pique-nique *picnic,* I
pire(s) *worse/worst,* 6
la piscine *swimming pool,* I
la piste (d'athlétisme) *track,* 4
la pizza *pizza,* I
le placard *closet/cabinet,* I
la place *seat,* I; **place assise** *seat,* I
placer *to place,* I
le plafond *ceiling,* 4
la plage *beach,* 10
plaire *to please,* 5
le plaisir *pleasure,* 5
le plan *map,* 10
la planche planche à voile *windsurfing,* 10; **planche de surf** *surfboard,* I
la plante *plant,* I
planter *to crash (a computer),* 4
la plate-bande *flower bed*
plein(e) *full/plenty,* 9; **plein air** *open air/outdoors,* 7
pleurer *to cry,* 3
pleuvoir *to rain,* 2
la plongée sous-marine *scuba diving,* 393
plonger *to dive,* 10
la plupart *most*
plus *no longer,* I; **plus de ... que** *more of...than,* 6; **Plus ou moins.** *More or less.,* I; **plus... que** *more... than,* 6
plutôt *rather,* 388
le poignet *wrist,* 8
la pointure *shoe size,* I
la poire *pear,* 3
le pois chiche *chickpea,* 9
le poisson *fish,* I
la poissonnerie *fish market,* 3
le poissonnier (la poissonnière) *fish monger,* 3
le poivre *pepper,* I
le poivron *bell pepper,* 3
la poix *pitch (tar),* 401
poli(e) *polished,* 387
pollué(e) *polluted,* 6
la pomme *apple,* 3; **pomme de terre** *potato,* 3
les pompes (f. pl.) *push-ups,* 8
le pont *bridge,* I
la pop *pop music,* 9
le porc *pork,* I
le portable *cell phone/laptop,* I
la porte *door,* I; **porte d'embarquement** *boarding gate,* I
le porte-bagages *luggage carrier/ rack,* I
le portefeuille *wallet,* I
le porte-monnaie *change purse,* I
porter *to wear,* 7; *to bring,* 2
portugais(e) *Portuguese,* 10
le Portugal *Portugal,* 10
poser *to put down,* 3
posséder *to possess,* 388
la poste *post office,* I
le poste de télévision *television set,* 5
le poster poster, I
le pot *jar,* 3; **pot de confiture** *jar of jam,* 3
potager *vegetable garden,* 391
le pote *friend (slang),* 9
le poteau télégraphique *telegraph pole,* 395
la poubelle *trash,* I
la poule *hen,* 6
le poulet *chicken (meat),* I
le poumon *lung,* 8
la poupée *doll,* 6
pour *for,* I; **pour une fois** *for once,* 4
pourquoi *why,* 3; **Pourquoi pas ?** *Why not?,* I; **Pourquoi tu n'irais pas chez le docteur?** *Why don't you go to the doctor?,* 8
poursuivre *to continue,* 7
poussant *letting out,* 7
pousser à tort et à travers *to grow wildly,* 10
la poutine *french fries with cheese and gravy,* 3
pouvoir *to be able to/can,* 2
la prairie *meadow,* 6
précédente *back (Internet),* 4
préféré(e) *favorite,* I
préférer *to prefer,* 1
premier *first,* I
le premier étage *second floor,* I
la première classe *first class,* I
prendre *to take,* 2; **prendre du poids** *to gain weight,* 8; prendre fin *to end,* 393; **prendre la température** *to take someone's temperature,* 8; **prendre le bus** *to take the bus,* 5; **prendre le petit-**

Glossaire français–anglais

déjeuner *to have breakfast,* 5; **prendre un bain/une douche** *to take a bath/shower,* 5
préparer *to prepare,* 2; **se préparer** *to get ready,* 5; **préparer les amuse-gueules** *to prepare the snacks.* 2; **préparer son sac** *to get one's backpack ready,* 5
près de *next to,* I
le présentateur (la présentatrice) *newscaster,* 9
présenter *to introduce,* 1
presque *almost,* 4
prêt(e) *ready,* 5
prêt-à-porter *ready-to-wear,* 7
prétendre *to claim,* 4
prêter *to lend,* I
la preuve *proof,* 4
prévenir *to warn,* 3
prévoir à l'avance *to plan ahead,* 2
prier *to ask,* 388
la prière *prayer,* 7
primordial(e) *essential,* 394
principal *main,* 383
le printemps *spring,* 1
le prisonnier (la prisonnière) *prisoner,* 392
le prix *prize, award,* 7
priver (se) *to deprive oneself,* 8
le pro *professional (abbrev.),* 9
prochain(e) *next,* I; **prochaine fois** *next time,* 7
proche *near,* 6
produire *to produce,* 3
le produit: produit d'artisanat *handicraft,* 7; **produits bio(logiques)** *organic products,* 8
le prof(esseur) *teacher,* I
profiter *to make the most of/to enjoy,* 2
le programme télé *t.v. program,* 9
projeter *to show,* 2
la promenade *walk,* 8
promener *to take for a walk,* I; *to walk (a dog),* I; **se promener** *to take a stroll,* 7
prononcer *to pronounce,* I
propre *clean,* 6; *own,* 1
le propriétaire *owner,* 7
provençal(e) *from Provence,* 10
provenir *to come from,* 400
pruneaux *the color of prunes,* 385
la publicité *advertising,* 9
puis *then,* I
puisque *since,* 389
le pull *pull-over sweater,* I; *sweater,* 10
punir *to punish,* 4
pur(e) *clear,* 6
pût *was able, could,* 385

Q

qu'est-ce que *what,* I; **Qu'est-ce qu'elle est bien, cette pub!** *What a good commercial!,* 9; **Qu'est-ce que ça veut dire… ?** *What does that mean?,* I; **Qu'est-ce que je pourrais offrir à… ?** *What could I get for . . . ?,* 2; **Qu'est-ce que tu as?** *What's wrong?,* 8; **Qu'est-ce que tu fais comme sport ?** *What sports do you play?,* I; **Qu'est-ce que tu fais de beau pendant tes vacances?** *What interesting things do you do during your vacation?,* 10; **Qu'est-ce que vous avez comme… ?** *What type of… do you have?,* I; **Qu'est-ce qu'il te faut pour…?** *What do you need for. . .?,* I
le quai *platform,* I
quand *when,* 3; **Quand j'avais… ans,…** *When I was… years old,…,* 6; **Quand j'étais petit(e),…** *When I was little,…,* 6; **Quand j'étais plus jeune,…** *When I was younger,…,* 6
quant à *as far as . . . is concerned,* 3
quarante *forty,* I
quart *quarter,* I
le quartier *neighborhood,* 3
quatorze *fourteen,* I
quatre *four,* I
quatre-vingt-dix *ninety,* I
quatre-vingt-onze *ninety one,* I
quatre-vingts *eighty,* I
quatre-vingt-un *eighty one,* I
que (qu') *what,* 3
quel(le)(s) *which,* I; **Quel jour sommes-nous ?** *What day is today?,* I; **Quel temps fait-il?** *What is the weather like?,* I; **Quelle est ton adresse email/mail?** *What is your e-mail address?,* I; **Quelle heure est-il ?** *What time is it?,* I; **Quelle pointure faites-vous?** *What shoe size do you wear?,* I; **Quelle sorte de /d'… ?** *What type of. . . ?,* 4; **Quelle taille faites-vous?** *What size do you wear?,* I
quelque chose *something,* I
quelquefois *sometimes,* 6
quelques *a few,* 5
quelqu'un *someone,* 4
la queue *line,* I
qui *who,* 3; **Qui c'est, ça?** *Who is that?,* I
la quiche *quiche,* I
quinze *fifteen,* 1
quitter *to leave,* 384
quoi *what,* 4
quotidien(ne) *daily,* 9

raconter *to tell,* 9
la radio *radio,* I
radiophonique *for the radio,* 386
la raffinerie de pétrole *oil refinery,* 386
le ramassage scolaire *school bus service,* 5
ramasser *to pick up,* 5
le rameur (-euse) *rower,* 6
la randonnée *hike,* 10
ranger *to put away/to tidy up,* 2; **ranger la maison** *to tidy up the house,* 2; **ranger sa chambre** *to pick up one's bedroom,* I; **ranger ses affaires** *to put one's things away,* 2
le rap *rap,* 9
râpé(e) *grated,* 6
rappeler *to call back,* I; *to remind,* 10
Rapporte-moi… *Bring me back . . . ,* 3
rapporter *to bring back,* 3
la raquette *racket,* 1
rarement *rarely,* 1
se raser *to shave,* 5
le rasoir (électrique) *(electric) razor,* 5
rassurer *to reassure,* 5
rater *to miss,* I; *to fail (an exam, a class),* 4
rattacher à *to unite with,* 392
ravissant(e) *very beautiful,* 388
le rayon *department,* I; *ray,* 391; **rayon bijouterie** *jewelery department,* I; **rayon maroquinerie** *leather department,* I; **rayon plein air** *outdoor goods department,* I
le réalisateur *film maker,* 5
le rebondissement *twist,* 9
récemment *recently,* 9
la réception *reception,* I
la réceptionniste *receptionist,* I
recevoir *to receive,* 2; *to get,* 4
le réchaud *camping stove,* 7
la recherche *research,* 5
rechercher *to search,* 4
rechigner *to balk,* 2
la récolte *harvest, collection,* 3
récolter *to collect,* 3
recommander *to recommend,* I
reconstruit(e) *reconstructed,* 5

recouvert(e) de *covered in,* 2
la récréation *break,* I
recroquevillé(e) *curled up,* 395
le recueil de poésie *poetry collection,* 9
réfléchir *to think about,* 401
le reflet *reflection,* 6
la reflexion *thinking,* 8
se régaler *to have a wonderful time,* 7
regagner *to go back to,* 391
regarder *to look at,* I; *to watch,* I; **regarder des dessins animés** *to watch cartoons,* 6; **regarder la télé** *to watch TV,* I
le reggae *reggae,* 9
le régime *diet,* 8; **le régime équilibré** *balanced diet,* 8
la règle *ruler,* I; *rule,* 392
réglementé(e) *regulated,* 7
le règne *reign,* 390
regretter *to be sorry,* I; *to regret,* 3
régulièrement *regularly,* I
se rejoindre *to join (together),* 5; *to get back to,* 5
se relaxer *to relax,* 8
relier *to join,* 3
remarier *to remarry,* I
remarquer *to notice,* 398
rembourser *to reimburse,* 8
se remémorer *to recall,* 9
remercier *to thank,* 2
les remparts (m. pl.) *outer walls,* 392
remplacer *to replace,* I
remplir *to complete,* 4
remuer *to move,* 3
rencontrer *to encounter,* 10
le rendez-vous *date, appointment,* 1; *meeting,* 3
rendre *to give back,* I; *to make,* 5; **rendre (un livre)** *to return (a book),* 4; se rendre compte (de) *to realize,* 9; **rendre visite à (une personne)** *to visit (a person),* 10
renoncer *to abandon,* 7
renouveler *to renew,* 397
se renseigner *to become informed,* 10; **se renseigner dans une agence de voyages** *to get information in a travel agency,* 10
rentrer (à la maison) *to return (to the house),* 2
se répandre *to spread,* 4
réparti(e) *spread out,* 383
le repas *meal,* I
répéter *to repeat,* I
Répétez, s'il vous plaît? *Could you please repeat that?,* I
répliqua *replied,* 385
répondre (à) *to answer,* I
le reportage *report,* 9; **reportage sportif** *sports report,* 9
reposer (se) *to rest,* 8
reprendre *to take more,* I; *to have more,* I
reprit *responded,* 397
réputé(e) *renowned (famous),* I
requis(e) *required,* 7
rescapé(e) *saved,* 397
la réservation *reservation,* 10
réserver *to reserve,* I
ressembler *to look like,* 3
ressortir *to stand out,* 4
restant(e) *remaining,* 397
rester *to stay,* 2; *to remain,* 391; **rester chez soi** *to stay at home,* 10; rester dans le coup *to be in,* 9; rester dans le vent *to be left out,* 9
retirer *to withdraw,* I
rétorquer *to answer back,* 397
le retour *return,* 4
retourner *to return,* 2
Retournez à vos places! *Go back to your seats!,* I
retrouver (se) *to get together,* 1
réunir *to gather,* 7
réussir (à) *to pass/to succeed,* I; *to pass (an exam, a class),* 4
le rêve *dream,* 10
le réveil *alarm,* 5
se réveiller *to wake up,* 5
le réveillon *midnight feast,* 2
revendiquer *to claim,* 392
revendre *to resell,* 396
revenir *to return,* 10
rêver *to dream,* 5
le rez-de-chaussée *first floor,* I
le rhume *cold,* I
rien *nothing,* 2; rien de mieux *nothing better,* 9; **Rien de spécial.** *Nothing special.,* I; **rien ne marche** *nothing is working,* 4
rigoler *to laugh,* 3
les rillettes (f) *type of meat spread,* 2
la ringuette *game like ice hockey played by women in Canada,* 4
rire *to laugh,* 4
le rire *laughter,* 4
le rivage *shore,* 6
la rivière *river,* 7
le riz *rice,* I
la robe *dress,* I
le robinet *faucet,* 5
le rock *rock,* 9
le roi *king,* 2
le roller *rollerblading,* 9
le roman *novel,* 9; **roman classique** *classic novel,* 9; **roman d'amour** *romance novel,* 9; **roman fantastique** *fantasy novel,* 9; **roman historique** *historical novel,* 9; **roman policier** *mystery novel,* 9
le romancier (la romancière) *novelist,* 5
rose *pink,* I
la roseraie *rose garden,* 5
rouge *red,* I
le rouge à lèvres *lipstick,* 5
rouler *to roll,* 10
rousse *red-head(ed) (f.),* 1
la route *road,* 395
roux *red-head(ed) (m.),* 1
le royaume *kingdom,* 392
le ruban *ribbon,* 2
la rue *street,* I
le rugissement *roar,* 9
le ruisseau *stream,* 7
russe *Russian,* 9

sa *his/her,* I
le sable *sand,* 382
le sac (à dos) *bag, backpack,* I; **sac (à main)** *purse,* I; **sac de couchage** *sleeping bag,* 7; **sac de voyage** *traveling bag,* I; **sac en plastique** *plastic bag,* 3
sagement *quietly,* 5
saignant(e) *rare (meat),* I
la Saint-Sylvestre *New Year's Eve,* 2
la saison *season,* I
la salade *salad,* I; *lettuce,* 3
sale *dirty,* 6
la salle *room,* I; **salle à manger** *dining room,* I; **salle de bain** *bathroom,* I; **salle d'informatique** *computer room,* 4
le salon *living room,* I
la salopette *overalls,* 2
saluer *to greet,* 10
Salut. *Hi./Goodbye.,* I
samedi *Saturday,* I
le sanctuaire d'oiseaux *bird sanctuary,* 7
les sandales (f. pl.) *sandals,* I
le sandwich *sandwich,* I; **sandwich au jambon** *ham sandwich,* 1
le sang-froid *cool, calm,* 385
le sanglot *sob,* 4
sans *without,* I; sans avoir appris *without having learned,* 1; **sans doute** *without a doubt,* 4
la santé *health,* 8
le sapin de Noël *Christmas tree,* 2
le saucisson *salami,* I
le saumon fumé *smoked salmon,* 10
sauf *except,* 9
sauter *to skip,* 5

Glossaire français–anglais

sauter: sauter à la corde *to jump rope,* 6; **sauter des repas** *to skip meals,* 8
sauvegarder *to save (a document),* 4
la saveur *flavor,* 1
savoir *to know (facts),* 2
le savon *soap,* 5
le scénario *screenplay,* 386
le scénariste (la scénariste) screenwriter, 3
la scène *stage,* 384
scolaire *scholastic,* I; *school (adj.),* 5
la scolarité *schooling,* 1
le sculpteur *sculptor,* 7
la séance *showing,* 9
sec (sèche) *dry,* 7
le sèche-cheveux *blow-dryer,* 5
se sécher les cheveux *to dry one's hair,* 5
le secours *help,* 7
seize *sixteen,* I
le séjour *stay (vacation),* 10
le sel *salt,* I
selon *according to,* 5
la semaine *week,* I; **semaine dernière (la)** *last week,* I
la semoule *type of flour made out of hard wheat,* 3
le sentier *path,* 7
sept *seven,* I
septembre *September,* I
serein(e) *serene, calm,* 394
la série *series,* 9
sérieux (-euse) *serious,* 1
le serpent *snake,* 7
serrer *to squeeze,* 395
serré(e) *tight,* I
la serviette *napkin, towel* I
ses *his/her,* I
le seuil *threshold,* 1
seul(e) *only,* 3
le shampooing *shampoo,* 5
le short *a pair of shorts,* 1
si *if,* 3; *yes (to negative question),* 10
le siècle century, 3
la sieste *nap,* 5
la signification *meaning,* 2
s'il te plaît *please,* I
s'il vous plaît *please,* 3
silence *quiet,* I
simple *simple,* 3
le sirop *syrup,* I; sirop d'érable *maple syrup,* 3; **sirop de menthe** *mint syrup,* 1
le sitcom *sitcom,* 9
le site website, 10; **site d'une compagnie aérienne** *airline website,* 10
se situer *to be located,* 1; *to take place,* 384
six *six,* I
le skate(board) *skateboarding,* I
le ski(s) *skiing/skis,* I
le SMS *instant message,* I
le soap *soap opera,* 9
la sœur *sister,* 1
le sofa *couch,* I
la soie *silk,* I
soigneusement *carefully,* 397
le soir *evening,* I
la soirée *party/mixer,* 2; soirée costumée *costume party,* 2; soirée habillée *formal dress party,* 2
soit *either,* 5
soixante *sixty,* I
soixante et onze *seventy one,* I
soixante-dix *seventy,* I
soixante-douze *seventy two,* I
le sol *ground,* 394
le soldat *soldier,* 392
les soldes (m.) *sale,* I
le soleil *sun,* I
sombre *dark,* 394
sombrer *to sink,* 386
le sommeil *sleep,* 8
le sommet *peak,* 10
son *his/her,* I
le son *sound,* 9
songer *to think,* 7
sonner *to ring,* 5; *to sound,* 7
la sono *sound system,* 2
la sorte *type,* 4
la sortie *dismissal,* I
sortir *to go out,* 1; *to take out,* I; **sortir la poubelle** *to take out the trash,* I
sot (sotte) *foolish, silly,* 1
se soucier de *to worry about,* 2
soudain *suddenly,* 10
le Soudan *Sudan (African country),* 394
souhaiter *to wish,* 2; **souhaiter une bonne nuit** *to say good night,* 5
soulager *to relieve,* 3
souper *to have supper,* 390
le souper *supper,* 391
le sourcil *eyebrow,* 8
sourd(e) *deaf,* 386; sourd(e) comme un pot *deaf as a post,* 1
sourire *to smile,* 1
le sourire *smile,* 4
la souris *mouse,* 4
sous *under,* I; sous les espèces *as a,* 385
le sous-marin *submarine,* 10
sous-marin(e) *underwater,* 386
le sous-sol *basement,* 1
les sous-titres (m. pl.) *subtitles,* 9
soutenir *to support,* 4
le souvenir *memory (of something),* 2
se souvenir *to remember,* 389
souvent *often,* 1
le spectacle *show,* 10; **spectacle son et lumière** *sound and light show,* 10
le sport *sports,* I
sportif(-ive) *athletic,* 1
le spot publicitaire *commercial,* 9
le stade *stadium,* 1
la station balnéaire *beach resort,* 393
la station de métro *subway station,* I
le steak *steak,* I
stressant(e) *stressful,* 6
stressé(e) *stressed,* 8
la strophe *stanza,* 1
stupéfié(e) *stunned,* 389
le styliste *fashion designer,* 7
le stylo *pen,* I; stylo plume *fountain pen,* 1
subite *sudden,* 385
subsister *to remain,* 4
la sucette *lollipop,* 3
le sucre *sugar,* 3
le sud *south,* 7
la Suède *Sweden,* 10
suffire *to be enough,* 396
suffisant(e) *enough,* 8
la Suisse *Switzerland,* 10
suivant(e) *next,* 2
suivante *forward (Internet),* 4
suivre *to follow,* 4; **suivre un cours** *to take a class,* 4
le supermarché *supermarket,* 3
supporter *to stand (tolerate),* 5
sur *on,* I; **sur le point de** *about to,* 7
le surf *snowboarding, surfing,* I
surfer *to surf,* I; **surfer sur Internet** *to surf the Net,* I
surgir *to appear,* 7
le surnom *nickname,* 392
surnommé(e) *nicknamed,* 392
surtout *especially,* 10
sus *knew,* 388
susciter *to incite,* 5
suspendu(e) *suspended,* 390
le suspense *suspense,* 9
le sweat-shirt *sweat-shirt,* I
sympathique *nice,* I

ta *your (informal),* I
la table *table,* I; **table basse** *coffee table,* I; **table de nuit** *night stand,* I
le tableau *board,* I; *painting,* I; **tableau d'affichage** *information board,* 10

la tablette *tablet,* 4
le tabouret *stool,* 394
la taille *clothing size,* I
le taille-crayon *pencil sharpener,* I
le tailleur *woman's suit,* I
Tant pis pour elle! *Too bad for her!,* 4
la tante *aunt,* 1
tape-à-l'œil *flashy,* I
taper *to bang (on),* 1
le tapis *rug,* I
le tarama *fish dip,* 2
tard *late,* 5
le tarif *fee,* I; **tarif réduit** *reduced fee/discount,* I
la tarte *pie,* I; **tarte aux pommes** *apple pie,* 1
la tartine *bread with butter or jam,* I
le tas de *loads of,* 3
la tasse *cup,* 3
le taxi *taxi,* I
te (t') *(to) you,* 2
la techno *techno,* 9
le tee-shirt *t-shirt,* I
le teint de bistre *dark complexion or coloring,* 385
tel(le) *such,* 5; tel(le)(s) que *such as,* 7
la télé(vision) *television,* I; télévision numérique terrestre (TNT) *digital TV,* 9
télécharger *to download,* 4
la télécommande *remote control,* 9
le téléphone *telephone,* I
téléphoner (à des amis) *to call (friends),* I
tellement *so/so much,* 6; *really,* 10
le temps *time,* I; *weather,* I; **temps libre** *free time,* I
tenailler *to gnaw,* 7
se tenir *to stand,* 396
le tennis *tennis,* I
la tente *tent,* I
la tenue *outfit,* 2
le terminal *terminal,* I
terne *lifeless,* 388
le terrain de camping *campground,* 7
le terrain de sport *sports field,* 4
la terre *earth,* 1; *mud,* 5; *clay,* 7; terre battue *clay,* 1; terre cuite *pottery,* 3
tes *your (informal),* I
la tête *head,* I
le texto *instant message,* I
le théâtre *drama,* I; *theater,* I
le thiaf *grilled groundnuts (slang),* 397
le thon *tuna,* 9
le ticket *ticket,* 9
tiède *lukewarm,* 3
Tiens. *Here.,* I

le timbre *stamp,* I
timide *shy,* I
tiré(e) de *taken from,* 9
tirer *to shoot,* 391
le toast *toast,* I
toi *you,* I
la toile *cloth,* 2; **toile d'araignée** *spider web,* 7
les toilettes (f. pl.) *restroom,* I
le toit *roof,* 1; toit mansardé *sloping roof,* 3
la tomate *tomato,* 3
tomber *to fall,* I; tomber court *to be short of something,* 2
le ton *pitch,* 388
ton *your (informal),* I
tondre la pelouse *to mow the lawn,* I
le tonneau *barrel,* 3
la tortue *turtle,* 7
tôt *early,* 5
la touche *key,* 4
toujours *always,* I
la tour *tower,* 10
la tourelle *turret,* 390
le tourisme *tourism,* 10
tourner *to turn,* I
Tournez au/à la prochain(e)... *Turn at the next...,* I
le tournoi *tournament,* 1
tous: tous du pareil au même *all the same,* 3; **tous les deux (jours)** *every other (day),* 5; **tous les jours** *every day,* I; **tous les mercredis** *every Wednesday,* 1
la Toussaint *All Saint's Day,* 2
tousser *to cough,* 8
tout: tout à coup *suddenly,* 5; **tout à fait** *totally/absolutely,* I; **tout à l'heure** *very soon,* 7; tout de suite *right away/immediately,* I; tout droit *straight ahead,* I; **tout le monde** *everyone,* 5; tout près *right next to,* 3; Tout va de travers depuis... *Everything is going wrong since...,* 4
toute la nuit *all night,* I;
la toux *cough,* I
tracer *to draw,* 6
le tracteur *tractor,* 6
le traducteur (la traductrice) *translator,* 9
traduire *to translate,* 9
le trafic portuaire *port traffic,* 3
le train *train,* 10; **train électrique** *electric train,* 6
traîner *to trail behind/dawdle,* 5
traiter *to deal with,* 7
le trajet *distance,* 5
la tranche *slice,* 3; **tranche de jambon** *slice of ham,* 3
tranquille *peaceful,* 6

le transat *deck chair,* 382; *transatlantic crossing,* 393
le travail *work,* 5
travailler *to work,* I
traverser *to cross,* I
Traversez... *Cross...,* I
treize *thirteen,* I
tremper *to dip,* 399
trente *thirty,* I
trente et un *tthirty-one,* I
très *very,* 1; **très bien** *very well,* I; **très mal** *very badly,* I
triste *sad,* 6
trois *three,* I
trop (de) *too/too much,* 3
la trousse *pencil case,* I; **trousse de premiers soins** *first-aid kit,* 7; **trousse de toilette** *vanity case,* 10
trouver *to find/to think,* I; **trouver (se)** *to be located,* 3
tu *you,* I; **Tu as bien... ?** *Are you sure you . . . ?,* 2; **Tu as déjà... ?** *Did you already . . . ?,* 2; **Tu devrais...** *You should . . . ,* 5; **Tu es d'accord si... ?** *Is it all right with you if . . . ?,* I; **Tu ferais bien...** *You would do well . . .,* 8; **Tu pourrais lui offrir...** *You could give him/her...,* 2; **Tu pourrais me prêter... ?** *Could you lend me . . . ?,* I; **Tu veux bien... ?** *Would you mind . . . ?,* 3
le tuba *snorkel,* I
tuer *to kill,* 390

un/une *one,* I; **un peu trop...** *a little bit too . . . ,* I; **une fois que...** *once . . . ,* 5
unique *only,* I
l' unité centrale (f.) *CPU,* 4
l' urgence (f.) *emergency,* 8
utiliser *to use,* 4

les vacances (f. pl.) *vacation,* I
la vache *cow,* 6
la vague *wave,* 6
la vaisselle *dishes,* 8
le valet de chambre *manservant,* 390
valider *OK (Internet),* 4

la valise *suitcase,* 1
la vallée *valley,* 10
la vedette *movie star,* 9
la veille *the night before,* 2
le vélo *biking/bike,* I; **vélo tout terrain** *mountain bike,* I
vendre *to sell,* 1
vendredi *Friday,* I
venir *to come,* 2; **venir de** *to have just done something,* 7
le vent *wind,* I
la vente *sale,* 396
le ventre *stomach,* 396
la verdure *greenery,* 382
verni(e) *varnished, glazed,* 5
le verre *glass,* I
le vers *verse,* I
vers *around, about,* 3
versé(e) *paid,* 397
la version originale (VO) *original version,* 9
vert(e) *green,* 1
la veste *jacket,* I
les vêtements (m. pl.) *clothes,* I
la vidéo amateur *amateur film-making,* I
le vidéoclip *music video,* 9
vider *to empty,* I; se vider la tête *to clear one's head,* 9; **vider le lave-vaisselle** *to empty the dish-washer,* I
la vie *life,* 6
vieille *old (f.),* 1
vieux *old (m.),* 1
vif (vive) (couleur) *bright,* 9
le village *village,* 6
la ville *city,* 10
vingt *twenty,* I
vingt et un(e) *twenty-one,* I
vingt-cinq *twenty-five,* I
vingt-deux *twenty-two,* I
vingt-huit *twenty-eight,* I
vingt-neuf *twenty-nine,* I
vingt-quatre *twenty-four,* I
vingt-sept *twenty-seven,* I
vingt-six *twenty-six,* I
vingt-trois *twenty-three,* I
violet(te) *purple,* I
le visa *visa,* I
le visage *face,* 8
la visite *visit/tour,* 10; visite à domicile *house call,* 8
visiter (un endroit) *to visit (a place),* 10
les vitamines (f. pl.) *vitamins,* 8
vivant(e) *vibrant,* 6
vivre *to live,* 390
la voie *track,* I
voilà *here is . . . ,* 1
la voile *sail,* 10
voir *to see,* 2
le voisin (la voisine) *neighbor,* 1
le voisinage *neighborhood,* 6
la voiture *car,* I; **voiture de sport** *sports car,* I
la voix *voice,* 10
le vol *flight,* 10; vol d'aile *flap of a wing,* 387
le volley volleyball, I
vos *your (formal),* I
votre *your (formal),* I
vouloir *to want,* 2
voulut *wanted,* 385
vous *(to) you,* 2; **Vous devriez...** *You should . . . ,* I; **Vous êtes combien dans votre famille?** *How many are you in your family?,* I
le voyage *trip,* 10
voyager *to travel,* 1
vrai(e) *true,* 9
le VTT (vélo tout terrain) *mountain bike,* I
la vue *view,* I

le wagon *car (in a train),* I
le wagon-restaurant *buffet car,* I
le week-end *weekend,* 7

y *there,* 3
le yaourt *yogurt,* 3
les yeux (m. pl.) *eyes,* 1
le yoga *yoga,* 8

le zapping *surfing,* 9
zéro *zero,* I
le zoo *zoo,* I

Glossaire anglais–français

This vocabulary includes all of the words presented in the **Vocabulaire** sections of the chapters. These words are considered active–you are expected to know them and be able to use them. French nouns are listed with the definite article. Expressions are listed under the English word you would most likely reference. The number after each entry refers to the chapter in which the word or phrase is introduced. Words and phrases from Level 1 are indicated by the Roman numeral I.

To be sure you are using French words and phrases in their correct context, refer to the chapters listed. You may also want to look up French phrases in the **Liste d'expressions,** pages R22–R25.

abdominal muscles *les abdominaux,* 8
about *à peu près,* 3
about to *sur le point de,* 7
abroad *à l'étranger,* 10
absolutely *absolument,* 10
access *l'accès (m.),* I
accessories *les accessoires,* I
according to me *d'après moi,* I
across from *en face de,* I
action movie *le film d'action,* 9
activity *l'activité, l'exercice (m.),* I
to add *ajouter,* 3
address *l'adresse (f.),* 4
to address *s'adresser,* I
to adore *adorer,* 1
adventure movie *le film d'aventures,* 9
to advise *conseiller,* I
aerobics *l'aérobic,* I
after *après,* I
afternoon *l' après-midi (m.),* I
afterwards *après ça,* 5
again *encore,* I
age *l'âge (m.),* I
ago *il y a,* 4
air conditioning *la climatisation,* I
airline *la compagnie aérienne,* 10
airport *l'aéroport (m.),* I
alarm *le réveil,* 5
all *tout(e)(s), tous,* 5
already *déjà,* 10
always *toujours,* I
amateur film-making *la vidéo amateur,* I
American *américain(e),* I
and *et,* I
animal *l'animal(-aux) (m.),* I
ankle *la cheville,* 8
to annoy *énerver,* 4
annoying *pénible,* 1
to answer *répondre (à),* I
apartment *l'appartement (m.),* I
appearance *la mine,* 8
apple *la pomme,* I
apple juice *le jus de pomme,* I
apple pie *la tarte aux pommes,* 1
to apply for a visa *faire une demande de visa,* 10
approximately *environ,* 3
apricot *l'abricot (m.),* 3
April *avril,* I
arm *le bras,* 8
armchair *le fauteuil,* I
arrival *l'arrivée (f.),* I
to arrive *arriver,* 2
as much as *autant que,* 6
at (my) home *chez (moi),* I
at/to *à, au, à la, à l', aux,* 3
at that moment *à ce moment-là,* 6
at the end of *au fond de,* I; *au bout de,* 3
at the home of *chez,* 3
at the latest *au plus tard,* 3
at the same time (as) *en même temps (que),* 5
at the time (when) / as *au moment où,* 7
at what time *à quelle heure,* I
athletic *sportif(-ive),* I
August *août,* I
aunt *la tante,* I
available (for) *disponible (pour),* I

back (Internet) *la précédente,* 4
backpack *le sac (à dos),* I
bacon *le bacon,* I
bad *mauvais(e),* I
badly *mal,* I
baggage locker *la consigne,* I
baker *le/la boulanger(-ère),* 3
bakery *la boulangerie,* 3
balanced *équilibré(e),* 8
balcony *le balcon,* I
ball *le ballon (inflatable), la balle,* I
balloon *le ballon,* 2
banana *la banane,* I
bandage *le pansement,* I
bank *la banque,* I
bank card *la carte bancaire,* I
barely *à peine ,* 7
barn *la grange,* 6
baseball *le base-ball,* I
basketball *le basket(-ball),* I
bat *la batte,* I
bathroom *la salle de bain,* I
bathtub *la baignoire,* 5
to be *être,* I
to be able to *pouvoir,* I
to be born *naître,* I
to be cold *avoir froid,* I
to be healthy *être en forme,* 8
to be hot *avoir chaud,* I
to be hungry *avoir faim,* I
to be in detention *être en retenue,* 4
to be in one's best interest *avoir intérêt à,* I
to be late *être en retard,* 5
to be located *se trouver,* I
to be named *s'appeler,* I
to be right *avoir raison,* 4
to be sorry *regretter,* I
to be thirsty *avoir soif,* I
to be tired *être fatigué(e),* 8
beach *la plage,* I
beautiful *beau, belle,* 1
to become informed *se renseigner,* 10

bed *le lit,* I
bedroom *la chambre,* I
beef *le bœuf,* 3
before *avant (de),* 5
to begin *commencer,* I
behind *derrière,* I
Belgium *la Belgique,* 10
to believe *croire,* 4
bell pepper *le poivron,* 3
belt *la ceinture,* I
better *meilleur(e)(s),* 6
best *le/la/les meilleur(e)(s),* 6
to bet *parier,* 4
between *entre,* I
bicycle *le vélo,* I
big *grand(e), gros(-se),* I
biking *le vélo,* I
bill *l'addition (f.), le billet,* I
binder *le classeur,* I
binoculars *les jumelles,* I
biography *la biographie,* 9
bird *l'oiseau (m.),* 7
birthday *l'anniversaire (m.),* 2
birthday card *la carte d'anniversaire,* 2
black *noir(e),* I
blond *blond(e),* I
blouse *le chemisier,* I
blow-dryer *le sèche-cheveux,* 5
blue *bleu(e),* I
blues *le blues,* 9
board *le tableau,* I
boarding gate *la porte d'embarquement,* I
boarding pass *la carte d'embarquement,* I
boat *le bateau,* 10
body *le corps, (m.)* 8
boil *bouillir,* 3
bone *l'os (m.),* 8
book *le livre,* I
booked (full) *complet (-ète),* I
bookshelf *l'étagère (f.),* I
bookstore *la librairie,* I
boots *les bottes (f.pl.),* I
boring *ennuyeux(-euse),* I
to borrow *emprunter,* 4
bottle *la bouteille,* 3
bouquet of flowers *le bouquet de fleurs,* 2
bowl *le bol,* I
box *la boîte,* 3
box of chocolates *la boîte de chocolats,* 2
box of matches *la boîte d'allumettes,* 7
boy *le garçon,* I
bracelet *le bracelet,* I
brain *le cerveau,* 8
branch *la branche,* 7
bread *le pain,* I
bread with butter or jam *la tartine,* I
break *la récréation,* I
to break one's leg *se casser la jambe,* 8
breakfast *le petit-déjeuner,* I
bridge *le pont,* I
to bring back *rapporter,* 3
to bring someone along *amener,* I
broccoli *le brocoli (m.),* 3
brochure *la brochure,* 10
brother *le frère,* I
brown *marron (inv.),* 1
brown(-eyed) *avoir les yeux marron,* I
brown(-haired) *brun(e),* I
browser (Internet) *le navigateur,* 4
brush *la brosse,* 5
to brush one's hair *se brosser les cheveux,* 5
to brush one's teeth *se brosser les dents,* 5
buffet car *le wagon-restaurant,* I
built-in bunk *la couchette,* I
to burn (a CD) *graver,* 4
to burn oneself *se brûler,* 8
bus *le bus,* I
bus stop *l'arrêt de bus (m.),* I
busy *occupé(e),* 3
but *mais,* I
butcher *le/la boucher(-ère),* 3
butcher shop *la boucherie,* 3
butter *le beurre,* I
to buy *acheter,* I
to buy a guidebook *acheter un guide,* 10
by bicycle *à vélo,* I
by bus *en bus,* I
by car *en voiture,* I
by foot *à pied,* I
by subway *en métro,* I
by taxi *en taxi,* I
by the way *au fait,* 4

cafeteria *la cantine,* 4
cake *le gâteau,* 2
calculator *la calculatrice,* I
to call *appeler,* I
to call *téléphoner,* I
calling card *la carte téléphonique,* I
calm *calme,* 6
camera *l'appareil photo (m.),* I
to camp out *camper, faire du camping,* 7
camping *le camping,* 7
camping stove *le réchaud,* 7
can opener *l'ouvre-boîte (m.),* 7
to cancel *annuler,* I
candle *la bougie,* 2
candy *les bonbons (m.),* 2
canned food *la boîte de conserve,* 3
canteen *la gourde,* 7
cap *la casquette,* I
car *la voiture,* I
car (train) *le wagon,* I
card(s) *la/les carte(s),* I
carousel *le manège,* 6
carrot *la carotte,* 3
cartoon *le dessin animé,* 9
cash *le liquide (argent),* I
cash machine *le distributeur d'argent,* I
cash register *la caisse,* 3
cashier *le/la caissier(-ière),* 3
castle *le château,* 10
cat *le chat,* I
to catch a fish *attraper un poisson,* 7
CD *le CD,* I
CD burner *le graveur de CD,* 4
CD player *le lecteur de CD,* I
cell phone *le mobile, le portable,* I
cereal *les céréales (f.pl.),* I
chain (neck) *la chaîne,* I
chair *la chaise,* I
to change *changer,* I
change (coins) *la monnaie,* I
to change *changer,* I
to change money *changer de l'argent,* 10
change purse *la porte-monnaie,* I
check *le chèque,* I
to check in *enregistrer,* I
checkers *le jeu de dames,* 6
checkout (register) *la caisse,* 3
cheek *la joue,* 8
cheese *le fromage,* I
cheese market *la fromagerie,* 3
chemistry *la chimie,* I
cherry *la cerise,* 3
chess *les échecs (m.pl.),* I
chest of drawers *la commode,* I
chicken *le poulet,* I
chicken (animal/meat) *la poule/le poulet,* 6
child *l'enfant (m./f.),* I
chips *les chips,* 2
chocolate *le chocolat,* I
to choose *choisir,* I
chore *la corvée,* I
Christmas *le Noël,* 2
Christmas tree *le sapin de Noël,* 2
church *l'église (f.),* I
city *la ville,* I
class *la classe, le/les cours* I
classic movie *le film classique,* I
classical *classique,* I
clean *propre,* 6
to clean *nettoyer,* I
to clean (oneself) up *faire sa toilette,* 5
to clean the house *faire le ménage,* 2
clear *pur(e),* 6
to clear (something) *débarrasser,* I
to clear the table *débarrasser la table,* I

to click *cliquer,* 4
to climb trees *grimper aux arbres,* 6
to close *fermer,* I
closet *le placard,* I
clothes *les vêtements (m.pl.),* I
clothing size *la taille,* I
cloud *le nuage,* I
club *le club (de tennis, de foot),* I
coat *le manteau,* I
coffee *le café,* I
coffee (with milk) *le café au lait,* I
coffee house *le café,* I
coffee table *la table basse,* I
coin *la pièce,* I
cold (temperature) *froid(e),* I
cold (illness) *la rhume,* I
to collect *collectionner,* 6
color *la couleur,* I
colored pencil *le crayon de couleur,* I
comb *le peigne,* 5
to comb (one's hair) *se peigner (les cheveux),* 5
to come *venir,* I
to come down *descendre,* I
comedy *la comédie,* 9
comic strip *la bande dessinée (BD),* I
commercial *le spot publicitaire,* 9
company *la compagnie,* 10
compartment *le compartiment,* I
compass *la boussole,* 7
competition *la compétition,* 4
completely *complètement,* 4
complicated *compliqué(e),* 3
computer *l'ordinateur,* I
computer lab/room *la salle d'informatique,* 4
computer science *l'informatique,* I
confetti *les confettis,* 2
connecting flight *la correspondance,* I
to consume *consommer,* 8
to continue *continuer,* I
to cook *faire la cuisine,* I
to cook/bake *faire cuire,* 3
cookies *les biscuits,* 2
cooking *la cuisine,* I
to correct *corriger,* I
to cost *coûter,* I
costume party *la soirée costumée,* I
cotton *le coton,* I
couch *le sofa,* I
cough *la toux,* I
to cough *tousser,* 8
country *le pays,* 10
country music *la country,* 9
countryside *la campagne,* I
cousin *le/la cousin(e),* I
cow *la vache,* 6
CPU (computer) *l'unité centrale (f.),* 4
to crash (a computer) *planter,* 4
creative *créatif(-ive),* I
croissant *le croissant,* I
to cross *traverser,* I
crowd *la foule,* 2
cup *la tasse,* I
currency exchange office *le bureau de change,* I
to cut *couper,* 3
to cut oneself *se couper,* 8
cute *mignon(ne),* I

dairy market *la crémerie,* 3
to dance *danser,* I
dangerous *dangereux(-euse),* 6
Danish *danois(e),* 10
dark *foncé(e),* I
daughter *la fille,* I
to dawdle *traîner,* 5
day *le jour,* I
day after tomorrow *après-demain,* 7
December *décembre,* I
to decorate *décorer,* 2
decorations *les décorations (f.pl.),* 2
delicatessen *la charcuterie,* 3
delicious *délicieux(-euse),* I
denim (made of) *(en) jean,* I
Denmark *le Danemark,* 10
dentist *le/la dentiste,* 8
deodorant *le déodorant,* 5
department *le rayon,* I
departure *le départ,* I
to depend *dépendre,* 10
to deposit *déposer,* I
depressing *déprimant(e),* 9
to deprive onself *se priver,* 8
desk *le bureau,* I
destination *la destination,* I
dictionary *le dictionnaire,* I
to die *mourir,* I
diet *le régime,* 8
different *différent(e),* 6
difficult *difficile,* I
difficult (personality) *pénible,* I
digital camera *l'appareil photo numérique (m.),* I
dining room *la salle à manger,* I
director (movie) *le metteur en scène,* 9
dirty *sale,* 6
disc jockey *l'animateur (animatrice),* 9
discount *le tarif réduit,* I
dishes *la vaisselle,* I
dishwasher *le lave-vaisselle,* I
disinfectant *le désinfectant,* 7
dismissal *la sortie,* I
to disturb *déranger,* I
diving mask *le masque de plongée,* I
to divorce *divorcer,* I
to do *faire,* I
to do a web search *faire une recherche,* 4
to do an experiment *faire une expérience,* 4
to do drama *faire du théâtre,* 1
to do one's hair *se coiffer,* 5
to do one's homework *faire ses devoirs,* 5
to do photography *faire de la photo,* 1
to do the dishes *faire la vaisselle,* I
to do the laundry *faire la lessive,* I
to do theater *faire du théâtre,* 1
doctor *le médecin* 8
document *le document,* 4
documentary *le documentaire,* 9
dog *le chien,* I
doll *la poupée,* 6
donkey *l'âne, (m.),* I
door *la porte,* I
double bed *le lit double,* I
to download *télécharger,* 4
downstairs *en bas,* I
downtown *le centre-ville,* I
dozen *une douzaine de (d'),* 2
drama *le théâtre,* I
drama *le drame,* 9
to draw *dessiner,* I
drawing *le dessin,* I
dream *le rêve,* 10
dress *la robe,* I
dried fruit *les fruits secs,* 2
drink *la boisson,* I
to drink *boire,* I
driver's license *le permis de conduire,* 10
drums *la batterie,* I
to dry one's hair *se sécher les cheveux,* 5
duck *le canard,* 6
during *pendant,* 10
to dust *faire la poussière,* 2
DVD *le DVD,* I
DVD burner *le graveur de DVD,* 4
DVD player *le lecteur de DVD,* I

each *chaque,* 5
ear *l'oreille,* I
early *en avance,* I
early *tôt, de bonne heure,* 5
earrings *les boucles (f.) d'oreilles,* I
easy *facile,* I
to eat *manger,* I
edge *le bord,* 10
edit *l'édition, (f.),* 4
egg *l'œuf (m.),* I
eggplant *l'aubergine (f.),* 3
eight *huit,* I
eighteen *dix-huit,* I
eighty *quatre-vingts,* I
eighty one *quatre-vingt-un,* I

elderly *âgé(e),* 1
electric train *le train électrique,* 6
elegant *élégant(e),* I
elevator *l'ascenseur (m.),* I
eleven *onze,* I
e-mail *l'e-mail (m.),* I
e-mail address *l'adresse e-mail, (f.),* I
employee *l'employé(e),* I
to empty *vider,* I
to empty the dishwasher *vider le lave-vaisselle,* I
to encourage *encourager,* I
England *l'Angleterre,* 10
English *l'anglais,* I
English (nationality) *anglais(e),* 10
to enjoy *profiter,* 2
enjoy your meal *bon appétit,* I
to enter *entrer,* 2
envelope *l'enveloppe (f.),* I
eraser *la gomme,* I
especially *surtout,* 10
evening *le soir,* I
every *chaque,* 5
every day *tous les jours,* I
every other (day) *tous les deux (jours),* 5
every Wednesday *tous les mercredis,* 1
everywhere *partout,* 8
every one *tout le monde,* 5
excellent *excellent(e),* I
exciting *passionnant(e),* 9
excuse-me *pardon,* I
exercise *l'exercice (m.),* 8
expensive *cher (chère),* I
eye *l'œil (m.),* 8
eyebrow *le sourcil,* 8
eyes *les yeux (m.pl.),* I

face *le visage,* 8
to fail (an exam, a class) *rater,* 4
fall *l'automne (m.),* I
to fall *tomber,* I
to fall asleep *s'endormir,* 5
family *la famille,* I
fantasy novel *le roman fantastique,* 9
far *loin (de),* I
farm *la ferme,* 6
fascinating *fascinant(e),* I
fat *gros(se),* I
father *le père,* I
fatty foods *les matières grasses,* 8
faucet *le robinet,* 5
favorite *préféré(e),* I
favorites (Internet) *les favoris,* 4
February *février,* I
fee *le tarif,* I
to feed oneself *se nourrir,* 5
to feel like *avoir envie de,* I
field *le champ,* 6
fifteen *quinze,* I
fifty *cinquante,* I
file *le fichier,* 4
film *le film,* I
finally *finalement,* I
to find *trouver,* I
to find out *s'informer,* 10
finger *le doigt,* 8
to finish *finir,* I
fireworks *les feux (m.) d'artifice,* 2
first *d'abord,* I
first *premier(ière),* I
first *en premier,* 5
first class *la première classe,* I
first floor *le rez-de-chaussée,* I
first-aid kit *la trousse de premiers soins,* 7
fish *le poisson,* I
fish market *la poissonnerie,* 3
fish monger *le/la poissonnier (-ière),* 3
fishing pole *la canne à pêche,* I
five *cinq,* I
flamingo *le flamant rose,* 7
flashlight *la lampe de poche,* 7
flashy *tape-à-l'œil,* I
flight *le vol,* I
flippers *les palmes (f.pl.),* I
floor (of a building) *l'étage (m.),* I
flour *la farine,* 3
flower *la fleur,* 7
flower shop *le fleuriste,* I
flu *la grippe,* 8
fly *la mouche,* 7
folding chair *le fauteuil pliant,* 7
to follow *suivre,* 4
foot *le pied,* I
for once *pour une fois,* 4
forehead *le front,* 8
foreign *étranger (-ère),* 10
foreign film *le film étranger,* 9
forest *la forêt,* 7
to forget *oublier,* I
fork *la fourchette,* I
fortunately *heureusement,* I
forty *quarante,* I
forward (Internet) *suivante,* 4
four *quatre,* I
fourteen *quatorze,* I
France *la France,* 10
free *libre,* I
free time *le temps libre,* I
French *le français,* I
Friday *vendredi,* I
friend *l'ami(e), le copain/la copine,* I
fries *les frites,* I
frog *la grenouille,* 7
from *en provenance de,* I
from *de, du/de la/de l'/ des,* 3
from time to time *de temps en temps,* I
fruit juice *le jus de fruit,* 1
fruit *les fruits (m.),* 3
full *plein(e),* 9
full (booked) *complet(-ète),* I
full-board *la pension complète,* I
funny *marrant(e),* I
funny *drôle, amusant(e),* 9

to gain weight *grossir,* I
game *le jeu,* I
garage *le garage,* I
garden *le jardin,* I
garlic *l'ail (m.),* 3
gas lighter *l'allume-gaz (m.),* 7
generous *généreux(-euse),* I
genre *le genre,* 9
geography *la géographie,* I
German *l'allemand,* I
German (nationality) *allemand (e),* 10
Germany *l'Allemagne,* 10
to get dressed *s'habiller,* 5
to get information in a travel agency *se renseigner dans une agence de voyages,* 10
to get one's backpack ready *préparer son sac,* 5
to get ready *se préparer,* 5
to get undressed *se déshabiller,* 5
to get up *se lever,* 5
to get vaccinated *se faire vacciner,* 10
gift card *le chèque-cadeau,* 2
girl *la fille,* I
to give *donner,* I
to give back *rendre,* I
glass *le verre,* I
glasses *les lunettes (f.pl.),* I
gloves *les gants (m.),* I
to go *aller,* I
to go down *descendre,* 1
to go fishing *aller à la pêche,* 7
to go forward *avancer,* I
to go grocery shopping *faire les courses,* 2
to go hiking *faire une randonnée,* 10
to go on a carousel *faire du manège,* 6
to go on a picnic *faire un pique-nique,* I
to go on vacation *partir en voyage,* 10
to go out *sortir,* I
to go sailing *faire de la voile,* 10
to go shopping *faire les magasins,* I
to go to bed *se coucher,* 5
to go to summer camp *aller en colonie de vacances,* 10
to go to the circus *aller au cirque,* 6
to go to work *aller au travail,* 5
to go up *monter,* I

to go the wrong way *aller de travers,* 4
goat *la chèvre,* 6
gold *l'or (m.),* I
gold (made of) *en or,* I
good *bon(ne),* I
Good evening *Bonsoir,* I
Goodbye *Au revoir,* I
grade *la note,* 4
grandchild *le petit-enfant,* I
granddaughter *la petite-fille,* I
grandfather *le grand-père,* I
grandmother *la grand-mère,* I
grandparent *le grand-parent,* I
grandson *le petit-fils,* I
grapefruit *le pamplemousse,* I
gray *gris(e),* I
great *génial(e),* I
Greece *la Grèce,* 10
Greek *grec (grecque),* 10
green *vert(e),* I
green beans *les haricots (m.pl.) verts,* 3
greeting card *la carte de vœux,* 2
grocer *l'épicier(-ière),* 3
grocery store *l'épicerie,* 3
to grow (up) *grandir,* I
guest *l'invité(e),* 3
guidebook *le guide,* 10
guided *guidé(e),* 10
guitar *la guitare,* I
gymnasium *le gymnase,* 4

hair *les cheveux (m.),* I
hairdresser *le coiffeur,* I
half *demi(e),* I
half-board *demi-pension,* I
half-brother *le demi-frère,* I
half-sister *la demi-sœur,* I
ham *le jambon,* I
ham sandwich *le sandwich au jambon,* 1
hand *la main,* 8
handicap access *l'accès handicapé ,* I
handsome *beau (belle),* I
to happen *se passer,* 4
to happen (to someone) *arriver (à quelqu'un),* 4
happy *heureux(-euse),* I
happy *content(e),* 6
Happy Birthday! *Bon anniversaire!,* 2
Happy New Year! *Bonne année!,* 2
hat *le chapeau,* I
to hate *détester,* I
to have *avoir,* I
to have a fever *avoir de la fièvre,* 8
to have breakfast *prendre le petit-déjeuner,* 5
to have dinner *dîner,* I
to have fun *s'amuser,* I
to have just done something *venir de,* I
to have more *reprendre,* I
to have practice *avoir entraînement,* 4
to have time *avoir le temps de,* I
to have to *devoir,* I; *falloir (Il faut),* 8
to have training *avoir entraînement,* 4
he *il,* I
head *la tête,* I
heading for *à destination de,* I
headphones *les écouteurs (m.pl.),* I
health *la santé,* 8
to hear *entendre,* I
heart *le cœur,* 8
hello *Bonjour, Bonsoir,* I
helmet *la casque,* I
help (computer) *l'aide (m.),* 4
to help *aider,* I
here *là,* I
here is... *voilà,* I
Here. *Tiens, Voilà,* I
hero *le héros,* 9
heroine *l'héroïne (f.),* 9
hi *salut,* I
high *haut,* I
high school *le lycée,* I
hike *la randonnée,* I
hiking shoes *les chaussures (f.pl.), de randonnée,* I
hip-hop *le hip-hop,* 9
historical novel *le roman historique,* 9
history *l'histoire (f.),* I
hockey *le hockey,* I
home (Internet) *le démarrage,* 4
home page *l'accueil (m.),* 4
homework *le devoir,* I
honestly *franchement,* I
to hope *espérer,* I
hopscotch *la marelle,* 6
horrible *horrible,* I
horror movie *le film d'horreur,* 9
horse *le cheval,* 6
hospital *l'hôpital (m.),* I
hot *chaud(e),* I
hot chocolate *le chocolat chaud,* I
hotel *l'hôtel (m.),* I
hour *l'heure (f.),* I
house *la maison,* I
how *comment,* I
to hurry *se dépêcher,* 5
to hurt *avoir mal à,* I
husband *le mari,* I

I *je,* I
ice cooler *la glacière,* I
ice cream *la glace,* I
ice-skating *le patin à glace,* I
ice-skating rink *la patinoire,* I
if *si,* 3
in *dans,* I; en, 3
in front (of) *devant,* I
in my opinion *à mon avis,* I
in short *bref,* 7
in the middle of *au milieu de,* 3
in the process of *en train de,* 7
inexpensive *bon marché,* I
information board *le tableau d'affichage,* I
to injure oneself *se blesser,* 8
insect *l'insecte (m.),* 7
inside *dans,* 3
instant message *le SMS, le texto,* I
intellectual *intellectuel(le),* 1
intelligent *intelligent(e),* I
interest *l'intérêt (m.),* I
interesting *intéressant(e),* I
interface *l'interface (f.),* 4
Internet *Internet,* I
Internet café *le cybercafé,* I
intersection *le carrefour,* I
to introduce *présenter,* I
Italian *italien(ne),* 10
Italy *l'Italie,* 10
itinerary *l'itinéraire,* 10

jacket *la veste,* I
jam *la confiture,* I
January *janvier,* I
jar *le pot,* 3
jazz *le jazz,* 9
jeans *le jean,* I
jewelry *la bijouterie,* I
jewelry department *le rayon bijouterie,* I
jogging *le jogging,* I
juice *le jus,* I
July *juillet,* I
to jump rope *sauter à la corde,* 6
June *juin,* I

key *la clé,* I
key (computer) *la touche,* 4
keyboard *le clavier,* 4
kilogram *un kilo(gramme),* 3
kitchen *la cuisine,* I
kite *le cerf-volant,* I
knee *le genou,* 8
knife *le couteau,* I
to know (facts) *savoir,* I
to know (to be familiar with) *connaître,* I

laboratory *le laboratoire,* 4
lake *le lac,* I
lamp *la lampe,* I
landscape *le paysage,* 6
lantern *la lanterne,* 7
laptop *l'ordinateur (m.) portable,* 4
laptop *le portable,* I
last *dernier(-ière)* , I
last month *le mois dernier,* I
last week *la semaine dernière,* I
late *en retard,* I; *tard,* 5
latest *dernier(-ière),* 9
to launch a session *ouvrir une session,* 4
laundry *la lessive,* I
lawn *la pelouse,* I
layover *l'escale (f.),* I
lazy *paresseux(-euse),* I
leaf *la/les feuille(s),* 7
to learn *apprendre,* I
leather *le cuir,* I
leather department *le rayon maroquinerie,* I
leather goods *la maroquinerie,* I
to leave *partir,* I
left *gauche,* I
leg *la jambe,* 8
lemon-lime soda *la limonade,* I
to lend *prêter,* I
less . . . than *moins... que,* 6
letter *la lettre,* I
lettuce *la laitue,* 3
librarian *le documentaliste,* 4
library *la bibliothèque, le CDI (centre de documentation et d'information),* I
life *la vie,* 6
life vest *le gilet de sauvetage,* 10
to lift weights *faire de la musculation,* 8
to light *allumer,* 7
light (color) *clair(e),* I
light *la lumière,* 10
to light *allumer,* 2
light (weight) *léger(-ère),* 8
light brown(-haired) *châtain(s),* I
lighter *le briquet,* 7
to like *aimer, aimer bien,* I
to like better *aimer mieux, préférer,* I
line *la queue,* I
linen *le lin,* I
linen (made of) *en lin,* I
link (Internet) *le lien,* 4
lip *la lèvre,* 8
lipstick *le rouge à lèvres,* 5
to listen *écouter,* I
liter *le litre,* 3
liter of orange juice *le litre de jus d'orange,* 3
literary *littéraire,* 9
little *petit(e),* 1
live *direct(e),* 9
to live *habiter,* I
living room *le salon,* I
lizard *le lézard,* 7
loaf of French bread *la baguette,* I
lobby *le hall,* I
long *long(ue),* I
to look at *regarder,* I
to look for *chercher,* I
loose *large,* I
to lose *perdre,* I
to lose weight *maigrir,* I
lot *beaucoup,* I
to love *aimer, adorer,* I
low *bas(se),* I
luggage (carry on) *les bagages (à main),* I
luggage rack *le porte-bagages,* I
lunch *le déjeuner,* I
lung *le poumon,* 8

M

magazine *le magazine,* I
mail *le courrier,* 4
mail carrier *le facteur,* I
main character *le personnage principal,* 9
to make *faire,* I
to make a campfire *faire un feu de camp,* 7
to make a reservation *faire une réservation,* 10
to make a stopover *faire escale,* I
to make one's bed *faire son lit,* I
to make sandcastles *faire des châteaux de sable,* 6
to make videos *faire de la vidéo amateur,* 1
make-up *le maquillage,* 5
mall *le centre commercial,* I
man's shirt *la chemise,* I
map *la carte, le plan,* I
marbles *les billes (f.),* 6
March *mars,* I
mascara *le mascara,* 5
mathematics *les mathématiques,* I
May *mai,* I
meadow *la prairie,* 6
meal *le repas,* I
mean *méchant(e),* I
medicine *le médicament,* I
medium *à point,* I
melon *le melon,* 3
menu *la carte,* I
Merry Christmas *Joyeux Noël,* 2
midnight *minuit,* I
midnight feast *le réveillon,* 2
milk *le lait,* I
mineral water *l'eau minérale,* I
mint *la menthe,* I
mint syrup *le sirop de menthe,* I
minus *moins,* I
mirror *le miroir,* 5
Miss *mademoiselle,* I
to miss (someone) *manquer,* I
to miss (an event) *rater,* I
to mix *mélanger,* 3
modern *moderne,* I
moment *le moment,* I
Monday *lundi,* I
money *l'argent (m.),* I
money order *le mandat,* I
month *le mois,* I
more *encore,* I
more of...than *plus de... que,* 6
more... than *plus... que,* 6
morning *le matin,* I; *la matinée,* 5
mosquito *le moustique,* 7
mosquito net *la moustiquaire,* 7
mosquito repellent *la lotion anti-moustiques,* 7
mother *la mère,* I
Mother's Day *la fête des mères,* 2
mountain *la montagne,* I
mountain bike *le vélo tout terrain/ le VTT,* I
to mountain climb *faire de l'escalade,* 10
mountain climbing *l'escalade,* 10
mouse *la souris,* 4
mouth *la bouche,* I
movie *le film,* I
movie star *la vedette,* 9
movie theatre *le cinéma,* I
to mow *tondre,* I
to mow the lawn *tondre la pelouse,* I
MP3 *le MP3,* I
Mr. *monsieur,* I
Mrs. *madame,* I
muscle *le muscle,* 8
museum *le musée,* I
mushroom *le champignon,* 3
music *la musique,* I
music education *l'éducation (f.) musicale,* I
music video *le vidéoclip,* 9
my *mon/ma/mes,* I
mystery novel *le roman policier,* 9

N

name *le nom,* I
nap *la sieste,* 5
napkin *la serviette,* I
national anthem *l'hymne (m.) national,* 2
national holiday *la fête nationale,* 2

nature *la nature,* 7
to **navigate** *naviguer,* 4
neck *le cou,* 8
necklace *le collier,* I
to **need** *avoir besoin de,* I
nephew *le neveu,* I
never *jamais, ne... jamais* I
new *nouveau(-elle),* I
New Year's Day *le jour de l'an,* 2
New Year's Eve *la Saint-Sylvestre,* 2
news *les informations (f.),* 9
newscaster *le présentateur (la presentatrice),* 9
newspaper *le journal,* I
next *prochain(e),* I
next time *la prochaine fois,* 7
next to *à côté de, près de,* I
nice *sympa(thique),* I
niece *la nièce,* I
night *la nuit,* I
nightgown *la chemise de nuit,* 5
night stand *la table de nuit,* I
nine *neuf,* I
nineteen *dix-neuf,* I
ninety *quatre-vingt-dix,* I
ninety-one *quatre-vingt-onze,* I
no *non,* I
no longer *ne... plus,* I
no more *ne...plus,* 2
no one *ne... personne,* I
no problem *pas de problème,* 2
nobody *ne...personne,* 4
noise *le bruit,* 6
noisy *bruyant(e),* 6
non-smoking *non-fumeur,* I
noon *midi,* I
nose *le nez,* I
not *ne... pas,* I
not any *pas de,* 3
not anymore *ne... plus,* I
not at all *pas du tout,* I
not bad *pas mal, pas mauvais,* I
not much *pas grand-chose,* I
not yet *ne... pas encore,* I
notebook *le cahier,* I
nothing *ne... rien,* I
nothing special *rien de spécial,* I
novel *le roman,* I
November *novembre,* I
now *maintenant,* I
number *le numéro,* I
nurse *l'infirmier(-ière),* 8
nurse's office *l'infirmerie,* 4

obedient *obéissant(e),* 6
obviously *évidemment,* 4
October *octobre,* I
of *de,* I
of course *bien entendu, bien sûr,* I
to **offer** *offrir,* 2
often *souvent,* I
okay *d'accord,* I
old *âgé(e), vieux (vieille),* I
olive *l'olive (f.),* 3
olive oil *l'huile (f.) d'olive,* 3
omelet *l'omelette (f.),* I
on *sur,* I
on sale *en solde,* I
on time *à l'heure,* I
once *une fois que,* 5
one (number) *un(e),* I
one hundred *cent,* I
one hundred and one *cent un,* I
one way *aller simple,* I
onion *l'oignon (m.),* 3
only *ne... que,* 4
only daughter *la fille unique,* I
only son *le fils unique,* I
to **open** *ouvrir,* I
open-air market *le marché,* I
opera *l'opéra (m.),* I
or *ou,* I
orange *orange,* I
orange (n.) *l'orange (f.),* I
orange juice *le jus d'orange,* I
organic products *les produits (m.pl.) bio(logiques),* 8
to **organize** *organiser,* 2
organized *organisé(e),* 10
our *notre, nos* I
outdoor center *le centre aéré,* I
outdoor goods department *le rayon plein air,* I
outdoors *plein air,* I
oven *le four,* 3
oyster *les huître(s) (m.),* 3

to **pack one's suitcase** *faire sa valise,* 10
to **pack the bags** *faire les valises,* I
package *le colis, I; le paquet,* 3
page *la page,* I
painting *le tableau,* I
pants *le pantalon,* I
paper *le papier,* I
parade *le défilé,* 2
parent *le parent,* I
park *le parc,* I
parking *le parking,* I
party *la fête,* I
to **party** *faire la fête,* I
party *la soirée,* 2
to **pass** *réussir (à),* I
passenger *le passager,* I
passport *le passeport,* I
pasta *les pâtes (f.pl.),* I
pastry shop *la pâtisserie,* 3
path *le sentier,* 7
to **pay** *payer,* I
to **pay by check** *payer par chèque,* I
to **pay cash** *payer en liquide,* I
to **pay with a credit card** *payer avec une carte,* I
peaceful *tranquille,* 6
peach *la pêche,* 3
peak *le sommet,* 10
peanuts *les cacahuètes (f.pl.),* 2
pear *la poire,* 3
peas *les petits pois (m.pl.),* 3
pelican *le pélican,* 7
pen *le stylo,* I
pencil *le crayon,* I
pencil case *la trousse,* I
pencil sharpener *le taille-crayon,* I
pepper *le poivre,* I
pharmacist *le/la pharmacien(ne),* I
pharmacy *la pharmacie,* I
phone number *le numéro de téléphone,* I
photo *la photo,* I
physical education (P.E.) *l'EPS (éducation physique et sportive),* I
physics *la physique,* I
piano *le piano,* I
to **pick up one's bedroom** *ranger sa chambre,* I
picnic *le pique-nique,* I
pie *la tarte,* I
piece *le morceau,* 3
piece of paper *la feuille de papier,* I
pig *le cochon,* 6
pilot *le pilote,* I
pink *rose,* I
to **pitch a tent** *monter la tente,* 7
pizza *la pizza,* I
to **place** *placer,* I
to **plan** *organiser,* 2
to **plan a party** *organiser une soirée/fête,* 2
plane *l'avion (m.),* I
plane ticket *le billet d'avion,* I
plant *la plante,* I
plastic bag *le sac en plastique,* 3
plate *l'assiette,* I
platform *le quai,* I
play *la pièce de théâtre,* 9
to **play** *jouer,* I
to **play ball** *jouer au ballon,* 6
to **play baseball** *jouer au base-ball,* I
to **play cards** *jouer aux cartes,* I
to **play checkers** *jouer aux dames,* 6
to **play chess** *jouer aux échecs,* I
to **play dolls** *jouer à la poupée,* 6
to **play hopscotch** *jouer à la marelle,* 6
to **play marbles** *jouer aux billes,* 6
to **play practical jokes** *faire des farces,* 6
to **play soccer** *jouer au football,* I

to play sports *faire du sport,* I
to play tennis *jouer au tennis,* 1
to play video games *jouer à des jeux vidéo,* I
to play with electric trains *jouer au train électrique,* 6
to play with matchbox cars *jouer aux petites voitures,* 6
playground *la cour de récré(ation),* 4
please *s'il te/vous plaît,* I
poetry collection *le recueil de poésie,* 9
polluted *pollué(e),* 6
pomegranate drink *la grenadine,* I
pool *la piscine,* I
poor *pauvre,* 8
pop music *la pop,* 9
pork *le porc,* I
portable stereo *le baladeur,* I
Portugal *le Portugal,* 10
Portuguese *portugais(e),* 10
post card *la carte postale,* I
post office *la poste,* I
poster *le poster,* I
potato *la pomme de terre,* 3
pound *la livre,* 3
to prefer *préférer,* I
to prepare *préparer,* 2
to prepare the snacks *préparer les amuse-gueules,* 2
present *le cadeau,* 2
pretty (rather) *assez,* 1
pretty well *assez bien,* I
to print *imprimer,* 4
printer *l'imprimante (f.),* 4
to pronounce *prononcer,* I
pull-over sweater *le pull,* I
to punch (a ticket) *composter,* I
purple *violet(te),* I
purse *le sac (à main),* I
push ups *les pompes,* 8
to put *mettre,* I
to put away *ranger,* I
to put on *se mettre,* 5
to put on a nightgown *se mettre en chemise de nuit,* 5
to put on makeup *se maquiller,* 5
to put on pajamas *se mettre en pyjama,* 5
to put one's things away *ranger ses affaires,* 5

quarter *le quart,* I
quiche *la quiche,* I
quiet *silence,* I
quite *assez,* I
quiz *l'interro(gation) (f.)* 4

rabbit *le lapin,* 6
racket *la raquette,* I
radio *la radio,* I
to rain *pleuvoir,* I
raincoat *l'imperméable (m.),* I
to raise *lever,* I
rap *le rap,* 9
rare (cooking) *saignant,* I
rarely *rarement ,* I
raspberry *la framboise,* 3
razor (electric) *le rasoir (électrique),* 5
to read *lire,* I
ready *prêt(e),* 5
to receive *recevoir,* 2
recently *recémment,* 9
reception *la réception,* I
receptionist *la réceptioniste,* I
to recommend *recommander,* I
recreation center *la Maison des jeunes et de la culture (MJC),* I
red *rouge,* I
red-head(ed) *roux (rousse),* 1
to refresh *actualiser,* 4
reggae *le reggae,* 9
register *la caisse,* 3
regularly *régulièrement,* I
to relax *se relaxer,* 8
to remarry *se remarier,* I
to remember *se rappeler,* I
to remind *rappeler,* 10
remote control *la télécommande,* 9
to repeat *répéter,* I
to replace *remplacer,* I
report *le reportage,* 9
reservation *la réservation,* I
to reserve *réserver,* I
to rest *se reposer,* 8
restroom *les toilettes (f.),* I
return *le retour,* 4
to return *retourner,* I
to return (a book) *rendre (un livre),* 4
to return (to the house) *rentrer,* 2
rice *le riz,* I
to ride a horse *monter à cheval,* 10
right *droite,* I
right away *tout de suite,* I
right next to *tout près,* 3
ring *la bague,* I
to ring *sonner,* 5
ripe *mûr(e),* 3
river *le fleuve, la rivière,* 7
rock *le rock,* 9
romance novel *le roman d'amour,* 9
room *la pièce, la salle,* I
room with a view *la chambre avec vue,* I
round-trip *l'aller-retour (m.),* I
rug *le tapis,* I
ruler *la règle,* I
to run *courir,* 7
to run (drip) *couler,* 8
to run along *s'en aller,* 5

sad *triste,* 6
safety glasses *les lunettes (f.) de protection,* 4
sail *la voile,* 10
salad *la salade,* I
salami *le saucisson,* I
sale *les soldes (f.pl.),* I
salt *le sel,* I
sand castle *le château de sable,* 6
sandals *les sandales (f.),* I
sandwich *le sandwich,* I
Saturday *samedi,* I
to save (a document) *sauvegarder,* 4
to say *dire,* I
to say good night *souhaiter une bonne nuit,* 5
scarf *le foulard,* I
schedule *l'horaire (m.),* I
scholastic *scolaire,* I
school *l'école (f.),* I
school counselor *le/la conseiller(-ère) d'éducation,* 4
school subject *la matière,* I
school supplies *les fournitures (f.pl.), scolaires,* I
science-fiction movie *le film de science-fiction,* 9
screen *l'écran (m.),* 4
scroll bar *la barre de défilement,* 4
sea *la mer,* I
seafood *les fruits de mer (m.pl.),* 3
to search *rechercher,* 4
search engine *le moteur de recherche,* 4
seashore *au bord de la mer,* 10
season *la saison,* I
seat *la place,* I
second *deuxième,* I
second class *la deuxième classe,* I
second floor *le premier étage,* I
to see *voir,* I
to seem *avoir l'air,* 8
to seesaw *faire de la bascule,* 6
to sell *vendre,* I
to send *envoyer,* I
to send e-mails *envoyer des e-mails,* I
to send invitations *envoyer les invitations,* 2
September *septembre,* I
series *la série,* 9

serious *sérieux(-euse),* I
to set *mettre,* I
to set the table *mettre la table, mettre le couvert,* I
seven *sept,* I
seventeen *dix-sept,* I
seventy *soixante-dix,* I
seventy-one *soixante et onze,* I
seventy-two *soixante-douze,* I
shampoo *le shampooing,* 5
to shave *se raser,* 5
shaving cream *la crème à raser,* 5
she *elle,* I
sheep *le mouton,* 6
sheet *la feuille,* I
shoe size *la pointure,* I
shoes *les chaussures (f.),* I
shop *la boutique,* I
shop *le magasin,* I
shopping cart *le chariot,* 3
short (length) *court(e),* I
shorts *un short,* I
shoulder *l'épaule (f.),* 8
show *le spectacle,* 10
shower *la douche,* 5
shower gel *le gel douche,* 5
showing *la séance,* 9
shrimp *les crevettes (f.),* 3
shy *timide,* I
sick *malade,* 8
silk *la soie,* I
silver *l'argent (m.),* I
silver (made of) *en argent,* I
simple *simple,* 3
since *depuis, ça fait,* 4
to sing *chanter,* I
single bed *le lit simple,* I
sink *le lavabo,* 5
sister *la sœur,* I
sit down *asseyez-vous,* I
sitcom *le sitcom,* 9
size (clothing) *la taille,* I
size (shoe) *la pointure,* I
six *six,* I
sixteen *seize,* I
sixty *soixante,* I
skateboarding *le skate(board),* I
skiing *le ski,* I
to skip meals *sauter des repas,* 8
skirt *la jupe,* I
skis *les skis (m.pl.),* I
sleep *le sommeil,* 8
to sleep *dormir,* I
sleeping bag *le sac de couchage,* 7
slice *la tranche,* 3
small *petit(e),* I
smart *intelligent(e),* I
to smoke *fumer,* 8
snacks *les amuse-gueules,* 2
snake *le serpent,* 7
to sneeze *éternuer,* 8
snorkel *le tuba,* I
snow *la neige,* I
to snow *neiger,* I
snowboarding *le surf,* I
so *alors,* I
so (so much) *tellement,* 6
soap *le savon,* 5
soap opera *le feuilleton,* 9
soccer *le football,* I
socks *les chaussettes (f.),* I
soda *le coca,* I
software *le logiciel,* 4
some *du/de la/de l'/des,* 3
some (of it/them) *en,* 3
someone *quelqu'un,* 4
son *le fils,* I
soon *bientôt, tout à l'heure,* 7
sorry *désolé(e),* I
sound *le son,* 9
sound and light show *le spectacle son et lumière,* 10
Spain *l'Espagne (f.),* 10
Spanish *l'espagnol,* I
Spanish (nationality) *espagnol(e),* 10
to speak *parler,* 1
to spell *épeler,* I
spices *les épices (f.pl.),* 3
spider *l'araignée (f.),* 7
spider web *la toile d'araignée,* 7
spoon *la cuillère,* I
sports *le sport,* I
sports car *la voiture de sport,* I
sports complex *le complexe sportif,* 4
sports field *le terrain de sport,* 4
sports report *le reportage sportif,* 9
spring *le printemps,* I
spy movie *le film d'espionnage,* 9
stadium *le stade,* I
staircase *l'escalier,* I
stamp *le timbre,* I
to stand in line *faire la queue,* I
to stand up *se lever,* 5
to start up *démarrer,* 4
station *la chaîne,* 9
stationary store *la papeterie,* I
to stay *rester,* I
stay (sojourn) *le séjour,* 10
to stay (sojourn) *faire un séjour,* 10
to stay at home *rester chez soi,* 10
steak *le steak,* I
stepfather *le beau-père,* I
stepmother *la belle-mère,* I
stereo system *la chaîne stéréo,* I
stewardess *l'hôtesse,* I
stomach *l'estomac (m.),* 8
stop *l'arrêt (m.),* I
stop (Internet) *arrêter, annuler,* 4
to stop by *passer (à un endroit),* I
stopover *l'escale,* I
story *l'histoire (f.),* 9
stove *la cuisinière,* 3
straight ahead *tout droit,* I
strawberry *la fraise,* 3
street *la rue,* I
stressed *stressé(e),* 8
stressful *stressant(e),* 6
strong *fort(e),* I
student *l'élève (m./f.),* I
to study *étudier,* I
subtitles *les sous-titres (m.pl.),* 9
subway *le métro,* I
subway station *la station de métro,* I
to succeed *réussir (à),* I
sugar *le sucre,* 3
suit *le costume, le tailleur* I
suitcase *la valise,* I
summer *l'été (m.),* I
summer camp *la colonie de vacances,* 10
suddenly *soudain,* 7
sun *le soleil,* I
Sunday *dimanche,* I
sunglasses *les lunettes (f.) de soleil,* I
sunscreen *la crème solaire,* 7
supermarket *le supermarché,* 3
superstore *la grande surface,* I
to surf *surfer,* I
to surf the Net *surfer sur Internet,* I
surfboard *la planche de surf,* I
suspense *le suspense,* 9
sweater *le pull,* 10
sweat-shirt *le sweat-shirt,* I
Sweden *la Suède,* 10
to sweep *balayer,* I
sweet *gentil(le),* I
to swim *nager,* I; *se baigner,* 7
swimming pool *la piscine,* I
swimsuit *le maillot de bain,* I
to swing *faire de la balançoire,* 6
Switzerland *la Suisse,* 10
syrup *le sirop,* I

T

t.v. program *le programme télé,* 9
table *la table,* I
table setting *le couvert,* I
tablecloth *la nappe,* I
tablespoon *la cuillerée à soupe,* 3
tablet *le comprimé,* I; *la tablette* 4
tag *jouer à chat perché,* 2
to take *prendre, emporter,* I
to take a bath *prendre un bain,* 5
to take a class *suivre un cours,* 4
to take a guided tour *faire une visite guidée,* 10
to take a nap *faire la sieste,* 5
to take a shower *prendre une douche,* 5
to take a stroll *se promener,* 7
to take a test *passer un examen,* 4
to take a trip *faire un voyage,* I
to take a walk *se promener,* I

to take a world tour *faire le tour du monde,* 10
to take an organized trip *faire un voyage organisé,* 10
to take care (of) *s'occuper (de),* 5
to take down a tent *démonter la tente,* 7
to take more *reprendre,* I
to take off one's clothes *enlever ses vêtements,* 5
to take out *sortir,* I
to take out the trash *sortir la poubelle,* I
to take someone's temperature *prendre la température,* 8
to take the bus *prendre le bus,* 5
to talk *parler, discuter,* I
taxi *le taxi,* I
teacher *le prof(esseur),* I
teaspoon *la cuillerée à café,* 3
techno (music) *la techno,* 9
telephone *le téléphone,* I
telephone booth *la cabine téléphonique,* I
television *la télé(vision),* I
television programs *les émissions télé,* 9
to tell *dire,* I; *raconter,* 9
ten *dix,* I
tennis *le tennis,* I
tennis shoes *les baskets,* I
tent *la tente,* I
terminal *le terminal,* I
to thank *remercier,* 2
thank you *merci,* I
that *ça,* I
the *le/la/les,* I
theater *le théâtre,* I
their *leur(s),* I
then *ensuite, puis,* I
there is/are . . . *il y a...,* 3
there were . . . *il y avait...,* 6
thermos *la bouteille isotherme,* 7
these *ces,* I
they *ils/elles,* I
thin *mince,* I
thing *la chose,* I
to think *penser,* I; *croire,* 4
thirteen *treize,* I
thirty *trente,* I
thirty-one *trente et un,* I
this *ce/cet/cette,* I
three *trois,* I
throat *la gorge,* I
to throw *jeter, lancer,* I
Thursday *jeudi,* I
ticket *le ticket,* I; *le billet,* 10
ticket collector *le contrôleur,* I
ticket machine *le distributeur de billets,* I
to tidy up the house *ranger la maison,* 2
tie *la cravate,* I
tight *étroit(e)/serré(e),* I
time *la fois,* I
time *le temps,* I
times a week *fois par semaine,* 1
times per... *fois par...,* I
to the left of *à gauche de,* I
to the right of *à droite de,* I
toast *le toast,* I
toasted ham and cheese sandwich *le croque-monsieur,* I
today *aujourd'hui,* I
toe *le doigt de pied,* 8
tomato *la tomate,* 3
tomorrow *demain,* I
too much *trop,* I
tools *les outils,* 4
toothbrush *la brosse à dents,* 5
toothpaste *le dentifrice,* 5
totally *tout à fait,* I
tour *la tour,* 10
tourism *le tourisme,* 10
tourist center *l'office de tourisme,* 10
towel *la serviette,* 5
track *la piste (d'athlétisme),* 4
track and field *l'athlétisme,* I
track (train) *la voie,* I
tractor *le tracteur,* 6
traffic light *le feu,* I
train *le train,* I
train station *la gare,* I
train ticket *le billet de train,* I
trash *la poubelle,* I
to travel *voyager,* I
travel agency *l'agence de voyages,* 10
travelers' check *le chèque de voyage,* I
traveling bag *le sac de voyage,* I
tree *l'arbre (m.),* 7
trip *le voyage,* I
to try *essayer,* I
t-shirt *le tee-shirt,* I
Tuesday *mardi,* I
to turn *tourner,* I
turtle *la tortue,* 7
twelve *douze,* I
twenty *vingt,* I
twenty-eight *vingt-huit,* I
twenty-five *vingt-cinq,* I
twenty-four *vingt-quatre,* I
twenty-nine *vingt-neuf,* I
twenty-one *vingt et un(e),* I
twenty-seven *vingt-sept,* I
twenty-six *vingt-six,* I
twenty-three *vingt-trois,* I
twenty-two *vingt-deux,* I
twist *le rebondissement,* 9
to twist one's ankle/wrist *se fouler la cheville/le poignet,* 8
two *deux,* I
two hundred *deux cents,* I
two hundred and one *deux cent un,* I
type *la sorte,* 4

umbrella *le parapluie,* I
uncle *l'oncle (m.),* I
under *sous,* I
to understand *comprendre,* I
upstairs *en haut,* I
to use *utiliser,* 4
usually *d'habitude,* I

vacation *les vacances (f.pl.),* I
to vacuum *passer l'aspirateur,* I
vacuum cleaner *l'aspirateur (m.),* I
valley *la vallée,* 10
vanity case *la trousse de toilette,* I
variety show *l'émission (f.) de variétés,* I
vegetable *le légume,* I
very *très,* I

vibrant *vivant(e),* 6
video camera *le caméscope,* I
video game *le jeu vidéo,* I
view *la vue,* I
view (computer) *l'affichage (m.),* 4
village *le village,* 6
village dance *le bal populaire,* 2
visa *le visa,* I
to visit (a person) *rendre visite à (une personne),* 10
to visit (a place) *visiter (un endroit),* 10
visit *la visite,* 10
visual arts *les arts plastiques,* I
vitamins *les vitamines (f.),* 8
volleyball *le volley,* I

to wait *attendre,* I
to wake up *se réveiller,* 5
to walk *se promener,* I
to walk the dog *promener le chien,* I
wallet *le portefeuille,* I
to want *désirer,* I
to want *vouloir,* I
war movie *le film de guerre,* 9
wardrobe *l'armoire (f.),* I
to wash *laver,* I
to wash one's face *se laver la figure,* 5
to wash one's hair *se laver les cheveux,* 5
to wash the car *laver la voiture,* I
watch *la montre,* I
to watch *regarder,* I
to watch cartoons *regarder des dessins animés,* 6
to watch TV *regarder la télé,* I
water *l'eau (f.),* I
to water *arroser,* I
to water the plants *arroser les plantes,* I
waterfall *la cascade,* 7
watermelon *la pastèque,* 3
we *nous,* I
to wear *mettre, porter,* I
weather *le temps,* I
weather report *le bulletin météo(rologique),* 9
web site *le site,* 10
Wednesday *mercredi,* I
week *la semaine,* I
weekend *le week-end,* I
to weigh oneself *se peser,* 8
well *bien,* I
well-done *bien cuit,* I
what *que (qu'),* I
when *quand,* I
where *où,* I
which *quel, quelle, quels, quelles,* I
which one *lequel, laquelle, lesquels, lesquelles,* 9
while *alors que,* 6
while *pendant que,* 5
white *blanc(he),* I
who *qui,* I
why *pourquoi,* I
wife *la femme,* I
to win *gagner,* 4
wind *le vent,* I
windbreaker *le coupe-vent,* I
window *la fenêtre,* I
window (counter) *le guichet,* I
to windsurf *faire de la planche à voile,* 10
windsurfing *la planche à voile,* 10
winter *l'hiver,* I
winter jacket *l'anorak,* I
winter scarf *l'écharpe (f.),* I
to wish *souhaiter,* 2
with *avec,* I
to withdraw *retirer,* I
without *sans,* I
without a doubt *sans doute,* 4
woman's blouse *le chemisier,* I
woman's suit *le tailleur,* I
to wonder *se demander,* 4
woods *le bois,* 7
wool *la laine,* I
wool (made of) *en laine,* I
to work *travailler,* I
to work (run) *marcher,* 4
world *le monde,* 10
worst *le/la/les pire(s),* 6
to wrap *emballer,* 2
to wrap the presents *emballer les cadeaux,* 2
wrist *le poignet,* 8
to write *écrire,* I

yard *le jardin,* I
yellow *jaune,* I
yes *oui,* I
yes (to negative question) *si,* 10
yesterday *hier,* I
yoga *le yoga,* 8
yogurt *le yaourt,* 3
you *tu/vous,* I
young *jeune,* I
your (formal) *votre/vos,* I
your (informal) *ton/ta/tes,* I
Yule log *la bûche de Noël,* 2

zero *zéro,* I
zip code *le code postal,* I
zoo *le zoo,* I
zucchini *la courgette,* 3

Index de grammaire

Page numbers in boldface type refer to the first presentation of the topic. Other page numbers refer to the grammar topic in subsequent presentations or in the *Bien dit!* features. The Roman numeral I preceding page numbers indicates Level 1; the Roman numeral II indicates Level 2. For more grammar references, see the **Synthèse grammaticale** on pages R26–R50.

Index de grammaire

Remerciements

ACKNOWLEDGMENTS

For permission to reprint copyrighted material, grateful acknowledgment is made to the following sources:

Excerpt from Ces enfants de ma vie (Éditions du Boréal, Montréal, 1993, Collection "Boréal Compact," No. 49) by Gabrielle Roy. Text copyright © by Gabrielle Roy. Reprinted by permission of Fonds Gabrielle Roy.

"Comment guérir la peur" by Amsata Dieye from Contes wolof du Baol, edited by Jean Copans and Philippe Couty. Text copyright ©1988 by Karthala; copyright © by Union Générale d'Éditions. Reprinted by permission of Éditions Karthala.

"En sortant de l'école" from Paroles by Jacques Prévert. Text copyright © 1980 by Éditions Gallimard. Reprinted by permission of Éditions Gallimard and electronic format by permission of Fatras.

"Est-ce le fantôme?" from Le fantôme de l'Opéra by Gaston Leroux. Text copyright © 1959 by Librairie Générale Française. Reprinted by permission of the publisher.

"Et nous baignerons mon amie" from "Nocturnes" from Œuvre poétique by Léopold Sèdar Senghor. Text copyright ©1964, 1972, 1979, 1984 and 1990 by Éditions du Seuil. Reprinted by permission of Éditions du Seuil.

Excerpt from Intermezzo by Jean Giraudoux. Text copyright © 1933 by Éditions Bernard Grasset. Reprinted by permission of Société des Éditions Grasset et Fasquelle.

"Je suis seul" from "Poèmes divers" from Œuvre poétique by Léopold Sèdar Senghor. Text copyright ©1964, 1972, 1979, 1984 and 1990 by Éditions du Seuil. Reprinted by permission of Éditions du Seuil.

"La mendiante et l' écolière" from La préférence nationale et autres nouvelles by Fatou Diome. Text copyright ©2001 by Éditions Présence Africaine. Reprinted by permission of Éditions Présence Africaine.

"L'Enfant à l'harmonica" from "Au clair de la lune" from Les Plus Beaux Poèmes de Maurice Carême by Maurice Carême. Text copyright ©1985 by Fondation Maurice Carême. Reprinted by permission of the Fondation Maurice Carême.

"Le matin du monde" from Gravitations by Jules Superveille. Text copyright © 1947 by Librairie Gallimard. Reprinted by permission of Éditions Gallimard.

Le vieux piano" from "La lanterne magique" from Les Plus Beaux Poèmes de Maurice Carême by Maurice Carême. Text copyright ©1985 by Fondation Maurice Carême. Reprinted by permission of the Fondation Maurice Carême.

"Les droits imprescriptibles du lecteur" from Comme un roman by Daniel Pennac. Text copyright © 1992 by Daniel Pennac. Reprinted by permission of Éditions Gallimard.

Excerpt from Mondo et autres histoires J. M. G. Le Clézio. Text copyright ©1978 by Éditions Gallimard. Reprinted by permission of the publisher.

"National Standards Report" from Standards for Foreign Language Learning: Preparing for the 21st Century. Text copyright © 1996 by National Standards in Foreign Language Education Project. Reprinted by permission of National Standards in Foreign Language Education Project.

"Nos mains au jardin" from Œuvre poétique 1950-1990 by Anne Hébert. Text copyright ©1960 by Éditions du Boréal. Reprinted by permission of Les Éditions du Boréal.

"Nuit" from Œuvre poétique 1950-1990 Anne Hébert. Text copyright ©1960 by Les Éditions du Boréal. Reprinted by permission of Les Éditions du Boréal.

"On a fait le marché avec papa" from Le petit Nicolas a des ennuis by Jean-Jacques Sempé and René Goscinny. Copyright ©1964, 2004 by Éditions Denoël. Reprinted by permission of Éditions Denoël and IMAV.

PHOTOGRAPHY CREDITS

Abbreviations used: c-center, b-bottom, t-top, l-left, r-right, bkgd-background

FRONT COVER: (tl) PhotoDisc/Getty Images.

AUTHORS: Page iii (DeMado) courtesy John DeMado; (Champeny) Victoria Smith/HRW; (M.Ponterio) courtesy Marie Ponterio; (R. Ponterio) courtesy Robert Ponterio.

TABLE OF CONTENTS: Page vi (l) Goodshoot; (r) Victoria Smith/HRW; vii (l) Victoria Smith/HRW; (r) Royalty-Free/CORBIS; viii Sam Dudgeon/HRW; ix Sam Dudgeon/HRW; x Victoria Smith/HRW; xi Victoria Smith/HRW; xii Sam Dudgeon/HRW; xiii Sam Dudgeon/HRW; xiv Victoria Smith/HRW; xv Victoria Smith/HRW.

MODES OF COMMUNICATION: xvii (tl) ©eddie linssen/Alamy, (cr) ©Victora Smith/Houghton Mifflin Harcourt, (bl) ©laflor/iStockPhoto.com/Getty Images

INSTRUCTIONS: Page xx Sam Dudgeon/HRW; xxi Victoria Smith; xxi Sam Dudgeon/HRW.

CHAPITRE 1 All photos by Victoria Smith except: Page xviii (c) Pix06/Getty Images; (t) Pixtal; 1 (tl) Stephen Simpson/Getty Images; (tr) ©2012 Artists Rights Society (ARS)/ART on FIle/Corbis; (c) Steve Vidler/eStock Photo; (bl) Trigger Image/Alamy; (tl) Tim De Waele/Corbis; (tc) Reuters/Corbis; (tr) Christian Liewig/Corbis; (cl) Underwood & Underwood/Corbis; (b) Ruggero Vanni/Corbis; 3 (tl) Sam Dudgeon/HRW; (cr) Patrick Robert/Corbis Sygma; (bc) ©Nasimi Babaev/Shutterstock; (br) Stéphanie Cardinale/People Avenue/Corbis; 8 (t) PhotoDisc/Getty Images; (b) Réunion des Musées Nationaux/Art Resource, NY; 13 (tr) Robert Harding Picture Library/Alamy; (cl) John Langford/HRW; (c) Don Couch/HRW; (cr) Corel; (bl) Purestock/PunchStock; (br) ©Tomas Rodriguez/Getty Images; 15 John Langford/HRW; 16 (t) Mermet/Photononstop; (b) Jean-Marc Romain/Photononstop; 17 (t) TREAL Cecile/Ruiz Jean-Michel/Hoa-Qui/Hachette; (b) John Henley/Corbis; 18 (tl) Victoria Smith/HRW, (tr) ©Jupiterimages/Getty Images, (cr) Victoria Smith/HRW, (cl) ©Images-USA/Alamy Images, (br) Brand X Pictures, (bl) ©Gary Burchell/Getty Images; 19 (tl) Bill Wymar/Alamy; (tr) Laura Dwight/Corbis; 20 (1) Creatas; (2) Artville/Getty Images; (4) Sam Dudgeon/HRW; (5) Images-USA/Alamy; 23 (tr) Andy Christiansen/HRW; (cl) Franck Seguin/Corbis; (c) Steve Chenn/Corbis; (cr) Pitchal Frederic/Corbis Sygma; (bl, br) Sam Dudgeon/HRW; (bc) Royalty-Free/Corbis; 30 Jeannine Burny; 38 (a) PhotoDisc/Getty Images; (b) HRW; (c) Artville/Getty Images; (d) Peter Van Steen/HRW; 39 The Bridgeman Art Library/Getty Images.

CHAPITRE 2 All photos by Victoria Smith except: Pages 40–41 Owen Franken/Corbis; 42 (tl) Gyori Antoine/Corbis Sygma; (tr) Owen Franken/Corbis; (cr) Reuters/Corbis; (bl) Goodshoot; (bc) Sam Dudgeon/HRW; 44 (a) Wetzel & Company; (b) Sam Dudgeon/HRW; (c) PhotoDisc/Getty Images; (d) Brand X Pictures; (bl) Pascal Bouclier/Photononstop; 45 (tl) Stephanie Friedman/HRW; (tr) PhotoDisc/Getty Images; 47 (tr) Sam Dudgeon/HRW; (1) Peter Tumley/Corbis; (2) Stockdisc Premium/Getty Images; (4) Don Couch/HRW; 48 Corbis; 52 (tl) François Le Diascorn/Rapho/Hachette; (cl, cr, bl, bc, br) Sam Dudgeon/HRW; 53 (t) Image Source Limited; (b) Guy Bouchet/Photononstop; 56 (tl, tc, tr, bl, br) Sam Dudgeon/HRW; (bc) HBJ Photo/Mark Antman; 59 (tr) Stephanie Friedman/HRW; (c) John Langford/HRW; (bl) Kate Mitchell/Corbis; (bc, br) Sam Dudgeon/HRW; 66 (l) M Llorden/Getty Images; (r) Brand X Pictures; 67 (l) G. Schuster/Corbis; (r) Brand X Pictures; 68 (l) G. Schuster/Corbis; (b) Brand X Pictures; 70 (tl) Sam Dudgeon/HRW; (tr) Ingram Publishing; (br) PhotoDisc/Getty Images; 74 (b) Design Pics Inc./Alamy; (c) Marshall Gordon/Getty; (d) Don Couch/HRW; 75 Réunion des Musées Nationaux/Art Resource, NY.

CHAPITRE 3 All photos by Sam Dudgeon except: Page 76 (t) Dave G. Houser/Corbis; 77 (tl) Nik Wheeler/Corbis; (tr) Ludovic Maisant/Corbis; (bl) Bill Brooks/Alamy; (br) J.A. Kraulis/Masterfile; 78 (tr) Caroline Commins/Alamy; (cl) Robert

Wagenhoffer/Corbis; (bl)RENAULT Philippe/hemis.fr/Getty Images; (br) Jean-François Brière/Alt-6/Alamy; 79 (t, cr) Andy Christiansen/HRW; (cl) Stephanie Friedman/HRW; (bl) Ron Watts/Corbis; (br) Richard Cummins/Lonely Planet Images; 83 (b) Victoria Smith/HRW; 87 Victoria Smith/HRW; 92 (t) Bill Brooks/Alamy; (br) Victoria Smith/HRW; 93 (t) Rougemont Maurice/Gamma/Getty Images; (b) Noel Hendrickson/Digital Vision/Getty Images; 96 (a, b, c, e) Victoria Smith/HRW; (d) Shout/Alamy; 98 Victoria Smith/HRW; 101 (tr, 1, 2, 4) Victoria Smith/HRW; (3) Royalty-Free/Corbis; 106 (tl) Courtesy Editions Denoel; (tc) AP/Wide World Photo; 106 (c, bl), 107, 108 Illustrations from Les adventures du petit Nicolas by Sempé and Goscinny ©1964; 109 ©Dream79/Shutterstock; 115 ©2012 Artists Rights Society (ARS)/Erich Lessing/Art Resource, NY.

CHAPITRE 4 All photos by Sam Dudgeon except: Page 118 (tc) Yellow Dog Productions/Digital Vision/Getty Images; (br) Don Couch/HRW Photo/Houghton Mifflin Harcourt; Page 119 (t) Stephanie Friedman/HRW; 120 (tr, 1, 4) Andy Christiansen/HRW; (2) Victoria Smith/HRW; (3) Stephanie Friedman/HRW; 123 (tr, 1, 2, 3, 4) Victoria Smith/HRW; 128 (t) Darryl Dyck/IPhotoInc./NewsCom; (c, bl, bc, br) Victoria Smith/HRW; 129 (t) Victoria Smith/HRW; (b) Janine Wiedel Photolibrary/Alamy; 130 (l) Comstock; (r) Royalty-Free/Corbis; 131 (l, r) PhotoDisc/Getty Images; 132 Victoria Smith/HRW; 133 (a) Photo on cover PhotoDisc/Getty Images/Sam Dudgeon/HRW; (c, e) PhotoDisc/Getty Images; (d) Victoria Smith/HRW; 135 (tr) Royalty-Free/Corbis; (cl, cr, bl, bc, br) PhotoDisc/Getty Images; (c) Digital Vision/Getty Images; 137 (tr, 1, 2, 3, 4) Victoria Smith/HRW; 142 (t) Roger Viollet/Getty Images; (br) Comstock; 143, 144 Andy Christiansen/HRW; 145 Victoria Smith/HRW; 146 (l) Alvaro Ortiz/HRW; (cl) Victoria Smith/HRW; (cr) Andy Christiansen/HRW; (r) Don Couch/HRW; 150 (c) Andy Christiansen/HRW; (d) Image Source Limited; 151 Clément & Mongeau.

CHAPITRE 5 All photos by Victoria Smith except: Page 152 (c) Gamma-Rapho/Getty Images; 153 (tl) François Le Divenah/Photononstop; 154 (tc) Charle Abad/Photononstop (bc) MARCEL MOCHET/Staff/AFP/Getty Images; (br) Goupy Didier/Corbis; (bl) Grégoire Maisonneuve/AFP/Getty Images; 155 (tl) DAMIEN MEYER/AFP/Getty Images; (cl) Gelalande Raymond/JDD/Gamma/Getty Images; (cr) Comstock; (bl) Urbain Huchet, Selling Lobsters in Brittany, Watercolor; 160 (all) Sam Dudgeon/HRW; 163 (4) PhotoDisc/Getty Images; 168 (t) © CW Images/Alamy; (cr, bl, bc, br) Sam Dudgeon/HRW; (cl) Hughes Hérvé/Hemisphères Images; 169 (b) Blend Images/Alamy; 170 (tc) Sam Dudgeon/HRW; (bl, bc) Andy Christiansen/HRW; 171 (tl, tr, bc, br) Andy Christiansen/HRW; 172 (c, cl, bl, bc, br) Andy Christiansen/HRW; 175 (t) ImageState; (1) Punchstock; (3) William Koechling/HRW; (4) Peter Van Steen/HRW; 182 Souloy Frederic/Gamma/Getty Images; 186 (1) Sam Dudgeon/HRW; (3, 4) Andy Christiansen/HRW; 190 (b) Digital Vision/Getty Images; (t) SuperStock/Alamy; 191 Edouard Manet/The Bridgeman Library/Getty Images.

CHAPITRE 6 All photos by Victoria Smith except: Page 194 (br) Myrleen Ferguson Cate/Photo Edit; (tc) Vincent Leblic/Photononstop; 195 (tr, bl, br) Sam Dudgeon/HRW; (tc) JOHN KELLERMAN/Alamy; (bc) Mel Curtis/Getty Images; 196 (tr) Getty Images/RubberBall Productions; (1) Ollvier Martel/Corbis; (4) PhotoDisc/Getty Images; (tl) Sam Dudgeon/HRW; 198 Book Cover: Les Aventures de Tintin On a marché sur la lune by Herge reprinted with permission of ©Casterman, 1982; 199 (tr) Royalty-Free/Corbis; (1) Don Couch/HRW; (2) Gary Moss/Jupiter; (3) Rolf Bruderer/Corbis; (4) Getty Images/PhotoDisc; 203 (tl, cl) Corbis; (tr) PhotoDisc/Getty Images; (bl) Comstock; (br) Sam Dudgeon/HRW; 204 (t) Daniel Thierry/Photononstop; (b) Govin-Sorel/Photononstop; 205 (t) Alain Le Bot/Photononstop; (b) Bubbles Photolibrary/Alamy; 208 (a, d, e) PhotoDisc/Getty Images; (b) ImageState; (c) Royalty-Free/Corbis; 209 (1, 3) Getty Images/PhotoDisc; (2) Ingram Publishing; (4) plainpicture GmbH & Co. KG/Alamy; 211 (tr) David Martyn Hughes/images-of-france/Alamy; (1) Peter Adams Photography/Alamy; (2) Owen Franken/Corbis; (3) Joel Demase/Photononstop; 218 Roger Viollet/Getty Images; 222 (tl) Alvaro Ortiz/HRW; (1r, 1l, 2r, 3r) Corbis; (2l) JOHN KELLERMAN/Alamy; (3l) Getty Images/Digital Vision; (4r) Don Couch/HRW; (4l) Getty Images/Brand X Pictures; 226 (c) Getty Images/PhotoDisc; (l) Brand X Pictures; (r) ImageState; 227 Erich Lessing/Art Resource, NY.

CHAPITRE 7 All images by Sam Dudgeon except: Page 228 (c) Andrew Burke/Lonely Planet Images; (br) Brian Atkinson/Alamy; 229 (cl) M. ou Mme. Desjeux, Bernard/Corbis; (cr) Phillippe Crochet/Photononstop; 230 (t) Nic Bothma/epa/Corbis; (l) © Diana Mrazikova/ZUMA Press/Corbis; (r) Benali Remi/Gamma/Getty Images; (b) Quidu Noel/Gamma; 231 (tl) Stephanie Friedman/HRW; (tr) Pierre Holtz/epa/Corbis; (c) AFP/Getty Images; (bl) rtrphotos/Newscom; (br) Ahmed Ouoba/Panapress/Maxppp/NewsCom; 235 (bl) PhotoDisc/Getty Images; (cl) Ingram Publishing; (br) Stephanie Friedman/HRW; 241 (tr) Caroline Woodham/Getty Images; (1) Patrick Molnar/Getty Images; (2) PhotoDisc/Getty Images; (3) Bill Gozansky/Alamy; (4) Joel Sartore/National Geographic/Getty Images; 243 (tr, 2) Victoria Smith/HRW; (1) HRW; (3) Shalom Ormsby/Getty Images; (4) ONOKY - Photononstop/Alamy; 244 (t) Ariadne Van Zandbergen/Lonely Planet Images; (c, bl) PhotoDisc/Getty Images; (br) imagebroker/Alamy; 245 (t) M. Alexis BRU; (b) Jason Lindsey/Alamy; 246 (tl, tr) Royalty-Free/Corbis; (bl) Buddy Mays/Corbis; (bcl) SuperStock/Alamy; (bcr) Paul A. Souders/Corbis; (br) Anthony Bannister/Photo Researchers; 247 (cr) The Garden Picture Library/Alamy; (c) Premiere Stock & Fine Art, Inc./Alamy; (tl) Andrew Darrington/Alamy; (bl) PhotoDisc/Getty Images; (cl) Joseph T. Collins/Photo Researchers; (bc) Royalty-Free/Corbis; 253 (tr) Comstock; (1) Victoria Smith/HRW; (2) Don Couch/HRW; (3) Getty Images/PhotoDisc; 261 Frank Herholdt/Getty Images; 266 (tl) Andrew Burke/Lonely Planet Images; (br) Theo Allots/Corbis; 267 ©2012 Artists Rights Society (ARS)/Giraudon/Art Resource, NY.

CHAPITRE 8 All photos by Sam Dudgeon except: Page 271 (bl) Custom Medical Stock Photos, (br) LarryDale Gordon/Getty Images, (tl) Artville/Getty Images, (tr) ©ImageDJ/Alamy; 273 (tr) Steffen Thalemann/Workbook Stock/Getty Images; (1) MedioImages Fresca Collection/Alamy; (2) Pierre Bourrier/Getty Images; (3) StockDisc/PunchStock; (4) Mary Kate Denny/Photo Edit; 275 (tr) Image Source/Getty Images; (1) Jochen Tack/Alamy; (2) Punchstock; (3) Victoria Smith/HRW; 279 Royalty-Free/CORBIS; 281 (t) Victoria Smith/HRW; (b) Corbis Sygma; 282 (inset) PhotoDisc/Getty Images; 284 (tl) © Tom Craig/Alamy; (tr) Digital Archives Japan/Alamy; (bl) Victoria Smith/HRW; (br) Peter Van Steen/HRW; 285 (tr) Richard Radstone/Getty Images; (1) Custom Medical Stock Photos; (2) Royalty-Free/Corbis; (3) Medio Images/PunchStock; (4) Visual&Written SL; 287 (1) Victoria Smith/HRW; (2) SuperStock/Alamy; (3) Image Ideas/Jupiter Images; 294 (l) Alan Bailey/Rubberball/Alamy; (tr) Brand X Pictures; (br) Stockbyte; 295 D. Hurst/Alamy; 296 (l) HRW/Corbis; (br) John Langford/HRW; 302 (a) ThinkStock/FotoSearch; (b) Ron Chapple/Getty Images; (c) Larry Dale Gordon/Getty Images; (d) Victoria Smith/HRW.

CHAPITRE 9 All photos by Victoria Smith except: Page 304 (t) Courtesy of Marion Burmondy; (c) Steve Vidler/eStock Photo; 305 (tl) Barry Mason/Alamy; 305 (tr) ©Matthieu Colin/Hemis/Alamy, (br) ©Romaine Cintract/Hemis/Alamy; (bl) Dan Herrick/Lonely Planet Images; 306 (tl) 2012 Artist's RIght's Society (ARS), NY/CNAC/MNAM Dist. Reuinion des Musees Natonaux/Art Resource; (tc) Musee National d'Art Moderne, © 2012 Artist's RIght's Society (ARS), NY/ADAGP, Paris. Centre Georges Pompidou, Paris, France/Art Resource, NY; (tr) The Art Gallery Collection/Alamy; (bl) Ruth Tomlinson/Robert Harding World Imagery/Getty Images; (c, br) (c) Paul Shawcross/Alamy; (br) VALERY HACHE/AFP/Getty Images; 307 (t) NICOLAS José/hemis.fr/Getty Images; (cl) Ludovic Maisant/Corbis; (bl, bc, br) Sam Dudgeon/HRW; 310 (tl)Everett Collection; (tc) Paramount/courtesy Everett Collection; (tr) AF archive/Alamy; (cl) Everett Collection; (c) Mary Evans/PARAMOUNT PICTURES/Ronald Grant/Everett Collection(10396797); (cr)Photos 12/Alamy; (bl) Pictorial Press Ltd/Alamy; (bc) MGM/courtesy Everett Collection; (br) Mary Evans/MGM/Ronald Grant/Everett Collection; 311 (tl) Book Cover: Le Mystère de la chambre jaune by Gaston Leroux reprinted with permission of ©Gaston Leroux, 1960; (tcl) Book Cover: Madame Bovary by Gustave Flaubert reprinted with permission of ©1986, Flammarion, Paris; (tcr) Book Cover: De La Terre à La Lune by Jules Verne reprinted with permission of ©Librairie Hachette, 1944; (tr) Book Cover: Le Rouge et Le Noir by Stendhal reprinted with permission of ©1964, Garnier-Flammarion, Paris; (bl) Book Cover: 50 Poèmes by Claude

Revil reprinted with permission of ©Hachette 1986; (bc) Book Cover: La cantatrice chauve suivi de La leçon by Eugene Ionesco reprinted with permission of ©Éditions Gallimard, 1954; (br) Book Cover: L'enfant noir by Camara Laye reprinted with permission of ©Librairie Plon, 8, rue Garancière, Paris, 1953; 315 (tr) Courtesy Théâtre du Temple/Action Gitanes, All rights reserved; (bl) Courtesy Turner Entertainment Company, All rights reserved; (bc) Courtesy of LucasFilms Ltd, All rights reserved; (br) Courtesy of TM & ©2001 DreamWorks LLC, All rights reserved; 317 (tr, 2) Sam Dudgeon/HRW; (1) Yasuhide Fumoto/Digital Vision/Getty Images/Houghton Mifflin Harcourt; (3) Hugh Threlfall/Alamy/Houghton Mifflin Harcourt; (4) Brand X Pictures; 319 (t) Photos 12/Alamy; (b) Mary Evans/Ronald Grant/Everett Collection; 320 (tl) Niviere/Niko/Loreenvu/SIPA; (cl) All rights reserved Leblanc; (cr) Alerte Orange; 321 (t) Fuse/Getty Images; (b) David Leahy/Getty Images; 322 (tl) Patrick Hertzog/Getty Images; (tc) 2004 Getty Images; (tr, c) TFI/Sipa; Ron P. Jaffe/©CBS/Courtesy Everett Collection; (cr) Gallo Images/Corbis; (bl) Erik Dreyer/Getty Images; (bc) Photos 12/Alamy; (br) Pascucci/TFI/SIPA; 327 (tr) Ryan McVay/PhotoDisc/Getty Images; (tr inset) Fabrice Vallon/Cub Sept/Corbis; (1) PhotoDisc/Getty Images; (2, 3) Sam Dudgeon/HRW; (4) Punchstock; 329 (t) © Eric Fougere/VIP Images/Corbis; (b) Steve Bloom Images/Alamy; 342 (l) Tony Barson/WireImage/Getty Images; (r) Christian Liewig/Corbis; 343 Erich Lessing/Art Resource, NY.

CHAPITRE 10 All photos by Victoria Smith except: Page 346 (tl) Dorset Media Service/Alamy; (tl inset) Photononstop/SuperStock; (tr) nagelstock.com/Alamy; (tr inset) blickwinkel/Alamy; (bl) ©incamerastock/Alamy; 347 (tl) Janine Wiedel Photolibrary/Alamy; (tr) david sanger photography/Alamy; (cl) Dougal Waters/Getty Images; (bl) Hemis/Alamy; (br) Don Couch/HRW; 351 (tr) Corbis; (1) goodshoot.com; (3) Marty Granger/HRW; (4) Russell Mountford/Lonely Planet Images; 352 Eric Gaillard/Reuters/Corbis; 353 (tr) The Flat Earth Collection www.picture-gallery.com; (1) Rob Boudreau/Getty Images; (2) Mark Lewis/Alamy; (3) Keith Levit/Alamy; (4) Tony Wheeler/Lonely Planet Images; 355 (l) Royalty-Free/Corbis; (r) Steve Dunwell/Getty Images; 357 (t) Medioimages; (b) ©OJO Images Ltd/Alamy; 358 Web page: Corel; 359 (tl) Sam Dudgeon/HRW; (tr) Royalty-Free/Corbis; (bl) PhotoDisc/Getty Images; (br) Don Couch/HRW; 360 (a, d) Sam Dudgeon/HRW; (b, c) Andy Christiansen/HRW; 363 (tr) Book Cover: Quebec: Guides Bleus Évasion, Courtesy of ©Hachette Livre, 2000, All rights reserved; (1) PhotoDisc/Getty Images; (4) Brand X Pictures; 364 Ray Juno/Corbis; 366 (1a) Getty Images/PhotoDisc; (1b) Ingram Publishing; (2a, 2b, 4b) PhotoDisc/Getty Images; (3b) ImageState; (4a) Book Cover: Paris, by Knopf Guides, Courtesy of Knopf Guides, All rights reserved; 370 (cl) Mali/Gamma/getty Images; 373 (cl) Philip Coblentz, Brand X Pictures; 374 (3) Royalty-Free/Corbis Images; (4) Don Couch/HRW; 378 (t) Corbis; (c) Don Couch/HRW; (b) Getty Images/PhotoDisc; 379 © Dennis Hallinan/Alamy.

VARIATIONS LITTERAIRES: Page 382 (tl, bl) Victoria Smith/HRW; (r) PhotoDisc/Getty Images; 383 (tl) Dave King/Getty Images; (cl) Victoria Smith/HRW; (cr) Sebastien Baussais/Alamy; (bl) Steve Gorton/Getty Images; (br) PhotoDisc/Getty Images; 384 (tr) Victoria Smith/HRW; (cl) Image Farm, (inset) Mary Evans Picture Library/Alamy; (cr) Stephanie Friedman/HRW; (b) The Everett Collection; 385 (bkgd) Kaz Chiba/Getty Images; (tl) PhotoDisc/Getty Images, (inset) Warner Bros./ZUMA/Corbis; (br) AF archive/Alamy, (inset) Really useful films/Joel Schumacher Prods./The Kobal Collection/Bailey, Alex; 386 (tl) Andersen Ulf/Gamma/getty Images; (bl) Stuart Westmorland/Getty Images; (tr) Yves Marcoux/Getty Images; 387 (bkgd) Royalty-Free/Corbis; 388 (tl) Everett Collection Inc/Alamy; (bl) Arco Images/Alamy; (bc) PunchStock; 389 (tc) ClassicStock/Alamy; (tr) jonathan & angela/Getty Images; (branch composite) PhotoDisc/Getty Images, Brand X Pictures; 390 (tl) Réunion des Musées Nationaux/Art Resource, NY; 392 (tl) Philippe Renault/Hemisphères Images; (br) Russell Mountford/Lonely Planet Images; 393 (t) JB Autissier/Panoramic/ZUMA; (c) Patrick Frilit/Hemis/Alamy; (b) Rocco Fasano/Lonely Planet Images; 394 (tl) Pelletier Micheline/Gamma/Getty Images; (c, cr, bl, br)Sam Dudgeon/HRW; 396 (tl) Eric Robert/VIP Production/Corbis; (tr, bl) Sam Dudgeon/HRW; 397 Sam Dudgeon/HRW; 398 (all cds) PhotoDisc/Getty Images; (tl book) Photo: Victoria Smith/HRW, Book Cover Les Trois Mousquetaires by Alexandre Dumas Reprinted with permission of Éditions Gallimard; (tl dvd) Photo: Victoria Smith/HRW, DVD Cover: Les Trois Mousquetaires Reprinted with permission of Buena Vista Home Entertainment (France)/Disney Enterprises; (tc) PhotoDisc/Getty Images; (tr) Everett Collection; (cl book) Photo: Victoria Smith/HRW, Book Cover: Le hussard sur le toit by Jean Giono reprinted with permission of © Éditions Gullimard, 1951, cover Illustration by Patrick Siméon; (cl dvd) Photo: Victoria Smith/HRW, DVD Cover: Hussard reprinted with permission of Hachette Première et Cie/France 2 Cinéma/Centre Européen Cinematographique Rhone-Alps/Pathe Video; (bl book) Photo: Victoria Smith/HRW, Book Cover: Cyrano de Bergerac by Edmond Rostand reprinted with permission of © Éditions Gallimard 1983, Coquelin dans Cyrano de Bergerac, Théâtre de la Porte Saint-Martin 1897, d'après une photographie de Nadar, Bibl.nat., Paris. ©S.P.A.D.E.M., 1983, All Rights Reserved; (bl dvd) Photo: Victoria Smith/HRW, DVD Cover: Cyrano de Bergerac reprinted with permission of ©1990 President Films/©2004 MGM Home Entertainment; (br) Sam Dudgeon/HRW; 399 (tcr, tr) Everett Collection; (tl, tcl) Hachette/ZUMA; (film strip) Siede Preis/Getty Images; 400 Andersen Ulf/Gamma/getty Images.

REVISIONS DE VOCABULAIRE: Page R8 (t) Victoria Smith/HRW; (b) Sam Dudgeon/HRW; R9 (tl) RubberBall/Alamy; (tr) Stephanie Friedman/HRW; (bl) Sam Dudgeon/HRW; (br) Victoria Smith/HRW; R10 (tl) Victoria Smith/HRW; (tr) PhotoDisc/Getty Images; (br) Sam Dudgeon/HRW; R11 (tl, r) Sam Dudgeon/HRW; (bl) Stephanie Friedman/HRW; R12 (tl, bl) Victoria Smith/HRW; (tr) Sam Dudgeon/HRW; (br) Comstock Images; R13 (tl) Stephanie Friedman/HRW; (cl, tr, br) PhotoDisc/Getty Images; (bl) Victoria Smith/HRW; R14 (tl) Stephanie Friedman/HRW; (tr) Victoria Smith/HRW; (bl) PhotoDisc/Getty Images; R15 (tl, bl) PhotoDisc/Getty Images; (tr) Victoria Smith/HRW; (br) Sam Dudgeon/HRW.

VOCABULAIRE SUPPLEMENTAIRE: Page R16 (tl) Royalty-Free/Corbis; (tr, bl) PhotoDisc/Getty Images; (cr) Victoria Smith/HRW; (br) Brand X Pictures; R17 (t, b) Sam Dudgeon/HRW; (c) PhotoDisc/Getty Images; R18 (tl) Brand X Pictures; (tr, br) PhotoDisc/Getty Images; (bl) Victoria Smith/HRW; R19 (tl) Sam Dudgeon/HRW; R19 (tr) Ronnie McMillan/Alamy, (cr, bl) PhotoDisc/Getty Images; (br) Stockbyte; R20 (tl) Royalty-Free/Corbis; (tr) Corel; (bl) HRW; R21 (tl, bl) Victoria Smith/HRW; (tr) Mountain High Maps® Copyright©1997 Digital Wisdom, Inc.; (cl) Sam Dudgeon/HRW; (br) PhotoDisc/Getty Images.

TELE-ROMAN STILL PHOTOS: All taken by Edge Media

ICONS: All Icon photos taken by Edge Media/HRW except: Page xviii PhotoDisc/Getty Images; 76 Sam Dudgeon/HRW; 152 Victoria Smith/HRW; 228 Sam Dudgeon/HRW; 304 Victoria Smith.